Guidebook für Software Engineers

Guidebook für Software Engineers

Der Begleiter für alle Karrierestufen

Gergely Orosz

Deutsche Übersetzung von
Jørgen W. Lang

O'REILLY®

Gergely Orosz

Lektorat: Ariane Hesse
Übersetzung: Jørgen W. Lang
Korrektorat: Sibylle Feldmann, *www.richtiger-text.de*
Satz: III-satz, *www.drei-satz.de*
Herstellung: Stefanie Weidner
Umschlaggestaltung: Karen Montgomery, Michael Oréal, *www.oreal.de*
Druck und Bindung: mediaprint solutions GmbH, 33100 Paderborn

Bibliografische Information der Deutschen Nationalbibliothek
Die Deutsche Nationalbibliothek verzeichnet diese Publikation in der Deutschen Nationalbibliografie; detaillierte bibliografische Daten sind im Internet über *http://dnb.d-nb.de* abrufbar.

ISBN:
Print 978-3-96009-251-3
PDF 978-3-96010-889-4
ePub 978-3-96010-890-0

1. Auflage 2025

Wieblinger Weg 17
69123 Heidelberg

Hinweis:
Dieses Buch wurde mit mineralölfreien Farben auf PEFC-zertifiziertem Papier aus nachhaltiger Waldwirtschaft gedruckt. Der Umwelt zuliebe verzichten wir zusätzlich auf die Einschweißfolie. Hergestellt in Deutschland.

PEFC-zertifiziert
Dieses Buch stammt aus nachhaltig bewirtschafteten Wäldern und kontrollierten Quellen
PEFC
PEFC/04-31-0810
www.pefc.de

Schreiben Sie uns:
Falls Sie Anregungen, Wünsche und Kommentare haben, lassen Sie es uns wissen: *kommentar@oreilly.de*.

5 4 3 2 1 0

Inhalt

Teil II: Der kompetente Softwareentwickler

Teil V: Vorbildliche Staff- und Principal-Engineers

Vorwort

Über zehn Jahre habe ich als Software-Engineer gearbeitet und weitere fünf als Manager. Während meiner ersten Jahre als Entwickler hatte ich nur wenig bis gar keine berufliche Führung. Das kümmerte mich nicht weiter, denn ich ging davon aus, dass harte Arbeit schließlich zum Erfolg führt.

Diese Haltung änderte sich allerdings nach ein paar Jahren meiner beruflichen Laufbahn, als ich bei einer Beförderung zum Senior-Engineer übergangen wurde, obwohl ich das Gefühl hatte, dafür bereit zu sein. Das war aber noch nicht alles, denn als ich meinen Manager fragte, wie ich die nächste Stufe erreichen könnte, konnte dieser mir keinerlei konkretes Feedback dazu geben. In diesem Moment entschied ich, dass ich Teammitgliedern grundsätzlich hilfreiche Ratschläge für ihr berufliches Wachstum geben wollte, sollte ich jemals selbst Manager werden.

Als ich an der Mitfahr-App Uber arbeitete, wurde ich tatsächlich Engineering-Manager. Inzwischen war ich ein erfahrener Engineer geworden, ich erinnerte mich aber immer noch an mein damaliges Versprechen an mich selbst. Also gab ich mein Bestes, um die Menschen in meinem Team so gut wie möglich bei ihrem beruflichen Vorankommen zu unterstützen, ihnen verdiente Beförderungen zuteilwerden zu lassen und klares und umsetzbares Feedback zu geben, wenn ich der Meinung war, dass ein Mitarbeiter oder eine Mitarbeiterin gerade noch nicht für die nächste Stufe bereit war.

Als mein Team wuchs und ich für Personen übergeordneter Stufen zuständig war, hatte ich weniger Zeit, Teammitglieder umfassend zu fördern. Zudem begann ich, Muster in dem von mir gegebenen Feedback zu erkennen. Das führte dazu, dass ich regelmäßig Blogposts mit Tipps zu gutem Schreiben und Code-Reviews veröffentlichte. Diese Posts wurden sehr wohlwollend aufgenommen und von deutlich mehr Menschen gelesen und geteilt, als ich erwartet hatte. Das war der Moment, an dem ich anfing, dieses Buch zu schreiben.

Nach zwei Jahren des Schreibens hatte ich ein Manuskript, das veröffentlicht werden konnte. Stattdessen begann ich aber mit dem *The Pragmatic Engineer Newsletter*. Dieser konzentrierte sich auf den Puls des aktuellen Technologiemarkts sowie auf regelmäßige, ausführliche Berichte dazu, wie bekannte internationale Unternehmen funktionieren, es gab Informationen zu Softwaretrends und gelegentliche Interviews mit interessanten Persönlichkeiten aus der Welt der Technologie. Das Schreiben des Newsletters offenbarte eine Reihe von Lücken in meinem Manuskript. Ich habe daher die letzten zwei Jahre damit verbracht, das Buch, ein Kapitel nach dem anderen, neu zu schreiben und zu verfeinern.

Nach vier Jahren des Schreibens kann ich mit Überzeugung sagen, dass *Guidebook für Software Engineers* und der *Pragmatic Engineer Newsletter* sich gegenseitig ergänzen, auch wenn sie sich in manchen Bereichen überschneiden.

Das Schreiben dieses Buchs half mir, den Newsletter zu starten, denn offensichtlich gibt es eine Vielzahl aktueller Softwarethemen, bei denen es wenig sinnvoll ist, sie in einem Buch mit einer deutlich längeren Lebensdauer als ein wöchentlicher Newsletter zu veröffentlichen. Der Newsletter half mir, das Buch zu verbessern. Ich lernte eine Menge über interessante Trends und Werkzeuge, von denen ich glaube, dass sie auch noch in zehn Jahren oder darüber hinaus eingesetzt werden, wie KI-Programmierwerkzeuge, Cloud-Entwicklungsumgebungen und Entwicklerportale. Diese Technologien werden in diesem Buch deutlich weniger umfangreich behandelt als im Newsletter.

Die Bedeutung der englischen Sprache kann für meine Karriere – und für Karrieren in der Softwareentwicklung im Allgemeinen – nicht hoch genug eingestuft werden. Ich bin in Ungarn geboren und aufgewachsen, und mein erster Job war in einem ungarischen Technologieunternehmen, in dem wir alle Ungarisch sprachen. Aber selbst damals musste ich, um ein Problem im Code zu beheben, englische Artikel lesen. Wenn ich programmierte, wurde mein Code in Programmiersprachen geschrieben, die englisches Vokabular verwendeten. Englisch ist die Sprache der Softwareentwicklung und der Software Engineering Community. Alle großen internationalen Technologieunternehmen kommunizieren in dieser Sprache. Englisch ermöglichte es mir, in die Niederlande zu ziehen und für Uber zu arbeiten – wobei ich bei der Arbeit nur Englisch verwendete und mit Entwicklern aus Dutzenden anderer Länder zusammenarbeitete. Englischkenntnisse sind das A und O, um als Software-Engineer zu wachsen und die Chance zu haben, in internationalen Unternehmen zu arbeiten – auch in Ihrem Land. Nehmen Sie sich deshalb auch hierfür ausreichend Zeit.

Ich hoffe, Sie finden in diesem Buch hilfreiche Ideen, die Ihnen auch in ein paar Jahren noch nutzen werden.

Einleitung

Dieses Buch hätte ich gern am Anfang meiner Karriere als Softwareentwickler gelesen. Das gilt besonders für den Zeitpunkt, als ich, vor allem wegen einer ordentlichen Gehaltserhöhung, zu einem größeren Technologieunternehmen wechselte. Das Unternehmen hatte eine ganz andere Engineering-Kultur, bot aber erstaunlich wenig Hilfestellung, um sich in der neuen Umgebung zurechtzufinden.

Dieses Buch folgt der Struktur eines »typischen« Karrierepfads als Software-Engineer. Es führt vom Anfang als frisch gebackener Softwareentwickler über die Zeit als Vorbild in einer Senior- oder Lead-Position bis hin zur Ebene des Staff-, Principal- bzw. Distinguished Engineers. Das Buch ist eine Zusammenfassung dessen, was ich als Engineer gelernt und wie ich Engineers der verschiedenen Karrierestufen begleitet und gefördert habe.

Wir behandeln die »Soft Skills«, die mit fortschreitender Karrierestufe immer wichtiger werden, aber auch die »harten Fakten« des Berufslebens, wie Konzepte des Software-Engineerings und Ansätze, die Ihnen bei Ihrem beruflichen Wachstum helfen können.

Die Namen der Karrierestufen und die damit verknüpften Erwartungen können – und werden – sich zwischen den Unternehmen unterscheiden. Je höher die »Branchenebene«, auf der ein Unternehmen tätig ist, desto höher sind üblicherweise die Erwartungen an Engineers. So werden bei Google (L5) und Meta (E5) deutlich höhere Erwartungen an einen »Senior-Engineer« gestellt als bei kleineren Firmen. Wenn Sie in einem Unternehmen einer höheren Ebene arbeiten, kann es nützlich sein, die Kapitel zu den höheren Karrierestufen zu lesen, und nicht nur die, an denen Sie aktuell interessiert sind.

Die Bezeichnungen und Karrierestufen mögen unterschiedlich sein, aber die Grundsätze, die gute Engineers ausmachen, die in ihrem Team, aber auch unternehmensweit etwas bewirken, sind erstaunlich konsistent. Unabhängig davon, in welchem Stadium Ihrer Karriere Sie sich gerade befinden, hoffe ich, dass dieses Buch Ihnen einen frischen Blickwinkel und neue Ideen für Ihr berufliches Wachstum als Engineer geben kann.

Wie man dieses Buch liest

Das Buch besteht aus sechs eigenständigen Teilen, die jeweils auf mehrere Kapitel aufgeteilt sind:

- Teil I: »Grundlagen der Entwicklerkarriere«
- Teil II: »Der kompetente Softwareentwickler«
- Teil III: »Der vielseitige Senior-Engineer«
- Teil IV: »Der pragmatische Tech-Lead«
- Teil V: »Vorbildliche Staff- und Principal-Engineers«
- Teil VI: »Abschluss«

Die Teile I und VI sind für alle Engineering-Karrierestufen gedacht, von der Softwareentwicklerin bzw. vom Softwareentwickler als Berufsanfänger bis zum Principal-Engineer oder weiter. Die Teile II, III, IV und V behandeln aufsteigend die verschiedenen Karrierestufen. Dabei werden unterschiedliche Themen jeweils zu Kapiteln zusammengefasst, wie »Software-Engineering«, »Zusammenarbeit«, »Aufgaben erfolgreich abschließen« und so weiter.

Dies ist ein Nachschlagewerk, auf das Sie im Laufe Ihrer Karriere immer wieder zurückgreifen können. Ich schlage vor, Sie konzentrieren sich zunächst auf die Themen, mit denen Sie Schwierigkeiten haben, oder auf die von Ihnen angestrebte Karrierestufe. Vergessen Sie dabei nicht, dass sich die Erwartungen zwischen Unternehmen sehr stark unterscheiden können.

Ich habe die Themen und die Definitionen zu den verschiedenen Stufen an den Erwartungen bei Big-Tech-Unternehmen und Scale-ups ausgerichtet. Trotzdem gibt es Inhalte, die auch auf niedrigeren Karrierestufen nützlich sein können, auf die wir später im Buch genauer eingehen werden. Zum Beispiel behandeln wir in Kapitel 24 (Teil V), »Zuverlässige Softwaresysteme«, eingehend die Themen Logging, Überwachung und Bereitschaftsdienste ein. Dabei ist es nützlich – und manchmal sogar bitter nötig! –, auch die Vorgehensweisen unterhalb eines Staff-Engineers zu kennen. Wenn Sie entscheiden, welche Themen für Sie am wichtigsten sind, empfehle ich Ihnen, das Inhaltsverzeichnis themenbezogen, aber auch nach Karrierestufe zu verwenden.

Dann wollen wir mal ...

TEIL I

Grundlagen der Entwicklerkarriere

Während der ersten Jahre meiner Entwicklerlaufbahn habe ich mir über karriererelevante Dinge kaum Gedanken gemacht. Ich ging davon aus, dass harte Arbeit und gute Ergebnisse automatisch belohnt würden. In Entwickleragenturen waren Beförderungen selten und die Möglichkeiten, beruflich weiterzukommen, begrenzt. Trotzdem hatte ich nicht das Gefühl, dadurch etwas zu verpassen, dass mein Titel und meine Position bei meinen ersten Arbeitgebern gleich blieben.

Erst als ich zu größeren Unternehmen wie JP Morgan und Microsoft wechselte, merkte ich, dass nicht immer diejenigen, die am härtesten arbeiten oder die besten Arbeitsergebnisse ablieferten, die größten Boni und begehrtesten Beförderungen erhielten. Als ich Engineering-Manager bei Uber wurde, war ich für ein Team von Engineers verantwortlich, die regelmäßiges Feedback zu ihren Leistungen und Unterstützung bei ihrem beruflichen Wachstum brauchten, wie etwa eine Beförderung auf die nächste Karrierestufe.

Dieser Teil enthält meine Beobachtungen dazu, wie verschiedene Unternehmen funktionieren, und die Karrieretipps, die ich den Engineers in meinem Team gab.

Im Nachhinein hätte ich mir gewünscht, viel früher die verschiedenen Arten von Unternehmen, in denen Sie als Entwickler arbeiten können, besser zu verstehen – von berühmten Big-Tech-Giganten über Start-ups bis hin zu eher traditionellen Firmen, Beratungsunternehmen und dem akademischen Bereich. Dabei ist eine Sache entscheidend: Je länger Sie in einem Bereich tätig sind, desto schwieriger kann es werden, in ein anderes Gebiet zu wechseln – was nach einem Jahrzehnt in einem Sektor zu unangenehmen Überraschungen führen kann.

Die zweite Sache, die ich verpasst hatte, war, meine Karriere selbst in die Hand zu nehmen. Erst als ich Manager wurde, bemerkte ich, welchen Unterschied es macht, wenn ein Entwickler sein berufliches Weiterkommen eigenverantwortlich bestimmt – was auch seiner Führungskraft hilft, sich für ihn einzusetzen.

Die meisten Engineers, die ich traf, gingen davon aus, dass ihre Manager sich schon um die meisten karriererelevanten Dinge kümmern würde und dass strahlende Leistungsbewertungen und Beförderungen einfach vom Himmel fallen. Das kann in einigen kleinen Firmen und Start-ups vielleicht sogar sein. In größeren Unternehmen muss dagegen mehr Arbeit investiert werden, um die Anerkennung zu bekommen, die für eine Karriere notwendig ist. Es ist dennoch so, dass viele Engineers nicht wissen, welche zusätzlichen Aktivitäten hierfür nötig sind.

Die Beobachtungen, Konzepte und Ansätze in diesem Teil lassen sich auf alle Karrierestufen anwenden – vom Einsteiger-Engineer bis zur Staff-Ebene und darüber.

KAPITEL 1

Karrierepfade

Berufliche Laufbahnen sind sehr individuell. Einige Karriereelemente lassen sich genau beschreiben, beispielsweise die Arbeitsstätte, die Berufsbezeichnung (*Job Title*) und das Gehalt. Andere wichtige Dinge sind dagegen nicht so leicht messbar, zum Beispiel die Zusammenarbeit mit Kolleginnen und Kollegen, Möglichkeiten der beruflichen Weiterentwicklung und die Work-Life-Balance.

Laufbahnen sind vielfältig. Dabei gibt es keine einfache Definition für eine »gute« berufliche Laufbahn, denn sie unterscheidet sich von Mensch zu Mensch. Am besten finden Sie selbst heraus, welche berufliche Laufbahn für Sie interessant und machbar ist.

Auch die Wege zum Software-Engineering sind sehr vielfältig. Einige sind häufiger anzutreffen, etwa ein Universitätsabschluss in Informatik oder einem verwandten Fach. Aber auch Autodidakten und Quereinsteiger sind nicht selten. Ich habe beispielsweise einen Kollegen, der 20 Jahre lang als Chemie-Engineer tätig war, bevor er sich selbst das Programmieren beibrachte und Entwickler wurde.

In diesem Kapitel behandeln wir folgende für die Karriere relevante Themen:

1. Arten von Unternehmen
2. Typische berufliche Laufbahnen im Software-Engineering
3. Vergütung und Branchenebenen (Tiers) von Unternehmen
4. Cost-Center und Profit-Center
5. Alternative Wege, über den Karriereverlauf nachzudenken

Arten von Unternehmen

Vollkommen eindeutig lassen sich Unternehmen nicht kategorisieren. Aus Sicht eines Software-Engineers gibt es aber einige Gemeinsamkeiten. Gängige Arten von Unternehmen sind:

Big Tech, technologische Großunternehmen

Große, börsennotierte Unternehmen wie Apple, Google, Microsoft und Amazon. Typischerweise beschäftigen sie Tausende von Software-Engineers mit einer Marktkapitalisierung, die in die Milliarden Dollar geht.

Meist sind Engineering-Jobs in Big-Tech-Unternehmen am begehrtesten, denn hier gehen Bezahlung und berufliche Wachstumschancen über das Niveau von Staff-Engineers hinaus. Neben der Möglichkeit, an Aufgaben zu arbeiten, die sich auf Hunderte Millionen Kunden auswirken, besteht die Chance, mit den besten Kolleginnen und Kollegen der gesamten Branche zusammenzuarbeiten.

Mittlere bis große Technologieunternehmen

Unternehmen, bei denen die Technologie den Kern des Geschäftsmodells bildet. Diese Unternehmen sind kleiner als Big Tech und beschäftigen einige Hundert bis mehrere Tausend Software-Engineers. Beispiele hierfür sind Atlassian, Dropbox, Shopify, Snap und Uber.

Diese Unternehmen bieten oft eine mit Big Tech vergleichbare Vergütung und Karrierechancen, die über die Ebene des Staff-Engineers hinausgehen. Trotz einer kleineren Nutzerzahl kann sich die Arbeit eines Engineers immer noch auf mehrere zig Millionen von Kunden auswirken.

Scale-ups

Risikofinanzierte Unternehmen in einer späteren Entwicklungsphase, die bereits einen Produkt-Markt-Fit (englisch Product-Market-Fit, PMF) erreicht haben und in das Wachstum investieren. Diese Unternehmen machen möglicherweise absichtlich Verluste, um eine bessere Marktdurchdringung zu erreichen. Beispiele sind Airtable, Klarna und Notion.

Firmen wie diese bewegen sich meist schnell und stehen unter einem hohen Wachstumsdruck, um eine Bewertung zu rechtfertigen, spätere Finanzierungsrunden zu nutzen oder einen Börsengang vorzubereiten.

Eine Untermenge der Scale-ups sind die *Unicorns*: Unternehmen mit einem Eigenkapital von einer Milliarde US-Dollar oder mehr. In den 2010er-Jahren waren diese »Einhörner« noch relativ selten, und so wurde ein Unicorn schnell als »das nächste große Ding« gehandelt. Heutzutage gibt es deutlich mehr Unicorns, wodurch diese Eigenschaft kein so großes Unterscheidungsmerkmal mehr ist.

Start-ups

Risikofinanzierte Unternehmen, die kleinere Finanzierungsrunden erfolgreich bestanden haben und auf einen Produkt-Markt-Fit hinarbeiten. Hierzu gehört es, ein Produkt zu entwickeln, das die Kunden haben wollen.

Start-ups sind von Natur aus riskant. Oft gibt es keine nennenswerten Erträge, wodurch immer neue Finanzierungsrunden nötig sind, um weiterarbeiten zu können, wofür wiederum ein Produkt-Markt-Fit gebraucht wird.

Ein Beispiel für ein erfolgreiches Start-up, das den Aufstieg zum Scale-up geschafft hat, war Airbnb im Jahr 2011. Nach seiner Gründung 2008 gewann das Unternehmen eine Anschubfinanzierung von Y Combinator. 2010 hatte das Produkt von Airbnb so viel Fahrt aufgenommen, dass 7,2 Millionen US-Dollar an Series-A-Finanzierung beschafft werden konnten. 2011 konnte sich das Unternehmen bereits 112 Millionen US-Dollar an Series-B-Geldern sichern, nachdem die Investoren das Potenzial erkannt hatten.

Ein Beispiel für ein Start-up, das es nicht über die Start-up-Phase hinaus geschafft hat, ist Secret, eine App zum anonymen Teilen von Inhalten. Gegründet im Jahr 2013, ermöglichte Secret seinen Nutzern, Geheimnisse unerkannt zu teilen. Anfänglich hatte das Unternehmen genug Schwung und konnte innerhalb von zwei Jahren Investitionen in Höhe von 35 Millionen US-Dollar einsammeln. Trotzdem wurde es 2015 geschlossen, und die Gelder mussten teilweise an die Investoren zurückgezahlt werden.

Start-ups bieten Software-Engineers in der Regel die größtmögliche Freiheit, aber auch die geringste Stabilität. Oft wird hier außerdem die Work-Life-Balance sehr stark infrage gestellt, denn die Existenz des Unternehmens hängt davon ab, einen Produkt-Markt-Fit zu erreichen, bevor das Geld ausgeht. Außerdem haben die Gründer einen großen Einfluss auf die Arbeitsumgebung eines Start-ups. Einige etablieren eine Kultur nach dem Motto »work hard, play hard« (»erst arbeiten, dann feiern«), während andere auf eine eher nachhaltige Arbeitskultur setzen.

In Start-ups, die ihren Angestellten Unternehmensanteile bieten, steht einer hohen Belohnung oft ein hohes Risiko gegenüber. Wird ein erfolgreiches Unternehmen schließlich an die Börse gebracht oder übernommen, können Mitarbeitende der ersten Stunde mit großen Aktienpaketen finanziell stark profitieren. Das passierte etwa bei Airbnb, als das Unternehmen 2020 mit einer Bewertung von 86 Milliarden US-Dollar an die Börse ging. Ähnlich ging es dem Designwerkzeug Figma, das 2020 von Adobe für 20 Milliarden US-Dollar übernommen wurde.

Traditionelle, nicht technologieorientierte Unternehmen mit technischen Abteilungen

Das Kerngeschäft dieser Unternehmen hat nur wenig mit Technologie zu tun, für die meist eine eigene Abteilung zuständig ist. Einige dieser Firmen sind über 50 Jahre alt und wurden noch vor der Zeit der Softwareentwicklung gegründet. Andere sind in Bereichen tätig, in denen Technologie keinen großen Beitrag zur Wertschöpfung leistet.

Beispiele für solche Unternehmen sind IKEA (Einrichtungshaus), JPMorgan Chase & Co (Finanzdienstleistungen), Pfizer (Arzneimittel), Toyota (Transport) und Walmart (Einzelhandel).

Viele dieser Unternehmen sind auf dem Weg der Digitalisierung und beabsichtigen, der Softwareentwicklung eine größere strategische Bedeutung für das Geschäft einzuräumen. Dennoch gilt Technologie an diesen Orten eher als Kostentreiber (*Cost-Center*) als als Gewinnbringer (*Profit-Center*). Daher bieten diese Unternehmen häufig eine schlechtere Bezahlung als viele Big-Tech-Unternehmen und Scale-ups.

Andererseits bieten traditionelle Unternehmen oft eine höhere Arbeitsplatzsicherheit und eine bessere Work-Life-Balance als die meisten technologisch ausgerichteten Firmen. Der Nachteil für Software-Engineers liegt üblicherweise in geringeren Karrierechancen als bei Big Tech oder in Scale-ups. Aufstiegschancen über die eines Staff-Engineers hinaus sind ebenfalls selten.

Traditionelle, aber technologielastige Unternehmen

Eine interessante Untermenge der eher traditionellen Unternehmen sind solche, in denen Technologie als Hardware, Software oder beides im Mittelpunkt des Angebots steht. Diese Unternehmen waren in ihrer Anfangszeit oft sehr erfolgreich und besitzen jetzt ausgereifte, verlässliche und profitable Geschäftsmodelle. Ihr Alter und das langsamere Wachstum führt aber auch zu einer starreren Organisationsstruktur, die sich von jüngeren Technologieunternehmen unterscheidet.

Beispiele für solche Unternehmen sind Broadcom, Cisco, Intel, Nokia, Ericsson, Mercedes-Benz und Saab. Oft fallen Unternehmen mit einem Schwerpunkt auf Hardware und solche aus der Automobilindustrie in diese Gruppe.

Diese Firmen sind häufig weniger beliebt als Big-Tech-Unternehmen oder Scale-ups. Die Gehälter liegen fast immer unter denen von Big Tech, und neue Arbeitsweisen werden nicht so schnell übernommen wie in jüngeren Firmen.

Auf der anderen Seite bieten diese Unternehmen oft komplexe technische Herausforderungen, die für Engineers sehr erfüllend sein können. Dabei haben die Auswirkungen ihrer Arbeit üblicherweise eine für Big Tech typische Größenordnung. Auch bieten sie meist eine sehr stabile Arbeitsumgebung mit einer besser vorhersagbaren Work-Life-Balance als Firmen auf Big-Tech- oder Scale-up-Ebene. Zudem bleiben Software-Engineers solchen Unternehmen oft überraschend lange treu, was ebenfalls zu einer Vorhersagbarkeit und Stabilität beiträgt, die in jüngeren Unternehmen deutlich seltener ist.

Kleine, nicht risikofinanzierte Unternehmen

Eigenfinanzierte (*bootstrapped*) Firmen, Familienunternehmen und Lifestyle-Unternehmen (die also dem Lifestyle des Gründers dienen) sind Beispiele für Unternehmen ohne Risikofinanzierung. Das bedeutet zweierlei:

1. Kein Druck durch Investoren, um jeden Preis zu wachsen.
2. Profitabilität ist notwendig, oder das Geschäftsmodell schlägt fehl.

Diese Eigenschaften führen dazu, dass diese Firmen eher langsam wachsen und bei der Einstellung von Mitarbeiterinnen und Mitarbeitern sowie bei ihrem Geschäftsmodell eher konservativ sind. Dank des angenehmen Arbeitstempos, der Ertragskraft und weil viele Menschen stabilen Firmen länger treu bleiben als solchen mit einer hohen Abwanderung, ist die Arbeitsumgebung hier meist freundlicher und stabiler.

Öffentlicher Sektor

Von Regierungen wird ständig gefordert, in die Softwareentwicklung zu investieren. Und das passiert auch.

Der Vorteil eines Arbeitsplatzes im öffentlichen Dienst liegt in seiner Stabilität und einer klar kommunizierten und nachvollziehbaren Bezahlung. Viele Positionen bieten außerdem Vergünstigungen in Form von Freizeitausgleich und Sonderleistungen.

Mögliche Nachteile sind ein langsamer, bürokratischer Ansatz und die Notwendigkeit, auch veraltete Systeme unterstützen zu müssen, die sich nur schwer anpassen lassen. In einigen Ländern ist es schwerer, von einem Arbeitsplatz im öffentlichen Dienst in den privaten Sektor zu wechseln.

Ein Beispiel für eine Regierungsorganisation mit einem guten Ruf ist das britische Digital-Service-Department, das für die Erstellung und Pflege der staatlichen Websites zuständig ist. Ihre Arbeitsweise ist vorbildlich. So wird ein Großteil ihrer Arbeit auf GitHub veröffentlicht (*https://github.com/alphagov*). Ein weiteres Beispiel für eine Organisation aus dem öffentlichen Sektor mit einer guten Engineering-Kultur ist die British Broadcasting Corporation (BBC).

Non-Profit-Organisationen

Diese Organisationen dienen einem öffentlichen oder sozialen Zweck. Beispiele sind Code.org, Khan Academy und die Wikimedia Foundation.

Non-Profits bieten meist geringere Gehälter als risikofinanzierte Unternehmen, haben dafür aber ein anderes Ziel, als Renditen für Investoren und Profite für die Eigentümer zu erwirtschaften. Die Arbeitsumgebungen fallen unterschiedlich aus. Einige bieten ausgezeichnete Arbeitsorte für technisch orientierte Arbeitskräfte. In vielen Fällen gilt die Technologie aber eher als Kostenfalle.

Beratungsunternehmen, Outsourcing-Firmen und Entwicklungsagenturen

Bisher haben wir uns mit Unternehmen beschäftigt, die Software-Engineers beschäftigen, um Produkte herzustellen und/oder Dienstleistungen zu erbringen. Daneben gibt es aber einen erheblichen Bedarf, Software-Engineering-Expertise über Agenturen oder Outsourcing-Anbieter zu »mieten«.

Outsourcing-Firmen stellen so viele Software-Engineers zur Verfügung, wie ein Kunde gerade benötigt. Dabei entscheidet der Kunde, an welcher Stelle in seinem Geschäft er das technische Talent einsetzt. Eine Beratungsfirma schließt dagegen Verträge mit ihren Kunden ab, um komplexe Projekte von Anfang bis Ende umzusetzen. Hierfür werden Software-Engineers zur Verfügung gestellt, die diese Arbeit erledigen. Die Beratungsfirma ist dabei typischerweise für die Erstellung und Bereitstellung des gesamten Projekts verantwortlich.

Beispiele für Beratungs- und Outsourcing-Firmen sind Accenture, Capgemini, EPAM, Infosys, Thoughtworks und Wipro.

Entwicklungsagenturen sind normalerweise kleine bis mittelgroße Unternehmen, die im Kundenauftrag an kleineren Beratungsprojekten wie der Erstellung von Websites, Apps oder ähnlichen Projekten arbeiten. Oft werden auch Wartungsaufträge von Kunden übernommen. Die Arbeit der Consultant-Engineers wird in diesem Fall oft auf stündlicher oder täglicher Basis mit dem Kunden abgerechnet, obwohl sie in Vollzeit bei der Entwicklungsagentur beschäftigt sind.

Der Vorteil für Software-Engineers in Beratungs- und Outsourcing-Firmen sowie Entwicklungsagenturen liegt darin, dass die Einstellungschancen gerade bei geringer Berufserfahrung sehr gut sind. Dies liegt daran, dass diese Unternehmen oft eine hohe Nachfrage nach Talenten haben und im Branchenvergleich eine geringere Vergütung anbieten.

Weitere Vorteile sind, dass oftmals Fortbildungen für weniger erfahrene Engineers angeboten werden, dass es die Möglichkeit gibt, an vielen verschiedenen Projekten zu arbeiten und dass man als Angestellter Einblick in eine Vielzahl verschiedener Arbeitsumgebungen erhält.

Die Arbeit in Beratungsfirmen bedeutet aber auch Nachteile. Die häufigsten sind:

- Die berufliche Laufbahn endet auf der Stufe eines Staff-Engineers, also eine Ebene oberhalb des Senior-Engineers.
- Der Aufgabenbereich ist durch die Vorgaben des Kunden beschränkt. Beratungsfirmen werden meist für Projekte engagiert, die der Kunde nicht als Teil seiner Kernkompetenz ansieht.
- Es wird wenig Wert auf gute Software-Engineering-Praktiken gelegt. Die Kunden zahlen für schnelle Ergebnisse, nicht dafür, dass sich Entwickler lange mit Dingen wie der Reduzierung technischer Schulden (*Tech Debt*) beschäftigen.
- Es kann schwer sein, später zu Unternehmen zu wechseln, deren Schwerpunkt auf bestimmten Produkten liegt. In Firmen, die Produkte herstellen, wie Big Tech, Start-ups und Scale-ups, herrscht oft eine vollkommen andere Unternehmenskultur in Bezug auf Wartbarkeit und Eigeninitiative. Arbeitet man zu lange in einer Beratungsfirma, kann dies den Wechsel zu anderen Arbeitgebern erschweren.

Akademische Einrichtungen und Forschungslabore

Diese Einrichtungen sind üblicherweise Teil von Universitäten oder arbeiten eng mit diesen zusammen – meistens an langfristigen Forschungsprojekten. Dabei konzentrieren sich einige eher auf angewandte Forschung, während andere mehr in der Grundlagenforschung tätig sind.

Ein Vorteil der Arbeit in Forschungslaboren ist die Möglichkeit, seine Fähigkeiten in weniger erkundeten Bereichen nutzen zu können, sowie die Stabilität einer Umgebung mit weniger oder keinem kommerziellen Druck.

Welche Art von Unternehmen ist für Ihre Karriereziele am besten geeignet?

Wie Sie sehen, hat man als Software-Engineer die Wahl zwischen vielen verschiedenen Unternehmen und Organisationen. Welche passt am besten zu Ihnen?

Es ist eher unwahrscheinlich, dass in allen zehn oben genannten Arbeitsumgebungen gleichzeitig eine Stelle frei ist. Aus diesem Grund sollten Sie die Liste auf die für Ihre Umstände realistischen Optionen reduzieren. Dabei kann es helfen, mit Personen in Ihrem Freundeskreis, der Familie und mit Menschen in Ihrem Netzwerk zu sprechen, die nach Möglichkeit selbst Engineers sind. Fragen Sie nach ihrer Meinung und finden Sie heraus, ob diesen Menschen ihr eigener Arbeitsplatz gefällt und wie die Arbeit wirklich aussieht.

Vergessen Sie nicht, dass es zwischen Unternehmen in der gleichen Kategorie riesige Unterschiede geben kann und dass sich die Teams auch beim gleichen Arbeitgeber keinesfalls gleichen müssen. Jemandem, der in der technischen Abteilung eines traditionellen Unternehmens in einem fantastischen Team arbeitet, geht es wahrscheinlich deutlich besser als jemandem bei einem Big-Tech-Giganten, dessen Team in Schwierigkeiten steckt.

Typische berufliche Laufbahnen im Software-Engineering

Innerhalb eines *Unternehmens* sind die Karrierewege recht einfach. Die beiden häufigsten Wege sind dabei die einspurige (*Single Track*) und die zweispurige (*Dual Track*) Laufbahn.

Einspuriger Karrierepfad

Einspurige Karrierepfade eines *Individual Contributor* (IC, Fachkraft, Anmerkung des Übersetzers: Siehe hierzu auch[1]) und eines Managers sehen typischerweise so aus:

1 Siehe auch *https://www.talent.io/p/de-articles/wie-baust-du-dir-eine-karriere-als-individualcontributor-auf*

Tabelle 1-1: Ein typischer einspuriger Karriereverlauf. Mit jeder Ebene steigt die Vergütung, aber auch die Erwartungen werden höher.

Ebene	Individual Contributor	Manager
1	Software-Engineer	
2	Senior-Engineer	
3	Staff-/Principal-Engineer	Manager
4		Director
5		VP of Engineering
6		CTO

Bei kleineren Firmen ohne technologischen Schwerpunkt ist die Karriereleiter faktisch bei Ebene 3, dem Staff-/Principal-Engineer, zu Ende. Weiteres Wachstum ist nur durch einen Wechsel zum Karrierepfad eines Managers möglich.

Dieser Wechsel bringt Nachteile mit sich. Viele Software-Engineers glauben, Management sei nichts für sie. Also kündigen sie, um woanders zu arbeiten. Ein Arbeitgeber verliert so seine besten Engineers: weil sie entweder Manager werden oder das Unternehmen ganz verlassen, weil ihnen das Management nicht liegt.

Zweispuriger Karrierepfad

Betriebe, die 30 bis 50 Mitarbeitende in der Softwareentwicklung beschäftigen oder die fortschrittlicher denken, bieten oft eine zweispurige Karriereleiter. Hierdurch wird vermieden, dass sich Software-Engineers entscheiden müssen, auf der gleichen Karrierestufe wie ein Line-Manager hängen zu bleiben oder selbst Manager zu werden. Der zweispurige Ansatz sieht typischerweise so aus:

Tabelle 1-2: Eine typische zweispurige Karriereleiter: Auch hier steigen Vergütung und Erwartungen entsprechend der Ebene.

Ebene	Individual-Contributor-Leiter	Manager-Leiter
1	Software-Engineer	
2	Senior-Engineer	
3	Staff-Engineer	Manager
4	Senior-Staff-Engineer	Director
5	Principal-Engineer	Senior Director
6	Distinguished Engineer	VP of Engineering
7	Fellow (siehe Teil 5)	Senior VP of Engineering
8		CTO

In Unternehmen mit einem zweispurigen Karrieremodell gibt es eine Reihe verschiedener Ansätze:

1. Berufliche Entwicklung vom Software-Engineer über das Senior-Level zu immer herausfordernderen IC-Ebenen (Individual Contributor).
2. Engineering-Manager. Wechsel als Senior- oder Staff-Engineer zum Engineering-Manager. Danach Weiterentwicklung entlang des Manager-Pfads. Mit etwas Glück besteht die Aussicht auf eine Position als Director oder höher.
3. Wechsel zwischen IC- und Manager-Pfad. Rückkehr in die Rolle des Engineers nach einer Laufbahn in der Manager-Rolle. Möglicher erneuter Wechsel in der Zukunft. In Unternehmen mit diesem Ansatz kommen solche Wechsel häufiger vor, als Sie vielleicht erwarten.

Alle Karrierepfade sind einmalig

Im wahren Leben wechseln Menschen in der Tech-Branche sehr oft ihre Arbeitgeber. Die Mehrheit der mir bekannten Software-Engineers wechselt alle paar Jahre den Job, was natürlich Auswirkungen auf die berufliche Laufbahn hat. Es entstehen sehr vielfältige Karrierepfade, wie Sie in den LinkedIn-Profilen erfahrener früherer Software-Engineers sehen können. Hier ein paar Beispiele:

Die 20-jährige Laufbahn von Tanya Reilly[2], Autorin des ausgezeichneten Buchs »The Staff Engineer's Path«, ist ziemlich gradlinig und folgt dem Pfad des Software-Engineers:

- Systemadministratorin (Fujitsu, Eircom)
  → Software-Engineer (Google)
  → Senior-Software-Engineer (Google)
  → Staff-Software-Engineer (Google)
  → Principal-Software-Engineer (Squarespace)
  → Senior-Principal-Software-Engineer (Squarespace)

Die 20-jährige Laufbahn von Nicky Wrightson[3] – bei Veröffentlichung dieses Buchs als Head of Engineering tätig. Nicky war lange im Software-Engineering, bevor sie in die Führungsebene wechselte:

- Softwareentwicklerin (Beratungsfirma)
  → spezialisierte Beraterin und Entwicklerin (Telekommunikation)
  → Entwicklerin (BNP Paribas, JP Morgan, Morgan Stanley)
  → sechsmonatiges Sabbatical
  → Principal-Engineer (Financial Times, River Island, Skyscanner)
  → Fractional CTO (CTO in Teilzeit, Wagniskapitalgeber Blenheim Chalcot)
  → Head of Engineering (topi)

2 *https://www.linkedin.com/in/tanyareilly*

3 *https://www.linkedin.com/in/nickywrightson*

Der Karrierepfad von Mark Tsimelzon[4] – bei Veröffentlichung dieses Buchs Director of Engineering bei WhatsApp/Meta – verlief über drei Jahrzehnte recht kurvenreich. Er begann als Software-Engineer und wechselte dann zwischen der Gründerrolle, dem Aufbau von Unternehmen und Führungspositionen:

- Software-Engineer
  → Engineering-Manager
  → Gründer (Start-up, das später von Akamai übernommen wurde)
  → Product Manager (Akamai)
  → Gründer (Start-up, das später von Sybase übernommen wurde)
  → Director of Engineering (Yahoo)
  → Entrepreneur in Residence (Risikokapitalunternehmen)
  → VP of Engineering (Start-up, das später von Yahoo übernommen wurde)
  → Senior Director of Engineering (Yahoo)
  → VP of Engineering (Syapse)
  → Chief Engineering Officer (Babylon Health)
  → Director of Engineering (WhatsApp/Meta)

Häufig anzutreffende Karrierepfade

Die Software-Engineering-Branche ist dynamisch und einem ständigen Wandel unterworfen. Daher überrascht es nicht, dass Software-Engineers eine Vielzahl von Möglichkeiten haben, ihre Karriere zu formen, indem sie die sich bietenden Chancen nutzen. Hierbei habe ich mindestens zwölf »häufige« Karrierepfade beobachtet:

1. **Der lebenslange Software-Engineer.** Ein Software-Engineer, der Software-Engineer bleibt, dabei mehr und mehr zum Senior wird (zum Beispiel Senior-Engineer, Staff- oder Principal-Engineer) und zwischen verschiedenen Unternehmen wechselt. Oftmals wird zwischen unterschiedlichen Stacks (zum Beispiel Frontend/Backend und so weiter) gewechselt, und die Fähigkeiten werden mit jeder neuen Position erweitert.
2. **Software-Engineer wird Experte.** Ein Entwickler, der sich auf ein Gebiet spezialisiert, etwa native Mobilgeräte oder das Backend, und dort für längere Zeit bleibt.
3. **Das Generalisten-Spezialisten-Pendel.** Ein Engineer, der sich auf eine bestimmte Technologie spezialisiert, dann Zeit in einer eher allgemeinen Position verbringt, und dann noch mal von vorn beginnt.
4. **Software-Engineer mit Spezialisierung in einem Nischengebiet.** Zum Beispiel ein Software-Engineer, der zu einem Site Reliability Engineer oder einem Data Engineer wird, wobei er zwar auch programmiert, die meiste Arbeit aber wenig mit dem eigentlichen Software-Engineering zu tun hat.

4 *https://www.linkedin.com/in/marktsimelzon*

5. **Software-Engineer wird Freelancer.** Hat diese Person die Ebene eines Senior-Engineers erreicht, wird sie Contractor (Auftragnehmer meist für einen oder nur wenige Kunden) oder Freelancer. Bei einem oft besseren Verdienst gibt es weniger Sorge, was die interne Firmenpolitik und die Karrierechancen betrifft.
6. **Software-Engineer wird Tech-Lead.** Eine Entwicklerin, die beginnt, ein Team zu leiten, ohne dabei unbedingt Managementaufgaben zu übernehmen. Auch bei einem Wechsel des Arbeitgebers kehren diese Personen schließlich in eine Tech-Lead-Position zurück.
7. **Software-Engineer wird Engineering-Manager.** Ein Entwickler, der sich zum Engineering-Manager weiterentwickelt und dann diesen Karrierepfad weiterverfolgt.
8. **Software-Engineer wird Gründer/Geschäftsinhaber.** Nach einer Karriere als Software-Engineer gründet diese Person allein oder mit anderen ein Unternehmen.
9. **Software-Engineer wird Nicht-Software-Engineer.** Eine Person, die in ein anderes technisches Gebiet wechselt, wie Developer Relations (DevRel), Produktmanagement, Technical Program Management (TPM), Tech Recruitment oder etwas anderes. Ihre Erfahrung als Software-Engineer ist relevant, und sie hat die Möglichkeit, Arbeitsbereiche zu erkunden, an denen sie ein Interesse entwickelt hat.
10. **Software-Engineer-Manager-Pendel.** Ein Software-Engineer, der erst Engineering-Manager wird und danach wieder in die Rolle des Engineers wechselt. Dieser Wechsel kann mehrmals wiederholt werden. CTO Charity Majors schreibt über diesen immer häufiger anzutreffenden Weg im Artikel »The Engineer/Manager Pendulum«[5].
11. **Kombination der oben genannten Wege.** Zum Beispiel ein Software-Engineer, der Engineering-Manager wird, dann Produktmanager, dann Gründer oder irgendeine andere Kombination möglicher Laufbahnen.
12. **Nicht linearer Karrierepfad:** Zum Beispiel ein Software-Engineer, der Engineering-Manager wird, dann eine längere Karrierepause einlegt, um eine Familie zu gründen oder eine andere Karriere zu verfolgen. Später kehrt er als Director of Engineering in das frühere Umfeld zurück. Nicht lineare Karrierepfade verlaufen individuell sehr unterschiedlich.

In diesem Buch betrachten wir einen eher typischen Karrierepfad innerhalb eines Unternehmens, der vom Software-Engineer als Berufseinsteiger bis hin zum Staff-Engineer oder höher führt. Solch eine Laufbahn ist zwar typisch für einen IC, der in einem Unternehmen aufsteigt, aber nicht unbedingt für Software-Engineers im Allgemeinen. Die hier gezeigte große Vielfalt an Karrierepfaden soll verdeutlichen, dass es nicht den einen »guten« Weg gibt. Gelegenheiten und Vorlieben können sich unterscheiden. Haben Sie also keine Angst, sich auch in weniger konventionelle Bereiche vorzuwagen.

5 *https://charity.wtf/2017/05/11/the-engineer-manager-pendulum*

Vergütung und Branchenebenen (Tiers) von Unternehmen

Es ist schwierig, alle Aspekte eines Jobs genau anzugeben – die beruflichen Herausforderungen, die Flexibilität und die Work-Life-Balance.

Die Gesamtvergütung ist dagegen leichter messbar, allerdings kann es schwierig sein, Anteilspakete in Privatunternehmen zu bewerten. Als Hiring Manager habe ich eine offenbar dreigliedrige Verteilung von Vergütungspaketen beobachten können. Diese Aufteilung konnte ich bestätigen, indem ich Tausende von bei TechPays.com (einer Website, die ich vor Veröffentlichung dieses Buchs erstellt habe) selbst gemeldeten Datenpunkten analysiert habe. Sie sieht wie folgt aus:

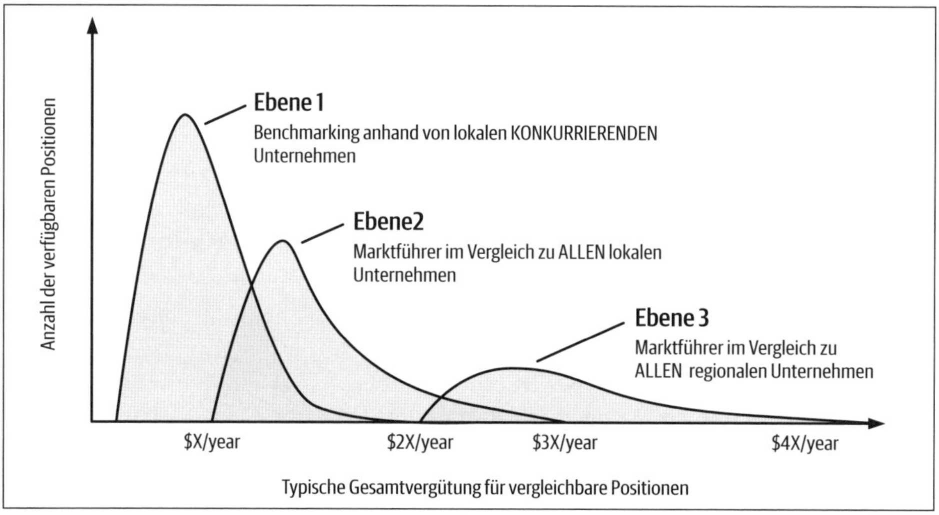

Abbildung 1-1: Das dreigliedrige Vergütungsmodell im Software-Engineering: warum eine vergleichbare Position unterschiedlich vergütet werden kann (und wird). Ebene 1: lokale Unternehmen, Ebene 2: lokale Marktführer, Ebene 3: regionale/internationale Marktführer.

Wie die Daten zeigen, kann sich die Bezahlung für die gleiche Rolle/die gleiche Berufsbezeichnung je nach Art des Unternehmens um den Faktor 2 bis 4 unterscheiden. Ein Senior-Engineer bei Google verdient sehr wahrscheinlich doppelt, vielleicht sogar viermal, so viel wie ein Senior-Engineer in einem Unternehmen, das nicht in der Tech-Branche tätig ist, oder in einem kleinen Familienunternehmen. Die Gesamtvergütung besteht aus drei Komponenten:

- Grundgehalt
- Prämien
- Firmenanteile: Bei börsennotierten Unternehmen sind diese liquide (können kurzfristig verkauft werden), bei Start-ups in privater Hand, und bei Scale-ups sind sie nicht auszahlbar.

Sprechen wir nun über die drei Branchenebenen (*Tiers*) im Technologiemarkt und ihre Auswirkungen auf die Vergütung.

Ebene 1: Lokaler Markt

Unternehmen, die sich mit dem lokalen Markt vergleichen. Firmen auf dieser Ebene sind typischerweise:

- lokale Start-ups
- kleine, nicht risikofinanzierte Unternehmen
- traditionelle nicht technisch orientierte Firmen mit technischen Abteilungen
- öffentlicher Sektor
- Non-Profit-Organisationen
- Beratungsfirmen, Outsourcing-Firmen und Entwickleragenturen
- akademische Einrichtungen und Forschungslabore

Ebene 2: Lokaler Marktführer

Unternehmen, die darauf abzielen, Marktführervergütungen zu zahlen, um ausgezeichnete lokale Talente zu gewinnen und zu halten. Typische Unternehmen sind hier:

- einige mittelgroße Unternehmen, besonders solche, die ihre Vergütung auf den lokalen Markt optimieren
- einige Scale-ups
- einige Start-ups, üblicherweise solche mit einer gesunden Finanzierung und einem regionalen Fokus
- einige traditionelle Unternehmen mit einer technischen Abteilung, besonders solche, die große technische Investitionen tätigen

Ebene 3: Regionaler/internationaler Marktführer

Unternehmen, die auf eine regionale Marktführerschaft abzielen und die entsprechenden Unternehmen der dritten Ebene als Mitbewerber haben. Typische Unternehmen dieser Gruppe sind:

- Big Tech
- die meisten mittelgroßen Tech-Unternehmen
- finanziell gut ausgestattete Scale-ups, die mit Big-Tech- und mittelgroßen Tech-Unternehmen um Talente konkurrieren
- Start-ups mit starker Finanzierung, die Mitarbeiterinnen und Mitarbeiter aus den oben genannten Gruppen einstellen
- Die Vergütung bei Unternehmen der dritten Ebene besteht oft aus drei Bausteinen:
  - Grundgehalt
  - jährlich ausgegebene Firmenanteile
  - jährlich ausgegebene Bonuszahlungen

Wenn börsennotierte Unternehmen Aktien ausgeben, können diese nach Ablauf einer Sperrfrist als Teil der Gesamtvergütung verkauft werden. Auf diese Weise verdienen Software-Engineers auf Staff-Ebene bei Big-Tech- und ähnlich großen Unternehmen jährlich mehr durch Aktienoptionen als durch ihr Grundgehalt.

Auch viele Start-ups und Scale-ups bieten Software-Engineers Firmenanteile. Bei privaten Unternehmen sind diese Anteile jedoch nicht liquide. Steigen die Aktienkurse, sind sie also nur auf dem Papier etwas wert, bis das Unternehmen einen Exit vornimmt – beispielsweise indem es an die Börse geht oder übernommen wird. Durch diese Exits können Mitarbeitende der ersten Stunde ein kleines Vermögen verdienen, wie es kürzlich bei frühen Angestellten von Uber der Fall war. Natürlich bedeuten privat gehandelte Unternehmen auch ein größeres Risiko, da es möglicherweise nie zu einem Exit kommt. Das passierte 2023 den frühen Mitarbeitenden von Foursquare, als ihre Firmenanteile einfach ausliefen[6] und so 14 Jahre nach Firmengründung einfach »verpufften«.

Contractors und Freelancer

Bis hierher haben wir uns nur mit der Bezahlung von Festangestellten befasst. Wir müssen uns aber auch die Vergütung von Contractors und Freelancern ansehen. Sie leisten oft ähnliche Arbeit wie Festangestellte, werden aber anders bezahlt.

Sie stellen dem Unternehmen die vereinbarte Vergütung in Rechnung, üblicherweise einen Stunden- oder Tagessatz. Aus Sicht der Personalabteilung sind sie keine Angestellten, sondern haben einen Business-to-Business-Vertrag, auf dessen Basis sie Software-Engineering-Dienstleistungen für einen Kunden erbringen. Die genauen Bezeichnungen sind von Land zu Land unterschiedlich. In den USA und Großbritannien wird der Begriff *Contractor* genutzt, während in den meisten europäischen Ländern das Wort *Freelancer* üblicher ist. In diesem Buch verwenden wir den Begriff *Contractor*.

Ein wesentlicher Unterschied zu Festangestellten besteht darin, dass die Vergütung als Contractor deutlich höher ausfallen kann. Die Tarife, die Software-Engineers auf Senior-Ebene als Contractor verlangen können, liegen fast immer über den Vergütungspaketen der Ebene 2. Mittlerweile können einige hoch qualifizierte Auftragnehmer sogar Verdienste entsprechend Ebene 3 erzielen.

In manchen Ländern – beispielsweise in einigen Ländern in Europa – sind Einkommen aus Festanstellung stark besteuert, während Einkommen als Contractor weniger belastet sein können.

Für Arbeitgeber ist die Zusammenarbeit mit Contractors deutlich flexibler als mit Festangestellten. Contractors können schnell engagiert und das Arbeitsverhältnis kann auch schnell wieder gelöst werden. Auch müssen sich Arbeitgeber keine Sorgen um Fortbildungen oder Abfindungsbedingungen machen. Urlaubsregelungen sind ebenfalls kaum nötig. Nimmt ein Contractor einen Tag frei, stellt er diesen einfach nicht in Rechnung.

6 *https://www.theinformation.com/articles/the-private-tech-company-that-let-employee-stock-grants-evaporate*

Auch das Leistungsmanagement und die Karriereleiter sehen für Contractors anders aus. Es gibt keine Leistungsbeurteilungen oder Aufstiegsmöglichkeiten. Dadurch sind viele der Aktivitäten, die bei Vollzeitbeschäftigten zum Erbringen guter Leistungen üblich sind, für Contractors nicht erforderlich. Viele arbeiten lieber als Contractor, weil sie keine unternehmensinternen Karrieremöglichkeiten nutzen möchten und sich lieber auf ihre Arbeit konzentrieren als auf Prozesse zum Leistungsmanagement und auf Büropolitik.

Der Preis für die Arbeit als Contractor liegt darin, dass ihr Arbeitsplatz oft weniger sicher ist als eine entsprechende Festanstellung. Festangestellte sind in den meisten Ländern durch gesetzliche Regelungen und Verordnungen geschützt. Contractors können dagegen sehr leicht nicht weiterbeschäftigt werden: In der Regel verlängert der Arbeitgeber einen befristeten Vertrag einfach nicht oder kündigt ihn innerhalb eines vereinbarten Zeitrahmens. Dadurch sind sie oft diejenigen im Team, die als Erste gehen müssen, wenn die Zeiten schlechter werden.

Contractors ziehen eine bessere Bezahlung einem sicheren Arbeitsplatz vor. Viele dieser Engineers bewegen sich auf Senior-Level oder höher und sehen eine unternehmensinterne Karriere nicht als ihr Ziel an.

Vor- und Nachteile der verschiedenen Ebenen

Die Unterschiede in der Vergütung zwischen den verschiedenen Ebenen von Unternehmen lassen sich nur schwer objektiv beurteilen, weil jedes Unternehmen eine eigene Philosophie verfolgt und jede Arbeitsumgebung eigene Vor- und Nachteile mit sich bringt. Unten sehen Sie einige Beobachtungen der Ebenen 1, 2 und 3 für festangestellte Vollzeitkräfte. Contractors werden hier nicht detailliert betrachtet, da es keine Karrierestufen gibt, nach denen sie streben könnten. Dennoch verkörpern wirklich gute Contractors viele der Eigenschaften, die wir in den Abschnitten zu »Senior« und »Staff« in diesem Buch behandeln.

Tabelle 1-3: Vergleich der drei Unternehmensebenen

Bereich	Ebene 1 (lokal)	Ebene 2 (lokaler Marktführer)	Ebene 3 (regionaler Marktführer)
Schwierigkeit, einen Job zu finden	am einfachsten	anspruchsvoller	sehr anspruchsvoll
Leistungserwartungen	meist angemessen	oft herausfordernd	fast immer herausfordernd
Karrierepfade als Individual Contributor	normalerweise bis zu Senior- oder Staff-Ebene	manchmal über Staff-Ebene hinaus	fast immer über Staff-Ebene hinaus
Work-Life-Balance	kann ein Schwerpunkt sein	normalerweise kein großer Schwerpunkt	normalerweise kein großer Schwerpunkt

Unternehmen mit der höchsten Vergütung ziehen erwartungsgemäß auch die meisten Stellenbewerber an. Das heißt, sie können die höchsten Anforderungen an Software-Engineers stellen, was meistens auch der Fall ist.

Cost-Center, Profit-Center

Viele Unternehmen wenden das Konzept von *Profit-Center* (Gewinnbringer) und *Cost-Center* (Kostentreiber) auf ihr Geschäft an. In welchem dieser beiden Bereiche Sie arbeiten, kann Auswirkungen auf Ihre Karriere haben.

Als Profit-Center gilt ein Team oder eine Abteilung, die direkte Einnahmen für das Geschäft generiert. Ein klassisches Beispiel ist Googles Ads-Abteilung, die direkt für den größten Teil von Googles Einnahmen verantwortlich ist. Natürlich gibt es viele Teams, die dieser Abteilung zuarbeiten. Das Search-Team beispielsweise leistet einen großen Beitrag, indem es Besucherinnen und Besucher auf die Site bringt. Aber ohne die vom Ads-Team erstellten Werkzeuge, mit denen Werbekunden ihre Anzeigenbudgets verwalten können, würde Google deutlich weniger Geld verdienen.

Als Cost-Center gelten Teams oder Organisationen, die keinen direkten Beitrag zu den Einnahmen des Unternehmens leisten. Trotzdem werden sie gebraucht, um das Unternehmen am Laufen zu halten. Ein gutes Beispiel ist ein Engineering-Team, das sich um die Einhaltung der europäischen DSGVO-Bestimmungen kümmert. Diese Aktivitäten sind notwendig, erzeugen aber keinen Gewinn. Daher gelten sie aus geschäftlicher Sicht als Cost-Center.

Welche Auswirkungen hat es, in großen Unternehmen in einem Cost- oder einem Profit-Center zu arbeiten? Hier ein paar Beispiele:

- **Beförderungen:** Diese sind in Profit-Centern fast immer besser zu erreichen. Es ist immer leichter, eine Beförderung mit dem Einfluss auf die Erzeugung von Einnahmen zu begründen. Eine große Ausnahme bilden an dieser Stelle Big-Tech-Unternehmen. Hier wird von Mitarbeitern auf Staff-Ebene und höher erwartet, dass sie zusätzlich zu den unternehmensweiten Auswirkungen auf das Geschäft unternehmensweite technische Herausforderungen lösen. Solche Anforderungen sind Anreiz für erfahrene Engineers, in Plattformteams zu arbeiten, um ihre Karriere voranzutreiben.
- **Leistungsbeurteilungen und Boni:** Von der Einsteiger- bis zur Senior-Engineer-Ebene gibt es keinen Unterschied bei der Arbeit in beiden Organisationsformen. Auf höhere Ebenen erhalten Mitarbeiter in Profit-Centern meist bessere Bewertungen und Boni. Der Grund ist, dass die meisten Unternehmen von Natur aus eher auf die Gewinnbringer setzen, wenn die Beiträge der Engineers ansonsten gleichwertig sind.
- **Interne Wechsel:** Man könnte denken, dass Menschen einen Job in einem Profit-Center bevorzugen. Das ist aber oft gar nicht der Fall. Viele Engineers interessieren sich für komplexe und interessante Arbeit. Diese findet jedoch überwiegend in »Big Bet«-Projekten mit hohem Risiko statt, die (noch) keine Profit-Center sind. Andersherum gelten Profit-Center oft als die »langweiligen« Teams im Unternehmen, in denen entsprechend weniger Personen arbeiten möchten. Stellen Sie sich vor, Sie ergattern einen Job bei Meta und wählen ein Team, in dem Sie arbeiten wollen. Würden Sie lieber an der Infrastruktur für Anzeigen

arbeiten und so den Gewinn um 0,005 % steigern oder lieber in einem neuen Team, das eine neue und innovative Möglichkeit schafft, mit Freunden in Verbindung zu bleiben?

- **Abnutzung:** Cost-Center haben fast immer eine höhere Mitarbeiterabwanderung, weil mehr Menschen das Unternehmen wieder verlassen oder ins Profit-Center wechseln, da die Karrierechancen in solchen Teams größer sind.
- **Arbeitsplatzsicherheit:** Cost-Center sind oft als Erste von Stellenstreichungen betroffen, wenn ein Unternehmen Geld sparen muss.

Woher wissen Sie also, ob Ihr Team oder Ihre Abteilung als Profit- oder als Cost-Center gilt? Hier sind ein paar Möglichkeiten, das herauszufinden:

- Meldet Ihr Team oder Ihre Abteilung für jeden Geschäftszeitraum die erzielten Einnahmen? Dann handelt es sich sehr wahrscheinlich um ein Profit-Center.
- Womit verdient Ihr Unternehmen sein Geld, und welche Abteilungen sorgen für den Gewinn? Erhält der Vertrieb die gesamte Anerkennung, oder ist es die Kundenbetreuung, wenn Sie in einer Bank arbeiten? Erhält die Technikabteilung Anerkennung für die Generierung von Einnahmen? Welche Teams innerhalb der Technikabteilung sind das?
- Sehen Sie sich das Organigramm an. Wie weit oben steht die Technik in der Organisationsstruktur? Wem berichten die Engineering- oder Produktteams? Wie viele VPs gibt es im Engineering-Bereich im Vergleich zu Marketing, Buchhaltung, operativem Geschäft und anderen Bereichen?
- Welche Teams bezeichnet der CEO bei All-Hands-Meetings als »strategisch« und macht sie für steigende Gewinne verantwortlich? Gehört Ihr Team oder Ihre Abteilung dazu?
- Ist Ihr Unternehmen an der Börse notiert? Falls ja, lesen Sie die Quartalsberichte, um einen Eindruck von den Unternehmensschwerpunkten zu bekommen. Dies sind wahrscheinlich die Bereiche, in denen die Profit-Center zu finden sind.

Software-Engineering kann ein Cost- oder ein Profit-Center sein:

- Im Big Tech, in mittelgroßen Unternehmen, in Start-ups und Scale-ups, in denen die Technologie zum Kerngeschäft gehört, gelten Technologie und Software-Engineering sehr häufig als Profit-Center.
- In traditionellen Betrieben und bei Arbeitgebern im öffentlichen Sektor wird Technologie oft als Cost-Center betrachtet, das als »Mittel zum Zweck« dient.
- In Beratungsfirmen und Entwickleragenturen ist die Softwareentwicklung eine Dienstleistung des Unternehmens und damit in der Regel ein Profit-Center.

Sowohl in Cost-Centern als auch in Profit-Centern kann Ihnen die Arbeit eine Perspektive bieten. Wenn man in einem Profit-Center arbeitet, fühlt man sich Cost-Centern leicht überlegen. Trotzdem brauchen effektive Unternehmen beide Arten von Teams und Abteilungen. Daher es ist eine nützliche Fähigkeit, sich in beiden Umgebungen behaupten zu können.

Alternative Wege, über den Karriereverlauf nachzudenken

Ob Sie es glauben oder nicht – es gibt viel mehr, was bei Job und Karriere eine Rolle spielt, als Titel und Bezahlung. Über Ihren Rang, den Ruf des Unternehmens und die Bezahlung lässt sich am einfachsten reden, da diese Dinge konkreter Natur sind und das Gehalt eine einfache Vergleichsmöglichkeit zwischen verschiedenen Positionen bietet. Unten sehen Sie eine Reihe weiterer Faktoren, die zur Zufriedenheit im Job beitragen:

- Menschen, mit denen Sie zusammenarbeiten, und Teamdynamik
- Ihre Manager und Ihr Verhältnis zu ihnen
- Ihre Position innerhalb des Teams und des Unternehmens
- Unternehmenskultur
- die Mission des Unternehmens und der Beitrag, den es für die Gesellschaft leistet
- berufliche Entwicklungsmöglichkeiten
- Ihre mentale und physische Gesundheit in dieser Umgebung
- Flexibilität – können Sie remote oder im Homeoffice arbeiten? Falls ja, wie oft und mit wie viel Vorlauf?
- Bereitschaftsdienst – wie anstrengend und belastet ist das?
- Trennung von Beruf und Privatleben – wie einfach ist es, die »Arbeit am Arbeitsplatz zu lassen«?
- persönliche Gründe

Bildlich dargestellt, sieht das etwa so aus:

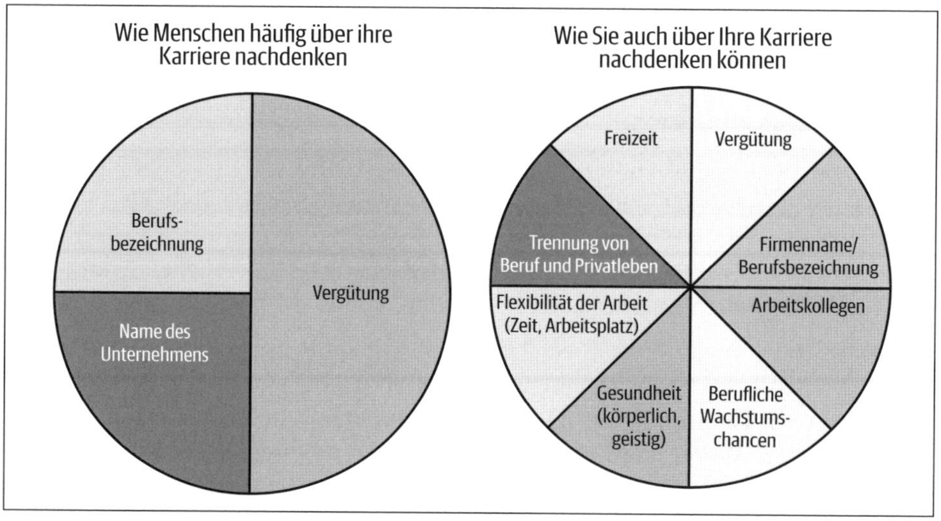

Abbildung 1-2: Eine weitere Möglichkeit, über Ihre berufliche Situation nachzudenken

Wägen Sie die Bereiche in den Diagrammen gegen die Bezahlung für die Positionen ab, auf die Sie sich bewerben. Oft nehmen lang gediente Profis eine Gehaltskürzung in Kauf, um in einem oder mehreren dieser Bereiche ein »Upgrade« zu erhalten. Finden Sie das Gleichgewicht, das für Sie in Ihrem Job am besten funktioniert. So werden Sie eine wesentlich erfülltere Karriere durchlaufen als Menschen, die sich nur nach den leicht zu messenden Komponenten einer Arbeitsstelle richten.

KAPITEL 2

Die Karriere in die eigene Hand nehmen

Der wichtigste Karrieretipp für jeden Software-Engineer lautet:

Nehmen Sie Ihre Karriere in die eigene Hand!

Warum? Weil niemand anderem Ihre Karriere so wichtig ist wie Ihnen. Diese Lektion habe ich selbst erst lernen müssen. So richtig klar wurde mir das, als ich Manager wurde und anderen half, beruflich weiterzukommen, ihre Ziele zu erreichen und ihre Pläne zu verwirklichen.

In diesem Kapitel besprechen wir, was es bedeutet, die Karriere in die eigene Hand zu nehmen:

1. Sie sind für Ihre Karriere verantwortlich
2. Als jemand gesehen werden, der »die Dinge anpackt«
3. Führen Sie ein Arbeitsprotokoll
4. Bitten Sie um Feedback und geben Sie Feedback
5. Machen Sie sich Ihren Manager zum Verbündeten
6. Teilen Sie sich Ihre Kraft gut ein

Sie sind für Ihre Karriere verantwortlich

Im Laufe meiner Karriere hatte ich mehrere Manager. Einige nahmen meine Ziele ernst, andere nicht. Einige beförderten mich schon nach wenigen Monaten, während andere, selbst nachdem wir über ein Jahr zusammengearbeitet hatten, so gut wie kein Feedback zu meinen Entwicklungsmöglichkeiten gaben.

Als ich zum ersten Mal eine Führungsrolle übernahm, habe ich mir geschworen, ein großartiger Manager zu sein und mich um die Karrieren aller Mitarbeitenden zu kümmern, für die ich direkt verantwortlich war. Ich setzte mich mit ihnen zusammen, besprach ihre Karriereziele und bemühte mich, sie umzusetzen. Dabei fielen mir einige Dinge auf:

- Viele Software-Engineers hatten zuvor noch nie ein Karrieregespräch mit einem Manager. Ich war der Erste, der mit ihnen über ihre Ziele sprach, und zwar nicht nur über ihre Perspektiven am Arbeitsplatz, sondern auch, wie es weitergehen sollte, wenn sie das Unternehmen verlassen würden, was zweifellos irgendwann passieren würde.

- Einigen Menschen konnte leichter geholfen werden als anderen. Mit denjenigen, die wussten, was sie wollten, verliefen die Gespräche besser als mit denen, die sich absichtlich oder unabsichtlich noch keine Gedanken darüber gemacht hatten.
- Am liebsten hätte ich allen geholfen, aber als Manager war meine Zeit begrenzt. Ich konnte mit jedem etwas Zeit verbringen, es gab aber noch eine Menge anderer Dinge, um die ich mich kümmern musste.

Schließlich musste ich mir eingestehen, dass ich trotz des Wunschs, allen bei ihrer Karriere zu helfen, nicht die beste Wahl für diese Aufgabe war. Die beste Wahl war die jeweilige Person selbst. Das war deutlich zu erkennen: Sobald sie die Zügel selbst in die Hand nahmen, sich Ziele setzten, diese verfolgten, verbesserten sie sich kontinuierlich. Denjenigen, die nur geringe oder gar keine Anstrengungen unternahmen oder darauf warteten, dass ich ihnen Ziele setzte und sie motivierte, auf diese Ziele hinzuarbeiten, passierte das nicht. Und viele mussten sogar mit Managern auskommen, denen die Bandbreite oder die Motivation fehlt, sie wirksam zu unterstützen.

Wenn Sie erfolgreich sein wollen, nehmen Sie Ihre Karriere selbst in die Hand. Warten Sie nicht darauf, dass ein Manager eingreift. Selbst wenn Sie glücklicherweise einen guten Manager erwischt haben, muss dieser sich um ein Dutzend oder sogar mehr Menschen kümmern und kann Ihrer Karriere nur einen Bruchteil der Aufmerksamkeit geben, die Sie selbst aufbringen können.

Es gibt viele Möglichkeiten, die eigene Karriere selbst in die Hand zu nehmen. Zum Beispiel können Sie Ihrer Managerin und Ihren Kollegen mitteilen, was Ihnen wichtig ist, Sie können mit ihnen über ihre Arbeit sprechen, die sonst vielleicht nicht bemerkt würde, und Sie können Gelegenheiten schaffen, bei denen Menschen Ihnen Feedback geben können.

Als jemand gesehen werden, der »die Dinge anpackt«

Wenn ich mit Engineers spreche, die beruflich weiterkommen wollen, werde ich oft gefragt, wie sie eine Beförderung besser begründen oder sich in der Firmenpolitik verbessern können. Beides ist wichtig. Aber solange man nicht als jemand gesehen wird, der »die Dinge anpackt«, ist alles andere egal.

Schaffen Sie etwas!

Bringen Sie Ihnen zugewiesene Arbeit zu Ende und geben Sie diese in ausreichend guter Qualität und nach einer angemessenen Zeit ab. Übererfüllen Sie Ihr Soll und geben Sie mehr und bessere Ergebnisse ab, als von Ihnen erwartet wird. Für die meisten Engineers bedeutet »abgeben« oder »liefern«, funktionierenden Code für den produktiven Einsatz bereitzustellen sowie neue Features, Services und Komponenten einzuführen.

Erledigen Sie möglichst viele Dinge mit weitreichenden Auswirkungen

Es ist ein großer Unterschied, ob Sie bedeutungslose Dinge zu Ende bringen, etwa die Fertigstellung kleinerer Refaktorierungsaufgaben, die für Kunden und Mitentwickler kaum etwas ändern, oder Aufgaben erledigen, die weitreichende Folgen für das Geschäft und Ihr Team haben. Seien Sie die Person, die viele Dinge mit großen Auswirkungen erledigt. Um hierfür einen guten Startpunkt zu finden, müssen Sie verstehen, wo die Prioritäten Ihres Teams und Ihres Unternehmens liegen. Also finden Sie's heraus!

Lassen Sie die Leute wissen, dass Sie etwas schaffen

Häufig machen Software-Engineers den Fehler, zu denken, dass alle um sie herum – ihr Team, Manager, Produktmanagerinnen und Mitglieder anderer Teams – schon mitbekommen, wenn sie ein bestimmtes Feature fertigstellen oder ein komplexes Projekt beenden. Da ist aber nicht so.

Sie müssen Ihren Manager und Ihr Team darüber informieren, wenn Sie eine Aufgabe erledigt haben. Ist Ihre Arbeit wichtig, ermitteln Sie die Auswirkungen auf das Unternehmen, und geben Sie diese weiter. Kommunizieren Sie, wenn Ihre Arbeit ungewöhnlich komplex ist oder heroische Anstrengungen erforderlich sind. Sonst wird niemand erfahren, welche Herausforderungen Sie bewältigen mussten, um ihre Aufgabe zu meistern!

Bringen Sie übernommene Arbeiten zu Ende, konzentrieren Sie sich auf die wichtigen Dinge und lassen Sie die anderen wissen, wenn Sie damit fertig sind. So bleibt Ihre Arbeit nicht unbemerkt.

Führen Sie ein Arbeitsprotokoll

Woran haben Sie diese und letzte Woche gearbeitet? Woran vor zehn Monaten? Die meisten Software-Engineers können sich gut an kürzlich geleistete Arbeiten erinnern. Bei weiter zurückliegenden Aufgaben verschwimmen die Details leicht. Das ist so lange kein Problem, bis es zu einem wird.

Zum Beispiel kann es problematisch sein, wenn Sie am Jahresende zusammenfassen sollen, welche Beiträge Sie geleistet haben. Diese Informationen können sich direkt auf Ihre Leistungsbeurteilung oder Beförderungschancen auswirken. Ähnlich sieht es aus, wenn Ihr Manager Leistungsbeurteilungen vorbereitet und Sie um eine Zusammenfassung der Dinge bittet, an denen Sie im vergangenen Jahr gearbeitet haben. Ohne Aufzeichnungen übersehen Sie wichtige Arbeiten schnell mal, oder Sie verschwenden Zeit damit, die Details früherer Projekte wiederzufinden.

Besser ist es, wenn Sie die wichtigsten Tätigkeiten wöchentlich aufzeichnen. Hierzu gehören wesentliche Codeänderungen, Code-Reviews, Designdokumente, Diskussionen und Planungen, Informationen darüber, wann Sie anderen geholfen haben – alles, was Zeit kostet und Auswirkungen auf andere hat. Die ehemalige Software-Engineer Julia Evans bezeichnet ein solches Protokoll als »Angeberdokument«.[1]

So ein Dokument hat eine Menge Vorteile – nicht nur für Leistungsbeurteilungen, sondern auch für Sie selbst, weil es dokumentiert, wie viel Sie tatsächlich leisten. Hier ein Beispiel:

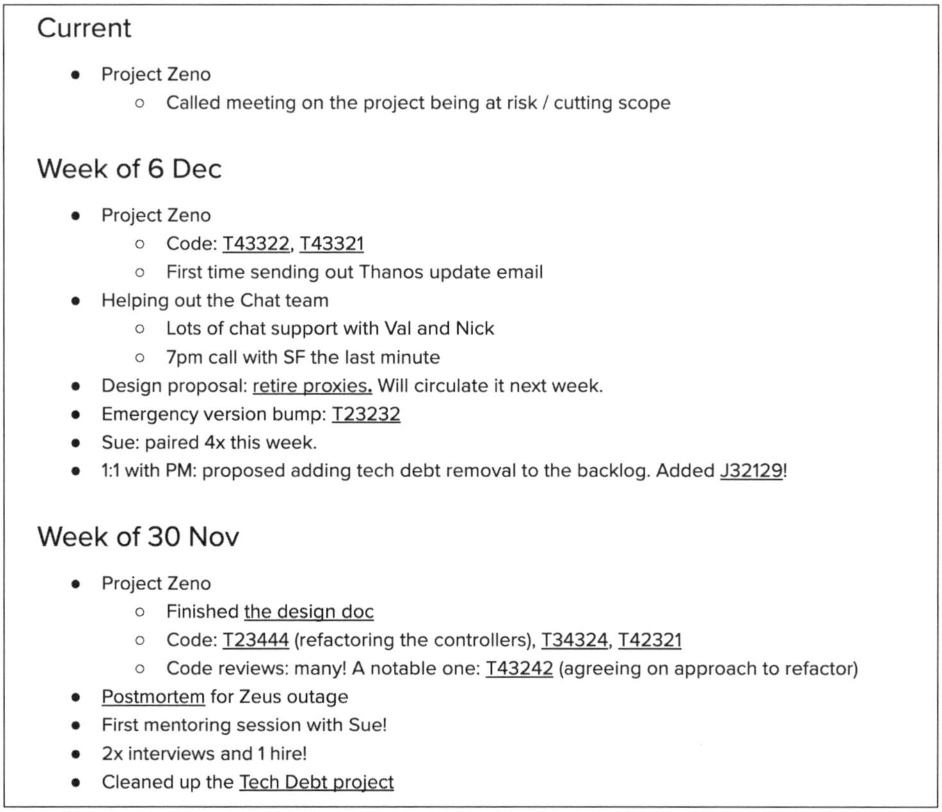

Current

- Project Zeno
  - Called meeting on the project being at risk / cutting scope

Week of 6 Dec

- Project Zeno
  - Code: T43322, T43321
  - First time sending out Thanos update email
- Helping out the Chat team
  - Lots of chat support with Val and Nick
  - 7pm call with SF the last minute
- Design proposal: retire proxies. Will circulate it next week.
- Emergency version bump: T23232
- Sue: paired 4x this week.
- 1:1 with PM: proposed adding tech debt removal to the backlog. Added J32129!

Week of 30 Nov

- Project Zeno
  - Finished the design doc
  - Code: T23444 (refactoring the controllers), T34324, T42321
  - Code reviews: many! A notable one: T43242 (agreeing on approach to refactor)
- Postmortem for Zeus outage
- First mentoring session with Sue!
- 2x interviews and 1 hire!
- Cleaned up the Tech Debt project

Abbildung 2-1: Beispiel für ein Arbeitsprotokoll. Eine Vorlage finden Sie hier: https://pragmaticurl.com/work-log

Die meisten produktiven Engineers, mit denen ich zusammengearbeitet habe, führen in irgendeiner Form ein Arbeitsprotokoll. Das hilft auf verschiedene Weise:

- **Prioritäten.** Je produktiver ein Engineer erscheint, desto mehr Anfragen erhält er. Engineers, die erledigte – oder zu erledigende – Tätigkeiten auflisten, können ihre Prioritäten besser einschätzen als Kollegen, die kein solches Dokument führen.
- **Ein gutes Gefühl, wenn man am Ende des Tages die Arbeit beendet.** In vielen größeren Technologieunternehmen beginnt der Arbeitstag mit dem Vorsatz,

1 *https://jvns.ca/blog/brag-documents*

einen Pull-Request durchzuführen. Bis zum Abend ist das aber häufig noch nicht passiert, weil sich andere Aufgaben in den Vordergrund gedrängt haben. Wenn Sie aufzeichnen, was Sie tun, behalten Sie den Tag im Überblick.

- **»Nein« sagen.** Ist Ihre To-do-Liste zu lang und eine neue Aufgabe kommt rein, müssen Sie diese entweder zurückweisen oder etwas von Ihrer Liste streichen, damit Platz für die neue Aufgabe geschaffen wird. Engineers, die ihre Liste genau kennen, fällt es leicht, zusätzliche Arbeit abzulehnen oder zu verhandeln, welche Aufgaben nicht erfüllt werden sollen.
- **Leistungsbeurteilungen, Beförderungen und Einschätzung der Auswirkungen.** Wenn es Zeit für eine Leistungsbeurteilung ist, bedeutet das Schreiben einer Selbsteinschätzung eine der besten Möglichkeiten, für ein faires Feedback zu sorgen. Mithilfe eines Arbeitsprotokolls lässt sich diese Aufgabe schneller erledigen. Gleiches gilt für Beförderungen im Software-Engineering.

Ist das Führen eines Protokolls nicht etwas seltsam?

Als ich damit begann, Protokolle zu schreiben, kam ich mir fast etwas albern vor. Und als ich die Idee in meiner Funktion als Manager anderen Mitarbeitenden vorschlug, verhielten diese sich eher zurückhaltend.

Einige Engineers haben das Gefühl, hier nur Offensichtliches zu berichten. Warum sollte man Dinge, die sowieso schon erledigt sind, auch noch protokollieren? Andere glaubten, sie würden sich damit selbst loben, was ihnen falsch vorkam. Wieder andere meinten, das Führen eines Protokolls sei einfach nicht wichtig genug und nur eine Ablenkung von der »eigentlichen« Arbeit.

Am Anfang fühlte sich das Führen eines Protokolls ungefähr so an wie der Versuch, zum ersten Mal zu meditieren. Einige sagten, Meditation funktioniere, wenn man sie *regelmäßig* betreibt. Schließlich half mir ein Freund, meine Skrupel zu überwinden, indem er sagte: »Es klingt vielleicht blöd, sich zehn Minuten täglich eine Anleitung zur Meditation anzuhören, und das ging mir nicht anders. Aber wenn du es zwei Wochen lang regelmäßig machst, wirst du verstehen, was ich meine.« Genau das habe ich ausprobiert – und tatsächlich: 14 Tage später hatte ich eine Praxis etabliert.

Das Gleiche gilt für das Führen eines Arbeitsprotokolls (oder auch »Angeberprotokolls«). Es klingt vielleicht albern, und es kostet Zeit. Aber probieren Sie es einfach zwei Monate lang aus: Notieren Sie jede Woche, welche Aufgaben Sie erledigt haben. Zeigen Sie das Dokument alle paar Wochen bei einem persönlichen Gespräch Ihrem Manager. Am Ende der zwei Monate werden Sie seinen Nutzen erkennen. Mir ist jedenfalls noch niemand begegnet, der es bereut hätte, *nachdem* er die Entscheidung getroffen hat, dabeizubleiben!

Bitten Sie um Feedback und geben Sie Feedback

Eine der besten Möglichkeiten, beruflich weiterzukommen, besteht im Feedback der Kolleginnen und Kollegen. Was machen Sie ihrer Ansicht nach gut, und wo können Sie sich noch verbessern?

Bitten Sie um Feedback

Als Software-Engineer gibt es viele einfache Möglichkeiten, Rückmeldungen zu bekommen. Einige setzen Sie vielleicht schon ein:

- **Code-Reviews.** Eine gute Gelegenheit, jemand anderen einen Blick auf Ihre Codeänderungen werfen zu lassen, Probleme zu erkennen, Wissen weiterzugeben und Feedback zu Ihrer Arbeit zu bekommen.
- **Ideen und Vorschläge.** Teilen Sie Vorschläge und Projektideen mit Ihren Teamkollegen und fragen Sie nach deren Meinung und Feedback.
- **Designdokumente.** Verwendet Ihr Team oder Ihr Unternehmen diese Dokumente, können Sie Rückmeldungen zu Vorschlägen zur Projektimplementierung bekommen.
- **Gegenseitige Leistungsbeurteilungen** (*Peer Performance Reviews*). Vielleicht gibt es in Ihrem Unternehmen einen formelleren Prozess zur Leistungsbeurteilung. In diesem Fall können Mitarbeiterinnen und Mitarbeiter gebeten werden, Feedback über ihre Kollegen zu geben und zu berichten, was sie gut machen und wo es Verbesserungsmöglichkeiten gibt. Diese wertvollen Rückmeldungen würden Sie sonst nicht bekommen.

Sie können auch proaktiv um Feedback von Ihren Kollegen, Teammitgliedern, Ihrem Manager, Ihrer Produktmanagerin und anderen Mitarbeitenden bitten. Hierbei rate ich davon ab, um persönliches Feedback zu bitten. Fragen Sie besser nach etwas Bestimmtem, zum Beispiel danach, was Sie getan haben oder woran Sie gearbeitet haben, beispielsweise:

- »Könntest du mir anhand meiner letzten Pull-Requests bitte ein paar Rückmeldungen zu meinem Codingansatz geben? Gibt es Dinge, die ich in meiner Herangehensweise ändern sollte oder bei denen ich bestimmte ungeschriebenen Regeln übersehen habe?«
- »Wie ist deiner Meinung nach das von mir moderierte Meeting zur Architekturplanung gelaufen? Was hat dir daran gefallen? Hast du Vorschläge dazu, wie es noch produktiver verlaufen könnte?«
- »Wie habe ich in deinen Augen die Behebung des Ausfalls letzte Nacht geleitet? Das war der erste Ausfall, um den ich mich als Verantwortliche kümmern musste. Was könnte ich ändern, um die Probleme noch besser zu lösen?«

Feedback ist ein Geschenk, denn es ist grundsätzlich viel einfacher, keine Rückmeldungen zu geben, besonders wenn sie nicht schmeichelhaft sind. Wenn also jemand konstruktive Kritik mit Ihnen teilt, vergessen Sie nicht, dass es einfacher gewesen wäre, gar nichts zu sagen. Behalten Sie das im Kopf, wenn Sie das Gefühl haben, sich rechtfertigen oder verteidigen zu müssen.

Tatsächlich geben die meisten Menschen kein Feedback, solange man sie nicht darum bittet. Um Rückmeldungen zu bekommen, müssen Sie also Fragen zu ganz bestimmten Situationen stellen. Meiner Erfahrung nach ist es besonders hilfreich, um Feedback zu bitten, wenn Sie etwas zum ersten Mal tun oder sich in einer neuen Gruppe oder Umgebung noch zurechtfinden müssen.

Die Auseinandersetzung mit der eigenen Arbeit ist eine weitere großartige Möglichkeit, zu wachsen und zu lernen, und genau dabei hilft Ihnen das Feedback.

Geben Sie anderen Feedback

Wenn Sie Ihren Kolleginnen und Kollegen Feedback geben, helfen Sie ihnen, zu wachsen. Aber wie stellen Sie das an, wenn es immer einfacher und bequemer ist, nichts zu sagen? Hier ein paar Ideen, die nach meiner Erfahrung immer wieder gut funktioniert haben:

- **Loben Sie gute Arbeit!** Wenn Sie bemerken, dass jemand gute Arbeit leistet, sagen Sie es ihm! Sagen Sie, was Ihnen daran gefällt. Das könnte beispielsweise ein positiver Kommentar bei einem Code-Review sein, etwa der Hinweis, dass die von Ihnen überprüfte Refaktorierung einen tollen Ansatz verfolgt. Oder Sie sagen der Person direkt, dass das von ihr gepushte Feature wirklich gut geworden ist.
- **Seien Sie konkret.** »Gute Arbeit« oder »gut gemacht« ist kein wirklich hilfreiches Feedback. Sagen Sie also, was genau Ihnen gefallen hat und warum.
- **Geben Sie nur positive Rückmeldungen, die Sie auch ernst meinen.** Erzählen Sie den Leuten nicht, dass Ihnen etwas gefallen hat oder dass sie etwas gut gemacht haben, wenn Sie es nicht so meinen. Unehrliche Komplimente helfen niemandem.

Kritisches Feedback ist schwerer. Als Engineer wollen Sie nicht den Eindruck erwecken, jemanden anzugreifen. Das kann bei negativem Feedback aber schnell passieren. Es gibt ein paar Möglichkeiten, das Risiko eines Missverständnisses zu minimieren:

- **Konzentrieren Sie sich auf Ihre Beobachtung einer Situation und ihrer Auswirkungen.** Sagen Sie beispielsweise, Sie möchten Feedback geben, nachdem ein Kollege einen Bug nach Production gepusht hat, was durch sorgfältiges Testen hätte vermieden werden können. Beschreiben Sie erst mal, dass Sie einen Bug im Produktivcode gefunden haben und welche Auswirkungen das hatte. Dann fragen Sie den Kollegen nach seiner Meinung zur Situation und nach Möglichkeiten, die Wahrscheinlichkeit einer Wiederholung zu verringern.
- **Vermeiden Sie es, zu sagen: »Das solltest du so machen.«** Sie sollten es vermeiden, so zu klingen, als geben Sie der Person irgendwelche Anweisungen, es sei denn, Sie sind ihr Vorgesetzter. Stattdessen helfen Sie ihr, eine Lösung zu finden, beispielsweise indem Sie weitere Lösungswege aufzeigen.
- **Geben Sie negatives bzw. konstruktives Feedback im persönlichen Gespräch.** Bei Feedback per E-Mail oder Chat kann Ihre Absicht leicht missverstanden werden. Sprechen Sie direkt oder per Videokonferenz mit der Person, damit Sie ihre Reaktion sehen können.
- **Machen Sie von Anfang an klar, dass Sie auf ihrer Seite stehen.** Die meisten Menschen reagieren auf negative Kritik mit einem »Fliehen oder Kämpfen«-Reflex. Das können Sie abschwächen, indem Sie sehr deutlich machen, dass Sie daran interessiert sind, dass die Person beruflich weiterkommt. Sagen Sie, dass

es zwar einfacher für Sie wäre, einfach nichts zu sagen, Sie aber helfen wollen, damit die Person sich verbessert. Bitten Sie darum, zu Ende reden zu dürfen, und vergessen Sie nicht, dass Sie das Feedback geben, weil Sie überzeugt davon sind, dass es der Person hilft.

- **Machen Sie deutlich, dass die Person Ihre Beobachtungen selbstverständlich auch einfach ignorieren kann.** Ich gebe einem Kollegen gern konstruktives Feedback, indem ich auf die Machtdynamik hinweise: Sagen Sie der Person, dass Sie nicht der Manager sind, sondern nur ein Kollege, und dass Ihre Beobachtungen nicht bedeuten, dass sie irgendetwas ändern müsste. Schließlich sei das nur Ihr Feedback, das der Kollege getrost ignorieren kann, wenn er denkt, die Kritik sei unberechtigt.
- **Beenden Sie die Diskussion positiv.** Das Ziel von Feedback liegt darin, der anderen Person und dem Team zu helfen. Vergessen Sie nicht, dass es wahrscheinlich für das Team nicht förderlich wäre, wenn Sie und die Person, der Sie das Feedback gegeben haben, nach dem Gespräch ein schlechteres Verhältnis zueinander haben. Versuchen Sie daher, Diskussionen so zu beenden, dass beide Seite zufrieden sein können. Das kann heißen, mit einem ehrlichen positiven Feedback abzuschließen, oder einfach, sich bei der anderen Person für die Offenheit zu bedanken, Ihnen zugehört haben.

Schlecht formuliertes Feedback »decodieren«

Feedback zu geben, ist eine Kunst, die Übung erfordert. Das heißt, die meisten Engineers sind nicht besonders gut darin. Selbst einige Manager hätten etwas mehr Übung dringend nötig! Sie müssen also auf jeden Fall damit rechnen, schlecht überbrachtes Feedback zu erhalten, selbst wenn das mit den besten Absichten geschieht. Hier ein paar Tipps, wie Sie trotzdem etwas Nützliches daraus machen können:

- **Bestehen Sie auf konkreten Beispielen, auf die sich das Feedback bezieht.** Meistens ist Feedback schlecht, weil es ungenau formuliert ist. Ihre Managerin könnte beispielsweise sagen: »Ich glaube, Ihre Codequalität könnte besser sein.« Darauf könnten Sie antworten: »Wäre es möglich, mir ein bestimmtes Beispiel geben, vielleicht anhand konkreter Pull-Requests?«
- **Klären Sie die Auswirkungen.** Oft ist nicht klar, warum das Feedback wichtig ist. So könnte ein Teamkollege sagen: »Ich glaube, die Refaktorierung war keine gute Idee.« Hierauf können Sie fragen, welche Auswirkungen sie auf Ihre Kollegen und Teammitglieder hatte.
- **Bitten Sie um konkrete Vorschläge.** Oft fehlen in einem schlecht formulierten Feedback Vorschläge dazu, welches Verhalten man ändern oder was man stattdessen tun sollte. Wenn eine Kollegin Ihnen sagt, Sie wären beim Deploy nach Production nicht vorsichtig genug gewesen und dadurch hätte sich ein Bug eingeschlichen, sollten Sie fragen: »Wie könnte ich sorgfältiger deployen, wie würdest du mit dem Problem umgehen, und welche Schritte wären dafür nötig?«
- **Wenn Sie anderer Meinung sind, erklären Sie den Grund.** Auch wenn man jedes Feedback zumindest anhören sollte, müssen Sie nicht damit einverstanden

sein. Sind Sie anderer Meinung, erklären Sie, warum. Die Person, die Ihnen das Feedback gibt, hat vielleicht versäumt, den Kontext klarzumachen, und Ihre Erklärungen können helfen, die fehlenden Informationen zu ergänzen.

Feedback ist ein Geschenk für beide Beteiligten. Auch schlecht übermitteltes Feedback ist ein Geschenk. Allerdings ist Arbeit nötig, um etwas Nützliches daraus zu machen, das sich umsetzen lässt!

Machen Sie sich Ihren Manager zum Verbündeten

Ihr Manager ist der Kollege mit dem größten Einfluss auf Ihre Karriere im Unternehmen. Er ist Ihr wichtigster Partner am Arbeitsplatz. Ein Manager, der an Sie glaubt, sich für Sie einsetzt und Sie in Ihren Karrierezielen fördert, kann einen großen Unterschied bedeuten. Das gilt besonders im Vergleich zu einem Manager, der Ihre Arbeit nicht wahrnimmt, Ihre beruflichen Ziele nicht kennt und kein Feedback gibt.

Zwar können Sie nicht alle Aspekte der Beziehung zu Ihrem Manager kontrollieren, aber es gibt eine Menge Möglichkeiten, sie zu verbessern, zu optimieren und im besten Fall ein Bündnis zu schmieden, in dem Sie sich gegenseitig unterstützen.

Wie können Sie das Verhältnis verbessern?

Regelmäßige persönliche Treffen mit Ihrem Manager

Nutzen Sie diese Meetings, um Ihren Manager über den aktuellen Stand Ihrer Arbeit zu unterrichten und Ihr Arbeitsprotokoll mit ihm zu teilen – inklusive der Erfolge und Schwierigkeiten. Diskutieren Sie Ihre beruflichen Ziele und fragen Sie nach seinen Herausforderungen sowie danach, wie Sie ihm und dem Team weiterhelfen können.

Berichten Sie und gehen Sie nicht davon aus, dass Ihr Manager alles weiß

Viele Software-Engineers glauben, dass ihre Manager im Blick haben, welche Arbeit sie leisten. Das ist aber nicht so. Manager haben viel um die Ohren und werden nicht jeden Ihrer Pull-Requests mitverfolgen. Vor allem kann ein Manager nicht wissen, dass Sie beispielsweise den halben Tag damit verbracht haben, einer Kollegin beim Debuggen eines Problems zu helfen.

Also müssen Sie es erzählen. Genau aus diesem Grund sind regelmäßige Vieraugengespräche so wichtig.

Verstehen Sie die Ziele Ihres Managers

Ein wenig Empathie kann eine Menge bewirken. Versuchen Sie, ein Gefühl dafür zu bekommen, was für Ihre Managerin oder Ihren Manager und das Team wichtig ist. Am einfachsten geht das, indem Sie nach den größten Herausforderungen des kommenden Monats und des nächsten Halbjahrs fragen. Vielleicht gibt es Gelegenheiten, zu helfen.

Wenn Ihr Manager Sie beispielsweise wissen lässt, dass sein Hauptproblem darin besteht, dass Ihr Team kürzlich mehrere Ausfälle mit hoher Priorität zu verantworten hatte, könnte es eine große Hilfe sein, wenn Sie die Initiative ergreifen, um die Verlässlichkeit zu verbessern.

Liefern Sie, was vereinbart war, und geben Sie rechtzeitig Bescheid, wenn Sie es nicht schaffen

Oft genug versprechen Sie, etwas zu einem bestimmten Datum fertig zu haben, zum Beispiel einen Migrationsplan zu erstellen und diesen an das Team zu verteilen. Erledigen Sie die Aufgabe zum vereinbarten Termin und lassen Sie es Ihren Manager wissen, wenn Sie fertig sind – oder geben Sie direkt Bescheid, wenn Sie merken, dass die Zeit nicht reicht.

Manager entwickeln ein Gespür dafür, wer in Ihrem Team verlässlich ist, wem man hinterherlaufen muss, damit die Verpflichtungen eingehalten werden und wem nicht. Streben Sie danach, in der Gruppe der »Verlässlichen« zu sein. Hierfür kann es nötig sein, keine Verpflichtungen einzugehen, wenn Sie unsicher sind, rechtzeitig liefern zu können.

Schaffen Sie gegenseitiges Vertrauen mit Ihrem Manager

Vieles ist leichter, wenn Sie und Ihr Manager sich gegenseitig vertrauen. Vertrauen kommt aber nicht von selbst, man muss es sich im Laufe der Zeit verdienen.

Wenn Sie bei einem neuen Manager anfangen, versuchen Sie, ihm gegenüber offen, ehrlich und transparent zu sein in der Hoffnung, dass dieses Verhalten gegenseitig ist. In diesem Fall sollten Sie sich daran gewöhnen, ihm die ungeschönte Wahrheit zu sagen, ohne dafür verurteilt zu werden.

Sorgen Sie dafür, dass Ihre Arbeit wahrgenommen wird

Als Engineering-Manager war es immer mein Ziel, die Arbeit der Menschen in meinem Team wahrzunehmen. Davon hatten schließlich beide Seiten etwas. Der Engineer bekam die wohlverdiente Anerkennung und steigerte das Ansehen meines Teams. Und indirekt beförderte es auch meine Karriere als Manager, denn wenn alle Teammitglieder gute Arbeit leisteten, stiegen auch meine Chancen auf eine gute Leistungsbeurteilung oder eine Beförderung deutlich.

Einige Teammitglieder machten es mir leichter, ihre Arbeit wahrzunehmen, sie anzuerkennen und ehrliches Feedback zu den Verbesserungsmöglichkeiten zu geben. Und das ging so:

- Sie kamen vorbereitet in unsere Vieraugengespräche und stellten sicher, dass ich wusste, was sie getan hatten, welche Herausforderungen sie gemeistert hatten und wo Sie Hilfe oder Feedback brauchten.

- Sie haben ihre beruflichen Aufgaben erledigt. Wenn wir beispielsweise vereinbart hatten, dass sie in zwei Wochen über ihre Ziele berichten sollten, priorisierten sie diese Aufgabe.
- Sie hatten klare berufliche Ziele und konnten genau sagen, was sie erreichen wollten.
- Sie waren an den Herausforderungen interessiert, mit denen das Team und ich konfrontiert waren, und überlegten sich Lösungen, die auch ihren Karrierezielen zugutekamen.
- Sie forderten konkretes Feedback zu ihrer Arbeit. Sie baten mich beispielsweise, einen positiven Bereich zu nennen und einen, der noch verbesserungsfähig war. Sie fragten danach, wie sie ein Designdokument optimieren könnten, baten um Rückmeldungen zu einem langwierigen Code-Review und wollten wissen, ob ihr Lösungsansatz meiner Meinung nach hilfreich oder übertrieben war.
- Sie führten ein Arbeitsprotokoll und teilten es mit mir. Diese Informationen waren von unschätzbarem Wert, wenn ich mich auf Leistungsbeurteilungen oder Diskussionen über Beförderungen vorbereitete.
- Sie baten um Hilfe, wenn sie in einer Sache nicht weiterkamen, und sie verstanden, wie ich oder mein Netzwerk Ihnen weiterhelfen konnte,

Kurz gesagt, diese Engineers machten es mir leicht, ihnen als Manager zu helfen!

Teilen Sie sich Ihre Kraft gut ein

Um Höchstleistungen zu vollbringen und ihre Karriere zu verlängern, teilen Leistungssportler ihre Kräfte sorgfältig ein. Wie sieht das mit Software-Engineers aus? Deren durchschnittliche Karriere dauert deutlich länger als die eines Athleten – bis zu 40 Jahre. Dabei besteht bei Softwareentwicklern das hohe Risiko eines Burn-outs, vergleichbar mit der Gefahr einer (lebens)gefährlichen Verletzung bei Sportlern. Aber wie können wir von den Sportlern lernen, damit unsere Karriere gut verläuft und wir mit der Gruppe mithalten können, ohne einen Burn-out zu erleiden? Dabei halte ich das Modell des »Dehnens, Ausführens und Leerlaufs« für Menschen in Softwareberufen für hilfreich, um sich die Kräfte richtig einzuteilen. Faktoren wie die Umgebung, das Projekt, die Motivation, äußere Einflüsse und anderes beeinflussen das Tempo.

Dehnen

Die Dehnungsphase macht am meisten Spaß, zumindest am Anfang. Dies ist die Zeit, in der Sie neue Dinge lernen und direkt anwenden. Dazu gehören auch neue Herausforderungen, für die Sie Ihre Komfortzone verlassen müssen. Als Manager habe ich aktiv nach Möglichkeiten gesucht, um Menschen Gelegenheiten zu geben, »sich zu dehnen«, über sich hinauszuwachsen und ihren Lernprozess zu beschleunigen.

Um in einem neuen Unternehmen anzufangen und sich einzuarbeiten, muss man sich immer etwas strecken. In ein Projekt einzusteigen, das eine andere Sprache/

Technologie einsetzt als die gewohnte, ist eine gute Herausforderung. Die Leitung eines Projekts zu übernehmen, das Sie noch nie geleitet haben, ebenfalls. Das Gleiche für die Arbeit an einem Projekt mit einem engen Zeitplan, das schnelle und pragmatische Entscheidungen erfordert.

Dehnen kann Ihre Entwicklung beschleunigen. Zu langes Dehnen kann aber auch von Nachteil sein, weil es Sie im Laufe der Zeit langsamer macht und sogar zu einem Burn-out führen kann. Wenn die »Dehn-Arbeit« Überstunden bedeutet, werden Sie körperlich und psychisch irgendwann erschöpft sein. Hat das Dehnen den Effekt, dass andere Teile Ihrer Arbeit zu kurz kommen, kann dies Angstzustände auslösen. Ohne die Möglichkeit, sich zu entspannen und zu einem Normalzustand zurückzukehren, können mentale und physische Erschöpfung Burn-outs verursachen. Und selbst wenn nicht, können Ihre Motivation und Ihre Leistungen sinken.

Die Trainerinnen und Trainer von Athleten merken, wenn diese sich überdehnen, indem sie Bewegung, Zeiten und andere Faktoren im Auge behalten. Als Software-Engineer sollten Sie auf die Menschen in Ihrem Leben hören, die Ihnen sagen können, ob Sie sich zu sehr anstrengen – also auf Kollegen, Freunde, Familie oder alle anderen, die Ihnen ehrliche Rückmeldungen geben.

Ausführen

Dies ist die »normale« Arbeitsweise. Hierzu gehört der Einsatz Ihrer Fähigkeiten und Ihrer Erfahrung, um gute Ergebnisse zu erzielen. Sie leisten Ihren Beitrag, manchmal auch über den »Dienst nach Vorschrift« hinaus, auf eine Weise, die Sie nicht überdehnt. Sie lernen Neues in einem normalen und nicht erhöhten Tempo.

Eine gute Form der Ausführung besteht darin, in einem Projekt mit angemessenem Zeitplan in einer Sprache/einem Framework zu programmieren, in der oder dem Sie Experte sind. Sie erledigen Ihre Arbeit und helfen anderen, ohne Überstunden machen zu müssen. Normalerweise ist die Ausführung einer vertrauten Arbeit mit wenigen Überraschungen recht einfach.

Nach einer Dehnungsphase ist es üblich, das Burn-out-Risiko zu umgehen, indem Sie zur reinen Ausführung zurückkehren. Mir sind Menschen begegnet, die so »gedehnt« waren, dass ihre Liste der noch zu erledigenden Aufgaben ebenfalls immer länger wurde. Also suchten sie sich andere, die Ihnen Arbeit abnahmen, oder sie lernten, Nein zu sagen. Sie baten um Unterstützung und ließen ihren Manager wissen, dass sie eine Pause brauchten oder einen Teil ihrer Arbeit abgeben mussten, um weiter gute Ergebnisse liefern zu können, ohne einen Burn-out zu bekommen.

Leerlauf

Das bedeutet, weniger Arbeit und Arbeit von geringerer Qualität zu absolvieren, als Sie eigentlich könnten. Der Leerlauf kann eine kurzfristige Verschnaufpause nach einem anstrengenden Projekt sein oder aus persönlichen Umständen resultieren, die Sie von der Arbeit ablenken, oder auch ein Anzeichen geringerer Motivation sein. Menschen im Leerlauf sind selten proaktiv und brauchen oft einen Schubs, um alltägliche Aufgaben zu erledigen.

Ein Leerlauf von mehr als ein paar Tagen ist für alle kontraproduktiv. Es ist weder für die »leerlaufende« Person noch für ihr Team oder das Projekt gut. Teamkollegen merken es, wenn jemand »abgemeldet« ist, und gehen davon aus, dass auf diese Person kein Verlass mehr ist. Andere im Projekt müssen sich mehr anstrengen und die fehlende Leistung ausgleichen, um rechtzeitig fertig zu werden. Dabei erfährt die Person im Leerlauf nur wenig bis gar kein berufliches Wachstum, während ihre aktuellen Fähigkeiten einrosten.

Wenn Sie merken, dass Sie sich aufgrund fehlender Motivation längere Zeit im Leerlauf befinden, sollten Sie überlegen, was sich ändern muss. Danach sollten Sie die nötigen Änderungen aus eigenem Antrieb in Angriff nehmen. Warum sind Sie nicht motiviert? Ist dies die richtige Umgebung, das richtige Team oder das richtige Unternehmen für Sie? Besitzen Sie die richtigen Fähigkeiten, um Ihre Arbeit zu tun? Falls nicht, können Sie in die Verbesserung Ihrer Fähigkeiten investieren? Können Sie sich anspruchsvollere Ziele setzen und ehrgeizigere Aufgaben übernehmen? Wenn sich nichts ändert, könnte Ihre Motivation so weit sinken, dass Ihr Manager ein ernstes Gespräch über Ihren Platz im Team oder dem Unternehmen führen muss. Beugen Sie dem vor, indem Sie sich bei einem zu langen Leerlauf selbst erwischen und nach Möglichkeiten suchen, sich wieder zu dehnen.

Mischen Sie Dehnung und Ausführung mit gelegentlichen Phasen des Leerlaufs, um sich für langfristiges berufliches Wachstum fit zu machen und Burn-outs zu vermeiden – ähnlich wie Profisportler ihre Kräfte einteilen, um langfristig leistungsfähig zu bleiben und Verletzungen zu vermeiden.

KAPITEL 3

Leistungsbeurteilungen

Für viele Beschäftigte in großen Unternehmen und einigen Start-ups sind Leistungsbeurteilungen eine wichtige und manchmal auch stressige Übung. Sie entscheiden über Boni und die Eignung zur Beförderung. Außerdem stellen sie eine der seltenen Gelegenheiten dar, in denen Sie nach einem quantitativen System beurteilt werden.

Die gute Nachricht ist, dass Sie fast immer etwas tun können, um bei der Leistungsbeurteilung besser abzuschneiden! Allerdings lässt sich nur wenig in letzter Minute erledigen. Eine gute Vorbereitung ist also wichtig. In diesem Kapitel behandeln wir:

1. Früh beginnen: Kontext erfassen und Ziele setzen
2. Die Macht der Gewohnheit
3. Vor der Leistungsbeurteilung
4. Die Leistungsbeurteilung

Früh beginnen: Kontext erfassen und Ziele setzen

Jedes Unternehmen ist anders. Welche Dinge sind bei Ihrem Arbeitgeber wichtig, und was wird belohnt? Wie werden Auswirkungen gemessen? Die Antworten auf diese Fragen fallen bei einem Start-up in der Anfangsphase vollkommen anders aus als bei einem Big-Tech-Riesen.

Besonders wichtig dabei ist, herauszufinden, in welchem Kontext Sie erfolgreich sein müssen. Überlegen Sie, welche Ziele für Sie, Ihr Team und Ihr Unternehmen hilfreich sind.

Die wichtigsten Faktoren erkennen und verstehen

Was ist für Ihr Team und Ihren Arbeitgeber am wichtigsten? Typischerweise erhalten Menschen ausgezeichnete Leistungsbeurteilungen und Beförderungen, die dem Unternehmen helfen, erfolgreich zu sein oder ehrgeizige Ziele zu erreichen. Wie werden Sie einer dieser Menschen? Es beginnt damit, zu verstehen, worauf Wert gelegt wird, und das bedeutet, zuerst herauszufinden, worauf es ankommt:

- **Fragen Sie Ihren Manager.** Ein offensichtlicher Startpunkt. Fragen Sie nach den Zielen des Teams und wie diese mit den Unternehmenszielen zusammenwirken. Fragen Sie Ihren Manager nach seinen persönlichen Zielen und nach den Dingen, die ihm wichtig sind. Je mehr Sie dabei helfen können, desto wertvoller sind Sie für Ihren Manager und Ihr Team.
- **Fragen Sie die erfahrenen Mitarbeitenden in Ihrem Team.** Sprechen Sie mit erfahrenen Teammitgliedern und fragen Sie, welche Ziele sie als wichtig für das Team und das Unternehmen ansehen.
- **Hören Sie den Führungskräften und dem Management des Unternehmens zu.** Besser geführte Unternehmen sind sich auf Unternehmens- und auf Abteilungsebene über ihre Ziele klar. Um die wichtigsten Prioritäten herauszufinden, kann es helfen, an All-Hands-Meetings teilzunehmen, sich Aufnahmen von Meetings und Präsentationen anzusehen oder E-Mails der Unternehmensführung zu lesen, in denen die Ziele erklärt werden. In Firmen der Big-Tech-Liga müssen Sie sich möglicherweise mehrere All-Hands-Meetings auf Abteilungsebene anhören: von der Produktabteilung, der übergeordneten Abteilung, der technischen Abteilung und so weiter.
- **Fragen Sie einflussreiche Menschen.** Suchen Sie das persönliche Gespräch mit Kolleginnen und Kollegen, die Schlüsselrollen im Unternehmen haben und erreichbar sind. Das könnten Ihr Produktmanager, Ihr Skip-Level-Manager (zwei Hierarchieebenen höher als die eigene Ebene), ein Stakeholder des Unternehmens oder andere Personen sein.
- **Verstehen Sie, wie das System zur Leistungsbewertung funktioniert.** Für die Leistungsbewertung sind einige Systeme besonders beliebt. Diese können sich in ihrer Funktionsweise jedoch stark unterscheiden. Bessere Unternehmen passen diese Systeme immer wieder an die sich ändernden Bedürfnisse an, während sie wachsen.

Welches System zur Leistungsbeurteilung wird verwendet?

Hier eine Liste der am häufigsten eingesetzten Systeme zur Leistungsbeurteilung:

- **Unstrukturiert/ad hoc.** Manager führen Leistungsbeurteilungen durch, aber ohne echte Struktur oder Regelmäßigkeit. Ab und zu gibt der Manager Feedback, typischerweise wenn Gehaltserhöhungen angekündigt werden. Dieses Vorgehen ist besonders in kleineren Firmen üblich, in denen Leistungsbeurteilungen keine so große Rolle spielen. Der Nachteil ist, dass Ihre Bewertung stark davon abhängt, welche persönliche Meinung Ihr Manager von Ihnen hat.
- **Input und Feedback nur durch den Manager.** Diese Form ist strukturierter. So könnte es ein einfaches Dokument geben, das die Erwartungen an Ihre Rolle beschreibt. Die Beurteilung selbst besteht darin, dass Ihr Manager Ihnen Feedback gibt. Hierbei ist wichtig, dass Ihr Manager über Ihre Arbeit Bescheid weiß. Wahrscheinlich erhalten Sie eine bessere Bewertung, wenn Sie ein gutes Verhältnis zueinander haben.

- **Ein auf gegenseitigem Feedback basierender Prozess.** Häufig ist es üblich, dass Teammitglieder Feedback zu Kollegen geben, die der Manager dann beurteilt. Dabei enthält das Feedback eine Bewertung. In diesem System hat Ihre Beziehung zu den anderen Teammitgliedern einen Einfluss darauf, ob Sie eine anständige Beurteilung erhalten – oder auch nicht.
- **Ein formaler, schwergewichtiger Prozess.** Viele Big-Tech-Unternehmen und Start-ups in einer späteren Phase setzen auf einen umfangreichen Bewertungsprozess, um häufigen Vorurteilen entgegenzuwirken. In der Regel schreiben Sie Feedback zu ihren Kollegen und geben eine Selbsteinschätzung ab. Basierend auf diesen Eingaben erstellt Ihr Manager dann eine schriftliche Beurteilung. Ein Vorteil dieses Systems ist, dass Sie normalerweise sehr konkrete Rückmeldungen bekommen. Nachteilig ist der hohe Zeit- und Arbeitsaufwand, der hierfür nötig ist.

Beschaffen Sie sich diese wichtigen Informationen über Ihre Leistungsbeurteilung:

- **Wer trifft die abschließende Entscheidung?** Dies ist sehr wahrscheinlich Ihr Manager. Trotzdem ist es sinnvoll, das klarzustellen.
- **Wer hat den größten Einfluss auf Ihre Beurteilung?** Je nachdem, wie Ihr System funktioniert, können dies Teammitglieder und einflussreiche Interessengruppen sein oder auch nur Ihr Manager.
- **Wann findet die Leistungsbeurteilung statt?** Was sind die wichtigsten Termine? In Firmen mit strukturierten Prozessen gibt es für gegenseitige Beurteilungen und Selbsteinschätzungen üblicherweise eine Abgabefrist, einen Zeitrahmen für Anpassungen und eine Zeit, in der die Ergebnisse mitgeteilt werden.
- **Holen Sie sich Rat, um eine faire Beurteilung sicherzustellen.** Sprechen Sie mit erfahrenen Kolleginnen und Kollegen in und außerhalb Ihres Teams. Sie können Ihnen wahrscheinlich Tipps dazu geben, was zu einer fairen Beurteilung beiträgt oder was dieser im Weg steht.

Besprechen Sie Ihre Ziele mit Ihrem Manager

Nutzen Sie alle Informationen, die Sie über das »große Ganze« erfahren können, um Ihre eigenen Ziele zu definieren. Einige dieser Ziele sollten sich mit denen des Teams und des Unternehmens – und vielleicht auch Ihres Managers – überschneiden. Und selbstverständlich sollten sie auch Ihnen zugutekommen.

Teilen Sie Ihre Ziele Ihrem Manager mit und bitten Sie um Feedback. Haben Sie einen Mentor im Unternehmen, teilen Sie Ihre Ziele auch mit dieser Person; was denkt sie, welche Ziele gefallen ihr am besten, was fehlt, und welche Vorschläge hat sie?

Einigen Sie sich mit Ihrem Manager auf bestimmte Ziele

Eine der besten Möglichkeiten, den eigenen Manager auf seine Seite zu bringen, besteht darin, dass er Ihre Ziele mitträgt. Daher sollten Sie Ihre Ziele so verfeinern, dass Ihr Manager Sie unterstützen kann, und sicherstellen, dass sie auch wahrgenommen werden.

Wenn Sie alle Ziele erreicht haben, ist dies eine gute Gelegenheit, Ihren Manager zu fragen, wie er Ihre Leistung einschätzt. Seien Sie sich aber darüber im Klaren, dass ein verantwortungsbewusster Manager nichts versprechen kann, etwa: »Wenn Sie X tun, erhalten Sie eine überdurchschnittliche Bewertung.« Das funktioniert auch deshalb nicht, weil Leistungsbewertungen immer von den Ergebnissen und Angaben Ihrer Kolleginnen und Kollegen beeinflusst werden, meist auf Grundlage einer Kalibrierung. Ihr Manager kann nicht vorhersagen, wie Ihre Kollegen abschneiden oder welches Ergebnis die Kalibrierung hat.

Eine gute Frage an Ihren Manager könnte sein, ob Sie mit den Zielen, die Sie sich gesetzt haben, die Erwartungen erfüllen dürften, oder ob Sie sich anstrengen sollten, die Erwartungen, die für Ihre Karriereebene bestehen, zu übertreffen. Das wird Ihnen Hinweise einbringen, ist aber natürlich keine Garantie für eine gute Beurteilung oder Ähnliches.

Die Macht der Gewohnheit

Leistungsbeurteilungen finden normalerweise ein bis zweimal im Jahr statt. Ihre tägliche Arbeit ist aber das ganze Jahr über wichtig. Zum Glück gibt es einfache Wege, für eine faire Beurteilung zu sorgen, die nur einen geringen Zeit- und Arbeitsaufwand erfordern, zum Beispiel:

Zeichnen Sie Ihre Erfolge auf

Die meisten Leistungsbeurteilungen leiden unter einer Aktualitätsverzerrung (»Recency Bias«). Ist es Zeit für eine Beurteilung, erinnern Sie und Ihr Manager sich problemlos an die aktuellsten Erfolge und Ergebnisse. Großartige Ergebnisse, die vor Monaten erzielt wurden, können dagegen leicht unter den Tisch fallen.

Um das verhindern, sollten Sie Ihre Leistungen möglichst zeitnah aufzeichnen, etwa alle ein bis zwei Wochen. Notieren Sie abgeschlossene Projekte und machen Sie Screenshots von Lob für Ihre Arbeit in E-Mails oder Chats oder sammeln Sie andere Beweise, die Ihre Leistungen bestätigen.

Führen Sie ein Arbeitsprotokoll

Dies ist eine einfache Methode, Ihre Arbeit mitzuverfolgen – nicht nur die Erfolge. Ich habe festgestellt, dass die meisten Menschen ihr Arbeitsprotokoll als eine Art lebendes Dokument führen, in dem sie beachtenswerte Leistungen aufzeichnen, Links zu relevanten Seiten hinzufügen und die Auswirkungen ihrer Arbeit protokollieren. Wir haben die Vorteile eines Arbeitsprotokolls, inklusive eines Beispiels, in Kapitel 1 ausführlich besprochen.

Lassen Sie Ihren Manager von Ihren Fortschritten wissen

Verabreden Sie sich alle paar Wochen zu regelmäßigen persönlichen Treffen mit Ihrem Manager, um zu berichten, woran Sie gearbeitet haben, um Erfolge und Herausforderungen zu besprechen und zu zeigen, dass Sie Ihre Aufgaben effektiv erledigen können.

Als Manager war ich immer wieder erstaunt darüber, wie viel Arbeit meine Mitarbeitenden leisteten, ohne dass ich davon wusste. Das galt vor allem für die erfahreneren Engineers mit viel Eigeninitiative. Ich habe nur davon erfahren, weil sie von sich aus über die Details berichteten, und zwar nicht, weil es mir egal war, sondern weil ich schlicht nichts davon wusste.

Deshalb empfehle ich Ihnen, eher zu viel als zu wenig davon zu erzählen, was Sie tun, anstatt zu denken, Ihr Manager wüsste ohnehin darüber Bescheid. Eine gute Methode ist es, ab und zu ein Arbeitsprotokoll mit Ihrem Manager durchzugehen und über alles zu sprechen, was gerade wichtig ist.

Etwas schaffen

Der beste Rat ist nichts wert, wenn Sie als jemand angesehen werden, der nur »Fleißarbeit« leistet, die zwar sehr aufwendig, aber nicht besonders wertvoll ist – oder als jemand, der Politik betreibt, aber nichts wirklich Sinnvolles zustande bringt. Es ist wichtig, hervorragende Arbeit abzuliefern, denn dadurch wächst Ihr Ruf als jemand, die oder der »wirklich etwas schafft«, und das hilft Ihnen, in einer Leistungsbeurteilung die verdiente Anerkennung zu bekommen.

Was als großartige Arbeit gilt, hängt von Ihrer Umgebung ab. Nach Möglichkeit sollte Ihre Arbeit das richtige Verhältnis von Qualität und Geschwindigkeit aufweisen. In Start-ups heißt »hervorragend« eher, die Dinge schnell fertig zu bekommen, während es in großen Unternehmen mehr dafür steht, sorgfältig getesteten und sauberen Code oder leicht zu überprüfende Codeänderungen und wartbare Lösungen abzugeben.

Machen Sie sich damit vertraut, was »hervorragend« in Ihrem Arbeitsumfeld bedeutet, und holen Sie sich regelmäßiges Feedback von Kollegen und Managern, um einen Eindruck davon zu bekommen, wie Ihre Arbeit abschneidet. Wenn Sie sich einen Ruf erarbeiten, der Ihnen hervorragende Arbeit bescheinigt, werden andere Ihnen vertrauen.

Anderen helfen

Sie werden nicht weit kommen, wenn Sie sich nur um sich selbst kümmern, nur die eigene Arbeit im Blick haben und ansonsten nur einen Finger krumm machen, wenn es Ihre Leistungsbeurteilung oder die Chancen auf eine Beförderung steigert. Die meisten Menschen merken schnell, ob ein Kollege zu sehr von sich selbst eingenommen ist, und beginnen, ihn dafür zu missachten. Eventuell behaupten sie – zu Recht – sogar, Sie seien ein schlechter Teamplayer.

Je nach Situation ist es sinnvoll, ein gutes Verhältnis zu finden zwischen der Arbeit, die Ihnen nutzt, und der Arbeit, die Ihr Team oder Ihr Unternehmen voranbringt.

Tun Sie also anderen einen Gefallen, wenn sich die Gelegenheit dazu bietet. Das können einfache Dinge wie Code-Reviews sein oder das Angebot, im »Tandem« zu programmieren, Feedback zu Projekten und Planungsdokumenten zu geben, bei der Recherche zu helfen, sich für einen Bereich, in dem Sie Experte sind, zur Verfügung zu stellen, andere Personen oder Teams zu entlasten und vieles mehr.

Notieren Sie, was Sie tun, um anderen zu helfen

Wenn Sie zu viel Zeit damit verbringen, anderen zu helfen, kann es passieren, dass andere dafür die Lorbeeren ernten, während Ihr Manager – und sogar Ihre Kollegen – Ihren Beitrag gar nicht wahrnehmen. Das kann schnell den Eindruck erwecken, dass Sie sich nicht auf Ihre eigene Arbeit konzentrieren, während Ihr Einsatz für andere nicht wahrgenommen wird.

Principal-Software-Engineer Tanya Reilly nennt die Arbeit, regelmäßig dem eigenen Team zu helfen, erfolgreich zu sein, »Kleber-Arbeit« (*Glue Work*). Über die Vor- und Nachteile der Arbeit, die das Team zusammenhält, hat sie einen durchdachten Artikel mit dem Titel »Being Glue[1]« geschrieben.

Deshalb sollten Sie dafür sorgen, dass sinnvolle Arbeit, die Sie tun, auch bemerkt wird – zumindest von Ihrem Manager. Auch hier kann ein Arbeitsprotokoll helfen. Wenn Sie bemerken, dass Sie die meiste Zeit damit verbringen, anderen zu helfen, aber nur wenig damit, »etwas zu schaffen«, sollten Sie vielleicht Ihre Zeiteinteilung und die Erwartungen Ihres Managers an Ihre aktuelle Rolle und Ihre berufliche Ebene überdenken.

Bitten Sie hin und wieder um konkretes Feedback

Ein klassischer Fehler bei Leistungsbewertungen besteht darin, dass der Manager negatives Feedback zu etwas gibt, das Monate zurückliegt. Wenn Engineers diese schlechten Nachrichten hören, sind sie wahrscheinlich verärgert und fragen: »Warum haben Sie mir das nicht früher gesagt?«

Ich glaube, Manager sind es den Mitarbeitenden, für die sie verantwortlich sind, schuldig, Feedback möglichst bald zu geben. Allerdings haben Sie keinen Einfluss darauf, ob das wirklich passiert. Vielleicht ist eine Leistungsbeurteilung auch nicht der beste Rahmen, um dem Manager vorzuwerfen, dass er Sie nicht früher informiert hat. Immerhin haben Sie die Kontrolle über Ihre eigenen Handlungen.

Holen Sie sich Feedback von Ihrem Manager und Ihren Kollegen möglichst früh, um böse Überraschungen bei der Beurteilung zu vermeiden. Gutes Feedback kommt rechtzeitig, ist spezifisch und gut umsetzbar. Um gutes Feedback zu erhalten, bitten

1 *https://noidea.dog/glue*

Sie vorher darum. Konzentrieren Sie sich dabei auf die konkreten Rückmeldungen und entscheiden Sie, wie Sie darauf reagieren wollen.

Hier ein paar Situationen, in denen Sie gutes Feedback erhalten können:

- **Ein Meeting leiten.** Organisieren Sie ein Meeting für Ihr Team. Nach dem Ende fragen Sie einen erfahreneren Engineer, wie das Meeting seiner Meinung nach verlaufen ist und wo es Verbesserungsmöglichkeiten gibt.
- **Einen Ausfall beheben.** Sie waren dafür verantwortlich, einen Systemausfall zu beheben, und sind eigentlich der Meinung, dass Sie großartige Arbeit geleistet haben. Aber stimmt das auch? Wie wäre es, wenn Sie Ihren Manager und einen Engineer fragen, wie es gelaufen ist und was Sie hätten besser machen können?
- **Vor einer größeren Gruppe präsentieren.** Nachdem Sie für Ihr Team bei einem All-Hands-Meeting präsentiert haben, ist es normal, sich selbst zu fragen, ob es gut oder eher furchtbar gelaufen ist. Warum fragen Sie nicht einen oder zwei Teilnehmende, wie Sie sich geschlagen haben und was hätte deutlicher sein können. Sie könnten Ihre Präsentation sogar aufnehmen und Ihre Darbietung auf Verbesserungsmöglichkeiten überprüfen.
- **Eine neue Initiative vorschlagen.** Sie haben grünes Licht für ein Projekt bekommen, das Sie dem Produktmanager und dem Engineering-Manager vorgeschlagen haben. Klasse! Aber warum fragen Sie nicht ein paar am Prozess Beteiligte, wie Sie Ihre Idee noch besser hätten vortragen können?
- **Ein Projekt leiten.** Wenn Sie ein Projekt leiten, bitten Sie um Feedback zu den Dingen, die den Teammitgliedern gefallen haben und die ihnen eventuell nicht klar geworden sind. Wenn das Projekt abgeschlossen ist, laden Sie die Beteiligten zu einem Rückblick ein, und fordern Sie sie auf, Feedback dazu zu geben, wie Sie sich als Projektleiter geschlagen haben und wie Sie sich verbessern könnten.
- **Kritik am Code anderer üben.** Das Code-Review eines Kollegen offenbart sehr viele Probleme. Sie geben ihm Feedback, indem Sie darauf hinweisen. Aber sind Sie dabei zu streng oder zu sanft? Fragen Sie einen erfahrenen Kollegen, was er von Tonfall, Inhalt und Stil Ihres Code-Reviews hält.

Sie können – und sollten! – um Feedback bitten, wenn Sie etwas zum ersten Mal tun. Das kann eine neue Aufgabe sein oder die Arbeit mit einer neuen Personengruppe.

Nehmen Sie Feedback ernst, aber vergessen Sie nicht, dass es sich um eine Meinung handelt und nicht um eine Anweisung. Nur weil jemand Ihnen Feedback gibt, müssen Sie nicht unbedingt auch darauf reagieren. Hören Sie, was die andere Person zu sagen hat, und finden Sie heraus, ob die Aussagen stimmen. Falls ja, überlegen Sie, was Sie ändern wollen.

Herauszufinden, auf welches Feedback man reagieren sollte und welches redundant ist, ist ein Thema für sich. Dennoch beginnt alles mit dem Feedback, sonst gibt es nichts, worüber man nachdenken kann.

Vor der Leistungsbeurteilung

Wenn der Termin der Leistungsbeurteilung näher kommt, ist es oft sinnvoll, sich die Zeit für ein paar Aktivitäten zu nehmen, um eine faire Beurteilung zu ermöglichen. Je formaler das Beurteilungsverfahren, desto mehr Zeit sollten Sie sich für die Vorbereitungen nehmen.

Wie sehr können Sie sich auf Ihren Manager als Ihren Fürsprecher verlassen?

Unabhängig davon, wie das Feedback im Einzelnen abläuft, spielt Ihr Manager hierbei eine wesentliche Rolle. Daher sollten Sie sich über folgende Dinge klar sein:

- Wie stehen Sie zu Ihrem Manager? Wie sieht er Sie? Glaubt er, dass Sie die Erwartungen über- oder untererfüllen oder ihnen entsprechen? Am einfachsten finden Sie das heraus, indem Sie fragen.
- Wie stehen Sie zu Ihrem Team, und wie ist Ihre Stellung gegenüber Ihren Kolleginnen und Kollegen? Manchmal werden Mitarbeitende bei Leistungsbeurteilungen miteinander verglichen. Und selbst wenn nicht, wird Ihr Manager wissen, wen er zu den »Top-Performern« zählt, wer die »soliden Performer« sind und wer die wenigen »Schlusslichter«. Seien Sie ehrlich zu sich selbst: In welche Gruppe würden Sie sich einordnen? Erwarten Sie nicht, dass ein anständiger Manager Ihnen hierauf eine direkte Antwort geben wird.
- Wie groß ist das gegenseitige Vertrauen zwischen Ihnen und Ihrem Manager? Wie viele Beurteilungen haben Sie schon gemeinsam durchgestanden? Gab es in der Vergangenheit Überraschungen?
- Was hat Ihr Manager im Unternehmen für eine Stellung? Wie lange ist er schon im Unternehmen beschäftigt, und wie viel Einfluss hat er auf seine Kollegen? Je größer die Erfahrung und der Einfluss Ihres Managers ist, desto mehr kann er während der Kalibrierung auf das gewünschte Ergebnis hinwirken.

Haben Sie einen neuen Manager ohne viel Einfluss oder Erfahrung oder einen mit geringem Vertrauen, dann gehen Sie besser davon aus, dass diese Faktoren einen negativen Einfluss auf Ihre Leistungsbeurteilung haben können. Bereiten Sie sich auf entsprechende Ergebnisse vor. Möglicherweise müssen Sie etwas übertreiben und es Ihrem Manager nicht unnötig leicht machen, Ihnen ein ungünstiges Feedback zu geben.

Finden Sie die wichtigen Fristen heraus

Welche Frist müssen Sie für die Abgabe der Dokumente einhalten? Wann findet das Kalibrierungsmeeting statt, in dem über die Beurteilung entschieden wird? Wann schließt Ihr Manager vermutlich seine Vorbereitungen ab? Tipp: Der Termin liegt nahe dem Zeitpunkt für das Meeting.

Die wichtigsten Termine zu kennen, ist entscheidend, denn es ergibt keinen Sinn, Ihrem Manager weiteren Kontext zu liefern, wenn die Entscheidungen bereits getroffen sind. Füllen Sie vorher alle Wissenslücken zu Ihren Beiträgen. Bieten Sie Ihrem Manager eine Zusammenfassung Ihrer Arbeit an, die er vor der Leistungskalibrierung nutzen kann.

Feedback von Kollegen bekommen

Wenn es bereits ein formales Vorgehen gibt, sich unter Kollegen Feedback zu geben, sollten Sie sicherstellen, diejenigen Kolleginnen und Kollegen auszuwählen, die ausreichend Kontext Ihre Arbeit betreffend haben und die tatsächlich Feedback geben wollen. Sagen Sie ihnen, dass Sie dankbar dafür sind, dass sie sich die Zeit dafür nehmen.

Gibt es keinen solchen Prozess, werden Sie deutlich weniger Feedback bekommen, was Ihrem beruflichen Wachstum nicht weiterhilft und verhindert, dass Ihr Manager ein klares Bild von Ihnen im Teamkontext bekommt.

Ich empfehle in diesem Fall, Ihre Kollegen auf privatem Weg um Feedback zu bitten. Fragen Sie, was Sie gut machen, aber auch nach Bereichen mit Wachstumsmöglichkeiten. Ich rate Ihnen dringend dazu, sich zu diesen Rückmeldungen Notizen zu machen. Je nachdem, wie groß das Vertrauen zwischen Ihnen und Ihrem Manager ist, können Sie ihm diese Aufzeichnungen zeigen.

Nehmen Sie eine Selbstscheinschätzung vor

Sie können Ihrem Manager die Arbeit erleichtern, indem Sie ihm im Vorfeld eine Selbsteinschätzung zur Verfügung stellen. Er kann dann eine Zusammenfassung Ihrer Arbeit erstellen und diese mit Feedback zu Ihren Leistungen versehen. Er könnte auch eine Kalibrierung vornehmen, um die Beurteilungen zu rechtfertigen und einzelne Personen für die endgültige Leistungsbewertung zu vergleichen. Daher sollten Sie ihm möglichst viel Material für Ihre Bewertung liefern.

Erstellen Sie ein Dokument mit folgendem Inhalt:

- **Was.** Ergebnisse, die Sie im Laufe der Zeit erzielt haben. Indem Sie mithilfe eines Arbeitsprotokolls auch zurückliegende Arbeitsleistungen einbeziehen, helfen Sie Ihrem Manager, das Auftreten einer Aktualitätsverzerrung zu vermeiden.
- **Wie.** Qualitative Beispiele, zum Beispiel anderen helfen, Mentoring, Streben nach Höchstleistungen, Treffen pragmatischer Entscheidungen und so weiter.
- **Ursprüngliche Ziele und Ergebnisse.** Reflektieren Sie über Ziele, die Sie sich gesteckt haben und welche davon Sie erreicht haben.
- **Beispiele für Kompetenzen.** Enthält Ihre Tätigkeitsbeschreibung bestimmte Kompetenzen, machen Sie deutlich, wie Sie diese erfüllen.
- **Feedback von Kollegen.** Gibt es keinen formalen Prozess für das Feedback unter Kollegen, listen Sie die Rückmeldungen auf, die Sie von Ihren Kolleginnen und Kollegen bekommen haben.

- **Lob und positives Feedback.** Sammeln Sie schriftliches und mündliches positives Feedback zu Ihrer Arbeit, denn diese Interaktionen werden leicht übersehen. Das wird Ihnen und Ihrem Manager helfen, Arbeiten in die Beurteilung einzubeziehen, bei denen Sie deutlich mehr als das Soll geleistet haben.

Zwei Dinge sollten Sie sich überlegen: ob Sie sich in diesem Dokument selbst bewerten und ob Sie die Erwartungen Ihrer Meinung nach erfüllt haben bzw. darüber- oder darunterliegen. Wie Sie vorgehen, hängt von Ihrem Ansatz und von Ihrem Verhältnis zu Ihrem Manager ab. Es ist letztlich seine Aufgabe, Sie zu beurteilen, und manche Menschen könnten es als Überschreitung Ihrer Kompetenzen empfinden, wenn Sie sich selbst bewerten.

Andererseits hat eine ehrliche Selbsteinschätzung meiner Meinung nach auch etwas Gutes. Sie zeigt, wie Sie Ihre Leistungen wirklich beurteilen. Trotzdem wird Ihr Manager am Ende die Bewertung vornehmen, die er für richtig hält. Vielleicht legt Ihre eigene Beurteilung eine Unstimmigkeit zwischen Ihnen beiden offen. Ich schlage vor, Sie nehmen eine eigene Beurteilung Ihrer Leistungen vor, es sei denn, irgendetwas spricht klar dagegen.

Die Leistungsbeurteilung

Wenn Sie die Dokumente für Ihre Beurteilung abgegeben haben und der Prozess läuft, bleibt Ihnen nichts anderes übrig, als zu warten. Das kann eine unruhige Zeit sein, besonders wenn Sie versuchen, eine besonders gute Leistungsbeurteilung oder einen Bonus zu bekommen. Hier ein paar Dinge, die sich in dieser Zeit zu tun anbieten:

Bedenken Sie, dass Leistungsbeurteilungen nur Momentaufnahmen sind

Auch wenn sie besonders wichtig erscheint, ist die Beurteilung lediglich ein einzelner Datenpunkt. In der Realität hat sie aber nur wenige langfristige Auswirkungen auf Ihre Karriere.

Ich habe erlebt, dass Menschen, die eine schlechte Leistungsbeurteilung erhalten hatten und daraufhin den Arbeitsplatz wechselten, später sehr erfolgreich waren. Ich habe auch Menschen erlebt, die hervorragende Beurteilungen erhielten, aber das Gefühl hatten, in ihrem Job gefangen zu sein, und Angst vor einem Wechsel zu einer neuen Stelle hatten, da sie dort wieder ganz von vorne anfangen müssten.

Erkennen Sie die Dynamik der Leistungsbeurteilung

Über den Daumen gepeilt, erhalten ungefähr 20% der Personen eine überdurchschnittliche Bewertung, 60 bis 70% liegen im Durchschnitt, und etwa 10 bis 15% liegen darunter.

Sehen Sie sich in Ihrem Team und Ihrer Abteilung um. Es ist gut möglich, dass Sie viele motivierte Menschen finden, die alle eine gute Bewertung erhalten möchten. Trotzdem werden immer einige enttäuscht sein.

Sie können Enttäuschungen zuverlässig vermeiden, indem Sie realistische Erwartungen haben. Wenn 80% aller Personen durchschnittliche oder bessere Bewertungen erhalten, würde ich persönlich davon ausgehen, eine durchschnittliche Beurteilung zu erhalten, solange ich weiß, dass ich die Erwartungen erfüllt habe. Fällt die Einschätzung besser aus, sehe ich das als willkommenen Bonus.

Machen Sie sich nicht zu abhängig vom Ergebnis

Ich habe Menschen erlebt, die schon planten, wofür sie ihren Bonus ausgeben werden, bevor sie diesen überhaupt bekommen haben. Das gilt besonders für Unternehmen, in denen sich die Leistung direkt auf die Bezahlung auswirkt. Allerdings lassen sich weder Leistungsbeurteilungen noch die Höhe eines Bonus vollständig vorhersagen. Daher rate ich dazu, besser keine Pläne zu machen, die von Ergebnissen abhängen, die Sie nicht kontrollieren können.

Voreingenommenheit ist sehr real

Ihre Kollegen und Manager haben viele unbewusste Vorurteile – so wie auch Sie. Das ist wichtig, weil die Vorurteile Ihres Managers durchaus einen Einfluss auf Ihre Leistungsbeurteilung haben können. Häufige Gründe für Voreingenommenheiten, die bei Leistungsbeurteilungen auftreten können, sind:

- Aktualitätsbias: Aktuellen Arbeitsergebnissen wird mehr Bedeutung beigemessen.
- Strictness Bias: Überhohe Anforderungen bei der Bewertung von Teammitgliedern.
- Leniency Bias: Bei einigen Personen mehr Nachsicht als üblich.
- Horns Bias: Negatives Feedback Ihres Managers überschattet die gesamte Beurteilung.
- Halo Bias: Ein einzelnes positives Ereignis erhöht die gesamte Bewertung. Tritt häufig auf, wenn ein wichtiges Projekt »gerettet« wurde.
- Similarity Bias: Der Manager bewertet Personen besser, die ihm scheinbar ähnlich sind.
- Central Tendency Bias: Ihr Manager bewertet alle Teammitglieder ähnlich, weil er das Gefühl hat, dies sei fairer als zu unterscheiden.
- Contrasting Bias: Ihr Manager vergleicht Sie ständig mit Ihren Teammitgliedern, anstatt Sie an den Erwartungen an Ihre Rolle zu messen.

Sie sollten wissen, dass nicht alle Manager gleich gut Feedback geben können:

- Nur wenige Manager sind wirklich gut darin. Sie haben typischerweise die nötige Erfahrung und Routine und wenden viel Zeit für die Vorbereitung fairer Rückmeldungen auf.
- Viele Manager können kein gutes Feedback geben. Sie haben selbst nie erfahren, was effektives Feedback überhaupt ausmacht. Viele bilden sich darin nicht

weiter oder bitten um Feedback, bevor sie selbst welches geben. Anderen ist es einfach nicht wichtig genug.

- Die meisten Manager liegen irgendwo in der Mitte. Vielleicht wissen sie noch nicht, wie effektives Feedback funktioniert, aber sie versuchen immerhin, sich zu verbessern. Mit der Zeit können einige richtig gut darin werden, Feedback zu geben.

Sobald Sie einen Leistungsbeurteilungszyklus durchlaufen haben, werden Sie ein Gespür dafür haben, zu welcher dieser Gruppen Ihr Manager gehört. Vergessen Sie nicht, dass das Ergebnis nicht nur von Ihrer Arbeit abhängt, sondern auch, wie klar Ihr Manager sein Feedback artikulieren kann.

Seien Sie offen für negatives Feedback und weisen Sie es nicht zurück

Niemand hört gern, dass seine Leistungen die Erwartungen nicht erfüllt haben. Trotzdem können auch negative Rückmeldungen etwas Positives sein, solange sie spezifisch und praktisch umsetzbar sind.

Unklares Feedback, dem genaue Angaben fehlen, sollten Sie nicht akzeptieren. Die Rückmeldungen Ihres Managers sollten so spezifisch sein, dass Sie damit etwas anfangen können. Sobald Sie die Details kennen, sollten Sie allerdings auch entscheiden, ob Sie entsprechende Maßnahmen ergreifen können – oder wollen.

Sie und Ihr Manager sitzen im selben Boot

Ihr Manager will ein möglichst leistungsstarkes Team schaffen und führen. Je besser die Leistungen der Beteiligten, desto besser funktioniert das Team als Ganzes, und desto größer die Belohnung für alle.

In einer gesunden Umgebung gibt der Manager auch mal Feedback, das nicht so leicht zu akzeptieren ist. Schließlich möchte er, dass Sie wachsen, und er vertraut darauf, dass Sie die Kritik so nehmen, wie sie gemeint ist. Vergessen Sie nicht, dass alle im selben Boot sitzen und in dieselbe Richtung rudern sollten.

Konzentrieren Sie sich auf die langfristigen Ergebnisse

Ihre Karriere wird wahrscheinlich in Jahrzehnten und nicht in Zyklen von Leistungsbewertungen gemessen. Ob Sie bei einem Durchgang ein »erfüllt« oder ein »übersteigt« erhalten, hat wahrscheinlich nur einen geringen Einfluss auf Ihre langfristige Entwicklung. Viel wichtiger sind die Projekte, an denen Sie arbeiten, die Menschen, zu denen Sie eine starke Beziehung entwickeln, die Fähigkeiten, die Sie erwerben und die Herausforderungen, denen Sie sich stellen.

Vergessen Sie nicht das große Ganze

Einzelne Leistungsbeurteilungen haben nur wenig Bedeutung vor dem Hintergrund einer beruflichen Laufbahn, die Jahrzehnte dauern kann. Ein gewisser Weitblick kann helfen, Leistungsbeurteilungen nicht wichtiger zu nehmen, als sie tatsächlich sind.

KAPITEL 4

Beförderungen

In Technologieunternehmen, die mehr als ein paar Dutzend Engineers beschäftigen, sind die Karrierestufen in der Regel genau definiert. Bei Firmen in der Gründungsphase sind diese Ebenen meist weniger wichtig, werden im Laufe der Zeit aber nützlich, um die Erwartungen an einen Berufseinsteiger von denen an einen Senior-Engineer und einen Engineer auf Principal-Ebene unterscheiden zu können.

Sobald diese Ebenen in einem Unternehmen festgelegt sind, ist es normal, zu fragen, was nötig ist, um die nächste Stufe auf der Karriereleiter zu erklimmen. In diesem Kapitel besprechen wir folgende Themen:

1. Wie über Beförderungen entschieden wird
2. Arten von Beförderungsprozessen
3. »Terminal Level«
4. Beförderungen in Big-Tech-Unternehmen
5. Ratschläge für die Beförderung
6. Langfristige Karriereplanung

Wie Beförderungen entschieden werden

Wann und warum sollte jemand befördert werden? Die Gründe hierfür sind in den meisten Unternehmen ähnlich:

- **Leistungen der nächsten Stufe:** Viele Unternehmen befördern Menschen, die Leistungen erbringen, die bereits den Erwartungen für die nächste Karrierestufe entsprechen – was natürlich bedeutet, dass sie die Erwartungen, die für die aktuelle Stufe gelten, übererfüllen.
- **Auswirkungen auf der nächsten Ebene:** Viele Arbeitgeber befördern Menschen, deren Beiträge entsprechend große Auswirkungen für die nächste Ebene haben.
- **Geschäftliche Voraussetzungen für eine Beförderung:** Manche Unternehmen genehmigen Beförderungen nur, wenn eine Budgeterhöhung möglich ist. Für Rollen auf Staff-Ebene und darüber ist das manchmal der Fall. Selbst wenn Sie

die Erwartungen übererfüllen, kann es sein, dass Sie erst befördert werden, wenn das Unternehmen Bedarf für einen Staff-Engineer hat und das nötige Budget hierfür bereitsteht.

- **Gelegenheit und Platz für Beförderung:** Hat ein Unternehmen das Budget für einen Staff-Engineer eingeplant und ein Senior-Engineer erfüllt die Erwartungen für diese Stufe, besteht Gelegenheit für eine Beförderung. Je höher die Karrierestufe, desto entscheidender ist, dass hierfür auch eine entsprechende Stelle verfügbar ist.
- **Die Messlatte auf der nächsten Stufe höher legen:** Dieses Vorgehen ist selten, aber manche Unternehmen rechtfertigen Beförderungen durch die Frage: »Wie kann diese Person die Messlatte für die nächste Stufe höher legen (*raise the bar*)?«

In der Praxis sind noch einige weitere Voraussetzungen nötig, damit eine Beförderung erfolgen kann:

- **Wahrnehmung.** Es kann wichtiger sein, wie andere Ihren Einfluss wahrnehmen, als die tatsächlichen Auswirkungen Ihrer Arbeit auf das Geschäft. Das ist vor allem in wachsenden Unternehmen der Fall, wo es zunehmend schwerer wird, einzuschätzen, welche Auswirkungen bestimmte Personen auf das Geschäft haben.
- **Unterstützung anderer.** Ohne Unterstützung durch die Stakeholder gibt es keine Beförderung. In einem Start-up treffen diese Entscheidungen andere Personen als in einem Großkonzern mit Tausenden von Mitarbeitern.
- **Interne Politik.** Diese Art der Politik bezieht sich auf den Einfluss und die Stellung des Beförderungskandidaten innerhalb eines Unternehmens. Je mehr Entscheidungsträger am Beförderungsprozess beteiligt sind, desto komplexer ist das Unternehmen, und je höher die Position, desto komplizierter ist die Beförderungspolitik.
- **Funktionsweise des Beförderungsprozesses.** Verschiedene Beförderungsprozesse belohnen unterschiedliche Arten der Sichtbarkeit.

Arten von Beförderungsprozessen

Unternehmen gehen bei Beförderungen unterschiedlich vor. Unten sehen Sie drei der am häufigsten anzutreffenden Ansätze und was Sie davon jeweils erwarten können.

Informeller Beförderungsprozess

Dies ist in Start-ups und kleineren Firmen üblich. Der Prozess ist meist spontan. Es gibt ein Meeting zwischen CTO und einigen Senior-Managern, in dem besprochen wird, wer für eine Beförderung infrage kommt. Die Entscheidung wird üblicherweise sofort getroffen.

Diese Form einer nicht strukturierten Entscheidungsfindung ist typisch für Unternehmen mit bis zu 50 Engineers, manchmal auch mehr. In solchen Unternehmen unterstützt es eine Beförderung umso mehr, je sichtbarer man für die Manager ist. Wenn Sie beispielsweise an einem Projekt gearbeitet haben, in dem Sie regelmäßig mit dem CTO gesprochen haben, besitzen Sie einen klaren Vorteil gegenüber Menschen, die keinerlei Kontakt zu den wichtigen Personen hatten.

Der Vorteil dieses Prozesses ist seine Einfachheit und der geringe Verwaltungsaufwand. Allerdings kann der Prozess von Vorurteilen belastet sein, wodurch Menschen, die zwar gute Arbeit leisten, aber nur eine geringe Sichtbarkeit haben, leicht übergangen werden.

Ein schlanker Beförderungsprozess

In wachsenden Unternehmen kann es schwierig sein, alle Manager zusammenzubekommen, und mögliche Bias (Wahrnehmungsverzerrungen) fallen stärker ins Gewicht. Daher versucht die Geschäftsführung oft, einen besser skalierbaren und fairen Prozess zu etablieren. Das beginnt meistens damit, dass sie grundsätzliche Erwartungen für die verschiedenen Engineering-Ebenen festlegt. Danach sind die Manager eingeladen, Argumente dafür vorzutragen, warum ein bestimmter Engineer reif für eine Beförderung ist.

In solchen Umgebungen werden Beförderungen immer noch fast ausschließlich von Managern getroffen. Allerdings gibt es hier bestimmten Regeln und Erwartungen, die festlegen, was für eine Beförderung auf die nächste Stufe nötig ist.

Schlanke Beförderungsprozesse werden meist in mittelgroßen bis großen Unternehmen angewandt. In größeren Technologieunternehmen sind bis zur Senior-Engineer-Ebene eher schlanke Beförderungsprozesse üblich, darüber hinaus wird das Vorgehen anspruchsvoller.

Diese Umgebung bevorzugt Personen, deren Manager Erfahrung, ein gutes Netzwerk im Unternehmen und politischen Einfluss haben. Das heißt nicht, dass Menschen ohne solche Manager nicht befördert werden. Allerdings sind neue Manager oft weniger dazu in der Lage, genauso überzeugende Berichte abzugeben wie erfahrenere Führungskräfte.

Ein aufwendiger Beförderungsprozess

Wenn Unternehmen wachsen, versuchen sie oft, die Kriterien für eine Beförderung zu standardisieren und den Prozess von möglichen Vorurteilen zu befreien. Das führt zu aufwendigen Beförderungsprozessen. Hier sind für eine Beförderung die folgenden Dokumente notwendig:

- Eine Selbsteinschätzung des Beförderungskandidaten.
- Die Bewertung des Kandidaten durch einen Manager.
- Peer-Reviews durch Arbeitskollegen des Kandidaten, die belegen, ob eine Beförderung unterstützt wird oder nicht. Zu den »Peers« gehören Engineers, andere

Manager und weitere Personen aus den Produkt- und Technikabteilungen. Je näher der Peer der Senior-Ebene ist, desto mehr Gewicht können dessen Einschätzungen haben.

Dieser Prozess bevorzugt Entwicklerinnen und Entwickler, die an Projekten mit größerem Einfluss (*Impact*) arbeiten, die sich leicht messen lassen, solche mit vielen schriftlichen Unterlagen sowie Manager und einzelne Mitwirkende, die sich gut schriftlich ausdrücken können.

Bei dieser Vorgehensweise hängen die Ergebnisse am wenigsten von Managern ab. Hierbei kann der Beförderungsprozess sehr anstrengend sein und ist von allen Varianten die Variante mit dem größten Zeitaufwand. In diesem Rahmen muss man außerdem besonders früh mit den Vorbereitungen beginnen, indem man strukturierte Unterlagen erstellt, die beim Beförderungsprozess helfen können.

Hybride Modelle

Hybride Ansätze für die Beförderung werden in großen Technologieunternehmen immer beliebter. Bei Amazon und Uber werden Beförderungen bis zur Senior-Engineer-Ebene von einem Kometee, das nur aus Managern auf Abteilungsebene besteht, entschieden. Beförderungen auf Staff-Ebene oder höher werden üblicherweise von einem abteilungs- oder unternehmensweiten Komitee beschlossen.

»Terminal Level«

Das Konzept des *Terminal Level* (in etwa »abschließende« oder »endgültige Karrierestufe«) – manchmal auch *Career Level* genannt – ist in vielen Technologieunternehmen gebräuchlich. Es bezeichnet die Karrierestufe, die Software-Engineers im Laufe der Zeit erwartungsgemäß erreichen, ohne zu erwarten, darüber hinaus befördert zu werden.

Um das Jahr 2015 lag das Terminal Level bei Google bei L5, bei Meta war es E5 und bei Uber L5A – alles Senior-Ebenen. Engineers, die nicht schnell genug zu diesen Ebenen aufstiegen, wurden manchmal entlassen oder in Programme zur Leistungssteigerung (*Performance Improvement Plans*, PIP) gesteckt. Es war eine Art von »Beförderung oder Rausschmiss«-System.

In den vergangenen Jahren haben alle drei Unternehmen Ihr Vorgehen geändert. Googles Terminal Level liegt jetzt bei L4, eine Ebene unter der eines Senior-Software-Engineers. Sowohl Meta als auch Uber haben Ihre Regeln gelockert, indem sie Engineers nicht mehr dazu drängen, mehr als die Ebene E4, beziehungsweise L4 zu erreichen.

Für die Definition von Terminal oder Career Levels gibt es zwei Hauptgründe:

- Man will verdeutlichen, dass es für Engineers zwingend erforderlich ist, diese Stufe zu erreichen. Terminal Levels enthalten üblicherweise die Erwartung, dass Engineers vollständig autonom sind.

- Es soll klargemacht werden, dass es keine Garantie gibt, dass Engineers über diese Stufe hinaus befördert werden. Das liegt daran, dass höhere Ebenen immer schwerer zu erreichen sind. Oft sind für Stufen oberhalb des Terminal Level Budgetfreigaben nötig, und nicht alle Teams können eine Position oberhalb des Terminal Level finanziell tragen.

Unternehmen, die auf Terminal Levels setzen, haben oft eine »Rauf-oder-raus-Kultur«, die Engineers dazu drängt, sich ständig zu verbessern, bis sie das Terminal Level erreicht haben. Dieser Ansatz erzeugt Druck, aber er ist üblicherweise mit einem gut verständlichen Beförderungskonzept versehen, das in einem Arbeitsumfeld stattfindet, in dem Sie sich darauf verlassen können, dass Manager und erfahrene Engineers Ihnen helfen, weiterzukommen.

Auch Unternehmen ohne Terminal Levels werden von Engineers erwarten, bestimmte Karrierestufen zu erreichen. Terminal Levels entsprechen fast immer der Stufe des Senior-Engineers. Die bemerkenswerte Ausnahme bildet hier Google, wo das Terminal Level bei L4 (Software-Engineer III) liegt, also eine Stufe oberhalb der Senior-Engineer-Ebene. Erwartungen auf Terminal Level sind unter anderem:

- Sie sind vollständig autonom.
- Sie haben die Fähigkeit, selbstständig Blockaden zu überwinden.
- Sie helfen dem Team, erfolgreich zu sein, und engagieren sich als Mentor für Neueinsteiger im Team.

Es ist angemessen, dass Unternehmen von ihren Engineers erwarten, mit genug Zeit und Unterstützung letztendlich diese Ebene zu erreichen. In Teil III dieses Buchs werden wir uns detailliert mit diesen Erwartungen beschäftigen.

Finden Sie heraus, ob in Ihrem Unternehmen Terminal- oder Career-Level-Konzepte zum Einsatz kommen. Falls ja, sollte es einer Ihrer Hauptschwerpunkte sein, eine Beförderung auf diese Ebene zu erreichen.

Beförderungen in Big-Tech-Unternehmen

In Big-Tech-Unternehmen gibt es im Vergleich zu den meisten anderen Firmen große Unterschiede bei Bezahlung, Beförderung, Leistung und ihrer Beziehung zueinander. In vielen »traditionellen« Unternehmen ist eine Beförderung der offensichtliche – und oft einzige – Weg, ein höheres Gehalt zu bekommen. Boni zum Jahresende hängen häufig stark von der Leistung des Unternehmens ab und haben nur selten einen Bezug zur eigenen Leistung.

Gehalt und Beförderungen

In Big-Tech-Firmen gibt es außerdem eine andere Sichtweise auf Beförderung und Bezahlung, was Grundgehalt, Boni und Kapitalbeteiligungen angeht:

- **Häufig wird gute Leistung auch gut bezahlt.** Boni und Beteiligungsaufstockungen hängen von der Leistung im Vergleich zu anderen Mitarbeitenden ab. Die leistungsstärksten Mitarbeiter erhalten oft unverhältnismäßig hohe Boni, die das Fünf- bis Zehnfache eines »durchschnittlichen« Bonus betragen können.

- **Regeln für einen Anspruch auf Beförderung.** Die meisten Unternehmen fordern mindestens eine zwölfmonatige Erfahrung in einer Rolle, um einen Anspruch auf Beförderung zu rechtfertigen. Bei einigen gilt außerdem, dass nur Mitarbeitende mit Bestleistungen – diejenigen, die nach der Kalibrierung in der oberen Hälfte der Bewertungen liegen – für eine Beförderung vorgeschlagen werden. Obwohl die meisten Unternehmen ihre Beförderungskriterien veröffentlichen, können einige Abteilungen strengere Auflagen festlegen, zum Beispiel was die Berufserfahrung angeht.
- **Bei einer Beförderung rückt die Vergütung in die unterste Stufe der nächsten Gehaltsgruppe.** Gehaltsgruppen dienen der Festlegung von Zielen für das Grundgehalt und die Gesamtvergütung. Wird eine Person befördert, erhält sie eine minimale Gehaltssteigerung (meist 8 bis 10%) und befindet sich damit am unteren Ende der nächsten Gehaltsgruppe. Bei diesem Ansatz ist es üblich, auch Kapitalbeteiligungen aufzustocken. Bei einer Beförderung steigen also auch die Unternehmensbeteiligungen. Diese können sich aber um eine Runde verzögern und fallen oft geringer aus als erhofft.
- **Ein Mitarbeiter mit Höchstleistungen auf einer niedrigeren Ebene kann mehr verdienen als jemand mit durchschnittlichen Leistungen auf der nächsthöheren Ebene.** Es mag überraschen, dass die 3 bis 5% der Mitarbeitenden, die als »Top-Performer« gelten, oft eine höhere Gesamtvergütung erhalten als diejenigen auf der nächsthöheren Ebene, die nur durchschnittliche Leistungen erbringen. Der Grund ist, dass Mitarbeitende mit Höchstleistungen mit außergewöhnlich hohen Boni und Unternehmensanteilen belohnt werden.
- **Beförderungen sind nicht die einzige Möglichkeit, Auswirkungen (Impact) zu belohnen.** Personen, die viel leisten, können mit größeren Boni, Zuschüssen zur Mitarbeiterbindung und weiteren Vorteilen belohnt werden. Ab der Senior-Engineer-Ebene spielen Beförderungen für viele Engineers keine so große Rolle mehr, weil der finanzielle Anreiz im Vergleich zu guten Leistungen auf ihrer aktuellen Stufe nicht mehr so hoch ist.

Beförderung: was vom Unternehmen erwartet wird

In Big-Tech-Unternehmen sind Erwartungen an Leistung und Kompetenz ein üblicher Rahmen für Gespräche über Arbeitsergebnisse und Beförderungen, und diese dokumentieren die Erwartungen an Engineering- und Engineering-Management-Ebenen. Um befördert zu werden, müssen die Kandidaten Leistungen auf dem Niveau der nächsthöheren Stufe in zwei Dimensionen nachweisen:

- **»Was«** – Auswirkungen der Arbeit. Von Engineers wird erwartet, dass die geschäftlichen Auswirkungen ihrer Arbeit der nächsthöheren Stufe entsprechen. Für einen Staff-Engineer könnte das bedeuten, dass er eine langfristige Anstrengung unternimmt, um ein bedeutendes Problem auf der jeweiligen Organisationsebene zu lösen. Bei kundenorientierter Arbeit an Produkten sind die Auswirkungen typischerweise leichter messbar als bei der Arbeit an einer Plattform. Produktarbeit steht häufig in direktem Zusammenhang mit den wichtigsten Leistungsindikatoren (*Key Performance Indicators*, KPI) des Unternehmens, wie etwa Gewinnsteigerung oder Kosteneinsparung. Plattformarbeit hat oft eine Verbindung zu den KPIs der darunterliegenden Ebene, wie eine abnehmende Latenz des Systems, gesteigerte Stabilität oder eine gesteigerte Produktivität der Entwickler.

- **»Wie«** – Messung anhand von Kompetenzen. Dabei definiert jedes Unternehmen die Dimensionen seiner Erwartungen für jede Stufe, die als Kompetenzen bezeichnet werden. Bei Uber waren diese Kompetenzen beispielsweise Software-Engineering, Design und Architektur, Ausführung und Ergebnisse, Zusammenarbeit, Effizienz und Verantwortungsbewusstsein. Leistungen auf der nächsthöheren Stufe in diesen Bereichen stehen fast immer für eine gute Zusammenarbeit mit Entscheidungsträgern und anderen Kolleginnen und Kollegen. In der Praxis haben einige Kompetenzen ein höheres Gewicht als andere. Dabei sind diese Gewichtungen einmalig für jedes Unternehmen, den Beförderungsprozess und manchmal sogar für eine bestimmte Gruppe im Unternehmen.

Eine der größten Herausforderungen in Big-Tech-Unternehmen bei der Beförderung auf Senior-Ebene oder darüber ist der ständig wachsende Radius der Auswirkungen und die Komplexität der Probleme. Um auf das Level eines Senior-Engineers befördert zu werden, werden typischerweise Auswirkungen auf Teamebene erwartet. Staff-Engineers müssen zeigen, dass ihre Arbeit sich auf die gesamte Abteilung oder das gesamte Unternehmen auswirkt.

Senior-Engineering-Manager und Senior Engineering Directors sind mit entsprechend höheren Erwartungen konfrontiert. Gerade in extrem schnell wachsenden Unternehmen gibt es keinen Mangel an Problemen auf Abteilungsebene, die Engineers und Manager lösen müssen. Sind Sie dabei erfolgreich, folgt typischerweise auch die Beförderung.

Je reifer ein Unternehmen wird, desto weniger solcher Möglichkeiten zur Profilierung gibt es, und desto komplexer und zeitaufwendiger ist die Lösung von auftretenden Problemen. Eventuell sind Möglichkeiten sich zu profilieren, so schwer zu finden, dass ein Fehlschlag beim Lösen eines Problems keine Option ist, weil es hieße, eine seltene Chance zu vertun.

Weniger »beförderungswürdige« Gelegenheiten sind auch Anreiz für Erfolgskriterien, wie die Umwandlung eines scheiternden Projekts in eines, das als erfolgreich angesehen wird. Und warum sollte jemand so eine Gelegenheit nicht wahrnehmen? Sie haben sich angestrengt und Arbeit in das Projekt gesteckt. Ein Scheitern allerdings zuzugeben, würde schlechtere Leistungsbeurteilungen und Beförderungschancen bedeuten. *Ich spiele hier nur den Advocatus Diaboli.*

Beförderungsorientierte Softwareentwicklungen

Eine weniger schöne Konsequenz der wirkungsorientierten Natur von Beförderungen und Leistungsbeurteilungen in Big-Tech-Unternehmen kann man auch als »beförderungsorientierte Entwicklung« bezeichnen. Mit jeder nächsthöheren Stufe wird erwartet, dass Ihre Arbeit sich auf größere Gruppen auswirkt und zu noch besseren Geschäftsergebnissen führt.

Wie können Sie eine größere Gruppe von Engineers beeinflussen und zu besseren Geschäftsergebnissen beitragen? Eine offensichtliche Strategie besteht darin, ein technisches Problem des Unternehmens zu lösen. Für eine Beförderung reicht das »Was« (die Auswirkungen) aber nicht aus. Sie müssen auch beim »Wie« (den Kompetenzen) das nächsthöhere Level erreichen. In der Regel bedeutet das, etwas nicht Triviales zu erstellen, bei dem große Personengruppen koordiniert werden müssen und das eine große technische Herausforderung darstellt.

Genau aus diesem Grund erstellen Engineers, die auf eine Beförderung auf Staff-Ebene hinarbeiten, oftmals ihre eigene, selbst entworfene Lösung, anstatt bei einem unternehmensweiten Problem auf ein bewährtes Dritthersteller-Framework zu setzen. Um dieses Vorgehen zu rechtfertigen, finden die Engineers Grenzfälle, in denen schon vorhandene Lösungen nicht oder nur schlecht funktionieren. Stattdessen setzen sie auf einen komplexen und wirkungsträchtigen Ansatz, der einer Beförderung würdig ist.

Die Erstellung eigener Werkzeuge wird manchmal durch besondere Bedürfnisse gerechtfertigt; gleichzeitig gibt es so gut wie keine Anreize für einen Engineer, das Problem mit einer bewährten Lösung eines externen Anbieters zu bewältigen. Dieser Ansatz würde als »trivial« angesehen und würde die Komplexitätsanforderungen an Software-Engineering sowie Architektur und Entwurf für die Senior-Ebene und darüber nicht erfüllen.

Die beförderungsbedingte Softwareentwicklung ist ein Grund, warum alle Big-Tech-Unternehmen für alles eigene Lösungen entwickelt haben – von Entwicklungs- und Überwachungswerkzeugen bis hin zur Neuerstellung von Produkten, die sich nicht durchgesetzt haben. Ich übertreibe nicht, wenn ich sage, dass Google innerhalb von 16 Jahren[1] 20 verschiedene Chatprodukte entwickelt hat, einige davon sogar gleichzeitig. Mit Sicherheit haben alle diese Chatprojekte Dutzenden von Engineers und Managern zur Beförderung auf die nächste Stufe verholfen. Und beim nächsten Mal setzt sich eine neue Gruppe dafür ein, ein komplexes Projekt mit noch größeren Auswirkungen von Grund auf neu zu erstellen, anstatt ein schon vorhandenes Produkt in Ordnung zu bringen.

1 *https://arstechnica.com/gadgets/2021/08/a-decade-and-a-half-of-instability-the-history-of-google-messaging-apps/*

Ratschläge für die Beförderung

Sie hoffen, in der nächsten Runde befördert zu werden. Was können Sie im Vorfeld tun, um Ihre Chancen zu verbessern? Hier ein paar Ideen:

- **Seien Sie realistisch.** Wie ist Ihre letzte Leistungsbeurteilung ausgefallen? Haben Sie die Erwartungen übererfüllt? Falls nicht, ist Ihre Chance auf eine Beförderung eher gering. Arbeiten Sie darauf hin, in der nächsten Runde die Erwartungen zu übertreffen.
- **Verstehen Sie, wie Beförderungen funktionieren.** Wer schlägt vor? Wer entscheidet? Was sind die Kriterien, und welche Prozesse kommen hierfür in Ihrem Unternehmen zum Einsatz?
- **Verstehen Sie, wie Beförderungen wirklich funktionieren.** In Wirklichkeit hängt es nicht immer von einem offiziell dokumentierten Prozess ab, wer befördert wird. Sprechen Sie mit Menschen, die den Prozess bereits durchlaufen haben, und ebenso mit Ihren Mentoren. Ein Beispiel für eine nicht dokumentierte Bedingung könnte der Abschluss eines produktiv eingesetzten »Beförderungsprojekts« sein. Eine solche Bedingung könnte ebenfalls sein, dass Feedback von Kollegen weniger Gewicht hat, während das Feedback von Engineers auf Staff-Ebene oder von Directors deutlich mehr zählt. Auch der Einfluss von Managern kann erheblich größer sein, als es die offiziellen Richtlinien vermuten lassen.
- **Nehmen Sie eine Selbsteinschätzung vor.** Gibt es klar definierte Erwartungen, zum Beispiel einen kompetenzabhängigen Karrierepfad, überlegen Sie, wo Sie im Verhältnis zu Ihrer aktuellen und der nächsthöheren Karrierestufe stehen. Eine Schablone für die Selbsteinschätzung kann helfen.
- **Holen Sie sich Feedback von Kollegen.** Bitten Sie um Feedback zu Ihren Leistungen, besonders von den Kolleginnen und Kollegen auf einer höheren Karrierestufe als Sie. Wenn es Zeit für eine Beförderung wird, brauchen Sie wahrscheinlich Menschen, die Ihren Wunsch unterstützen. Um weiterzukommen, fragen Sie Personen, die Ihnen Feedback geben können. Die Fragen könnten lauten: In welchen Bereichen kann ich mich Ihrer Meinung nach verbessern? Wo entsprechen meine Leistungen der nächsten Stufe? Welche Lücken sehen Sie? Haben Sie Tipps, wie ich mich weiterentwickeln kann?
- **Finden Sie einen Mentor auf der nächsten Stufe.** Suchen Sie Kontakt zu jemandem, der mindestens eine Stufe höher auf der Karriereleiter steht, am besten jemanden, der diese Stufe innerhalb Ihres Unternehmens erreicht hat. Arrangieren Sie ein persönliches Treffen und fragen Sie, ob die Person ihre Aufstiegserfahrungen mit Ihnen teilen möchte und Ihnen hierzu Ratschläge und Feedback geben kann. All das ist zwar keine Garantie für eine Beförderung, aber Sie haben eine weitere Person gewonnen, die Ihnen umsetzbares Feedback geben kann, vielleicht sogar einen Verbündeten.

Die Arbeit organisieren

Das Modell des **Produzierens, Organisierens und Veröffentlichens** ist eine gute Art, sich die verschiedenen Arbeitsbereiche vorzustellen, wie Product Leader Shreyas Doshi schreibt.[2] Es reicht nicht aus, gute Arbeit zu leisten. Sie müssen mit anderen zusammenarbeiten und Ihre Arbeit veröffentlichen, damit sie auch wahrgenommen wird. Sie können sich das Modell etwa so vorstellen dieses hier:

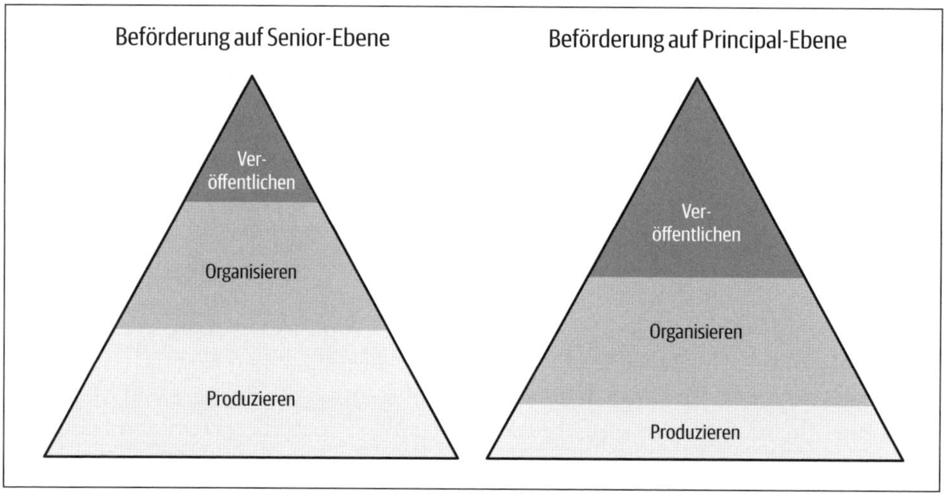

Abbildung 4-1: Das Framework aus »Produzieren, Organisieren und Veröffentlichen«. Je höher Sie auf der Karriereleiter stehen, desto mehr wird von Ihnen erwartet, dass Sie auf der nächsten Stufe organisieren und veröffentlichen.

Produzieren Sie täglich Arbeitsergebnisse und schaffen Sie Belege dafür, wie etwa Code, Designdokumente, Nachuntersuchungen (*Postmortems*), Code-Reviews und so weiter.

Organisieren Sie Dinge, die helfen, etwas zu schaffen. Das kann die Organisation von Meetings sein, die Vorbereitung neuer Initiativen oder die Einführung von Werkzeugen zur besseren Zusammenarbeit innerhalb von Gruppen, etwa Verbesserungen von Arbeitsabläufen und Fehlerbehebungen.

Veröffentlichen Sie Ihre Arbeit und stellen Sie diese im Rahmen von persönlichen Gesprächen, durch Präsentationen auf Abteilungs- oder unternehmensweiten Meetings oder anderen internen oder externen Veranstaltungen vor.

In den meisten Unternehmen verlagert sich Ihr Schwerpunkt mit steigender Karrierestufe zunehmend von der Produktion hin zur Organisation und Veröffentlichung. Dies ist kein Zufall. Sowohl Staff-Engineers als auch Directors verbringen im Vergleich zu niedrigeren Ebenen mehr Zeit mit organisatorischen Aufgaben und der Veröffentlichung als mit der eigentlichen Produktion.

2 *https://twitter.com/shreyas/status/1332889515556364288*

Halten Sie fest, was Sie erreicht haben. Am sinnvollsten ist es, Ihre Leistungen wöchentlich zu dokumentieren. Fassen Sie die wichtigsten Erfolge monatlich und vierteljährlich zusammen. Beginnen Sie jetzt und notieren Sie die bedeutendsten Leistungen des letzten Jahres. Es ist hilfreich, Beispiele zu haben, die Ihre kontinuierlich wirkungsvolle Arbeit belegen.

Die Bedeutung Ihres Managers

Sprechen Sie mit Ihrem Manager und thematisieren Sie Beförderungen. Fragen Sie, wo Sie seiner Meinung nach stehen und was nötig wäre, damit er Ihr Ziel unterstützt. Zeigen Sie ihm Ihre Selbsteinschätzung. In der Regel entscheidet Ihr Manager, an welchen Projekten Sie arbeiten. Das ist wichtig, weil Sie an Projekten arbeiten müssen, die zeigen, dass Sie für die nächste Stufe bereit sind, um Ihre Beförderung zu rechtfertigen.

Bringen Sie Ihren Manager auf Ihre Seite. Unterstützt er Ihr Anliegen nicht, wird eine Beförderung schwer bis unmöglich. Daher sollten Sie lange vor einer möglichen Beförderung damit beginnen. Wie können Sie ihm vermitteln, dass Sie bereit sind? Was hilft ihm, Ihr Anliegen zu unterstützen?

Für Beförderungen auf Staff-Ebene und darüber: Bringen Sie den Vorgesetzten Ihres Managers (*Skip-Level*) auf Ihre Seite. Oft haben die Manager der verschiedenen Hierarchieebenen einen großen Einfluss auf Beförderungen oberhalb der Senior-Stufe. Es reicht möglicherweise nicht, dass Ihr Manager Sie unterstützt. Dessen Vorgesetzter muss sich ebenfalls für Sie einsetzen. Arrangieren Sie persönliche Gespräche mit diesen Personen und stellen Sie sicher, dass sie von ihrer Arbeit wissen und deren Auswirkungen verstehen. Nach Möglichkeit sollten Sie versuchen, das persönliche Gespräch alle paar Monate zu wiederholen.

Wenn eine Beförderung einen Wechsel des Managers bedeutet, ist die Unterstützung von dessen Vorgesetzten sogar noch wichtiger. In manchen Unternehmen gibt es beispielsweise die Regel, dass ein Engineering-Manager nicht als Manager für Staff-Engineers zuständig sein kann. Sollten Sie zum Staff-Engineer befördert werden, wären Sie nicht mehr Ihrem derzeitigen Vorgesetzten unterstellt. Dies ist unter Umständen heikel, da diese Veränderung möglicherweise nicht im Interesse einer Führungskraft sein könnte. Je herausfordernder eine Beförderung ist, desto wichtiger sind starke Beziehungen und das Etablieren klarer Erwartungen in der Kette der Vorgesetzten.

Fassen Sie einen umsetzbaren Plan. Definieren Sie zusammen mit Ihrem Manager Ziele, die beim Erreichen der nächsten Stufe oder einer Beförderung helfen. Schreiben Sie sich die Ziele auf und halten Sie diese Vereinbarungen auch ein. Unterrichten Sie Ihren Manager über Ihre Fortschritte und holen Sie sich Feedback. Ein entsprechendes Dokument kann hierbei sehr hilfreich sein.

Was tun Sie, wenn Ihr Manager wechselt? Es kann jederzeit passieren, dass Ihr Manager Ihr Team oder das Unternehmen verlässt. Daher sollten Sie überlegen, ob Ihre Beförderung möglicherweise zu sehr von seiner Unterstützung abhängt. In diesem Fall sollten Sie in persönlichen Gesprächen dafür sorgen, dass Ihre Arbeit für mehr Menschen sichtbar wird. Hier spielt der »Veröffentlichen«-Teil im Framework »Produzieren, Veröffentlichen, Organisieren« die wichtigste Rolle.

Bleiben Sie realistisch

Machen Sie sich nicht von einer Beförderung abhängig, sonst könnten Ihre Manager und Kollegen glauben, dass Sie »nur für die Beförderung arbeiten«. Fassen Sie einen Plan und arbeiten Sie auf Ihr Ziel hin, aber vermeiden Sie den Eindruck, dass Ihnen ausschließlich Ihr berufliches Weiterkommen wichtig ist. Dabei geht es nicht nur um den Eindruck. Die Beförderung sollte wirklich nicht Ihr einziges Bestreben sein. Finden Sie andere Ziele innerhalb Ihres Einflussbereichs, die Sie zufrieden machen.

Haben Sie realistische Erwartungen an die Beförderungsquote. Je höher die von Ihnen anvisierte Stufe, desto weniger Beförderungsanträge werden in der Regel bewilligt. In den meisten Big-Tech-Unternehmen werden etwa 30 bis 40 % aller Beförderungsanträge auf eine Senior-Stufe abgelehnt. Auf unteren Stufen liegt diese Quote normalerweise niedriger, bei höheren Stufen dagegen oft noch darüber.

Bereiten Sie sich darauf vor, nicht befördert zu werden. Nichts ist garantiert. Können Sie sich trotzdem Ziele setzen, die Ihnen helfen, sich beruflich zu verbessern, unabhängig vom Ergebnis? Die erfolgreiche Fertigstellung eines komplexen und einflussreichen Projekts, das Erreichen einer größeren Sichtbarkeit innerhalb und außerhalb des Unternehmens, das Erlernen einer neuen Technologie – das alles sind wertvolle Leistungen, die Ihren Wert steigern und Ihre Chancen auf eine Einstellung und eine zukünftige Beförderung erhöhen.

Helfen Sie anderen, damit sie Ihnen helfen. »Wie du mir, so ich dir«. Anderen zu helfen, ist grundsätzlich eine gute Sache und hilft außerdem dabei, sich das Wohlwollen dieser Menschen zu sichern. Hier ein paar Dinge, die Sie tun können, um anderen zu helfen:

- Engagieren Sie sich als Mentor für jemanden eine Stufe unter Ihnen. Können Sie der Person helfen, auf Ihr Niveau zu wachsen?
- Seien Sie Mentor für Personen außerhalb Ihres Unternehmens. Sie werden nicht nur diesen Personen helfen, sondern dabei auch eine Menge lernen.
- Unterstützen Sie andere, von denen Sie wissen, dass sie auf eine Beförderung hinarbeiten. Können Sie ihnen konstruktives, hilfreiches Feedback und andere Unterstützung geben?
- Melden Sie sich freiwillig für Dinge, die das Team unterstützen – Dinge, die Ihre Kolleginnen und Kollegen absichtlich oder unabsichtlich übersehen. Zumindest helfen Sie damit dem Team. Zudem sind Manager meist motivierter, Beförderungskandidaten zu fördern, die nicht nur sich selbst, sondern dem gesamten Team helfen.
- Lassen Sie einige Teamkollegen wissen, dass Sie auf eine Beförderung hinarbeiten. Wenn sie wissen, dass Ihnen die Sache wichtig ist, werden sie Ihnen vermutlich eher helfen.

Langfristige Karriereplanung

Karrieren verlaufen nicht immer gradlinig, und viele erfolgreiche Menschen müssen unterwegs Irrwege und Rückschläge aushalten. Es hilft, etwas Abstand zu nehmen und Ihre Karriere in einem größeren Zusammenhang zu betrachten – nicht nur die nächsten paar Monate oder das kommende Jahr. Unten finden Sie ein paar Vorschläge für eine langfristige Karriereplanung.

Machen Sie Ihr Selbstwertgefühl nicht von Beförderungen und Titeln abhängig

Die Versuchung ist groß, sich mit Personen auf der nächsthöheren Stufe zu vergleichen. Ein Senior-Engineer könnte zu einer Staff-Engineer aufschauen und frustriert sein, dass er viele Dinge besser kann als seine Kollegin auf Staff-Ebene, ohne auf der gleichen Karrierestufe zu stehen.

Hüten Sie sich vor Neidgefühlen! Eine Beförderung hängt nicht nur von Ihren Fähigkeiten ab. Sie müssen zeigen, dass Ihre Arbeit genug Impact hat. Die Chancen hierfür sind aber nicht immer gleichmäßig verteilt. Menschen auf der nächsten Stufe hatten vielleicht einfach bessere Chancen, zu zeigen, dass ihre Wirkung der nächsten Ebene entspricht, oder sie konnten ihre Leistungen in den begleitenden Gesprächen einfach besser vermitteln.

Ab der Staff-Ebene, haben Titel ohnehin weniger Bedeutung und sind schwerer vergleichbar. Was soll das also? Wenn Sie sich auf Ihre Karriere und Ihren Weg konzentrieren, wird es Ihnen deutlich besser gehen.

Versuchen Sie nicht, Menschen aus dem Weg zu drängen

Wenn Sie die Wahl haben, ein berufliches Ziel zu erreichen und dafür eine berufliche Beziehung zu ruinieren, sollten Sie sich fragen, ob es die Sache wirklich wert ist. Vielleicht gibt es eine andere Möglichkeit, denn Menschen merken sich, wer sie aus dem Weg geräumt hat, und die Technologiebranche kann sich überraschend klein anfühlen. Der Ruf, sich nur um das eigene Vorankommen zu kümmern, kann sich später rächen.

Viele Investitionen in die Karriere zahlen sich erst später aus

Nehmen Sie zum Beispiel diese zwei Personen:

- Engineer A optimiert auf sofortige Karrierefortschritte. Sie steigt vom Software-Engineer zum Senior-Software-Engineer auf und bemüht sich dann um eine Beförderung zum Staff-Engineer, die sie auch erreicht. Dann bleibt sie auf dieser Stufe. Auf der Suche nach weiteren Gelegenheiten führt sie Vorstellungsgespräche, kann sich aber keine Angebote oberhalb der Senior-Engineer-Ebene sichern. Eine »Titelkürzung« will sie nicht akzeptieren, also bleibt sie auf dieser Stufe stehen.

- Engineer B optimiert auf seine bevorzugten Interessensgebiete hin und macht sich weniger aus Titeln. Er ist ein Software-Engineer und erhält eine interne Beförderung zum Senior-Engineer. Dann wechselt er den Technologie-Stack, um an etwas Neuem zu arbeiten, danach geht er einen Schritt zurück in die Rolle des Software-Engineers in einem anderen Unternehmen und einer anderen Umgebung. Dieses Lernmuster wiederholt er mehrmals. Später ist die Breite und Tiefe seiner Fachkenntnisse herausragend, und interessante Unternehmen bieten ihm an, auf Staff-Ebene und darüber bei ihnen zu arbeiten.

Engineer A hat am Anfang möglicherweise ein »schnelleres« Wachstum, während Engineer B in seine langfristige Karriere investiert, indem er sich neue Kenntnisse aneignet und durch die Arbeit bei verschiedenen Unternehmen eine Vielzahl neuer Erfahrungen sammelt.

Berufliche Entscheidungen wie ein Schritt zur Seite oder zu einem neuen Technologie-Stack können Nachteile für die direkte Karriereentwicklung bedeuten. Sie eignen sich aber hervorragend als langfristige Investition. Und selbst wenn diese sich nicht in Form einer Beförderung auszahlt, war es vielleicht die Sache wert und interessant, in einem spannenden neuen Bereich zu arbeiten.

Zufriedenheit sollte nicht durch Titel und Karrierestufen definiert werden

Zur Zufriedenheit am Arbeitsplatz gehört deutlich mehr als Titel und Verantwortung. Vergessen Sie nicht die guten Seiten Ihrer aktuellen Position, aber auch nicht die Nachteile, und finden Sie heraus, was Ihnen *wirklich* wichtig ist.

KAPITEL 5

In verschiedenen Umgebungen erfolgreich sein

Jedes Unternehmen hat seine eigene Kultur, eigene Werte, das eigene Arbeitstempo und vieles mehr. Daher gibt es auch keine Universallösung, die für alle Umgebungen gilt. Dennoch findet man genug Ähnlichkeiten in der Arbeitsweise verschiedener Arten von Unternehmen wie Big Tech oder schnell wachsenden Start-ups. In diesem Kapitel behandeln wir:

1. Produktteams und produktorientierte Engineers
2. Plattformteams
3. »Kriegszeiten« im Vergleich mit »Friedenszeiten«
4. Arten von Unternehmen

Produktteams und produktorientierte Engineers

Produktteams sind Engineering-Teams, die ein Produkt für externe Kunden erstellen. Sie unterscheiden sich deutlich von Plattformteams, die für interne Kunden arbeiten, und Serviceteams, die nicht an eigenen Produkten arbeiten, sondern eine Dienstleistung für Kunden bereitstellen oder zu einem Produkt beitragen.

In Produktteams sind es die Engineers, die ich gern als »produktorientiert« bezeichne, diejenigen mit den größten Auswirkungen. Dabei haben einige Entwickler ein echtes Interesse am von ihnen erstellten Produkt. Sie wollen verstehen, warum bestimmte Entscheidungen getroffen werden und wie Menschen das Produkt benutzen, und sie sind gern an produktbezogenen Entscheidungen beteiligt. Ließe die Freude am Engineering einmal nach, würden sie vermutlich einen guten Produktmanager abgeben. Ich habe mit vielen großartigen produktorientierten Engineers zusammengearbeitet und würde auch mich selbst zu dieser Art von Entwicklern zählen. In Unternehmen, die Produkte von Weltklasse schaffen, bringen produktorientierte Engineers ein Team auf eine höheres Wirkungsniveau.

Bereiche, in denen produktorientierte Engineers etwas bewirken können, sind beispielsweise Teams, die an benutzerorientierten Features arbeiten. Produktorientierte Engineers entwickeln sich oft zu wichtigen Mitarbeitern und sind die Ansprechpartner für Produktmanager, die später oft eine Führungsrolle im Team übernehmen.

Produktorientierte Engineers

Hier ein paar Eigenschaften, die produktorientierte Engineers gemeinsam haben:

- **Proaktiver Umgang mit Ideen und Meinungen zu Produkten.** Es reicht ihnen nicht, eine Spezifikation zu implementieren. Stattdessen wägen sie Alternativen ab und stellen diese dem Produktmanager vor. Oft stellen sie bereits vorhandene Spezifikationen infrage, indem sie andere Arbeitsansätze vorschlagen, die vielleicht besser funktionieren.
- **Interesse am Geschäftlichen, am Nutzerverhalten und an relevanten Daten.** Sie nehmen sich Zeit, das Geschäftsmodell zu verstehen, wie das Produkt dazu passt und welche geschäftlichen Ziele insgesamt verfolgt werden. Ihnen ist wichtig, wie User das Produkt verwenden und welche Meinung sie davon haben. Sie beschäftigen sich intensiv mit Geschäfts- und Nutzerdaten, indem sie möglichst direkt oder über Produktmanager und Data Scientists darauf zugreifen.
- **Neugier und ein großes Interesse am »Warum«.** Sie stellen Fragen wie: »Warum implementieren wir dieses Feature, aber ein anderes nicht?« Sie suchen die Antwort, indem sie sich zu dieser und anderen produktbezogenen Fragen mit dem Produktmanager und mit Kolleginnen und Kollegen beraten. Sie haben ständig Fragen, schaffen es aber, ihre Kollegen damit nicht zu belästigen, weil sie starke Beziehungen zu ihnen aufgebaut haben.
- **Starke Kommunikation mit einer sehr guten Beziehung zu Nicht-Engineers.** Sie sprechen gern mit Menschen außerhalb des Engineerings und haben Freude daran, zu lernen, was andere tun und warum. Sie sind geschickt in der Kommunikation und auch an den Abläufen in anderen Disziplinen interessiert. Manchmal sieht man sie beim Lunch mit Nicht-Engineers oder beim Gespräch auf dem Gang.
- **Direktes Anbieten von Kompromissen zwischen Produkt und Engineering.** Durch ihr besonders gutes Verständnis des »Warum« können produktorientierte Engineers ausgezeichnete Vorschläge machen – und das tun sie auch!
- **Pragmatischer Umgang mit Grenzfällen (Edge Cases).** Sie wägen Grenzfälle ab und suchen nach Möglichkeiten, die Arbeitsbelastung zu verringern, oftmals durch nicht technische Lösungen. Sie konzentrieren sich auf das Konzept des »minimal liebenswürdigen Produkts«. Sie überlegen sich die Auswirkungen von Grenzfällen und den Aufwand, sie zu beseitigen. Sie haben gute Ideen zu einem Mittelweg, indem sie mögliche negative Auswirkungen bedenken. So können sie bereits Vorschläge zur Behandlung bestimmter Grenzfälle machen, bevor Vorabversionen überhaupt den Kunden erreichen.
- **Schnelle Produktvalidierungszyklen.** Bevor ein Feature, an dem sie arbeiten, für den produktiven Einsatz bereit ist, finden produktorientierte Engineers kreative Wege, schon früh Feedback einzuholen: beispielsweise durch ein Hallway-Testing mit Kollegen oder indem sie dem Produktmanager ein Feature vorführen, an dem gerade gearbeitet wird, oder indem ein teamweiter Bug-Bash mit einem Beta-Build organisiert wird etc. Produktorientierte Engineers fragen ständig: »Wie können wir sicherstellen, dass Menschen dieses Feature so benutzen, wie wir es erwarten?«

- **Übernehmen von Verantwortung für das Produkt von Anfang bis Ende.** Die meisten erfahrenen Engineers übernehmen vom Anfang bis zum Ende die Verantwortung für ihre Arbeit, also vom Erhalt der Spezifikation über die Implementierung bis zum »Roll-out« und zur Validierung, damit alles korrekt funktioniert. Produktorientierte Engineers gehen oft noch einen Schritt weiter und betrachten ihre Arbeit erst dann als abgeschlossen, wenn sie das Nutzerverhalten und die Metriken kennen. Nach dem Roll-out halten sie aktiv Kontakt mit den Produktmanagern, Data Scientists und dem Kundendienst, um herauszufinden, wie das Feature in der wahren Welt ankommt. Es kann daher Wochen dauern, bis verlässliche Daten verfügbar sind, um daraus Schlüsse zu ziehen.
- **Starke produktbezogene Instinkte durch wiederholte Lernzyklen.** Durch jedes Projekt wird ihr Sinn für Produkte geschärft, und ihre Produktinstinkte werden differenzierter. Beim nächsten Mal leisten sie noch relevantere Beiträge. Im Laufe der Zeit werden sie zum Hauptansprechpartner für Produktmanager, wobei ihr Rat oft schon lange vor dem eigentlichen Projektstart eingeholt wird. Sie erarbeiten sich auch außerhalb des Teams einen starken Ruf, der weitere Türen für berufliches Wachstum öffnet.

Wie wird man ein produktorientierter Engineer?

Wenn Sie an einem Endkundenprojekt arbeiten, helfen Ihnen sicher ein paar Tipps dazu, wie Sie Ihre »Produktkräfte« stärken können:

- **Verstehen Sie, wie und warum Ihr Unternehmen erfolgreich ist.** Welches Geschäftsmodell wird verfolgt? Wie wird das Geld verdient? Welche Bereiche bringen den meisten Gewinn? Welche wachsen am schnellsten und warum? Wie passt Ihr Team da hinein?
- **Schaffen Sie eine starke Beziehung zu Ihrem Produktmanager.** Die meisten Produktmanager lassen es sich nicht nehmen, für einen produktorientierten Engineer als Mentor zu fungieren, denn das hilft den Managern wiederum bei ihrem eigenen Wachstum. Produktorientierte Engineers stellen den Produktmanagern produktbezogene Fragen, nehmen sich Zeit, die Beziehung aufzubauen, und machen deutlich, dass sie bei produktbezogenen Fragen einbezogen werden möchten.
- **Engagieren Sie sich in der Nutzerrecherche, dem Kundendienst und ähnlichen Aktivitäten.** Nehmen Sie an Aktivitäten teil, die Ihnen helfen, die Funktionsweise des Produkts zu verstehen. Tun Sie sich mit Designern, UX-Leuten, Data Scientists, Menschen aus dem operativen Bereich und anderen Unternehmensbereichen zusammen, die Kontakt zu den Nutzern haben.
- **Bringen Sie machbare Produktvorschläge auf den Tisch.** Übernehmen Sie die Initiative, wenn Sie ein gutes Verständnis vom Geschäft, dem Produkt und seinen Entscheidungsträgern haben. Sie könnten kleine Vorschläge zu einem Projekt machen, an dem Sie gerade arbeiten, oder auch größere Anstrengungen anregen, indem Sie die Engineering- und produktbezogenen Arbeiten aufzeigen, um dadurch eine Priorisierung bestimmter Aufgaben im Backlog des Teams vorzunehmen.

- **Bieten Sie für Projekte Kompromisse zwischen Produkt und Engineering an.** Zeigen Sie neben Kompromissen für ein bestimmtes Produkt-Feature auch Alternativen auf, die den Engineering-Aufwand verringern. Seien Sie offen für Feedback.
- **Holen Sie sich regelmäßiges Feedback von Ihrem Produktmanager.** Ein produktorientierter Engineer zu sein, heißt, neben den Engineering-Fähigkeiten auch im Produktbereich gute Kenntnisse zu besitzen. Das beste Feedback hierzu bekommen Sie von Ihrem Produktmanager. Versuchen Sie, Rückmeldungen darüber zu bekommen, ob Ihre Produktvorschläge umsetzbar sind, und fragen Sie, welche Wachstumsmöglichkeiten er für Sie sieht.

Plattformteams

Plattformteams bilden die Grundbausteine, die Produktteams für die Bereitstellung geschäftsbezogener Features zur Verfügung stehen. Produkte basieren auf Plattformen, durch die Produktteams schneller vorankommen. Plattformteams sind der Schlüssel für die Skalierung in schnell wachsenden Technologieunternehmen. Sie haben folgende Eigenschaften:

- **Auf bestimmte technische Aufgaben fokussiert.** Sie konzentrieren sich auf technische Ziele wie die Skalierung eines Schlüsselbereichs, das Erreichen von Leistungs- oder Verfügbarkeitszielen oder die Schaffung einer leicht erweiter- und wartbaren Architektur, die von mehreren Teams und Bereichen genutzt werden kann.
- **Es wird normalerweise für interne »Kunden« entwickelt.** Die meisten Kunden eines Plattformteams sind Engineers aus anderen Produktteams oder, in seltenen Fällen, Kolleginnen und Kollegen aus dem geschäftlichen Bereich, die die Plattform benutzen.
- **Von mehrere Teams verwendet.** Das Angebot einer Plattform wird typischerweise von mehreren Kunden, Produkten oder anderen Diensten genutzt.

Hier ein paar Beispiele für die Rolle eines Plattformteams:

- **Das für die Infrastruktur zuständige Team eines Scale-ups.** Dieses Team stellt Rechner- und Speicherressourcen für andere Teams bereit, die an hausinternen Plattformen arbeiten, oder für Supportteams, die Cloud-Umgebungen nutzen und verwalten.
- **Das für die Zahlungsplattform zuständige Team einer großen Technologiefirma.** Dieses Team stellt interne *Software Development Kits* (SDKs) bereit, die Teams in ihre Produkte integrieren können, um Zahlungen zu ermöglichen. Sie verfügen über Schnittstellen zu Zahlungsdienstleistern, damit die internen Teams diese nicht selbst implementieren müssen.
- **Die CI/CD-Teams in den meisten Unternehmen.** Diese Teams sind für die Bereitstellung und Verwaltung der kontinuierlichen Integration (*Continuous Integration*, CI) und der kontinuierlichen Bereitstellung (*Continuous Deployment*,

CD) verantwortlich. Sie helfen oft dabei, Vorgehensweisen wie automatisiertes Testing, Linting und andere Ansätze voranzubringen, um die Softwarequalität zu steigern und Feedback zu geben.

Plattformteams werden meistens gebildet, wenn mehrere Produktteams mit der Erstellung von Lösungen für Probleme wie Datenspeicherung, Infrastruktur oder eine Geschäftsfähigkeit (zum Beispiel Zahlungsmöglichkeiten) beginnen. In vielen Fällen ist ein spezielles Team für die jeweiligen Problembereiche zuständig. Die Bereitstellung einer Lösung durch ein Plattformteam vermeidet redundante Entwicklungsarbeit und macht allen anderen das Leben leichter.

Plattformteams können besonders für sehr erfahrene Engineers attraktiv sein, da sie oftmals für die Erstellung skalierbarer Lösungen zuständig sind, die Entwickler gern nutzen. Die »Kunden« von Plattformteams sind Software-Engineers aus anderen Teams. Das bedeutet, Plattformteams sind auch für Engineers attraktiv, die lieber mit Software-Engineers zusammenarbeiten möchten als mit weniger technisch orientierten Kunden.

Vorteile der Arbeit in einem Plattformteam

- **Technische Komplexität.** In Plattformteams sind die komplexesten Engineering-Herausforderungen zu bewältigen. Das gilt besonders für Infrastrukturplattformteams, die beispielsweise Speicher- und Rechnerlösungen zur Verfügung stellen.
- **Große Auswirkungen.** Die Arbeit eines Plattformteams ist nicht auf ein Produkt beschränkt. Ihre Lösungen bilden die Grundlage für mehrere Produkte und haben weitreichende indirekte Auswirkungen.
- **Freiheit beim Engineering.** Viele Plattformteams haben keinen Produktmanager. Das kann sich anfühlen, als hätten die Engineers die Sache selbst in der Hand. Das schafft Freiheit, um an Dingen wie dem Abbau technischer Schulden oder der Umsetzung neuartiger technischer Ideen zu arbeiten.
- **Weniger Druck im Alltagsgeschäft.** Durch den Abstand zum Kunden stehen diese Teams unter geringerem Druck, neue Features oder Produkte fertigzustellen. Das ermöglicht längerfristige Entwicklungen und vermeidet schwer wartbare Hacks.
- **Berufserfahrung.** Plattformteams sind in der Regel für Engineers auf Senior-Ebene oder höher attraktiv, weil sie ihre Erfahrung gut nutzen können. Engineers, die gern mit erfahreneren Kollegen arbeiten, fühlen sich normalerweise in diesen Teams wohl.

Nachteile der Arbeit in einem Plattformteam

- **Die geschäftlichen Auswirkungen sind schwerer definierbar.** Für ein Produktteam ist es einfacher, zu behaupten, dass sein letztes Feature den Gewinn gesteigert hat oder dass ein anderes Feature für mehr Benutzer gesorgt hat. Für Plattformteams ist es schwieriger, Kennzahlen zu liefern, für die sich die Geschäftsführung interessiert.

- **Werden oft als Cost-Center betrachtet.** Wenn sie es nicht schaffen, Auswirkungen zu zeigen, die von der Geschäftsführung als wertvoll angesehen werden, können Plattformteams leicht als Cost-Center betrachtet werden. Das erschwert das Einstellen neuer Mitarbeiterinnen und Mitarbeiter, und dies bremst das Wachstum. Auch sind Cost-Center häufiger als Profit-Center von Einsparungen im Unternehmen betroffen.
- **Größere Distanz zu Kunden.** Viele Plattformteams sind so weit von den Kunden entfernt, sodass Engineers oft vergessen, dass ihre eigentliche Aufgabe darin besteht, das Leben der Kunden leichter zu machen. Wenn Teams den Kundenkontakt verlieren, kann das zu falsch platzierten Anreizen und Frust bei den Produktteams führen.

In einem Plattformteam erfolgreich sein

Meinen Beobachtungen zufolge haben produktive Plattform-Engineers folgende Eigenschaften:

- **Sie entwickeln Empathie für Kunden.** Die meisten Plattformteams gehen davon aus, dass ihre Kunden ausschließlich Software-Engineers in Produktteams sind. Das stimmt aber nicht. Die anderen sind die Endkunden, denen die Produktteams dienen. Vergessen Sie das nicht und entwickeln Sie die nötige Empathie für die Endkunden.
- **Sie sprechen mit den Engineers, die ihre Plattformen nutzen.** Erleichtern Sie den Engineers, die Ihre Plattform als Grundlage nutzen, die Kommunikation mit Ihnen. Stellen Sie sich vor und bieten Sie ihnen an, Sie bei Fragen jederzeit zu kontaktieren. Stellen Sie leicht zugängliche E-Mail-Listen und Chatrooms zur Verfügung, über die ein Engineer Ihnen Fragen zur Plattform stellen kann, und antworten Sie darauf oder rufen Sie zurück. Ohne diese Beziehungen riskieren Sie, als »Engineer im Elfenbeinturm« zu enden, der an Dingen arbeitet, die eigentlich keiner braucht.
- **Sie arbeiten Seite an Seite mit den Kunden ihrer Plattformen.** Die meisten Plattform-Engineers entwickeln Plattformen als Teil eines Teams. Herausragende Plattform-Engineers wechseln allerdings manchmal die Seiten und arbeiten mit einem Produktteam an der Integration ihrer Plattform. Nutzen Sie diese Möglichkeit, denn so können Sie viel besser einschätzen, wie Teams Ihre Plattform wirklich verwenden. Außerdem macht es Spaß!
- **Sie arbeiten im Rahmen einer Rotation für einige Zeit in einem Produktteam.** Nutzen Sie diese Gelegenheit der Rotation und arbeiten Sie nach Möglichkeit ein paar Wochen in einem Produktteam – besonders wenn Sie das lange nicht mehr getan haben. Produktteams setzen alles ein, was Sie erstellen, also halten Sie die Verbindung zu ihnen.

- **Sie streben eine gewisse Dringlichkeit und Konzentration an.** Ein Vorteil der Arbeit in einem Plattformteam liegt darin, dass Dinge längst nicht so dringend fertiggestellt werden müssen und es daher seltener zu Unterbrechungen kommt. Das ist gut, denn so können Sie ablenkungsfrei und konzentriert arbeiten. Andererseits kann das Fehlen jeder Art von Druck Sie auch davon abhalten, sich auf die wichtigen Aufgaben zu konzentrieren. Machen Sie sich klar, welche Dinge am wichtigsten sind und erledigt werden müssen; versuchen Sie, voranzukommen und sich zu konzentrieren.

Die Arbeit in Produktteams und Plattformteams macht Sie vielseitiger (*well rounded*). Keines der beiden Teams ist dem anderen überlegen. Ein Engineer entwickelt eine persönliche Vorliebe, indem er in beiden Bereichen arbeitet.

Um ein vielseitiger Engineer zu werden, sollten Sie in Teams arbeiten, die Sie noch nicht kennen. Nachdem Sie in einem Produkt- und einem Plattformteam gearbeitet haben, werden Sie für beide Varianten ein besseres Verständnis entwickeln und die Herausforderungen für beide besser einschätzen können. Zudem werden Sie sehr wahrscheinlich wissen, in welchem Bereich Sie sich wohlerfühlen.

»Friedenszeiten« im Vergleich mit »Kriegszeiten«

Als ich 2016 bei Uber anfing, schien das Unternehmen auf den ersten Blick erfolgreich zu sein, nachdem es bei einer Bewertung von 66 Milliarden US-Dollar einige Monate zuvor Investitionen in Höhe von 5,6 Milliarden US-Dollar einsammeln konnte. Im Innern ging es dagegen schnell und hektisch zu, und viele Projekte fühlten sich an, als ginge es um »Leben oder Tod«.

Viele Bereiche von Uber arbeiteten über längere Zeiträume hinweg im »Kriegsmodus«. Das war nicht nur ein vages Gefühl, sondern spiegelte sich auch in der Sprache wider. Teams wurden oft zu einem »Kriegsrat« zusammengerufen, um wichtige Projekte fertigzustellen, und in der Firmenzentrale in San Francisco gab es sogar einen Besprechungsraum, der als »War Room« bezeichnet wurde. Entscheidende Initiativen wurden mit einem »Code Red« oder »Code Yellow« versehen. Oft gab es Konflikte zwischen Teams, weil alle darauf konzentriert waren, schnell voranzukommen und ihre Features bereitzustellen.

Als Uber in den »Friedensmodus« wechselte, war dies nicht zu übersehen. Ende 2017 wurde Dara Khosrowshahi CEO, und das hastige Tempo ließ schnell nach. Anfang 2018 kündigte sie unternehmensweite Prioritäten an, und wir führten einen detaillierteren Planungszyklus ein. Ein neues Gefühl der Stabilität lag in der Luft, das es vorher nicht gegeben hatte.

Was bedeuten »Kriegszeiten« und »Friedenszeiten« also für Unternehmen, und woher stammen diese Begriffe? Es war Anfang der 2010er-Jahre, als Ben Horowitz – Mitgründer der Risikokapitalgesellschaft Andreessen Horowitz – den Artikel »Peacetime CEO/Wartime CEO« veröffentlichte. Er schrieb:

> Vor Kurzem trat Eric Schmidt als CEO von Google zurück, und der Gründer Larry Page übernahm den Posten. Ein Großteil der Presseberichte konzentrierte sich auf die Frage, ob Page als »Gesicht von Google« geeignet sei, da Page viel schüchterner und introvertierter war als der gesellige und redegewandte Schmidt. Das ist zwar ein interessantes Thema, trotzdem geht diese Analyse am Kern der Sache vorbei. Eric Schmidt war viel mehr als nur der Frontmann von Google; als Chef von Google in Friedenszeiten leitete er die größte Expansion des Technologiegeschäfts der letzten Dekade. Page hat offenbar entschieden, dass Google in den Krieg zieht, und er hat eindeutig die Absicht, ein Kriegs-CEO zu sein. Dies wird eine tiefgreifende Veränderung für Google und die gesamte High-Tech-Industrie zur Folge haben.

Horowitz' Definition von Kriegs- und Friedenszeiten lautet:

> Friedenszeiten in der Wirtschaft sind Zeiten, in denen ein Unternehmen in einem wachsenden Kernmarkt einen großen Vorteil gegenüber der Konkurrenz hat. In Friedenszeiten kann sich das Unternehmen darauf konzentrieren, seinen Markt zu erweitern und seine Stärken auszubauen.
>
> In Kriegszeiten verteidigt sich ein Unternehmen gegen eine unmittelbare, existenzielle Bedrohung. Diese kann viele verschiedene Ursachen haben, zum Beispiel Mitbewerber, dramatische makroökonomische Veränderungen, Veränderungen des Markts, in der Lieferkette und so weiter. Der große Kriegs-CEO Andy Grove beschreibt in seinem Buch »Only The Paranoid Survive« (Nur die Paranoiden überleben) auf wunderbare Weise die Kräfte, die ein Unternehmen von Friedenszeiten in Kriegszeiten bringen können.

Die Begriffe »Kriegszeiten« und »Friedenszeiten« waren in der Tech-Branche beliebt – und werden noch heute genutzt. Grundsätzlich arbeiten Unternehmen im »Kriegsmodus«, wenn ihre Existenz bedroht ist, und im »Friedensmodus«, wenn die Situation ruhig und stabil ist.

Hier die Unterschiede zwischen beiden Phasen:

Tabelle 5-1: Übliche Unterschiede zwischen Kriegs- und Friedensmodus

Bereich	Kriegszeiten	Friedenszeiten
Geschäftliches Umfeld	Existenzieller Druck.	Kaum bis kein Druck.
Fokus auf Konkurrenz	Besessen davon, dass Konkurrenten das Unternehmen überflügeln oder bedrohen.	Kein Grund, von Konkurrenz besessen zu sein.
Wichtigste Priorität für Entwicklungsteams	Schnelle Auslieferung.	Auslieferung von sorgfältig validierten Features.
Fristen	Fristen müssen zwingend eingehalten werden.	Einhaltung von Fristen ist wünschenswert.
Meetings	Weniger Meetings, um mehr Dinge erledigen zu können. »Erledigt ist besser als perfekt.«	Viele Meetings, um sicherzustellen, dass alle auf dem gleichen Stand sind. »Abstimmung ist wichtiger als Geschwindigkeit.«
Konflikt	Akzeptiert, wenn es hilft, Dinge zu erledigen.	Nicht in Ordnung. Keine Lösung, etwas zu schaffen.
Prozess	Prozess aufbrechen, wenn es hilft, Dinge zu erledigen.	Folge dem Prozess, er hat seinen Grund.
»Nice-to-have«	Kein Fokus auf »Nice to have«-Arbeiten.	Großer Schwerpunkt auf »Nice to have«-Arbeiten.

Tabelle 5-1: Übliche Unterschiede zwischen Kriegs- und Friedensmodus (Fortsetzung)

Bereich	Kriegszeiten	Friedenszeiten
Frustration am Arbeitsplatz	Ausdruck von Emotionen wie Stress und Frustration ist akzeptiert und hat nur selten Konsequenzen.	Nicht akzeptiert, wenn es unprofessionelles Verhalten zur Folge hat. Konsequenzen sind möglich.
Work-Life-Balance (WLB)	Work-Life-Was?	Ein wichtiger Schwerpunkt. WLB-freundliche Grundsätze sind üblich.

Die Führung in Kriegszeiten ist eine andere als die in Friedenszeiten. Hier die Unterschiede:

Tabelle 5-2: Typisches Führungsverhalten in Kriegs- und Friedenszeiten

Bereich	Führung in Kriegszeiten	Führung in Friedenszeiten
Entscheidungsfindung	Starke, klare Entscheidungen.	Suche nach Konsens.
Priorisierung	Rücksichtsloses Setzen von Prioritäten bei der Erledigung wichtiger Dinge.	Unterstützung vielversprechender Arbeitsbereiche.
Konflikte	Werden direkt angegangen.	Vermeidung.
Druck auf Angestellte ausüben	Üblich, Menschen »Feuer unter dem Hintern« zu machen.	Vermeidung von Druck auf Angestellte.
Unpopuläre Entscheidungen	Häufig: Führungskräfte tun, was nötig ist, um die Prioritäten umzusetzen.	Selten: Wenig oder kein Bedarf, Menschen unglücklich zu machen, besonders nicht die eigene Belegschaft.
Sichtbarkeit der Führung	Sichtbar und an kleinen Details beteiligt.	Weniger sichtbar und nicht an kleinen Details beteiligt.
Stil	Grob, manchmal bis zu dem Punkt, an dem es unprofessionell wirkt.	Maßvoll und professionell.

In Kriegszeiten erfolgreich sein

Wie können Sie erfolgreich sein, obwohl sich Ihr Unternehmen im Kriegsmodus befindet? Hier ein paar Ansätze, die unter diesen Umständen funktionieren können:

- **Dinge anpacken:** Erledigen Sie Ihre Aufgaben schnell und *gut genug* statt *perfekt*. Geschwindigkeit ist hier in der Regel viel wichtiger als Qualität. Folgen Sie dem Leitsatz: »Erledigt ist besser als perfekt.«
- **Umgang mit Konflikten:** Haben Sie keine Angst vor Auseinandersetzungen, wenn sie dabei helfen, schneller voranzukommen. Nehmen Sie diese Konflikte aber nicht persönlich, weil sie es in der Regel nicht sind, sondern bedingt durch den Umstand der »Kriegszeiten«.
- **Verbündete:** Machen Sie sich nicht zu viele Gedanken darüber, Verbündete zu finden, und konzentrieren Sie sich lieber darauf, Ihre Arbeit zu erledigen. Wenn es nötig ist, mit einem anderen Team zu arbeiten, um die Dinge fertigzustellen, tun Sie das. Dabei ist es nicht wichtig, sofort Bündnisse zu schmieden. Dafür ist einfach keine Zeit, weil alle bis zum Hals in Arbeit stecken.

- **Interne Politik:** Wenn Sie ein gutes Verhältnis zu Ihrem Manager und dessen Vorgesetzten haben, ist alles in Ordnung.
- **Prioritäten:** Arbeiten Sie nur an Dingen, die das Unternehmen jetzt braucht.
- **Jobsicherheit:** Arbeiten Sie, als hinge Ihr Leben davon ab – denn es ist gut möglich, dass es genau so ist.
- **Auf das eigene Tempo achten:** Ständige Sprints können ein schlechtes Ende nehmen; achten Sie auf Ihr Tempo und teilen Sie sich Ihre Kräfte gut ein.
- **Burn-out:** Das ist ein großes Risiko. Achten Sie darauf und versuchen Sie, Burn-out zu vermeiden.

In Friedenszeiten erfolgreich sein

In Unternehmen mit einer weniger stressigen Umgebung funktionieren andere Ansätze wahrscheinlich besser:

- **Dinge schaffen:** Liefern Sie Arbeitsergebnisse von hoher Qualität. In dieser Phase ist langsam und stabil besser als schnell und wacklig.
- **Umgang mit Konflikten:** Vermeiden Sie Dispute, selbst wenn Sie Ihnen helfen, schneller voranzukommen. Versuchen Sie, herauszufinden, warum Konflikte auftreten, denn in Friedenszeiten sind sie nicht willkommen.
- **Verbündete:** Schaffen Sie sich Verbündete in den Teams, mit denen Sie arbeiten, denn sie werden Ihnen helfen, Dinge zu erledigen und beruflich voranzukommen.
- **Interne Politik:** Wichtig für die berufliche Weiterentwicklung, besonders in Senior-Positionen. Achten Sie auf den Umgang mit Mitarbeitenden, und zwar auf, unter- und oberhalb Ihrer eigenen Stufe.
- **Prioritäten:** Arbeiten Sie an längerfristigen Initiativen, die das Unternehmen voranbringen.
- **Jobsicherheit:** Jobsicherheit ist vorhanden mit Zeit und Raum, um gute Arbeit zu leisten.
- **Auf das eigene Tempo achten:** Ein zu langsames und beständiges Tempo kann zu langsam werden. Schalten Sie also zwischendurch mal einen Gang hoch.
- **Stagnation:** Es besteht das Risiko, sich bei der Arbeit zu langweilen. Versuchen Sie das zu vermeiden!

Zwischen beiden Phasen wechseln

Die meisten Unternehmen wechseln zwischen Kriegs- und Friedensmodus hin und her. Bei einem erfolgreichen, mit Risikokapital finanzierten Start-up, das schließlich an die Börse geht, sieht das Muster normalerweise so aus:

- Gründung: Kriegszeit. Gründer arbeiten intensiv an der Entwicklung eines Prototyps und hoffen, dass er bei frühen Kunden Anklang findet.

- Geldbeschaffung: Kriegszeit. Das Team arbeitet rund um die Uhr, um den Investoren zu beweisen, dass sich ihre Investitionen lohnen.
- Nach der Geldbeschaffung: kurze Friedensphase. Wenn die Finanzierung gesichert ist, hat das Team den nötigen Freiraum, um langfristig zu denken: das Team zu erweitern, die Kernidee weiterzuentwickeln und nebenbei ein paar Experimente durchzuführen. Je früher sich das Unternehmen in der Start-up-Phase befindet, desto kürzer ist dieser Abschnitt.
- Zwischen Finanzierungsrunden: der gleiche Rhythmus wie oben. Wenn die Mittel ausgehen oder Mitbewerber erscheinen, geht es zurück in den Kriegsmodus.
- Ein Jahr vor dem Börsengang: Kriegszeit. Um die Geschäftskennzahlen auf den richtigen Stand zu bringen, setzt das Unternehmen Prioritäten in Bereichen, die für Investoren wichtig sind.
- Nach dem Börsengang: Es kommt darauf an. Bei einem erfolgreichen Börsengang und steigenden Aktienpreisen fällt es der Firmenkultur schwer, nicht in den Friedensmodus zu wechseln. Ist der Börsengang dagegen nicht erfolgreich und das Unternehmen gerät in Schwierigkeiten, steht vermutlich ein Wechsel in den Kriegsmodus an.
- Als börsennotiertes Unternehmen: In Unternehmen, denen es gutgeht und die sich langfristig gut im Markt behaupten können, besteht ein größerer Anreiz, im Friedensmodus zu arbeiten. Am Ende hängt das natürlich von der Führung ab.

Unternehmen wechseln zwischen Kriegs- und Friedenszeit, weil sie müssen, nicht, weil sie wollen. Einige Führungskräfte arbeiten am liebsten ständig in einem Hochleistungsmodus, als befänden sie sich in einer Kriegsphase. Das hat aber eine Reihe von Nachteilen:

- Deutlich höhere Abnutzung.
- Talentierte Mitarbeiterinnen und Mitarbeiter, die bei weniger Stress bleiben würden, verlassen das Unternehmen aufgrund von Burn-out.
- Es ist schwer, langfristige Strategien umzusetzen, weil alle Prioritäten auf kurzfristige Ergebnisse ausgerichtet sind.
- Es ist schwer, Mitarbeitende dazu zu motivieren, im Kriegsmodus zu bleiben, wenn das Geschäft erfolgreich ist.

Als Ergebnis einer erfolgreichen Ausrichtung auf den Kriegsmodus erzielt das Unternehmen auf dem Markt einen Vorsprung und schafft sich dadurch genug Zeit und Raum für eine Erholung. Dieser Zyklus wiederholt sich dann.

Je früher Sie herausfinden, wie Sie in beiden Modi effektiv sein können, desto besser wird es Ihnen gehen. Egal bei welchem Unternehmen Sie tätig sind – Sie werden merken, wann ein Wechsel von einem Modus in den anderen stattfindet. Finden Sie heraus, wo sich Ihr Team und Ihre Abteilung aktuell befinden, wenden Sie Strategien an, um im jeweiligen Kontext voranzukommen, und rechnen Sie damit, dass sich die Dinge früher oder später ändern und Sie sich erneut anpassen müssen.

Arten von Unternehmen

Für die Funktionsweise von Unternehmen gibt es keine allgemeingültige Regel, denn jedes Unternehmen ist anders. Dennoch gibt es in der Big-Tech-Branche, in größeren Technologieunternehmen, schnell wachsenden Scale-ups und Start-ups in der Frühphase bestimmte Verhaltensmuster.

Big Tech- und größere Technologieunternehmen

Hier sehen Sie ein paar Vorgehensweisen, die in den größten Technologieunternehmen häufig beobachtet werden:

- Produkt oder Plattform: Diese Firmen investieren am stärksten in Plattformteams. In größeren Unternehmen können bis zu einem Viertel aller Engineers in Plattformteams arbeiten.
- Friedenszeiten oder Kriegszeiten: Diese Unternehmen operieren als Folge ihres erfolgsgetriebenen Wachstums im Friedensmodus. Gelegentlich wechseln sie dennoch in den Kriegsmodus. Die Zeichen hierfür sind leicht zu erkennen: Entlassungen, strengere Leistungsbeurteilungen, Führungswechsel, sehr klare Kommunikation von oben über die Notwendigkeit, sich zu konzentrieren, und so weiter.

Tipps für den Erfolg in großen Tech-Unternehmen:

Behalten Sie Ihren individuellen Einfluss im Auge. Leistungsbeurteilungen und Beförderungen sind in diesen Unternehmen meist schwerfälliger. Um eine faire Beurteilung und Beförderung zu erhalten, ist es sinnvoll, persönliche Leistungen und den Einfluss Ihrer Arbeit auf Team- und Unternehmensebene aufzuzeichnen.

Schaffen Sie sich Verbündete und bauen Sie ein Netzwerk auf. Der Vorteil großer Unternehmen sind die vielen Mitarbeitenden! Oft sind persönliche Beziehungen für das berufliche Weiterkommen wichtig. Unterstützen Sie andere und gewinnen Sie Mitstreiter, die Ihnen später dabei helfen können, Ihre Arbeit besser und schneller zu erledigen, und die Sie möglicherweise sogar bei Ihrem beruflichen Wachstum unterstützen. Menschen kommen und gehen in großen Unternehmen. Diejenigen, die Sie kennen, können Ihnen vielleicht später bei anderen Arbeitgebern helfen – und umgekehrt.

Scale-ups in einer mittleren bis späten Phase

Scale-ups sind risikofinanzierte Start-ups, die ihre Frühphase überwunden haben und sich darauf konzentrieren, ihren Markt zu erweitern. Es sind Firmen in Series-B-, C-, D- oder späteren Finanzierungsrunden, die noch nicht an der Börse gehandelt werden.

- Produkt oder Plattform: Diese Unternehmen haben fast immer Produktteams. Falls es sie gibt, befinden sich Plattformteams normalerweise in einer sehr frühen Phase.
- Friedenszeiten oder Kriegszeiten: Für diese Firmen ist es normal, im Kriegsmodus zu arbeiten. Wenn Sie mit Menschen im Unternehmen sprechen und darauf achten, wie sich die Führungsebene verhält, sollte Ihnen das schnell klar werden.

Rat, um in schnell wachsenden Firmen erfolgreich zu sein:

Erfahrung als Unterscheidungsmerkmal. In schnell wachsenden Unternehmen ist es nicht selten, dass die Hälfte der Belegschaft oder sogar mehr innerhalb des letzten Jahres eingestellt wurde. An solchen Orten ist der Bedarf an erfahrenen Engineers meistens groß, da sie häufig ein besseres Verständnis von der Entwicklung der internen Abläufe haben als Neueinsteiger.

Wenn Sie mehrere Jahre in einem solchen Unternehmen gearbeitet haben, gibt es typischerweise eine Vielzahl an Wechselmöglichkeiten im Unternehmen, denn Wissen und Erfahrung sind in den meisten Teams willkommen. Ein gutes Abschneiden in Leistungsbeurteilungen ist wahrscheinlich.

Schwerpunkt auf Einstellung und Onboarding (Einarbeitung). Diese Unternehmen wenden viel Zeit für die Einstellung neuer Mitarbeiter auf. Dabei kommt deren Einarbeitung manchmal zu kurz. Als erfahrener Engineer können Sie einen großen positiven Einfluss nehmen, indem Sie die Onboarding-Erfahrung für neue Engineers verbessern.

Sind Sie in einem Cost-Center oder in einem Profit-Center? In schnell wachsenden Firmen ist Gewinn nicht unbedingt ein Schwerpunkt. Stattdessen sind Metriken wie die Zahl der aktiven User deutlich wichtiger. Finden Sie den Hautschwerpunkt des Unternehmens heraus und ob die Geschäftsführung Ihr Team als Cost- oder Profit-Center betrachtet.

Phasen schnellen Wachstums enden irgendwann. Irgendwann ist auch das Wachstum schnell expandierender Unternehmen zu Ende oder verlangsamt sich. Oder man stellt fest, dass man zu stark gewachsen ist, und nimmt Entlassungen vor. Dabei sind Cost-Center und als leistungsschwach wahrgenommene Mitarbeiter oft stärker von Kürzungen betroffen. Dies ist ein weiterer Grund für die Arbeit in einem Profit-Center.

Start-ups in der Frühphase

- Produkt oder Plattform: Start-ups haben nur selten Plattformteams. Produktteams leisten den größten Teil der Arbeit.
- Friedenszeiten oder Kriegszeiten: Die meisten Start-ups leben im Kriegsmodus. Viel hängt von der Unternehmensführung ab. Einige Gründer schaffen weniger stressige und ausgeglichenere Arbeitsumgebungen, andere eher nicht.

Tipps für den Erfolg in Start-ups in der Frühphase:

Finden Sie heraus, wie Sie der Firma beim Erreichen eines Markt-Fits helfen können. Bis ein Start-up seinen Produkt-Markt-Fit erreicht hat – also dass es Kunden für sein Angebot gibt –, besteht das Risiko, dass das Unternehmen aufgrund mangelnder Finanzierung scheitert.

Ihre wichtigste Aufgabe besteht darin, das Unternehmen beim Erreichen eines Produkt-Markt-Fits zu unterstützen. Sprechen Sie mit den Gründern, Ihrem Team und mit Kunden, um herauszufinden, wie Sie dabei helfen können, ohne die Ihnen zugewiesenen Projekte und Aufgaben zu vernachlässigen. Start-ups bieten die beste Umgebung, um die Initiative zu ergreifen und unternehmensweite Wirkung zu erzielen – also nutzen Sie das!

Seien Sie sich der Risiken von Start-ups bewusst. Von allen Unternehmensarten sind Entlassungen in Start-ups am wahrscheinlichsten. Auch ist die Wahrscheinlichkeit von Geldmangel und einem Bankrott hier am größten.

Nutzen Sie den Vorteil Ihrer Autonomie. Ein großer Vorteil bei der Arbeit in einem Start-up – der einige der Risiken wieder ausgleichen kann – ist der hohe Grad an Autonomie der Mitarbeitenden. In den meisten Start-ups ist es üblich, ohne vorherige Erlaubnis einfach loszulegen und schlimmstenfalls hinterher um Vergebung zu bitten. Hoffentlich haben Sie Autonomie; falls ja, dann nutzen Sie sie!

Informieren Sie die Gründer über Ihre Arbeit. Sie arbeiten in einer kleinen Firma. Sie können also davon ausgehen, dass die Gründer von Ihrer Arbeit wissen, richtig? Meiner Erfahrung nach ist das nicht immer der Fall. Wenn Ihre Arbeit große Auswirkungen hat oder Herausforderungen bietet, teilen Sie Ihrem Team und den Gründern das mit.

Bei dem hektischen Tempo eines Start-ups wird gute Arbeit leicht übersehen.

Vergessen Sie nicht das Wichtigste bei der Arbeit in einem Start-up: Bringen Sie Ihre Aufgaben zu Ende! Alles andere ist zweitrangig. Stellen Sie sicher, die *richtigen* Dinge zu erledigen – das heißt Arbeit, die für das Start-up wertvoll ist –, und tun Sie das schnell!

Ansätze für den Erfolg in jeder Art von Unternehmen

Es gibt ein paar Strategien, die Ihnen bei Ihrem beruflichen Erfolg helfen können, und zwar unabhängig davon, in welcher Art von Unternehmen Sie arbeiten:

Leisten Sie herausragende Arbeit. »Herausragend« hat in verschiedenen Unternehmen unterschiedliche Bedeutungen. In manchen Firmen hat Qualität Vorrang vor Geschwindigkeit, während es woanders umgekehrt sein kann. Finden Sie heraus, was in Ihrer Firma zählt, und versuchen Sie, die Erwartungen an Software-Engineers überzuerfüllen.

Helfen Sie anderen in Ihrem Umfeld. Die Softwarebranche ist klein, was vielen Software-Engineers erst nach Jahren klar wird, wenn ihnen plötzlich und unerwartet bei anderen Arbeitgebern frühere Kollegen über den Weg laufen. Warum also keine starken Beziehungen zu Kollegen aufbauen und sie nach Möglichkeit unterstützen – selbst wenn es für Sie persönlich unbequem ist? Die Menschen behalten Sie in guter Erinnerung, was Ihnen bei Ihrer späteren Karriere einige Türen öffnen kann.

Reißen Sie keine Brücken ein. Um aufkommende Konflikte zu lösen, sollten Sie andere mit Respekt behandeln und lernen, auf annehmbare und professionelle Weise anderer Meinung zu sein. Warum? Aus dem gleichen Grund wie oben: Die Technologiebranche ist kleiner, als Sie denken.

KAPITEL 6

Jobwechsel

Selten verbringt ein Software-Engineer seine gesamte Karriere in einem einzigen Unternehmen. Selbst Satya Nadella, die 2014 CEO von Microsoft wurde, nachdem sie 1992, 22 Jahre vorher, bei dem Technologieriesen angefangen hatte, arbeitete vorher bei Sun Microsystems.

Welche sinnvollen Ansätze für einen Jobwechsel gibt es, und woher weiß man, wann es Zeit ist, abzuspringen und eine neue Chance wahrzunehmen? Die Themen dieses Kapitels sind:

1. Neue Möglichkeiten erkunden
2. Auf Beförderung warten oder den Job wechseln?
3. Vorbereitung auf Bewerbungsgespräche in der Technologiebranche
4. Herabstufung
5. Hochstufung
6. In eine neue Stelle einarbeiten (»Onboarding«)

Neue Möglichkeiten erkunden

Es gibt viele Gründe, sich nach einem neuen Job umzusehen. Sie lassen sich in ein paar Kategorien einteilen.

Aktive Jobsuche

Der offensichtlichste Fall besteht dann, wenn Sie einen neuen Job wollen oder brauchen. Hierfür kann es verschiedene Gründe geben, zum Beispiel:

- Sie haben gerade Ihren Abschluss gemacht und suchen nach einer Einstiegsmöglichkeit ins Berufsleben.
- Sie haben Ihren Job verloren und brauchen einen neuen.
- Ihre persönliche Situation hat sich verändert, und Sie brauchen einen Arbeitsplatz, der dazu passt. Das könnte ein Umzug sein, der Bedarf nach flexibleren Arbeitszeiten und vieles mehr.

- Sie sind mit Ihrem Arbeitsplatz nicht zufrieden, vielleicht weil es Probleme mit Ihrem Manager, Ihrem Team oder der Arbeitsumgebung gibt. Ein Jobwechsel im Unternehmen ist keine Option.
- Sie stellen fest, dass Ihre Bezahlung deutlich unter den marktüblichen Tarifen liegt, und Sie möchten das durch einen Wechsel zu einem angemessen vergüteten Job korrigieren.

Wenn Sie aktiv suchen, ist es sinnvoll, sich wirklich auf den Prozess einzulassen. Das bedeutet, Stellenanzeigen zu lesen und zumindest auf eingehende Nachrichten zu antworten. Sie sollten Ihr LinkedIn- (oder Xing-)Profil vermutlich so einstellen, dass die Nachricht »Offen für Jobangebote« in Ihrem Profil angezeigt wird, um Recruitern und Personalerinnen klar zu kommunizieren, dass Sie nach einer neuen Stelle suchen und zumindest eine vage Vorstellung davon haben, was das sein könnte.

Passiv offen für neue Möglichkeiten

In anderen Zeiten sind Sie grundsätzlich mit Ihrer Stelle zufrieden, halten aber die Augen nach allem offen, was interessant sein könnte. Sie suchen nicht aktiv nach einem Arbeitsplatz, lesen aber eingehende Nachrichten von Recruitern und melden sich bei einigen zurück. Weckt ein Angebot Ihre Neugier, sprechen Sie mit dem Hiring Manager und treten in den Einstellungsprozess ein.

In dieser Situation ist der gefühlte Druck, die Stelle, auf die Sie sich beworben haben, zu ergattern, nicht besonders groß. Außerdem haben Sie eine ziemlich hohe Erwartungshaltung: Üblicherweise geht es um eine Verbesserung der Bezahlung und der Möglichkeiten. Sie können es sich leisten, wählerisch zu sein, denn Sie sind mit Ihrem aktuellen Job zufrieden.

Aber je länger Sie passiv in Bewerbungsprozesse eintreten, desto mehr könnten Sie sich eingestehen, dass Sie eigentlich bereit sind, Ihren aktuellen Job für eine Stelle aufzugeben, die mehr als nur *okay* ist.

Wenn Sie mit Ihrem Job zufrieden sind

Es gibt verschiedene Gründe, warum es auch dann sinnvoll ist, auf Jobsuche zu gehen und Bewerbungsgespräche zu führen, wenn Sie mit Ihrem aktuellen Arbeitsplatz zufrieden sind:

- **Um Ihren Marktwert herauszufinden.** »Werde ich wirklich meinem Wert entsprechend bezahlt?« – das ist eine Frage, die sich viele Menschen stellen. Ein unschlagbarer Weg, eine Antwort zu bekommen, besteht darin, Recruiter zu kontaktieren, um einen Eindruck von der zu erwartenden Gehaltsspanne zu erhalten. Dafür müssen Sie nicht einmal Bewerbungsgespräche führen. Fragen Sie einfach einen Recruiter oder Personalverantwortlichen nach der zu erwartenden Gehaltsspanne. Liegt der Betrag deutlich über Ihrem jetzigen Verdienst, ist es vielleicht sinnvoll, sich auf die freie Stelle zu bewerben.

- **Um ein Gefühl dafür zu bekommen, wie gut Sie vermittelbar sind.** Die Fähigkeiten, Bewerbungsgespräche zu führen, rosten in der Technologiebranche schnell ein. Vorstellungsgespräche während einer Berufstätigkeit bieten eine Möglichkeit, Ihre Gesprächsfertigkeiten zu trainieren.
- **Um über eine neue Stelle beruflich weiterzukommen.** Sie könnten ein Vorstellungsgespräch in der Hoffnung führen, eine bessere Bezahlung als die aktuelle angeboten zu bekommen. Auf diese Weise müssten Sie nicht auf eine Gehaltserhöhung durch eine Beförderung an Ihrem aktuellen Arbeitsplatz warten.

Für die Erkundung neuer Berufsmöglichkeiten gibt es keine einzelne »beste« Vorgehensweise. Es liegt in der Natur der Gelegenheiten, dass Sie keine Kontrolle darüber haben, wie und wann sie sich bieten. Was Sie kontrollieren, ist die Entscheidung, ob Sie sich darauf einlassen, und wie ernst Sie die Möglichkeiten nehmen.

Ich habe selbst erfahren, wie es ist, Chancen ungenutzt zu lassen. Rückblickend hätte ich sie genauer überdenken sollen, obwohl ich damals mit meinem Job zufrieden war. 2011 ignorierte ich eine Anfrage eines kleinen Start-ups, das gerade eine Anschubfinanzierung von 8 Millionen US-Dollar erhalten hatte. Ich machte mir keine allzu großen Gedanken über dieses Unternehmen, von dem jemand mit dem Titel »QA Testing« über die Erstellung einer Windows-Phone-App mit mir sprechen wollte. Jahre später stellte ich fest, dass diese Person niemand anderes war als Jan Koum, CEO eines Messenger-Diensts namens WhatsApp, von dem Sie vielleicht schon einmal gehört haben. Facebook kaufte das Unternehmen 2014 für sagenhafte 19,3 Milliarden US-Dollar, als WhatsApp etwa 50 Engineers beschäftigte. Ich war zu der Zeit zufrieden mit meinem Arbeitsplatz. Hätte ich damals in die Zukunft sehen können, hätte ich mich auf jeden Fall auf die Stelle beworben.

Natürlich hatte ich auch Vorstellungsgespräche, die sich hinterher als vertane Zeit herausstellten, weil die Gelegenheit oder das Angebot mich nicht überzeugten. Ich bereue es deutlich weniger, Gelegenheiten verfolgt und abgelehnt zu haben, als es versäumt zu haben, mich auf potenziell interessante Angebote einzulassen.

Auf Beförderung warten oder den Job wechseln?

Sie haben das Gefühl, dass Sie für die nächste Stufe bereit sind. In diesem Fall ist die Versuchung groß, sich sofort dem Arbeitsmarkt zu stellen, anstatt Monate auf einen zermürbenden Beförderungsprozess bei Ihrem aktuellen Arbeitgeber zu warten. Warum also keine externen Bewerbungsgespräche führen? Vielleicht bekommen Sie ein Angebot für den gewünschten Titel und eine bessere Bezahlung. Diese Möglichkeit scheint naheliegend, wenn der Arbeitsmarkt so heiß ist wie in den Jahren 2021/2022. Bevor Sie sich auf einen neuen Posten bewerben, gilt es allerdings ein paar Kleinigkeiten zu bedenken.

Beförderungen sind in der Regel rückwärtsgewandt

Um befördert zu werden, erwartet man von Ihnen, dass Ihre Leistungen für mindestens sechs bis zwölf Monate der nächsten Karrierestufe entsprechen, die schließlich durch eine Beförderung bestätigt werden. Das heißt aber auch, dass Sie vielleicht die Gelegenheit haben, zu einem anderen Unternehmen zu wechseln, um dort sofort eine höhere Stufe und Bezahlung zu erhalten. Tatsächlich kann sich Ihre Vergütung sogar deutlich erhöhen, wenn Sie zu einem Unternehmen einer höheren Ebene wechseln – entsprechend dem dreigliedrigen Vergütungsmodell, das wir in Kapitel 1, »Karrierepfade«, behandeln.

Die rückwärtsgewandte Natur von Beförderungen bedeutet außerdem, dass Sie am Anfang Ihrer Karriere schneller vorankommen können, wenn Sie externe Angebote der nächsten Stufe erhalten und nicht bei Ihrem aktuellen Arbeitgeber auf eine Beförderung warten müssen.

Je höher Ihr Rang, desto riskanter ist eine neue Stelle

Ein Jobwechsel auf Staff- und Principal-Engineering-Level unterscheidet sich von Jobwechseln auf darunterliegenden Stufen, weil für ein Bestehen auf Senior-Ebene und höher ein gutes politisches Ansehen erforderlich ist. Sie müssen also verstehen, wie neue Unternehmen funktionieren, dessen ungeschriebene Gesetze kennen und Vertrauen zu neuen, wichtigen Entscheidungsträgern aufbauen, und Sie müssen wissen, wie Sie Entscheidungen beeinflussen können, die größere Gruppen betreffen.

Es braucht viel Zeit, ein Netzwerk von Kollegen aufzubauen, in dem man sich gegenseitig vertraut, und um herauszufinden, wie das Unternehmen funktioniert. Bei einem Wechsel zu einer neuen Stelle fangen Sie wieder von vorne an. Wenn Sie sich nicht schnell genug einarbeiten, können Sie schnell in eine stressige Situation geraten, in der Sie möglicherweise vergeblich versuchen, den gestiegenen Erwartungen gerecht zu werden.

Die Dauer der Betriebszugehörigkeit wird mit zunehmender Erfahrung immer wichtiger. Während Fachkräfte am Anfang ihrer Laufbahn häufig den Arbeitgeber wechseln, kann es für die Einstellung von Engineers auf Senior-Stufe oder höher ein Ausschlusskriterium sein, wenn Sie nicht mindestens zwei bis drei Jahre am gleichen Ort bleiben.

Staff- und Principal-Engineers brauchen Zeit, um Verbindungen zu knüpfen und langfristigere Projekte mit großer Tragweite durchzuführen. Die Triebfeder hierfür ist das Verständnis der Zusammenhänge, des Geschäfts und der richtigen Priorisierung Ihrer Arbeit. Um das zu lernen, braucht man in den meisten Unternehmen mindestens ein Jahr.

Die Dauer der Betriebszugehörigkeit gibt Führungskräften die benötigte Perspektive. Indem Sie für mehrere Jahre im gleichen Team oder Unternehmen arbeiten, holen Ihre alten Entscheidungen Sie und andere irgendwann ein. Sie können einschätzen, wie etwas, das damals niemand bedacht hatte, sich zu einem großen Problem auswachsen kann oder wie das frühe Erledigen kleinerer Arbeiten Ihnen später eine Menge Aufwand ersparen kann.

Vor der Kündigung sollten Sie bedenken, was Sie zurücklassen. Das gilt vor allem, wenn Sie noch nicht lange bei Ihrem aktuellen Unternehmen sind. Der Aufbau von Plattformen mit einer großen Nutzerzahl dauert Jahre. Ein Produkt auf den Markt zu bringen und es durch jede Wachstumsphase zu begleiten, ist ebenfalls ein mehrjähriger Prozess. Engineers und Manager, die mehrere Jahre in schnell wachsenden Start-ups gearbeitet haben, sind sehr gesucht, denn sie kennen die Auswirkungen mehrerer Wachstumsphasen und können sich diese wertvollen Erfahrungen an einem anderen Ort zunutze machen.

Bei der Recherche zu diesem Buch habe ich mit vielen ehemaligen Uber-Mitarbeitern gesprochen, die mittlerweile als Staff-Engineers, CTOs und VPs of Engineering für risikokapitalfinanzierte Start-ups arbeiten. Alle hatten eine beträchtliche Zeit bei dem Unternehmen für Mitfahrgelegenheiten verbracht, und alle sagten mir das Gleiche: Ihre Jahre bei Uber und das Miterleben der verschiedenen Wachstumsphasen geben ihnen heute einen Vorsprung. Sie treffen strategische Entscheidungen mit Zuversicht, denn sie wissen, was in 6, 12 oder 24 Monaten passieren wird. Und woher? Sie haben lange genug bei Uber gearbeitet, um zu sehen, welche Folgen Entscheidungen über diese Zeiträume haben.

Bitte verstehen Sie mich nicht falsch. Es geht nicht darum, möglichst lange in einem Unternehmen zu bleiben. Angenommen, Sie hätten bereits mehr als acht Jahre in der Branche gearbeitet, aber nie länger als zwei bis drei Jahre beim selben Arbeitgeber verbracht. Dann könnte es sinnvoll sein, sich vorzunehmen, im nächsten Job mindestens genauso lange zu bleiben, um die langfristige Perspektive zu gewinnen, die nur durch längere Betriebszugehörigkeit entsteht.

Je höher die Karrierestufe, desto schwieriger die Beförderung

Je höher Sie auf der Karriereleiter klettern, desto geringer die Möglichkeiten, im Unternehmen noch weiterzukommen. Der Grund könnten Budgetgrenzen sein, etwa weil das Geld für einen zweiten Staff-Engineer fehlt, auch wenn dies Ihre nächste Karrierestufe wäre. Keinen Raum für berufliches Wachstum zu haben, ist besonders für Manager ein Problem, die typischerweise größere Teams leiten und Ergebnisse mit größerer Tragweite liefern müssen, um befördert zu werden.

Sollten Sie an eine solche Grenze stoßen, kann es helfen, sich nach externen Möglichkeiten umzusehen, insbesondere wenn Sie weniger lernen oder entschlossen sind, in Ihrer Karriere voranzukommen.

Wenn Sie ein Angebot erhalten, sollten Sie dies nicht anhand der Bezahlung bewerten. Betrachten Sie stattdessen andere wichtige Dimensionen, wie weitere Aufstiegschancen, den Kollegenkreis, in dem Sie arbeiten, Herausforderungen, Unternehmensziele, Flexibilität und so weiter.

Und schließlich sollten Sie eines nicht vergessen: Es kann sich zwar wie eine große Niederlage anfühlen kann, bei einer Beförderungsrunde übergangen zu werden, aber zehn Jahre später werden Sie sich kaum noch daran erinnern. Haben Sie einen »langen Atem« und planen Sie Ihre Strategie entsprechend.

Vorbereitung auf Bewerbungsgespräche in der Technologiebranche

Wie bereiten Sie sich auf Vorstellungsgespräche als Software-Engineer vor? Zum Glück gibt es zahlreiche Onlineressourcen, die Ihnen hierbei helfen können. Dieser Abschnitt gibt einen kurzen Überblick darüber, was Sie in einem typischen Bewerbungsprozess für Engineers auf Senior-Ebene erwarten können.

Mittlere und größere Tech-Unternehmen setzen tendenziell Bewerbungsverfahren nach »Google-Art« ein, die dann in ihrem Vorgehen den Bewerbungsgesprächen bei diesem Big-Tech-Giganten ähneln.

Tabelle 6-1: Typische Interviews für Software-Engineers auf Senior-Ebene

Art des Interviews	Durchgeführt von
Erstes Screening	
Durchsicht des Lebenslaufs	Recruiter, »Inbound Sourcer« oder Hiring Manager
erstes Telefongespräch	
Technisches Screening	
technisches Screening per Telefon (Technical Phone Screen, TPS)	Software-Engineer oder Hiring Manager
Programmierübung als »Hausaufgabe«	Software-Engineer
Interviews vor Ort	
Programmier-Interview	Software-Engineer
Systemdesign-Interview (auch als Architektur-Interview bezeichnet)	Software-Engineer
Interview durch Hiring Manager (auch als verhaltensorientiertes Interview bezeichnet)	Hiring Manager
Bar-Raiser-Interview	spezieller Bar-Raiser-Gesprächspartner oder Hiring Manager

Sehen wir uns die verschiedenen Arten von Interviews genauer an:

Erstes Screening

Hierbei geht es darum, anhand der folgenden Parameter zu entscheiden, ob es sich lohnt, einen Bewerber oder eine Bewerberin an das technische Screening weiterzureichen:

- Besitzt die grundsätzlichen Qualifikationen für die Rolle. Ist dies eine Rolle auf Staff-Ebene, für die ein Kandidat mindestens fünf Jahre Berufserfahrung auch im Backend-Bereich haben muss, kommen Kandidaten ohne diese Eigenschaften nicht weiter.

- Besitzt die nötigen »Soft Skills«. Dies wird anhand eines anfänglichen Gesprächs mit dem Recruiter oder dem Hiring Manager bestätigt.
- Ist für das Vorstellungsgespräch motiviert. Ein Kandidat mag auf dem Papier gut aussehen, aber ist er wirklich motiviert, die Interviews durchzuführen? Es gibt Kandidaten, die sich aus Neugier auf Rollen bewerben, es eigentlich aber gar nicht auf den Bewerbungsprozess anlegen. In diesem Fall wäre es Zeitverschwendung, weiterzumachen.

Das erste Screening wird entweder von einem Technologie-Recruiter, dem »Inbound Sourcer« oder einem Hiring Manager durchgeführt.

Hierbei ist »Inbound Sourcer« eine spezielle Rolle im Personalwesen, vor allem in größeren Unternehmen mit Hunderten, vielleicht sogar Tausenden eingehender (*inbound*) Bewerbungen für eine Stelle, die alle von einem Menschen bewertet werden müssen.

Die Rolle des »Inbound Sourcer« ist in der Regel die am wenigsten begehrte Position im Personalwesen, denn sie ist selten wirklich aufregend. Dennoch sind diese Menschen sehr effizient bei der Bewertung von Lebensläufen und der Entscheidung, ob ein Kandidat infrage kommt. Als ich Personalverantwortlicher bei Uber war, arbeitete ich mit mehreren »Inbound Sourcers« zusammen, die Tag für Tag Lebensläufe auf geeignete Kandidaten durchkämmten.

Das anfängliche Screening läuft in zwei Phasen ab: Durchsicht des Lebenslaufs und erstes Telefonat mit dem Personalverantwortlichen.

Durchsicht des Lebenslaufs: Ein Lebenslauf wird bewertet, dann wird eine Entscheidung darüber getroffen, ob der Kandidat über die nötigen Grundfertigkeiten für die Rolle verfügt. Allein aus diesem Grund gibt es eine Menge über das Schreiben effektiver Lebensläufe für Software-Engineers zu sagen. Genau zu dieser Aufgabe habe ich das Buch »The Tech Resume Inside Out« geschrieben.

Hier ein paar Vorschläge für das Schreiben eines effizienten Lebenslaufs:

- Ihr Ziel ist es, die Person, die das Screening durchführt, davon zu überzeugen, dass es sich lohnt, Sie anzurufen. Es geht nicht darum, Ihre Karriere bis ins kleinste Detail zu beschreiben.
- Erzählen Sie die Geschichte, die der Recruiter oder Personalverantwortliche für die Position, auf die Sie sich bewerben, hören will. Heben Sie relevante Erfahrungen hervor.
- Passen Sie Ihren Lebenslauf an. Schicken Sie nicht für jede Bewerbung die gleiche Version Ihres Lebenslaufs mit. Überlegen Sie stattdessen, eine Vorlage zu verwenden, die Sie jedes Mal genau an die Anforderungen anpassen.
- Verwenden Sie eine leicht lesbare Vorlage. Je besser der Recruiter oder Personalverantwortliche einen Lebenslauf überfliegen kann, desto vorteilhafter. Vermeiden Sie grelle Formate und zweispaltige Layouts. Eine kostenlose Vorlage, die diese Anforderungen erfüllt, ist beispielsweise »The Pragmatic Engineer's Resume Template«[1].

- Machen Sie mit Ergebnissen, der Tragweite Ihrer Arbeit und Zahlen auf sich aufmerksam. Versuchen Sie, Ihre Leistungen so konkret wie möglich darzustellen. Belegen Sie die Auswirkungen Ihrer Arbeit, idealerweise mit Zahlen.
- Ein positives Empfehlungsschreiben hilft mehr als ein fantastischer Lebenslauf. Bemühen Sie sich um Empfehlungen aus Ihrem Netzwerk.

Weitere Ratschläge finden Sie in meinem Buch »The Tech Resume Inside-Out«[2].

Das erste Telefonat mit einem Recruiter oder Personalverantwortlichen: Für Kandidaten, die das Screening des Lebenslaufs überstehen, ist der nächste Schritt ein Telefonat. Hierbei sollen weitere Informationen über den Bewerber gesammelt werden. Man will mehr über seine Situation erfahren und wonach er genau sucht. Gleichzeitig soll Bewerbungen hierdurch mehr Hintergrundwissen über die freie Stelle gegeben werden. Manchmal entwickelt sich daraus eine Art Verkaufsgespräch, in dem versucht wird, Bewerber davon zu überzeugen, dass die freie Stelle eine interessante Gelegenheit für ihn ist.

Bei dem Gespräch mit einem Recruiter sucht dieser meist nach »weichen« Signalen, etwa wie klar der Bewerber kommuniziert und wie interessiert er an der Stelle ist.

Findet das Gespräch dagegen mit einem Hiring Manager statt, geht es normalerweise einen Schritt weiter. Hierbei achtet der Hiring Manager auf weitere Signale und nimmt ein »strengeres« Screening des Kandidaten vor. Ich kenne Hiring Manager, die sich eingehend mit Projekten des Bewerbers befassen und sich mit verhaltensbezogenen Themen auseinandersetzen. Das Ziel ist hier, Menschen weiterzubringen, die sie gern einstellen würden, sofern sie auch in den technischen Gesprächen gut abschneiden.

Technisches Screening

Hat ein Kandidat oder eine Kandidatin das anfängliche Screening überstanden, ist der Arbeitgeber ziemlich sicher, dass dieser Bewerber wirklich interessiert ist und – zumindest auf dem Papier – über die nötigen Qualifikationen verfügt. Der nächste Schritt ist das technische Screening, bei dem überprüft wird, ob der Kandidat tatsächlich über die technischen Fähigkeiten verfügt, die er in seinem Lebenslauf nennt.

Hierbei soll sichergestellt werden, dass der Bewerber folgende Voraussetzungen erfüllt:

- Er ist für die Anforderungen der Rolle technisch versiert genug. Er ist auf dem neuesten Stand der technologischen Grundkonzepte und besitzt genug praktische Erfahrung.
- Er hat genug Programmiererfahrung. Ohne Überprüfung lässt sich nur schwer feststellen, wie groß die praktische Erfahrung eines Bewerbers wirklich ist. Daher gehören zu einem technischen Screening fast immer auch Programmieraufgaben, an denen man die Fähigkeiten erkennen kann.

1 *https://blog.pragmaticengineer.com/the-pragmatic-engineers-resume-template*

2 *https://thetechresume.com*

- Er ist es wert, zu einem abschließenden Bewerbungsgespräch eingeladen zu werden. Diese Gespräche bedeuten für alle Beteiligten einen größeren Zeitaufwand. Nur bei Kandidaten, die in diesem Screening gut abschneiden, lohnt es sich, in die Endrunde einzusteigen.

Das technische Screening wird fast immer von Software-Engineers durchgeführt, seltener auch von Engineering-Managern. Dabei sind mehrere Vorgehensweisen üblich:

- **Eine synchrone Programmieraufgabe (Coding Challenge).** Im Rahmen einer Live-Session oder eines Videoanrufs müssen die Kandidaten Code schreiben, während sie mit dem Interviewer (einem Software-Engineer) ein Gespräch führen.
- **Eine Programmieraufgabe als »Hausaufgabe«.** Diese Form läuft asynchron ab, wobei der Kandidat die Aufgabe in seiner eigenen Zeit erledigt. Hierfür kann ein Zeitrahmen vorgegeben werden, zum Beispiel 90 Minuten. Andere Übungen sind weniger strikt. Sie enthalten Richtlinien für die nötige Zeit, lassen dem Bewerber aber die Entscheidung, wie lange er letztlich braucht.
- **Ein anderes Format zum Testen der technischen Fähigkeiten.** Manche Unternehmen bevorzugen ein synchrones Interview, bei dem die Interviewer technologische Konzepte besprechen, in dem aber nicht programmiert wird. In einigen Firmen müssen die Bewerber technologische Puzzles lösen, andere führen mit den Kandidaten eine Debugging-Session durch. Hierbei gibt es keine formalen Regeln, und viele Unternehmen lassen sich immer wieder etwas Neues einfallen.

Wie man sich auf das technische Screening vorbereitet:

- **Sammeln Sie Information über die an Sie gestellten Erwartungen.** Am einfachsten ist es, den Recruiter, der Sie kontaktiert hat, nach dem Format zu fragen und ob er Ihnen Ratschläge für die Vorbereitung geben kann. Sobald Sie das erste Screening bestanden haben, wird der Recruiter auf Ihrer Seite und daran interessiert sein, dass Sie erfolgreich sind. Manche Arbeitgeber schicken Vorbereitungsmaterial für das technische Screening, um Bewerber nicht zu überrumpeln.
- **Verstehen Sie, wie die Aufgaben ausgewertet werden.** Was ist wichtiger: Funktionalität, Codequalität oder Testing? Spielt die Wahl der Programmiersprache eine Rolle? Besorgen Sie sich Antworten auf diese Fragen, bevor Sie mit der Aufgabe beginnen. Auch hier ist der Recruiter Ihre beste Informationsquelle.
- **Stellen Sie dem Interviewer bei synchronen Übungen Fragen.** Bei technischen Interviews vor Ort wird erwartet, dass Bewerber den Interviewern klärende Fragen stellen. Dies gilt besonders für Rollen auf Senior-Ebene oder darüber. Es kann vorteilhaft sein, seine Gedanken mitzuteilen und gelegentlich um Feedback zu bitten.
- **Klären Sie bei asynchronen Aufgaben die Erwartungen für die Erledigung.** Einige asynchrone Programmieraufgaben bedeuten einen großen Zeitaufwand, den Sie einplanen müssen. Teilen Sie dem Recruiter Ihre Situation mit und bestätigen Sie, dass er sich auf Ihren Zeitplan einstellen kann.

- **Finden Sie heraus, ob detailliertes Feedback gegeben wird, bevor Sie Zeit investieren.** Einige »Hausaufgaben« bedeuten zig Stunden Arbeit. Es gibt kaum etwas Frustrierenderes, als außer einer Absage keinerlei weitere Rückmeldungen zu bekommen. Bevor Sie beginnen, sollten Sie den Recruiter daher fragen, ob es im Fall einer Absage ein schriftliches Feedback gibt. Das ist natürlich keine Garantie für Rückmeldungen, aber es erhöht immerhin die Wahrscheinlichkeit.

Interviews vor Ort (»On Site«)

Die letzte Runde im Bewerbungsprozess ist oft ein Gespräch vor Ort. Der Begriff »On Site« sagt aus, dass die abschließenden Interviews häufig in den Räumen des Unternehmens durchgeführt werden. Sie werden typischerweise in drei Kategorien unterteilt:

Coding-Interview: Hierbei werden die Programmier- und Debugging-Fähigkeiten des Bewerbers getestet. Das kann ein algorithmisches Interview oder das Lösen einer Programmieraufgabe aus der Praxis sein.

Für die Vorbereitung auf diese Interviews gibt es reichlich Ressourcen. Hier ein paar Bücher, die ich empfehle:

- »Cracking the Coding Interview« von Gayle Laakmann McDowell
- »De-Coding the Technical Interview Process« von Emma Bostian

Systemdesign-Interview, auch als »Architektur-Interview« bezeichnet: Hier werden Anzeichen dafür gesammelt, wie gut ein Engineer auf der Basis von Geschäftsanforderungen ein System von Grund auf entwerfen kann und wie er dabei auf Skalierungsprobleme eingeht.

Bücher zur Vorbereitung auf dieses Interview sind beispielsweise:

- »System Design Interview – An Insider's Guide« von Alex Xu
- »System Design Interview – Volume 2« von Alex Xu

»Domain Deepdive« (etwa: tiefes Eintauchen in ein bestimmtes Fachgebiet): In diesem Interview soll ermittelt werden, wie fit ein Kandidat oder eine Kandidatin in den Schlüsseltechnologien für die Rolle ist. Für einen Backend-Engineer könnte dies eine intensive Beschäftigung mit verteilten Systemen und der Programmiersprache Go sein. Bei einem iOS-Engineer könnte es um Swift und fortgeschrittene Themen der Applikationsentwicklung für Mobilgeräte gehen. Interviewer neigen übrigens dazu, auch während des Coding- und des System-Interviews bestimmte Fachkonzepte anzusprechen.

Das Gespräch mit dem Personalverantwortlichen: Dieses Gespräch wird fast immer von einem Engineering-Manager geführt. Hierbei soll herausgefunden werden, ob der Bewerber gut in das Team passt. Dieses Interview beschäftigt sich normalerweise intensiv mit diesen Themen:

- Motivation
- Umgang mit Konflikten

- Umgang mit schwierigen Situationen
- Zeigt oder »lebt« der Bewerber die Werte des Unternehmens?

Das Interview mit dem Hiring Manager verläuft je nach Unternehmen unterschiedlich, und häufig unterscheidet es sich auch von dem einen Hiring Manager zum nächsten innerhalb desselben Unternehmens. Ratschläge für das Interview mit dem Hiring Manager und den Bewerbungsprozess finden Sie in meinem Video »Confessions of a Big Tech Hiring Manager«[3].

Das Bar-Raiser-Interview ist eine Besonderheit bei Amazon (*https://www.aboutamazon.de/news/arbeiten-bei-amazon/amazons-bewerbungsverfahren-und-was-sind-eigentlich-bar-raiser*) und ein paar anderen größeren Technologieunternehmen wie Uber. Ein Engineer oder Manager mit langer Betriebszugehörigkeit untersucht, ob ein Bewerber »die Messlatte höher legen kann«. Diese Interviews enthalten meist Elemente aus den Bereichen Technologie, Design (Architektur), Verhalten und Unternehmenskultur.

Andere Arten von Bewerbungsgesprächen: Kleinere Firmen führen oft ein Meeting durch, in dem ein Bewerber auf sein mögliches zukünftiges Team trifft und die Fragen der Teammitglieder beantwortet. Bei einigen Unternehmen lernen Engineers ihre potenziellen Produktmanager (PM) oder andere geschäftliche Entscheidungsträger kennen, die ebenfalls Gespräche mit dem Kandidaten führen. Es ist kaum möglich, sich auf alle diese Interviews vorzubereiten. Das effektivste Vorgehen besteht meiner Erfahrung nach darin, gut ausgeruht und entspannt anzukommen und das Gespräch als Übung zu betrachten, etwas Neues zu lernen.

Interviewverläufe auf Staff-Ebene und darüber

Für Rollen auf Staff-Niveau und darüber ist der Interviewprozess in der Regel genauer auf die Bewerber zugeschnitten. Es ist üblich, dass der Hiring Manager einen eigenen Gesprächsprozess erstellt. In einigen Unternehmen durchlaufen Staff-Engineers und darüber die Coding- und Systemdesign-Interviews, die auch andere Engineers absolvieren müssen, wobei das Coding-Interview etwas nachsichtiger bewertet wird. Einige Firmen lassen das Coding-Interview für Berufseinsteiger sogar ganz weg.

Einstellungsprozesse auf Staff-Ebene und darüber enthalten oftmals zusätzliche Interviews, beispielsweise diese:

- Ein Interview zur Vertiefung des Fachgebiets. Bei der Einstellung von Mitarbeiterinnen und Mitarbeitern in Bereichen wie Zahlungssysteme, Mobile oder verteilte Systeme gibt es so gut wie immer ein spezielles Interview, um die Sachkenntnis des Bewerbers in diesen Bereichen genauer zu überprüfen.
- Ein Interview mit dem Produktmanager, in dem versucht wird, herauszufinden, wie gut ein Kandidat mit den Leuten aus der Produktabteilung zusammenarbeiten würde.

3 *https://pragmaticurl.com/confessions*

- Ein Gespräch auf Director-Ebene, durchgeführt als Bar Raiser, oder ein Interview mit dem Hiring Manager.
- Ein zweites Systemdesign-Interview, durchgeführt von einem Engineer auf Staff-Ebene oder darüber.

Herabstufung

In der Technologiebranche hat ein Jobwechsel oft eine bessere Bezahlung oder einen besseren Titel zur Folge, aber selten beides. Ein Wechsel zugunsten einer besseren Bezahlung kann ein Titel-»Downgrade« bedeuten, wie etwa vom Senior-Software-Engineer zum SWE 2 oder vom VP of Engineering zu einem Senior-Engineering-Manager. Das passierte mir beispielsweise, als ich von der Rolle des Principal-Engineers bei Skyscanner zum Senior-Engineer bei Uber wechselte, während meine Bezahlung stieg.

Das ist, was ich als die »Achterbahn der Dienstgrade« bezeichne:

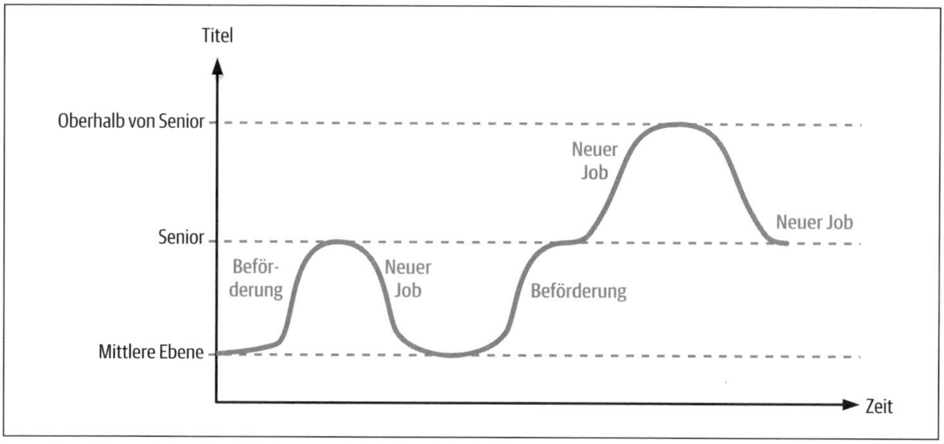

Abbildung 6-1: Die »Achterbahn der Dienstgrade«

Für die Herabstufung des Titels bei gleichzeitig besserer Bezahlung kann es eine Reihe von Gründen geben, zum Beispiel:

- Der Wechsel in eine höhere Branchenebene (*Tier*, siehe Kapitel 1). Ein häufig anzutreffender Grund ist, dass der Wechsel in ein Unternehmen auf höherer Ebene mit höheren Erwartungen einhergeht, aber auch mit einer besseren Bezahlung. Ihr Titel wird herabgestuft, während das Gehalt steigt.
- In Unternehmen sind Titel mit unterschiedlichen Erwartungen und Vergütungen verknüpft. Ein Senior-Titel in einem Big-Tech-Unternehmen stellt beispielsweise höhere Ansprüche an einen Engineer als in einer kleinen Entwickleragentur oder einem neuen Start-up.
- Leistung beim Interview. Die Leistungen eines Kandidaten im Interview haben fast immer einen Einfluss auf die Einstufungsentscheidungen und sind der Hauptgrund für eine Herabstufung. Bewerber, bei denen sich Interviewer unsi-

cher sind, bekommen oft eine Position angeboten, die eine Stufe unter der liegt, für die sie sich beworben haben.

- Auch ein Wechsel des Unternehmens und des Technologie-Stacks kann zu einem Angebot auf einer niedrigeren Stufe führen. Firmen, die nicht hauptsächlich technologieorientiert sind, und Entwickleragenturen, die Bewerber nach ihrer Erfahrung in Jahren einschätzen, könnten jemandem einen geringeren Titel anbieten, der »nur« ein Jahr Erfahrung mit Java hat, obwohl er bereits zehn Jahre als Software-Engineer tätig war. Eine Herabstufung aus diesem Grund kommt oft in Bewerbungsgesprächen vor, die sich auf eine bestimmte Technologie konzentrieren.

Herabstufungen sind vor allem üblich, wenn man zum ersten Mal bei einem Big-Tech-Unternehmen arbeitet. Schließlich sind die Erwartungen oft höher, die Einarbeitung dauert länger als in kleineren Unternehmen, und allgemein sind Mitarbeitende gewünscht, die die »Messlatte« einer bestimmten Stufe »höher legen« (»raising the bar«, siehe oben).

Umgang mit Herabstufung

Wie gehen Sie vor, wenn Sie ein Angebot eine Ebene »unterhalb« Ihres aktuellen Titels erhalten?

Machen Sie sich klar, dass eine Herabstufung bei einem Wechsel in eine höhere Branchenebene üblich ist. Arbeitgeber lassen sich anhand ihrer Erwartungen an Engineers der verschiedenen Karrierestufen unterscheiden. An der Spitze stehen Google, Meta und andere Technologieriesen, bei denen jede Änderung, die Engineers vornehmen, Einfluss auf Millionen von Benutzern hat. Hier wird erwartet, dass Engineers mehr Prozesse und Best Practices kennen – und ihnen auch folgen – als in Unternehmen mit einer weniger technisch orientierten Geschäftsführung oder in Firmen, bei denen der Einfluss des Engineerings eine Größenordnung kleiner ist.

Es sollte nicht überraschen, dass an einen Senior-Engineer in einer Agentur, die Nischen-Apps für mehrere Tausend Benutzer erstellt, weniger und leichter zu erfüllende Erwartungen gestellt werden als an einen Senior-Engineer, dessen Apps mehrere Hundert Millionen Nutzer hat.

Finden Sie heraus, was der »niedrigere« Titel tatsächlich bedeutet. Fragen Sie nach der Definition für die Karrierestufe und auch für die darüber. So können Sie einschätzen, ob Ihnen bestimmte Fähigkeiten oder die nötige Erfahrung fehlt. In diesem Fall könnte dies eine gute Gelegenheit sein, sie sich anzueignen. Alle Unternehmen mit einer starken Engineering-Kultur werden Kompetenzen klar definieren und Erwartungen an die verschiedenen Karrierestufen haben.

Sagen Sie es dem Hiring Manager, wenn Sie mit der Einstufung nicht einverstanden sind. Kommunizieren Sie Ihre Meinung, zeigen Sie Beispiele für Ihre Erfahrung und fragen Sie, ob Sie nach Ansicht des Hiring Manager für die nächste Stufe infrage kommen. Sie haben nichts zu verlieren, aber alles zu gewinnen, solange Sie respektvoll vorgehen.

Als ich selbst Hiring Manager war, haben mehrere Bewerber die Einstufungsentscheidung hinterfragt. Das hat mich grundsätzlich dazu gebracht, genauer auf Signale und Erwartungen für die nächste Stufe zu achten. In einigen Fällen haben wir daraufhin die nächsthöhere Stufe angeboten.

Überlegen Sie, ein Angebot abzulehnen, wenn Sie mit der Einstufung nicht einverstanden sind. Titel haben eine Bedeutung für Ihre Karriere und signalisieren Ihren Status innerhalb des Unternehmens. Wenn Sie mit der Einschätzung nicht einverstanden sind, auch nachdem Sie zusätzliche Informationen eingeholt haben, sollten Sie überlegen, das Angebot nicht anzunehmen.

Interviews haben immer auch eine subjektive Komponente, die zu negativen Fehleinschätzungen führen kann. Das Ergebnis kann sein, dass ausgezeichnete Kandidaten kein besseres Angebot erhalten oder das Angebot unter der Karrierestufe liegt, die der Bewerber eigentlich verdient.

Höherstufung

Obwohl eine Herabstufung häufiger vorkommt, kann auch das Gegenteil passieren. Eventuell erhalten Sie ein Angebot für eine höhere Stufe, als Sie erwartet haben oder für die Sie sich noch nicht bereit fühlten.

Bei Microsoft arbeitete ich als L62-Software-Engineer, also eine Stufe unterhalb eines L63-Senior Software-Engineers. Dennoch erhielt ich ein Angebot von Skyscanner auf Principal-Stufe, was eine Stufe über der des Senior-Engineers liegt. Was war passiert?

In meinem Fall entsprach die Einstufung bei Microsoft wahrscheinlich nicht dem Stand meiner Karriere, und ich hätte herabgestuft werden können. Gleichzeitig war meine Erfahrung für Skyscanner wichtig. Die Bewerbungsgespräche liefen gut, und ich hatte einen guten Draht zum Hiring Manager. Gleichzeitig hatte ich eigentlich nicht die Absicht, Microsoft zu verlassen, außer für ein wirklich gutes Angebot. Also bot mir Skyscanner eine Höherstufung an, was den Deal besiegelte.

Um ein Angebot mit einer Höherstufung zu erhalten, müssen verschiedene Dinge gegeben sein:

- Gute Leistungen beim Interview. Überzeugen Sie die Personalverantwortlichen, dass Sie ein herausragender Bewerber sind.
- Die richtigen Mittel, um eine Höherstufung zu erhalten. Diesen »Hebel« haben Sie beispielsweise in einem weiteren Angebot für eine höhere Stufe oder wenn Sie bereit sind, ein Angebot abzulehnen, dass keine Höherstufung vorsieht.
- Menschen innerhalb des Unternehmens, die sich intern für Sie einsetzen. Wenn Sie eine Höherstufung erreichen wollen, hängt es meist von ein bis zwei Personen in der Gruppe der Interviewer oder von denjenigen ab, die Sie empfohlen haben, ob der Hiring Manager oder das Einstellungskomitee überzeugt werden kann.

Ein Wort der Warnung: Nachdem Sie sich eine Höherstufung gesichert haben, sollten Sie sich bewusst sein, dass die Erwartungen an Sie vom ersten Tag an ebenfalls höher sein werden. Klären Sie diese auf jeden Fall ab und arbeiten Sie hart daran, sie zu erfüllen, um in Ihrer höheren Rolle voranzukommen.

In eine neue Stelle einarbeiten (»Onboarding«)

Sie haben eine neue Stelle angenommen. Herzlichen Glückwunsch! Nehmen Sie sich etwas Zeit, diesen Erfolg zu feiern. Aber entspannen Sie sich nicht zu sehr. Sie müssen sich effizient bei Ihrer neuen Firma einarbeiten, um sofort durchstarten zu können.

Das Bild, das man sich an einem neuen Arbeitsplatz von Ihnen macht, wird während der ersten Monate geprägt und hält oft für Jahre. Das heißt, wenn Sie sich in einem guten Tempo einarbeiten und Ihre Leistungen die grundsätzlichen Erwartungen übertreffen, wird man Ihre Neueinstellung leicht als Erfolg werten. Wirkt Ihre Einarbeitung dagegen langsam und schwierig, nimmt man Sie möglicherweise als weniger effizient wahr – eine Einschätzung, die sich oft langsamer ändern lässt, als Ihre Einarbeitung gedauert hat.

Als Neueinsteiger können – und sollten! – Sie Ihre Einarbeitung selbst in die Hand nehmen, anstatt einfach darauf zu hoffen, mit einem fabelhaften Onboarding-Prozess begrüßt zu werden. Dadurch verläuft Ihre Einarbeitung schneller, und Sie wirken wie jemand, der direkt loslegt. Dieser Eindruck sollte Ihnen das Leben am neuen Arbeitsplatz bis weit in die Zukunft erleichtern.

Hier ein paar Möglichkeiten, wie Sie Ihre Einarbeitung schon vor dem ersten Tag selbst in die Hand nehmen können.

Für alle Unternehmen jeder Branchenebene

Hilfreiche Ansätze:

- Gibt es nach Unterzeichnung des Vertrags eine lange Vorlaufzeit, könnten Sie vor Arbeitsantritt Kontakt zu Ihrem zukünftigen Manager aufnehmen. Bitten Sie um Anregungen dazu, wie Sie sich vorbereiten können, um sofort loszulegen.
- Lesen Sie das Buch »Die entscheidenden 90 Tage« von Michael D. Watkins. Es enthält einige der besten Ratschläge dazu, wie man ein großartiges Profil aufbauen kann, wenn man bei einem neuen Arbeitgeber anfängt.
- Führen Sie von Anfang an ein Arbeitsprotokoll bzw. ein »Angeberdokument«. Das wird Ihnen in der Einarbeitungsphase bei der Selbsteinschätzung helfen und dient zudem als großartige Ressource für Einzelgespräche mit Ihrem Manager, für Leistungsbeurteilungen und Beförderungen.
- Machen Sie sich wöchentlich Notizen. Schreiben Sie drei Dinge auf, die Sie während der ersten Monate gelernt haben, und drei Dinge, die Sie nicht verstanden haben.

Klären Sie mit Ihrem Manager die Ziele für den ersten Monat, die ersten drei Monate und die ersten sechs Monate.

Einarbeiten in einer kleineren Firma

Einige hilfreiche Aktivitäten in Start-ups und kleineren Firmen:

- Klären Sie, welche Arbeiten Sie vor Arbeitsantritt erledigen können oder sollten.
- Nehmen Sie möglichst früh Kontakt zur ranghöchsten Person auf. Sie hat oft die längste Betriebszugehörigkeit.
- Gehen Sie nicht davon aus, dass die Dinge auf eine bestimmte Weise funktionieren – fragen Sie. Das ist besonders wichtig, wenn Sie zuvor in einem größeren Unternehmen gearbeitet haben. Ansonsten wirken Sie schnell ignorant, wenn Sie Dinge vorschlagen, die in Ihrer neuen Umgebung keinen Sinn ergeben.
- Versuchen Sie, in der ersten Woche etwas abzuliefern. In einer kleinen Firma gibt es keine Ausrede, das nicht zu tun.

Einarbeiten in einem großen Unternehmen

Große Unternehmen sind komplexer. Versuchen Sie, diese Komplexität von Anfang an in den Griff zu bekommen.

- Suchen Sie sich einen »Onboarding-Buddy«, falls Ihnen niemand zugewiesen wurde. Im Idealfall ist es ein Teammitglied, an das Sie sich mit Fragen wenden können und das bereit ist, bei der Arbeit unterbrochen zu werden, um Ihnen bei der Einarbeitung zu helfen.
- Legen Sie sich einen »Schummelzettel« an, auf dem Sie alles Neue notieren. Das könnten Abkürzungen und ihre Bedeutungen sein, Build-Befehle, Lesezeichen zu wichtigen Ressourcen und vieles mehr. Das beschleunigt Ihren Lernprozess und kann eventuell zusätzliches Material für Ihre Einarbeitungsdokumentation liefern.
- Machen Sie sich mit dem Technologie-Stack des Unternehmens vertraut. Informieren Sie sich über neue Sprachen oder Frameworks, mit denen Sie arbeiten werden.
- Akzeptieren Sie die vielen Dinge, die zu Beginn keinen Sinn ergeben – besonders wenn Sie von einer kleineren Firma kommen. Keine Sorge, das ist normal!

Einarbeiten in eine Rolle auf Senior-Stufe oder darüber

Als Engineer mit mehr Erfahrung sollten Sie Ihre Einarbeitung strukturieren:

- Nehmen Sie Kontakt zu einem Kollegen oder einer Kollegin auf Senior-Ebene oder darüber auf. Verstehen Sie, wie er seine Arbeit organisiert und quantifiziert.

- Konzentrieren Sie sich darauf, vor allem produktiv an der Codebasis des Teams zu arbeiten und sich mit ihr vertraut zu machen.
- Klären Sie mit Ihrem Manager, was innerhalb der nächsten drei, sechs und zwölf Monate von Ihnen erwartet wird.
- Verstehen Sie aktuelle und zukünftige Projekte und die Prioritäten des Teams. Woran arbeitet das Team gerade, und warum ist das wichtig? Wie passt das alles zur Strategie und zu den Prioritäten des Unternehmens?
- Finden und sichten Sie Dokumentationen zu Ausfällen, zum Beispiel Nachuntersuchungen (*Postmortems*), die für Ihr Team und Ihren Bereich wichtig sind, um die Problemfelder zu verstehen und nicht überrascht zu werden, wenn bekannte Situationen erneut auftreten.
- Machen Sie sich eine Liste der Engineering-Teams, die Sie kennen sollten. Wenn Sie hören, dass ein neues Team erwähnt wird, fügen Sie es Ihrer Liste hinzu. Stellen Sie sich dann einem Mitglied dieses Teams vor und finden Sie heraus, was es tut und welche Verbindung zwischen Ihren Teams besteht. Diese Art der Kontaktaufnahme ist gerade für Neueinsteiger einfach, da Sie eine Entschuldigung für Ihre Vorstellung haben – schließlich sind Sie neu! Auf diese Weise können Sie eine Menge über andere Teams lernen und Kontakte knüpfen, die in der Zukunft nützlich sein können.

Einarbeiten in eine Rolle auf Staff-Ebene oder darüber

Die Rollen auf Staff-Ebene sind von einem Unternehmen zum nächsten oft sehr unterschiedlich. Versuchen Sie, herauszufinden, was von Ihnen erwartet wird, und knüpfen Sie dann Ihr Netzwerk, damit Sie dabei helfen können, herausfordernde Probleme zu meistern, und die überzeugenden Ergebnisse zu erzielen, die auf dieser Karrierestufe von Ihnen erwartet werden.

- Stellen Sie frühzeitig Kontakt zu Ihrem Team her und machen Sie einen zugewandten Eindruck.
- Kontaktieren Sie möglichst früh auch Ihre Kolleginnen und Kollegen auf Staff-Ebene und darüber. Sie sind stark von ihnen abhängig, wenn Sie verstehen wollen, wie die Dinge funktionieren, besonders in größeren Unternehmen. Versuchen Sie, ein paar neue Freunde zu gewinnen.
- Rollen auf Staff-Ebene und höher werden sehr unterschiedlich ausgelegt. Versuchen Sie also, herauszufinden, was von Ihnen erwartet wird und was nicht.
- Klären Sie mit Ihrem Manager (und idealerweise auch dessen Vorgesetzten), was innerhalb der nächsten drei, sechs und zwölf Monate von Ihnen erwartet wird. Wie lauten die wichtigsten Prioritäten des Teams, und was sind die größten Probleme, die gelöst werden müssen?
- Verbringen Sie Zeit mit den Menschen aus der Produktabteilung, um ihre aktuellen Sorgen und Pläne zu verstehen.

Denkanstöße

Die Technologiebranche ist einem schnellen Wandel unterworfen, und die meisten Entwicklerinnen und Entwickler wechseln alle paar Jahre den Job. Gleichzeitig können die meisten von uns, die in dieser Branche arbeiten, mit einer mehrere Jahrzehnte andauernden Karriere rechnen. In seinem Artikel »A forty-year career«[4] berichtet CTO und Autor Will Larson über eine typische Karriere außerhalb des Technologiebereichs:

> Mein Vater ging vor einigen Jahren in den Ruhestand, nachdem er den größten Teil seines Lebens als Professor an der University of North Carolina Asheville tätig war. Seitdem habe ich deutlich mehr als erwartet über seinen Ruhestand und seine vorangegangene Karriere nachgedacht. Vor allem hat mich beschäftigt, dass ich meine Karriere bewusst über einen Zeitraum von vierzig Jahren entwickeln kann. Keine vier Börsengänge, keine vierzehn Zweijahresphasen, sondern vierzig Jahre.
>
> Es ist seltsam, zu erkennen, dass ich das vierzigjährige Karrieremodell aus den Augen verloren habe, denn für lange Zeit war es das einzige Modell, das ich kannte [...]. Wenn Sie das große Glück haben, eine langjährige Karriere zu beginnen, versuchen Sie, nicht zu stolpern, und lassen Sie sich von ihr zum Erfolg, dem eigenen Haus und schließlich bis zur Rente tragen.

Die Laufbahn eines Entwicklers ist normalerweise ähnlich lang. Daher kann es helfen, sich einen Überblick über die Möglichkeiten zu verschaffen, die sich Ihnen in Form verschiedener Unternehmen bieten. Gleichzeitig hilft es, sich darüber klarzuwerden, wie Sie mit Leistungsbeurteilungen, Beförderungen und Stellenwechseln umgehen. Dieses Kapitel enthält eine Reihe von Ansätzen für alle genannten Situationen.

Wenn Sie auch nur eine Sache aus diesem Kapitel mitnehmen, dann diese:

Niemand interessiert sich mehr für Ihre Karriere als Sie selbst – weder Ihre Manager noch Ihre Kollegen. Also finden Sie heraus, wie wichtig Ihnen das berufliche Weiterkommen ist, und stecken Sie entsprechend viel Arbeit hinein.

Weiteres Lesematerial zu diesem Abschnitt finden Sie im Onlinebonuskapitel (in Englisch) zu Teil I:

Abbildung 6-2: Arbeiten in einem Start-up vs. in Big-Tech-Unternehmen, pragmaticurl.com/bonus-1

4 *https://lethain.com/forty-year-career*

TEIL II
Der kompetente Softwareentwickler

Um die Softwareentwicklung zur Meisterschaft zu bringen, braucht es Jahre. Jede Führungskraft im Engineering weiß das, wie auch die Führungskräfte in Technologieunternehmen. Bessere Firmen haben angemessene Erwartungen an Neueinsteiger in der Softwareentwicklung und Stufen unterhalb des Senior-Developers und Senior-Engineers.

Die Titel für Softwareentwickler haben meist unterschiedliche Namen. Die häufigsten sind:

- Software-Engineer SWE/SWE 2 (in den meisten Big-Tech-Unternehmen und vielen Start-ups/Scale-ups)
- Entwickler, Softwareentwickler/Software Developer SDE/SDE 2 (traditionelle Firmen und einige Start-ups und Scale-ups)
- Member of Technical Staff (MTS). Einige zwischen 1970 und 1990 gegründete Unternehmen haben diesen Titel von den berühmten Bell Labs übernommen, mit dem Angestellte auf Senior-Stufe bezeichnet wurden. Heute wird dieser Titel nur noch von Unternehmen wie Oracle und OpenAI verwendet. OpenAI bezeichnet mit dem Titel »MTS« alle Angestellten, ähnlich wie andere Unternehmen »Softwareentwickler/Software Developer« oder »Software-Engineer« verwenden.

So gut wie alle Unternehmen gehen davon aus, dass Softwareentwickler zur Senior-Stufe aufsteigen. In diesem Teil sprechen wir darüber, welche Anforderungen in den meisten Technologieunternehmen an kompetente Entwicklerinnen und Entwickler gestellt werden.

Und das sind eine ganze Menge. Unten sehen Sie eine Reihe von Erwartungen, die die meisten Technologieunternehmen an Entwickler auf Einsteigerniveau und auf mittlerer Ebene haben. *Beachten Sie aber, dass jedes Unternehmen einzigartig ist und dass es keine zwei identischen Erwartungen gibt:*

Tabelle II-1: Häufige Erwartungen an Softwareentwickler auf Neueinsteigerniveau

Bereich	Typische Erwartung
Aufgabenbereich	Teilaufgaben und kleinere Projekte.
Anleitung	Arbeitet mit etwas Anleitung.
Aufgaben erledigen	Bittet um Hilfe, wenn er nicht weiterkommt.
Initiative ergreifen	Wird nicht grundsätzlich erwartet, ist aber willkommen.
Software-Engineering	Folgt der Teampraxis.
Softwarearchitektur	Folgt der Teampraxis, bittet um Feedback zu Entwürfen.
Best Practices im Engineering	Folgt den etablierten Vorgehensweisen.
Zusammenarbeit	Mit anderen Entwicklern im Team.
Mentoring	Sucht nach Mentoring.
Lernen	Begierig zu lernen.
Typische Berufserfahrung in Jahren	0 bis 5.

KAPITEL 7

Die Dinge anpacken

Als Engineering-Manager war ich immer darüber informiert, welche Engineers in meinem Team etwas »gebacken kriegen«, und zwar zuverlässig. Diese Kollegen konnten sich ihre Arbeit gut einteilen, realistische Einschätzungen über den Aufwand vornehmen, waren autonom im Beseitigen eigener Blockaden und lieferten Arbeitsergebnisse von hoher Qualität. Wenn ein wichtiges Projekt anstand, sorgte ich dafür, dass mindestens einer dieser Engineers Teil des Projektteams war.

Der Ruf, die Dinge anzupacken, ist in vielerlei Hinsicht hilfreich.

Sie bekommen Projekte mit größerer Tragweite und Herausforderungen, die Ihren Lernprozess beschleunigen. Ihnen wird fast immer mehr Eigenständigkeit zugestanden, da Ihr Manager Sie als eine verlässliche Person ansieht, die man nicht »an die Hand nehmen« muss. Und Ihre Karriere wird wahrscheinlich schneller vorankommen, wenn Sie nachweisen können, dass Sie etwas bewirken und Ergebnisse erzielen, was sich wiederum positiv auf Leistungsbeurteilungen und Beförderungschancen auswirkt.

Dabei ist das »Anpacken« von Engineering-Aufgaben und -Projekten alles andere als trivial. In diesem Kapitel betrachten wir mehrere Möglichkeiten, als verlässlicher Entwickler oder verlässliche Entwicklerin voranzukommen:

1. Konzentration auf die wichtigste Teilaufgabe
2. Blockaden beseitigen
3. Arbeit aufteilen
4. Zeitaufwand schätzen
5. Mentoren finden
6. Das »Wohlwollen-Guthaben« auf einem guten Stand halten
7. Die Initiative ergreifen

Konzentration auf die wichtigste Aufgabe

Egal ob Sie in einem Start-up oder einem Großunternehmen arbeiten, Sie werden eine Menge zu tun haben. Sie müssen Aufgaben erledigen, an Projekten arbeiten, sich um Code-Reviews kümmern, an Meetings teilnehmen ... die Liste lässt sich fortsetzen. Leicht ist man davon überwältigt und hat das Gefühl, keine Fortschritte zu machen – trotz der Überstunden.

Daher ist es sinnvoll, Ihr Arbeitsleben zu vereinfachen. Fragen Sie, was Ihre wichtigste Aufgabe ist. Was auf Ihrer Liste ist der eine, der wichtigste Punkt von allen? Im Ernst. Wenn Sie diese Woche nur eine Sache erledigen könnten, was wäre das? Beantworten Sie die Frage.

Ihre Antwort ist Ihre »wichtigste Aufgabe«. Wenn Sie wissen, was das ist, sorgen Sie dafür, dass Sie diese Arbeit auf jeden Fall und unter allen Umständen zum vereinbarten Termin abliefern.

Machen Sie es sich zur Gewohnheit, Ihre wichtigste Aufgabe immer fertigzustellen

Sorgen Sie dafür, dass das wichtigste Projekt auf Ihrem Schreibtisch auf jeden Fall erledigt wird, selbst wenn das heißt, weitere Aufgaben zu vernachlässigen, Meetings zu verpassen und andere Dinge hintenanzustellen. Wenn Sie beständig den wichtigsten Teil Ihrer Arbeit wie von Ihrem Manager und Ihrem Team erwartet erledigen, sieht man Sie als verlässlichen Entwickler, der seine Sachen »gebacken bekommt«.

Wenn Sie dagegen alles *außer* der absolut wichtigsten Aufgabe fertig bekommen, hält man Sie vermutlich für unzuverlässig. Schließlich haben Sie irgendwie die Zeit gefunden, weniger wichtige Dinge zu tun, den wichtigsten Teil aber nicht.

Lernen Sie, Nein zu sagen

Manchmal ist es nötig, »Nein« zu sagen. In vielen Unternehmen werden Softwareentwickler aus mehreren Richtungen gleichzeitig mit Anfragen bedrängt. Wenn Sie Glück haben, schützt Ihr Manager das Team, organisiert die geschäftlichen Anforderungen und stellt sicher, dass die Entwicklerinnen und Entwickler nicht direkt mit Anfragen überschüttet werden, die sie von ihrer eigentlichen Aufgabe ablenken.

Und trotzdem sammeln sich im Laufe der Zeit Dinge an, etwa Anfragen, Kundenprobleme zu debuggen, Bugs zu fixen, die der Produktmanager gerade gefunden hat, ein Bewerbungsgespräch für einen kranken Kollegen zu übernehmen und so weiter. In der Regel lassen sich diese Dinge so lange unter einen Hut bringen, bis Sie irgendwann keine Zeit mehr haben, sich um Ihre wichtigste Aufgabe zu kümmern.

Aus diesem Grund müssen Sie irgendwann anfangen, eingehende Anfrage abzulehnen. Je mehr Erfahrung Sie darin haben, desto einfacher wird das. Je früher Sie lernen, »Nein« zu sagen, desto hilfreicher ist diese Kunst – und das ist sie wirklich.

Am einfachsten können Sie eine Anfrage ablehnen, indem Sie antworten: »Ich würde wirklich gerne helfen, ABER ...« Wenn Sie beispielsweise jemand aus der Produktabteilung bittet, sofort einen Blick auf einen Bug zu werden, obwohl Sie gerade etwas Dringenderes zu tun haben, können Sie sagen:

»Ja, ich würde wirklich gern helfen, ABER ich arbeite gerade an der Implementierung des Zeno-Features, was aktuell meine wichtigste Aufgabe ist. Ich kann mir die Sache entweder ansehen, nachdem ich meinen Pull-Request fertig habe, oder ich muss meine Verpflichtung vernachlässigen, das Zeno-Feature rechtzeitig fertigzustellen. Beides geht nicht.«

Oder ein anderes Team lädt Sie zu einem Planungsmeeting ein, für das Sie aber keine Zeit haben. Dann könnten Sie antworten:

»Ja, ich würde sehr gern teilnehmen, ABER ich stecke bis zum Hals in Arbeit, die ich noch erledigen muss. Könntet ihr mir bitte das Protokoll des Meetings zukommen lassen, damit ich auf den aktuellen Stand komme? Das wäre sehr hilfreich für mich. Vielen Dank!«

Sie müssen nicht alles ablehnen, aber wenn es hart auf hart kommt und das Risiko besteht, dass Sie Ihre wichtigste Aufgabe nicht rechtzeitig fertig bekommen, dann sagen Sie »Nein«. Noch besser ist es allerdings, wenn Sie antworten: »Ja, ich würde gern helfen, ABER ...«

Blockaden beseitigen

Programmieren ist komplex und stellt einen oft vor unvorhergesehene Hindernisse. Das können Fehlermeldungen sein, die keinen Sinn ergeben und bei denen auch eine Google-Suche nicht weiterhilft, oder eine Integration oder eine API, die nicht erwartungsgemäß funktioniert. Es gibt Tausende Dinge, über die Sie stolpern können und die gelöst werden müssen, bevor Sie weiterkommen können.

Je größer das Unternehmen, desto mehr nicht technische Blockaden gibt es. Beispielsweise könnten Sie dadurch am Weiterkommen gehindert werden, dass Sie nicht wissen, welches Team für eine bestimmte Funktionalität zuständig ist, die geändert werden muss. Oder Sie müssen eine Konfiguration anpassen, auf die Sie aber keinen Zugriff haben. Vielleicht sind Sie blockiert, weil Sie auf ein Code-Review warten.

Software-Engineers, die als verlässlich angesehen werden, sind in der Lage, Blockaden schneller als ihre Kollegen aus dem Weg zu räumen. Aber wie? Und wie können Sie darin besser werden, wenn es so viele mögliche Blockaden gibt?

Blockaden erkennen

Der erste Schritt zum Beseitigen eigener Blockaden liegt darin, sie zu erkennen. Haben Sie sich jemals gedacht: »Ich bin so nah dran – ich habe es fast geschafft!«, und trotzdem sitzen Sie sechs Stunden später immer noch am gleichen Problem? Sie haben nicht bemerkt, dass etwas Sie blockiert.

Produktive Engineers erwischen sich selbst dabei, wenn sie Wasser treten, und gestehen sich ihre Blockade ein. Das kann schwerer sein, als es klingt. Vielleicht verwenden Sie bei Ihrer Arbeit einen neuen Ansatz, recherchieren ein Werkzeug, System oder ein Framework, machen aber keinerlei Fortschritt, das Feature fertigzustellen oder den Hauptgrund für einen Bug zu finden.

Eine Faustregel, um herauszufinden, ob Sie blockiert werden, lautet: Wenn Sie 30 Minuten – oder maximal eine Stunde – keine bedeutenden Fortschritte machen, sollten Sie sich eingestehen, dass etwas Sie blockiert.

Probieren Sie verschiedene Methoden aus, um die Blockaden zu beseitigen

Was können Sie tun, wenn eine Blockade vorliegt? Am offensichtlichsten ist es, sich an jemanden zu wenden, der weiß, was zu tun ist. Aber was machen Sie, wenn gerade niemand verfügbar ist, an den Sie sich wenden könnten? Hier sind ein paar Ansätze zur Lösung von Blockaden bei einem Programmierproblem:

- **Die »Gummientchen«-Methode.** Erklären Sie Ihr Problem und die Ansätze, die Sie bereits getestet haben, einem »Gummientchen«, einem Objekt oder sich selbst. Das Aussprechen des Problems stößt einen Denkprozess an, der zu einer Lösung führt.
- **Machen Sie eine Zeichnung.** Fertigen Sie sich eine Skizze des Problems auf einem Stück Papier an. Die Visualisierung kann zu Lösungswegen anregen, die Sie noch nicht ausprobiert haben.
- **Lesen Sie Dokumentationen und Handbücher** für die Technologie, von der Sie blockiert werden. Nutzen Sie ein Sprachmerkmal, ein Framework oder eine Bibliothek vielleicht anders, als es eigentlich vorgesehen ist? Übersehen Sie bereits vorhandene Features, die Ihnen bei der Lösung des Problems helfen können? Suchen Sie in der Dokumentation und in Codebeispielen nach Hinweisen.
- **Suchen Sie online nach ähnlichen Problemen.** Beschreiben Sie Ihr Problem auf mehrere Arten, denn vielleicht unterscheiden sich die Begriffe, mit denen andere die gleiche Sache beschrieben haben, von Ihren.
- **Stellen Sie eine Frage auf einer Frage-und-Antwort-Website (Q&A).** Gibt es in Ihrem Unternehmen eine interne Q&A-Seite, benutzen Sie diese. Suchen Sie auch auf Websites wie Stack Overflow und relevanten Foren nach Antworten. Indem Sie Ihr Problem anderen erklären, kommen Ihnen vielleicht weitere Ideen für die Lösung!
- **Verwenden Sie ein KI-Werkzeug.** Geben Sie Ihr Problem und Ihre bisherigen Lösungsansätze ein und lassen Sie sich von dem KI-Werkzeug weitere Vorschläge machen. Vielleicht finden Sie hilfreiche Hinweise.
- **Machen Sie eine Pause.** Machen Sie einen Spaziergang oder wechseln Sie zu einer Aufgabe, die mit der aktuellen nichts zu tun hat. Wenn Sie zum eigentlichen Problem zurückkehren, haben Sie vielleicht einen neuen Blickwinkel darauf, oder Sie bemerken etwas, das Ihnen vorher entgangen ist.
- **Fangen Sie von vorne an oder machen Sie alle Änderungen rückgängig.** Wenn Sie sich an fehlerhaftem Code die Zähne ausbeißen, an dem Sie viele Änderungen vorgenommen haben, kehren Sie zum letzten Punkt zurück, an dem der

Code noch funktioniert hat. Dann beginnen Sie, mit kleinen Änderungen, eine nach der anderen, von Neuem. Vielleicht müssen Sie hierfür eine Menge Arbeit verwerfen. Dafür widmen Sie dem Prozess mehr Aufmerksamkeit und entdecken vielleicht sogar den Grund für den Fehler.

Holen Sie sich Unterstützung, um Blockaden zu beseitigen

Einige Blockaden entstehen dadurch, dass Sie ein bestimmtes Problem einfach noch nicht kennen, während andere ihre Ursache darin haben, dass Ihnen schlicht der Zugang zu den richtigen Leuten fehlt. Unabhängig vom Grund ist es eine gute Idee, mit anderen Entwicklern zu sprechen, die Ihnen vielleicht helfen können; vielleicht verfügen sie über das Wissen, das Ihnen fehlt, oder können Sie an Kollegen weiterempfehlen, die vielleicht eine Lösung wissen.

Am einfachsten beginnen Sie mit der Beseitigung einer Blockade, indem Sie Ihrem Team sagen: »Hey, ich komme mit diesem Problem nicht weiter. Kann vielleicht mal jemand ein oder zwei Augen darauf werfen?«

Manchmal werden Sie blockiert, weil Sie auf jemanden warten. Eine besondere Art der Blockade tritt auf, wenn Sie wissen, was zu tun ist, aber auf jemanden warten müssen. Vielleicht wollen Sie Ihren Code nach Production pushen, aber vorher muss ihn noch jemand durch ein Code-Review absegnen. Oder für eine Abhängigkeit muss eine Änderung an ihrer API vorgenommen werden, aber das für den API-Endpunkt zuständige Team hat noch nicht auf Ihre E-Mail oder Ihr Ticket geantwortet. Also hängen Sie fest und warten. Und das frustriert.

Je größer das Unternehmen, in dem Sie arbeiten, desto häufiger entstehen Blockaden, weil Sie auf jemanden warten müssen. Wenn Sie mit Teams in verschiedenen Zeitzonen arbeiten, gehört auch das Warten auf Chatnachrichten und E-Mails, Code-Reviews und Feedback zu Designdokumenten zu diesem Bereich.

Lernen Sie, zu eskalieren, ohne Federn zu lassen

In Umgebungen mit Blockaden ist es wichtig, die Kunst der Eskalation zu beherrschen. Kollegen ignorieren Ihre Nachrichten nicht unbedingt, weil sie nicht helfen wollen, sondern weil sie Ihre Nachricht für unwichtiger halten als ihre eigenen Aufgaben.

Was bedeutet Eskalation in diesem Zusammenhang? Es bedeutet, Ihren Manager oder jemand anderen, der höher in der »Befehlskette« steht, darum zu bitten, Ihre Nachricht mit der Autorität der eigenen Position weiterzugeben. Es kann auch bedeuten, sich an jemanden an anderer Stelle zu wenden, zum Beispiel an den Manager der Person, die nicht auf Ihre Anfragen antwortet.

Eskalation kann die Dinge beschleunigen, kann aber auch Beziehungen beschädigen, wenn sie unvorsichtig eingesetzt wird. Stellen Sie sich vor, Ihr Manager sagt Ihnen: »Man hat mir mitgeteilt, dass Sie Jim aus dem Marketing-Engineering-Team ignorieren. Er hat sich jetzt an den Director gewandt und ihm gesagt, Sie blockierten die neue Kampagne.«

Sie haben keine Ahnung, wie das passieren konnte. Schließlich haben Sie den ganzen Tag programmiert. Also sehen Sie nach, und tatsächlich hat Jim vor vier Stunden eine Chatnachricht geschickt, die Sie übersehen haben. Halten wir einen Moment inne und betrachten wir Jims Reaktion auf Ihr Schweigen. Welche Worte beschreiben Jims Verhalten, den Director zu kontaktieren: War das notwendig, oder hat er überreagiert? Für die meisten Menschen fühlt es sich sicher wie eine Überreaktion an, sogar aus Jims Sicht. Schließlich hat er ankündigt, zu eskalieren – allerdings ohne zu überprüfen, ob seine Nachricht tatsächlich gelesen wurde.

Versuchen Sie, bei der Eskalation keine persönlichen Beziehungen zu beschädigen. Gute Beziehungen sind auf lange Sicht wichtiger, als eine Aufgabe etwas schneller erledigen zu können. Ein Engineer, der gern mit Ihnen zusammenarbeitet, wird Ihnen in Zukunft eher helfen, wenn er Sie nicht als aggressiv ansieht oder als jemanden, der ihn beim Manager anschwärzt.

Wenn Sie überlegen, über Ihr Team hinaus zu eskalieren, besprechen Sie dies zuerst mit Ihrem Manager und Ihren Teamkollegen. Wie wird in Ihrem Unternehmen üblicherweise damit umgegangen? Gehen die Leute direkt zu ihrem Manager, der ihre Prioritäten festlegt? Oder sind die Engineers autonomer, nehmen die Dinge lieber selbst in die Hand und wissen, wann sie den Manager einschalten müssen?

Mein Ansatz für eine Eskalation sieht so aus:

1. **Erklären.** Erklären Sie zunächst, warum Sie Hilfe brauchen, damit Ihr Gegenüber die Wichtigkeit Ihres Anliegens versteht. Zum Beispiel: »Joe, bitte sieh dir dieses Code-Review so schnell wie möglich an, denn es blockiert die abschließenden Arbeiten am Zeno-Projekt. Der Abgabetermin für dieses Projekt ist morgen, und wenn der Code nicht bis morgen gemergt wurde, verpassen wir die Deadline.«
2. **Fragen. Wenn nichts passiert, fragen Sie, warum.** »Joe, kannst du mir bitte mitteilen, wie weit du mit dem Code-Review bist? Ich verstehe, dass du viel zu tun hast. Kannst du mir sagen, wann du damit fertig bist? Wie gesagt, dadurch wird das Zeno-Projekt blockiert, das für mich äußerst wichtig ist.«
3. **Warnen.** Wenn immer noch nichts passiert, erwäge ich die Möglichkeit einer Eskalation: »Joe, ich habe immer noch nichts von dir gehört. Wir müssen mit dem Zeno-Projekt weiterkommen. Wenn du es nicht schaffst, das Code-Review bis heute Abend vorzunehmen, muss ich deinen Manager kontaktieren und ihn bitten, den Code ohne ein Review durch dein Team zu mergen.«
4. **Eskalieren.** Wenn dann immer noch nichts passiert, würde ich eskalieren, indem ich meinen Manager, den Manager der anderen Person oder auch beide einbeziehe.

Vielleicht arbeiten Sie in einem Unternehmen, in dem es üblich ist, zum Manager zu gehen, um Dinge zu klären, ohne dass die Engineers damit ein Problem hätten. Woanders wird dieses Vorgehen möglicherweise als aggressiv angesehen und als Versuch betrachtet, die Kollegin oder den Kollegen in ein schlechtes Licht zu rücken.

Versuchen Sie, eine Eskalation so zu nutzen, dass sie für alle Beteiligten von Vorteil ist. Wenn eine Eskalation nötig ist, versuchen Sie, freundlich damit umzugehen, damit die andere Person nicht das Gefühl hat, Sie hätten sie »vor den Zug gestoßen«.

Und ist die andere Person Ihrer Bitte um Erledigung nachgekommen, bedanken Sie sich auf jeden Fall, und lassen Sie die Beteiligten wissen, dass »Joe« Ihnen geholfen hat. Manchmal reicht hierfür schon ein einfaches »Vielen Dank!« in einer Direktnachricht, eine E-Mail oder eine Meldung an den Manager, in der Sie beschreiben, wie Joe noch eine Schippe draufgelegt hat, um Sie zu unterstützen. Versuchen Sie, ein Gleichgewicht zwischen dem Beseitigen einer Blockade und dem Aufrechterhalten starker Beziehungen mit Kollegen über Ihr Team hinaus zu finden.

Der »Hilfe! Ich bin blockiert!«-Schummelzettel

Unten finden Sie Situationen, die häufig Anzeichen für eine Blockade sind, sowie einige Möglichkeiten, diese zu beseitigen.

Planung

- **Nicht genug Klarheit darüber, was zu tun ist** (*Fehlende-Informationen*-Blockade). Finden Sie heraus, welche Informationen fehlen, und wenden Sie sich an Kollegen, die helfen können.
- **Unwissenheit darüber, an wen man sich für Informationen zu bestimmten Bereichen wenden soll** (*Fehlende-Informationen*-Blockade). Bitten Sie Ihren Teamleiter oder Manager, Ihnen mitzuteilen, wer diese Personen sind, und erstellen Sie sich eine Kontaktliste. Überlegen Sie, ob es sinnvoll ist, die Liste mit Ihrem Team zu teilen.

Build

- **Neue Sprache oder neues Framework** (noch eine *Fehlende-Informationen*-Blockade). Sie müssen etwas zuerst lernen, was eine großartige Gelegenheit ist, Ihre Fähigkeiten zu erweitern. Handelt es sich um eine Sprache oder ein Framework, fragen Sie nach Empfehlungen für Lernressourcen. Ist es ein internes Framework, finden Sie die Dokumentation, den Quellcode und die Kollegen, die es erstellt haben. Beginnen Sie mit kleinen Schritten, indem Sie gerade genug lernen, um Ihr Problem zu lösen, bevor Sie tiefer eintauchen.
- **Fehlermeldungen**, die keinen Sinn ergeben, selbst wenn man danach googelt (*Fehlende-Informationen*-Blockade). Überlegen Sie, ob es hilft, sich mit einem Teamkollegen zusammenzutun, nachdem Sie versucht haben, das Problem selbstständig zu lösen. Bezieht sich die Fehlermeldung auf eine interne Komponente, nehmen Sie Kontakt zu dem Team auf, die sie erstellt hat. Wenn Sie längere Zeit feststecken, bitten Sie Ihr Team um Hilfe und frische Ideen.
- **Verwirrung darüber, wie etwas funktioniert** (*Fehlende-Informationen*-Blockade), wie ein Werkzeug, ein Framework oder ein anderes Coding-Konstrukt funktioniert. Versuchen Sie, die Einzelteile zu verstehen, indem Sie sich eine Zeichnung anfertigen, sich den Quellcode ansehen und dazu recherchieren. Machen Sie

trotzdem keine Fortschritte, bitten Sie eine erfahrenere Kollegin um Hilfe, und erklären Sie, was Sie bisher getan haben. Gibt es in Ihrem Team niemanden mit ausreichender Erfahrung, versuchen Sie es außerhalb. Wenden Sie sich an Personen, die Sie kennen, oder fragen Sie Ihren Manager, wen Sie kontaktieren können.

- **Build-Probleme** (*Fehlende-Informationen-* oder *Warten-auf-andere*-Blockade) wie fehlgeschlagene Builds, seltsame Fehler oder ein ungewöhnlich langsamer Build-Vorgang. Wenn Sie sich mutig fühlen, informieren Sie sich über die Build-Werkzeuge, und versuchen Sie, diese zu verstehen. Sicherer ist es allerdings, die Person oder das Team zu kontaktieren, die oder das den Build aufgesetzt hat, und um Hinweise zu bitten, wie Sie das Problem debuggen können. Ist für den Build eine bestimmte Person oder ein bestimmtes Team zuständig, müssen diese eventuell die Arbeit übernehmen. Also fragen Sie und eskalieren später, sofern das nötig ist. Oder bieten Sie an, die Untersuchung und Behebung des Problems selbst durchzuführen, sofern jemand bereit ist, gemeinsam mit Ihnen daran zu arbeiten. Nicht nur, dass Sie hierdurch Ihre Fähigkeiten beim Tooling erweitern, die Person, die Ihnen hilft, wird Ihr proaktives Handeln sehr wahrscheinlich ebenfalls zu schätzen wissen.
- **Fehlende Abhängigkeiten** in einem anderen Team/Dienst, die mitten in einer Aufgabe auftreten (*Warten-auf-andere*-Blockade). Das kann eine API sein, die nicht wie benötigt funktioniert, oder noch nicht fertiggestellte Systemkomponenten. Hier können Sie nicht viel tun, außer den anderen Beteiligten mitzuteilen, dass sie eine Blockade darstellen, zu eskalieren und diesen Arbeitsprozess zu unterbrechen – oder zu versuchen, einen Workaround zu finden. Hier sollten Sie Ihren Manager einbeziehen oder zumindest über die Situation informieren.
- **Probleme mit Zugriffsrechten** (*Fehlende-Informationen-* oder *Warten-auf-andere*-Blockade), fehlender Zugriff auf Systeme oder Daten, um Änderungen als Teil Ihrer Arbeit vornehmen. Das ist in großen Unternehmen üblich, wo Sie bestimmte Rechte benötigen, um auf Logs, Konfigurationen oder Deployments auf bestimmten Systemen zugreifen zu können. Für diese Dinge ist Ihr Manager Ihr bester Ansprechpartner, da Zugriffsrechte fast immer über ihn laufen. Sie können auch Kollegen kontaktieren, die schon länger im Unternehmen sind und das Problem möglicherweise schon kennen. Diese können Ihnen sehr wahrscheinlich sagen, wer die Zugriffsrechte verwaltet. Wenn Sie keine Antwort bekommen, wenden Sie sich an Ihren Manager.
- **Irreführende Dokumentation** (*Fehlende-Informationen*-Blockade). Während eines Builds verhält sich ein Framework oder ein System nicht wie dokumentiert. Na toll! Sie haben gerade eine Menge Zeit damit verschwendet. Kontaktieren Sie das für die Dokumentation zuständige Team und bieten Sie an, das Problem zu lösen. Wenn Sie die Dokumentation anpassen, die Änderungen vornehmen und dabei die hierfür eigentlich zuständige Person darüber informieren können, dann tun Sie das. Wenn Sie Hilfe brauchen, sollte die für die Dokumentation zuständige Person Sie dabei unterstützen können.

- **Ausfälle** oder nicht funktionierende Systeme, die Sie an der Arbeit hindern oder die es unmöglich machen, das korrekte Funktionieren Ihres Builds zu überprüfen (*Warten-auf-andere*-Blockade). Melden Sie den Ausfall und eskalieren Sie ihn. Es kann gut sein, dass Sie die Erste sind, der der Ausfall aufgefallen ist. Sobald Sie eine Bestätigung erhalten, können Sie nur noch warten und an anderen Dingen arbeiten.

Testing

- **Tests schlagen nicht nachvollziehbar fehl** (*Fehlende-Informationen*-Blockade). Dies ist ein schwieriges Problem. Um dieses Problem und seine Ursache zu verstehen, ist Debugging erforderlich. Versuchen Sie, sich mit einem anderen Teammitglied zusammenzutun, oder fragen Sie im Chat, ob jemand schon einmal ein ähnliches Problem hatte.
- **Fehlende Testdaten**, wie Daten zur Reproduktion eines Testfalls oder produktionsähnliche Daten (*Fehlende-Informationen*-Blockade). Finden Sie heraus, wie Sie an diese Daten kommen. Vielleicht müssen Sie hierfür einfach nur die richtigen Logs finden. Vielleicht müssen Sie aber auch erst um Zugriff auf Produktionsdaten bitten, was weitere Wartezeit oder eine Eskalation bedeuten könnte.
- **Tests sind zu langsam** (*Warten-auf-andere*-Blockade). Das kann langfristig eine Belastung sein, ist aber meistens keine dringende Blockade. Trotzdem ist dies eine gute Gelegenheit, nach Möglichkeiten zu suchen, die Tests zu beschleunigen und Leistungsanalysen durchzuführen, um die Engstellen zu finden.

Überprüfung

- **Warten auf das Code-Review** (*Warten-auf-andere*-Blockade). Diese Situation haben wir oben bereits geschildert. Kontaktieren Sie die Reviewer direkt und eskalieren Sie, wenn Sie in angemessener Zeit nichts hören. Bitten Sie Teammitglieder um Unterstützung und fragen Sie Ihren Manager, wie Sie mit diesen Situationen umgehen sollen.
- **Merge-Konflikte:** Diese sind zeitaufwendig und lassen sich nicht vermeiden. Nach Auflösung des Konflikts ist es sinnvoll, Ihre Arbeit inklusive der vorherigen Änderung erneut zu testen, um sicherzustellen, dass nichts kaputt ist. Halten Sie Pull-Requests klein, um Merge-Konflikte weniger problematisch zu machen und schneller iterieren zu können.

Deployment (Bereitstellung)

- **Probleme mit Zugriffsrechten** (*Warten-auf-andere*-Blockade). Finden Sie Kollegen, die Ihnen Zugriff geben können, und eskalieren Sie bei Bedarf. In größeren Firmen gibt es für die Bestätigung fast immer ein eigenes Team oder einen bestimmten Prozess.
- **Bereitstellung ist zu langsam** (*Warten-auf-andere*-Blockade). Ähnlich wie langsame Tests sollte dieses Problem nicht unter den Teppich gekehrt werden. Gibt es ein dediziertes Team für das Deployment-Tooling, kontaktieren Sie es, und fragen Sie, ob sie eine Beschleunigung des Prozesses priorisieren können. Wenn Sie die Einstellungen für das Deployment selbst anpassen können, überlegen

Sie, ob Sie sich selbst die Hände schmutzig machen wollen, um die Wartezeiten für ein vollständiges Deployment zu verkürzen. Kann die Bereitstellung nicht beschleunigt werden, lassen sich vielleicht Health Checks einrichten, damit nicht manuell überprüft werden muss, ob nach dem Deploy alles korrekt funktioniert.

Betriebssysteme und Wartung

- **Bugs können nicht reproduziert werden** (*Warten-auf-andere*-Blockade). Wenn ein von Kunden gemeldetes Problem nicht nachvollzogen werden kann, werden zusätzliche Informationen gebraucht. Das kann heißen, den Code mit einem umfangreicheren Logging zu versehen und den Kunden darum zu bitten, es noch einmal zu probieren oder weitere Informationen anzufordern. So oder so werden Sie auf eine Antwort warten müssen, ohne eine Möglichkeit zur Eskalation zu haben.
- **Nicht genug Logs, um Systemprobleme zu debuggen** (*Fehlende-Informationen*-Blockade). Eventuell sind Sie nicht in der Lage, Kundenprobleme zu debuggen oder Probleme zu überwachen und davor zu warnen. Das Problem ist, dass das System keine ausreichenden Debugging-Informationen bereitstellt, um Ihnen zu helfen. Also fügen Sie zusätzliche Logs, Überwachungsmechanismen und Warnmeldungen hinzu und deployen Sie diese. Dann versuchen Sie erneut, das Problem mit dem Produktivcode zu beheben. Je nach Komplexität des Problems kann es sinnvoll sein, sich mit einem Teamkollegen zusammenzutun.
- **Ausfälle** (*Fehlende-Informationen*- oder *Warten-auf-andere*-Blockade). Systeme, für die Ihr Team zuständig ist, sind nicht verfügbar – entweder durch einen Ausfall oder wegen eines Problems, für das Sie verantwortlich sind. Informieren Sie Ihren Manager und Ihr Team und machen Sie sich nach Möglichkeit direkt daran, den Ausfall zu beheben. Ist das Problem gelöst, wird es ziemlich sicher eine Suche nach dem Hauptgrund und eine Nachuntersuchung geben.

Arbeit aufteilen

Je weiter Sie als Entwicklerin oder Entwickler vorankommen, desto komplexer werden Ihre Aufgaben. Um diese umsetzen zu können, ist es wichtig, wie Sie Ihre Arbeit aufteilen, Fertigstellungstermine abschätzen und wie Sie diese einhalten.

Denken Sie in Stories, Aufgaben und Unteraufgaben

Bei der Aufteilung von Aufgaben kann man sich leicht verzetteln. Sie könnten mit einem Projekt beginnen, sich den größten Brocken schnappen und dann für jede kleine Komponente festlegen, wie sie auf Codeebene funktioniert.

Vermeiden Sie diese Falle, indem Sie etwas strategischer vorgehen. Nehmen wir zum Beispiel ein Projekt, bei dem eine App mit Zwei-Faktor-Authentifizierung versehen werden soll:

1. Beginnen Sie auf einer höheren Ebene. Was sind die Hauptbestandteile der zu erledigenden Aufgabe? Sind es besonders viele, können sie vermutlich auf mehrere Einzelkomponenten abgebildet werden. Sie können diese Teile »Themen«, »Stories« oder »Abschnitte« nennen. Stories könnten beispielsweise das Hinzufügen der Methode zur Zwei-Faktor-Authentifizierung, die Verwendung der Authentifizierung für das Einloggen und die Behandlung der damit verbundenen Grenzfälle und Fehler sein.
2. Sobald Sie Ihre Bestandteile oder Stories benannt haben, teilen Sie sie erneut in möglichst einfache Aufgaben auf. Eine Aufgabe in der »Story«, die Authentifizierungsmethode hinzuzufügen, könnte beispielsweise der Einbau einer Seite sein, auf der der Authentifizierungscode eingegeben wird. Eine weitere Aufgabe könnte darin bestehen, aus allen Teilen der App bei Bedarf Links auf diese Seite einzubauen.
3. Wenn nötig, unterteilen Sie komplexe Aufgaben in noch kleinere Unteraufgaben. Zum Beispiel könnte die Aufgabe, die Links auf die Seite zum Eingeben des Codes einzubauen, aus drei Teilaufgaben bestehen:
    a. Link zur Benutzerprofilseite hinzufügen.
    b. Link zum letzten Schritt des Registrierungsprozesses hinzufügen.
    c. Link zum FAQ-Dokument hinzufügen.

Je besser Sie verstehen, was zu tun ist, desto leichter ist es, den hierfür nötigen Zeitaufwand einzuschätzen. Zerlegen Sie die Arbeit in kleine Teile und versuchen Sie dann, sie noch kleiner zu machen! Das Erstellen der Zwei-Faktor-Authentifizierungsseite kann beispielsweise so unterteilt werden:

- Grundgerüst/Scaffolding erstellen.
- Geschäftslogik programmieren.
- UI anpassen.

Oder Sie können die Arbeit so auftrennen:

- Eine auf die Grundfunktionen beschränkte (*Barebones-*)Implementierung, die nur für die wichtigsten Benutzerinteraktionen im Produkt (für den »goldenen Pfad«) funktionieren.
- Lagern Sie Grenzfälle in eigene Unteraufgaben aus.

Ein guter Zeitpunkt, Dinge feiner zu trennen, ist, wenn die Aufgaben Ihnen nicht klar genug sind.

Priorisieren Sie die Arbeiten, die Sie der Fertigstellung näherbringen

Wie legen Sie fest, in welcher Reihenfolge die Arbeiten erledigt werden sollen, wenn Sie sie in kleinere Aufgaben unterteilt haben?

Ein guter Ansatz besteht darin, sich auf die Dinge zu konzentrieren, die Sie einer betriebsbereiten Funktionalität näherbringen. Je eher Sie etwas haben, das Sie von Anfang bis Ende testen können, desto früher können Sie Feedback einholen, um zu sehen, ob Sie auf dem richtigen Weg sind. Sobald ein Grundbaustein funktioniert, entscheiden Sie über die nächste Priorität und welche Aufgaben Sie für ihre Fertigstellung erledigen müssen.

Haben Sie keine Angst, Aufgaben hinzuzufügen, zu entfernen oder zu ändern

Einige Entwickler arbeiten an dem, was die Aufgabe vorgibt, selbst wenn sie unterwegs bemerken, dass weitere Arbeiten nötig werden oder bestimmte Aufgaben nicht länger sinnvoll sind.

Tun Sie das nicht! Bedenken Sie, dass Ihr Ziel darin besteht, Software zu erstellen, die die Probleme von Kunden löst, nicht darin, Aufgaben zu erledigen.

Vergessen Sie nicht, dass Aufgaben nur ein Werkzeug sind, Ihre Arbeit zu strukturieren. Nutzen Sie dieses Werkzeug, aber haben Sie keine Skrupel, Aufgaben bei Bedarf zu ändern, hinzuzufügen oder redundante Teil zu entfernen. Wenn sich neue Aufgaben auftun oder Sie auf Blockaden und neue Beschränkungen stoßen, muss Ihr ursprünglicher Plan offenbar überarbeitet werden. In diesem Fall überarbeiten Sie die Aufgaben!

Denken Sie daran, dass die Unterteilung in Teilaufgaben und andere Formen der Strukturierung nur dazu dienen, Ihre Produktivität zu steigern. Investieren Sie also nicht mehr Zeit in die Strukturierung der Aufgaben als in das Schreiben von Code.

Zeitaufwand schätzen

»Wie lange wird das dauern?« Diese Frage fürchten viele, die Software entwickeln. Sie wird aber trotzdem gestellt. Unternehmen müssen planen, daher wird man Sie auffordern, die Fertigstellungsdauer für Ihre Aufgaben zu schätzen, ob Sie wollen oder nicht. Die einzige Möglichkeit, darin besser zu werden, ist, es zu tun.

Einige Entwickler sagen, eine genaue Angabe sei unmöglich, und setzen sich für Lösungen ein, die ohne Zeitschätzungen auskommen. Ich kenne allerdings eine Reihe verlässlicher Engineers, die sehr gut im Schätzen sind: Sie machen genaue Angaben über die ungefähre Dauer und sind sich dabei über mögliche »Unbekannte« und Verzögerungen im Klaren.

Schätzen kann man lernen. Trotzdem kann es, je nach Art der zu erledigenden Arbeit, unterschiedlich herausfordernd sein.

Zeitaufwand für etwas schätzen, das Sie schon einmal getan haben

Dies ist die einfachste Form der Einschätzung. Angenommen, Sie müssten ein neues Feature einbauen, das große Ähnlichkeit mit dem hat, das Sie schon einmal erstellt haben, zum Beispiel das Hinzufügen einer weiteren Seite zu einer Website oder das Anlegen eines zusätzlichen API-Endpunkts. Anhand der Zeit für die vorherige Aufgabe können Sie den Zeitaufwand für die neue Aufgabe realistisch einschätzen.

Zeitaufwand für etwas schätzen, das Sie noch nicht getan haben

Hier wird die Sache schon interessanter, weil Ihnen die Erfahrung als Leitlinie fehlt. Trotzdem gibt es auch jetzt eine Reihe von Möglichkeiten, eine genaue Zeitschätzung auf Basis der Art der Arbeit abzugeben. Unten sehen Sie sieben Arbeitskategorien und wie Sie Ihren Zeitaufwand genau einschätzen können.

1. **Ähnliche Arbeit wie die eines Kollegen.** Oft gibt es Teamkollegen, die schon etwas Ähnliches programmiert haben wie das, was Sie zum ersten Mal tun sollen. Sie fangen nicht bei null an!

   Ein Entwickler, der schon etwas Ähnliches programmiert hat, kann einschätzen, wie lange es dauern sollte. Der einzige Unterschied besteht darin, dass Sie für die Erledigung der Aufgabe auf jeden Fall länger brauchen werden, da Sie zunächst einmal den Kontext verstehen müssen. Wenn Sie den Ansatz Ihres Kollegen genau aufschlüsseln, können Sie zu einer realistischen Einschätzung gelangen. Verlängern Sie Ihre Prognose etwas, schließlich arbeiten Sie zum ersten Mal an einer solchen Aufgabe.

2. **Refaktorierung.** Sie ändern die Struktur des Codes, fügen aber keine neue Funktionalität hinzu. Wenn Sie schon einmal refaktoriert haben, können Sie diese Erfahrung als Leitlinie für eine Zeitschätzung nutzen, selbst wenn die Art der Refaktorierung neu ist. Oder Sie fragen Teammitglieder, ob sie vielleicht schon ähnliche Refaktorierungen durchgeführt haben und ob sie Ihnen sagen können, wie einfach oder komplex die Arbeit war.

   Sie könnten die Arbeit auch einfach mit einem »Zeitrahmen« versehen. Das heißt, Sie weisen der Aufgabe ein bestimmtes Zeitbudget zu. Dann arbeiten Sie genauso lange daran, wie festlegt, aber nicht länger.

3. **Neuentwicklung mit einer Technologie, die Sie gut kennen.** In diesem Szenario liegt kein großes Risiko in der Technologie, und es ist eher unwahrscheinlich, dass Sie durch einen Bug in der Sprache oder im Framework in Zeitnot geraten. Das größte Risiko hierbei sind unklare Geschäftsanforderungen. Ist die Aufgabe aber klar, kann eine ausreichend gute Prognose vorgenommen werden.

4. **Integration mit einem System, das Sie nicht gut kennen, anhand einer gut bekannten Technologie.** Deutlich schwieriger wird eine Zeitschätzung, wenn Sie etwas auf Basis von oder durch Integration in ein System erstellen müssen, das Sie nicht kennen. Das könnte die Integration mit einem Endpunkt sein, für den ein anderes Team oder ein Dritthersteller die Verantwortung hat.

   Das größte Risiko liegt darin, die berühmte Büchse der Pandora zu öffnen, die randvoll mit Unbekannten über die Funktionsweise des Systems ist. Vielleicht verhält es sich anders als dokumentiert, vielleicht gibt es Grenzfälle, an die Sie nicht gedacht haben, oder es ist einfach keine Dokumentation vorhanden, wodurch die Integration sehr zeitaufwendig werden kann.

In solch einem Fall kann die Erstellung eines Prototyps helfen. Eine Schätzung wird nur abgegeben, wenn Sie eine einfache Proof-of-Concept-Lösung erstellt haben, die das andere System oder die API testet. Ist ein Prototyping nicht möglich, können Sie auch eine »Bestenfalls-Schätzung« abgeben, die davon ausgeht, dass es keine Probleme mit dem System gibt. In diesem Fall sollten Sie unbedingt auch eine »Schlimmstenfalls-Schätzung« erstellen, bei der angenommen wird, dass das System unerwartetes Verhalten zeigt und Workarounds benötigt werden. Eine Schlimmstenfalls-Schätzung geht schon per Definition von einem hohen Zeitaufwand aus.

Stehen Sie unter Druck, eine Prognose abgeben zu müssen, geben Sie eine für den schlimmsten Fall ab. Zwar werden einige Leute die Stirn in Falten ziehen, aber es hilft Ihnen, einen Zeitrahmen zu finden, in dem Sie eine genaue Schätzung abgeben können.

Ich empfehle Ihnen, grundsätzlich einen Prototyp zu bauen, weil er Ihnen dabei hilft, eine genaue Einschätzung vorzunehmen.

5. **Erstellung von etwas Einfachem mit einer ausgereiften Technologie, die Sie nicht gut kennen.** Angenommen, Sie arbeiten an einem Projekt mit einer stabilen Technologie, mit der Sie aber nur wenig Erfahrung haben. Hier liegt der größte Aufwand im Lernen der neuen Technologie, der Sprache oder des Frameworks.

   Der beste Weg, eine realistische Einschätzung zu erhalten, besteht darin, einen Engineer zu fragen, der schon mit der Technologie gearbeitet hat. Er kann Ihnen Tipps dazu geben, wo Sie anfangen sollten, und Ihnen helfen, einzuschätzen, wie lange es dauert, um mit der Technologie vertraut zu sein. Nehmen Sie die Einschätzung mit Vorsicht zur Kenntnis, denn er könnte unterschätzen, wie schwierig es ist, diese Technologie zu lernen.

   Wenn möglich, tun Sie sich mit einem Entwickler zusammen, der diese Technologie bereits kennt, denn das wird die Zeit verkürzen, die Sie für die Implementierung Ihrer Arbeit brauchen, und Ihren Lernprozess beschleunigen.

   Wenn kein anderer Entwickler zur Verfügung steht, können Sie immer noch eine Schätzung abgeben, die auf einem Zeitrahmen für das Lernen der Technologie basiert. Machen Sie diesen Rahmen groß genug, um sich durch ein paar Tutorials zu arbeiten, etwas zu programmieren und herauszufinden, ob die ersten paar Iterationen Ihres Codes mehr Debugging benötigen als üblich.

6. **Erstellung von etwas Einfachem mit einer neuen Technologie, die Sie noch nicht gut kennen.** Neue Frameworks und Sprachen bringen ein größeres Risiko mit sich als ausgereifte Technologien. Es gibt weniger Lernmaterialien und weniger Menschen, die Fragen beantworten können. Außerdem enthält eine neue Sprache oder ein neues Framework sehr wahrscheinlich mehr Fehler.

Es ist schwer einzuschätzen, wie lange die Arbeit mit einer neuen Technologie braucht, solange Sie kein Prototyping vorgenommen haben. Also tun Sie das. Bauen Sie ein Proof-of-Concept mit der neuen Technologie und nehmen Sie keine Prognose vor, solange Sie sich in ihrer Benutzung nicht sicher fühlen.

7. **Erstellung von etwas Komplexem und Integration mit einem System, das Sie nicht gut kennen, anhand einer unbekannten, neuen Technologie.** In diesem Fall gibt es einfach zu viele Unbekannte, um eine vernünftige Schätzung vorzunehmen. Dinge, die Sie nicht kennen:
   - das System, mit dem Sie interagieren
   - die Technologie
   - die Unbekannten

   Um eine genaue Prognose abzugeben, müssen Sie die Zahl der Unbekannten verringern. Das geht auf zweierlei Weise:
   a. Sie erstellen eine Schätzung auf Basis Ihrer Erfahrungen mit einem Prototyp.
   b. Unterteilen Sie Ihre Arbeit stärker! Trennen Sie die Arbeit in kleinere Teile auf, die jeweils nur noch eine Unbekannte enthalten, zum Beispiel:
      – Lösen Sie eine kleine Aufgabe, die die neue Technologie nutzt.
      – Erstellen Sie ein Feature auf Basis der neuen Technologie.
      – Integrieren Sie mit dem neuen System.
      – Schließen Sie die Arbeit ab, indem Sie die übrigen Teile implementieren.

   Auch wenn eine Auftrennung dieser Arbeit sich möglicherweise zu »feinkörnig« anfühlt, ist es mit diesem Ansatz möglich, die Unbekannten effizient zu unterteilen und zu überwinden. Ihr Schätzung ist möglicherweise immer noch nicht perfekt, aber jede Teilprognose wird nur noch von einer Unbekannten beeinflusst und nicht mehr von mehreren.

Mentoren finden

Mentoren sind erfahrene Engineers, an die Sie sich vertrauensvoll wenden können, wenn Sie Fragen oder Zweifel haben. Einige Unternehmen haben formelle Mentorship-Programme, aber in den meisten Fällen müssen Sie Mentoren selbst finden – und das wird keine »formelle« Beziehung sein.

Beim Mentoring sollten Sie nicht an einen individuellen Mentor, sondern eher an eine Gruppe von Personen denken, von denen Sie lernen können. Natürlich ist es großartig, wenn Sie einen persönlichen Mentor finden, mit dem Sie regelmäßig dringende Fragen besprechen können. Durch ein spontanes Mentoring können Sie aber genauso viel lernen, auch von Fachleuten im Internet.

Versuchen Sie, in Ihrem Unternehmen verlässliche Mentoren zu finden. Gleichzeitig sollten Sie mit Werkzeugen experimentieren, die Ihnen helfen, wenn Sie bei der Programmierarbeit feststecken. Hierzu gehören Entwicklerforen, Q&A-Websites (Fragen und Antworten) sowie auch KI-Programmierwerkzeuge. Vergessen Sie aber nicht, dass die Ausgaben von KI-Werkzeugen nicht ganz vertrauenswürdig sind – überprüfen Sie diese also immer!

Mehr zum Mentoring finden Sie in Kapitel 12 (Teil III), »Zusammenarbeit und Teamwork«.

Der »Tech Tribe of Mentors«

Nielet D'mello[1] ist Software Security Engineer bei Datadog. In ihrem Artikel »The tech tribe of mentors«[2] berichtet sie davon, dass ein »Stamm« (*Tribe*) von Mentoren Ihnen effizienter helfen kann als eine Einzelperson. Sie schreibt:

> Obwohl unsere Mentoren sehr vielseitig sind und in vielen Bereichen Erfahrung haben, kann eine Person nicht auf alles spezialisiert sein. Außerdem sind die Erfahrungen jedes Einzelnen unterschiedlich und vielfältig. Dies zu nutzen, ist ein großartiger Weg, um zu lernen und in unserer Karriere zu wachsen. Aus diesem Grund glaube ich an die Idee eines »Tech Tribe« von Mentoren.
>
> **1. Der dedizierte Mentor**
>
> Mir gefällt die Idee eines dedizierten (»eigenen«) Mentors, zu dem ich ein gutes Verhältnis habe und mit dem ich die Höhen und Tiefen meines Berufslebens teilen kann. Der regelmäßige Austausch sorgt für klar definierte Arbeitsziele und motiviert mich zu einer beständigen Weiterentwicklung.
>
> Um einen dedizierten Mentor zu finden, wenden Sie sich am besten an jemanden, mit dem Sie bereits zusammengearbeitet haben, oder an eine Person, deren Arbeit Sie schätzen und die Ihre Ziele teilt.
>
> **2. Der Ad-hoc-Mentor**
>
> Manchmal ist es sinnvoll, sich zu einem Vieraugengespräch mit Menschen zu treffen, mit denen Sie sonst nicht so eng zusammenarbeiten, aber deren Arbeit sich mit Ihrem Weg überschneidet.
>
> Ich würde beispielsweise einen persönlichen Termin mit einem Softwarearchitekten vereinbaren, um einen besseren Ansatz für den Entwurf eines Diensts zu bekommen, um einige meiner Ideen zu teilen und Feedback zu bekommen. Ein weiteres Beispiel wäre ein Treffen mit einer Führungskraft, um etwas über ihre Karriere zu erfahren und Einblicke in Bereiche zu bekommen, die ich verbessern möchte. Hierbei handelt es sich um informelle, spontane, persönliche Gespräche, die zu weiteren Vieraugentreffen führen können, bei denen weitere Ideen besprochen werden können.
>
> **3. Der Internet-Mentor**
>
> So seltsam das klingt, aber ich habe Internet-Mentoren. Das sind Einzelpersonen/Führungskräfte, die ihren Karriereweg und ihre Erfahrungen in ihren Blogs, Podcasts und so weiter teilen.
>
> Im Laufe der Zeit habe ich Personen gefunden, deren Schreibstil und Ideen mich ansprechen und deren Rat und Ideen mir ausprobierenswert erscheinen. Nicht jeder Rat/jede Idee wird in Ihrer Situation einen Sinn ergeben.

---

1 *https://dmellonielet.com*

2 *https://dmellonielet.com/2020/10/20/tech-tribe-of-mentors.html*

Das »Wohlwollen-Guthaben« auf einem guten Stand halten

Manchmal werden Sie das Gefühl bekommen, keinen Boden mehr unter den Füßen zu haben und festzustecken. Dafür kann es mehrere Gründe geben: einen kniffligen Bug, ein Framework/eine Technologie, die Sie noch nicht benutzt haben, oder ein Werkzeug, das Sie nicht verstehen. Auf jeden Fall merken Sie, dass Sie Hilfe brauchen.

Bevor Sie sich an Ihre Kollegen wenden, sollten Sie die möglichen Auswirkungen auf das gegenseitige Wohlwollen bedenken.

Jeder hat ein Wohlwollen-Guthaben

Wenn Sie anderen helfen, steigt Ihr Wohlwollen-Guthaben. Wenn Sie jemanden um einen Gefallen bitten, kann es sinken. Und wenn Sie Leute grundlos unterbrechen, kann es sogar sehr schnell sinken.

Je weniger Erfahrung Sie haben oder je neuer Sie im Team sind, desto höher ist Ihr Wohlwollen-Guthaben. Menschen helfen gerne; eigentlich erwarten sie sogar zu helfen. Aber dieses Guthaben ist schnell aufgebraucht, wenn Sie sich nicht die Zeit nehmen, Ihre Probleme selbst zu lösen, zu viele triviale Fragen stellen und andere ständig unterbrechen.

Vermeiden Sie es, Ihr Wohlwollen-Guthaben zu schnell aufzubrauchen. Vollziehen Sie die üblichen Schritte zum Debugging und zur Informationssammlung, bevor Sie um Hilfe bitten. Gibt es Probleme mit einem Framework oder einer Technologie, lesen Sie zuerst sorgfältig die entsprechende Dokumentation.

Bei Code, für den Ihr Team zuständig ist, sehen Sie sich die Quellcodehistorie und die neuesten Commits an. Wenn Sie einen Bug beseitigen, gehen Sie den Code schrittweise durch, zeichnen Variablenwerte auf, notieren sich Annahmen und führen eine strukturierte Analyse davon durch, wo etwas nicht richtig funktioniert. Erst wenn keiner dieser Schritte ein Ergebnis bringt, finden und fragen Sie eine Person, die Ihnen vermutlich helfen kann.

Bereiten Sie sich vor, wenn Sie jemanden um Hilfe bitten. Erklären Sie das Problem klar und deutlich, fassen Sie zusammen, was Sie schon probiert haben und was Ihr nächster Schritt wäre, wenn Ihr Kollege nicht helfen kann. Ist er beschäftigt, respektieren Sie dies, weil er wahrscheinlich wichtigere Dinge zu tun hat. In diesem Fall bitten Sie ihn um einen kurzen Tipp.

Füllen Sie Ihr Wohlwollen-Guthaben regelmäßig wieder auf

Wie können Sie Ihr Wohlwollen-Guthaben auffüllen? Indem Sie das Gegenteil dessen tun, was Ihr Guthaben aufbraucht:

- Stellen Sie sich anderen zur Verfügung. Setzen Sie sich mit ihnen zusammen, um deren Probleme zu lösen.
- Teilen Sie Ihr Fachwissen, um anderen die Arbeit zu erleichtern.
- Wenn jemand Ihnen hilft und Ihr Problem löst, bedanken Sie sich – vielleicht sogar öffentlich im Teamumfeld.

Es ist ein schmaler Grat zwischen »zu oft stecken bleiben«, ohne um Hilfe zu bitten, und »zu oft um Hilfe bitten«. Das gilt natürlich alles für die Zeit nach Ihrer Einarbeitung ins Team. Während der Einarbeitungsphase ist Ihr Wohlwollen-Guthaben sehr gut gefüllt. Sobald Sie aber »an Bord« sind, sollten Sie das nicht mehr als selbstverständlich ansehen. Füllen Sie dieses wichtige Guthaben, indem Sie anderen helfen.

Vermeiden Sie es nach Möglichkeit, allein zu arbeiten

Als Engineering-Manager habe ich es nur selten erlebt, dass es gut ausging, wenn unerfahrene Entwicklerinnen oder Neueinsteiger wochen- oder monatelang auf sich selbst gestellt waren. Normalerweise brauchten sie länger für ihre Arbeit und fühlten sich dabei weniger produktiv oder sogar einsam, wie sie mir erzählten. Als Antwort darauf entschieden wir während der Nachbesprechungen, ihnen einen »Projekt-Buddy« (ähnlich dem Buddy-Prinzip beim Tauchen[3] zur Seite zu stellen. Aber was können Sie als Entwickler tun, wenn Ihre Führungskraft sich nicht darum kümmert?

Unternehmen Sie Schritte, um das Problem des Alleinarbeitens zu lösen. Sie könnten beispielsweise einen Engineer in Ihrem Team bitten, Ihr »Buddy« für ein Projekt zu sein, indem Sie sich täglich kurz mit ihm treffen, ihre Planungen durchgehen und Code-Reviews durchführen.

Lehnt ein Engineer dies höflich ab, sprechen Sie mit Ihrem Manager oder Ihrer Führungskraft, und versuchen Sie, sie von den Produktivitätsvorteilen für Ihr Team zu überzeugen. Natürlich kostet das den erfahrenen Entwickler etwas Zeit. Im Gegenzug kommen die Lösung Ihrer Aufgaben und Ihr Wachstum aber schneller voran. Bald sind auch Sie in der Lage, anderen im Team zu helfen.

Steigern Sie außerdem das Wohlwollen-Guthaben des Teams Ihnen gegenüber. Je freundlicher die anderen Ihnen gegenüber eingestellt sind, desto wahrscheinlicher wird sich jemand bereit erklären, Ihr »Buddy« bei einem Projekt zu sein.

Die Initiative ergreifen

Die produktivsten Engineers, die ich kenne, übernehmen immer wieder kleinere oder größere Arbeiten, die von ihnen nicht verlangt wurden. Das bedeutet, die Initiative zu ergreifen.

Viele dieser Engineers recherchieren eine neue Technologie für die Verwendung in einem Projekt, sei dies ein internes System oder eine Open-Source-Komponente. Sie sprechen mit Teamkolleginnen und -kollegen, informieren sich über andere Projekte

3 *https://de.wikipedia.org/wiki/Buddy_(Tauchen)*

und bieten ihre Hilfe bei kleineren Aufgaben an. Sie sind oft die Ersten, die sich bei jeder Gelegenheit freiwillig melden – ob dies nun ein eingehender Bug ist oder eine Präsentation für Studentinnen und Studenten.

Engineers, die als verlässlich und produktiv angesehen werden, leisten grundsätzlich mehr als nur Dienst nach Vorschrift. Je autonomer Ihre Unternehmenskultur ist, desto wichtiger wird diese Eigenschaft.

In schnell wachsenden Technologiefirmen kann es karriereentscheidend sein, die Initiative zu ergreifen, indem man sich an Dingen beteiligt, die einem nicht zugewiesen wurden. So beobachtete ich bei Uber einmal, wie ein Junior-Engineer zum Hauptansprechpartner für Deployments wurde, nachdem er sich zur Aufgabe gemacht hatte, ein neues Microservice-Deployment-System zu untersuchen und einen Prototyp dafür zu erstellen. Der Rest des Teams war für diese Aufgabe zu beschäftigt und bemerkte nicht, dass der neue Dienst ihre Arbeit deutlich erleichtern würde.

Möglichkeiten, die Initiative zu ergreifen

Hier ein paar Möglichkeiten, ohne viel Zeitaufwand die Initiative zu ergreifen und so Ihrem Team und sich selbst zu helfen:

- **Dokumentieren Sie Unklarheiten.** Teilen Sie diese Dokumentation mit dem Team. Das Dokumentieren stärkt Ihr Verständnis, zeigt den Teammitgliedern, dass Sie dem Team helfen, und könnte in Zukunft einem Kollegen oder einer Neueinsteigerin helfen.
- **Melden Sie sich freiwillig für Recherchen.** Dies könnte das Ausprobieren eines neuen Frameworks oder einer neuen Technologie sein, das Prototyping für die Integration eines neuen Diensts oder einer Komponente oder etwas anderes. Wenn Sie weniger erfahren sind, bieten Sie an, sich mit jemandem zusammenzutun, oder bitten Sie jemanden, mit Ihnen gemeinsam zu arbeiten.
- **Recherchieren Sie interessante Werkzeuge und Frameworks, die Ihr Team einsetzen könnte.** Teilen Sie Ihre Erkenntnisse mit dem Team. Erkunden Sie zwischen Ihren üblichen Aufgaben die in Ihrem Unternehmen verfügbaren Werkzeuge und Frameworks oder solche, die andere Teams nutzen. Das könnte beispielsweise ein neues Frontend-Framework, ein Dokumentationswerkzeug, ein Logging-Framework oder ein neues Build- oder Deployment-System sein und noch vieles andere. Probieren Sie's aus, bauen Sie ein Demo für Ihr Team und geben Sie Ihre Einschätzung dazu. Selbst wenn das Ergebnis schließlich lautet: »Das ist nichts für uns«, erkennt Ihr Team, dass Sie sich über Ihre Rolle hinaus engagieren, um dazuzulernen.
- **Sprechen Sie mit Ihrem Manager über anstehende Projekte.** Dabei äußern Sie Interesse an Arbeiten, auf die Sie neugierig sind. Indem Sie Ihren Manager fragen, was als Nächstes ansteht, erhalten Sie einen besseren Eindruck von den Prioritäten und dem, was Sie in Zukunft an Arbeit zu erwarten haben. Es ist wahrscheinlicher, dass Sie an interessanten Projekten arbeiten, wenn Sie Ihren Manager darüber informieren, welche Projekte das sind. Sie lernen möglicherweise auch, im Voraus zu recherchieren.

Ein Wort der Warnung: Stellen Sie unbedingt sicher, dass Sie die von Ihnen erwarteten Arbeiten erledigen, *bevor* Sie sich vielen neuen Initiativen widmen. Neue Initiativen helfen dabei, dass andere Sie als produktive Person wahrnehmen, sofern Sie Ihre wichtigsten und die Ihnen zugewiesenen Arbeiten zuerst erledigen. Wenn Sie sich zwischen etwas Neuem und dem Erledigen Ihrer aktuellen Aufgabe entscheiden müssen, rate ich Ihnen, zuerst das Nötige fertigzustellen.

KAPITEL 8

Programmieren

Das Schreiben von Code ist der Mittelpunkt des Software-Engineerings. Als Softwareentwickler werden Sie etwa die Hälfte Ihrer Zeit mit Programmieren verbringen – vermutlich sogar mehr! In diesem Kapitel geht es darum, wie Sie diese Fähigkeit verbessern können. Wir behandeln folgende Themen:

1. Programmieren üben – und zwar viel!
2. Lesbarer Code
3. Hochwertigen Code schreiben

Programmieren üben – und zwar viel!

Um ein kompetenter Softwareentwickler zu werden, muss man zunächst ein guter Programmierer sein. Das ist die Grundlage für alles, um das es in diesem Buch geht. Natürlich sind gute Software-Engineers sehr vielseitig – besonders bei der Programmierung sind aber fundierte Kenntnisse nötig, damit Sie Ihre Gedanken und Ideen so effizient und reibungslos wie möglich in funktionierenden Code übersetzen können.

Sie müssen also viel programmieren, eine Sprache perfekt beherrschen und immer wieder reale Probleme lösen.

Coden Sie regelmäßig

Die Entwicklung Ihrer Programmierfähigkeiten hat Ähnlichkeit mit dem Training einer Sportart. Sie können alle verfügbaren Lernmaterialien lesen, die Sie über gute Leistungen und Techniken, die Sie schneller und besser machen, informieren. Am stärksten hängt Ihr Erfolg aber davon ab, wie viel Sie trainieren.

Das gilt auch für die Programmierung. Bücher und Onlineressourcen können ein guter Startpunkt für die Erweiterung Ihres Wissens sein. Aber am Ende müssen Sie dieses Wissen auch anwenden, indem Sie Code schreiben – viel Code.

Tägliches Programmieren ist eine gute Angewohnheit, weil es viel Zeit und Mühe kostet, sich von einem Programmieranfänger zu jemandem zu entwickeln, der

»schon ganz gut« programmiert. Daher sollten Sie täglich an möglichst sinnvollen Aufgaben und Problemen arbeiten, die Sie mit Code lösen.

Die meisten Technologieunternehmen erwarten von Berufsanfängern in der Softwareentwicklung, dass sie täglich programmieren. Wenn Sie das aus irgendeinem Grund nicht tun, suchen Sie nach passenden Gelegenheiten. Das könnte die Übernahme eines zusätzlichen Projekts bei der Arbeit sein, der Wechsel in ein Team, in dem viel programmiert wird, oder die Arbeit an einem Nebenprojekt, das Ihre Programmierfähigkeiten schärft.

Sie müssen täglich programmieren, um ein kompetenter Software-Engineer zu werden. Soweit ich weiß, lässt sich das durch nichts ersetzen.

Bitten Sie um Code-Reviews

Das Schreiben von funktionierendem Code ist eine Grundlage für korrektes Programmieren. Außerdem ist es wichtig, für andere lesbaren und verständlichen Code zu schreiben und dabei den üblichen Konventionen zu folgen. Daher sollten Sie sich, nachdem Sie Ihren Code geschrieben haben, Feedback holen, um Ihre Fähigkeiten weiter zu verbessern. Führen Sie Code-Reviews durch.

Die meisten Technologieunternehmen nutzen Code-Reviews. In vielen Firmen können Sie Code erst nach einem erfolgreichen Code-Review in den Produktionsbetrieb übernehmen. Dennoch werden Sie am Anfang Ihrer Laufbahn viel Code schreiben, der nicht produktiv eingesetzt wird. Sie könnten beispielsweise Prototypen erstellen, eine Hilfsfunktion oder ein Werkzeug schreiben oder experimentelle Projekte durchführen.

Versuchen Sie, für den gesamten von Ihnen geschriebenen Code Feedback zu bekommen, selbst wenn keine Code-Reviews erforderlich sind. Sind erfahrene Kolleginnen oder Kollegen in der Nähe, können Sie diese um zusätzliche Kommentare bitten, die Ihnen helfen können, schneller voranzukommen. Die meisten Menschen verbringen gern etwas Zeit damit, weniger erfahrenen Kollegen zu helfen.

Wenn es schwer ist, zusätzliche Code-Reviews zu bekommen, könnten Sie einen Kollegen bitten, sich mit Ihnen zusammenzutun, um Ihren Code gemeinsam durchzugehen und nach Verbesserungsmöglichkeiten zu schauen. Und wenn Sie niemanden finden, versuchen Sie, außerhalb Ihres Teams jemanden zu finden, der oder die genug Erfahrung mit der Technologie oder dem Bereich hat und Ihnen hilfreiche Rückmeldungen geben kann.

Auch KI-Werkzeuge können gute Quellen für Feedback sein. Dabei sollten Sie aber bedenken, dass die von »künstlicher Intelligenz« erzeugten Rückmeldungen nicht immer stimmen. Außerdem werden diese Werkzeuge – im Gegensatz zu Ihren menschlichen Kollegen – zusätzlichen Kontext eher nicht berücksichtigen. KI-Werkzeuge sind besser als nichts, aber nichts ist besser als ein ordentliches Peer-Review.

Lernen Sie aus Code-Reviews. Vielleicht hilft es, wenn Sie sich Notizen zum erhaltenen Feedback machen. Tauchen bestimmte Kommentare immer wieder auf, besteht wahrscheinlich Handlungsbedarf. Weisen Reviewer Sie beispielsweise immer wieder darauf hin, dass Ihre Funktionen zu viele Dinge auf einmal tun oder dass Sie vergessen, Tests hinzuzufügen? Versuchen Sie, Ihren Code zu verbessern, indem Sie sich die Kommentare der Reviewer zu Herzen nehmen.

Wenn Sie die Gründe für einen Kommentar nicht verstehen, sprechen Sie mit dem Entwickler, der das Review durchgeführt hat.

Umgang mit Code-Reviews, die sich ungerecht oder grob anfühlen. In der Realität wird es Code-Reviews geben, die Sie verärgern: Der Tonfall ist nicht einfühlsam, oder Sie sind mit den Vorschlägen einer erfahreneren Engineer nicht einverstanden.

Angie Jones ist VP of Developer Relations bei Block, einem Java-Champion, und arbeitete als Senior-Software-Engineer bei Twitter (jetzt X). Sie schrieb den Artikel »The 10 commandments of navigating code reviews« (etwa: Die 10 Gebote für den Umgang mit Code-Reviews)[1], der diese Fragen besonders umfassend beantwortet. Sie schreibt:

> In meiner Zeit als Softwareentwicklerin habe ich mir 10 »Gebote« zurechtgelegt, denen ich beim Umgang mit Code-Reviews folge. Bisher haben sie in jedem Team, in dem ich mitgearbeitet habe, wunderbar funktioniert. Ich hoffe, das gilt auch für Sie.
>
> 1. Du sollst die Dinge nicht persönlich nehmen. [...]
>
> Ich habe 15 Jahre lang professionell programmiert und schon vor langer Zeit entschieden, die Kommentare in Code-Reviews nicht persönlich zu nehmen. Und glauben Sie mir, ich habe reichlich unhöfliche oder herablassende Bemerkungen lesen müssen, wenn ich in ein neues Team wechselte. Das hielt aber selten lange an, weil ich lernte, mit den Code-Reviews umzugehen und ihren Tonfall zu ändern, unabhängig vom zugrunde liegenden Problem. Die Frage nach dem Grund für unhöfliche Kommentare stresst mich nur. Daher habe ich die bewusste Entscheidung getroffen, jedem Reviewer einen Vertrauensvorschuss zu geben und davon auszugehen, dass sich der Kommentar nicht an mich richtet, sondern meinen Code.

Lesen Sie so viel Code, wie Sie schreiben

Ihre Programmierfähigkeiten wachsen am schnellsten, indem Sie Code schreiben. Dennoch ist das Lesen von Code genauso wichtig. Wenn Sie sich nur auf das Schreiben konzentrieren, entwickeln Sie möglicherweise Stile und Konventionen, die niemand außer Ihnen verwendet. Das kann später zu Schwierigkeiten beim Lesen des Codes anderer Menschen führen. Außerdem ist es oft schwer, sich »schlechte Angewohnheiten« wieder abzugewöhnen, wenn sich diese erst einmal in Ihrem Programmierstil festgesetzt haben.

Oft besteht der einfachste Weg, Code zu lesen, darin, sich früh an Code-Reviews im Team oder der Codebasis zu beteiligen. Machen Sie das auch dann, wenn Sie kein Experte in der Sprache sind oder sich nur wenig mit der Codebasis auskennen. Gewöhnen Sie sich an, alle Änderungen Ihrer Kollegen durchzugehen, zu verstehen,

1 *https://angiejones.tech/ten-commandments-code-reviews*

was sie tun, und sich Notizen über den verwendeten Ansatz zu machen. Ist Ihnen etwas unklar, reden Sie mit der Person, die den Code geschrieben hat, um mehr zu erfahren.

Es ist von Vorteil, auch Code zu lesen, der nicht aus Ihrem Team oder Ihrem Unternehmen stammt. Wenn Sie auf andere Projekte in Ihrer Firma zugreifen können, beginnen Sie, indem Sie Codeänderungen und -Reviews von Teams mitverfolgen, von deren Codebasen Sie abhängen. Teams und Unternehmen folgen oft Konventionen, die auf ihre jeweilige Umgebung zugeschnitten sind.

Das Lesen von Open-Source-Code ist eine weitere ausgezeichnete Möglichkeit, den Code anderer Leute zu sehen und einen Eindruck davon zu bekommen, was außerhalb Ihres Unternehmens passiert. Versuchen Sie, ein aktiv entwickeltes Open-Source-Projekt zu finden, das mit einer ähnlichen Sprache arbeitet wie Sie. Das geht am einfachsten auf GitHub. Checken Sie ein Projekt aus, machen Sie sich mit dessen Funktionsweise vertraut und verfolgen Sie die Änderungen mit. Versuchen Sie zu verstehen, was passiert, welche Art von Code geschrieben wird und welches Feedback die Code-Reviewer geben.

Finden Sie ein Gleichgewicht zwischen dem Schreiben und dem Lesen von Code, ohne sich bei einem von beiden zu verzetteln.

Coden Sie etwas mehr

Sie können das Programmieren auch auf andere Weise, außerhalb Ihrer Arbeitsprojekte, üben. Hier ein paar Ideen:

- **Suchen Sie sich ein Nebenprojekt.** Ein kleines Nebenprojekt, das ein einfaches Problem für Sie, Ihre Freunde oder Ihre Familie löst, ist eine gute Möglichkeit, etwas mehr zu coden und sich vielleicht sogar einen neuen Technologie-Stack anzueignen. Mit einem Nebenprojekt können Sie ganz nach Belieben neue Ansätze ausprobieren. Ihr Ziel ist das Schreiben von funktionsfähigem Code, aber hier können Sie sich auch austoben und die Sache schwieriger machen, indem Sie Sprachmerkmale benutzen, die Sie normalerweise nie in die Hand nehmen würden.
- **Absolvieren Sie ein Tutorial bzw. Training mit Programmierübungen.** Tutorials und Trainings geben eine Struktur vor, der Sie einfach folgen können, ohne darüber nachdenken zu müssen, was zu tun ist. Ein solches Training ist gut geeignet, um tiefer in eine Sprache oder Technologie einzutauchen. Die größte Herausforderung liegt meist darin, die Zeit und Motivation zu finden, sie auch zu Ende zu bringen. Wenn Ihr Unternehmen persönliche Schulungen anbietet, sollten Sie diese nutzen. Sie sind eine gute Gelegenheit, sich genauer mit einer Technologie zu befassen.
- **Nehmen Sie an Programmierwettbewerben teil.** Das Lösen von Coding-Challenges, wie die auf Leetcode, Project Euler oder ähnlichen Websites, bieten die Gelegenheit, sich in einer von Ihnen verwendeten Sprache zu üben und zudem noch Ihre Fähigkeiten der algorithmischen Problemlösung zu verbessern.

- **Führen Sie regelmäßige Code-Katas durch.** Sie helfen dabei, sich mit einer Sprache vertraut zu machen und Ihre Problemlösungs- und Algorithmusfähigkeiten zu verbessern. Suchen Sie online nach täglichen Code-Kata-Übungen. Code-Katas sollten nicht lange dauern. Führen Sie die Übungen regelmäßig – am besten täglich – über ein paar Wochen aus, bis die Katas keine Herausforderung mehr darstellen.
- **Bezahlte Ressourcen können Ihre Konzentration erhöhen.** Das umfassende Erlernen einer Programmiersprache braucht Zeit. Gleichzeitig ist es leicht, diese Aufgabe auf die Seite zu schieben, wenn Sie »gut genug« sind. Dabei gibt es immer ausreichend echte Arbeit zu tun, für die Sie keine ausgefallenen Sprachmerkmale brauchen.

Um mich zu konzentrieren und nicht auf halber Strecke abzubrechen, hat es mir geholfen, für meine Lernressourcen zu zahlen. Hierdurch weiß ich, dass ich mein Geld verschwende, wenn ich den Kurs nicht zu Ende bringe. Viele kostenlose Ressourcen bieten eine ähnliche Qualität wie bezahlte. Allerdings hält mich diese finanzielle Investition »bei der Stange«. Das ist der Grund, warum ich lieber für ein Buch, einen Onlinekurs oder eine persönliche Schulung bezahle. Geld zu opfern, motiviert mich, nicht gleich aufzugeben und dadurch meine Investition zu verlieren.

Lesbarer Code

Lesbarkeit ist eine der wichtigsten Eigenschaften allen Codes. Sie ist genauso wichtig wie korrekter Code, der wie erwartet funktioniert.

Dennoch ist die Lesbarkeit von Code schwerer zu überprüfen als seine Korrektheit, die sich anhand von Tests feststellen lässt: Es gibt eine binäre Antwort. Entweder lautet sie: »Ja, der Code ist korrekt«, oder sie lautet: »Nein, der Code ist nicht korrekt.« Um zu beurteilen, ob Ihr Code schwer lesbar ist, gibt es einen solchen Ansatz nicht.

Inkorrekter Code kann sich nicht lange verstecken, schwer lesbarer Code kann dagegen ewig unentdeckt bleiben. Er lauert still und leise in der Codebasis, bis eine Entwicklerin ihn verstehen muss – zum Beispiel weil sie einen Bug beheben oder ein neues Feature einbauen muss. Sie will verstehen, was dieses unleserliche Stück Code tut und ob es verändert werden muss.

Soll ein Engineer eine Änderung vornehmen, muss er eventuell viel Zeit für etwas aufwenden, das eigentlich ganz einfach sein sollte. Er könnte den Code missverstehen und anders verwenden als vorgesehen. Danach kann es mehrere Iterationen dauern, bis die Änderung richtig funktioniert. Oder er ändert den Code und macht dadurch eine Funktionalität an anderer Stelle kaputt, was nur ein kleines Ärgernis ist, wenn es automatisierte Tests für die Funktionalität gibt. Andernfalls bedeutet es mehr Probleme und mehr Zeitaufwand, um die Änderung korrekt durchzuführen.

In manchen Fällen verbringen Entwicklerinnen und Entwickler so viel Zeit mit dem Versuch, den Code zu verstehen und daran zu scheitern, dass sie ihn auch gleich neu schreiben könnten: indem sie das Original löschen und eine neue Implementierung erstellen. Möglicherweise sind durch die Neuimplementierung aber nicht alle Grenzfälle abgedeckt, was einen noch höheren Zeitaufwand für den Rewrite bedeutet als für den ursprünglichen Code.

Das größte Risiko von unlesbarem Code liegt darin, dass er der Anfang einer Abwärtsspirale sein kann. Ein Engineer, der Änderungen vornimmt, verbringt viel Zeit damit, die Funktionsweise des Codes zu verstehen. Anstatt den Code lesbarer zu machen, nimmt er nur die kleinstmögliche Anpassung vor, was zu Code führt, der anschließend *noch* schwerer zu lesen ist. Die nächste Person wird dann noch mehr Zeit brauchen, um den Code zu verstehen und wird dabei vielleicht das System beschädigen, oder sie gibt auf, löscht den Code und erfindet das Rad neu.

Unlesbarer Code trägt wesentlich zu technischen Schulden bei, die sich aus verschiedenen Gründen anhäufen. Hierzu gehören Dinge wie ein Mangel an automatisierten Tests, kontinuierlicher Integration (CI) oder kontinuierlichem Deployment (CD) sowie schlechte Einarbeitung und Dokumentation. Technische Schulden sind ein Hauptgrund für langsame Teams.

Aus diesen Gründen sind die Lesbarkeit von Code und sorgfältige Tests die zwei wichtigsten Prinzipien pragmatischer Engineers. Lesbarer, gut getesteter Code macht die Refaktorierung, Erweiterung und Modifikation einer Codebasis so leicht wie möglich. Er ist die Grundlage einer soliden Codebasis, an der Engineers mit Zuversicht und Selbstvertrauen Änderungen vornehmen können.

Was bedeutet »lesbarer Code«?

»Lesbarer Code« kann von Team zu Team, Unternehmen zu Unternehmen und Sprache zu Sprache unterschiedliche Bedeutungen haben. Bei der Bewertung, wie lesbar Code ist, gibt es zwei Juroren: Sie und alle, die den Code lesen.

Lesbarer Code beginnt mit Code, den *Sie* gut lesen können. Wenn Sie mit Programmieren fertig sind, machen Sie eine Pause, um den Kopf wieder freizubekommen. Dann lesen Sie Ihren Code erneut, als sähen Sie ihn zum ersten Mal, und stellen sich dabei vor, Sie wüssten nichts über die Änderungen oder den Grund dafür.

Können Sie dem Code folgen? Helfen Ihnen Variablen- und Methodennamen, zu verstehen, was sie tun? Gibt es Kommentare, wo der Code selbst nicht ausreicht? Bleibt der Programmierstil auch über die Änderungen hinweg konsistent?

Überlegen Sie, wie Sie den Code lesbarer machen könnten. Vielleicht sehen Sie einige Funktionen, die zu lang sind und zu viel tun. Vielleicht stellen Sie fest, dass es den Zweck einer Variablen besser verdeutlicht, wenn Sie sie umbenennen. Nehmen Sie so lange Änderungen vor, bis Sie das Gefühl haben, dass der Code so ausdrucksstark, übersichtlich und präsentabel ist wie möglich.

Der Test auf lesbaren Code ist einfach: Können andere ihn verstehen? Holen Sie sich über Code-Reviews Feedback. Fragen Sie, wie klar verständlich der Code ist. Ermutigen Sie Menschen, Fragen zu stellen, wenn sie etwas nicht verstehen. Code-Reviews, besonders die sorgfältigen, sind die beste Quelle für Rückmeldungen.

Ist der Code lesbar, wird er nur wenige oder gar keine klärenden Fragen aufwerfen und von den Reviewern nicht missverstanden werden. Daher sollten Sie immer genau zuhören, wenn jemand nicht versteht, warum Sie etwas geschrieben haben, oder eine klärende Frage stellt. Jede Frage und jedes Missverständnis ist ein Hinweis darauf, dass der Code besser lesbar sein könnte.

Eine weitere gute Möglichkeit, Feedback über die Klarheit Ihres Codes zu erlangen, besteht darin, jemanden zu fragen, der mit der Codebasis nicht sehr vertraut ist. Bitten Sie hierbei besonders um Feedback zur Lesbarkeit des Codes. Da Ihr Kollege kein Experte ist, wird er sich darauf konzentrieren, wie gut er dem Code folgen kann. Die meisten seiner Kommentare werden daher die Lesbarkeit betreffen.

Wenn Sie mit der Klarheit Ihres Codes zufrieden sind und andere Entwicklerinnen und Entwickler ihn ebenfalls für lesbar halten, sind Sie auf dem richtigen Weg. Natürlich gibt es immer noch etwas zu verbessern. Bevor Sie sich aber zu sehr darin verlaufen, sollten Sie sich auf die wesentlichen Aspekte gut lesbaren und verständlichen Codes konzentrieren.

Worauf Sie achten sollten

Beim Schreiben von Code sollten Sie zwei Hauptziele im Auge behalten:

1. Der Code sollte korrekt sein, das heißt, er sollte bei seiner Ausführung die erwarteten Ergebnisse liefern.
2. Er sollte für andere Entwickler leicht lesbar und verständlich sein.

Programmieren ist Gemeinschaftssache. Ihr Code lebt nicht im luftleeren Raum, wo er eine einzelne Aufgabe implementiert. Der von Ihnen geschriebene Code wird von vielen anderen Entwicklerinnen und Entwicklern wieder und wieder gelesen werden, um seine Funktionsweise zu verstehen oder anzupassen.

Darüber hinaus sollte der von Ihnen geschriebene Code für andere Entwickler einfach zu pflegen sein. Das beginnt mit der Lesbarkeit. Hier ein paar Dinge, auf die Sie achten sollten:

- **Namenskonventionen.** Wählen Sie kurze und selbsterklärende (»sprechende«) Namen. Halten Sie sich an konsistente Namenskonventionen, die den in der Codebasis verwendeten Namen entsprechen.
- **Wohlstrukturiert.** Die Codebasis ist einfach zu navigieren, weil Funktionen, Klassen und Module eine gemeinsame logische Struktur verwenden. Über Klassen und die gesamte Codebasis hinweg gibt es eine einheitliche Formatierung.
- **Den Code einfach halten (»KISS«-Prinzip).** KISS steht hier für »Keep It Simple, Stupid!« (etwa: Halte es einfach, Dummerchen!). Je einfacher der Code, desto besser lesbar und verständlicher ist er auch. In diesem Sinne sollten Sie kleine Funktionen und Klassen verwenden, ohne sie unnötig aufzublasen. Vermeiden Sie komplexe Programmierlösungen nur zum Selbstzweck, wenn Sie ein Problem auch einfacher lösen können.

- **Einzelne Verantwortlichkeit.** Versuchen Sie, Funktionen zu schreiben, die nur eine Sache tun, und Klassen, die möglichst nur für eine Sache verantwortlich sind. Ein einzelner Schwerpunkt erleichtert das Testen auf Korrektheit und ermöglicht außerdem eine Wiederverwendung der Tests.
- **Das »DRY«-Prinzip:** »Don't Repeat Yourself« (etwa: Keine Wiederholungen). Vermeiden Sie das Kopieren und Einfügen von Code. Wenn Sie feststellen, dass Sie ein Codestück mehrmals verwenden müssen, überlegen Sie, den Code zu refaktorieren, damit er dem Prinzip der einzelnen Verantwortlichkeit folgt.
- **Kommentare.** Bei Kommentaren gibt es zwei Denkansätze: Einige Engineers schwören darauf, dass Code sich grundsätzlich selbst dokumentieren sollte, während andere Kommentare für absolut notwendig halten, um den Code mit Kontext zu versehen, den er von sich aus nicht darstellen kann. Finden Sie Ihren eigenen Weg für das Kommentieren und vergessen Sie dabei nicht das Hauptziel: Der von Ihnen geschriebene Code sollte für andere einen Sinn ergeben. Als Faustregel können Sie sich merken, dass Codekommentare das »Warum« und nicht das »Wie« erklären sollten. Das könnte Kontext sein wie etwa der geschäftliche Grund dafür, dass ein bestimmter Grenzfall berücksichtigt wird, oder der Bezug auf einen Ausfall, der zu einem scheinbar ungewöhnlichen Codepfad führte.
- **Kontinuierliche Refaktorierung zur Verbesserung der Lesbarkeit.** Codebasen wachsen. Je mehr Aufgaben eine einzelne Klasse übernehmen muss, desto größer und komplexer wird sie. Lesbare Codebasen bleiben dank beständiger Refaktorierung lesbar. Eine neue komplexe Klasse kann vielleicht in mehrere Teile aufgetrennt oder auf andere Weise verändert werden, um ihre Lesbarkeit zu erhalten.

Es gibt viele Bücher und andere Ressourcen, die eingehend untersuchen, was lesbarer Code ist und wie Sie Ihren Code klarer gestalten können. Ich empfehle diese Titel:

- »Tidy First?« von Kent Beck (O'Reilly, deutschsprachige und englischsprachige Ausgabe)
- »The Art of Readable Code« von Dustin Boswell und Trevor Foucher (O'Reilly)

Hochwertigen Code schreiben

Als kompetenter Softwareentwickler werden Sie Code schreiben wollen, der den richtigen Abstraktionsgrad verwendet und ausreichend verlässlich funktioniert, indem er mögliche Fehlerquellen berücksichtigt. Und natürlich sollte er lesbar sein, wie im vorherigen Abschnitt gerade erläutert wurde.

Den richtigen Abstraktionsgrad verwenden

Wenn Sie Code strukturieren, erstellen Sie Klassen, die als Abstraktionen dienen, indem sie Implementierungsdetails vor anderen Teilen des Codes verstecken bzw.

»abstrahieren«. Zum Beispiel könnten Sie einer Klasse mit dem Namen `PaymentsIntent` begegnen, die folgende Funktionalität in einer Datei implementiert:

1. API-Request durchführen, um eine Zahlung vorzunehmen.
2. JSON-Antwort übernehmen und auf Gültigkeit prüfen, indem die im JSON-Code enthaltene Signatur überprüft wird. JSON-Code in ein `PaymentsResponse`-Objekt umwandeln.
3. `PaymentsResponse`-Antwort zurückgeben.

Diese Klasse macht nicht viel, aber Sie könnten beschließen, dass es sinnvoll ist, die Funktionalität Nr. 2 – das Umwandeln von JSON-Code in ein `PaymentsResponse`-Objekt – in eine eigene Klasse zu abstrahieren. Danach hätte `PaymentsIntent` noch die folgenden Aufgaben:

1. API-Request durchführen, um eine Zahlung vorzunehmen.
2. Ein neues `PaymentsResponse`-Objekt mit dem Ergebnis erzeugen und dieses Objekt zurückgeben.

Warum sollten wir das Parsen der von der Payment-API zurückgelieferten JSON-Antwort abstrahieren? Hier ein paar Überlegungen dazu:

- Die gleiche Funktionalität kann nun von anderen Teilen des Codes verwendet werden, ohne hierfür die Logik kopieren zu müssen. Dies folgt dem oben genannten DRY-Prinzip.
- Die Verantwortlichkeit der Klassen wurde verringert, beide Klassen haben jetzt eine einzelne Aufgabe.
- In Zukunft wird es leichter, herauszufinden, welcher Code angepasst werden muss, wenn sich die Antwort der Payment-API ändert, weil die Parsing-Funktionalität ihr eigenes »Zuhause« im Code hat.

In dem Buch »A Philosophy of Software Design« (deutschsprachige Ausgabe: »Prinzipien des Softwaredesigns«, O'Reilly) beschreibt Autor John Ousterhout die Vorteile des Versteckens von Informationen:

> Das Verstecken von Informationen verringert die Komplexität auf zwei Arten. Erstens vereinfacht es das Interface zu einem Modul (oder einer Klasse). Das Interface ermöglicht eine einfachere, abstraktere Sicht auf die Funktionalität des Moduls und verbirgt die Details. Das verringert wiederum die kognitive Belastung der Entwickler, die das Modul benutzen.
>
> Zweitens erleichtert das Verstecken von Informationen die Weiterentwicklung des Systems. Sind bestimmte Informationen nicht direkt zugänglich, gibt es außerhalb dieses Moduls auch keine Abhängigkeit von darin enthaltenen Informationen. Dadurch betrifft eine auf diese Informationen bezogene Änderung im Design ebenfalls nur dieses eine Modul.

Je mehr Sie sich mit diesem Thema beschäftigen, desto besser werden Sie darin, ein System zu schaffen, das den »richtigen« Abstraktionsgrad verwendet. Schließlich wollen Sie ein System auch nicht in *zu viele* kleine Stücke unterteilen, denn eine zu große Zahl winziger Klassen schafft eine unnötige kognitive Belastung.

Richtig mit Fehlern umgehen

Meiner Erfahrung nach lassen sich sehr viele Störungen auf eine falsche Fehlerbehandlung im Code zurückführen. Wenn Sie als Softwareentwickler Code schreiben, sollten Sie auch die möglichen Fehlerquellen bedenken. Der hierfür nötige Zeitaufwand und die Bemühungen sind entsprechend hoch.

Verwenden Sie eine konsistente Strategie zur Fehlerbehandlung. Was tun Sie, wenn Sie auf eine möglicherweise fehlerhafte Situation treffen? Lösen Sie eine Exception aus? Protokollieren Sie den Fehler? Tun Sie beides, oder machen Sie etwas ganz anderes?

Sie sollten erklären können, wie Sie mit Fehlern umgehen, idealerweise im Einklang mit Ihren Teammitgliedern. Das Logging von Fehlern ist eine vernünftige Strategie, und auch für das Logging selbst sollten Sie eine Strategie haben. Eine Möglichkeit stellen wir in Kapitel 24 (Teil V), »Zuverlässige Softwaresysteme«, vor.

Programmieren Sie im Zweifelsfall defensiv. Hierbei geht man davon aus, dass Sie sich auf Eingaben aus anderen Teilen des Codes nicht verlassen können und diese möglicherweise bösartig sind. In diesem Sinne hinterfragen und überprüfen Sie anschließend die Eingaben in ein System, eine Klasse und sogar eine Funktion.

Hier ein paar Ansätze für defensives Programmieren:

- **Validieren Sie Eingaben, besonders die von Benutzern.** Gehen Sie von böswilligen Absichten oder versehentlich inkorrekten Informationen aus. Wenn Sie beispielsweise erwarten, dass der String-Parameter einer Funktion eine positive Zahl ist, sollten Sie dies überprüfen und einen Fehler auslösen, wenn das nicht der Fall ist.
- **Erwarten Sie ungültige Antworten.** Gehen Sie beim Aufruf einer Funktion nicht davon aus, dass sie immer einen »gültigen« Wert zurückgibt. Erwarten Sie leere Antworten oder unsinnige Werte. Wenn Sie beispielsweise die Funktion `GetSalaryForEmployee()` aufrufen, die einen Integer-Wert mit dem Gehalt eines bestimmten Angestellten zurückgibt, ist es sinnvoll, sicherzustellen, dass der Rückgabewert nicht null oder eine negative Zahl ist, oder gar ein Wert, der gar keine Zahl (NaN) ist.
- **Erwarten Sie bösartige Eingaben.** Gehen Sie davon aus, dass ein Angreifer versuchen könnte, absichtlich Eingaben zu schicken, die das System kaputt machen. So könnte ein Bösewicht probieren, Strings zu senden, die für einen SQL-Injection[2]-Angriff genutzt werden können. Oder ein Angreifer könnte im Web versuchen, anhand eines Cross-Site-Scripting-Angriffs (XSS)[3] Schadcode einzuschleusen.
- **Erwarten Sie Ausnahmen und Fehler.** Seien Sie darauf vorbereitet, dass Funktionen bei ihrem Aufruf eine Ausnahme auslösen oder einen Fehler zurückgeben können.

2 *https://en.wikipedia.org/wiki/SQL_injection*

3 *https://owasp.org/www-community/attacks/xss*

Manchmal ist defensives Programmieren nicht nötig, zum Beispiel wenn Sie mit Klassen arbeiten, deren Eingaben schon konstruktionsbedingt validiert werden. Auch werden Sie sich vermutlich weniger Sorgen um defensive Programmierung machen müssen, wenn Sie stark typisierte Sprachen einsetzen oder solche, bei denen die Funktionen deklarieren, welche Ausnahmen sie auslösen können. Je mehr Beschränkungen eine Sprache bei der Fehlerbehandlung ermöglicht, desto mehr kann ein Compiler Sie vor falschen Annahmen warnen.

Hüten Sie sich vor »unbekannten« Zuständen

Ein erstaunlich häufig auftretendes Problem ist die Abbildung von API-Antworten auf Erfolgs- oder Fehlercodes und der Umgang mit »unbekannten« Zuständen. So könnte eine Payment-API für Zahlungsanfragen Antworten wie »okay«, »not enough funds« (keine ausreichende Deckung) oder »API temporarily not available« (API aktuell nicht verfügbar) zurückgeben. Sie müssen diese Antworten in Ihrem Code als »Success« (Erfolg) oder »Failure« (Fehlschlag) abbilden.

Sie wissen, dass die API später Antworten hinzufügen oder entfernen kann. Daher wollen Sie Ihr System möglichst robust gestalten, damit es auch mit zukünftigen Szenarien umgehen kann, in denen die API vielleicht einen neuen Code wie »needs user action« (benötigt Handlung durch Benutzer) einführt. Hier zwei übliche Vorgehensweisen:

Erlaubt-Listen. Hierbei erstellen Sie eine Liste erfolgreicher Antworten (die »Erlaubt«-Liste) und gehen davon aus, dass alles andere ein Fehlschlag ist. Dadurch wird die Erlaubt-Liste zur Okay-Antwort, während alles andere als Fehler angesehen wird.

Dieser Ansatz ist defensiver. Das wird allerdings problematisch, wenn es eine Antwort wie »needs user action« gibt, die kein eindeutiger Fehler ist.

Blocklisten. Bei diesem Ansatz erstellen Sie eine Liste der Antworten, die als Fehler betrachtet werden (die Blockliste) und gehen davon aus, dass alles andere ein Erfolg ist. Dieses Vorgehen ist riskanter, weil die API neue Fehlercodes einführen könnte, die Sie als Erfolg behandeln.

Der Umgang mit einem »unbekannten« Zustand kann zu unerwarteten Problemen führen. Leider funktionieren weder Erlaubt-Listen noch Blocklisten in allen Fällen. Nehmen Sie beispielsweise einen API-Anbieter, der einen völlig neuen Antwortcode einführt. Der beste Ansatz für den Umgang mit solchen unbekannten Antworten und Codes besteht darin, in Ihrem Code neben »Erfolg« und »Fehlschlag« einen zusätzlichen »Unbekannt«-Zustand einzuführen und eine passende Fehler- oder Warnmeldung oder etwas anderes auszugeben, damit ein Engineer sich die Sache ansehen kann.

Seien Sie sich bewusst, dass jede Entscheidung, die Sie bei unbekannten Zuständen oder Antworten treffen, auf einer falschen Annahme basieren kann. Oft besteht die richtige Behandlung darin, sie *nicht* zu behandeln, sondern einen Fehler auszulösen.

KAPITEL 9

Softwareentwicklung

Wie werden Sie als kompetenter, zuverlässiger und professioneller Entwickler wahrgenommen, der in der Softwareentwicklung »den Durchblick hat«? In diesem Kapitel geht es um folgende Themen:

1. Eine Sprache besonders gut beherrschen
2. Debuggen
3. Refaktorieren
4. Testen

Eine Sprache besonders gut beherrschen

Lernen Sie eine Programmiersprache besonders umfassend, denn wenn Sie eine Sprache wirklich in- und auswendig beherrschen, erreichen Sie eine neue Ebene des Verstehens und der Kompetenz. Dabei bedeutet »in- und auswendig«, zu wissen, wie man die Sprache benutzt: ihre Syntax, ihre Sprachkonstrukte und Operatoren. Es bedeutet, die »Best Practices« zu kennen und zu verstehen, warum sie empfohlen werden. Es bedeutet, tiefer in die Materie einzutauchen und zu verstehen, wie Speicherverwaltung und Garbage Collection funktionieren, wie der Code kompiliert wird und was für die Performance wichtig ist.

Lernen Sie die Grundlagen einer Sprache

Beim umfassenden Lernen einer Sprache gibt es verschiedene Ebenen. Zuerst geht es um das Beherrschen der von der Sprache bereitgestellten Dinge, also eingebaute Datentypen, Variablen und Datenstrukturen, Operatoren, Kontrollanweisungen, Klassen und Objekte, die üblichen Arten der Fehlerbehandlung. Probieren Sie einige der weiter fortgeschrittenen Sprachbestandteile aus und verstehen Sie sie. Hierzu können zum Beispiel Generics, parallele Ausführung/Threading, komplexere Datentypen und weitere von der Sprache unterstützte Merkmale gehören.

Eine gute Möglichkeit, sich mit den Grundlagen einer Sprache vertraut zu machen, ist die Beschäftigung mit der Dokumentation. Finden Sie eine gute Sprachreferenz, sehen Sie sich Codebeispiele an oder arbeiten Sie ein Buch über die wichtigsten Sprachmerkmale durch. Für manche Menschen sind Videokurse mit Codebeispielen der bessere Weg. Finden Sie das Format, das für Sie am besten passt. Die Möglichkeit, auf Referenzmaterial zurückzugreifen, kann sehr praktisch sein, daher empfehle ich Ihnen, in ein Buch zu investieren.

Eine Ebene tiefer gehen

Wenn Sie wissen, wie die Sprache funktioniert, gehen Sie eine Ebene tiefer. Stellen Sie sich hierzu Fragen wie:

- Was passiert wirklich, wenn man eine Variable, eine Funktion oder eine Klasse deklariert?
- Wie wird der Code in Maschinensprache kompiliert, und welche Optimierungen können dabei zum Einsatz kommen?
- Wie groß ist der Speicherabdruck des Programms? Wie können Sie mitverfolgen, wie viel Speicher verwendet wird?
- Wie wird Speicher wieder freigegeben? Wie funktioniert die Garbage Collection, sofern die Sprache sie verwendet?
- Wenn die Sprache Generics unterstützt, werden sowohl Kovarianz als auch Kontravarianz unterstützt?
- Wie wird generischer Code interpretiert, und wie wird er hinter den Kulissen optimiert?

Suchen Sie nach Büchern, Videos, Onlinekursen und anderen Ressourcen zu den fortgeschritteneren Teilen einer Sprache. KI-Werkzeuge bieten Abkürzungen zu den Antworten auf einige Fragen, sind aber wahrscheinlich nicht so detailliert wie Bücher oder Onlineressourcen. Beim Versuch, Fragen wie die obigen zu beantworten, vergessen Sie nicht, dass sie komplex sind und Dinge berühren, die Sie vielleicht nicht kennen oder nicht ohne Unterstützung bewältigen können.

Wenn ich eine Sprache gründlich lernen will, arbeite ich mich durch Bücher, nehme an Kursen für Fortgeschrittene teil, lese Artikel, die bis ins kleinste Detail gehen, und nutze – in letzter Zeit – auch KI-Assistenten, um Konzepte zusammenfassen zu lassen und die Korrektheit der Antworten zu verifizieren. Für jede brandneue Technologie gibt es eine Reihe von Experten, die Sprachen auf den Grund gehen und ihre Entdeckungen mit anderen teilen. Suchen Sie nach diesen ausführlichen Ressourcen und nehmen Sie sich Zeit, sie zu studieren.

Lernen und verwenden Sie Werkzeuge, mit denen Sie unter die Motorhaube sehen und mehr darüber erfahren können, wie etwas funktioniert. Das können Speicher- und CPU-Profiler sein oder Entwickler- und Diagnosewerkzeuge. Diese können Ihnen nicht nur beim Verständnis des Innenlebens einer Sprache helfen, sondern sie können Ihnen auch bei anspruchsvolleren Debugging-Aufgaben helfen.

Der Praktikant, der zum Go-Experten unseres Teams wurde

Bei Uber verwendete mein Team Java, etwas Python und etwas Node.js für das Backend. Dieser Sprachenmix kam zustande, weil unser Team mit Diensten arbeiten musste, die in diesen Sprachen geschrieben waren.

Gleichzeitig gewann die Sprache Go im Unternehmen an Beliebtheit, und viele neue Dienste wurden damit erstellt. Unser Team war neugierig, also bauten wir einen neuen Dienst mit Go, was uns als Ausrede diente, die Sprache zu lernen.

Ein Praktikant kam ins Team, der sich sehr für Go interessierte. Schon vor seinem Praktikum verbrachte er viel Zeit mit dem Durcharbeiten von Lehrmaterialien, dem Lesen über interessante Dinge, mit Hobbyprojekten und dem Experimentieren mit verschiedenen Sprachmerkmalen. Dieser Praktikant beteiligte sich sofort an Code-Reviews und begann, seinen Teamkollegen Tipps zu geben, wie man Dinge »auf Go-Art« schreibt. Engineers im Team begannen, ihn mehr einzubeziehen, indem sie ihn um Reviews zu ihrem Go-Code baten oder sich bei der Programmierung des Diensts mit ihm zusammentaten.

Dieser Praktikant wurde der »Go-Experte« unseres Teams. Wie kam es dazu? Er hatte deutlich mehr Zeit und Energie investiert als sonst irgendjemand und vertiefte sich immer weiter in das Innenleben der Sprache.

Dies ist ein gutes Beispiel dafür, dass Sie auch ohne Erfahrung ein Experte für eine Sprache, ein Framework oder einen bestimmten Bereich werden können, solange Sie nur genug Zeit und Mühe investieren!

Lernen Sie das »Haupt«-Framework für eine Sprache

Heutzutage ist es selten, dass Sie nur eine Sprache einsetzen. Allerdings werden Sie Ihre »Hauptsprache« sehr wahrscheinlich mit einem Framework benutzen. Wenn Sie beispielsweise mit JavaScript oder TypeScript im Frontend arbeiten, werden Sie sehr wahrscheinlich auch React, NextJS oder ein anderes gut durchdachtes Framework einsetzen. Wenn Sie Ruby-Code schreiben, ist das Framework der Wahl vermutlich Rails. Bei PHP könnte es Laravel sein und so weiter. Beim Erstellen von Produkten sind robuste Frameworks sehr beliebt und ermöglichen eine schnellere Entwicklung.

Folgen Sie beim Lernen eines Frameworks dem gleichen Ansatz wie beim Lernen einer Sprache. Lernen Sie zuerst die Grundlagen und schauen Sie dann hinter die Kulissen, um die Details kennenzulernen.

Ein Vorteil von Open-Source-Frameworks liegt darin, dass Sie direkt unter die Motorhaube sehen können, auch wenn die Codebasis zu Anfang überwältigend scheint. Diesen Vorteil haben Sie bei den meisten Programmiersprachen nicht.

Vielen Entwicklern reicht es, ihr Haupt-Framework »gut genug« zu beherrschen. Sie wenden daher nicht viel Zeit auf, um zu verstehen, wie und warum die Dinge so funktionieren, wie sie funktionieren.

Wenn Sie einen Schritt weitergehen und sich mehr Zeit für eine eingehende Beschäftigung mit dem Framework nehmen, kann Ihnen das erlangte Wissen beim Beheben schwieriger Bugs, beim Treffen von Architekturentscheidungen oder bei der Migration auf neue Versionen des Frameworks helfen.

Lernen Sie eine zweite Sprache

Sobald Sie sich mit Ihrer ersten Sprache gut genug auskennen, suchen Sie nach Gelegenheiten, eine zweite zu lernen. Wenn Teamkollegen zum Beispiel in einer anderen Sprache programmieren, können Sie sich ihnen vielleicht anschließen und darauf hinweisen, dass Sie diese neue Sprache gerne lernen möchten.

Das Lernen einer zweiten Sprache hat mehr Vorteile, als oft angenommen wird:

- **Es ist leichter, Stärken und Schwächen zu vergleichen.** Beim Lernen einer zweiten Sprache werden Ihnen manche Dinge schwerer fallen, andere leichter. Wenn Sie sich intensiv mit Ihrer »ersten« Sprache beschäftigt haben, können Sie sofort erkennen, wo die neue Sprache besser funktioniert und wo nicht.
- **Sie tauchen tiefer in Ihre erste Sprache ein.** Das mag jetzt widersinnig erscheinen, aber das Lernen einer zweiten Sprache kann Ihnen tatsächlich helfen, sich in Ihrer ersten Sprache zu verbessern. Das passiert, wenn Sie versuchen, etwas in Ihrer »Hauptsprache« umzusetzen, das auch die zweite Sprache unterstützt. Oft lernen Sie auf diese Weise erst, wo die Grenzen der »ersten« Sprache liegen, entdecken neue Fähigkeiten oder entwickeln ein Verständnis für Konzepte wie dynamische Typisierung, Generics und andere fortgeschrittene Sprachmerkmale.
- **Sie legen die Gewohnheit ab, ausschließlich in Ihrer »Hauptsprache« zu programmieren.** Wenn Sie sich nur mit einer Sprache gut auskennen, werden Sie diese wahrscheinlich ständig einsetzen. Allerdings ist eine einzelne Programmiersprache nur selten die beste Wahl für alle Projekte und Szenarien. Sie werden in Situationen kommen, in denen eine neue Programmiersprache von Vorteil ist – etwa in Form von Bibliotheken, die Sie einsetzen können, oder besseren Leistungswerten. Haben Sie keine Angst davor, neue Sprachen zu lernen, indem Sie genau das tun.
- **Das Lernen weiterer Sprachen wird leichter.** Ihre erste Programmiersprache ist meist am schwersten zu erlernen. Die zweite ist immer noch knifflig, aber dann wird es einfacher. Je mehr Sprachen Sie kennen, desto mehr werden Sie ihre verschiedenen Merkmale und Fähigkeiten zu schätzen wissen.

KI-Werkzeuge können beim Erlernen der Syntax einer neuen Sprache eine große Hilfe sein. Viele KI-Assistenten können Code aus einer Programmiersprache in eine andere »übersetzen«. Sie können außerdem Fragen beantworten wie: »Zeige mir verschiedene Möglichkeiten, eine Funktion in [neue Sprache] zu deklarieren.« Der Einsatz dieser KI-Werkzeuge kann Ihnen helfen, schneller zu lernen. Bedenken Sie aber, dass KI-Werkzeuge auch falsche Antworten »halluzinieren« können – daher sollten Sie ihre Antworten auf jeden Fall verifizieren!

In die Breite oder in die Tiefe gehen?

Kompetente Softwareentwickler können auf ein profundes Wissen zurückgreifen. Das heißt, sie kennen mindestens eine Sprache und ein Framework besonders gut, auch wenn dies nicht die erste Sprache oder das erste Framework ist, das sie erlernt haben.

Ich rate Entwicklerinnen und Entwicklern, sich schon früh in ihrer beruflichen Laufbahn in zumindest einem Bereich ein umfassendes Wissen anzueignen. Folgen Sie hierbei den besprochenen Ansätzen wie dem Studium von detaillierten Ressourcen. Ein weiterer guter Ansatz besteht darin, sich mit einem Experten in einem bestimmten Bereich zusammenzutun und von ihm zu lernen, während man gleichzeitig nach Ressourcen für das selbstständige Lernen fragt und diese durcharbeitet.

Eine weitere Möglichkeit, in die Tiefe zu gehen, ist das Studium der langweiligen, aber notwendigen Dinge, die Ihnen täglich begegnen. Software-Engineer Ben Kuhn[1] nannte das »Blub-Studien«. Der Begriff »Blub« hat nichts mit Spinat zu tun, sondern stammt aus einem Essay[2] von Paul Graham, Mitgründer von Y Combinator, in dem »Blub« eine hypothetische Programmiersprache bezeichnet. Ben beschreibt in seinem Artikel »In defense of blub studies«[3], warum es nützlich ist, sich mit den scheinbar langweiligen und sinnlosen Details von Frameworks und Sprachen zu beschäftigen:

> Angenommen, das Blub Ihrer Wahl ist React. Dann könnten Sie es für sinnlos halten, all die »schmutzigen Details« zu lernen, wenn Sie sich zukünftig mit einem anderen Teil des Stacks beschäftigen oder gar einem anderen Web-Framework. Und ja, zum Teil stimmt das auch. Aber die Grundidee von React – das Schreiben reiner Rendering-Funktionen und die Verwendung von Reconciliation für schnelle Updates – ist äußerst leistungsstark und allgemeingültig. Tatsächlich wurde das Konzept jetzt auch von der kommenden Generation von UI-Frameworks kopiert, und zwar sowohl auf iOS (SwiftUI) als auch auf Android (Jetpack Compose). Das Erlernen der Grundprinzipien von React erleichtert also auch das Erlernen anderer Frameworks. Tatsächlich könnten sie als nützliche Quelle für Ideen dienen, die sich von einem auf ein anderes Framework übertragen lassen.
>
> Die Erkenntnisse aus solchen Blub-Studien sind erstaunlich vielseitig nutzbar, denn selbst wenn man die Details eines bestimmten »blubbigen« Systems lernt, wird das Design dieses Systems einen gehaltvollen, nicht-blubbigen Kern von extrahierbaren allgemeinen Prinzipien enthalten, die Sie an anderer Stelle nutzen können.
>
> Blub-Studien haben mehr Auswirkungen, als man naiverweise erwarten könnte, und zwar auf zweierlei Arten. Erstens erleichtert die Kenntnis eines Blubs das Erlernen alternativer Blubs, die dem gleichen Zweck dienen – wie das obengenannte React/Swift-Beispiel. Und zweitens hilft ein umfangreiches Wissen zu einem Blub Ihnen dabei, Blubs in benachbarten Teilen des Stacks schneller zu erlernen.

Sie können also gleichzeitig in die Tiefe und in die Breite gehen. Blub-Studien – das Herausfinden, wie die von Ihnen verwendeten Werkzeuge und Frameworks eigentlich funktionieren – sind hierfür ein gutes Beispiel. Solange Sie Zeit damit verbringen, Dinge außerhalb Ihrer Komfortzone zu lernen, werden Ihr Wissen und Ihre Fähigkeiten in die Breite und in die Tiefe weiter wachsen.

1 *https://www.benkuhn.net*

2 *http://www.paulgraham.com/avg.html*

3 *https://www.benkuhn.net/blub*

Debuggen

Wenn Sie Code schreiben, um ein Problem zu lösen, wird dieser nicht immer wie erwartet funktionieren. Je weniger Erfahrung Sie haben, desto öfter passiert das. Um herauszufinden, was schiefgelaufen ist, untersuchen Sie den Code und gehen ihn Schritt für Schritt durch, bis der Fehler gefunden ist. Das ist, was man allgemein als »Debuggen« bezeichnet.

Engineers, die schnell und effizient debuggen können, beheben Fehler schneller und iterieren öfter. Und auch wenn einige Menschen ein »Händchen« für das Debugging zu haben scheinen, kann es jeder lernen. Wie werden Sie also besser im Debuggen?

Machen Sie sich mit Ihren Debugging-Werkzeugen vertraut

Die meisten integrierten Entwicklungsumgebungen (IDEs) wie VS Code oder JetBrains IntelliJ verfügen über leistungsstarke Laufzeit-Debugging-Werkzeuge. Mir ist allerdings aufgefallen, dass gerade weniger erfahrene Engineers sich oft nicht darüber im Klaren sind, wie mächtig diese wirklich sind. Die Untersuchung des Codes, während er ausgeführt wird, ist eine der besten Möglichkeiten, um herauszufinden, welche fehlerhaften Annahmen Sie über den Code getroffen haben und wie er sich in Wirklichkeit verhält. Ein Debugging-Werkzeug kann Ihnen im Vergleich zu einem Ansatz nach dem Motto »*ändern, ausprobieren und hoffen, dass es funktioniert*« Stunden Ihrer Zeit sparen.

Beginnen Sie, indem Sie erkunden, über welche Debugging-Werkzeuge Ihre IDE verfügt. Setzen Sie Breakpoints und inspizieren Sie die lokalen Variablen. Treten Sie in Funktionen ein und aus ihnen heraus und untersuchen Sie den Call Stack. Suchen Sie nach Dokumentationen und Anleitungen zur Benutzung der fortgeschritteneren Features. Einige Debugger unterstützen hilfreiche Merkmale wie:

- Veränderung von Variablen im laufenden Betrieb.
- Auswertung von Ausdrücken beim Debugging.
- Bedingungsabhängige Breakpoints und Breakpoints für/bei Exceptions.
- Watchpoints (ein Breakpoint auf einer Variablen, der ausgelöst wird, wenn diese sich verändert).
- Wechsel zu einem Frame (Neustart des Debugging-Vorgangs von einem anderen Teil des Call Stack).
- Wechsel zwischen Threads.
- Änderungen am Quellcode, während der Debugger läuft.
- Änderungen von Umgebungsvariablen.
- Simulation von Sensoreingaben (für hardwarebasierte Umgebungen wie Mobilgeräte).

Werkzeuge wie Visual Studio, JetBrains IDEs und Chrome DevTools unterstützen fast alle der oben genannten Merkmale – wie auch moderne Entwicklungsumgebungen, die auf die Produktivität von Entwicklern ausgerichtet sind. Wenn Sie diese Werkzeuge noch nicht ausprobiert haben, ist jetzt eine gute Gelegenheit dazu.

Beobachten Sie, wie erfahrene Entwicklerinnen und Entwickler debuggen

Eine oft unterschätzte Möglichkeit, sich beim Debugging zu verbessern, besteht darin, Entwicklern über die Schulter zu schauen, die sehr gut darin sind. Wenn eine Entwicklerkollegin einen kniffligen Bug erwähnt, fragen Sie, ob Sie »Mäuschen spielen« oder mit ihr gemeinsam daran arbeiten dürfen. Erwähnen Sie, dass Sie lernen möchten, wie sie den Hauptgrund für einen Fehler findet.

Versuchen Sie, mindestens einmal mit jedem Entwickler gemeinsam eine Debugging-Session durchzuführen. Sie werden garantiert neue Debugging-Techniken kennenlernen und vielleicht ein paar neue Debugging-Werkzeuge entdecken.

Lernen Sie, ohne Werkzeuge zu debuggen

Manchmal stehen Ihnen keine Debugging-Werkzeuge zur Verfügung, zum Beispiel bei der Arbeit auf der Kommandozeile. Trotzdem gibt es immer eine Möglichkeit, auch ohne solche Werkzeuge zu debuggen. Das bedeutet meist zusätzliche Arbeit, bei der es aber manchmal auch etwas zu lernen gibt. Hier ein paar Möglichkeiten:

- **Loggen Sie sich in die Konsole ein.** Dies ist der einfachste Weg. Beginnen Sie mit der Ausgabe von Meldungen beim Aufruf einer Funktion; das können die Werte von Variablen, das kann aber auch alles andere sein, das eventuell hilfreich ist. Danach führen Sie den Code erneut aus und versuchen, die Vorgänge zu verstehen, indem Sie sich das Log der Konsole ansehen.
- **Debuggen Sie auf dem Papier.** Nehmen Sie sich einen Stift und ein Blatt Papier oder benutzen Sie ein Whiteboard. Notieren Sie die Variablen, die Ihnen am wichtigsten sind, und beginnen Sie, den Code in Ihrem Kopf auszuführen. Schreiben Sie dabei auf, wie sich die Variablen im Laufe der Zeit ändern. Hierbei sind detaillierte Notizen oft hilfreich. Wenn Sie feststecken, bitten Sie jemanden um Unterstützung, damit Sie den Code im Kopf richtig »ausführen«. Dieses Vorgehen ist besonders wirkungsvoll, wenn Sie Zugang zu einem Debugger haben. Arbeiten Sie den Code hierbei zuerst auf dem Papier durch und lassen Sie dann den Debugger laufen, um zu sehen, ob Sie den Code im Kopf richtig ausgeführt haben.
- **Schreiben Sie (Unit-)Tests.** Dieser Ansatz hat Ähnlichkeit mit dem *Test-Driven Development* (der testbasierten Entwicklung, TDD) und ist besonders beim Debuggen von Funktionen hilfreich. Schreiben Sie Tests, die angeben, welche Ein- und Ausgaben erwartet werden. Dann führen Sie die Tests aus und überprüfen, welche erfolgreich waren und welche nicht. Im Anschluss modifizieren Sie den

Code und führen die Tests erneut aus. Dieses Vorgehen ist hilfreich, denn sobald die Tests geschrieben sind, können Sie schnell Feedback dazu erhalten, ob Ihre Anpassungen funktionieren oder nicht. Davon abgesehen sind Tests, wie wir in Teil III sehen werden, die Grundlage für wartbaren Code. Das heißt, Sie werden die Tests ohnehin schreiben wollen.

Refaktorieren

Ein wichtiger, aber oft vernachlässigter Teil der Programmierung ist das Refaktorieren. Der Lernprozess funktioniert ähnlich wie beim Coden. Sie können so viel über ein Thema lesen, wie Sie wollen. Ohne die praktische Umsetzung werden Sie aber nie wirklich gut darin. Um sich im Refaktorieren zu verbessern, müssen Sie es tun – und zwar oft.

Üben Sie die Refaktorierung so oft wie möglich

Beginnen Sie, indem Sie Ihren eigenen Code refaktorieren, nachdem Sie ihn geschrieben haben. Wenn Sie eine Aufgabe abgeschlossen haben und Ihr Code funktioniert, werfen Sie noch einmal einen kritischen Blick auf alle Änderungen. Was hätten Sie besser oder deutlicher machen können? Wie können Sie die Lesbarkeit des Codes erhöhen?

Wenn Ihnen etwas auffällt, das Sie verbessern können, nehmen Sie die Änderung vor. Oft sind das nur kleine Anpassungen, die sich nicht wie eine Refaktorierung anfühlen, aber sie sind ein guter Anfang.

Verwenden Sie Code-Reviews, um Ideen für die Refaktorierung zu bekommen – und handeln Sie danach. Wenn jemand ein Review Ihres Codes vornimmt oder Sie sich andere Code-Reviews ansehen, werden Sie Kommentare dazu finden, was auf Ebene der Codebasis verbessert werden könnte. Dabei müssen sich diese Kommentare nicht unbedingt auf die veränderten Codeteile beziehen, sondern können auch Anmerkungen zu dem umgebenden Code enthalten, die oftmals Hinweise für eine mögliche Refaktorierung sein können.

Fällt Ihnen ein Kommentar auf, der eine Gelegenheit zu einer Codeänderung sein könnte, melden Sie sich freiwillig für eine Refaktorierung. Tun Sie sich mit jemandem zusammen, der bestätigen kann, dass dies wirklich eine gute Idee ist, und überprüfen Sie die Refaktorierung später noch einmal. Führen Sie die Refaktorierung als separate Aufgabe (*Task*) oder als Pull-Request durch, um eine spätere Überprüfung zu erleichtern.

Lesen Sie den Code durch. Machen Sie sich beim Lesen des Codes Notizen zu Ungereimtheiten und schwer verständlichen Teilen. Das Warten auf Refaktorierungsideen anhand von Code-Reviews kann ein Glücksspiel sein. Sie kommen vermutlich schneller ans Ziel, wenn Sie den Code lesen und zu verstehen versuchen, was er tut. Das hilft auf zweierlei Weise:

Erstens vertieft sich Ihre Kenntnis des Systems. Indem Sie den Code lesen, werden Sie besser verstehen, was an welcher Stelle passiert. Dadurch können Sie nicht nur besser debuggen, sondern auch den Code besser einschätzen. Lesen Sie hierzu auch den Abschnitt »Lesen Sie so viel Code, wie Sie schreiben« in Kapitel 8.

Zweitens werden Ihnen viele Inkonsistenzen auffallen. Das können beispielsweise anders benannte Variablen oder Methoden sein, duplizierter Code oder auch etwas ganz anderes. Manche Codeteile sind vielleicht schwer zu verstehen, und Sie fragen sich, was sie tun oder warum eine bestimmte Klasse existiert. Auch unlesbarer Code wird Ihnen begegnen.

Machen Sie sich zu allen diesen Dingen Notizen. Sie könnten diese einfach in ein privates Dokument schreiben oder eine Erweiterung Ihrer IDE nutzen, um Ihre Kommentare aufzuzeichnen, wobei diese in einer lokalen Datei gespeichert werden, ohne dass sie der Codebasis hinzugefügt oder von jemand anderem gesehen werden.

Machen Sie sich eine Liste der Dinge, die Sie refaktorieren wollen. Danach holen Sie sich Feedback von anderen. Auch wenn die Versuchung groß ist, alles Gefundene sofort zu reparieren, ist dies nicht der beste Weg. Das Team hat vermutlich schon die gleichen Beobachtungen gemacht. In seltenen Fällen haben sie vielleicht bereits entschieden, bessere Leistung oder Wartbarkeit durch weniger lesbaren Code zu »erkaufen«. Teile des Kubernetes-Quellcodes sind hier ein gutes Beispiel. Vielleicht finden Sie auch Refaktorierungsmöglichkeiten, bei denen es sich tatsächlich um Konventionen handelt, auf die sich das Team geeinigt hat.

Holen Sie daher besser eine Zweitmeinung ein und gehen Sie Ihre Beobachtungen mit jemandem durch, der genug Erfahrung mit der Codebasis hat. Holen Sie sich dessen Feedback und entscheiden Sie dann, welche Refaktorierungen sinnvoll sind und welche nicht. Mit der neuen Liste schätzen Sie anschließend, wie groß der Aufwand jeweils wäre, und erstellen eine Reihenfolge, in der Sie die Refaktorierungen dann abarbeiten wollen. Hierbei empfiehlt es sich, mit den einfachen Aufgaben zu beginnen.

Eine solche priorisierte Liste können Sie nun als Ihr »Refaktorierungs-Backlog« behandeln. Wenn es in Ihrem Team üblich ist, die geplanten Arbeiten zu protokollieren, können Sie entsprechende Tickets erstellen. Beginnen Sie mit der Refaktorierung neben Ihrer normalen Arbeit, zum Beispiel wenn Sie beim Warten auf ein Code-Review oder zwischen zwei anderen Aufgaben etwas Luft haben. Versuchen Sie, die erste Refaktorierung zu Ende zu bringen, stoßen Sie ein Review an und holen Sie sich Feedback von anderen. Und dann noch einmal von vorne, wobei Sie Ihre Liste nach und nach abarbeiten. Wenn Sie fast fertig sind, suchen Sie nach neuen Möglichkeiten, Ihren Code zu verbessern.

In einem gesunden Team werden Ihre Kolleginnen und Kollegen Sie für diese Art der Arbeit loben, besonders diejenigen, die der Meinung waren, dass die Refaktorierung eine gute Idee war. Das hat mehrere Vorteile: Sie üben nicht nur zu refaktorieren, sondern Sie lernen außerdem noch eine Menge über die Codebasis und füllen Ihr »Wohlwollen-Guthaben« (siehe »Das »Wohlwollen-Guthaben« auf einem guten Stand halten«, Seite 141) bei Ihren Kollegen auf, indem Sie die Aufräumarbeiten übernehmen. Wenn Sie vor einer Refaktorierung regelmäßig um Feedback bitten, lernen Sie, was Ihre Kollegen aus welchen Gründen für wichtig und für unwichtig halten.

Die Refaktorierungsmöglichkeiten Ihrer IDE kennen und nutzen

Viele IDEs besitzen schon »von Haus aus« Möglichkeiten wie einfache Refaktorierungsarbeiten, etwa das Anpassen von Variablennamen und Funktionssignaturen, die Auslagerung von Logik in eigene Funktionen und vieles mehr. Nehmen Sie sich die Zeit, diese Fähigkeiten Ihrer IDE kennen und nutzen zu lernen.

Auch einfache Refaktorierungsarbeiten können zeitaufwendig und fehleranfällig sein, wenn Sie von Hand arbeiten. Ein Werkzeug macht Sie nicht nur schneller, Sie müssen sich auch keine Sorgen darum machen, ob sich der Zeitaufwand für eine Refaktorierung wirklich lohnt. Sie ist in Sekundenschnelle erledigt.

Refaktorierung hat viele Seiten. Beginnen Sie mit den einfachen Arbeiten und arbeiten Sie sich von dort langsam zu den komplexeren Aufgaben vor. Die Teile einer Funktion lassen sich leicht refaktorieren. Beginnen Sie mit dem Umbenennen von Variablen und der Auslagerung von Funktionalität in andere Methoden. Die nächste Stufe ist die Refaktorierung mehrerer Funktionen, zum Beispiel indem Sie Duplikate entfernen. Danach gibt es ähnliche Arbeiten auf Klassenebene und schließlich auf Ebene der Dienste, Bibliotheken und Frameworks.

Je geringer der Umfang einer Refaktorierung, desto einfacher ist sie, und desto besser lässt sich testen, dass alles wie erwartet funktioniert. Auch wenn die Refaktorierung zu Ihrer Berufserfahrung beiträgt, sollten Sie darauf achten, dass Ihre Augen nicht größer sind als Ihr Magen. Wenn Sie merken, dass Ihnen eine Refaktorierung über den Kopf wächst und es Ihnen schwerfällt, die vielen Änderungen im Auge zu behalten, verringern Sie den Umfang. Können Sie die Refaktorierung in kleinere Teile auftrennen und nacheinander abarbeiten? Wenn die Dinge zu komplex werden, ist das eine großartige Gelegenheit, Teammitglieder, die mehr Erfahrung mit der Codebasis haben, um Hilfe zu bitten, um zu verstehen, wie sie mit dem gleichen Problem umgehen.

Tests refaktorieren

Eine unterschätzte Gelegenheit für Refaktorierungen ist die Arbeit an den Unit-Tests eines Projekts. Oft besitzt dieser Code eine Menge Duplizierungen und eine schlechte Struktur, die viele Best Practices missachtet. Menschen, die Unit-Tests hinzufügen, folgen meist dem üblichen Stil, ohne diesen aber zu verbessern.

Für den Anfang reicht es, die Lesbarkeit von Tests zu erhöhen und sich dann Feedback durch Code-Reviews zu holen. Danach können Sie weitermachen, indem Sie eine ganze Klasse aufräumen. Das Auslagern gemeinsam genutzter Funktionalität in eigene Methoden, die Vereinfachung von Tests und die Verbesserung ihrer Lesbarkeit lassen sich leicht umsetzen. Vielleicht haben Sie auch die Möglichkeit, eine Diskussion darüber zu leiten, welcher Stil und welche Vorgehensweisen verwendet werden sollen.

Sobald sich das Team auf einige Vorgehensweisen und Konventionen geeinigt hat, können Sie beginnen, weitere Klassen zu refaktorieren. Die Refaktorierung von Tests wird oft als undankbare Aufgabe angesehen; ich bin aber überzeugt, dass auch sie wichtig ist. Außerdem können Sie üben, durch den Einsatz von IDE-Shortcuts effizienter zu werden. Diese Tests haben langfristige Auswirkungen: Viele andere Entwickler werden Ihren Optimierungen folgen und Tests schreiben, die den verbesserten Konventionen entsprechen.

Besonders vorsichtig sollten Sie bei schlecht getestetem Produktionscode vorgehen. Wenn Sie regelmäßig refaktorieren, ist ein Sicherheitsnetz aus Unit-Tests für den Code zwingend notwendig. Wenn Sie versuchen, den Code ohne automatisierte Tests zu refaktorieren, werden Sie deutlich mehr Zeit dafür aufwenden, zu prüfen, ob alles richtig funktioniert.

Hierbei gibt es natürlich auch Ausnahmen, bei denen es sinnvoll ist, ungetesteten Code zu refaktorieren. Dies sind üblicherweise klar umgrenzte Teile der Codebasis, die das Team absichtlich nicht getestet hat, wie etwa die User-Interface-(UI-)Schicht. Allerdings gehen die Effizienzvorteile durch schnelles Refaktorieren verloren, wenn Sie jeden davon berührten Anwendungsfall von Hand überprüfen müssen.

Machen Sie sich die Refaktorierung zur täglichen Gewohnheit

Stärken Sie Ihre Refaktorierungsmuskeln. Die Fähigkeit, angstfrei und mit wenig Aufwand zu refaktorieren, können Sie nur lernen, indem Sie regelmäßig trainieren, Fehler machen und dann aus diesen lernen. Gewöhnen Sie sich an, nach jeweils ein paar erledigten Aufgaben (*Tasks*) auch eine wichtige Refaktorierungsaufgabe durchzuführen.

Testen

Kompetente Softwareentwickler werden als verlässlich angesehen, weil sie in der Lage sind, ausreichend genaue Zeitschätzungen für Arbeiten von angemessener Komplexität abzugeben. Noch wichtiger ist allerdings, dass der Code eines verlässlichen Entwicklers wie erwartet funktioniert. Wie stellen diese Entwicklerinnen und Entwickler das sicher?

Sie testen ihren Code, bevor sie ein Code-Review anfordern oder ihn per Commit ins Repository einpflegen. Hierbei meine ich nicht unbedingt automatisierte Tests. Verlässliche Entwickler testen ihren Code vor allem manuell, wenn die Arbeit getan ist und bevor sie ein Code-Review anfordern oder ihn ins Produktionssystem integrieren.

Sie überlegen, mit welchen Grenzfällen der Code möglicherweise umgehen muss, und führen einfache Tests hierzu aus. Wenn sie einen API-Endpunkt erstellt haben, lassen kompetente Softwareentwickler ihn lokal laufen. Dann führen sie eine Vielzahl von Requests an den Endpunkt durch, um seine Funktionalität zu prüfen. Beim Schreiben einer Funktion, die für bestimmte Aufgaben zuständig ist, stellen sie sicher, dass die Funktion wie erwartet funktioniert, selbst wenn sie unter kaum erwarteten Bedingungen aufgerufen wird.

Verlässliche Entwickler nehmen Grenzfälle sehr ernst. Sie gehen mögliche Grenzfälle durch und klären mit den Stakeholdern, was in diesen Fällen passieren soll. Bei der Erstellung von Eingabefeldern sorgen kompetente Entwickler beispielsweise dafür, dass die Benutzereingaben überprüft werden müssen, und legen fest, was passieren soll, wenn ein Benutzer etwas anderes eingibt. In einer App, in der ein Geldbetrag erhöht werden kann, kümmern sie sich um Grenzfälle wie negative Beträge oder nicht numerische Werte.

Verlässliche Entwickler überlegen sich ihre Testfälle, auch die manuellen, teilweise schon vor Beginn der Entwicklung. Sie erweitern diese Liste nach Bedarf und finden neue, vorher nicht bedachte Grenzfälle. Wenn der Code bereit ist, testen sie alle Fälle durch und committen den Code erst, wenn sie sicher sind, dass alles wie erwartet funktioniert.

Es kann passieren, dass Entwickler Bugs einbauen, weil sie bestimmte Grenzfälle und Testfälle nicht bedenken und beim Einchecken ihres Codes davon ausgehen, dass er schon funktionieren wird. Die daraus resultierenden Bugs sind so gut wie immer übersehene Grenzfälle. Ein Entwickler könnte denken: »Macht ja nichts, kann jedem mal passieren.« Und das tut es auch, allerdings wesentlich öfter als bei zuverlässigen Entwicklern, die sich die Zeit nehmen, auch über Grenzfälle nachzudenken, und ihren Code erst dann pushen, wenn sie alle Annahmen auch bestätigt haben.

Automatisierte Tests werden von kompetenten Entwicklern häufig verwendet. Sie haben die Grenz- und Testfälle bereits festgelegt. Zu Beginn ihrer Laufbahn haben sie diese Fälle alle noch von Hand überprüft. Sobald sie sich allerdings mit den Werkzeugen für das Unit- und das Integration-Testing vertraut gemacht haben, werden sie nicht wieder zur langsamen und schmerzhaften manuellen Testprozedur zurückkehren wollen.

Einige probieren es mit Test-Driven Development (testbasierter Entwicklung, TDD). Hierbei werden zuerst die Unit-Tests geschrieben, und dann kommt erst der Code, der diese Tests bestehen muss. Die meisten Entwickler bleiben allerdings beim gleichzeitigen Schreiben von Code und Tests. Die verschiedenen Formen automatisierter Tests behandeln wir in Kapitel 14 (Teil III), »Testing«.

KAPITEL 10

Werkzeuge des produktiven Entwicklers

Um als Entwicklerin oder Entwickler produktiv arbeiten zu können, müssen Sie die von Ihnen benutzten Werkzeuge möglichst gut verstehen und beherrschen.

In einigen Berufen wird einem »das nötige Handwerkszeug« beigebracht. Mein Vater arbeitet beispielsweise in der Chemiebranche. Er erzählte mir, dass man für eine Stelle im Labor zunächst lernen muss, welche Laborgeräte es gibt und wie sie funktionieren. Die ersten Tage arbeitet man als Assistent und benutzt einfache Geräte unter Anleitung. Sobald man seine Fähigkeiten unter Beweis gestellt hat, bekommt man Zugang zu komplizierteren Werkzeugen und Aufgaben. Nach ein paar Jahren können Laboranten auch komplexe Geräte komplett selbstständig bedienen und selbst neue Assistenten einarbeiten.

In der Softwarebranche ist ein solches Training eher selten. Einige Unternehmen sind besser darin als andere, ihre Belegschaft im Umgang mit ihren Werkzeugen sowie Build-, Deployment- und anderen Systemen zu schulen. Oft sind Sie dabei aber auch auf sich gestellt.

Das versucht dieses Kapitel zu berichtigen. Es enthält eine Zusammenfassung der Werkzeuge und Systeme, die Sie effektiv nutzen müssen, um bei vielen Arbeitgebern als zuverlässiger Software-Engineer arbeiten zu können. Wir behandeln:

1. Ihre lokale Entwicklungsumgebung
2. Häufig verwendete Werkzeuge
3. Möglichkeiten, schnell zu iterieren

Ihre lokale Entwicklungsumgebung

Beherrschen Sie Ihre Programmierumgebung, Ihre interaktive Entwicklungsumgebung (IDE) oder Ihren Programmiertexteditor. Machen Sie sich damit vertraut und lernen Sie, ihre Möglichkeiten effektiv zu nutzen.

Unterstützt Ihre Entwicklungsumgebung Funktionalität wie die Suche in bestimmten Dateien, Ersetzungen in der aktuellen Datei, das Extrahieren von Methoden und die Änderung von Variablennamen? Können Sie Ihr Projekt mit einem Klick bauen und ausführen? IDEs können sehr leistungsstarke Werkzeuge sein, sofern Sie wissen, wie man sie benutzt. Hier ein paar Fähigkeiten, die eine moderne IDE haben sollte:

- **Refaktorierung.** Einfache Refaktorierung Ihres Codes. Können Variablen/Funktionen/Klassen umbenannt oder Methoden extrahiert werden? Sehen Sie sich die eingebauten Refaktorierungsmöglichkeiten Ihrer IDE an.
- **Kompilierung.** Die Möglichkeit, ein Projekt mit einem Klick zu kompilieren und auszuführen. Welches Tastaturkürzel können Sie für diesen Schritt nutzen? Können Sie die IDE so einrichten, dass bei jedem Sichern einer Datei eine Kompilierung oder ein Build angestoßen wird?
- **Das Projekt ausführen.** Wie können Sie Ihr kompiliertes Projekt so einrichten, dass es mit einem Klick oder Tastaturkürzel ausgeführt wird? Dies ist besonders wichtig, wenn es um Applikationen mit einem Frontend geht, wie Web- oder mobile Apps.
- **»Heißer« Reload.** Ist es möglich, im laufenden Code Änderungen vorzunehmen, wobei diese Änderungen direkt sichtbar werden, sobald die Datei gesichert und die Umgebung neu geladen wurde?
- **Debugging.** Machen Sie sich damit vertraut, wie Sie einen Breakpoint, Step into/Step over/Step out setzen können. Wo können Sie einen Stack Trace sehen? Wie lassen sich lokale Variablen anzeigen?
- **Fortgeschrittenes Debugging.** Können bedingungsabhängige Breakpoints verwendet werden? Können Sie eine Bedingung n-mal ignorieren, bevor ein Break ausgelöst wird? Können Sie Variablen ändern, wenn ein Breakpoint erreicht wird?
- **Ausführen von Tests.** Wie können Sie automatisierte Tests wie Unit- oder Integrationstests ausführen? Lässt sich das mit einem Klick oder Tastaturkürzel erledigen?
- **Debugging-Tests.** Wie können Sie einen Test mit Breakpoints versehen und ihn debuggen? Können Sie bestimmte Tests einzeln debuggen? Falls ja, wie?
- **Erstellung eines Pull-Requests.** Können Sie direkt aus der IDE heraus ein System zur Quellcodeverwaltung nutzen, um beispielsweise einen Pull-Request zu erstellen?

Lernen braucht Zeit. Dabei kommen Sie schneller voran, wenn Sie sich mit einem erfahrenen Engineer zusammentun. Fragen Sie, wie er die oben aufgelisteten Dinge erledigt, und lernen Sie von ihm! Wenn Sie wissen, wie Sie Ihre IDE effektiv einsetzen, werden die Iterationszyklen in der Programmierung kürzer, und Ihre Arbeit ist schneller getan.

Ein schneller Zyklus aus Bearbeiten → Kompilieren/Ausführen → Ausgabe

Wenn es länger als ein paar Sekunden dauert, Änderungen vorzunehmen und Ihre Ausgaben zu überprüfen, verlieren Sie wahrscheinlich Zeit durch einen Kontextwechsel. Mit modernen Werkzeugen und anständiger Hardware gibt es kaum einen Grund, mehr als eine oder zwei Sekunden zu warten, um die Ausgaben zu sehen. Dabei spielt es keine Rolle, ob der Code eine Website neu lädt, Backend-Tests ausgeführt oder Änderungen im Mobilgeräte-Simulator angezeigt werden.

Finden Sie sich nicht damit ab, dass es zu lange dauert, bis eine Änderung in Ihrer Umgebung dargestellt wird. Fragen Sie Ihre Teamkollegen, wie sie arbeiten, und kopieren Sie das Vorgehen von jemandem, der nicht auf seinen Rechner warten muss. Wenn der Iterationszyklus bei allen Teammitgliedern langsam ist, suchen Sie online, und gehen Sie in Foren, um herauszufinden, wie Sie den Prozess beschleunigen können.

Die Möglichkeit, schnelle Änderungen vorzunehmen, steigert Ihre Produktivität und bewahrt Sie vor Ablenkung bei der Arbeit.

IDE und Arbeitsablauf konfigurieren

Sobald Sie mit der Entwicklung in Ihrer aktuellen Umgebung an Ihrem Arbeitsplatz vertraut sind, können Sie Ihren Arbeitsablauf etwas bequemer gestalten, und zwar so:

Legen Sie Tastaturkürzel für sich häufig wiederholende Aktionen an, wie etwa die Ausführung Ihres Projekts oder eines Tests, die Suche in der Codebasis und so weiter.

Wenn Sie bestimmte Aktionen wiederholen, indem Sie im IDE-Menü herumklicken, suchen Sie eine Abkürzung oder richten ein Tastaturkürzel dafür ein. Diese kleinen Effizienzsteigerungen helfen Ihnen, »im Flow« zu bleiben, sobald sie Ihnen »in Fleisch und Blut« übergegangen sind.

Konfigurieren Sie Ihr Farbschema. Für manche Menschen ist dies nur ein kleines Detail, für andere bedeutet es einen großen Unterschied. Wählen Sie ein Farbschema, das Ihnen die Arbeit mit der IDE erleichtert. Dabei reicht es vielleicht schon, einen dunklen oder hellen Modus zu wählen; vielleicht wollen Sie die Farben aber auch auf das Schema Ihres Terminals abstimmen. Für viele Editoren gibt es Farbschemapakete, wie etwa das »Dracula Color Theme« von Zeno Rocha (*https://draculatheme.com*) oder die »Colour Themes« von Dayle Rees (*https://github.com/daylerees/colour-schemes*).

Richten Sie bei Bedarf Codeformatierung und Linting ein. Sollen beim Schreiben von Code die geschweiften Klammern einer `if {}`-Anweisung auf der gleichen Zeile stehen oder auf der folgenden? Wie viele Leerzeichen sollten für Einrückungen verwendet werden? Oder sollten Sie für Einrückungen ausschließlich Tabulatoren nutzen?

Wenn es in Ihrem Team Regeln für Codeformatierung und Linting gibt, sollten Sie sicherstellen, dass Sie diese in Ihrer Entwicklungsumgebung ebenfalls verwenden.

Auch wenn es keine Vorschriften hierzu gibt, können Ihnen ein Codeformatierer und ein Linting-Stil für Ihren Code helfen. Durch Verwendung der Codeformatierung bleibt der von Ihnen geschriebene Code konsistent. Viele dieser Werkzeuge können so eingestellt werden, dass sie die Formatierung beim Sichern der Datei automatisch oder durch ein Tastaturkürzel vornehmen. *Bei der Arbeit im Team ist es sinnvoll, wenn alle Mitglieder sich auf einen Stil einigen. Überlegen Sie, ob Sie vielleicht eine Diskussion hierzu anstoßen können.*

Wenn Ihre IDE einen »Playground« (englisch für Spielplatz) besitzt, nutzen Sie ihn. Manche IDEs haben eine Playground-Komponente, mit der Sie schnell etwas ausprobieren können, etwa die Swift-Playgrounds für die iOS-Entwicklung mit XCode. Lernen Sie diese Umgebung kennen und spielen Sie damit. Das kann später Ihre Arbeit an Prototypen beschleunigen.

Sehen Sie sich auch alternative Entwicklungsumgebungen und Playgrounds an. Die Auswahl ist groß. Wenn sich Ihr Team auf eine IDE geeinigt hat, sollten Sie diese zuerst lernen. Trotzdem ist es gut, Alternativen zu kennen, falls ein anderes Werkzeug für bestimmte Situationen besser geeignet ist. So sind Coding-Playgrounds wie JSFiddle eine gute Wahl, um in der Webentwicklung »schnell mal eben« einen Prototyp zusammenzubauen.

Häufig verwendete Werkzeuge

Git

Lernen Sie Git, denn es wird sehr wahrscheinlich auch bei Ihnen für die Versionierung und Quellcodeverwaltung eingesetzt. Machen Sie sich mit den Werkzeugen und Ideen hinter Git vertraut, wie:

- Branching (Verzweigen)
- Rebasing
- Auflösen von Konflikten und Merging (Zusammenführen)
- Cherry Picking (Rosinen picken)

Am wichtigsten ist es jedoch, einen Git-Client zu finden, mit dem Sie gut arbeiten können.

Viele Entwicklerinnen und Entwickler schwören allerdings darauf, Git von der Kommandozeile aus zu verwenden, anstatt sich auf eine grafische Schnittstelle (GUI) zu verlassen. Dadurch sind Sie von keinem bestimmten Programm zur Versionsverwaltung abhängig. Ich empfehle Ihnen, es zumindest einmal zu probieren. Machen Sie sich dabei keine Sorgen darüber, dass die Kommandozeile nicht so ansprechend ist wie ein GUI. Git ist einfach nur ein Werkzeug, Hauptsache, Sie können Pull-Requests anlegen und mit Konflikten umgehen – das sind die häufigsten Aktionen. (Die deutsche Dokumentation zu Git finden Sie hier (*https://git-scm.com/book/de/v2*).)

Kommandozeile/Terminal

Die Kommandozeile ist ein rein textbasiertes und sehr leistungsstarkes Werkzeug. Sie hat je nach Betriebssystem unterschiedliche Namen:

- Mac: Hier ist es das Programm *Terminal* (zu finden im Ordner *Programme/Dienstprogramme*).
- Linux: Die Shell-Applikation. Unter Linux stehen verschiedene Shell-Applikationen zur Verfügung wie *sh*, *zsh*, *csh*, *ksh*.

- Windows: Die Eingabeaufforderung, der Prompt oder *cmd* oder auch die leistungsstärkere Kommandozeile *PowerShell*.

Auch einige IDEs enthalten Kommandozeilen. In Visual Studio Code ist sie beispielsweise unter dem *Terminal*-Tab zu finden. Die Kommandozeile ist besonders bei der Arbeit mit entfernten Rechnern hilfreich, zum Beispiel um via SSH eine Verbindung aufzubauen.

Machen Sie sich mit den gebräuchlichsten Kommandozeilenbefehlen vertraut, um sich durch Verzeichnisse/Ordner zu bewegen, deren Inhalte aufzulisten, Skripte – wie etwa Python- oder Node-Skripte – auszuführen, den Inhalt von Dateien zu durchsuchen oder den Wert von Umgebungsvariablen zu setzen.

Am besten lernen Sie die Kommandozeile kennen, indem Sie einfach anfangen, sie für bestimmte Aufgaben zu benutzen. Um herauszufinden, wie das geht, suchen Sie etwa nach »wie funktioniert X auf der Kommandozeile«, wobei »X« für die Aufgabe steht, die Sie gerade erledigen wollen. Je wohler Sie sich mit der Kommandozeile fühlen, desto effizienter werden Sie arbeiten.

Reguläre Ausdrücke

Lernen Sie genügend reguläre Ausdrücke (Regex) kennen, denn sie können eine große Hilfe sein. Das gilt besonders für die Suche in bestimmten Dateien oder bei der Bearbeitung mehrerer Dateien auf einmal. Lernen Sie die Grundlagen ihrer Syntax sowie ihrer Funktionsweise und setzen Sie diese für die Suche von und in Dateien sowie für die Ersetzung bestimmter Inhalte ein.

Finden Sie ein Werkzeug, das Ihnen beim Testen und Überprüfen regulärer Ausdrücke hilft und das bei Bedarf zur Hand ist. Das könnte eine Website oder auch ein KI-Assistent sein.

SQL

SQL ist die Sprache für die Abfrage relationaler Datenbanken. Bei der Erstellung einer Applikation oder eines Diensts zur Datenspeicherung ist der Speicher in der Regel eine relationale oder eine NoSQL-Datenbank. Trotzdem werden Sie für die Abfrage beliebiger Arten von Daten mit großer Wahrscheinlichkeit die eine oder andere Form der SQL-Syntax verwenden.

Daher sollten Sie zumindest die SQL-Grundlagen beherrschen: das Anlegen einer Tabelle, die Verwendung des `SELECT`-Befehls mit den Klauseln `FROM`, `WHERE`, `ORDER BY`, `GROUP BY` und `HAVING`. Auch fortgeschrittene Dinge wie das Zusammenfügen von Tabellen mittels `JOIN` oder die Verwendung von Views sollten Sie kennen. Zusätzlich kann es helfen, die Performance dieser Anweisungen und die Wichtigkeit von Tabellenindizes bei der Ausführung komplizierter Abfragen wie Joins zu kennen.

Ein gutes Verständnis von SQL hilft Ihnen, wenn Sie Daten be- und verarbeiten müssen.

KI-Assistenten für die Programmierung

Seit Anfang 2023 ist die Beliebtheit und die Effizienz von KI-Assistenten für die Programmierung regelrecht explodiert. Sie lassen sich grob in zwei Bereiche unterteilen:

1. **Inline-Programmierassistenten.** Diese funktionieren wie die »Autovervollständigung auf Steroiden«, indem sie zu schreibenden Code auf Basis des schon vorhandenen Codes vorschlagen. Beispiele hierfür sind GitHub Copilot, Sourcegraph Cody, Tabnine und viele andere.
2. **Generative KI-Chatschnittstellen.** Viele generative Chatapplikationen wurden mit Quellcode und Programmierkonzepten trainiert. Diese Werkzeuge können helfen, codebezogene Themen und Fragen »durchzusprechen«, und können dabei unterstützen, ein Codegrundgerüst (*Scaffolding*) oder auch größere Codestücke mit mehreren Dateien zu erstellen. Beispiele hierfür sind ChatGPT, Google Bard und Phind.com.

Fragen Sie Ihre Kollegen, welche Assistenten sie nutzen, probieren Sie sie aus und wählen Sie einen, der zu Ihnen passt. Finden Sie heraus, welche Prompts hilfreich sind, und speichern Sie diese in einer Datei, um sie später leichter zur Hand zu haben.

KI-Programmierassistenten sind einfach nur ein weiteres Produktivitätswerkzeug, sobald Sie damit vertraut sind und selbst gut einschätzen können, wo ihre Grenzen liegen. Aber auch diese Werkzeuge können Nachteile haben. Ein großes Problem von KI-Werkzeugen liegt darin, dass sie manchmal nicht den benötigten Code erzeugen. Oder der Code enthält Bugs. Manche Modelle können auch halluzinieren und sich beispielsweise APIs »ausdenken«, die es gar nicht gibt. Seien Sie sich dieser Einschränkungen bewusst, damit Sie diese Werkzeuge möglichst effizient einsetzen können.

Unternehmensinterne Entwicklungswerkzeuge

Welche unternehmensinternen – möglicherweise speziell entwickelten – Entwicklungswerkzeuge benutzen die Engineers in Ihrem Unternehmen regelmäßig? Wenn Sie sich in Ihr Team einarbeiten und die ersten Codeänderungen vornehmen, werden Ihnen sicherlich einige begegnen.

So haben viele Unternehmen zum Beispiel spezielle CI/CD-Systeme, eigene Werkzeuge für Code-Reviews, Überwachungs- und Warnsysteme, Feature-Flags und Systeme zum Experimentieren. Und selbst wenn die Werkzeuge keine Eigenentwicklungen sind, setzen unterschiedliche Unternehmen auf unterschiedliche Hersteller. Sie werden also nicht umhinkommen, sich mit ihnen vertraut zu machen.

Fragen Sie Ihre Kolleginnen und Kollegen, welche Werkzeuge sie regelmäßig nutzen. Finden Sie heraus, wie man auf sie zugreift und wie sie funktionieren. Schreiben Sie sich Ihren eigenen »Schummelzettel«, auf dem Sie notieren, wie Sie die Werkzeuge effizient nutzen können.

Ihr persönlicher »Produktivitätsschummelzettel«

Als ich bei Uber arbeitete – wo es eine Menge unternehmensinterner Werkzeuge gab –, habe ich mir eine Liste nützlicher Links auf interne Werkzeuge und Dashboards angelegt. Eine weitere Liste enthielt Befehle, Prompts und Abfragen. Dieses Dokument war mir über Jahre hinweg eine große Hilfe!

Es könnte helfen, wenn Sie sich einen eigenen »Produktivitätsschummelzettel« anlegen. Beginnen Sie mit einem leeren Dokument. Füllen Sie es nach und nach mit den Namen der Werkzeuge, einer kurzen Beschreibung ihres Zwecks und ihrer Funktionsweise, Links, Befehlen und anderen Notizen. Solch ein kleines Dokument kann eine große Hilfe sein – besonders während der ersten Monate in einem neuen Team.

Möglichkeiten, schnell zu iterieren

Lesen Sie bereits vorhandenen Code und verstehen Sie, was er tut

Oft liegt die Herausforderung beim Programmieren nicht darin, wie man Code schreibt, sondern was man schreibt. Das gilt vor allem für die Arbeit an einer komplexen Codebasis. Sie können deutlich produktiver sein, wenn Sie verstehen, wie die Dinge funktionieren, und sich in der Codebasis auskennen. Hier ein paar Dinge, die Sie tun können:

Bitten Sie jemanden, Ihnen die Struktur zu erläutern. Bitten Sie einen erfahrenen Engineer, Ihnen zu erklären, wie die Codebasis aufgebaut ist, welche Teile was tun und worauf Sie achten sollten.

Machen Sie sich eine Zeichnung der Klassen/Module und ihrer Verbindungen zueinander. Erstellen Sie sich ein Diagramm (eine *Codemap*) von Hand oder mit einem Zeichenwerkzeug wie Excalidraw, LucidChart oder etwas Ähnlichem. Zeichnen Sie die Bestandteile der Codebasis und notieren Sie Ihre Interpretation ihrer Rollen und Beziehungen zueinander.

Teilen Sie Ihre Codemap mit den Teammitgliedern. Zeigen Sie die Codemap Ihren Teamkollegen und bitten Sie sie um Feedback; das kann ein guter Einstieg in ein Gespräch sein. Oftmals lernen dabei nicht nur Sie Neues über die Codebasis, auch andere können in Ihrer Map Hinweise auf Dinge finden, die verbesserungswürdig sind, oder Beziehungen, von denen sie überhaupt nicht wussten, dass sie existieren.

Schreiben Sie sich einen Schummelzettel. Notieren Sie sich, wo die wichtigsten Teile des Codes sowie häufig verwendete Module oder Klassen zu finden sind. Dafür reicht schon eine einfache Textdatei oder ein schlichtes Dokument. Wenn Sie einen Aha-Moment erleben, notieren Sie Ihre neue Erkenntnis.

Wissen, wie das Debugging der CI/CD funktioniert

CI steht für *Continuous Integration* (also fortwährende oder andauernde Integration) und CD für *Continuous Deployment* (fortwährende Bereitstellung). Die meisten Tech-Unternehmen und Start-ups verwenden ein CI/CD-System.

Gelegentlich kann es passieren, dass Tests auf dem CI-Server oder bei der Bereitstellung per CD unerwartet fehlschlagen. Diese Probleme treten eher selten auf, ihre Ursache lässt sich aber oft nur schwer aufspüren.

Sie müssen verstehen, wie CI/CD in Ihrem Unternehmen funktioniert. Dieses Verständnis schärft Ihren Sinn für Abläufe hinter den Kulissen. Welche Skripte laufen in welcher Reihenfolge ab? Wie können Sie ihre Einrichtung untersuchen? Fragen Sie Engineers, die schon länger im Unternehmen arbeiten, nach Informationen zu dem System. Wird das CI/CD-System von einem eigenen Team gepflegt, sprechen Sie mit einem Engineer aus diesem Team.

Wie können Sie auf die CI/CD-Logs zugreifen? Sie sind der Schlüssel für das Verständnis, warum manche Builds fehlschlagen. Lag das Problem in der CI/CD-Infrastruktur, oder lag es an einer Regression in einer kürzlich durchgeführten Codeänderung?

Weitere Informationen zu CI/CD-Systemen finden Sie in Kapitel 23 (Teil V), »Software-Engineering«.

Wissen, wie man auf Produktions-Logs und -Dashboards zugreift

Das Debuggen von Problemen im produktiven Betrieb von Kunden kann eine Herausforderung sein, ohne Zugriff auf die Details darüber zu haben, was passiert sein *könnte*. Folgende Dinge sollten Sie wissen:

- Wie Sie auf Produktions-Logs, -Dashboards und -Kennzahlen zugreifen können.
- Wie Sie diese Logs nach bestimmten Nutzern filtern können.
- Wie Sie die verschiedenen relevanten Datenquellen für das Debugging abfragen können.
- Wie Sie auf Crash-Dumps, Fehler und Exceptions für bestimmte Nutzer zugreifen können.
- Wie Sie beim Debuggen von Produktions-Logs vorgehen müssen. So kann es zu Datenschutzproblemen kommen, wenn Sie beim Debuggen der Produktionsdaten auf persönliche Informationen zugreifen. Fragen Sie Ihren Manager oder Engineers mit mehr Erfahrung.

Wenn Sie einen Produktivitätsschummelzettel führen, notieren Sie sich hier die nötigen Details, um sie später gleich zur Hand zu haben.

Nehmen Sie nach Möglichkeit nur kleine Codeänderungen vor

Sehr wahrscheinlich arbeiten Sie in einer Umgebung, in der Codeänderungen in Form von Pull-Requests (PR), inklusive einer dazugehörigen Beschreibung, vorgenommen werden. Hier ein paar Möglichkeiten für die effektive Arbeit mit PRs:

- Versuchen Sie, die PRs nach Möglichkeit klein zu halten. Trennen Sie Ihre PRs in kleine Teile auf, wobei jeder PR immer nur eine Sache verändert.
- Geben Sie eine Zusammenfassung des »Warum« und »Was«. Beschreiben Sie im Pull-Request mit wenigen Sätzen, warum die Änderung vorgenommen wurde. Geben Sie einen kurzen Überblick darüber, was geändert wurde. Bedenken Sie, dass der PR-Kommentar später von anderen Menschen gelesen wird, um zu erfahren, warum Sie etwas verändert haben. Hierbei ist es besser, zu viel als zu wenig zu erklären.
- Wenn sich das UI ändert, verwenden Sie Bilder. Ein Bild sagt hier mehr als tausend Worte. Legen Sie Bilder des Vorher- und des Nachher-Zustands bei.
- Geben Sie an, welche Grenzfälle behandelt wurden und welche nicht. Machen Sie deutlich, welche Sie berücksichtigt haben.
- Seien Sie sich im Klaren darüber, was den Umfang einer Änderung übersteigt. Dies gilt besonders, wenn in zukünftigen PRs mit Folgemaßnahmen zu rechnen ist.
- Holen Sie sich Feedback zu Ihren Pull-Request-Zusammenfassungen. Bitten Sie erfahrene Engineers, Ihre letzten PRs mit Ihnen durchzugehen. Fragen Sie, was ihnen gefallen hat, was verwirrend war und was Sie tun können, um klarere, knackigere Zusammenfassungen zu schreiben.

Automatisierte Tests schreiben und ausführen

Der größte Zeitaufwand beim Programmieren liegt genau darin: dem Schreiben von Code. Zunächst muss man das Vorgehen klären, dann den korrekten Code schreiben und schließlich testen, ob er auch richtig funktioniert. Der zweitgrößte Zeitaufwand liegt darin, die Fehler zu beheben, die Ihr neu geschriebener Code verursacht hat!

Die beste Methode, fehlerfreien Code zu schreiben, der keine Regressionen verursacht, besteht darin, ihn zu testen. Natürlich sollten Sie Ihren Code nach dem Einbau von Änderungen auch manuell testen, es geht aber auch effizienter: mit der Ausführung von automatisierten Tests, die bereits in der Codebasis enthalten sind, und dem Schreiben neuer automatisierter Tests, die Ihren Code ausführen und zukünftige Regressionen abfangen können.

In Kapitel 14 (Teil III), »Testing«, gehen wir detaillierter darauf ein, warum Tests wichtig sind und welche Vorgehensweisen hierbei üblich sind. Es folgt zunächst eine kurze Zusammenfassung der Testmethoden, die man kennen sollte:

Unit-Tests. Die einfachste Art von Tests. Sie bilden in vielen Umgebungen die Grundlage der Teststrategie. Wenn Ihr Team bereits Unit-Tests einsetzt, beteiligen

Sie sich, um zu lernen, wie man gute Tests schreibt. Holen Sie sich Feedback von Ihrem Team.

Integrations-, Screenshot- und End-to-End-Tests. Diese Tests sind schwerer zu schreiben und überprüfen ein breiteres Funktionsspektrum. In der Backend-Entwicklung sind vor allem Integrationstests üblich. Bei der Web- und Mobil-Entwicklung werden Screenshot- und End-to-End-Tests häufiger vorkommen. Finden Sie heraus, ob Ihr Team die eine oder andere Art dieser Tests verwendet und wie Sie helfen können, sie zu schreiben und zu pflegen.

Warten Sie nicht auf Code-Reviews, sondern fordern Sie sie an

Zu langes Warten auf Code-Reviews kann Sie aus dem Tritt bringen. Wenn Sie Ihren Code für ein Review einreichen, könnte es nützlich sein, wenn Sie erfahrenere Entwickler darüber informieren, dass ein Code-Review Ihnen hilft, schneller voranzukommen.

Um herauszufinden, wann Sie solche Reviews anfordern sollten, ist es am besten, andere Entwickler im Team zu fragen: Wann wird der Code üblicherweise gelesen? Ist es möglich, Sie darüber zu informieren? Gibt es einen Teamkanal, auf dem Reviews angekündigt werden?

Entwickler mit mehr Erfahrung werden verstehen, dass ein schnell verfügbarer Code-Review den Kolleginnen und Kollegen hilft, schneller voranzukommen, und werden diese Aufgabe entsprechend priorisieren. Ist das nicht der Fall, fragen Sie, wie Sie ihnen am besten mitteilen können, dass Sie ohne ihre Hilfe (in Form des Code-Reviews) vor einer Blockade stehen.

Holen Sie sich regelmäßig Feedback

Zwei Wege, um sich möglichst schnell zu einem verlässlichen Software-Engineer zu entwickeln:

- Bauen Sie Dinge: Lösen Sie Probleme, indem Sie Code schreiben und ihn in den produktiven Betrieb einbringen.
- Holen Sie sich Feedback: Funktioniert Ihre Lösung wie erwartet? Funktioniert sie wie gewünscht und ohne Nebenwirkungen?

Holen Sie sich Feedback, indem Sie Ihren Code für den produktiven Betrieb freigeben. Die einfachste Möglichkeit, Feedback zu Ihrer Arbeit zu bekommen, besteht darin, sie für den produktiven Betrieb freizugeben und dann zu überprüfen, ob alles wie erwartet funktioniert. Die Schönheit dieses Ansatzes liegt darin, dass Sie wahrscheinlich sehr schnell Rückmeldungen von Ihren Kunden bekommen, wenn Ihr Code fehlerhaft ist oder Probleme verursacht.

Der Nachteil beim Feedback aus dem produktiven Betrieb liegt natürlich darin, dass Sie Dinge zerstören können. Glücklicherweise gibt es aber noch andere Quellen für Feedback, die Sie nutzen können.

Bitten Sie um Feedback zu Ihrer Arbeit. Manchmal ist es am einfachsten, einen Arbeitskollegen, dem Sie vertrauen, oder Ihren Manager direkt um Feedback zu einer bestimmten Aufgabe zu bitten.

Der beste Zeitpunkt dafür ist dann, wenn Sie eine Aufgabe erledigt oder ein Projekt abgeschlossen haben, denn jetzt können Sie mit den genauesten und hilfreichsten Kommentaren rechnen. Haben Sie das nächste Mal eine Arbeit fertiggestellt, sollten Sie sich einen erfahreneren Engineer zur Seite nehmen und fragen, was Sie seiner Meinung nach gut gemacht haben und wo Sie sich noch verbessern können.

Wenn Sie persönliche Gespräche mit Ihrem Manager führen, bitten Sie um direkte Rückmeldungen zu bestimmten Arbeiten oder Projekten. Falls Ihr Manager nicht direkt mit Ihnen zusammenarbeitet, kann er Ihnen eventuell auch nicht gleich Feedback geben, aber immerhin ist er in einer guten Position, Rückmeldungen aus dem Team zu sammeln und Ihnen eine Zusammenfassung zu geben.

Viele Engineers sind nicht gut im Geben von Feedback – nicht, weil es ihnen egal ist, sondern weil sie einfach nicht wissen, wie man konkrete und umsetzbare Rückmeldungen gibt. Nehmen Sie es nicht persönlich, wenn das Feedback abwertend oder nicht hilfreich erscheint, wie »Das hättest du schneller machen können« oder »Du lässt dir ganz schön viel helfen«. Besser, Sie haken genauer nach, um diese Aussagen in etwas Umsetzbares zu übersetzen. Fragen Sie, ob diese Aktionen dem Feedback gerecht werden. Die Aussage, Sie hätten eine Aufgabe auch schneller erledigen können, ist vielleicht einfach ein misslungener Versuch, zu sagen, dass Sie nicht Bescheid gesagt haben, als es eine Verzögerung gab. Umsetzbares Feedback wäre beispielsweise der Hinweis, dass Sie Blockaden in Zukunft besser kommunizieren sollten.

Vergleichen Sie Ihre Arbeitsleistungen mit denen Ihrer Kollegen. Arbeit ist kein Wettbewerb. Trotzdem kann es hilfreich sein, einzuschätzen, wie Sie bei Arbeitsergebnissen und Iterationsgeschwindigkeit im Vergleich zu Ihren Kollegen abschneiden. Beobachten Sie, wie häufig Ihre Teamkollegen Pull-Requests einreichen, Code für den Produktivbetrieb freigeben und Aufgaben abschließen.

Dabei geht es einfach darum, ein Gespür für das übliche Arbeitstempo des Teams zu entwickeln. Sobald die Einarbeitungszeit vorbei ist, wird von Engineers standardmäßig erwartet, dass sie mit einem für ihre Position angemessenen Tempo vorankommen. Hierbei können eigene »Messergebnisse« helfen, bevor Sie sich konkretes Feedback von anderen holen.

Zusammenfassung

Kompetente Softwareentwicklerinnen und -entwickler erledigen Projekte von einer Komplexität, die ihrer Erfahrungsstufe entspricht. Dabei gibt es viel zu lernen, um klar definierte Aufgaben und kleinere Projekte, die Ihre technischen Fähigkeiten, Ihr Fachwissen und Ihre Erfahrung erfordern, zuverlässig abschließen zu können.

Der beste Rat, um weiterzukommen, lautet aber immer noch: »Üben, üben, üben!« Neben der Erstellung von Software können unter anderem die folgenden Dinge Ihr berufliches Wachstum voranbringen:

- Die Arbeit in einem Team, in dem Sie von anderen Entwicklern lernen können.
- Zugang zu Mentoren oder »Buddies«, an die Sie sich mit Fragen wenden können.
- Die Möglichkeit, sich mit Entwicklern zusammenzutun.
- Genug Zeit, um tief in eine Technologie einzutauchen.
- Ausreichend lange Arbeit an Projekten und Aufträgen, um die jeweilige Technologie zu beherrschen, aber die Möglichkeit zu haben, immer wieder zu wechseln, um weiterlernen zu können.

Viele Entwickler haben es eilig, die nächste Stufe der Karriereleiter zu erklimmen. Das ist verständlich, denn Titel haben Gewicht, sie sind das Versprechen einer besseren Bezahlung und besserer Karrierechancen.

Der Aufbau einer festen Wissens- und Erfahrungsgrundlage in der Softwareentwicklung wird seine Zeit brauchen. Sie müssen lernen, es zu bemerken, wenn Sie festsitzen, wie Sie Blockaden überwinden können und wie Sie sich angewöhnen können, beständig weiterzulernen. Dennoch werden diese Fähigkeiten Ihre Karriere auf lange Sicht voranbringen. Solange Sie weiterlernen und weiterwachsen, gibt es auch auf den unteren Karrierestufen keine »verschwendete« Zeit.

Weiteres Lesematerial finden Sie im Onlinebonuskapitel (in Englisch) zu Teil II:

Abbildung 10-1: Dinge als Softwareentwickler zu Ende bringen: Übungen pragmaticurl.com/bonus-2

TEIL III

Der vielseitige Senior-Engineer

Ab diesem Kapitel sprechen wir von »Software-Engineering« anstelle von »Softwareentwicklung«. Und daher wird auch der Titel »Softwareentwickler« durch den Titel des »Software-Engineers« ersetzt. Diese Änderung ist Absicht, auch wenn beide Begriffe häufig gleichbedeutend verwendet werden. In meinem persönlichen Sprachgebrauch ist die Softwareentwicklung eine Untermenge des Software-Engineerings. Beim Software-Engineering geht es zusätzlich darum, Softwareprodukte über einen längeren Zeitraum zu betrachten, als dies bei der Softwareentwicklung der Fall ist.

Softwareentwicklung im Vergleich mit Software-Engineering

Softwareentwicklung steht für den Prozess der Erstellung von Software, wie etwa:

- Entwurf eines Rahmenplans
- Programmieren
- Testen
- Bereitstellen (Deploying)
- Debugging

Hierbei werden Softwareentwicklern häufig klar definierte Aufgaben (*Tasks*) übertragen, und ihre Arbeit besteht darin, diese Aufgaben zu implementieren. In traditionelleren, nicht technologisch orientierten Unternehmen wird die Arbeitsverteilung von Produktmanagern, Geschäftsanalysten, Projektmanagern oder (Software-)Architekten vorgenommen – nicht aber von Softwareentwicklerinnen und -entwicklern.

Das **Software-Engineering** umfasst deutlich mehr als nur die Entwicklung. Hierzu gehören auch:

- Erfassen von Anforderungen
- Planen einer Lösung und Analyse der Vor- und Nachteile verschiedener Ansätze
- Erstellen der Software
- Bereitstellen für den produktiven Betrieb
- Wartung der Lösung
- Erweitern der Lösung für neue Anwendungsfälle
- Migration zu anderen Lösungen

Ein Software-Engineer sollte sich nicht nur mit den kurzfristigen, sondern auch mit den langfristigen Auswirkungen seiner Arbeit auseinandersetzen. Wir benutzen den Begriff »Software-Engineer« außerdem, um zu betonen, dass Software-Engineers auf Senior-Ebene nicht nur das aktuelle Problem wie das Beheben eines Bugs bedenken müssen, sondern auch die langfristigen Folgen. Dies sind übliche langfristige Auswirkungen, über die man nachdenken sollte:

- Wie kann sichergestellt werden, dass ein Bug nicht wieder auftritt? Eine Lösung könnten automatisierte Tests sein.
- Wie kann sichergestellt werden, dass ähnliche Probleme schnell gefunden werden? Überwachung und Alarme könnten hier eine Lösung sein.
- Wie kann dafür gesorgt werden, dass die Fehlerbehebung in Zukunft leicht zu warten ist? Die Möglichkeiten erstrecken sich von lesbarem Code und Dokumentation bis hin zu Coding-Entscheidungen, die den Code für zukünftige Anwendungsfälle erweiterbar machen.

Beginnend mit diesem Teil, verfolgen wir bei der Diskussion von Aktivitäten und Ratschlägen eine längerfristige Denkweise. Der Blick über die direkten Auswirkungen des geschriebenen Codes und der getanen Arbeit hinaus ist ein wichtiges Unterscheidungsmerkmal zwischen Softwareentwicklern und Software-Engineers.

In ihrem Buch »Software-Engineering at Google« vertreten Hyrum Wright, Titus Winters und Tom Manshreck die Überzeugung, dass Software-Engineering eine Art Softwareentwicklung (oder Programmierung) über einen wesentlich längeren Zeitraum bedeutet:

> Wir sind der Meinung, dass »Software-Engineering« nicht nur das Schreiben von Code umfasst, sondern auch alle Werkzeuge und Prozesse, die ein Unternehmen zur Erstellung und Wartung dieses Codes einsetzt. Welche Praktiken kann ein Softwareunternehmen einführen, um den Wert seines Codes langfristig zu erhalten? Wie können Engineers eine Codebasis nachhaltiger und das Berufsbild des Software-Engineers genauer definieren? (...)
>
> Software-Engineering kann als »über einen längeren Zeitraum integrierte Programmierung« betrachtet werden. Durch welche Vorgehensweisen können wir unseren Code nachhaltiger machen – sodass er auf notwendige Änderungen reagieren kann –, und zwar über seinen gesamten Lebenszyklus hinweg, von der Konzeption über die Einführung und Wartung bis hin zur Stilllegung?

Erwartungen an Senior-Engineers über Unternehmen der verschiedenen Ebenen hinweg

In Teil I haben wir die Vergütung in den drei »Ebenen« (*Tiers*) von Unternehmen besprochen:

- Ebene 1: Lokale Unternehmen
- Ebene 2: Lokale Marktführer
- Ebene 3: Regionale/internationale Marktführer

Das Gehalt von Senior-Engineers in Unternehmen der Ebene 3 liegt üblicherweise um ein Vielfaches höher als das von Angestellten in der ersten Ebene. Dieser Unterschied in der Vergütung bedeutet auch, dass die Erwartungen an Engineers in Ebene-3-Unternehmen höher sind.

In diesem Teil behandeln wir Bereiche, in denen Unternehmen der Ebene 2 und 3 angemessene Erwartungen an Senior-Engineers stellen.

Typische Senior-Titel

Die Berufsbezeichnungen (»Titel«) unterscheiden sich von einem Unternehmen zum nächsten. Hier die gebräuchlichsten:

- Senior-Software-Engineer/Senior-Developer: in den meisten Big-Tech-Unternehmen und in vielen Start-ups/Scale-ups.
- Software-Engineer: in manchen Unternehmen, die ihre Karrierestufen nur ungern nach außen hin offenlegen, wie beispielsweise Meta.
- Senior Member of Technical Staff (eBay und VMware), Principal Member of Technical Staff (Oracle).

Titelinflation ist besonders in Unternehmen der niedrigeren Ebenen zu beobachten. Bei Arbeitgebern der Ebene 3 wie Meta, Google oder Uber sind zwei Beförderungen nötig, um die Stufe eines Senior-Engineers zu erreichen. Bei Microsoft sind es vier Beförderungen: Engineers auf Einsteigerniveau beginnen bei L59 (*Software Engineer 1*), während die Senior-Engineer-Stufe bei L63 beginnt.

Davon abgesehen gibt es viele Unternehmen, bei denen die erste Beförderung vom Einsteiger-Software-Engineer zum Senior-Engineer führt. Ein Beispiel hierfür sind Beratungsfirmen, bei denen es oft genug vorkommt, dass Entwickler mit zwei bis drei Jahren Erfahrung schon Senior-Engineers genannt werden, während Engineers mit fünf bis zehn Jahren Erfahrung in Big-Tech-Unternehmen immer noch als Software-Engineer der Ebene 2 – direkt unterhalb der Senior-Ebene – bezeichnet werden.

Natürlich ist die Titelinflation nicht auf die Ebene der Senior-Engineers beschränkt. Allerdings werden hier die unterschiedlichen Erwartungen zwischen den Arbeitgebern zum ersten Mal sichtbar. Diese Erwartungen erklären auch, warum der Titel »Principal« in einem Unternehmen – oft auf niedrigerer Ebene – vergleichbar ist mit den Erwartungen, die man in Arbeitsumgebungen einer höherer Ebene (*Tier*) an Senior-Engineers hat.

Typische Erwartungen an Senior-Engineers

Also, was erwarten Technologieunternehmen typischerweise von Senior-Engineers? Unten sehen Sie eine Zusammenfassung. *Bedenken Sie dabei, dass jedes Unternehmen einmalig ist und es keine zwei identischen Erwartungshaltungen gibt.*

Tabelle III-1: Häufige Erwartungen an Software-Engineers

Bereich	Typische Erwartung
Arbeitsbereich	Mittelgroße oder komplexere Projekte.
Anleitung	Arbeitet in den meisten Fällen selbstständig.
Dinge erledigen	Kann Blockaden selbstständig beseitigen.
Initiative übernehmen	Übernimmt die Initiative für Arbeiten innerhalb des Arbeitsbereichs.
Software-Engineering	Folgt den Vorgaben des Teams und verbessert diese gelegentlich. Hilft anderen, ihren Wert zu verstehen.
Softwarearchitektur	Entwirft die Architektur für Projekte, die sie leiten, und holt sich hierzu Feedback.
Best Practices im Engineering	Folgt den vorhandenen üblichen Vorgehensweisen und führt neue praktische Maßnahmen ein, die dem Team helfen.
Zusammenarbeit	Mit anderen Engineers und Entscheidungsträgern im Team.
Mentoring	Kann weniger erfahrenen Engineers als Mentor zur Seite stehen und sich auch selbst um ein Mentorat kümmern.
Lernen	Ist begierig, zu lernen.
Typische Berufserfahrung in Jahren	Fünf bis zehn Jahre oder mehr.

Senior als höchste obligatorische Karrierestufe

In einigen Unternehmen gilt die Stufe des Senior-Engineers als *Terminal Level*. Das heißt, es wird von Engineers nicht erwartet, dass sie weiter aufsteigen. Es ist außerdem ein Signal dafür, dass eine Beförderung auf die nächste Stufe deutlich seltener und mit mehr Herausforderungen verbunden ist als das Erreichen der Senior-Ebene.

Warum entscheiden so viele Unternehmen, die Senior-Stufe als *Terminal* (englisch für Endpunkt) zu bezeichnen? Weil von Senior-Engineers erwartet wird, autonom zu arbeiten und dabei komplexe Projekte und Probleme selbstständig zu lösen. Für viele Teams und Projekte ist mehr Fachwissen gar nicht nötig. Mehr zum Konzept des *Terminal Level* finden Sie in Kapitel 4 (Teil I), »Beförderungen«.

KAPITEL 11

Aufgaben erfolgreich abschließen

Die Arbeitsbelastung eines Senior-Engineers unterscheidet sich von Positionen mit weniger Erfahrung durch mehr eingehende Anfragen, Kontextwechsel und generell komplexere Arbeiten.

Um als Engineer wahrgenommen zu werden, der »die Dinge anpackt«[1] (und zu Ende bringt), ist mehr nötig als das, was wir in Kapitel 7 (Teil II), »Die Dinge anpacken«, besprochen haben. Trotzdem sind viele dort behandelte Ansätze natürlich auch hier gültig, zum Beispiel:

- Konzentration auf die wichtigsten Arbeiten.
- Die Fähigkeit, sich eigenständig von Blockaden zu befreien.
- Die Arbeit unterteilen.
- Mentoren finden, von denen Sie lernen können.

Auf Senior-Ebene gibt es aber noch weitere Anregungen und nützliche Vorgehensweisen, um die wir uns jetzt kümmern wollen. In diesem Kapitel behandeln wir:

1. Dinge erledigen: Wahrnehmung und Realität
2. Ihre eigene Arbeit
3. Ihr Team
4. Das große Ganze

Dinge erledigen: Wahrnehmung und Realität

Wen von Ihnen würde Ihr Manager Ihrer Meinung nach als den Engineer beschreiben, der »seine Aufgaben erfolgreich zu Ende bringt«? Sie selbst oder Ihren Kollegen, der sich das Leben scheinbar leicht macht?

Sie wissen natürlich, dass Sie sich kümmern, aber wie viel davon bekommt Ihr Manager mit? Wenn Sie Arbeit nicht ausreichend kommunizieren, während Ihr Kollege das hervorragend macht, kann Ihr Manager schnell glauben, dass dieser Kollege besser darin ist, seine Aufgaben zu Ende zu bringen.

1 Anm. d. Ü.: Im Englischen wird hier der Begriff »getting things done« verwendet. Damit ist die Handlungsweise einer Person gemeint, die anpackt, sich kümmert und Angefangenes auch zu Ende bringt.

Wahrnehmung und Realität können sich unterscheiden

Die Beschreibung von »etwas schaffen« kann sich vom eigentlichen Prozess, dem Lösen schwieriger Probleme, unterscheiden. Ihr Manager sieht nicht, was nötig ist, um eine vorgegebene Frist für ein wichtiges Projekt einzuhalten. Das können die Schritte sein, die nötig sind, um einen kniffligen Bug zu beseitigen, oder die von Ihnen eingesetzten kreativen Workarounds und Abkürzungen. Nicht immer gibt es eine sachkundige Kollegin, mit der Sie sich zusammentun können, die Ihre Bemühungen mitbekommt und Sie dabei unterstützen kann. Also arbeiten Sie allein, um die Arbeit fertig zu bekommen.

Um als Senior-Engineer wahrgenommen zu werden, der »sich reinhängt«, sind zwei Dinge nötig:

1. Die Fähigkeit, komplexe Engineering-Probleme pragmatisch zu lösen.
2. Die Kommunikation Ihrer Arbeit an Kollegen und Manager, inklusive der Fortschritte und Hindernisse, die Ihnen begegnet sind, sowie deren Beseitigung und inklusive der Komplexität Ihrer Arbeit.

Kommunizieren Sie, was Sie tun

Je weiter Sie aufsteigen, desto wichtiger wird es, Ihre Arbeit zu kommunizieren. Gehen Sie nicht davon aus, dass Ihre Kollegen und Manager verstehen, was daran »einfach« oder »schwierig« ist. Stattdessen sollten Sie bei Status-Updates, in persönlichen Gesprächen und bei Teammeetings ausdrücklich darauf hinweisen. Wenn Sie beispielsweise ein komplexes Problem gelöst haben, können Sie Ihrem Team beim wöchentlichen Meeting davon berichten:

> Letzte Woche bin ich auf einen kniffligen Edge Case für unsere geplante Backend-Migration gestoßen. Ich habe mit einem anderen Team daran gearbeitet, das Problem zu beheben. Das hat etwas länger gedauert als erwartet, aber jetzt ist es erledigt, und wir sind bereit für die Migration.

Diese Formulierung ist zwar in Ordnung, enthält aber nur wenige Informationen. Sie erklärt weder die Arbeit, und warum sie eine Herausforderung darstellte, noch ihre Wichtigkeit oder wie Ihre Anstrengungen der Komplexität und dem Ergebnis der Arbeit gerecht wurden. Hier ein besseres Update, das alle diese Dinge enthält:

> Letzte Woche habe ich an der Validierung für unser Migrationsskript weitergearbeitet. Dabei ist mir aufgefallen, dass die Shadow Outputs bei Zahlungsanforderungen bei 2% der Nutzer von den erwarteten Werten abweichen. Der Grund für den Unterschied lag in der Währungskonvertierung in Brasilien. Hätten wir diese Änderung umgesetzt, hätten unsere Kunden dort zu viel bezahlt.
>
> Als ich nach dem Grund suchte, ist mir aufgefallen, dass im neuen System zur Währungskonvertierung mehrere Länder fehlten, inklusive Brasilien. Ich habe mit dem Team, das für die Entwicklung dieses Systems zuständig ist, zusammengearbeitet, um die fehlenden Länder hinzuzufügen, und ihnen bei der Einrichtung von Warn-

meldungen geholfen, falls für eine angeforderte Währung keine Konvertierung eingerichtet ist. Ich gehe davon aus, dass diese Arbeit die Verlässlichkeit des neuen Diensts deutlich erhöht.

Auch wenn wir nicht für den neuen Konvertierungsdienst zuständig sind, habe ich dabei geholfen, die Änderungen in Go vorzunehmen, und Code-Reviews für dieses Team durchgeführt. Nachdem die Änderung eingebaut war, habe ich zwei Integrationstests geschrieben, die diese Funktionalität überprüfen.

Wir haben zwar ein bis zwei Tage dafür gebraucht, aber dafür haben wir jetzt ein Sicherheitsnetz mit Unit-Tests und zwei Integrationstests. Und dabei haben wir noch geholfen, den neuen Währungsdienst verlässlicher zu machen, als er es vorher war.

Ich habe das Shadow- und das Produktionssystem überprüft, und es gibt jetzt keine Unterschiede mehr in den Ausgaben: Wir hatten in den vergangenen vier Tagen 100 % identische Antworten.

Weniger versprechen, Erwartungen übertreffen und mehr kommunizieren

Eine der besten Möglichkeiten, als jemand wahrgenommen zu werden, der sich kümmert, besteht darin, die vereinbarten Leistungen auch zu erbringen – oder sie sogar zu übertreffen –, und zwar beständig.

Hierfür ist ein gutes Urteilsvermögen nötig, damit Sie einschätzen können, wie viel Sie wirklich schaffen können, ohne zu viel zu versprechen. Das kann bei klar umrissenen Aufgaben bedeuten, sich auf bestimmte Abgabedaten oder -fristen festzulegen oder sich um schwierige Projekte, Bugs und Untersuchungen zu kümmern, für deren Erledigung Sie über die nötigen Fähigkeiten und Ressourcen verfügen.

Wenn Sie mehr leisten als nötig, teilen Sie das Ihren Kollegen und Ihrer Führungskraft mit. Das ist keine Angeberei. Sie informieren sie nur darüber, dass Sie Erwartungen erfüllen oder übertreffen. Wenn Sie ein Projekt abschließen und ein hilfreiches Werkzeug erstellt haben, können Sie sagen:

> Ich bin mit der PayPal-Integration fertig. Ich habe außerdem ein Werkzeug gebaut, das uns später helfen kann.

Hier eine bessere Version:

> Ich bin letzte Woche mit der PayPal-Integration fertig geworden, also innerhalb der Woche, die wir dafür veranschlagt haben. Während der Arbeit daran ist mir aufgefallen, dass ich zu viel Zeit damit verbrachte, zu testen, ob alles funktioniert. Also habe ich mich gefragt: ›Lässt sich das vielleicht teilweise automatisieren?‹
>
> Ich habe daraufhin ein einfaches Skript geschrieben, das per UI-Automatisierung überprüft, ob eine Zahlungsmethode funktioniert. Ursprünglich war es für PayPal gedacht. Dadurch beschleunigte sich die Entwicklung, und das Testen wurde einfacher. Das Werkzeug kann leicht für andere Zahlungsmethoden angepasst werden, zum Beispiel für Kreditkarten. Hier ist eine Wiki-Seite, auf der beschrieben ist, wie man dieses Werkzeug benutzen und anpassen kann.

Kommunizieren Sie Blockaden frühzeitig und machen Sie Lösungsvorschläge

In der Softwareentwicklung ist es normal, dass ständig unerwartete Probleme auftreten. Vielleicht funktioniert eine Bibliothek nicht wie erwartet, oder es braucht eine Ewigkeit, um einen seltsamen Bug zu beheben, oder aus dem Nichts taucht eine neue Abhängigkeit auf und blockiert Sie und zahllose andere Dinge.

Als unzuverlässig angesehene Engineers kommunizieren neue Hindernisse oft nicht. Stattdessen versuchen sie, diese selbst zu beseitigen. Dabei geraten sie wiederholt in Schwierigkeiten und kommen nur weiter, wenn ein anderer Engineer ihnen hilft.

Produktive Engineers können Blockaden dagegen eigenständig beheben – wie in Kapitel 7 (Teil II), »Die Dinge anpacken«, besprochen – und erkennen außerdem, wann eine Blockade ein Projekt verzögert.

Wenn, wie aus dem Nichts, Arbeit auftaucht, teilen Sie das Ihrem Team, Ihrem Manager und dem Projektleiter mit. Reden Sie aber nicht nur über die Blockade, sondern machen Sie auch Lösungsvorschläge zu ihrer Beseitigung, anstatt lediglich die Arbeit zu verzögern. Zum Beispiel:

- Verringern Sie den Umfang des Projekts, damit Sie für den Moment nicht an der Blockade arbeiten müssen.
- Wenden Sie einen Hack oder eine Abkürzung an, die die Blockade zumindest kurzfristig beseitigt. Dann können Sie das Problem später ordentlich beheben. Im Grunde machen Sie technische Schulden, damit Sie schneller vorankommen.
- Finden Sie jemanden, der die Blockade beseitigt: Kann vielleicht ein Plattformteam oder ein Dritthersteller die Änderungen vornehmen, die das Problem lösen?

Seien Sie bei der Entwicklung von Lösungsvorschlägen kreativ. Indem Sie sich zwingen, Alternativen abzuwägen, kommen Sie vielleicht einer intelligenteren und schnelleren Lösung näher.

Ihre eigene Arbeit

Effizient mit eingehenden Anfragen umgehen

Senior-Engineers erhalten eine höhere Zahl eingehender Anfragen wie beispielsweise:

- »Könnten Sie nächste Woche an der Planungsbesprechung teilnehmen?«
- »Wir brauchen Sie morgen für ein Bewerbungsgespräch, um einen Engineer zu ersetzen, der krank geworden ist.«
- »Könnten Sie bitte mein Peer-Reviewer für Leistungsbeurteilungen sein?«
- »Nächsten Monat findet eine Recruiting-Veranstaltung an der Universität statt. Möchten Sie einer der Redner sein?«

- »Ich brauche Ihre Hilfe bei einem seltsamen Bug in einer Komponente, die Sie vor zwei Jahren geschrieben haben. Haben Sie ein paar Minuten Zeit, sich das anzusehen?«

Das alles sind legitime Anfragen, bei denen Ihnen Ihre Erfahrung helfen kann. Andererseits können Sie dadurch von wichtigeren Arbeiten abgelenkt und abgehalten werden.

Eingehende Anfragen und Bitten von anderen wird es immer geben. Mit der Zeit kann schon die schiere Menge überwältigen. Für solche Situationen gibt es kein Patentrezept, aber zumindest ein paar Handlungsansätze, die Engineers meiner Beobachtung nach erfolgreich einsetzen:

Reservieren Sie Zeit für ununterbrochene, intensive Arbeit. Legen Sie Zeiten fest, in denen Sie anderen nicht helfen, um sich besser auf ihre eigene Arbeit konzentrieren zu können. Markieren Sie diese Zeiten in Ihrem Kalender und lehnen Sie Meetings und andere Unterbrechungen ab. Behandeln Sie diese Zeit wie ein Meeting mit hoher Priorität. Natürlich sollten Sie dieses »Einigeln« nicht übertreiben.

Wenn Sie gerade »im Flow« sind, sagen Sie: »Jetzt nicht.« Wehren Sie sich gegen Unterbrechungen, wenn Sie gerade im Flow sind und gut vorankommen. Deaktivieren Sie Chatbenachrichtigungen, und wenn jemand Sie direkt anspricht, sagen Sie ihm, dass Sie sich später zurückmelden werden.

Legen Sie einen festen Zeitrahmen dafür fest, wie lange Sie bei etwas helfen. Wenn Sie jemand um Hilfe bittet, begrenzen Sie die Zeit, die Sie damit verbringen, auf, sagen wir mal, fünf bis zehn Minuten. Das zwingt Sie zu mehr Effizienz, indem Sie dem Kollegen eher Ratschläge geben, anstatt das Problem für ihn zu lösen.

Wandeln Sie synchrone Anfragen in asynchrone um. Anstatt an einer Besprechung teilzunehmen, zu der Sie ohnehin nur wenig beizutragen haben, bitten Sie darum, Ihnen eine Zusammenfassung zukommen zu lassen, die Sie dann lesen können, wenn Sie dazu Zeit haben. Dadurch wandeln Sie eine synchrone Anfrage – die Besprechung – in eine asynchrone um, ein Protokoll, mit dem Sie sich später beschäftigen können. So können Sie viele synchrone Anfragen beantworten, ohne dass Sie sich sofort melden müssen.

Leiten Sie Anfragen an Kolleginnen und Kollegen weiter, die davon profitieren können. Wenn Sie einige Anfragen an weniger erfahrene Engineers abgeben, kann das deren Wachstum fördern und Ihnen gleichzeitig einen Teil der Last abnehmen.

Machen Sie sich immer klar, welche Aufgaben die höchste Priorität haben. Wenn Sie heute nur eine Aufgabe erledigen könnten, welche wäre das? Wenn Sie diese Woche nur eine Sache abgeben könnten, was wäre das? Dies ist Ihr Projekt mit der höchsten Priorität. Entscheiden Sie, welche Aufgabe das ist, und stellen Sie sicher, dass Sie genug Zeit für die Fertigstellung haben.

Priorisieren Sie Anfragen. Nutzen Sie die *Dringend/Wichtig*-Matrix, um zu überprüfen, wie wichtig (oder weniger wichtig) Ihr Beitrag wirklich ist:

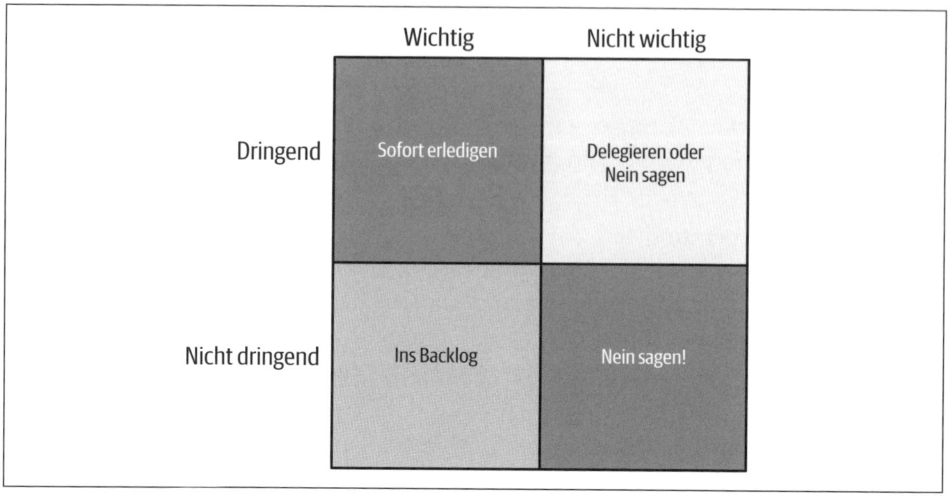

Abbildung 11-1: Eine Möglichkeit, eingehende Anfragen zu priorisieren

Behandeln Sie Aufgaben je nach Dringlichkeit und Wichtigkeit unterschiedlich:

- **Dringend und wichtig:** Erledigen Sie diese Aufgaben sofort, sobald Sie nicht mehr »im Flow« sind. Das könnte die Hilfe bei einer Störung sein (wenn es einen Kontext gibt) oder das Beseitigen der Blockade eines Kollegen.
- **Wichtig, aber nicht dringend:** Machen Sie sich eine Notiz und erledigen Sie die Aufgabe später, beispielsweise das Feedback zu einem Designdokument, eine wichtige Refaktorierung und so weiter. Fristbehaftete Aufgaben können im Laufe der Zeit dringend und wichtig werden.
- **Dringend, aber nicht wichtig:** Das sind Arbeiten, die Sie nicht unbedingt erledigen müssen. Ein Beispiel wäre ein Code-Review, das andere bereits abgezeichnet haben, die Beseitigung einer Störung, an der schon genug Personen arbeiten, oder die Beantwortung eingehender E-Mails – die normalerweise warten können. Wenn es nicht wichtig ist, widerstehen Sie der Versuchung, sofort zu reagieren, sofern Sie dadurch von Ihrer »Hauptarbeit« abgelenkt würden. Können Sie diese Aufgaben eventuell an jemand anderen abgeben, oder können Sie einfach »Nein« sagen?
- **Nicht dringend und nicht wichtig:** Sagen Sie einfach »Nein«. Das kann beispielsweise die Teilnahme an einem Meeting sein, zu dem Sie wenig beizutragen haben und das Ihnen nicht wichtig ist, das Lesen von E-Mails mit Status-Updates für Projekte, an denen Sie nicht beteiligt sind, und vieles mehr. Beachten Sie, dass auch diese Arbeiten einen Wert haben, aber Sie sollten diese Aufgaben übernehmen, weil dies Ihnen nutzt, nicht weil jemand Sie darum gebeten hat.

Erstellen Sie ein System, um wichtige, aber nicht dringende Arbeiten aufzuzeichnen. Es wird immer wieder vorkommen, dass Sie sich wichtige, aber nicht dringende Arbeiten notieren müssen. Finden Sie eine Methode, die für Sie am besten funktioniert, zum Beispiel in:

- einem einfachen Dokument,
- einer To-do-Liste,
- Ihrem bevorzugten Editor oder Notizen-Werkzeug,
- einem physischen Notizbuch oder in
- der Notizen-App Ihres Handys.

Experimentieren Sie mit den verschiedenen Ansätzen, um herauszufinden, welcher für Sie am besten funktioniert, und haben Sie keine Angst zu wechseln.

Unwichtiges ablehnen. Es gibt Möglichkeiten, das höflich zu tun, zum Beispiel:

- »Ich würde gern helfen, aber ich muss zuerst meine Arbeit mit der höchsten Priorität erledigen. Daher kann ich gerade keine Unterstützung bieten.«
- »Ich habe leider schon zu viel um die Ohren. Daher kann ich mich nicht auch noch darum kümmern.« Wenn Sie eine Liste mit Projekten haben, an denen Sie arbeiten, sollten Sie diese vorzeigen!
- »Ich glaube, hierfür bin ich nicht der richtige Ansprechpartner: Ich schlage vor, Sie fragen [Name der richtigen Person].«
- »Ich glaube, das können Sie auch ohne mich schaffen: Hier ist ein Tipp, wie Sie das selbst herausfinden können.«

Entrümpeln Sie Ihre To-do-Liste regelmäßig. Viele Engineers haben ein Gefühl der Ohnmacht, wenn sie die Liste der »nicht dringenden und unwichtigen« Aufgaben bereinigen müssen. Gleichzeitig ist dies eine gute Möglichkeit, die Dinge neu zu ordnen.

In Wahrheit ist es so, dass sich die Wichtigkeit bestimmter Dinge mit der Zeit verschiebt. Jede Liste mit wichtigen Aufgaben ist irgendwann veraltet. In diesem Fall haben Sie zwei Möglichkeiten:

1. Gehen Sie die aktuelle Liste durch und entfernen Sie die inzwischen unwichtigen Aufgaben.
2. Beginnen Sie von vorn und machen Sie sich eine kürzere Liste mit den wirklich wichtigen und sofort zu erledigenden Aufgaben.

Der zweite Ansatz ist schneller und zwingt Sie, Ihre Arbeit neu zu bewerten, indem Sie nur die wichtigsten Aufgaben notieren. Gleichzeitig verringert sich dadurch der Stress bei den anderen Tätigkeiten, und die mentale Belastung nimmt ab. Vergessen Sie aber nicht, die Kollegen zu informieren, deren Anfragen es nicht auf Ihre neue, schlankere Liste geschafft haben.

Seien Sie sich bewusst, dass es normal ist, sich überfordert zu fühlen. Eine häufige Klage von Engineers auf Senior-Ebene und darüber ist, dass sie sich unabhängig vom gewählten Ansatz am Ende überlastet fühlen und nicht genug Zeit für ihre »wichtige« Arbeit haben. Dies ist fast schon normal. Hier ein paar Vorschläge, die Ihnen in einer solchen Lage helfen können:

- Sammeln Sie alles, was Sie tun sollten, und sprechen Sie die Liste mit Ihrem Manager durch, nach Möglichkeit auch mit Ihrem Mentor, sofern Sie einen haben (falls nicht, sollten Sie das vielleicht ändern). Welche Aufgaben müssen Sie wirklich erledigen? Was können Sie einem Teamkollegen übertragen? Zu welchen Aufgaben können Sie, mit Billigung Ihres Managers, einfach »Nein« sagen? Es ist gut möglich, dass Ihr Manager nicht weiß, was Sie tun, und Ihnen dabei hilft, den für das Team wirklich wichtigen Dingen Vorrang zu geben.

- Lehnen Sie neue Anfragen so lange ab, bis Ihre Liste kleiner wird. Oder übernehmen Sie nur Anfragen, wenn Sie etwas anderes von Ihrer Liste streichen können. Probieren Sie aus, was passiert, wenn Sie mit der Begründung ablehnen, dass Sie aktuell überlastet sind.
- Nehmen Sie sich einen oder zwei Tage frei. Wenn Sie zurückkommen, leeren Sie die Liste und fangen von vorne an. *Wenn Sie das zu oft tun, sollten Sie sich für eine der Alternativen entscheiden.*

Wenn es erledigt ist, ist es auch »richtig« erledigt

Es gibt einiges über Software-Engineers zu sagen, die ihre Aufgaben »richtig« erledigen. Die Zahl der Engineers, die ihre Arbeit scheinbar schnell erledigen, ist groß. Erst später stellt sich heraus, dass der abgegebene Code Probleme wie Bugs, nicht abgedeckte Grenzfälle oder ein hastig zusammengeklöppeltes UI enthält.

Engineers, die als produktiv gelten, sind bei der Erledigung ihrer Aufgaben nicht unbedingt die schnellsten, aber sie erledigen ihre Arbeit *schnell genug*. Vor allem aber funktioniert das Endergebnis so, wie es soll.

Überlegen Sie, welche der folgenden Aussagen auf Ihre Arbeit zutreffen:

- Nachdem Sie ein Feature freigegeben haben, tauchen später gelegentlich Bugs auf.
- Sie schreiben nur selten einen Testplan für Ihr Feature, das die Szenarien auflistet, die vor der Auslieferung überprüft werden müssen.
- Wenn Ihr Feature fertiggestellt ist, schreiben Sie nur unregelmäßig eine Liste der nicht unterstützten Grenzfälle und bekannten Bugs.
- Wenn Sie ein Feature ausliefern, sind automatische Tests, Überwachungen und Warnmeldungen nicht die Regel.

Auf nur wenige Engineers trifft keine der obigen Aussagen zu. Schließlich ist es natürlich, schnell voranzukommen, Code für den produktiven Betrieb freizugeben und Probleme bei Bedarf später zu lösen. Da viele Menschen so arbeiten, fallen andere Engineers mehr auf, die keine Bugs in den Produktivcode übernehmen, denen Grenzfälle gut bekannt sind und die diese lösen, bevor der Code freigegeben wird.

Wie können Sie derjenige Engineer sein, der die Dinge richtig erledigt und bei dem Kollegen und Entscheidungsträger darauf vertrauen können, dass die Arbeit ordentlich gemacht wird? Ein paar Möglichkeiten:

Verwenden Sie eine schriftliche Spezifikation. Viele Bugs in Produkten sind die Folge von Missverständnissen zwischen den Erwartungen der Entscheidungsträger und dem, was die Software-Engineers tatsächlich erstellen. Vermeiden Sie solche

Missverständnisse, indem Sie auf einer Spezifikation bestehen. Sie beschreibt, wie das Feature funktionieren soll, welche Grenzfälle es gibt und was nicht zum Umfang gehört. Arbeiten Sie mit Ihrem Produktmanager und den geschäftlichen Stakeholdern zusammen, um alle diese Dinge vor der Implementierungsphase zu klären.

Lehnen Sie es ab, mit der Arbeit zu beginnen, bevor Sie vollständig verstanden haben, wie die Dinge aus Produkt- und Kundensicht funktionieren sollen. Schreiben Sie diese Punkte auf, um Missverständnisse zu vermeiden.

Eine Produktspezifikation muss nicht lang sein und auch nicht vom Produktmanager geschrieben werden. Gibt es keine Spezifikation, besprechen Sie mit dem Produktverantwortlichen oder dem geschäftlichen Entscheidungsträger, wie das Feature funktionieren soll. Fassen Sie die Antworten in einer ein- bis zweiseitigen Punkteliste zusammen und lassen Sie sich bestätigen, dass das Feature wirklich so funktionieren soll. Diese etwa einstündige Übung kann Ihnen mehrere Tage Arbeit ersparen.

Wenn Sie dem Produktverantwortlichen eine schriftliche Spezifikation vorlegen, kann es auch gut sein, dass dieser Sie auf Fehler, fehlende Details oder Grenzfälle hinweist.

Legen Sie einen Testplan fest. Bevor Sie sich an die Implementierung eines komplexen Features machen, sollten Sie einen Plan entwerfen und Ihren Ansatz skizzieren. Notieren Sie, welche Komponenten Sie erstellen und modifizieren, welche Anpassungen an die Architektur nötig sind, Vor- und Nachteile verschiedener Ansätze und welchen Sie gewählt haben.

Wie werden Sie testen, ob das von Ihnen implementierte Feature erwartungsgemäß funktioniert? Welche manuellen Testfälle wird es geben? Welche Teile werden Sie mit Unit-, Integrations- oder End-to-End-Tests automatisieren? Welche Teile können nur im produktiven Betrieb getestet werden, und wie sollen diese Tests durchgeführt werden, wenn das Feature als einsatzbereit erklärt wird?

Viele Engineers verzichten auf die anfängliche Testplanung, weil es aufregender und motivierender ist, sich direkt auf die Implementierung zu stürzen. Trotzdem ist es besser, sich bereits in der Planungsphase zu überlegen, wie welche Teile getestet werden sollen, bevor Sie sich in der Implementierung verlieren.

Wenn Sie einen Testplan haben, teilen Sie ihn, um Feedback zu bekommen, mit dem Produktmanager, geschäftlichen Entscheidungsträgern oder den Leuten aus der Qualitätssicherung. Sie werden überrascht sein, welche Grenzfälle Sie übersehen haben oder welche alternativen Testverfahren vorschlagen werden!

Beziehen Sie das Durchführen von Tests und die Erstellung von Überwachungs- und Warnmechanismen in Ihre Zeitplanung mit ein. Tests und Überwachung sollten bei der Arbeit an großen Codebasen grundsätzlich zum »ordentlichen« Erledigen einer Aufgabe dazugehören. Gleiches gilt für die Erstellung von Features für fehlerhafte Produkte oder solche, bei denen Fehler ernsthafte geschäftliche Auswirkungen haben können.

Trotzdem vergessen viele Engineers, ein Feature mit automatischen Tests, Überwachungs- und Warnmechanismen zu versehen, oder sie beziehen diese Arbeiten nicht in ihre Zeitschätzung ein. Das Problem, diesen Teil der Arbeit als etwas Eigenständiges zu betrachten, liegt darin, dass Produktverantwortliche und geschäftliche Entscheidungsträger ihn gern überspringen, weil sie hierbei die Möglichkeit sehen, Zeit zu sparen und schneller voranzukommen.

Es gibt eine Verbindung zwischen der ordentlichen Ausführung einer Arbeit und der Sicherstellung, dass sie im Produktionsbetrieb getestet und überwacht wird. Lassen Sie das Testing und die Überwachung weg, wird Ihre Arbeit wesentlich unzuverlässiger. Daher sollten Sie hierbei keine Kompromisse eingehen, sondern es einfach erledigen.

Werfen Sie Ihre Arbeit nicht einfach der Qualitätssicherung vor die Füße. Wenn Sie Glück haben und in Ihrem Unternehmen eine spezielle Person oder ein spezielles Team für die Qualitätssicherung (QA) zuständig ist, sollten Sie diesen Ihre Arbeit dennoch nicht einfach »vor die Füße werfen«. Ich habe beobachtet, dass einige Engineering-Teams, die mit der Qualitätssicherung zusammenarbeiten, offenbar der Meinung sind, dass Testing und Qualitätssicherung die alleinige Aufgabe des QA-Teams ist. Anstatt darüber nachzudenken, welche Grenzfälle es geben könnte, wie bestimmte Dinge getestet werden können, oder anstatt einfache manuelle Tests auszuführen, werfen sie den QA-Leuten ihre Arbeit quasi vor die Füße.

Und natürlich braucht die QA dann länger, um die offensichtlichen Probleme zu finden, die jeder Engineer schon durch einfaches Testen viel schneller hätte finden können. Stattdessen geben sie den Code an die Engineers zurück, um die Probleme zu beheben. Die schicken ihn anschließend wieder zur QA, die weitere kleine Bugs findet, die der Aufmerksamkeit des Engineers wohl entgangen sind. Also geht der Code erneut zurück an den Engineer. Nachdem auch diese Bugs repariert sind, landet der Code dann schon ein drittes Mal bei der QA, die eine weitere Testrunde durchführt und schließlich erklären kann, dass alles wie erwartet funktioniert.

Mit diesem Vorgehen tun Sie sich keinen Gefallen.

Beziehen Sie die QA-Leute mit ein und arbeiten Sie mit ihnen zusammen, um von Anfang an einen Testplan zu erstellen. QA-Engineers haben in der Regel ein gutes Gespür für exotische Grenzfälle und schwer aufzuspürende Bugs. Lernen Sie von ihnen, verstehen Sie, wie die QA-Kollegen einen »Stresstest« für ein System durchführen, und nutzen Sie ihr Fachwissen, um einen robusteren Testplan zu entwickeln.

Und werfen Sie ihnen die Dinge nicht einfach vor die Füße. Arbeiten Sie Seite an Seite mit Ihrer QA, damit Sie nicht untätig herumsitzen, während Sie darauf warten, dass die QA Ihre Arbeit testet.

Sehen Sie die QA außerdem nicht als selbstverständlich an. Viele Engineering-Teams haben keine speziellen QA-Kollegen. Wenn es bei Ihnen eine QA gibt, arbeiten Sie mit ihr zusammen, lernen Sie von den Personen, und Ihr QA-Fachwissen wird wachsen. Es ist gut möglich, dass es in Ihrem nächsten Team oder Ihrer nächsten Rolle keine speziellen QA-Fachleute gibt. Diese Fähigkeiten können Ihnen also dabei helfen, bessere Arbeitsergebnisse abzuliefern.

Arbeiten Sie in kurzen Iterationen

Wie lange brauchen Sie in der Regel, um aus einer Idee einen präsentablen Prototyp zu entwickeln? Wie groß ist die Zeitspanne, bis ein Bugfix in den Produktionscode integriert wird? Wenn die Antwort in beiden Fällen nicht »ein paar Stunden« oder »ein bis zwei Tage«, sondern »mehrere Wochen« lautet, wird man Sie eher nicht als produktiven Engineer wahrnehmen. Bestenfalls sieht man Sie als »langsam und beständig« an. Im schlimmsten Fall wird sogar das »und beständig« gestrichen.

Liefern Sie jeden Tag etwas ab. Produktive Software-Engineers können fast jeden Tag Code abliefern (und tun das auch). Das konnte ich sowohl in kleineren Firmen, in denen das noch sehr einfach ist, als auch in größere Unternehmen bis hin zu Konzernen mit Tausenden von Software-Engineers miterleben. Bei Google wurden pro Engineer im Durchschnitt zwei Codeänderungen täglich für den Produktivbetrieb freigegeben. Hierzu gehören auch die automatischen Änderungen, die aber nur einen kleinen Teil ausmachen.

Die einzige Möglichkeit, regelmäßig etwas auszuliefern, ist die Arbeit in kleinen Iterationen. Das heißt:

- Unterteilen Sie Ihre Arbeit in kleinere, eigenständige Bausteine. Das können kleine Iterationen sein, die so, wie sie sind, ausgeliefert werden können, oder logische Schritte, die große Teile der Arbeit in kleinere Teilstücke trennen, zum Beispiel: Scaffolding → erster Teil der Geschäftslogik → weitere Grenzfälle → Aufräumen.
- Halten Sie Ihre Codeänderungen bzw. Pull-Requests möglichst klein. Sie lassen sich leichter und schneller erstellen und überprüfen. Dadurch können sie schneller ausgeliefert werden.
- Schaffen Sie Anreize für Ihre Teamkollegen, es Ihnen gleichzutun. Kleine Änderungen helfen, stundenlange Code-Reviews zu vermeiden.

Lange Arbeitsphasen

Manchmal ist es sinnvoll, länger zu iterieren. Die schnelle Iteration ist gut geeignet, um zügige und stabile Fortschritte zu erzielen. Sie ist aber nicht die Antwort auf alle Probleme. Hier ein paar Beispiele:

- **Recherche.** Bei der Recherche zu einer neuen Technologie, einem Framework oder einer Bibliothek geht es darum, Erkenntnisse miteinander zu teilen und eine Empfehlung auszusprechen, ob man sie übernehmen sollte oder nicht. Diese Recherche kann zeitaufwendig sein. Hier ergeben kleinere Iterationen nur selten einen Sinn.
- **Verbesserung von Werkzeugen oder Infrastruktur.** Um die bisher genutzten Werkzeuge zu verbessern, ist oft ebenfalls Recherche nötig, gefolgt vom Prototyping oder der Entwicklung eines neuen Ansatzes. Das kann beispielsweise die Entscheidung sein, die Entwicklung zu containerisieren, oder eine umfangreiche Aufgabe, zu der eine längere Recherchephase, eine Prototyping- bzw. Proof-

of-Concept-Phase und eine Roll-out-Phase gehören. Dabei ist es meistens sinnvoll, Recherche und Prototyping als längere Arbeitsphasen durchzuführen und beim Roll-out zu iterieren.

- **Eine umfassende Refaktorierung.** Manche Refaktorierungen können nur als Ganzes umgesetzt werden. Ein erfahrener Engineer könnte drastische oder notwendige Änderungen an einer Refaktorierungsaufgabe vornehmen. Die meisten Refaktorierungen können in kleinere Stücke aufgeteilt werden, um den Fortschritt sichtbarer zu machen – *sofern* Sie das beabsichtigen.
- **Rewrites.** Hier verhält es sich ähnlich wie bei einer Refaktorierung, außer dass Rewrites normalerweise klar umrissene Ziele haben, zum Beispiel die Behebung eines Performanceproblems. Auch wenn Rewrites stückweise durchgeführt werden können, ist es fast immer schneller, wenn ein Engineer die kompletten Änderungen »in einem Rutsch« durchführt. *Dabei sollten Sie sich der Risiken eines Rewrites allerdings bewusst sein. Sie sind kostspielig und bringen möglicherweise nicht die gewünschten Vorteile.*

Eine längere Arbeitsphase kann hinter den Kulissen aus einer Reihe kürzerer Iterationen bestehen, für die ein Engineer entscheidet, keine separaten Pull-Requests anzulegen. Der Grund könnte sein, dass manche Teile eines Produkts während dieser Iterationen absichtlich nicht funktionieren oder dass ein Engineer der Meinung ist, kürzere Iterationen würden seinen »Flow« unterbrechen. Unabhängig davon gibt es immer eine Methode für diese Art von Arbeit.

Lange Arbeitsphasen bedeuten weniger Feedback:

- Wenn Sie zwischendurch keine einzelnen Pull-Requests für Code-Reviews anlegen, wird der letzte Request so komplex, dass die meisten Kolleginnen und Kollegen Schwierigkeiten haben werden, Ihnen hierzu umfassendes Feedback zu geben, und möglicherweise sogar größere Probleme übersehen.
- Ohne die einzelnen Arbeitsschritte nachvollziehen zu können, wird es schwierig, Feedback zu geben, auf übersehene Dinge hinzuweisen oder festzustellen, wo Sie auf den Holzweg geraten sind. Wenn Sie dieses Feedback erst am Ende bekommen, muss möglicherweise eine Menge Arbeit wiederholt werden.

Lange Arbeitsphasen können sinnvoll sein, wenn Sie kein Feedback brauchen. Das könnte die Gründung eines neuen Unternehmens sein, die Schaffung eines neuen Produkts oder eines Prototyps, der die Machbarkeit einer bestimmten Idee beweisen soll. Meistens muss allerdings im Team gearbeitet werden, und zur Rücksprache mit anderen – Produktverantwortlichen, geschäftlichen Entscheidungsträgern oder Kunden – gehört Feedback nun einmal dazu.

Ihr Team

Projekte gliedern und ihren Aufwand schätzen

Als Senior-Engineer arbeiten Sie oftmals auf Projektebene. Sorgen Sie dafür, dass Sie verstehen, welche Arbeiten für das gesamte Projekt erledigt werden müssen, und dass dieses in sinnvolle Teile gegliedert ist.

Diese Arbeiten überschneiden sich mit den Aufgaben von Tech-Leads. Daher werden wir die verschiedenen Herangehensweisen hierfür in Teil IV, »Der pragmatische Tech-Lead«, eingehend besprechen.

Dokumentieren Sie für andere

Wenn Sie einem Teamkollegen etwas erklären, kann es helfen, die wichtigsten Informationen aufzuschreiben. So können Sie, wenn die nächste Person danach fragt, auf eine Notiz oder ein Diagramm verweisen. Falls Ihr Team bereits ein Wiki (oder eine interne Wissensdatenbank) nutzt, können Sie es um neue Dokumente erweitern. Falls es noch nicht existiert, erstellen Sie eines, und gehen Sie mit gutem Beispiel voran, indem Sie neue Informationen hinzufügen.

Weitere Informationen finden Sie in Kapitel 13 (Teil III), »Software-Engineering«.

Beseitigen Sie Blockaden für Ihr Team

Inzwischen sollten Sie eigene Blockaden gut beseitigen können, indem Sie das Problem rechtzeitig erkennen und sich Hilfe holen. Als Senior-Engineer sollten Sie sich bemühen, auch Blockaden bei Kollegen zu erkennen, und ihnen bei der Beseitigung helfen.

Mit anderen zusammentun. Sobald Sie merken, dass ein Kollege mit einer Aufgabe oder einem Problem nicht weiterkommt, bieten Sie an, gemeinsam daran zu arbeiten. Falls Ihr Team regelmäßige Status-Update-Meetings durchführt, wie etwa Daily Standups, lassen sich diese Dinge meist leicht erkennen. Sollte sich ein Engineer über mehrere Tage hinweg mit der gleichen Problemstellung beschäftigen, hat er wahrscheinlich eine Blockade.

Wenn Sie jemandem bei der Beseitigung einer Blockade helfen, widerstehen Sie der Versuchung, direkt die Lösung zu zeigen – sofern Sie sie kennen. Vielleicht gibt es einen Bug, und Sie erkennen sofort, welche Codezeile dafür verantwortlich ist. Weisen Sie Ihren Kollegen aber einfach auf den Bug hin und helfen Sie ihm stattdessen, zu lernen, seine Blockade selbst zu überwinden. Unterstützen Sie ihn, indem Sie ihn durch gezielte Fragen dazu bringen, die fragliche Codezeile selbst zu finden, vielleicht nachdem Sie ihm eine neue Debugging-Methode gezeigt haben.

Gehen Sie bei der Beseitigung externer Blockaden mit gutem Beispiel voran. Einige Blockaden haben ihren Ursprung außerhalb Ihres Teams, zum Beispiel in Form einer Wartezeit, bis ein anderes Engineering-Team ein Planungsdokument prüft oder ein Plattformteam eine Änderung an ihrer API vornimmt. Wenn Mitglieder Ihres Teams von einer externen Blockade betroffen sind, die sie nicht selbst lösen können, kann es sinnvoll sein, wenn Sie sich in die Situation einbringen, das Problem beseitigen und dann Ihre Vorgehensweise erklären.

Hierbei ist es nötig, mit Entscheidungsträgern und Teams außerhalb Ihres eigenen zu kommunizieren. Verfügen Sie innerhalb des Unternehmens über ein Netzwerk – soll heißen, Sie kennen jemanden in dem Team, das die Blockade auslöst –, lässt sich das Problem einfacher beseitigen. Falls nicht, könnte eine neue Kontaktaufnahme den Weg ebnen, die Blockade zu beseitigen und neue Leute zu treffen, was der Beginn einer guten Beziehung sein könnte.

Werden Sie besser im »außerhalb-der-Box-Denken«

Produktive Engineers können »außerhalb-der-Box« denken und finden unkonventionelle, aber effektive Problemlösungen. Bei Uber bemerkte das Mobile-Team beispielsweise, dass eine Reihe von Speicherlecks in der Android-App die Nutzererfahrung immer weiter verschlechterte. Die Teammitglieder gingen davon aus, dass diese Lecks die geschäftlichen Kennzahlen beeinträchtigten, hatten aber keine Beweise für diese Theorie. Diese Lecks einzeln zu schließen, wäre schwierig gewesen, denn die meisten befanden sich in Feature-Code. Die Plattform-Engineers hätten Mühe beim Verständnis der Geschäftslogik gehabt. Und selbst wenn es ihnen gelungen wäre, die Lecks zu schließen, hätten sich mit Sicherheit wieder neue Lecks in die Codebasis eingeschlichen.

Ein Engineer des Plattformteams schlug einen eher unüblichen Weg zur Überwindung des Problems vor: Warum machte man aus dem Stopfen der Speicherlecks nicht einen Wettbewerb? So könnte man die Engineers gleichzeitig darin schulen, Speicherlecks zu erkennen, zu beheben und zu vermeiden. Dieser Engineer trommelte ein paar Mitarbeitende und wichtige Mitglieder anderer Plattformteams zusammen und entschied, sich des Problems anzunehmen. Die Gruppe erstellte eine Liste der »wichtigsten« Speicherlecks und lud einen externen Redner für einen Tech Talk ein, der die Engineers inspirieren und über die Behebung von Android-Speicherlecks informieren sollte. Außerdem bot das Plattformteam »Sprechstunden« an, um andere Teams beim Debugging zu unterstützen. Um die Auswirkungen auf das Produkt messen zu können, wurden alle reparierten Speicherlecks mit einem Feature-Flag versehen und in Experimente eingebaut. So konnten ihre Konsequenzen auf die Geschäftskennzahlen überprüft werden. Wie sich zeigte, hatte die Gesamtheit der Korrekturen tatsächlich Auswirkungen auf das Geschäft!

Wie werden Sie besser im »Um-die-Ecke-Denken«? Hier ein paar Ansätze:

- **Erweitern Sie Ihre Erfahrungen.** Sammeln Sie praktische Erfahrungen in einem Bereich außerhalb Ihres Fachgebiets. Oft besteht das »Um-die-Ecke-Denken« einfach darin, einen üblichen Ansatz aus einem Bereich auf ein anderes Gebiet zu übertragen. Wenn Sie beispielsweise mit üblichen – oder unüblichen – Praktiken für die Erstellung von Frontend-Applikationen vertraut sind, könnten einige davon vielleicht auch für die Backend-Entwicklung funktionieren!

- **Gehen Sie in die Tiefe.** Werden Sie Experte in ein paar Bereichen und versuchen Sie, diese vollständig zu durchdringen. Das könnte eine Sprache, ein Framework oder eine Codebasis sein. Sobald Sie diese vollkommen verstanden haben, besteht das »Um-die-Ecke-Denken« einfach im Anbieten von Lösungen, die nur Experten kreieren können.
- **Finden Sie mehr als eine mögliche Lösung für ein Problem.** Wenn Ihnen ein Problem begegnet, werden Sie wahrscheinlich eine Möglichkeit finden, es zu überwinden. Vielleicht muss ein wichtiger Bug im Backend repariert werden. Die offensichtliche Lösung wäre eine einfache Änderung im Code. Liegt eine solche offensichtliche Lösung vor, stellen Sie sich selbst die Herausforderung, Alternativen zu finden. Könnte der Bug auch durch eine Änderung der Konfiguration und ohne Codeanpassungen beseitigt werden? Ist es möglich, die Codeanpassung für das Backend vor der offiziellen Freigabe in einem Canary-Release zu testen? Könnte der Fix als A/B-Test ausgeliefert werden, um zu überprüfen, ob er die Kennzahlen wirklich verbessert?
- **Lernen Sie Engineers kennen, die Probleme kreativ lösen, und schauen Sie ihnen über die Schulter.** Fragen Sie, wie sie zu einer Lösung kommen, woher ihre Ideen stammen und wie Sie wissen, ob eine Idee funktionieren könnte.

Das große Ganze

Werden Sie produktorientiert

Die produktivsten Engineers sind nicht immer die schnellsten Coder oder diejenigen, die Computersysteme am besten verstehen. Sie sind einfache Engineers. Ihre Leistungen bei der Alltagsarbeit sind meistens einfach *gut genug*. Beim Verständnis des Produkts, der Kunden und des Geschäfts sind sie dagegen ausgezeichnet. Das hilft ihnen, kluge Kompromisse zu finden, weniger komplexe Probleme schneller zu beseitigen und Lösungen anzubieten, die die wirklichen Schwierigkeiten des Kunden beseitigen.

Mehr zu diesem Thema finden Sie in Kapitel 5 (Teil I), »In verschiedenen Umgebungen erfolgreich sein«. Zusammenfassend, werden Sie ein produktorientierter Engineer, wenn Sie Folgendes berücksichtigen:

- Verstehen Sie, wie und warum Ihr Unternehmen erfolgreich ist.
- Schaffen Sie eine starke Beziehung zu Ihrem Produktmanager.
- Engagieren Sie sich in der Nutzerrecherche, dem Kundendienst und ähnlichen Aktivitäten.
- Bringen Sie machbare Produktvorschläge auf den Tisch.
- Bieten Sie Kompromisse zwischen Produkt und Engineering für Projekte an.
- Holen Sie sich regelmäßiges Feedback von Ihrem Produktmanager.

Das Geschäft verstehen

Als Software-Engineers werden wir nicht dafür bezahlt, Code zu schreiben. Tatsächlich bekommen wir unser Gehalt dafür, dass wir *geschäftliche Probleme lösen* – oftmals, indem wir Code schreiben. Verstehen Sie, was für das Geschäft wichtig ist und wo die von Ihnen erstellte Software dem Unternehmen hilft, seine Geschäftsziele zu erreichen. Mögliche Herangehensweisen finden Sie in Kapitel 21 (Teil V), »Das Geschäft verstehen«.

KAPITEL 12

Zusammenarbeit und Teamwork

Wenn Sie allein arbeiten, ist das Programmieren so gut wie immer der schwierigste Teil der Softwareerstellung. In einem Team kann die Arbeit aber genauso herausfordernd sein. Bei der Zusammenarbeit spielt vieles eine Rolle: Man muss sicherstellen, dass die abgesprochene Vorgehensweise eingehalten wird. Man muss sich auf bestimmte Programmiermuster einigen, eine Teststrategie und Namenskonventionen festlegen und so weiter.

Wenn Sie einer größeren Gruppe angehören – etwa wenn mehrere Teams gemeinsam ein Produkt erstellen –, müssen Sie dafür sorgen, dass Sie mit Ihren Kollegen an einem Strang ziehen, zum Beispiel indem Sie sicherstellen, dass ein neuer API-Endpunkt bei seiner Freigabe so funktioniert, wie ein anderes Team es erwartet. Oder Sie müssen einem anderen Team mitteilen, dass es Ihre Arbeit blockiert, weil Sie Änderungen an ihrem Dienst vornehmen müssen.

Kommunikation, Zusammenarbeit und Teamwork gehören in den meisten Unternehmen zu den grundsätzlichen Erwartungen an vielseitige (*well rounded*) Senior-Software-Engineers. In diesem Kapitel gehen wir auf die am häufigsten anzutreffenden Situationen bei der Zusammenarbeit ein und untersuchen, wie man sie wirklich meistert.

Wir behandeln:

1. Code-Reviews
2. Arbeiten im Tandem (»Pairing«)
3. Mentoring
4. Feedback geben
5. Zusammenarbeit mit anderen Engineering-Teams
6. Einfluss auf andere

Code-Reviews

Ein gutes Code-Review überprüft eine Änderung und wie diese sich in die Codebasis einfügt. Es untersucht, wie klar der Titel und die Beschreibung formuliert sind sowie das »Warum« der Änderung. Es behandelt die Korrektheit des Codes, die Testabdeckung, Änderungen der Funktionalität und bestätigt, dass die Programmierrichtlinien und die Best Practices eingehalten wurden.

Darüber hinaus zeigt ein gutes Code-Review auf, welche offensichtlichen Verbesserungen vorgenommen werden sollten, etwa schwer verständlicher Code, ungenaue Namensgebungen, auskommentierter Code oder übersehene Grenzfälle. Es weist außerdem darauf hin, wenn zu viele Änderungen in ein Review gepfercht wurden, es empfiehlt, Codeänderungen nach einzelnen Zwecken aufzuteilen und die Änderungen in genauer definierte Einzelteile zu gliedern.

Bessere Code-Reviews achten außerdem auf Kontextänderungen des größeren Systems und überprüfen, ob die Änderungen leicht zu pflegen sind. Sie hinterfragen die Notwendigkeit von Änderungen und beleuchten, wie diese andere Systemteile beeinflussen. Sie achten auf eingeführte Abstraktionen wie komplexe Logik, die vereinfacht werden kann, die Teststruktur, Duplikation und weitere mögliche Verbesserungen.

Der Ton macht die Musik

Der Tonfall beim Sprechen und Schreiben beeinflusst die Stimmung in den Teams. Reviews in einem unfreundlichen Tonfall schaffen den Eindruck einer feindlichen Umgebung und könnten als Mikroaggression verstanden werden. Eine rechthaberische Sprache kann Menschen das Gefühl vermitteln, sich verteidigen zu müssen, und für hitzige Diskussionen sorgen. Im Gegensatz dazu kann ein professioneller, moderater und positiver Ton zu einem integrativen Umfeld beitragen, in dem Menschen konstruktiven Rückmeldungen offen gegenüberstehen und Code-Reviews gesunde und lebendige Diskussionen anstoßen.

Gute Code-Reviews treffen keine heftigen oder rechthaberischen Feststellungen, sondern weisen auf offene Fragen hin. Sie bieten Alternativen und Workarounds, die ein Problem vielleicht besser lösen. Diese Reviews gehen davon aus, dass der Reviewer etwas übersehen haben könnte, und bitten daher um Klärung, bevor sie eine Korrektur vornehmen.

Bessere Code-Reviews sind außerdem empathisch. Sie zeigen Anerkennung dafür, dass die Person, die den Code geschrieben hat, eine Menge Zeit und Energie für die Änderung aufgewendet hat. Diese Code-Reviews loben gute Lösungen und sind allgemein in einem positiven Grundton gehalten.

Vor der Freigabe Änderungen anfordern

Gute Reviews geben Änderungen nicht frei, solange es noch ungeklärte Fragen gibt. Sie weisen aber darauf hin, welche Fragen oder Kommentare keine Blockade darstellen oder unwichtig sind, und bezeichnen diese oft als *Nitpicks* oder *Nits* (Erbsenzählerei). Änderungen werden ausdrücklich freigegeben, zum Beispiel mit einem »LGTM« (*Looks Good To Me*, englisch für »Sieht für mich gut aus.«). Ebenso klar sind sie aber auch, wenn sie eine Wiedervorlage anfordern. Hierfür verwenden sie entweder das Review-Werkzeug, oder sie folgen einer anderen Teamkonvention, um dies mitzuteilen.

Bessere Code-Reviews geben Änderungen erst frei, wenn alle offenen Fragen geklärt sind. Diese Reviews sind vom Prinzip her streng, aber flexibel in der Umsetzung. Manchmal werden Kommentare in einer anschließenden Codeänderung durch den Codeautor umgesetzt. Bei dringenden Änderungen versuchen Reviewer, schnellere Reviews anzubieten.

Miteinander sprechen

Wenn nötig, stellen gute Code-Reviews viele Fragen. Wenn die Revision nicht darauf eingeht, wird ein gutes Review dies anmerken. Verwandelt sich ein solcher Dialog in ein langwieriges Hin und Her, sprechen Reviewer den Autor persönlich an, um nicht noch mehr Zeit im Code-Review-Werkzeug zu verschwenden.

Eine große Zahl von Kommentaren ist ein Hinweis auf Missverständnisse, die sich besser in einem persönlichen Gespräch finden und klären lassen. Effektive Engineers wissen, dass ein direkter persönlicher Kontakt Zeit spart und Streit vermeidet.

Erbsenzähler-Kommentare

Das »Erbsenzählen« (*Nitpicking*, siehe oben) bezieht sich auf einen Kommentar zu einer kleineren Änderung, die die Qualität des Pull-Requests nicht übermäßig beeinflusst. Das könnte ein anderer Variablenname sein, die Anforderung, Variablen in alphabetischer Reihenfolge zu deklarieren, oder der Hinweis, dass die Einrückungen verbessert werden könnten.

Gute Code-Reviews machen deutlich, wenn es sich bei einer Änderungsanfrage um Erbsenzählerei handelt, und halten ihre Zahl gering. Zu viel Kleinigkeitskrämerei kann frustrieren und von wichtigeren Themen ablenken.

Bessere Code-Reviews erkennen, dass zu viel Erbsenzählerei ein Hinweis auf Probleme mit Werkzeugen oder Standards sein kann. Reviewer, denen das regelmäßig passiert, versuchen, das Problem außerhalb des Code-Review-Prozesses zu lösen. So lassen sich die meisten Erbsenzähler-Kommentare durch automatisiertes Linting vermeiden. Die übrigen lassen sich normalerweise dadurch lösen, dass sich das Team auf bestimmte Standards einigt, sie einhält und später vielleicht sogar automatisiert.

Neueinsteiger und Code-Reviews

Gute Code-Reviews setzen für alle die gleichen Qualitätsmaßstäbe, unabhängig von Position, Karrierestufe und Dauer der Unternehmenszugehörigkeit. Sie nutzen einen moderaten und unterstützenden Tonfall und machen eindeutig klar, welche Änderungen vor einer Freigabe nötig sind.

Bessere Code-Reviewer achten darauf, dass die ersten Code-Reviews für Neueinsteiger eine positive Erfahrung darstellen. Sie berücksichtigen, dass ein neuer Kollege noch nicht alle Programmierrichtlinien kennt – besonders die ungeschriebenen, informellen. Gute Reviewer sind sich besonders darüber klar, dass Neueinsteiger sich noch mit der Codebasis vertraut machen müssen und eventuell noch nicht wissen, welchen Konventionen der Code folgt.

Bessere Code-Reviews strengen sich außerdem besonders an, bevorzugte Herangehensweisen zu erklären, und verweisen auf zusätzliche Lernressourcen. Sie verwenden einen positiven Grundton und feiern die ersten Änderungen, die ein Neueinsteiger an der Codebasis vorgenommen hat.

Büro- und zeitzonenübergreifende Reviews

Gute Code-Reviews berücksichtigen nach Möglichkeit Zeitzonenunterschiede bei verteilten Arbeitsplätzen. Reviewer versuchen, den Code zu überprüfen, wenn sich die Bürozeiten überschneiden und beide Seiten bei der Arbeit sind. Bei Reviews mit vielen Kommentaren bieten Reviewer an, diese direkt oder per Videoanruf zu besprechen.

Bessere Code-Reviewer bemerken wiederholte Probleme mit Zeitzonen und versuchen, eine systemische Lösung außerhalb des Review-Rahmens zu finden. Diese sind oft komplex und erfordern eine Refaktorierung, die Erstellung neuer Dienste oder Interfaces oder Verbesserungen an den Werkzeugen. Die Auflösung solcher Abhängigkeiten erleichtert beiden Teams das Leben und macht sie effizienter.

Weitere Tipps für die Erstellung guter Code-Reviews finden Sie hier:

- Code review developer guide[1] von Google
- Code review guidelines[2] von GitLab

Arbeit im Tandem

Für weniger erfahrene Engineers bietet die Arbeit im Tandem eine großartige Gelegenheit, auch schwierige Dinge zu bewältigen, mehr zu lernen und weiterzukommen. Für erfahrenere Engineers sind Tandems aber genauso hilfreich. Sie werden unweigerlich in Situationen geraten, in denen die Zusammenarbeit mit einer anderen Person helfen kann, eine Blockade zu beseitigen. Gerade bei der Arbeit an einer neuen Codebasis oder Technologie kann man sich schnell festfahren. Wenn Sie sich mit einem Experten für die Codebasis oder Technologie aus Ihrem oder einem anderen Team zusammentun, kann das helfen, Probleme schneller zu lösen. Zusätzlich lernen Sie von anderen und stärken Ihre beruflichen Beziehungen.

1 *https://google.github.io/eng-practices/review*

2 *https://docs.gitlab.com/ee/development/code_review.html*

Tandems können als Paar-Programmierung (*Pair Programming*) durchgeführt werden oder einfach, indem man sich für die Lösung eines bestimmten Problems zusammentut.

Paar-Programmierung. In einer Präsenzsituation sitzt man meistens nebeneinander, arbeitet an den gleichen Bildschirmen und wechselt sich an der Tastatur ab. Ist man nicht am gleichen Ort, kann dies im Rahmen eines Videoanrufs mit Screensharing oder, noch häufiger, mit einem kollaborativen Editor geschehen, der parallele Texteingaben zulässt.

Sich zusammentun heißt, nebeneinander zu sitzen oder gemeinsam am Whiteboard zu arbeiten, sofern man am gleichen Ort ist. Ansonsten trifft man sich auch hier über einen Videoanruf und nutzt bei Bedarf das Screensharing oder einen kollaborativen Editor. Ich benutze den Begriff »Tandem« für beide Aktivitäten. Sich zusammenzutun, ist die einfachste und effizienteste Form der Zusammenarbeit zwischen zwei Personen, um ein Problem zu lösen.

Situationen, in denen Tandems sinnvoll sein können

Zu den gängigsten Problemen, die Software-Engineers durch ein Tandem lösen können, gehören:

- **Einarbeitung in ein neues Team, System oder eine neue Codebasis.** Wenn Sie in ein neues Team kommen oder mit einer neuen Codebasis arbeiten müssen, ist es einfacher, gleich loszulegen, wenn Sie sich mit jemandem zusammentun und mit dieser Person die wichtigsten und notwendigsten Informationen durchgehen, Dinge zum ersten Mal einrichten, sich von ihr bekannte Probleme zeigen lassen und so weiter. Dies ist bei Weitem die häufigste Form der paarweisen Zusammenarbeit.
- **Implementierung eines Features.** Ist sich ein Engineer unsicher, wie etwas implementiert werden muss, ist ein Tandem mit einem in diesem Bereich erfahrenen Entwickler ein guter Weg. So lernt man die richtigen Herangehensweisen und die Denkweisen des erfahrenen Kollegen kennen.
- **Debugging eines schwierigen Bugs.** Manchmal können Sie einfach nicht herauskriegen, warum etwas nicht funktioniert, selbst nachdem Sie versucht haben, das Problem auf verschiedene Weise zu debuggen. Hier kann ein zweites Augenpaar helfen. Dafür muss Ihr Tandempartner nicht einmal erfahrener sein als Sie. Oft reicht es schon, Ihre Vermutungen und Lösungsansätze zu erklären, um einen möglichen Ausweg zu finden.
- **Planung und Architektur.** Bevor Sie mit der Erstellung eines komplexen Projekts beginnen, für das eine mehrtägige Programmierung nötig ist, ergibt es Sinn, Ihren Ansatz mit einer anderen Entwicklerin oder einem anderen Entwickler durchzusprechen. Skizzieren Sie Ihre Ideen, erzählen Sie, warum Sie bestimmte Ansätze wieder verworfen haben, und umreißen Sie den Aufbau. Reden Sie hierbei auch über Details zu Technologie, Sprache, Frameworks und der geplanten Klassenstruktur und informieren Sie darüber, wie Sie Ihre Lösung testen und überprüfen werden.

- **Bestätigen, dass Sie etwas richtig machen.** Wenn Sie eine bestimmte Funktionalität oder ein Feature implementieren, wollen Sie Ihren Ansatz und Ihre Entscheidungen vermutlich mit jemandem durchsprechen. Wie beim Debugging muss Ihr Partner oder Ihre Partnerin hierfür nicht unbedingt mehr Erfahrung haben.
- **Verstehen, wie etwas funktioniert.** Bei der Arbeit an einem neuen System, Dienst oder einer schwer verständlichen Komponente kann es schneller und lehrreicher sein, sich mit einem Experten – oder der Person, die es erstellt hat – zusammenzutun, um einen Überblick über die Funktionsweise zu bekommen.
- **»Abgucken« und Lernen durch Beobachtung der Arbeitsweise eines anderen Engineers.** Ein großer Vorteil der Partnerarbeit ist die Erkenntnis, wie andere Menschen wirklich arbeiten. Sie sprechen mit ihnen und bekommen einen Eindruck von ihrer Denkweise, sehen ihre IDE, welche Tastaturkürzel sie nutzen, wie sie Code schreiben und testen und vieles mehr. Das erste Tandem mit jemandem öffnete mir oft die Augen, und ich hatte die Gelegenheit, mir Werkzeuge und Arbeitsweisen »auszuleihen«, die mir gefielen.

Neben dem Wissenstransfer hilft ein Tandem beim Aufbau einer persönlichen Beziehung zu dem Engineer, mit dem Sie zusammenarbeiten. Unabhängig davon, wer die meiste Erfahrung hat, werden Sie durch die gemeinsame Lösung eines Problems etwas lernen.

Ansätze, wenn Sie der erfahrene Partner sind

Wenn Sie der Tandempartner mit der größeren Erfahrung sind, haben Sie verschiedene Möglichkeiten, die Zusammenarbeit effizienter zu gestalten:

- **Definieren Sie das Problem.** Bitten Sie Ihren Tandempartner, das Problem zu beschreiben. Manchmal ist sich ein Engineer, der Sie um ein Tandem bittet, nicht klar darüber, wobei genau er Hilfe braucht. Sie werden zielführender arbeiten, wenn Sie diese Dinge zu Beginn klären. Geht es darum, die Implementierung eines grundsätzlichen Features zum Laufen zu kriegen? Geht es darum, Ihrem Partner beim Verständnis der Funktionsweise einer Komponente zu helfen? Seien Sie konkret und beginnen Sie die Sitzung erst, wenn das Thema geklärt ist.
- **Klären Sie die Dringlichkeit.** Es ist ein großer Unterschied, ob sich jemand mit Ihnen zusammentut, um einen Ausfall abzuwenden, der sich auf Tausende Kunden pro Minute auswirkt, oder ob es um eine Sache geht, die nicht zeitkritisch ist.
- **Bei Zeitdruck lösen Sie zuerst das Problem, während Sie erklären, und gehen danach auf die Einzelheiten ein.** Haben Sie bei Zeitdruck keine Angst, die Führung zu übernehmen. Erklären Sie, was Sie tun, um das Problem zu lösen, und warum bzw. wie Sie sicherstellen, dass Ihre Änderungen funktionieren. Sobald die Situation überwunden ist und es keinen Zeitdruck mehr gibt, können Sie der Person die Details Ihrer Arbeitsweise beibringen.

- **Geben Sie Ihrem Partner nicht nur Antworten, sondern versuchen Sie, ihm etwas beizubringen.** Wenn Sie das Problem Ihres Tandempartners nur schnell lösen und dann wieder zu Ihrer eigentlichen Arbeit zurückkehren, haben Sie nicht viel bewirkt. Warum? Weil die Person beim nächsten Problem immer noch keine eigene Lösung hat und wieder zu Ihnen kommen wird. Wenn Sie sich die Zeit dafür nehmen, Ihrer Kollegin zu zeigen, wie sie das Problem selbst bewältigen kann, wird das Tandem zu einer Aktivität mit großer Tragweite. Tritt die Situation noch einmal auf, kann sie sie ohne Ihre Hilfe bewältigen.
- **Vermeiden Sie nach Möglichkeit, sofort Antworten zu geben, selbst wenn Sie das könnten.** Erzählt Ihnen ein Entwickler von einem Bug, der ihn verrückt macht, und Sie kennen die Lösung bereits, ist die Versuchung groß, sie ihm zu verraten. Aber wissen Sie noch, wie Sie das Problem gelöst haben und wie Sie vorgegangen sind, um andere Gründe auszuschließen? Coachen Sie Ihren Kollegen, damit er den gleichen Lernprozess durchlaufen kann wie Sie!
- **Geben Sie der anderen Person genug Raum zum Sprechen und Schreiben.** Sie sind der Partner mit der größeren Erfahrung. Es ist also gut möglich, dass Sie ein bestimmtes Problem schneller lösen können. Vergessen Sie aber nicht, dass die andere Person bei einer guten Tandem-Session etwas lernt. Geben Sie ihr Platz, eigene Gedanken zu äußern, und wenn Sie mit der Programmierung einer Lösung beginnen, reichen Sie diese unterwegs weiter, damit die andere Person sie fertigstellen kann.
- **Versuchen Sie, etwas von Ihrem Tandempartner zu lernen.** Als erfahrener Teil einer Tandem-Session könnten Sie glauben, dass Sie als Lehrer auftreten und die Führung übernehmen, ohne selbst etwas zu lernen. Das muss aber nicht so sein! Wenn Sie die andere Person coachen und offene Fragen stellen, überrascht sie Sie vielleicht mit unerwarteten Lösungsansätzen und neuen Erfahrungen.
- **Machen Sie Komplimente, wenn diese berechtigt sind.** Wenn Ihr Tandempartner einen Teil der Arbeit beendet hat, geben Sie positives Feedback. Es wird ihm viel bedeuten und sein Verhalten verstärken.
- **Es ist normal, manchmal abzuschweifen.** Bei der Partnerarbeit kommt man leicht vom Weg ab und verliert die Lösung des eigentlichen Problems aus den Augen. Das passiert vor allem, wenn es keinen Zeitdruck gibt. Bei einem Tandem geht es darum, das Problem zu lösen, voneinander zu lernen und sich besser kennenzulernen. Und es macht Spaß. Wenn Sie also die Gelegenheit haben, ein interessantes Gebiet zu erforschen, machen Sie das ruhig!

Ansätze, wenn Sie weniger erfahren sind

Haben Sie keine Angst, jemanden zu bitten, mit Ihnen im Tandem zu arbeiten! Zwar kommt dieses ungute Gefühl bei weniger Erfahrenen häufiger vor, aber ich habe auch schon Senior-Engineers erlebt, die Angst hatten, einen Staff- oder Principal-Engineer um ein Tandem zu bitten, weil dies als Unfähigkeit verstanden werden könnte. Das wird es aber nicht: Um ein Tandem zu bitten, ist eine sehr gute Möglichkeit, Dinge schneller zu Ende zu bringen und dabei noch etwas Neues zu lernen.

Wenn Sie eine Person um eine Partnerarbeit bitten, respektieren Sie ihre Zeit, und seien Sie flexibel, wenn sie etwas anderes zu Ende bringen muss. Hat Ihnen die Person geholfen, bedanken Sie sich dafür, dass sie sich Zeit für das Tandem genommen hat. Vielleicht ist es sinnvoll, das in Gegenwart anderer zu tun. Es ist eine freundliche Geste und kann Teamkollegen ermutigen, Ihrem Beispiel zu folgen, nachdem sie die Ergebnisse gesehen haben.

Tandems werden anscheinend unterschätzt und nur selten genutzt. Das gilt besonders, wenn die Partner nicht am gleichen Ort sind. Ich empfehle Ihnen, Tandems zu nutzen, um anderen zu helfen, beispielsweise indem Sie einem Entwickler, der offenbar blockiert ist, Ihre Hilfe anbieten, oder indem Sie sich mit Kollegen zusammentun, die Ihnen bei der Beseitigung der Blockade helfen können.

Mentoring

Als Senior-Engineer werden Sie viele Gelegenheiten haben, Kollegen als Mentor zur Seite zu stehen. Gleichzeitig kann es auch sinnvoll sein, selbst einen erfahrenen Mentor zu haben, von dem man lernen kann.

Informelles Mentoring

Ein Mentoring muss nicht formell sein, um eine wertvolle Lernerfahrung zu bieten. In den meisten Fällen ist sie informell. Mentoring passiert selbstverständlich, wenn Entwicklerinnen und Entwickler zusammenarbeiten und sich gegenseitig unterstützen.

Code-Reviews oder die gemeinsame Arbeit im Team an einem Projekt sind übliche Beispiele für ein informelles Mentoring. Dabei gibt es keine feste Struktur – nur Engineers, die miteinander arbeiten, sich gegenseitig Feedback geben und voneinander lernen.

Informelle persönliche Sessions mit anderen Engineers und der einfache Austausch darüber, was sie gerade beschäftigt, kann ebenfalls eine Form des informellen Mentorings sein – selbst wenn Sie das gar nicht bemerken! Trotzdem sind solche Treffen informativ und können Ideen für neue Ansätze liefern.

Formelles Mentoring

Die seltenere Form des Mentorings läuft formeller ab. Hierbei erklärt sich ein erfahrener Kollege bereit, als Mentor für einen jüngeren Kollegen aufzutreten, ihn auf den Weg zu bringen und regelmäßige Treffen mit ihm durchzuführen, um ihm bei seinem Wachstum zu helfen. Aber was hat ein formelles Mentoring für einen Sinn, wenn das informelle Mentoring ohnehin die ganze Zeit stattfindet? Hier ein paar Gründe:

- Ihr direkter Kollegenkreis hat nicht genug Erfahrung, und Sie suchen nach einer Person, von der Sie etwas lernen können.

- Ein formelles Mentoring kann helfen, sich schneller und gezielter weiterzuentwickeln, weil Sie sich absichtlich Zeit für Ihr berufliches Wachstum nehmen.

Es gibt zwei Orte, an denen ein formelles und zielgerichtetes Mentoring leicht zu finden ist: stark strukturierte Technologieunternehmen und Online-Communities. Einige Technologiefirmen unterhalten Mentoring-Programme, die aber nur selten bekannt gemacht werden. Uber, PayPal und Amazon haben eigene interne Programme, die es einfach machen, ein gezieltes Mentoring zu bekommen.

Online-Communities von Mentoren sind ebenfalls »gastfreundlich« und erleichtern den Einstieg. Die Zahl dieser Websites wächst ständig. Weitere Ressourcen finden sie durch eine Suche wie beispielsweise: »als Entwickler Mentoren finden«.

Mit einem formellen Mentoring wäre ich in meiner Zeit als Entwickler schneller vorangekommen. Aus diesem Grund habe ich es mir bei meinem Wechsel ins Engineering-Management zur Aufgabe gemacht, Mentoring-Beziehungen zwischen weniger erfahrenen und erfahreneren Engineers in meinem Team aufzubauen. Es war keine Überraschung, dass die jüngeren Engineers dadurch beruflich schneller wachsen konnten. Was ich allerdings nicht vorausgesehen habe, ist, wie sehr die Senior-Engineers vom formellen Mentoring mit Staff- oder Principal-Engineers profitiert haben.

Wie können Sie also ein formelles Mentoring einrichten? Wie bei jedem Projekt hilft ein guter Startpunkt, um alle – in diesem Fall den Mentor und seinen Mentees (Schützling, Padawan) – auf den gleichen Stand zu bringen.

Startpunkt für das Mentoring: das Vorstellungstreffen

Am besten beginnt man ein formelles Mentoring mit einem Kick-off. Oft empfehle ich Menschen, auf potenzielle Mentoren zuzugehen und zu sagen: »Sie sind jemand, den ich sehr schätze und bewundere. Können wir einen Termin vereinbaren, um über Bereiche zu sprechen, in denen ich wachsen möchte und wie Sie mir als Mentor dabei helfen könnten?« Es ist sinnvoll, sich hierfür Zeit zu nehmen, etwas über Ihren Hintergrund zu erzählen und herauszufinden, ob Sie beide willens und fähig sind, sich auf ein Mentoring einzulassen.

Bereiten Sie sich vor, indem Sie eine Liste der Themen vorbereiten, die Sie beim Kick-off-Treffen ansprechen möchten, wie beispielsweise:

- **Hintergrund.** Als »Eisbrecher« kann es helfen, ein paar Hintergrundinformationen über sich zu teilen.
- **»Was habe ich davon?«** Was erhoffen Sie sich von der Beziehung, und wie möchten Sie weiterkommen? Stellen Sie Ihrem Gegenüber die gleiche Frage. Das beste Mentoring funktioniert gegenseitig, sodass beide Beteiligten etwas davon haben.
- **Zu behandelnde Themen.** Was interessiert Sie? Wo möchten Sie vorankommen? Gibt es etwas Dringendes zu besprechen?
- **Rhythmus.** Wie oft sollte man sich für einen Austausch treffen? Die meisten Entwickler kommen alle zwei Wochen für 30 bis 60 Minuten zu einem Termin zusammen, der für beide Seiten gut zu handhaben ist.

- **Kommunikation zwischen den Treffen.** Ist der Mentor auch spontan erreichbar? Wie sieht sein Zeitplan aus?
- **Kurzfristige Ziele.** In welchem Bereich möchten Sie im kommenden Monat besonders vorankommen? Konzentrieren Sie sich am Anfang vor allem auf diese Punkte.
- **Bewertung der Fortschritte.** Nach welchen Gesichtspunkten soll bewertet werden, wie effektiv das Mentoring ist?
- **Herausforderungen.** Es ist gut, diese Punkte zu klären. Beispielsweise ist es vollkommen in Ordnung, einen möglichen Mentor wissen zu lassen, dass Sie keine Ahnung haben, wie das Mentoring funktioniert. Oder Ihr Mentor könnte Ihnen mitteilen, dass er einen ziemlich heftigen Monat vor sich hat und bis zum Hals in Arbeit stecken wird.

Vergessen Sie nicht: Wenn Sie jemand bittet, sein oder ihr Mentor zu sein, ist es grundsätzlich in Ordnung, »Nein« zu sagen. Als ich nach einem Mentor suchte, musste ich auch eine Reihe von Absagen hinnehmen. Bei einigen war es der Zeitmangel, andere meinten, ihnen fehle das von mir gewünschte Fachwissen. Lassen Sie sich von Absagen nicht entmutigen. Bitten Sie um Empfehlungen für andere mögliche Mentoren. Früher oder später werden Sie jemand passenden finden.

Wenn Sie der Mentor sind

Hier ein paar Ideen für ein effektives Mentoring.

Seien Sie sich von Anfang an über die Erwartungen im Klaren. Überlegen Sie, wie viel Zeit Sie aufwenden können und was Sie von Ihrem Mentee erwarten. Wenn Sie möchten, dass er eine Liste mit zu besprechenden Themen dabeihat, teilen Sie ihm das mit. Bleiben Sie ungezwungen, wenn das Ihrer Art entspricht, und kümmern Sie sich um die Probleme, wenn sie auftreten. Diskutieren Sie diesen Ansatz.

Hören Sie zu, was Ihre Mentees zu sagen haben. Dies ist die wichtigste Rolle eines Mentors. Ja, Mentees wünschen sich umsetzbare Ratschläge – dabei ist es genauso wichtig, darüber zu sprechen, was sie gerade beschäftigt und wie sie sich dabei fühlen.

Beginnen Sie das Gespräch mit Fragen, auf die sie sich einlassen können, wie: »Was beschäftigt Sie gerade?«, »Womit haben Sie Schwierigkeiten?«, »Woran arbeiten Sie gerade?« oder »Was sind Ihre Ziele für diese Woche?«. Achten Sie bei den Antworten auf Bereiche, in denen Sie helfen können.

Servieren Sie Antworten nicht auf dem Silbertablett. Als effizienter Mentor geht es nicht darum, die Probleme anderer Menschen zu lösen. Es geht darum, sie in ihrer beruflichen Entwicklung zu unterstützen, damit sie ihre Probleme selbst lösen können. Beim Mentoring sollten Sie fertige Lösungen möglichst lange zurückhalten.

Stellen Sie stattdessen Fragen, bieten Sie Alternativen und schreiben Sie anderen nicht vor, was sie tun sollen. Ein geduldiger Ansatz, bei dem das Coaching im Vordergrund steht, stärkt Junior-Entwickler und beschleunigt ihr Lernen.

Diskutieren Sie bestimmte Situationen, um das Thema zu vertiefen. Das können Dinge sein, die die Mentees ansprechen oder die dem Mentor aufgefallen sind. Mögliche Themen sind Kommunikation, kulturelle Themen, technische Detailfragen, Code-Reviews und vieles mehr.

Versehen Sie bestimmte Situationen mit Kontext und Perspektive. Sie arbeiten sehr wahrscheinlich schon länger in der Branche und haben die Schwierigkeiten Ihres Mentees bereits selbst durchgestanden. Wenn Sie im gleichen Unternehmen arbeiten, wissen Sie vermutlich viel besser als Ihr Mentee, wie die Dinge laufen. Wenn Sie überlegen, wie Sie früher mit einer schwierigen Situation umgegangen sind, können Sie Ihrem Mentee helfen, in der gleichen Lage weniger Angst zu haben.

Nutzen Sie Ihr Netzwerk, um Ihrem oder Ihrer Mentee zu helfen. Als Mentor ist man in der Regel besser vernetzt als der Mentee. Das ist besonders vorteilhaft, wenn Sie im gleichen Unternehmen arbeiten. In diesem Fall können Sie den Mentee mit Menschen in Kontakt bringen, die weiterhelfen können. Es kann eine große Hilfe sein, wenn Sie Ihren Mentee vorstellen und andere dazu einladen, Zeit mit ihm zu verbringen.

Auch wenn Sie in verschiedenen Unternehmen arbeiten, kann es Gelegenheiten geben, Ihren Mentee mit anderen in Kontakt zu bringen oder ihn wichtigen Personen vorzustellen.

Geben Sie Ihrem Mentee zu verstehen, dass Sie ihm zur Seite stehen. Wenn Sie jemand auf ein Mentoring anspricht, sucht die Person nicht nur nach Rat, sondern auch nach Unterstützung. Je weniger Erfahrung sie hat, desto eher fühlt sie sich als Hochstapler, und desto mehr kann Ihre Unterstützung helfen. Aufmunternde Worte haben eine größere Wirkung, als man denkt:

Jeder Mentor, mit dem ich gearbeitet habe, beendete unser Gespräch mit einem Satz wie: »Du kannst das!« oder »Das bekommst du schon hin!«. Nur ein paar Worte, aber verdammt, für mich haben sie damals die Welt bedeutet.

Weitere Tipps, um ein großartiger Mentor zu sein:

- **Versuchen Sie, etwas Neues von Ihrem Mentee zu lernen.** Begegnen Sie dem zu lösenden Problem mit Neugier und verstehen Sie die Sichtweise Ihres Mentees. Wenn Sie die richtige Antwort kennen, lernen Sie vielleicht etwas Neues oder betrachten das Problem aus einem neuen Blickwinkel.
- **Helfen Sie Mentees, mehrere Lösungen für Probleme zu finden.** Unterstützen Sie Ihren Mentee auch darin, Kompromisse zu finden. Es ist besser, Konzepte anstelle von Lösungen zu erklären und Ihrem Mentee bei dem Verständnis zu helfen, dass es nur sehr wenige Entweder-oder-Lösungen gibt. Das gilt besonders bei technischen Themen, aber auch für die meisten nicht technischen Probleme.
- **Passen Sie Ihre Herangehensweise für technische bzw. nicht technische Themen an.** Technische Fragen sind meist leichter zu klären. Hier können Sie als Mentor aktiv werden, indem Sie fragen, welche Strategien Ihr Mentee schon ausprobiert hat. Sie können ihn dann durch gezielte Fragen auf einen funktionierenden Lösungsweg führen. Bei nicht technischen Themen wie Kommunikation, Konflikten etc. ist Zuhören besonders wichtig.

Wenn Sie der Mentee sind

Wie können Sie, sobald Sie Ihren Rhythmus gefunden haben und regelmäßige Treffen etabliert sind, weiterhin vom Mentoring profitieren? Ich bin fest davon überzeugt, dass ein Mentoring Zeit und Energie erfordert, damit es wirklich etwas bringt.

Seien Sie sich von Anfang an über Ihre Erwartungen klar. Bereiten Sie sich auf die regelmäßigen Treffen mit Ihrem Mentor vor und nutzen Sie Ihre Zeit sinnvoll. Halten Sie Herausforderungen, Erfolge und Themen bereit, zu denen Sie die Meinung Ihres Mentors hören möchten. Machen Sie sich eine Liste der Themen, über die Sie sprechen möchten. Nutzen Sie die Ratschläge und Ideen, die Sie erhalten, und setzen Sie sie um. Lassen Sie Ihren Mentor wissen, wie es läuft.

Dabei kann ein offenes Dokument helfen, das Sie mit Ihrem Mentor teilen. Hier können Sie sich zwischen Ihren Treffen Notizen zu Themen machen, die Sie beim nächsten Mal besprechen möchten, wie:

- **Wichtige Ereignisse.** Berichten Sie Ihrem Mentor über wichtige Ereignisse der letzten Zeit. Fassen Sie sich kurz.
- **Gedanken zu Aktionspunkten, Orientierungshilfen und Diskussionen vom letzten Treffen.** Wenn Sie auf eine Diskussion beim letzten Treffen hin etwas getan haben, teilen Sie Ihrem Mentor die Ergebnisse mit. Das hilft Ihnen beiden.
- **Eine aktuelle Herausforderung.** Beschreiben Sie eine Herausforderung, die Sie gerade beschäftigt, sprechen Sie miteinander darüber und machen Sie ein Brainstorming, um eine Lösung zu finden.
- **Ein aktueller Erfolg.** Beschreiben Sie eine Situation, die gut gelaufen ist und warum. Bitten Sie den Mentor um seine Meinung. In neun von zehn Fällen wird sein Feedback Sie dazu bringen, Ihre Vorgehensweise noch einmal zu überdenken.

Langfristige Vorteile des Mentorings

Das Mentoring hat auch auf lange Sicht große Vorteile für alle Beteiligten. Die Softwarebranche ist erstaunlich klein. Der Nachwuchs, für den Sie sich heute als Mentor engagieren, wird mit der Zeit beruflich weiterkommen. Später begegnen Sie sich in einer anderen Umgebung vielleicht wieder. Wenn Sie als Mentor gute Unterstützung geleistet haben, wird sich die Person sehr wahrscheinlich daran erinnern. Und wer weiß, welche Vorteile eine gute Beziehung in Zukunft bringen kann?

Für das Mentoring gibt es kein Patentrezept. Für die meisten Menschen ist eine Mischung aus informeller Wissensvermittlung und regelmäßigen Treffen. Oftmals kommen Mentees mit Einmalfragen auf den Mentor zu. Einige bevorzugen ein persönliches Mentoring, andere Mentoring-Formen gehen über die Begutachtung von Code hinaus. Jede Mentoring-Beziehung ist einmalig. Wichtig ist vor allem, was für Mentor und Mentee funktioniert.

Feedback geben

Als Senior-Engineer fällt es Ihnen auf, wenn Entwickler gute Arbeit leisten und wann sie etwas besser machen können. In beiden Fällen können Sie entscheiden, etwas zu sagen oder den Mund zu halten. Meiner Ansicht nach wäre die zweite Option eine vertane Chance, Feedback zu geben, solange dies respektvoll und mit der Absicht geschieht, der anderen Person bei ihrem Wachstum zu helfen.

Besser positives Feedback geben

Positives Feedback zu geben, ist einfach, oder? Schließlich will man doch jemandem ein Kompliment machen. Tatsächlich gibt es Möglichkeiten, auch positives Feedback effektiver zu machen:

- **Seien Sie konkret.** Sagen Sie nicht einfach: »Gut gemacht.« Verweisen Sie auf Details wie: »Es hat mir gut gefallen, wie Sie sich in Ihrem Pull-Request um alle vier Grenzfälle gekümmert und auch gleich Tests dafür geschrieben haben. Von dieser Gründlichkeit brauchen wir mehr. Weiter so!«
- **Seien Sie aufrichtig.** Tappen Sie nicht in die Falle, Nettigkeiten zu sagen, die Sie eigentlich gar nicht meinen. Das kann zwar kurzfristig funktionieren, aber im Laufe der Zeit wird den Menschen unehrliches positives Feedback auffallen. Suchen Sie stattdessen nach dem ausgezeichneten Detail und heben Sie dies hervor. Zu allem anderen geben Sie konstruktives Feedback.

Konstruktives oder negatives Feedback geben

Stellen Sie Fragen, bevor Sie mit dem Feedback loslegen. Das ist besonders wichtig, wenn Sie sich mit der Arbeit der anderen Person nicht auskennen oder sie nicht ausdrücklich um Feedback gebeten hat.

Angenommen, Ihnen ist ein Pull-Request eines Neueinsteigers aufgefallen, bei dem Unit-Tests fehlen, die in den Richtlinien aber vorgeschrieben sind. Sie könnten direkt das heiße Eisen anfassen und Feedback zu den fehlenden Tests geben. Eine bessere Strategie besteht jedoch darin, zu fragen: »Hast du darüber nachgedacht, wie diese Änderungen getestet werden?«

Die Formulierung als Frage gibt Ihrem Gegenüber die Gelegenheit, mehr über den Kontext mitzuteilen und das Versäumnis zu korrigieren. Im oben skizzierten Fall könnte die Person unterschiedlich reagieren:

- »Natürlich ist mir klar, dass wir normalerweise Tests durchführen, aber hier handelte es sich um einen dringenden Fix, um eine Störung zu beheben. Die Tests werden mit dem nächsten Pull-Request nachgereicht!«
- »Oh, das habe ich ganz vergessen. Danke, dass Sie nachfragen. Ich mache mich am besten gleich dran und werde dafür sorgen, dass mir das nicht noch einmal passiert.«
- »Tests? Was für Tests? Ich wusste gar nicht, dass Sie so etwas hier machen ...«

Beachten Sie, dass in diesen Antworten keine negativen Gefühle ausgedrückt werden. Das ist der Vorteil, wenn man Fragen stellt, bevor man Feedback gibt.

Seien Sie einfühlsam, wenn Sie korrigierendes Feedback geben. Teilen Sie Ihre Beobachtungen mit und stellen Sie dann Fragen, um Ihr Gegenüber zu den richtigen Schlussfolgerungen zu leiten. Sobald die Person es verstanden hat, sollten Sie sie positiv bestärken.

Je mehr Ihnen die Person, der Sie Feedback geben, vertraut, desto mehr »Klartext« können Sie mit ihr sprechen, ohne sie zu beleidigen. Benutzen Sie Ihren gesunden Menschenverstand, um angemessen zu reagieren. Vergessen Sie nicht, dass es beim Feedback darum geht, der anderen Person zu helfen, sich zu verbessern. Solange Ihr Feedback ermutigt, statt entmutigt, helfen Sie ihr, zu wachsen.

Es ist ein großer Vorteil, wenn man gut darin ist, Feedback zu geben. Die besten Quellen, die mir in diesem Bereich geholfen haben, sind diese beiden Bücher:

- »Radical Candor« von Kim Scott
- »Crucial Conversations« von Joseph Grenny, Ron McMillan, Al Switzler und Kerry Patterson

Zusammenarbeit mit anderen Engineering-Teams

Für die Zusammenarbeit mit anderen Engineering-Teams gibt es viele Gründe, zum Beispiel:

- Um Code zu verstehen, der von Engineers eines anderen Teams geschrieben oder zumindest verändert wurde.
- Um Teile des Codes anzupassen, die von einem anderen Team geschrieben wurden.
- Wenn es Fragen zur Verwendung eines Diensts oder einer Komponente gibt, für die ein anderes Team zuständig ist.
- Die Planung von Änderungen an Code, für die ein anderes Team zuständig ist, ohne deren Konventionen zu verletzen.
- Um eine Blockade zu beseitigen, die durch ein System verursacht wird, für das ein anderes Team zuständig ist.

Wenn man an Ihrem Arbeitsplatz einem internen Open-Source-Modell folgt (was bedeutet, dass Sie auf den größten Teil des Codes Zugriff haben und Pull-Requests dafür erstellen können), dann können Engineers eines anderen Teams Ihren Pull-Request für die Änderungen blockieren. Der Grund ist meistens, dass das Team für einen Teil des Codes zuständig ist. Daher ist es sinnvoll, sich mit ihm abzusprechen, bevor Sie irgendwelche Änderungen vornehmen. Dies gilt vor allem bei großen Teams.

In kleinen Firmen mit nur wenigen Engineers ist es recht einfach, die Entwickler kennenzulernen und herauszufinden, was sie tun. In einer Firma mit sechs Engineers, Sie selbst eingeschlossen, wissen Sie, dass Bob und Suzy für das Backend zuständig sind, Sam und Kate für das Web und Tom für Mobile. Sie wissen also, wen Sie fragen müssen. Das Gleiche gilt für Unternehmen mit fünf Engineering-Teams: Plattform und Core kümmern sich meistens ums Backend, Customer Support und Customer Experience sind eine Mischung aus Web-, Mobile- und Backend-Engineers.

In Unternehmen mit mehr als einem Dutzend Engineering-Teams wird es allerdings schwierig, herauszufinden, wie die Teams zueinander in Beziehung stehen. Um den richtigen Ansprechpartner zu finden, ist es hier oft am besten, nachzusehen, wer die jeweilige Codezeile zuletzt verändert hat, und sich mit dieser Person in Verbindung zu setzen.

Zeichnen Sie eine Karte der Teams

Zeichnen Sie sich eine Karte der Teams, die mit Ihrem Team verbunden sind, und von denjenigen, zu denen Ihr Team Verbindungen hat. Notieren Sie sich:

- Engineering-Teams, von denen Ihr Team abhängt. Teams, deren APIs oder Dienste Ihr Team verwendet.
- Engineering-Teams, die von Ihrem Team abhängen. Tipp: Sehen Sie sich die Störungen durch, die Auswirkungen auf Ihr Team hatten, und wann die Änderungen durch ein anderes Team vorgenommen wurden. Die Chancen stehen gut, dass es sich um ein von Ihnen abhängiges Team handelt.
- Teams, die ähnliche Features erstellen, bei denen sich die Funktionalitäten möglicherweise überschneiden, besonders auf Kundenseite.
- Teams, deren Features auf dem gleichen GUI-Screen dargestellt werden wie Ihre, sofern Ihr Team für Benutzerschnittstellen zuständig ist.
- Infrastrukturteams, von denen Ihr Team abhängt, auch wenn es nur indirekt ist.

Sobald Ihre Karte fertig ist, zeigen Sie sie Ihrem Team und Ihren Managern, um zu sehen, ob es noch Lücken zu füllen gibt.

Machen Sie sich mit anderen Teams bekannt

Machen Sie sich mit den Teams bekannt, mit denen Sie eine Verbindung haben. Nutzen Sie Ihre Teamkarte, um mindestens ein Mitglied aus jedem Team kennenzulernen. Vielleicht arbeiten Sie bereits mit einigen dieser Teams zusammen. Falls nicht, habe ich einen Vorschlag: Setzen Sie ein kurzes Vorstellungsmeeting mit einem erfahrenen Engineer oder dem Teammanager an. Sagen Sie, Sie wollten etwas mehr über ihr Team erfahren und dem Namen ein Gesicht geben. Gibt es relevante Dokumentation, lesen Sie diese vorher.

Während des Meetings stellen Sie sich kurz vor, berichten in aller Kürze, was Ihr Team tut, und bitten Ihren Gesprächspartner, das Gleiche zu tun. Wie lange arbeitet er schon im Unternehmen, was ist seine Rolle im Team, was macht das Team, welche Technologien werden eingesetzt, und worin bestehen ihre Herausforderungen?

Ein solches Vorstellungsmeeting hat zwei Ziele:

- Das Sammeln von Informationen über das Team, das Ihre Arbeit später beschleunigen kann. So könnte es zum Beispiel sein, dass Ihnen bei der Planung eines neuen Features auffällt, dass hierfür das andere Team Änderungen an seinem System vornehmen muss. Jetzt können Sie direkt mit dem Ihnen bekannten Engineer im anderen Team Kontakt aufnehmen.
- Der Aufbau persönlicher Beziehungen. Je größer das Unternehmen, desto wichtiger sind persönliche Verbindungen zu anderen Teams.

Durch ein Vorstellungsmeeting lernen Sie andere Engineering-Teams besser kennen, und das ist immer interessant! Es kann gut sein, dass Sie etwas Neues lernen und inspiriert werden, einen weiteren technischen Ansatz auszuprobieren, den das andere Team verwendet.

Einfluss auf andere

Als Senior-Engineer ist Ihr »Einfluss« innerhalb des Teams und des Unternehmens wichtig. Je respektierter, bekannter oder einflussreicher Sie innerhalb einer Gruppe sind, desto eher wird Ihre Stimme gehört, und desto einfacher ist es, die Dinge, an die Sie glauben, in die richtige Richtung zu lenken.

Wie also können Sie als Engineer Einfluss gewinnen? Hier ein paar Möglichkeiten.

Liefern Sie hervorragende Arbeit ab

Was »hervorragend« genau bedeutet, hängt von Ihrem Umfeld ab. Sorgen Sie für ein ausgewogenes Verhältnis zwischen Tempo und Qualität. In Start-ups bedeutet »hervorragend« meist, schnell abzuliefern, während es in großen Unternehmen eher für gut getesteten, sauberen Code steht oder Codeänderungen, die einfach zu überprüfen oder wartbar umgesetzt sind.

Finden Sie heraus, was »hervorragend« in Ihrer Engineering-Abteilung bedeutet, und holen Sie sich regelmäßiges Feedback von Ihren Kollegen und Managern. So bekommen Sie einen Eindruck davon, wie Ihre Arbeit im Vergleich mit anderen abschneidet. Wenn Sie sich einen Ruf als jemanden erarbeiten, der hervorragende Arbeit leistet, werden andere Ihnen vertrauen.

Lernen Sie andere Menschen kennen

Das gilt besonders für diejenigen außerhalb Ihrer Engineering-Abteilung. Versuchen Sie, die Zeit zu finden, um aus Ihrer Engineering-Blase auszubrechen. Sprechen Sie mit den Produktverantwortlichen und Kollegen aus den Bereichen Design und Data Science, anderen Nicht-Engineering-Rollen und Menschen aus dem geschäftlichen Bereich.

Das Ziel ist hierbei, mehr über die Produkt- und die Geschäftsstrategie zu erfahren. Vielleicht ist es sinnvoll, sich regelmäßig zu persönlichen Treffen mit Ihrem Produktmanager zu verabreden – etwa einmal im Monat –, um ein besseres Verständnis davon zu bekommen, was das Produkt aus welchem Grund tut und wie Sie dabei helfen können.

Nehmen Sie an Gesprächen mit Engineers aus anderen Teams teil, mit denen Sie arbeiten. Wenn Sie in einer verteilten Umgebung arbeiten oder mit Teams an unterschiedlichen Orten, dann wird die meiste Arbeit sehr wahrscheinlich über E-Mail, Chat, Dokumente und Programmieren erledigt.

Dabei sollte allerdings nicht alles asynchron stattfinden. Vielleicht können Sie an einer Videokonferenz teilnehmen, um »von Angesicht zu Angesicht« mit Kollegen zu sprechen, mit denen Sie zusammenarbeiten. Überlegen Sie sich einen Vorwand, um mit jemandem zu sprechen, mit dem Sie sonst asynchron arbeiten. Versuchen Sie, die Person während des Gesprächs besser kennenzulernen. Wie lange ist sie schon in ihrem Team? An welchen anderen Dingen arbeitet sie noch? Was ist in ihrem Teil der Welt so los?

Es hat eine Reihe von Vorteilen, mit Menschen zu sprechen, als sich nur auf die Arbeit zu konzentrieren. Erstens bekommen Sie ein Gefühl dafür, wer hinter den ganzen E-Mails und Pull-Requests steckt. Zweitens erhalten Sie eine Menge Kontext über ihre Arbeitsweise. Und abschließend könnte eine unerwartete Verbindung zustande kommen, etwa über ähnliche Ansichten, persönliche Interessen oder etwas anderes.

Beteiligen Sie sich an funktionsübergreifenden Projekten

Beteiligen Sie sich an RFCs, Designdokumenten, teamübergreifender Planung. Wenn Ihr Unternehmen RFCs (*Requests for Comments*), Designdokumente oder ADRs (*Architecture Decision Records*) einsetzt, beginnen Sie, die Pläne anderer Teams zu lesen, und bringen Sie sich ein, wenn Ihr Fachwissen nützlich sein kann.

Als ich bei Uber anfing, eröffnete sich mir, dank der transparenten RFC-Kultur, eine neue Welt. Allein durch das Lesen der RFCs lernte ich viel darüber, wie andere Teams arbeiteten, und knüpfte Verbindungen zu ihnen, indem ich über einen RFC Kontakt aufnahm, wenn ich das nötige Fachwissen und das Interesse hatte, etwas beizutragen. Ihr Einfluss und Ihr Netzwerk hängen zusammen. Kaum etwas macht mehr Spaß, als das eigene Netzwerk zu erweitern, indem man sich an Planungsdokumenten beteiligt, etwas Neues lernt und seinen Engineer-Kollegen dabei auch noch helfen kann.

Beteiligen Sie sich an teamübergreifenden Projekten. Wenn Sie nur mit Menschen in Ihrem Team zusammenarbeiten, wird auch Ihr Einfluss auf das Team beschränkt bleiben. Um zu Menschen außerhalb Ihres Teams Vertrauen aufzubauen, arbeiten Sie daran, Beziehungen aufzubauen, während Sie Ihr Wissen erweitern. Wenn Sie sich in Ihrem Team wohlfühlen, suchen Sie nach Möglichkeiten, sich an Projekten anderer Engineering-Teams und Nicht-Engineering-Teams zu beteiligen.

Ich habe die Erfahrung gemacht, dass die beste Möglichkeit, Kontakte zu knüpfen, darin besteht, überhaupt kein »Networking« zu betreiben. Arbeiten Sie stattdessen an einem gemeinsamen Problem. Bei Uber entstanden einige meiner stärksten Verbindungen beispielsweise durch die Arbeit an Projekten, bei denen ich täglich mit anderen Engineers, Managern, Produktmanagern oder Designern sprechen musste, um etwas Wichtiges voranzubringen.

»Werben« Sie für Ihre Arbeit – aber ohne anzugeben

Stellen Sie sicher, dass Ihre Kolleginnen und Kollegen sowie Ihr Manager wissen, dass Sie hervorragende Arbeit leisten. Das soll nicht heißen, dass Sie dabei aufdringlich sein sollen. Wenn es aber Teammeetings gibt, bei denen Mitarbeitende ihre Arbeit vorstellen, warum sollten dann nicht auch Sie Ihre Fortschritte und Erfolge dort vorstellen? Präsentiert Ihr Team bei einem größeren Meeting, melden Sie sich freiwillig, um über Bereiche zu sprechen, an denen Sie gearbeitet haben.

Führen Sie Aufzeichnungen über Ihre Arbeit und geben Sie diese von Zeit zu Zeit in Form eines Arbeitsprotokolls an Ihren Manager weiter – dies haben wir bereits in Kapitel 2 (Teil I), »Die Karriere in die eigene Hand nehmen«, besprochen.

Machen Sie es sich zum Ziel, eine starke persönliche Marke zu entwickeln. Leonard Welter ist ein Produktmanager bei Bloomberg. Er hat festgestellt, dass Engineers »persönliche Marken« haben. Hier ist sein Rat:

> Die Idee, eine »persönliche Marke« aufzubauen, kann als eine Art negative Politik betrachtet werden, besonders wenn man auf Stil statt auf Substanz setzt. Trotzdem ist es wichtig, sich zu überlegen, wie Sie im Unternehmen wahrgenommen werden. Ich wünschte, jemand hätte mich zu Beginn meiner Karriere dazu angeregt, über meine »Marke« nachzudenken. Bedeutet Ihre »Marke«, als jemand betrachtet zu werden, der die Dinge anpackt? Oder als jemand, der zwar seine Meinung sagt, sich aber nur selten selbst die Hände schmutzig macht? Bei dieser Art von Marke geht es nicht nur um Resultate.

KAPITEL 13

Software-Engineering

Software-Engineering beginnt bei der Programmierung und endet mit Vorgehensweisen, die eine langfristige Wartbarkeit und Erweiterbarkeit des erstellten Systems gewährleisten. In diesem Kapitel geht es um Bereiche, in denen vielseitige (*well-rounded*) Engineers über umfassende Kenntnisse verfügen:

1. Sprachen, Plattformen und Fachgebiete
2. Debugging
3. Technische Schulden
4. Dokumentation
5. Best Practices auf das gesamte Team ausdehnen

Sprachen, Plattformen und Fachgebiete

Von einem vielseitigen Senior-Engineer wird erwartet, dass er solide Fachkenntnisse in mehreren Programmiersprachen und Plattformen hat, wie Frontend, Backend, iOS, Android, nativer Desktop, Embedded und so weiter, von denen er mindestens eine wirklich sicher beherrscht. Mehr zum »Meistern« einer Sprache finden Sie in Kapitel 9 (Teil II), »Softwareentwicklung«.

Allerdings reicht es für effektive Engineers nicht aus, nur ein paar Technologien zu beherrschen. Sie arbeiten beständig daran, ihr Wissen zu Frameworks, Sprachen und Plattformen zu erweitern.

Wenn Sie schon eine Programmiersprache kennen, ist das Lernen einer zweiten deutlich einfacher. Das liegt daran, dass sich die meisten Programmiersprachen stark ähneln – zumindest oberflächlich. Wenn Sie sich mit JavaScript auskennen, ist es nicht schwer, TypeScript zu lernen, jedenfalls am Anfang. Das Gleiche gilt, wenn Sie Swift kennen. Entsprechend bedeutet die Kenntnis von Swift, dass Sie große Teile von Java, Kotlin oder C# verstehen können, einfach indem Sie den Code lesen.

Natürlich hat jede Sprache ihre eigene Syntax sowie eigene Eigenarten, Stärken und Schwächen. Alle diese Details entdecken Sie, indem Sie die Sprache benutzen und mit anderen Sprachen vergleichen, die Sie bereits gut genug kennen.

Lernen Sie eine imperative, eine deklarative und eine funktionale Sprache in ihrer ganzen Bandbreite

Es gibt drei Arten von Sprachen:

1. **Imperativ:** Diese Programmiersprachen kommen am häufigsten vor. Hierbei erhält der Computer Befehle, die ihm Schritt für Schritt sagen, was er tun soll, beispielsweise: »Wenn X, dann mache dies. Ansonsten mache das.« C, C++, Go, Java, JavaScript, Swift, PHP, Python, Ruby, Rust, TypeScript und die meisten objektorientierten Sprachen sind imperativ.
2. Die **deklarative Programmierung** definiert die erwarteten Ergebnisse des Programms, gibt aber nicht an, wie diese erreicht werden sollen. Beispiele hierfür sind SQL, HTML und Prolog.
3. **Funktionale** Sprachen bilden eine Untermenge der deklarativen Sprachen, die sich stark genug davon unterscheiden, um eine eigene Kategorie zu rechtfertigen. Hierbei stehen die Funktionen im Vordergrund. Das heißt, Funktionen können als Argumente an andere Funktionen übergeben oder als Werte zurückgegeben werden. Beispiele hierfür sind Haskell, Lisp, Erlang, Elixir und F#. Funktionale Sprachen haben die Tendenz, immutable Zustände und reine Funktionen ohne Nebeneffekte zur Verfügung zu stellen.

Ihre erste – vielleicht sogar Ihre zweite – Programmiersprache ist sehr wahrscheinlich imperativ. Das Lernen weiterer imperativer Sprachen kann nützlich sein, allerdings kann das Lernen einer anderen Art von Sprache Ihnen helfen, beruflich voranzukommen.

Für imperative, deklarative und funktionale Sprachen ist jeweils eine eigene Denkweise nötig. Der Wechsel von einer imperativen zu einer funktionalen oder deklarativen Sprache ist nicht immer einfach, aber Sie erweitern hierdurch Ihr Verständnis und Ihren »Werkzeugkasten«.

So kommt die funktionale Programmierung oft in der imperativen Programmierung zum Einsatz, da die Befolgung eines funktionalen Modells einen immutablen Zustand garantiert. Ein gutes Beispiel ist das Reactive-Programmiermuster[1], das Ideen aus der funktionalen Programmierung aufgreift und für Sprachen wie Java (RxJava), Swift (RxSwift), C# (Rx.NET), Scala (RxScala) und andere ein funktionaleres Muster zur Verfügung stellt.[2]

Sobald Sie eine Sprache aus jeder Kategorie beherrschen, werden Sie keine Schwierigkeiten mehr haben, sich weitere Sprachen anzueignen. Der Grund ist, dass es größere Unterschiede zwischen einer imperativen und einer funktionalen Sprache gibt, wie etwa Go und Elixir, als zwischen zwei Sprachen der gleichen Kategorie wie Go und Ruby oder Elixir und Haskell.

1 *https://reactivex.io/*

2 *https://reactivex.io/languages.html*

Machen Sie sich mit verschiedenen Plattformen vertraut

Üblicherweise spezialisiert sich ein Software-Engineer auf Plattformen wie:

- Backend
- Frontend
- Mobile
- Embedded-Plattformen

Wenn Ihr Team ein neues Feature erstellt oder ein Problem löst, stehen die Chancen gut, dass dies plattformübergreifend stattfindet. So bedeutet die Bereitstellung eines neuen Zahlungsablaufs mit Sicherheit Änderungen am Backend, am Frontend und sogar in mobilen Apps. Um eine solche App zu debuggen, müssen Sie herausfinden, ob der Ursprung des Problems in der mobilen Geschäftslogik, dem Backend oder vielleicht an der Stelle zu finden ist, an der sich Backend-APIs mit der mobilen Geschäftslogik überschneiden, um die API-Antwort zu parsen.

Sollten Sie keine Ahnung haben, was in den benachbarten Technologie-Stacks vor sich geht, wird es schwierig, komplexere Full-Stack-Probleme zu debuggen und Projekte zu leiten, die Full-Stack-Features erstellen und bereitstellen.

Steigern Sie Ihre Full-Stack-Fähigkeiten

Full-Stack-Engineering wird immer mehr zu einer grundsätzlichen Erwartung an Senior-Engineers in der Technologiebranche. Der Grund ist, dass Produktverantwortlichen und geschäftlichen Entscheidungsträgern die Unterscheidung zwischen Embedded, Backend und Frontend/Web oft einfach egal ist. Aus ihrer Sicht ist diese Unterscheidung eine Engineering-Entscheidung.

Ein vielseitiger Engineer kann sich jedem Problem stellen und herausfinden, wie es über die verschiedenen Plattformen verteilt ist. Hierfür ist Fachwissen in Ihrem Bereich nötig, aber auch genügend Kompetenz auf anderen Gebieten.

Wie erarbeiten Sie sich dieses Wissen? Hier ein paar mögliche Ansätze:

- **Verschaffen Sie sich Zugang zu den Codebasen für andere Plattformen.** Wenn Ihr Team beispielsweise für die Mobile-, Web- und Backend-Codebasen zuständig ist, sollten Sie versuchen, Zugang zu den Codebasen zu bekommen, die nicht Ihre »primäre« Plattform betreffen. Werfen Sie als Backend-Engineer einen Blick auf die Web- und Mobile-Codebasen und richten Sie auf Ihrem Rechner eine Möglichkeit ein, sie lokal zu kompilieren, zu testen und bereitzustellen.
- **Lesen Sie Reviews für Code von anderen Plattformen.** Verfolgen Sie die Code-Reviews mit, indem Sie auch diejenigen für andere Plattformen lesen oder indem Sie darum bitten, als nicht blockierender Reviewer dabei zu sein. Es ist viel einfacher, Code zu lesen, als ihn zu schreiben. Dabei geht es bei den meisten Codeänderungen um die Geschäftslogik. Sie sollten also kaum Schwierigkeiten haben, den Zweck der Änderungen zu verstehen. Vielleicht fallen Ihnen sogar Probleme in der Geschäftslogik oder fehlende Testfälle auf!

- **Melden Sie sich für kleinere Aufgaben auf anderen Plattformen freiwillig.** Die beste Möglichkeit, sich mit anderen Plattformen vertraut zu machen, besteht darin, mit ihnen zu arbeiten. Suchen Sie sich eine nicht dringende, unwichtige Aufgabe, die Sie in Ihrem eigenen Tempo erledigen können. Bitten Sie bei anderen Engineers im Team um Rat.
- **Bilden Sie ein Tandem mit einem Engineer, der auf einem anderen Stack arbeitet.** Um einen neuen Stack zu lernen, kann die paarweise Programmierung ein effizientes Mittel sein. Bitten Sie jemanden mit mehr Erfahrung in dem Stack, den Sie lernen möchten, sich mit Ihnen zusammenzutun. Das wird Ihren Lernprozess beschleunigen. Sie könnten beginnen, indem Sie bei der Person »Mäuschen spielen«. Sobald Sie mehr Praxiserfahrung haben, fragen Sie, ob Sie die Session leiten können. Bitten Sie auch die andere Person um Feedback zu Ihrer Vorgehensweise.
- **Starten Sie einen »Austauschmonat«, in dem Sie an einer anderen Plattform arbeiten.** Noch besser kann man intensiv lernen, indem man die Plattform für eine bestimmte Zeit wechselt. Das kann für ein paar Wochen oder auch Monate sein. Der Nachteil liegt darin, dass Ihr Arbeitstempo kurzfristig sinkt, weil Sie die Grundlagen der neuen Plattform erst lernen müssen. Mittelfristig wird Ihre Geschwindigkeit aber wieder zunehmen, da Sie über das nötige Fachwissen und die Werkzeuge verfügen, mögliche Hindernisse selbst zu überwinden.

KI-Assistenten können den Wechsel beschleunigen

KI-Assistenten können beim Wechsel zwischen Sprachen und Plattformen hilfreich sein. Mit Werkzeugen wie GitHub Copilot, ChatGPT, Sourcegraph Cody, Google Bard und anderen KI-Helfern ist es deutlich einfacher, neue Programmiersprachen zu lernen oder die Plattform zu wechseln. Diese Assistenten können folgende Aufgaben übernehmen:

- Ein Stück Code von einer Sprache in eine andere übersetzen.
- Eine Zusammenfassung davon geben, wie Funktionen und Variablen in einer Sprache deklariert werden.
- Die Unterschiede zwischen zwei Sprachen zusammenfassen.

Vergessen Sie aber nicht, dass viele KI-Assistenten unter Halluzinationen leiden: Manchmal erfinden sie Dinge, die nicht real sind. Sie müssen die Ausgaben also unbedingt überprüfen. Um sich aber mit einer Sprache oder Plattform vertraut zu machen, können KI-Assistenten hilfreich sein und den Lernprozess beschleunigen.

Debugging

Der Unterschied zwischen einem Senior- und einem anderen Engineer zeigt sich deutlich beim Debugging und dem Aufspüren schwieriger Fehler. Erfahrenere Engineers sind beim Debugging meist schneller und ebenso beim Finden der Hauptursache von schwierigeren Problemen – es scheint ihnen geradezu leichtzufallen. Sie haben auch ein besseres Gespür für die Quelle eines Problems und dafür, wo man mit dem Debugging anfangen sollte, um die Schwierigkeit zu beseitigen. Wie machen sie das?

Ein Teil ist Übung und Fachwissen. Je länger Sie Code schreiben, desto öfter werden Ihnen unerwartete Grenzfälle und Bugs begegnen. Mit der Zeit schaffen Sie sich eine »Werkzeugkiste« möglicher Hauptursachen von Problemen.

Das Gleiche gilt für Ihre Debugging-Werkzeuge. In Kapitel 9 (Teil II), »Softwareentwicklung«, gehen wir darauf ein, wie man seine Debugging-Fähigkeiten verbessern kann:

- Machen Sie sich mit Ihren Debugging-Werkzeugen vertraut.
- Lernen Sie, auch ohne Werkzeuge zu debuggen.
- Machen Sie sich mit fortgeschrittenen Debugging-Werkzeugen vertraut.

Die Fähigkeit, effizient zu debuggen, ist offenbar ein Unterscheidungsmerkmal zwischen erfahrenen und weniger erfahrenen Engineers. Unten finden Sie eine Reihe von Ansätzen, im Debugging besser zu werden.

Wissen, welche Dashboards und Logging-Systeme man sich ansehen muss

Besonders in großen Unternehmen müssen Sie wissen, wo die Produktions-Logs und die Produktionsmetriken zu finden sind, um Probleme im produktiven Betrieb debuggen zu können. Und selbst dann kann es Monate dauern, bis ein Senior-Engineer die Wichtigkeit, diese Orte zu kennen, wirklich zu schätzen weiß.

Das Auffinden der richtigen Dashboards und Logging-Portale kann in Unternehmen besonders schwierig sein, in denen Teams für eine große Zahl von Diensten zuständig sind, die jeweils ihre eigenen Logging-Mechanismen verwenden, Informationen in verschiedenen Systemen protokollieren und verschiedene Log-Formate einsetzen.

Wenn Sie neu in einem Unternehmen anfangen, sollten Sie es sich zur Priorität machen, herauszufinden, wo die Produktions-Logs gespeichert werden und wo die Dashboards für den Systemstatus zu finden sind. Diese könnten in einem System wie Datadog, Sentry, Splunk, New Relic oder Sumo Logic zu Hause sein. Sie könnten aber auch in hauseigenen Systemen liegen, die auf Basis von Prometheus, Clickhouse, Grafana speziell für das Unternehmen erstellt wurden. Oder sie befinden sich an mehreren verschiedenen Orten. Finden Sie heraus, wo die Logs und Dashboards sind, wie man darauf zugreift und wie man sie abfragt. Machen Sie das für Systeme, für die Ihr Team zuständig ist, aber auch für verwandte Systeme, mit denen Sie interagieren.

Erleichtern Sie anderen das Debugging

Als Senior-Engineer sollten Sie wissen, welche Logging-Systeme und Dashboards wichtig sind. Wenn diese sich an unterschiedlichen Orten befinden, können Sie das vielleicht ändern, indem Sie sie an einem Ort zusammenfassen und so ihre Benutzung erleichtern.

Mehr zu diesem Thema finden Sie in Kapitel 24 (Teil V), »Zuverlässige Softwaresysteme«.

Die Codebasis verstehen

Kleinere Codebasen sollten Sie in- und auswendig kennen. Bei der Arbeit mit einer überschaubaren Codebasis – normalerweise nicht mehr als 100.000 Zeilen, die von maximal 20 Personen geschrieben wurden – gibt es keine Ausrede, nicht *präzise* zu wissen, wo sich alles befindet. Sehen Sie sich die Struktur der Codebasis an, lesen Sie eine Menge Code und machen Sie sich klar, wie die einzelnen Codebestandteile miteinander verbunden sind.

Erstellen Sie sich auf Basis des gelesenen Codes Architekturdiagramme und bitten Sie Teamkollegen um Bestätigung, dass Sie die Struktur richtig verstehen. Steigen Sie so tief ein, dass Sie wissen, welcher Teil des Codes für welche Funktionalität zuständig ist.

Bei großen Codebasen ist es sinnvoll, ihre Struktur zu verstehen und wie die relevanten Teile zu finden sind. In größeren Unternehmen haben die Codebasen häufig einen Umfang von deutlich über einer Million Zeilen, die von Hunderten von Engineers geschrieben wurden. Es ist kaum möglich, eine Codebasis dieser Größe in allen Einzelheiten zu kennen. Dennoch ist es angemessen, auf ein *breites* Verständnis hinzuarbeiten, um bei den Teilen, an denen Sie arbeiten müssen, in die Tiefe gehen zu können.

In Firmen, die Monorepos einsetzen, sollten Sie sich einen Überblick über die Teile verschaffen, für die Sie verantwortlich sind. Wie sind die verschiedenen Teile des Systems aufgebaut? Wie werden die Tests durchgeführt?

In Unternehmen mit eigenständigen (*standalone*) Repositories sollten Sie sich um Zugang bemühen. Versuchen Sie, zu verstehen, wie die Systeme grundsätzlich funktionieren. Es ist eine gute Übung, einige von ihnen auszuchecken, zu kompilieren, Tests durchzuführen und den Dienst oder das Feature lokal auszuführen.

Finden Sie heraus, wie Sie die gesamte Codebasis durchsuchen können, und lernen Sie nützliche Abkürzungen. In den meisten Firmen gibt es eine Art »globale Codesuche«. Das könnte eine hauseigene Lösung sein, oder die Lösung könnte durch einen externen Dienst wie GitHubs Codesuche oder Sourcegraph bereitgestellt werden. Lernen Sie, das Werkzeug für die globale Codesuche zu anzuwenden, und finden Sie heraus, welche Features es unterstützt. Können Sie beispielsweise in einem bestimmten Ordner suchen? Wie können Sie die Testfälle finden? Wie steht es mit einer Suche nur in der Codebasis, für die Ihr Team zuständig ist?

Selbst in großen Unternehmen, in denen die Engineers auf die meisten Teile der Codebasis zugreifen können, ist vielleicht nicht alles freigegeben. Das geschieht meistens aus Gründen der Compliance, aufgrund gesetzlicher Vorschriften oder wegen der Vertraulichkeit. Meistens sollte dies für Ihre tägliche Arbeit aber keinen Unterschied bedeuten. Aber wenn Sie dadurch langsamer vorankommen, bitten Sie um Zugang.

Eignen Sie sich genug Wissen zur Infrastruktur an

Manche Probleme im Produktivbetrieb haben ihren Ursprung in der Infrastruktur. Finden Sie heraus, welche Dienste für den produktiven Betrieb bereitgestellt wurden, wie Geheimnisse gespeichert und wie Zertifikate eingerichtet werden. Sehen Sie nach, wie die Infrastruktur verwaltet wird und wo die Konfigurationen gespeichert sind.

Wenn es in Ihrem Unternehmen ein eigenes Infrastrukturteam gibt, kann es verführerisch sein, den Lernprozess zu überspringen und sich direkt an das Team zu wenden, wenn Sie ein Problem mit der Infrastruktur vermuten. Auf lange Sicht bremst dieser Ansatz Sie aber aus. Davon abgesehen ist es nicht nur interessant, zu lernen, wie die Infrastruktur im Inneren funktioniert, es ist auch eine Grundvoraussetzung, um ein vielseitiger Engineer zu sein.

Aus Störungen lernen

Debuggen Sie Störungen, sobald sie auftreten, und lesen Sie alte Nachuntersuchungen (*Postmortems*) hierzu. Eine großartige Möglichkeit, Ihre Debugging-Fähigkeiten zu verbessern, besteht darin, dann zu debuggen, wenn es *wirklich* darauf ankommt – wenn die Probleme auftreten. Gibt es in Ihrem Team eine Störung, bieten Sie an, bei der Suche nach der Ursache zu helfen, um sie in Zukunft zu vermeiden.

Um Störungen zu debuggen, müssen Sie lernen, auf Produktions-Logs zuzugreifen, sie zu analysieren, den für die Störung verantwortlichen Code zu finden, Änderungen daran vorzunehmen und die Änderungen vor dem Einspielen ins Produktivsystem zu überprüfen.

Um Ihre Debugging-Fähigkeiten zu verbessern, müssen Sie nicht darauf warten, dass der nächste Bug Ihr System trifft. Lesen Sie die Nachuntersuchungen früherer Störungen, sofern Ihr Unternehmen diese veröffentlicht. Versuchen Sie, beim Lesen zu »debuggen«, indem Sie die Logs ermitteln, in denen die Probleme protokolliert sind, und indem Sie sich den Code hinter der Störung ansehen. Die Recherche von vergangenen Störungen stellt eine hervorragende Möglichkeit dar, neue Dashboards und Systeme zu erlernen, die Sie noch nicht so gut kennen, und neue Möglichkeiten zu entdecken, Störungen zu vermeiden.

Technische Schulden

»Technische Schulden« (*Tech Debt*) ist ein Begriff, den Software-Engineers nur zu gut kennen. Er beschreibt die steigenden Kosten, die die Softwareentwicklung von Systemen im Laufe der Zeit verursacht. Technische Schulden sammeln sich an, wenn der Code umfangreicher wird und die Komplexität steigt.

Die Merkmale technischer Schulden haben Ähnlichkeit mit der Aufnahme eines Kredits. Geschickt eingesetzt, können Schulden den Fortschritt voranbringen. Wenn man sie dagegen unsachgemäß verwendet, kann es teuer werden, sie zu bedienen. Bankrott durch technische Schulden ist real. Dieser Punkt ist erreicht, wenn es kostengünstiger ist, die gesamte Codebasis zu löschen und neu zu schreiben, als sie weiter zu pflegen und zu reparieren.

Hier ein paar typische Phasen der Beziehung zwischen technischen Schulden und Software-Engineers bzw. Engineering-Abteilungen:

- Wenn Software-Engineers mit der Erstellung einer Software beginnen, gibt es eine – meist kurze – Zeit, in der ihnen nicht klar ist, dass technische Schulden existieren.
- Leugnen. Als Engineer am Anfang seiner Karriere könnten Sie leicht glauben, dass Sie niemals die Quelle für technische Schulden sein können oder dass technische Schulden, die Sie bemerken, schon nicht so schlimm sind und es also nicht wehtut, sie zu ignorieren.
- Akzeptanz. Schon bald geht den meisten Engineers aber auf, dass das Schreiben von Code und technische Schulden oft Hand in Hand gehen, besonders wenn nicht genug Zeit ist, die Dinge »ordentlich« zu erledigen. Je besser die Engineering-Kultur eines Unternehmens, desto besser sind Engineers und ihre Führungskräfte darin, technische Schulden anzuerkennen.

Auch wenn sich technische Schulden kaum vermeiden lassen, kann man ihr Wachstum deutlich verlangsamen, wenn man sich im Engineering an vernünftige Regeln für die Wartbarkeit und die Veränderungen des Codes hält. Hierzu gehören das Schreiben von lesbarem Code, Testing, Code-Reviews, CI/CD, Dokumentation, gesunde Architekturentscheidungen und mehr.

Technische Schulden abbauen

Kleinere technische Schulden sollten Sie möglichst sofort »abbezahlen«. Befolgen Sie hierbei die Pfadfinderregel, einen Ort – hier die Codebasis anstelle eines Lagerplatzes – sauberer zu verlassen, als Sie ihn vorgefunden haben.

Bei größeren technischen Schulden machen Sie eine Bestandsaufnahme und beziffern die Auswirkungen und den für die Beseitigung nötigen Aufwand. Sind die technischen Schulden besonders hoch, werden Sie sie nicht alle tilgen können.

Ohne Daten zu höheren technischen Schulden können Sie nur schlecht über das nötige Vorgehen entscheiden. Geht es um Probleme, deren Lösung Wochen oder Monate in Anspruch nehmen würde, muss ein Team Prioritäten setzen. Welchen Wert hat die Begleichung technischer Schulden im Vergleich mit Arbeiten, die sich auf das Geschäft auswirken?

Um technische Schulden zielgerichtet zu beseitigen, sollten Sie Projekte mit klar definierten Ergebnissen vorschlagen. Gibt es technische Schulden, die geradezu darum betteln, abgebaut zu werden, weil ihre Auswirkungen so offensichtlich sind?

Zuverlässigkeit, Kostenersparnis, schnellere Entwicklungszyklen und weniger Bugs sind gängige Argumente, die Menschen anführen, um den Abbau größerer technischer Schulden zu rechtfertigen oder Migrationsprojekte umzusetzen.

Stellen Sie sich duplizierte Logik als eine Art von technischen Schulden vor, bei der Codeteile kopiert und an verschiedenen Stellen wieder eingefügt wurden. Welche Auswirkungen hätte es, die duplizierten Teile in eine gemeinsam genutzte Bibliothek auszulagern, und was würde das kosten? Die Auswirkungen sind deutlich größer, wenn es um eine häufig genutzte Codebasis geht. Andererseits kann eine veraltete Codebasis, die ohnehin bald außer Dienst gestellt wird, einen großen Aufwand für einen kleinen Gewinn bedeuten.

Oder nehmen Sie das Beispiel langsamer Build-Zeiten. Wird ein Build von vielen Engineers sehr oft durchgeführt, können die Auswirkungen abgezahlter technischer Schulden ziemlich groß sein. Hierfür müssen Sie nur die pro Build verschwendete Zeit mit der Anzahl der täglichen Build-Vorgänge pro Engineer und dies wiederum mit der Anzahl der beteiligten Engineers multiplizieren.

Koppeln Sie den Abbau technischer Schulden mit sehr einflussreichen Projekten. Hier kommt das Geheimnis, als Engineer angesehen zu werden, der produktiv ist und gleichzeitig technische Schulden abbaut: Nicht um Erlaubnis fragen! Anstatt sich vor der Entfernung technischer Schulden rückzuversichern, bauen produktive Engineers die Schulden einfach als Teil eines besonders einflussreichen Projekts ab.

Die Projekte mit der höchsten Priorität sind meist ehrgeizig und haben eine hohe Sichtbarkeit. Um sie umzusetzen, müssen immer wieder Systeme mit hohen technischen Schulden verändert werden. Wenn Sie ein solches System anpassen müssen, verlangsamt das logischerweise Ihre Arbeit. Daher ist es sinnvoll, sich dafür einzusetzen, die technischen Schulden direkt mit abzubauen, wenn Sie ohnehin schon an dem System arbeiten.

Die Anhäufung technischer Schulden verringern

Anstatt Zeit und Energie mit dem Abbau technischer Schulden zu verschwenden, ist es sinnvoller, mehr Zeit und Energie dafür aufzuwenden, dass technische Schulden langsamer oder gar nicht erst entstehen. Hier ein paar Möglichkeiten:

- **Schreiben Sie gut lesbaren Code.** Gut lesbarer Code ist leichter zu verstehen. Und wenn verständlicher Code das Ziel ist, ist es weniger wahrscheinlich, dass Engineers, die später damit arbeiten, »Hacks« einbauen müssen, um Teile zu umgehen, die sie nicht verstehen.
- **Nehmen Sie sich Zeit, Ihren Code aufzuräumen.** Ein paar technischen Schulden schleichen sich in den Code, weil redundante Dinge nicht aufgeräumt wurden. Entfernen Sie abgeschlossene Experimente, unbenutzte Feature-Flags, nicht länger ausgeführte Codepfade und nie fertiggestellte Codeerweiterungen.
- **Erstellen Sie Systeme, die erweiterbar sind.** Oft treten technische Schulden auf, wenn ein System erweitert werden muss – etwa bei einem neuen Anwendungs-

fall – und die verfügbare Zeit sehr knapp ist. Versuchen Sie bei der Erstellung eines Systems, zukünftige Anwendungsfälle vorauszusehen, und schaffen Sie Möglichkeiten, Ihre Lösung zu erweitern. Hierbei können bekannte Entwurfsmuster wie Strategy, Decorator oder das Factory-Muster helfen. Das Gleiche gilt für Dinge wie Konfigurationsdateien, um ein bestimmtes Verhalten zu definieren.

- **Nehmen Sie technische Schulden wahr und fragen Sie nicht um Erlaubnis, kleinere Teile zu entfernen.** Bei der Arbeit an der Codebasis werden Ihnen Dinge auffallen, die Sie ausbremsen. Machen Sie sich eine Notiz und arbeiten Sie daran, wenn Sie Zeit haben.

»Gerade genug« technische Schulden

Gibt es so etwas wie »zu wenige technische Schulden«? Wenn Sie genug technische Schulden abgezahlt haben, werden Sie irgendwann feststellen, dass es so etwas wirklich gibt. Der Name hierfür lautet »verfrühte Optimierung« und kann Teams oder, wenn es hart auf hart kommt, auch ganze Unternehmen ausbremsen.

Nehmen Sie beispielsweise ein Start-up. Bei Markteintritt sind Geschwindigkeit und schnelle Iterationen besonders wichtig, um zu überleben und zu gewinnen. Machen Sie sich in solchen Zeiten Gedanken über saubere APIs und schöne Datenmodelle, oder hauen Sie einfach alles in eine unstrukturierte JSON-Datei, die von jedem Entwickler verändert werden kann? Die Start-ups, in denen ich gearbeitet habe und die erfolgreich waren, verfolgten alle einen Ansatz, der in der Anfangszeit mit hohen technischen Schulden verbunden war.

Die Mitfahr-App Uber war eines dieser Start-ups. Als ich dort anfing, gab es eine Menge übrig gebliebener früher technischer Schulden, und Teile der Codebasis wurden von Folgen kurzfristiger Entscheidungen heimgesucht. Aber die technischen Schulden hatten einen Sinn, denn Sie erlaubten Uber ein zügiges Vorankommen, als es darum ging, das Produkt möglichst schnell an den Markt anzupassen. Danach investierte Uber in die Bereinigung des Codes.

Technische Schulden haben ihre Berechtigung bei Projekten in der Frühphase, bei Wegwerfprototypen, bei Produkten, die nur Mindestanforderungen erfüllen müssen (*Minimum Viable Products*, MVP), und wenn es darum geht, das Geschäftsmodell eines Start-ups zu überprüfen. Technische Schulden können abgebaut werden, indem man, wie Uber, später Zeit und Entwickler dafür bereitstellt. Die meisten schnell wachsenden Start-ups in der Spätphase sind normalerweise damit beschäftigt, nebenbei technische Schulden abzubauen, denn in dieser späteren Phase verfügen sie über mehr Personal – und Zeit! –, um sich diesem Problem zu widmen. Wenn ein Team, das für ein ausgereiftes Produkt zuständig ist, die technischen Schulden nicht immer wieder reduziert, ist wahrscheinlich etwas nicht in Ordnung.

Pragmatische Engineers sehen technische Schulden nicht zwingend als etwas Schlechtes. Sie betrachten sie als Kompromiss zwischen Geschwindigkeit und Qualität, als Eigenheit eines Systems. Sie stellen technische Schulden in Zusammenhang mit den Projektzielen und versuchen nicht, mehr abzuzahlen als nötig. Dabei behalten sie die Schulden im Auge und schreiten ein, um sie abzubauen, bevor sie zu groß werden – wenn nötig auch kreativ.

Dokumentation

Der Begriff *Dokumentation* kann sich auf mehrere Bereiche beziehen. Dabei sind nicht alle Arten für jedes Projekt von Bedeutung. Hier eine Liste der häufigsten von Engineers erstellten Dokumentationstypen und wann es sinnvoll ist, sie zu schreiben und zu pflegen.

Designdokumente/RFCs (Request for Comments)

Diese Form der Dokumentation bietet eine Art Vogelperspektive auf das System. Die Dokumente könnten Diagramme enthalten und die Überlegungen hinter technologischen Entscheidungen und Kompromissen erläutern.

Designdokumente sind am wertvollsten, wenn sie vor dem Beginn der eigentlichen Programmierung erstellt und weitergegeben werden, um Feedback zu erhalten. Schließlich sollen diese Dokumente dabei helfen, das Projekt zu erstellen und Missverständnisse möglichst früh aufzuspüren.

Testpläne, Roll-out-Pläne und Migrationspläne

Nach Abschluss der Planungsphase für ein Projekt gibt es Dokumente, die dabei helfen, eine hohe Qualität des Systems sicherzustellen, wie beispielsweise:

- **Testplan:** Wie wird das System getestet? Welche Grenzfälle müssen unbedingt berücksichtigt werden? Werden manuelle Einmaltests oder automatisierte Tests verwendet? Falls es eine Liste mit manuellen Tests, oft *Sanity Tests* (Plausibilitätsprüfungen) genannt, gibt, muss diese aktuell gehalten werden.
- **Roll-out-Plan:** Wie soll das System in Betrieb genommen werden? Welche Feature-Flags sollen dabei genutzt werden, wie wird das Experiment durchgeführt, und für welche Regionen oder Nutzergruppen wird es bereitgestellt? Für dieses Dokument ist normalerweise die Mitarbeit der Produktverantwortlichen und Data Scientists nötig.
- **Migrationsplan:** Wie soll die Migration von einem System auf ein anderes ablaufen? Wie wird überprüft, ob das neue System korrekt funktioniert, bevor Traffic dorthin geleitet wird? In welche Phasen ist die Migration unterteilt?

Das Schreiben dieser Dokumente zum Projektstart kann sehr wertvoll sein. Weniger sinnvoll ist es, sie weiterzupflegen, sobald ein Projekt bereitgestellt oder eine Migration abgeschlossen ist.

Dokumentation von Interfaces und Integrationen

API- oder Interface-Dokumentation. Wird eine API oder ein Interface für die Nutzung durch andere Engineers entwickelt, erklärt diese Dokumentation Dinge wie:

- Wie wird die API genutzt?
- Die Liste der Endpunkte und der erwarteten Ein- und Ausgaben für diese.
- Fehlercodes und zurückgegebene Meldungen.
- Codebeispiel für die Verwendung der API.

Wenn Teile des API-Codes geändert werden, sollte auch die Dokumentation entsprechend aktualisiert werden. Suchen Sie nach Möglichkeiten, dies zu automatisieren, zum Beispiel indem die Dokumentation anhand von Kommentaren erzeugt wird.

Die Dokumentation von SDKs (*Software Development Kits*), von Integrationen oder Plug-ins hat Ähnlichkeit mit der API-Dokumentation. Diese Leitfäden helfen anderen Teams, Ihr SDK, Ihre Integration oder Plug-ins besser zu nutzen.

Versionshinweise (Release Notes)

Einige Engineering-Teams stellen immer noch Versionshinweise für jedes Major Release zusammen – obwohl diese Praxis in großen Teilen der Branche nicht mehr als modern gilt. Normalerweise ist das Schreiben von Versionshinweisen recht einfach und dauert auch nicht lange. Geben Sie einfach an, auf welche Kunden sich Ihre Arbeit auswirkt, oder fassen Sie zusammen, welche Auswirkungen die ausgelieferten Features haben. Dies kann die Aktualisierung von API-, SDK- und Integrationsdokumenten deutlich erleichtern.

Versionshinweise sind eine gute Möglichkeit, über die Arbeit nachzudenken. Sie sind außerdem eine hervorragende Informationsquelle zur Weitergabe an andere Beteiligte, etwa andere Engineering-, aber auch nicht technische Teams.

Dokumentation für Neueinsteiger

Wie können neue Engineers die Funktionsweise eines Systems erlernen, für das Ihr Team zuständig ist? Die Antwort liegt in einer guten Onboarding-Dokumentation. Hierzu gehören:

- Ein grundsätzlicher Überblick darüber, wie sich das System ins »große Ganze« einfügt, seine Zuständigkeiten, mit welchen anderen Systemen es interagiert und so weiter.
- Wie das System modifiziert werden kann: Überprüfen des Codes und Vornehmen von Änderungen.
- Wie Änderungen durch die Ausführung von Tests und der Inspektion bestimmter Systembestandteile getestet und überprüft werden können.
- Wie Dinge für den produktiven Betrieb bereitgestellt werden, zum Beispiel automatisch anhand von CI/CD.

- Wie das Produktivsystem überwacht wird.
- Wie Warnmeldungen funktionieren und wie sie bei Bedarf angepasst werden können.
- Tipps zum Debuggen des Systems, falls es im Produktivbetrieb zu Problemen kommt.

Eine Onboarding- oder Einarbeitungsdokumentation ist besonders für Neueinsteiger eine wertvolle Ressource, manchmal aber auch für andere Teammitglieder! Leider gibt es nur wenig Anreize, sie zu erstellen und zu pflegen, besonders wenn kein neuer Engineer dem Team beitritt.

Ich empfehle, in die Erstellung dieser Dokumentation zu investieren, wenn ein neuer Kollege dazukommt, und sie für jeden Neueinsteiger zu aktualisieren. Warum bitten Sie den neuen Mitarbeiter nicht gegen Ende seiner Einarbeitungsphase, die Dokumentation selbst anzupassen, falsche Details zu korrigieren und fehlende Teile zu ergänzen?

Ein »Teamhandbuch«

Wie arbeitet das Team? Wie sind die Aufgaben des Teams in die geschäftlichen Ziele integriert? Ein Teamhandbuch beantwortet diese Fragen und behandelt dabei Themen wie:

- Wie die Arbeit priorisiert wird.
- Wie die Teammitglieder Probleme ansprechen und die nächste Aufgabe in Angriff nehmen.
- Vom Team verwendete Prozesse.
- Wertvorstellungen des Teams.

Hat Ihr Team noch kein solches Handbuch, sprechen Sie mit der Teamleitung oder dem Manager und schlagen vor, eins zu erstellen. Wenn Ihr Team Ihnen genug vertraut, können Sie auch einfach mit dem Schreiben beginnen und das Team um Beiträge bitten.

Betriebshandbuch für Engineers in Rufbereitschaft

Welche Schritte müssen unternommen werden, wenn der Engineer mit Rufbereitschaft eine Warnmeldung vom System erhält? Wo befinden sich die wichtigen Dashboards und Logs? Welche Abhängigkeiten hat das System von anderen Systemen? Ein gutes Betriebshandbuch beantwortet diese Fragen.

Benutzerhandbücher und Leitfäden

Wenn die Software von Endusern verwendet wird, brauchen diese Gebrauchsanweisungen, die ihre Funktionsweise erklären. Sie werden nicht unbedingt verschiedene Programmiersprachen brauchen, um das System zu beschreiben, Screenshots und visuelle Erläuterungen können dagegen sehr hilfreich sein!

Selbst wenn diese Anleitungen schon existieren, sollten Sie bei der Anpassung von Systemteilen, die das Verhalten für Benutzer verändern, darauf hinweisen. Nach Möglichkeit sollten Sie die Benutzerhandbücher persönlich aktualisieren. Schließlich haben Sie auch die Änderungen vorgenommen und verstehen sie daher am besten!

Dokumentation als Aktivität mit großer Tragweite

Zu Beginn kann das Schreiben von Dokumentation recht zeitaufwendig sein. Dennoch hat es große Auswirkungen. Und ist ein Dokument einmal geschrieben, macht es weniger Arbeit, es aktuell zu halten. Gute Dokumentation, zum Beispiel für die Einarbeitung, kann beim Abbau technischer Schulden sehr hilfreich sein, indem sie erklärt, wie das System funktioniert.

Best Practices auf das gesamte Team ausdehnen

Als Senior-Engineer sollten Sie danach streben, hervorragende Arbeit zu leisten, und Ihr Team dabei unterstützen, dasselbe zu tun. Eine offensichtliche Methode ist die Einführung von Best Practices oder »bestmöglichen Vorgehensweisen«.

Was genau ist eine *Best Practice*? Hierbei handelt es sich um einen bewährten technischen Ansatz, der in Ihrer Arbeitsumgebung sehr gut funktioniert. Einzelpersonen und Teams, die diesen Best Practices folgen, werden schneller mit der Arbeit fertig, machen dabei weniger Fehler und erstellen leichter zu pflegenden Code.

Allerdings kann der Begriff auch missverstanden werden, denn jedes Team und jedes Unternehmen hat seine eigenen Fachkenntnisse und Dynamiken. Eine Vorgehensweise kann für ein Team genau richtig sein, während sie für ein anderes Team überhaupt nicht funktioniert.

»Software-Engineering Practices« (Vorgehensweisen im Software-Engineering) ist ein Begriff, den ich als Alternative zu »Best Practices« vorschlage. Bewährte und bewiesenermaßen praxistaugliche Vorgehensweisen finden in vielen Bereichen des Software-Engineering-Prozesses Anwendung, zum Beispiel:

- **Ein schriftlicher Planungsprozess.** Bevor Sie mit dem Coden beginnen, wird ein Plan geschrieben und herumgereicht, um Feedback zu erhalten. Dieser Plan könnte als *Request for Comments* (Aufforderung zum Kommentieren, RFC), als *Engineering Requirements Document* (technische Anforderungen, EDD) oder auch als *Architectural Decision Record* (Designdokument, ADR) umgesetzt werden.
- **Automatisierte Tests.** Das Schreiben von Unit-, Integrations-, End-to-End-, Performance-, Belastungs- oder anderen Arten von Tests. Dieses Vorgehen steigert normalerweise die Qualität und Wartbarkeit und führt oft zu einer schnelleren Auslieferung der Software, weil Regressionen schneller erkannt werden. Mehr zum Testing finden Sie im folgenden Kapitel.

- **Testbasierte Entwicklung (Test-Driven Development, TDD).** Eine Untermenge des automatisierten Testings, bei dem Tests vor dem eigentlichen Code geschrieben werden.
- **Code-Reviews.** Andere Engineers überprüfen und bestätigen den Code, bevor er freigegeben wird.
- **Post-Commit-Code-Reviews.** Hierbei werden die Code-Reviews erst nach der Freigabe (dem *Commit*) durchgeführt. Dieser Ansatz sorgt normalerweise für schnellere Iterationen, während Code-Reviews trotzdem durchgeführt werden. Ein Nachteil besteht darin, dass hierdurch mehr Regressionen in den Produktivbetrieb gelangen können. Dieses Vorgehen funktioniert am besten in sehr kleinen oder besonders erfahrenen Teams.
- **Testumgebungen.** Anstatt direkt in den Produktionsbetrieb zu gehen, wird der Code zunächst in einer zwischengeschalteten Umgebung weiter getestet. Der Vorteil ist eine gestiegene Zuversicht, dass der Code korrekt ist. Die Nachteile bestehen darin, dass es länger braucht, bis der Code produktiv eingesetzt werden kann, und dass der Unterhalt von Testumgebungen einen höheren Arbeitsaufwand bedeutet.
- **Stufenweise Roll-outs.** Die stufenweise Freigabe von Features und das anschließende Einsammeln von Feedback, anstatt alle auf einmal für die Endkunden bereitzustellen. Feature-Flags, Experimente und A/B-Tests sind gängige Werkzeuge für stufenweise Roll-outs. Weitere Details hierzu finden Sie in Kapitel 17 (Teil IV), »Bereitstellung für den Produktivbetrieb«.
- **Sicheres Testen im Produktivbetrieb.** Anstatt Testumgebungen zu nutzen, wird hierbei der Code direkt für den Produktivbetrieb bereitgestellt. Dabei kommen sichere Testmethoden zum Einsatz, wie Mandantenfähigkeit, Feature-Flags und mehrstufige Roll-outs.

Welche Vorgehensweisen sollte Ihr Team also nutzen? Fragen Sie besser danach, worin die größten Herausforderungen bei der Bereitstellung von Software durch Ihr Team bestehen.

Gibt es Probleme, weil zu viele Bugs im produktiven Betrieb landen? Dann sollten Sie überlegen, ob Techniken wie TDD, Testumgebungen oder das Testen im Produktivbetrieb helfen können. Sind die Code-Reviews besonders langwierig? Dann überlegen Sie, welches Vorgehen hierbei Abhilfe schaffen kann: zum Beispiel Zeit für Reviews zu reservieren, weniger Reviews durchzuführen, kleinere Änderungen am Code vorzunehmen oder etwas anderes.

Je besser Sie mit den Engineering Practices vertraut sind, desto besser können Sie einschätzen, ob eine bestimmte Vorgehensweise Ihrem Team nutzt. Eine Möglichkeit, die Praktiken kennenzulernen, besteht darin, sie zu lernen. Eine weitere Option ist, sich Rat von Menschen zu holen, die bestimmte Vorgehensweisen schon selbst ausprobiert haben und über entsprechende Erfahrungen verfügen!

KAPITEL 14

Testing

Testing ist ein wesentlicher Baustein des Software-Engineerings und umfangreich genug, um dem Thema ein eigenes Kapitel in diesem Buch zu widmen.

Wie stellen Sie sicher, dass eine bestimmte Software wie erwartet funktioniert? Sie testen sie. Grob gesagt, gibt es hierfür drei Möglichkeiten:

- Manuelle Überprüfung sämtlicher Szenarien und Grenzfälle, zum Beispiel das manuelle Testen von Anwendungsfällen als Voraussetzung, um ein Feature für vollständig umgesetzt zu erklären.
- Automatische Überprüfung aller Szenarien und Grenzfälle. Diese Tests können beispielsweise als Teil einer CI/CD-Pipeline (*Continuous Integration/Continuous Deployment*) durchgeführt werden.
- Überwachung des Softwareverhaltens im Produktivbetrieb und das Erkennen von Fehlfunktionen. Wird eine Lücke gefunden, erstellen Teams automatisierte Tests und fügen sie dem CI/CD-System hinzu.

Testing ist ein zentraler Bestandteil der Engineering-Kultur jedes Technologieunternehmens. Die Frage ist daher nicht, ob ein Engineering-Team Tests durchführt, sondern *wie* getestet wird und *welche* Tests zum Einsatz kommen.

Es gibt eine Vielzahl verschiedener automatisierter Tests. In diesem Kapitel behandeln wir die folgenden:

1. Unit-Tests
2. Integrationstests
3. UI-Tests oder End-to-End-Tests
4. Mentale Modelle für automatisierte Tests
5. Spezialisierte Tests
6. Testen im Produktivbetrieb
7. Vor- und Nachteile des automatisierten Testens

Unit-Tests

Dies ist der einfachste aller automatisierten Tests. Hiermit wird eine einzelne Komponente, die *Unit* (Einheit), überprüft. Die meisten mobilen Unit-Tests führen eine Klasse, eine Methode oder das Verhalten einer Klasse aus.

Je stärker die Codebasis wächst, desto schwieriger und langsamer wird das Unit-Testing von Klassen mit vielen Abhängigkeiten. Das lässt sich beheben, indem Sie die Codebasis mit Dependency Injection (*https://de.wikipedia.org/wiki/Dependency_Injection*) (also etwa mit dem »Einbringen von Abhängigkeiten«) versehen. Dieser Aufwand erscheint zu Beginn eventuell unnötig, er lohnt sich aber, weil die Codebasis dadurch Unit-Test-fähig wird. Außerdem werden Klassenabhängigkeiten explizit und die Architektur der Applikation modularer.

Je größer die Codebasis, desto wichtiger ist es, dass die Unit-Tests folgende Eigenschaften haben:

- **Schnell.** Können die Tests schnell ausgeführt werden, und benötigen sie hierfür nur wenig Vorbereitung? Verwenden sie einfache Platzhalter (*Mocks*) anstelle von aufwendig zu instanziierenden Implementierungen?
- **Zuverlässig.** Sind die Tests deterministisch und fehlerfrei? Können Sie ohne Konfigurationsänderungen lokal und regional gleichermaßen ausgeführt werden?
- **Zielgerichtet.** Sind die Tests atomar, das heißt, testen sie so wenig wie möglich? Zielgerichtete Tests sind schnell und einfach zu debuggen, wodurch ihre Zuverlässigkeit gewahrt bleibt.

Es hat einen entscheidenden Vorteil, Code, der mit dem System und seinem Entwicklungsteam wächst, per Unit-Tests zu überprüfen. Die Tests helfen bei der Validierung von Codeänderungen, zwingen Sie, Probleme separat zu betrachten, und unterstützen es, das Verhalten des Codes zu dokumentieren. Das hilft auch dabei, versehentliche Regressionen in der Codebasis zu vermeiden, und dient als Sicherheitsnetz, wenn bestimmte Teile refaktoriert werden.

Der Senior-Engineer, der keinen einzigen Unit-Tests schrieb

Einmal arbeitete ich in einem Team, in dem der ranghöchste Engineer nichts davon hielt, Unit-Tests zu schreiben. Nennen wir ihn »Sam«. Sam war ein wahrer C++-Zauberer. Er hatte über zehn Jahre in der Videospielbranche gearbeitet, dabei mehrere erfolgreiche Titel veröffentlicht und war für die Programmierung der komplexesten Teile der Game-Engines zuständig. Sam bestand darauf, dass sein Code fast nie irgendwelche Bugs hätte. Und falls doch, wären diese durch Unit-Tests ohnehin nicht zu entdecken. Auf dieser Grundlage bezeichnete Sam sämtliche Unit-Tests als Verschwendung von Zeit, die besser für produktivere Aufgaben verwendet werden sollte.

Das führte zu einer Spaltung unserer Teams: Leute, die Unit-Tests schrieben, und die anderen, die auf Sams Seite standen und glaubten, dass Unit-Tests den Aufwand nicht wert wären.

Alles ging gut, bis Sam eine umfangreiche Refaktorierung der Codebasis durchführte. Nachdem er die Änderungen eingecheckt hatte, brach die Hölle los. An allen Ecken und Ende der App traten Fehler auf, und es dauerte zwei Tage, um alles zu reparieren. Sam behauptete, diese Fehler seien unvermeidbar gewesen und nicht seine Schuld. Vielmehr hätten die Probleme schon länger bestanden, und seine Codeänderungen hätten sie erst »ans Licht gebracht«. Trotzdem hatten immer mehr von uns Zweifel an der *»Keine Bugs von mir«*-Behauptung.

Im Laufe der nächsten Monate wies Sams Code immer mehr Fehler auf. Dann meldete sich ein anderer Senior Engineer – sagen wir »Jess« – zu Wort. Jess deckte ihren Code mit Tests ab. Das Team verfügte noch nicht über ein CI-System, sodass diese Tests nur bei lokaler Ausführung liefen. Jess arbeitete gemeinsam mit Sam an einer Aufgabe, bei der ein Großteil des Codes von Jess geändert werden musste. Sie ließ Sam die Änderungen vornehmen; er war mit ihnen zufrieden und wollte sie einchecken. Jess bat Sam, die Unit-Test-Suite auszuführen, bevor er dies tat. Die Unit-Tests lösten Fehler aus, weil Sams Änderungen eine Reihe von Regressionen mit sich brachten. Als Jess und Sam die Gründe für die Änderungen durchgingen, stellte sich heraus, dass jedes einzelne Problem auf eine Codeänderung von Sam zurückging. Widerwillig reparierte Sam eine Regression nach der anderen und checkte den Code ein, nachdem die Testsuite erfolgreich durchgelaufen war. Jess teilte Sam ihre offensichtliche Schlussfolgerung mit: *»Es sieht so aus, als ob auch du Fehler im Code machst und dass Unit-Tests sie tatsächlich aufspüren können. Dafür müssen sie natürlich geschrieben werden.«*

Nach diesem Ereignis richtete Jess ein CI-System ein, das die Unit-Testsuite ausführte; das Team entschied, welche Engineers die Unit-Tests für ihren Code schreiben sollten. Schon bald wurde Jess zur Teamleiterin befördert. Begründet wurde dies mit der Qualitätsverbesserung, die sie im gesamten Team erreicht hatte, der geringeren Zahl von Bugs und der Tatsache, dass Sams Änderungen den Hauptbranch längst nicht mehr so oft kaputtmachten wie zuvor.

Ich habe aus dieser Geschichte zweierlei gelernt. Erstens: Man kann auch ohne Unit-Tests gute Software schreiben. Schließlich *hatte* Sam ein Jahrzehnt lang erfolgreiche Spiele ohne Tests veröffentlicht. Allerdings gab es in den Spielentwicklerstudios manuelle Tester und andere spielspezifische Testmethoden, bei denen beispielsweise eine KI das Spiel spielte. In diesen Umgebungen ergeben Unit-Tests weniger Sinn, und Regressionen werden auf andere Weise abgefangen.

Die zweite Erkenntnis lautet: Ohne Unit-Tests wird es schwierig, eine Codebasis zu refaktorieren, ohne dass sich Bugs einschleichen. Hätte Sam gleich zu Beginn der Refaktorierung Unit-Tests geschrieben, hätte es ein Sicherheitsnetz gegeben, das überprüft, ob der Code wie erwartet funktioniert. Das hätte eine Menge Zeit sparen und Frustrationen vermeiden können.

Integrationstests

Integrationstests führen mehrere Komponenten auf einmal aus. Sie sind eine Art komplexere Unit-Tests, die sich über mehrere Klassen erstrecken und überprüfen, wie diese zusammenarbeiten.

Bei einem Integrationstest wird das Zusammenspiel von zwei oder mehr Units überprüft, wie etwa das Zusammenspiel der Komponenten für die Geschäftslogik in Verbindung mit der Komponente für die Datenbank. Es kann auch darum gehen, zu überprüfen, ob zwei Dienste korrekt interagieren, während andere Abhängigkeiten außerhalb dieser Dienste simuliert werden.

Integrationstests liegen zwischen sehr einfachen Unit-Tests und den wesentlich komplexeren End-to-End-Tests. Es kann sein, dass Teams die gleichen Bibliotheken für das Schreiben von Integrationstests wie für Unit-Tests verwenden – allerdings, ohne alle Abhängigkeiten der Tests zu simulieren. Manche Teams setzen dagegen für Integrationstests Frameworks ein, die auch für End-to-End-Tests verwendet werden, wobei sie allerdings einige Komponenten für die Tests simulieren.

UI-Tests

UI-Tests, auch *End-to-End-Tests* genannt, starten die Applikation und führen sie aus, als nähme ein Benutzer Eingaben vor. Hierbei wird nichts simuliert. Stattdessen führt der Test die Web- oder Mobile-Applikation tatsächlich aus und verwendet UI-Automatisierung, um Benutzereingaben wie Tippen, Klicken, Texteingaben und andere Aktionen durchzuführen.

Der größte Vorteil von UI-Tests liegt darin, dass die Benutzung einer Applikation besonders realitätsnah getestet werden kann, indem die gleichen Abläufe durchlaufen werden, die auch »echte« Anwender erfahren. Dennoch hat diese sehr leistungsstarke Methode einen Nachteil: Die Tests sind recht spröde und langsam.

- Sprödere Tests: Im Vergleich mit Unit- und Integrationstests sind End-to-End-Tests am sprödesten. Schon vermeintlich triviale Gründe wie die Änderung der Farbe eines Buttons können dazu führen, dass ein Test nicht mehr korrekt funktioniert. Das Aufspüren eines solchen Fehlers ist entsprechend schwierig.
- Langsamkeit: UI-Tests haben eine größere Latenz, weil sie auf das Netzwerk warten müssen. Zudem lassen sich manche Szenarien nur schwer nachbauen, beispielsweise wenn ein Server bestimmte Fehlermeldungen zurückgeben soll.

Manche Engineers erstellen End-to-End-Tests, bei denen die Netzwerkschicht nur simuliert wird. Das geschieht, um die Tests zu beschleunigen und Grenzfälle mit bestimmten Netzwerkantworten zu überprüfen. Einige Teams bezeichnen diese Tests daher eher als Integrationstests, während andere bei der Bezeichnung UI-Test bleiben. Meiner Ansicht nach sind die Namen dabei nicht so wichtig, solange die Teams sich darüber klar sind, was mit Integrations- und UI-Testing jeweils gemeint ist.

Gedankenmodelle für automatisiertes Testen

Hier ein paar gängige Unterscheidungsmerkmale zwischen Unit-, Integrations- und End-to-End-Tests:

Tabelle 14-1: Typische Eigenschaften der verschiedenen Testarten

	Unit	Integration	UI/End-to-End
Abdeckung	sehr eng	eng	weit
Schwierigkeitsgrad der Erstellung	einfach	mittel bis schwer	mittel bis schwer
Zeit für die Wartung	gering	viel	sehr viel

Beachten Sie, dass dies eine Verallgemeinerung ist. Die Einzelheiten unterscheiden sich je nach Plattform, Sprache und Umgebung. Es gibt beispielsweise End-to-End-Frameworks auf bestimmten Plattformen, die das Schreiben und Pflegen von End-to-End-Tests stark erleichtern und in manchen Umgebungen dann vergleichbar sind mit dem Schreiben und der Wartung von Unit-Tests.

Gehen wir trotzdem davon aus, dass die Tabelle so weit stimmt, können wir uns damit beschäftigen, herauszufinden, wie ein gutes Verhältnis aus Unit-, Integrations- und End-to-End-Tests aussieht. Um das zu beantworten, gibt es zwei beliebte Gedankenmodelle.

Die Testpyramide

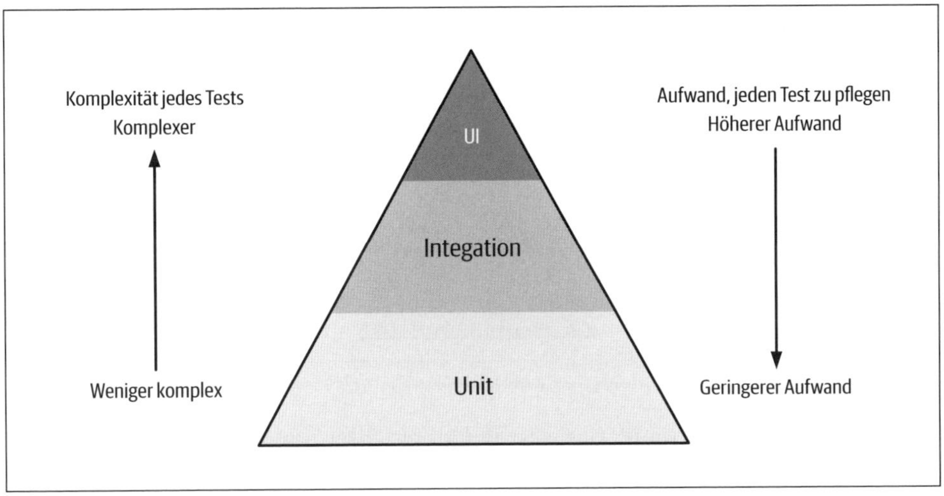

Abbildung 14-1: Die Testpyramide: Ein Gedankenmodell, das nahelegt, dass es sich lohnt, einfache, leicht zu pflegende Tests wie etwa Unit-Tests zu schreiben.

Die Testpyramide wurde 2009 von Mike Cohn in seinem Buch »Succeeding with Agile« vorgestellt. Der Grundgedanke der Testpyramide ist der, einen möglichst großen Teil der Test-»Oberfläche« mit Unit-Tests abzudecken, einen möglichst kleinen Teil mit UI-Tests, während die Integrationstests irgendwo dazwischenliegen. Das Modell erfreute sich schnell großer Beliebtheit und wurde eines der am häufigsten in der Softwarebranche verwendeten Modelle für Softwaretests.

Das Pyramidenmodell funktioniert in der Regel besonders gut für Backend-Systeme mit wenigen oder gar keinen UI-Bestandteilen. Es lässt sich auch gut für einige native mobile Applikationen nutzen, bei denen End-to-End- und Integrationstests nur schwer umzusetzen sind.

Weniger nützlich ist die Testpyramide in der Frontend-Entwicklung. Hier sind Integrationstests deutlich hilfreicher als Unit-Tests.

Der Test-Pokal

Die Idee des Test-Pokals (*Testing Trophy*) wurde 2019 durch den Software-Engineer Kent C. Dodds bekannt gemacht. Inspiriert wurde sie durch eine Erkenntnis[1] von Guillermo Rauch, dem Gründer und CEO von Vercel: »Schreiben Sie Tests. Aber nicht zu viele. Hauptsächlich Integrationstests.«

Der Test-Pokal sieht so aus:

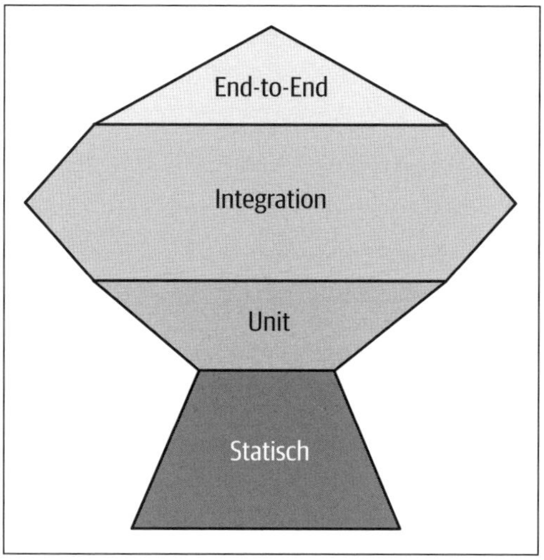

Abbildung 14-2: Der Test-Pokal, erstmals im Blog von Kent C. Dodds veröffentlicht

Wie kam es zur Entwicklung des Test-Pokals? Mehrere Jahre nach Erscheinen der Testpyramide hatte sich besonders in der Frontend-Entwicklung vieles verändert:

- Der Code war deutlich modularer, sodass viele Bugs zwischen verschiedenen Komponenten auftraten.
- Die Test-Frameworks wurden wesentlich leistungsstärker, und das Schreiben von Tests wurde einfacher.
- Frameworks für das Unit-Testing können recht einfach auch für Integrationstests eingesetzt werden.
- Statische Analysewerkzeuge haben sich weiterentwickelt und können auf Laufzeitfehler hinweisen.

1 *https://kentcdodds.com/blog/write-tests*

Es stimmt, dass Integrationstests in der Frontend-Entwicklung das beste »Preis-Leistungs-Verhältnis« bieten, was den Zeitaufwand und ihre Abdeckung angeht. Das Gleiche gilt in zunehmendem Maße auch für Full-Stack-Applikationen. Mehr über den Test-Pokal finden Sie in dem Artikel *The testing trophy and testing classifications*[2] von Kent C. Dodds.

Es gibt kein Patentrezept für die Entscheidung, welche Teststrategie am sinnvollsten ist. Die Testpyramide und der Test-Pokal sind Gedankenmodelle, die das Nachdenken über automatisierte Tests erleichtern sollen. Anstatt zu versuchen, Ihre Teststrategie an eins dieser Modelle anzupassen, gehen Sie andersherum vor.

Fragen Sie sich, welche Art automatisierter Tests Ihrem System am ehesten zugutekäme. Dann wählen Sie Ihre Vorgehensweise und verfeinern sie immer weiter. Machen Sie sich keine Sorgen, wenn keins der Modelle zu Ihrem Ansatz passt. Es ist wichtiger, dass die automatisierten Tests ihren Zweck erfüllen, nämlich die Qualität sicherzustellen, auch wenn die Teams schnell arbeiten, als dass sie einem mentalen Modell entsprechen.

Bei der Suche nach Rat zu einer Teststrategie kann es helfen, Engineers in Unternehmen zu kontaktieren, die sich in einem ähnlichen Stadium oder einer ähnlichen Branche befinden wie Sie. Meta ist beispielsweise ein Unternehmen, das im Laufe der Zeit – dank der Milliarden von Usern seiner Produkte – weniger in automatisierte Tests und dafür mehr in Überwachung und automatische Bereitstellung investiert hat. Banken und traditionellere Unternehmen mit längeren Releasezyklen investieren oft mehr in manuelles Testen, während Big-Tech-Unternehmen wie Google oder Uber sich sehr stark auf Unit- und Integrationstests verlassen.

Spezialisierte Tests

Neben den allgemeinen Kategorien der Unit-, Integrations- und UI-Tests gibt es noch eine Reihe weiterer automatisierter Tests, die eher für Nischenanwendungen gedacht sind, die aber in Sonderfällen sehr nützlich sein können.

Performancetests

Diese Tests messen die Latenz oder Antwortzeit (*Responsiveness*) eines Systems. Performancetests können in vielen Szenarien eingesetzt werden, beispielsweise um bei einer Codeänderung zu überprüfen:

- ob sich die UI-Leistung der mobilen App verschlechtert hat oder
- ob es an einem Backend-Endpunkt eine erhöhte Latenz gibt.

Die Umsetzung von automatisierten Performancetests ist nicht ganz einfach, weil bei der Messung der Leistung einer Applikation eine Reihe von Feinheiten zu beachten sind. Hierzu gehören etwa andere Prozesse, die sich auf die Performance des zu messenden Zielcodes auswirken, unvorhersehbare Ereignisse, die die Messung be-

2 *https://kentcdodds.com/blog/the-testing-trophy-and-testing-classifications*

einflussen, oder eine Durchführung der Messung auf unterschiedlichen Maschinen, was einen Vergleich der Ergebnisse erschwert.

Belastungstests

Belastungstests (*Load Tests*) stellen sicher, dass ein System unter einer bestimmten Last eine angemessene Leistung erbringt. Ein Beispiel wäre ein E-Commerce-Unternehmen, das an einem Black Friday einen zehnfach höheren Traffic erwartet und wissen möchte, ob die Backend-Systeme auch in diesem Fall keine zu hohe Latenz erzeugen. In solchen Situationen kann ein Belastungstest Klarheit schaffen.

Belastungstests werden besonders für Backend-Systeme durchgeführt. Dabei gibt es mehrere Vorgehensweisen:

- **Dedizierte Testinfrastruktur.** Diese sendet Requests an die zu testenden Systeme. Für diese Situation muss eine Testinfrastruktur eingerichtet werden, die die Requests erzeugt.
- **Bündelung existierender Produktions-Requests.** Bei diesem Ansatz werden Requests aus dem produktiven Betrieb absichtlich zurückgehalten. Sind genug Anfragen aufgelaufen, werden alle vorhandenen Requests mit erhöhter Geschwindigkeit an das Produktionssystem weitergeleitet. Dieser Ansatz funktioniert bei Requests, die nicht zeitkritisch sind.
- **Tests im produktiven Betrieb mit einer kleineren Infrastruktur.** Anstatt zu testen, ob die aktuelle Infrastruktur mit einem zehnfach höheren Traffic umgehen kann, kann man auch überprüfen, ob ein Zehntel der Infrastruktur das aktuelle Traffic-Aufkommen bewältigen kann.

Chaostests

Um das Jahr 2008 herum wechselte Netflix von einer monolithischen Architektur zu einer, die über Hunderte kleinerer Dienste verteilt war. Diese Entscheidung half, die Fehleranfälligkeit zu verringern. Gleichzeitig führte sie zu einer Reihe scheinbar zufälliger Störungen, bei denen sich ein kleiner Dienst nicht korrekt verhielt oder ausfiel und dabei andere scheinbar unbeteiligte Teile des Systems in Mitleidenschaft zog.

Daraufhin erfand das Engineering-Team von Netflix einen unkonventionellen Weg, diese Störungen zu simulieren. Ein Blogpost[3] von 2010 erklärt das Vorgehen:

> Eines der ersten Systeme, die unsere Engineers in AWS bauten, hieß »Chaos Monkey«. Die Aufgabe des Chaos Monkey bestand darin, zufällig beliebige Instanzen und Dienste innerhalb unserer Architektur »abzuschießen«. Wenn wir nicht beständig unsere Fähigkeit testen, trotz der Fehler erfolgreich zu sein, dann wird es wahrscheinlich auch nicht funktionieren, wenn es am meisten darauf ankommt – bei einer echten unerwarteten Störung.

3 *https://pragmaticurl.com/netflix-chaos-monkey*

Netflix hat die Chaos-Monkey-Implementierung[4] inzwischen als Open Source veröffentlicht. Sie ist besonders bei größeren Unternehmen, die eine große Zahl an Diensten betreiben, beliebt. Infrastrukturteams implementieren einen ähnlichen Ansatz, bei dem sie Dienste anhalten oder absichtlich beeinträchtigen, um zu beobachten, wie das System darauf reagiert.

Snapshot-Tests

Snapshot-Tests vergleichen die Testausgaben mit vorher aufgezeichneten Ausgaben. Ihr Einsatzgebiet ist vor allem die Web- und Mobile-Entwicklung. Dabei ist der *Snapshot* (Schnappschuss) ein Bildschirmfoto. Der Test vergleicht, ob eine Website oder eine Mobile-App exakt so aussieht wie der Schnappschuss.

Snapshot-Tests für die Überprüfung von UIs sind gerade für mobile Apps sehr beliebt. Verglichen mit Mobile-UI-Tests, sind sie ohne großen Schreibaufwand schnell auszuführen und leicht zu debuggen: Schlägt der Test fehl, können Sie das vom Test erzeugte Bild mit dem Referenzbild vergleichen und die Unterschiede sofort erkennen.

Ein großer Nachteil von Snapshot-Tests zur UI-Validierung liegt darin, dass die für Vergleiche nötigen Referenzbilder schnell zu groß werden, um sie im gleichen Repository wie den Testcode abzulegen. Daher ist es durchaus üblich, dass Unternehmen mit einer hohen Zahl an Snapshot-Tests die Referenzbilder außerhalb des Code-Repos speichern.

Tests auf Applikations-/Bundle-Größe

Für mobile und Webapplikationen kann die Größe der Applikation oder des anfänglich geladenen Bundles eine wichtige Rolle spielen. Manche Teams setzen Überwachungsmechanismen ein, die sie informieren, sobald eine mobile App oder ein Web-Bundle eine bestimmte Größe überschreitet.

Smoke-Tests

Der Begriff *Smoke Testing* stammt aus dem Bereich der Prüfung von elektronischer Hardware. In ihrem Buch *Lessons Learned in Software Testing* definieren die Autoren Cem Kaner, James Bach und Brett Pettichord die Herkunft des Begriffs so:

> Der Begriff »Smoke-Test« kommt aus dem Bereich der Hardwaretests. Man schließt eine neue Platine an und schaltet den Strom ein. Wenn von der Platine Rauch aufsteigt, sollten Sie den Strom wieder abschalten.

Von einer Leiterplatte aufsteigender Rauch ist ein schlechtes Zeichen, denn er bedeutet, dass die Platine schmilzt. Der Grundgedanke ist, einfache Tests durchzuführen – so gut wie immer automatisiert –, die überprüfen können, ob mit dem Produkt offensichtlich etwas nicht stimmt.

4 *https://netflix.github.io/chaosmonkey*

Smoke-Tests sind meistens Teil einer vollständigen Testsuite und sollten regelmäßig vor der Freigabe für den produktiven Betrieb durchgeführt werden. Ein paar Beispiele für häufig verwendete Smoke-Tests sind:

- Startet die Applikation, ohne abzustürzen?
- Wird eine bestimmte Seite der Applikation fehlerfrei geladen?
- Funktioniert die grundsätzliche Anbindung korrekt? Wird erfolgreich eine Verbindung zum Backend oder zu einer Datenbank hergestellt?
- Arbeitet die Kernfunktionalität korrekt, zum Beispiel das Einloggen oder die Navigation zu einem regelmäßig verwendeten Teil der Applikation?

Manuelle Tests und Plausibilitätstests

Plausibilitätstests (*Sanity Tests*) bestehen aus einer Reihe manueller Tests, die vor einem größeren Release ausgeführt werden sollten, um zu überprüfen, ob eine Applikation wie erwartet funktioniert. Diese Tests könnten vom Engineering-Team oder auch von einem speziellen Qualitätssicherungsteam durchgeführt werden.

Plausibilitätstests enthalten meist genaue Anweisungen dazu, was ausgeführt werden soll und welche Ausgaben beobachtet werden sollen. Dank solch detaillierter Instruktionen eignen sich diese Tests besonders gut für die teilweise oder vollständige Automatisierung als UI- oder End-to-End-Tests, sobald Teams mehr Ressourcen zur Verfügung haben, um sich mit der Automatisierung zu befassen.

Aber warum sind nicht alle Plausibilitätstests automatisiert? Vielleicht ist das Team einfach noch nicht dazu gekommen. Manchmal ist es unpraktisch – zum Beispiel wenn bestimmte Plausibilitätstests nur selten ausgeführt werden. In diesem Fall kann das Team entscheiden, dass sich der Aufwand nicht lohnt, automatisierte Tests zu erstellen und zu pflegen. Daneben gibt es Tests, deren Automatisierung schwierig ist, wie beispielsweise das Betrachten einer Benutzerschnittstelle und die Bestätigung, dass das Layout gut aussieht.

Andere Tests

Automatisierte Tests sind einem ständigen Wandel unterworfen. Das Wichtigste ist aber, dass sie helfen, das korrekte Funktionieren eines Systems zu überprüfen. Dabei ist es nicht so wichtig, wie man sie nennt, sondern dass die Tests zur Verfügung stehen, um das System auf Herz und Nieren zu prüfen.

Weitere Arten automatisierter Tests sind:

- **Testing auf Barrierefreiheit.** Besonders relevant für Mobile-, Web- und Desktop-Applikationen. Diese Tests sind vermutlich schwer zu automatisieren.
- **Sicherheitstests.** Einige dieser Tests können möglicherweise automatisiert werden, andere müssen wahrscheinlich manuell ausgeführt werden.
- **Kompatibilitätstests.** Um zu bestätigen, dass die Software auf verschiedenen Hardware- und Betriebssystemen korrekt funktioniert.

Testing im Produktivbetrieb

Wo führen Sie Ihre automatisierte und manuelle Testsuite aus? Für lange Zeit geschah dies in dedizierten Testumgebungen, zum Beispiel einem speziellen Staging-Server oder in einer Benutzerakzeptanztestumgebung (*User Acceptance Test*, UAT).

Heutzutage wird es immer beliebter, die Software in der Produktionsumgebung zu testen, die auch von den Endbenutzern verwendet wird. Auch wenn dieser Ansatz riskanter ist, hat er doch eine Reihe wichtiger Vorteile gegenüber dem Testen in einer dedizierten Umgebung – sofern er richtig durchgeführt wird.

Wie können Tests im Produktivbetrieb sicher durchgeführt werden? Hier ein paar Möglichkeiten:

- **Feature-Flags.** Um ein neues Feature im produktiven Betrieb zu testen, schützen Sie es durch ein Feature-Flag. Sobald es für den Produktivbetrieb freigegeben ist, aktivieren Sie das Feature-Flag, bis die automatisierten und manuellen Tests durchgelaufen sind. Ist sich das Team sicher, dass der Ansatz funktioniert, können Sie das Feature für eine größere Nutzergruppe freigeben. Mehr über Feature-Flags finden Sie in Kapitel 17 (Teil IV), »Bereitstellung für den Produktivbetrieb«.
- **Canary-Deployments.** Machen Sie die Änderungen am Produktivcode nur einer kleinen Gruppe von Servern oder Nutzern zugänglich (der »Canary«-Gruppe). Führen Sie hier Ihre Tests durch und überwachen Sie die Ergebnisse. Gibt es keine Warnsignale, können Sie den Code oder das Feature für alle Nutzer oder Server freigeben. Weitere Details hierzu finden Sie in Kapitel 17.
- **Blau-Grün-Deployments.** Hierbei werden zwei Umgebungen unterhalten, eine »blaue« und eine »grüne«. Nur eine der Umgebungen ist jeweils für die Nutzer zugänglich (*live*). Die Änderungen werden in die Umgebung im Leerlauf eingespielt, wo auch alle Tests ausgeführt werden. Sobald Sie sich bei den Änderungen sicher sind, können Sie den Traffic auf diese Umgebung umleiten.
- **Automatische Rollbacks:** Diese Vorgehensweise kombiniert Canary- oder Blau-Grün-Deployments mit einer automatischen Überwachungsfunktion. Sobald das System nach der Bereitstellung eines Features etwas Ungewöhnliches feststellt, wird diese Änderung automatisch »zurückgedreht« (*roll back*), damit das Team sie untersuchen kann.
- **Mandantenfähige Umgebungen.** Der Grundgedanke bei der Mandantenfähigkeit (*Multi Tenancy*) liegt darin, dass der Mandantenkontext zusammen mit den Requests weitergereicht wird. So können Dienste, die einen Request erhalten, feststellen, ob es sich um einen Request aus dem produktiven Betrieb, um einen Testmandanten oder um etwas anderes handelt. Die Dienste verfügen über eine einbaute Unterstützung der Mandantenfähigkeit. Dadurch können sie die Requests unterschiedlich verarbeiten oder weiterleiten. Uber beschreibt seinen Multi-Tenancy-Ansatz in diesem Blogpost.[5]

5 *https://www.uber.com/blog/multitenancy-microservice-architecture*

Die größten Vorteile beim Testen im Produktivbetrieb:

- **Zuversicht.** Die Tests werden in der Produktionsumgebung durchgeführt. Dadurch können Sie sich deutlich sicherer sein, dass sie wie erwartet funktionieren.
- **Einfacheres Debugging.** Wenn Ihnen ein Problem auffällt, das debuggt werden muss, sollten Sie die nötigen Werkzeuge besitzen, um dies im produktiven Betrieb zu tun. Sobald Sie den Fehler gefunden haben, können Sie für den entsprechenden Test echte Produktionsdaten verwenden!
- **Weniger Umgebungen → weniger komplexe Infrastruktur.** Das Testen im Produktivbetrieb verringert die Zahl der zu pflegenden Testumgebungen. Der Unterhalt einer Testumgebung kann kostspielig sein. Es sind zusätzliche Hardware und weiterer Zeitaufwand nötig, um sicherzustellen, dass die Testumgebung den produktiven Betrieb möglichst genau abbildet.

Allerdings gibt es beim Testen »in Production« eine Vielzahl von Herausforderungen:

- **Investitionen in Infrastruktur.** Um sichere Tests im Produktivbetrieb durchzuführen, müssen die Teams eine Menge Vorarbeit leisten. So kann der Umzug auf ein mandantenfähiges System ein langer und nicht immer schmerzfreier Prozess sein. Auf ähnliche Weise ist der Aufbau eines Systems mit Canary-Releases und der Unterstützung für automatische Rollbacks ein komplexes und zeitaufwendiges Unterfangen.
- **Compliance und rechtliche Herausforderungen.** Testen im produktiven Betrieb bedeutet nicht, dass Engineers auf sensible Nutzerdaten zugreifen sollten, also Informationen, die bestimmten Personen zugeordnet werden könnten (*Personally Identifiable Information*, PII). Eventuell werden spezielle Werkzeuge gebraucht, um sicherzustellen, dass beim Debuggen und Testen im Produktionsbetrieb die nötigen Datenschutzbestimmungen eingehalten werden.

Vor- und Nachteile des automatisierten Testens

Das Schreiben automatisierter Tests bedeutet meist einen hohen zeitlichen Aufwand. Welche Vorteile hat ein Team also davon? Hier sind die wichtigsten:

- **Überprüfung auf Korrektheit.** Der direkte Vorteil automatisierter Tests ist die Bestätigung, dass der Code entsprechend den Testvorgaben funktioniert. Wird die testbasierte Entwicklung (*Test-Driven Development*, TDD) genutzt, bei der die Tests vor der Programmierung schon feststehen, werden die Erwartungen gleich zu Anfang geklärt, und der Code wird so geschrieben, dass der Test bestanden wird.
- **Abfangen von Fehlern.** Durch automatisierte Tests können Fehler oder Regressionen bereits früh erkannt werden. Das kann noch vor einem Merging des Codes passieren, sofern die Tests in das CI-System integriert sind. Besteht eine Integration in das CD-System, können die Probleme gefunden werden, bevor der Code im Produktivbetrieb landet.

- **Dokumentation.** Tests können helfen, die Funktionsweise des Codes zu erklären und zu zeigen, wie er sich in Grenzfällen verhalten sollte. Allerdings veraltet Dokumentation mit der Zeit. Daher muss die Testsuite stets aktuell gehalten werden, oder die Tests werden fehlschlagen.
- **Ein Kontrakt.** Tests können verwendet werden, um formale Kontrakte zu validieren, beispielsweise für das Verhalten einer Schnittstelle oder einer API, oder um sicherzustellen, dass sich der Code exakt so verhält, wie es den Nutzerinnen und Nutzern beschrieben wurde.
- **Ein Sicherheitsnetz bei der Umsetzung großer Änderungen.** Codebasen mit gründlichen automatisierten Testsuiten bieten Engineers ein zusätzliches Sicherheitsnetz. Große Codeänderungen, wie etwa umfangreiche Refaktorierungen, können dank der Testsuite mit größerer Zuversicht durchgeführt werden.

Automatisierte Tests haben aber auch ihre Nachteile:

- **Zeitaufwand.** Der größte und offensichtlichste Nachteil besteht darin, dass es Zeit kostet, die Tests zu schreiben. Geht man davon aus (wie Sam!), dass alles korrekt ist, wirkt das schnell wie Zeitverschwendung. Hier geht es aber nicht nur darum, Ihre Arbeit zu überprüfen. Der zweite Vorteil ist, dass ein Test Fehler finden kann.
- **Langsame Tests.** Durch die große Zahl an Tests oder eine langsame Ausführungsgeschwindigkeit können Testsuiten im Laufe der Zeit langsam werden. Eine schlampig implementierte Testsuite kann den Fluss der Softwareentwicklung ausbremsen.
- **Fehlerhafte Tests.** Manche Kategorien von Tests sind fehleranfällig und können fehlschlagen, auch wenn die Applikation korrekt funktioniert. UI-Tests können beispielsweise durch eine Verzögerung im Netzwerk scheitern, obwohl mit der Applikation selbst alles in Ordnung ist. Fehlerhafte Tests führen zu unerwünschten Effekten und verringern den Nutzen der gesamten Testsuite.
- **Wartungskosten.** Bei Codeänderungen müssen auch die dazugehörigen Tests aktualisiert werden. Bei einfachen Tests wie Unit-Tests ist das nicht problematisch. Sind dagegen Änderungen an komplexeren Tests nötig, damit sie wie erwartet funktionieren, kann das Schreiben des entsprechenden Codes schon deutlich aufwendiger sein!

Das Testing ist schon seit den frühesten Tagen der Softwareentwicklung ein wesentlicher Bestandteil des Software-Engineerings. Das Schreiben von Code ist nur der erste Entwicklungsschritt. Die Überprüfung, ob alles richtig funktioniert, die Freigabe für den Produktionsbetrieb und die Wartung des Codes kommen erst danach. Automatisierte Tests können in allen Phasen helfen, nachdem der Code geschrieben ist.

Automatisierte Tests sind eine Grundvoraussetzung für wartbare und über einen längeren Zeitraum unterstützte Software sowie auch für schnellere Iterationen auf der Codebasis. Aus diesem Grund sollten Sie sich auf das Testen einlassen und ruhig mehrere verschiedene Ansätze ausprobieren. So schaffen Sie sich eine Vielfalt an Testwerkzeugen und können das für Ihr Projekt am besten geeignete auswählen.

KAPITEL 15

Softwarearchitektur

Zur Softwarearchitektur gehören Entwurfsgrundsätze und Entscheidungen, die normalerweise früh in der Planungsphase eines Projekts getroffen werden. Diese Designentscheidungen haben besonders großen Einfluss darauf, wie das System aufgebaut ist, wie leicht es zu erweitern und zu pflegen ist und wie einfach neue Engineers sich mit der Codebasis vertraut machen können.

Hierbei verwenden wir die Begriffe *Softwarearchitektur* und *Softwaredesign* gleichbedeutend. Mir gefällt die Bezeichnung »Architektur« wegen seines Bezugs zum Bau physischer Gebäude. Die Entwicklung eines Gebäudes besteht aus zwei klar getrennten Phasen: dem Zeichnen der Pläne (dem architektonischen Teil) und der tatsächlichen Errichtung des Bauwerks. Beide sind miteinander verbunden: Falls sich bestimmte Annahmen aus der Planungsphase als Irrtum herausstellen, kann der ursprüngliche Plan auch in der Bauphase noch angepasst werden.

Dennoch gibt es einen wesentlichen Unterschied zwischen der Architektur von Gebäuden und von Software: Die Architektur eines Bauwerks ist stark von den Gesetzen der Physik beschränkt, was bei der Architektur von Software nicht der Fall ist. Hier sind die Grenzen des Möglichen und Unmöglichen sehr viel unschärfer. Auf das Software-Engineering haben die Gesetze der Physik deutlich weniger Einfluss. Fachwissen, Teamdynamik und die Beschränkungen der eingesetzten Technologien spielen eine viel größere Rolle.

Dabei gibt es keinen »goldenen Weg« für gutes Softwaredesign. Dennoch gibt es Arbeitsweisen, die in vielen Unternehmen gebräuchlich sind. In diesem Kapitel behandeln wir:

1. Designdokumente, RFCs und Architekturdokumente
2. Prototyping und Proof-of-Concept
3. Domain-Driven Design
4. Umsetzbare Softwarearchitektur

Designdokumente, RFCs und Architekturdokumente

Viele Technologieunternehmen und Start-ups verwenden als Teil des Planungsprozesses Designdokumente, die oft als RFC (*Request for Comments*, Bitte um Stellungnahme) bezeichnet werden. Hierzu gehören Unternehmen wie Uber, Airbnb, Gojek, GitLab, LinkedIn, MongoDB, Shopify, Sourcegraph, Uber, Zalando, und viele andere.[1]

Ich verwende das Akronym »RFC« für Designdokumente, um zu betonen, dass sie benutzt werden, um Feedback zu bekommen, das einen Entwurf verbessert. Engineers erstellen RFCs für nicht triviale Projekte, bevor sie mit der eigentlichen Arbeit beginnen. Normalerweise sind es keine starren Regeln, sondern sie existieren, um den Kontext und die vorgeschlagene Herangehensweise teilen zu können und Feedback dazu zu erhalten.

Das Ziel von RFCs

Wie gesagt, RFCs werden hauptsächlich verteilt, um ein Projekt schneller zum Abschluss zu bringen, indem schon früh Feedback eingeholt wird. Am Ende entscheiden die Engineers, die an dem Projekt arbeiten, ob ein RFC sich für ihren Arbeitsablauf eignet. Hier ein paar Ansätze:

- **Prototyp erstellen, dann RFC veröffentlichen, dann bauen.** Dieses Vorgehen ist typisch für Projekte mit vielen Unbekannten, zum Beispiel der Erstellung eines neuen Frameworks. Die Unbekannten können beispielsweise durch die Erstellung von Prototypen entdeckt werden. Der RFC enthält einen Plan, der noch lückenhaft sein kann. Das Team erhält Feedback und beginnt dann mit der Erstellung.
- **RFC veröffentlichen, auf Feedback warten, dann bauen.** Bei Projekten mit vielen Abhängigkeiten oder Teams, die von dem erstellten Produkt abhängen, kann es schneller gehen, wenn zuerst die Rückmeldungen aller Beteiligten eingeholt werden.
- **RFC veröffentlichen, dann bauen, während man auf Feedback wartet.** Bei einigermaßen komplexen Projekten, zu denen nur wenige Fragen zu erwarten sind, kann es sinnvoll sein, schon mit der Erstellung zu beginnen, während die RFCs verteilt werden. Das Team kann die Rückmeldungen einfach integrieren, ohne bei nötigen Änderungen viel Zeit zu verlieren.
- **Erst bauen, dann RFC veröffentlichen.** Zunächst erstellen die Engineers, was sie müssen, und schreiben dann einen RFC, der ihre Entscheidungen dokumentiert. Das kann daran liegen, dass das Projekt komplexer war als geplant oder dass interne Regelungen zu RFCs befolgt werden müssen. Das kann allerdings schwierig werden, wenn der RFC dadurch als etwas betrachtet wird, das einfach nur »abgehakt« werden muss, während das Team absichtlich auf umsetz-

1 *https://blog.pragmaticengineer.com/rfcs-and-design-docs*

bares Feedback verzichtet. Immerhin ist das Dokument für Archivzwecke geeignet. Rückmeldungen zu diesem Zeitpunkt sind immer noch besser, als würden sich die Beteiligten bereits mit neuen Projekten beschäftigen. *Meiner Erfahrung nach passiert das ziemlich oft.*

Vorteile

Das Schreiben eines RFC und seine Verteilung, um Feedback zu bekommen, hat eine Reihe großer Vorteile:

1. **Sie präzisieren Ihre Gedanken.** Wie oft haben Sie sich schon in die Programmierung gestürzt, nur um auf halber Strecke festzustellen, dass Sie auf dem falschen Weg sind? Hätten Sie vorher geklärt, was Sie zu tun versuchen, dann hätten Sie diesen Irrweg vermeiden können. Ein Designdokument zwingt Sie, Ihre Gedanken so zu erklären, dass Sie und andere sie verstehen können.
2. **Sie bekommen schneller wichtiges Feedback.** Wenn Sie einfach drauflosprogrammieren und die Lösung dann Ihrem Team präsentieren, erhalten Sie oft Feedback, das zu Mehrarbeit führt. Ein Teamkollege könnte Sie etwa auf die fehlende Behandlung von Grenzfällen hinweisen, oder die Produktmanagerin teilt Ihnen mit, dass Sie von einem falschen Anwendungsfall ausgegangen sind. Ein Dokument, zu dem Menschen vor Beginn der Programmierung schon Rückmeldungen geben können, hilft, Missverständnisse und zusätzliche Arbeit zu vermeiden.
3. **RFCs skalieren Ihre Ideen.** Wenn Sie kein Designdokument erstellen, können andere Engineers Ihre Denkweise nur verstehen, indem sie direkt mit Ihnen sprechen. Möchten fünf Engineers Ihre Herangehensweise bei der Erstellung eines Systems verstehen, müssen alle fünf einen Termin mit Ihnen machen. Schreiben Sie den Plan dagegen auf, können andere ihn lesen und sich dann mit Fragen an Sie wenden.
4. **Es fördert eine Kultur des Schreibens.** Wenn Teammitglieder den Wert Ihres Designdokuments erkennen, ist es wahrscheinlich, dass sie diese Methode auch für eigene Projekte einsetzen. Das ist für alle von Vorteil, Sie eingeschlossen, denn das Teilen von Dokumenten führt zu besserem und schnellerem Feedback.

RFCs sichten

Die Sichtung von RFCs ist essenziell, um an das enthaltene Feedback zu kommen. Die üblichen Wege, Feedback zu erhalten, sind:

- **Asynchrones Feedback** anhand der Kommentare im Dokument. Dieses Verfahren wird beispielsweise bei Google, GitHub und Uber praktiziert.
- **Synchrones Feedback:** Setzen Sie ein Meeting an, um den RFC ausführlich zu diskutieren. Der Einzelhandelsriese Amazon bevorzugt diese Art von Prozess.

- **Hybrid:** Ein Dokument wird verteilt, um asynchron Feedback einzusammeln. Wenn die Komplexität des Projekts es rechtfertigt oder es eine große Zahl an Kommentaren gibt, wird ein Meeting angesetzt.

Das beste Format hängt vom jeweiligen Projekt ab. Ein Projekt mit Auswirkungen auf 20 Teams, die alle Feedback geben, braucht einen anderen Ansatz, als wenn Sie einen Dienst erstellen, der nur Ihr Team und ein einzelnes Partnerteam betrifft, das den Dienst anschließend nutzt.

Vergessen Sie dabei nicht das *eigentliche* Ziel des RFC-Prozesses: Frühes Feedback soll die Zeit verringern, die nötig ist, um ein Projekt auszuliefern. Fragen Sie sich also, welches Vorgehen die meiste Zeitersparnis bringt.

Architekturdokumente

Architekturdokumente unterscheiden sich leicht von RFCs. Sie werden geschrieben, um getroffene Entscheidungen zu dokumentieren. Im Gegensatz zu RFCs geschieht das jedoch weniger mit der Absicht, Feedback zu erhalten. Für Architekturdokumente gibt es eine Reihe beliebter Formate, wobei jedes Unternehmen hier offenbar seine eigenen Vorlieben hat:

- **ADR**[2] (*Architecture Decision Record*, architektonischer Entscheidungsdatensatz). Dies ist das wahrscheinlich beliebteste Format, weil es für die Verwendung mit Git in Form von Markdown-Dateien entwickelt wurde und eine einfache Struktur besitzt.
- Das **C4-Modell**[3] ist ein ausführliches Diagramm für die Softwarearchitektur, das vier Ebenen definiert: Kontext, Container, Komponenten und Code. Es wurde von dem freien Berater und Autor Simon Brown entwickelt.
- **Arc42**[4] bezeichnet eine vorgefertigte Schablone, die aus zwölf Abschnitten besteht, wie etwa »Kontext und Umfang«, »Lösungsstrategie«, »Baukastenansicht« (*Building Block View*) und »bereichsübergreifende Konzepte«.

Prototyping und Proof-of-Concept

Wie erstellen Sie ein System, das wie erwartet funktioniert? Ein Ansatz ist sorgfältige Planung. Eine oft unterschätzte Alternative besteht darin, noch vor der Planung erst einmal die Machbarkeit zu beweisen, indem Sie zu Demonstrationszwecken einen einfachen und »ungeschliffenen« Prototyp bauen.

Ein Problem komplexer Projekte liegt darin, dass es Unbekannte gibt, die in der Planungsphase geklärt werden müssen. Die Erstellung eines Prototyps kann zumindest einige Unbekannte aufdecken und zeigen, dass ein bestimmter Ansatz ausreichend gut funktionieren könnte.

---

2 *https://adr.github.io*

3 *https://c4model.com*

4 *https://arc42.org*

Einmal war ich beispielsweise an einem Projekt beteiligt, das die Architektur für ein neues, komplexes Bezahlsystem entwickeln und dabei zwei bereits vorhandene Systeme ersetzen sollte. Insgesamt waren etwa zehn Engineering-Teams beteiligt. Zu Beginn plante jedes Team seinen eigenen Ansatz. Zwei Monate lang wurden Hunderte von RFCs erstellt und herumgereicht. Trotzdem konnte man sich nicht auf eine weitere Vorgehensweise einigen.

Also änderte die Gruppe ihre Richtung und brachte je einen Vertreter jedes Teams zusammen. Dieses neue Team verbrachte zwei Wochen mit der Erstellung eines groben Prototyps. Es gab keine Planungsdokumente, und es wurde auch nicht um Feedback gebeten. Es saßen einfach ein paar Menschen beisammen, schrieben Code und stellten sich anhand von Prototypen gegenseitig ihre Ideen vor.

Innerhalb von zwei Wochen hatte die Gruppe einen gemeinsamen Prototyp fertig, der viele Ursachen für Konflikte und Unbekannte ausräumte. Dieser Prototyp wurde später weggeworfen, aber er diente als Grundgerüst für die verschiedenen Zuständigkeiten des Systems und ihre Kommunikation untereinander.

Prototyping zum Erforschen

Viele Software-Engineers, die ich als großartige »Architekten« betrachte, bauen Wegwerfprototypen, um die Machbarkeit ihrer Ideen zu beweisen und sie anderen zu demonstrieren. Schließlich ist es viel produktiver, über echten Code nachzudenken als über abstrakte Konzepte.

Wenn es viele Unbekannte oder »bewegliche Teile« gibt, kann das Prototyping als Werkzeug zur Erforschung dienen. Es eignet sich ausgesprochen gut für Probleme, bei denen die Informationen nicht ausreichen, um mit genügender Zuversicht einen Plan zu erarbeiten. Wenn Sie beispielsweise unsicher sind, wie Sie mit der API eines Drittherstellers integrieren müssen, bauen Sie einen Wegwerfprototyp, der die API-Aufrufe durchführt und einen möglichen Lösungsweg aufzeigt.

Wenn Sie nicht in der Lage sind, Prototypen für architektonische Ideen zu erstellen, fehlt Ihnen meiner Ansicht nach entweder die nötige Praxiserfahrung, oder die Idee ist schlicht zu kompliziert. Ansonsten wären Sie in der Lage, die Idee anhand eines Prototyps vorzustellen!

Erstellung mit der Absicht, das Ergebnis zu verwerfen

Erstellen Sie einen Machbarkeitsbeweis (*Proof-of-Concept*) mit der *Absicht*, ihn wieder zu verwerfen. Mit dem Prototyping soll bewiesen werden, dass etwas funktioniert. Nachdem das sichergestellt ist, können Sie mit der ordentlichen Erstellung beginnen. Durch das Bauen eines Proof-of-Concept lernen Sie eine Menge und haben etwas zum Vorzeigen. Das ermöglicht ergiebige Gespräche über etwas Konkretes und Spezifisches.

Sie kommen schneller voran, wenn Sie sich darüber klar sind, dass Sie Wegwerfcode schreiben. Code-Reviews, automatisierte Tests oder die Wartbarkeit des Codes spielen hierbei keine Rolle. Nichts davon ist nötig, denn am Ende wird der Code ohnehin nicht weiterverwendet.

Im schlimmsten Fall kommt jemand mit einem höheren Rang vorbei, zum Beispiel ein Produktmanager, der bemerkt: »Sieht doch gut aus!« und Sie dann anweist, den Prototyp auszuliefern. Es bleibt aber ein Prototyp, der schnell mal eben zusammengehackt wurde und auf den keine der Praktiken für Produktivcode angewandt wurde. Die Veröffentlichung in diesem Zustand wäre unverantwortlich! In diesem Fall müssen Sie standhaft bleiben und die Auslieferung eines Prototyps ablehnen. Stattdessen erstellen Sie von Grund auf eine ordentliche Version. Mit einem funktionierenden Prototyp sollte das nicht so schwer sein.

Ist der Druck, den Prototyp auszuliefern, zu groß, könnten Sie einen Trick anwenden und den Prototyp auf Basis von Technologien erstellen, die nicht produktiv genutzt werden. Setzt Ihr Team im Backend beispielsweise Go ein, schreiben Sie den Prototyp in Node.js, das offensichtlich nur für Prototypen, aber nicht im Produktivbetrieb genutzt wird.

Um bessere architektonische Vorgehensweisen zu entwickeln, können Sie den Einsatz von Prototypen für die Erstellung von Machbarkeitsbeweisen als Werkzeug nutzen. Je öfter Sie das tun, desto produktiver werden Sie, und desto besser werden die von Ihnen entwickelten Architekturen.

Domain-Driven Design

Zum *Domain-Driven Design* (DDD) gehört die anfängliche Erstellung eines Modells, um zu verstehen, wie ein bestimmter Geschäftsbereich genau funktioniert. Soll beispielsweise ein Bezahlsystem erstellt werden, fangen Sie damit an, die Bezahldomäne, die geschäftlichen Regeln und den Kontext dieses Bereichs zu untersuchen.

Der Begriff *Domain-Driven Design* entstammt dem Buch »Domain-Driven Design: Tackling Complexity in the Heart of Software« von Eric Evans. Das DDD hat folgende Bestandteile:

- **Ein Standardvokabular.** Der erste Schritt besteht darin, sicherzustellen, dass alle am Entwurf (Design) Beteiligten die gleiche Sprache sprechen. Im DDD heißt dies die »allgegenwärtige Sprache«. Um dieses gemeinsame Vokabular zu entwickeln, setzen Sie sich mit den Fachleuten für den Geschäftsbereich zusammen und definieren Begriffe und Formulierungen, die verwendet werden sollen. Auf den ersten Blick scheint das einfach. Allerdings kann es gut sein, dass Software-Engineers und Payment-Compliance-Experten die Dinge sehr unterschiedlich definieren – selbst einen so einfachen Begriff wie »eine Zahlung vornehmen«.
- **Kontext.** Komplexe Bereiche werden in kleinere Aufgaben unterteilt, die in DDD als *Bounded Contexts* bezeichnet werden. Jeder dieser Kontexte hat sein eigenes Standardvokabular. Bei der Entwicklung eines Zahlungssystems könnten die Kontexte beispielsweise das Onboarding (die Anbindung eines Händlers an das Zahlungssystem), Einzahlungen, Auszahlungen und die Erfüllung (*Settle-*

ment) sein. Jeder Kontext kann unabhängig von den anderen modelliert und in kleinere Bestandteile aufgetrennt werden.

- **Entitäten.** Eine Entität wird hauptsächlich durch eine Identität definiert, die eine bestimmte Lebensdauer hat. Viele benannte Dinge, wie die Teile eines Systems, Menschen und Orte, können Entitäten sein. Ein Buchungseintrag wäre beispielsweise eine Entität in einem Bezahlsystem.
- **Wertobjekte (Value Objects)** beschreiben immutable, also unveränderliche Entitäten. Ein Beispiel für ein Wertobjekt ist die Währung eines Buchungseintrags.
- **Aggregate** sind Cluster aus Entitäten, die als eine Einheit behandelt werden.
- **Domain-Events** sind Ereignisse, von denen andere Teile der Domain Kenntnis haben sollten und auf die sie reagieren können. Domain-Events helfen bei der Einrichtung von Triggern, genauer gesagt der Reaktion darauf. Wenn beispielsweise eine Zahlung in einem Bezahlsystem eingeht, erhöht sich der Kontostand um die Summe der Zahlung. Durch die Einführung eines Domain-Events, zum Beispiel eines `PaymentMadeEvent` (»Zahlung vorgenommen«), wird die vorher implizite Logik explizit: Der `Account` (das Konto) reagiert jetzt auf das `PaymentMadeEvent`, ohne hierbei die eingehenden `Payment`-Objekte überwachen zu müssen.

Den größten Vorteil in der Anwendung von DDD-Prinzipien auf Software-Engineering-Projekte sehe ich darin, dass er Software-Engineers dazu zwingt, die geschäftlichen Zusammenhänge zu verstehen. Sie müssen mit den Leuten aus dem geschäftlichen Bereich sprechen und diese beschreiben lassen, wie ihre Welt funktioniert. Dank des gemeinsamen Vokabulars (siehe oben) bildet die von Ihnen erstellte Software die »wahre Welt« wesentlich genauer ab.

Ein paar Vorteile beim Einsatz von DDD:

- **Weniger Missverständnisse zwischen Engineers und dem geschäftlichen Bereich.** Viele Softwareprojekte verspäten sich, weil Software-Engineers etwas anderes erstellen, als die Geschäftsleitung erwartet. DDD sorgt dafür, dass von Anfang an viel zwischen den Beteiligten und Entscheidungsträgern kommuniziert wird. Dadurch wird das Risiko von Missverständnissen deutlich reduziert.
- **Ein besserer Eindruck von der Komplexität des Geschäfts.** Geschäftsregeln können überraschend komplex sein. DDD hilft dabei, sie zu erfassen und mithilfe von Bounded Contexts zu zähmen.
- **Besser lesbarer Code.** Dank eines klar definierten gemeinsamen Vokabulars wird auch der Code klarer. Klassen- und Variablennamen sind konsistenter und leichter verständlich. Der Code als Ganzes wird sauberer.
- **Bessere Wartbarkeit.** Wenn der Code verständlicher ist und ein definiertes Vokabular verwendet, ist er auch einfacher zu warten.
- **Leichtere Erweiterung und Skalierung.** Wenn neue geschäftliche Anwendungsfälle hinzugefügt werden müssen, kann diese Erweiterung zunächst als Teil eines vorhandenen Domain-Modells umgesetzt werden. Sobald die logischen

Erweiterungen vorgenommen wurden, ist die Implementierung der Änderungen auf Codeebene deutlich einfacher. Die Skalierung einer Codebasis durch das Hinzufügen einer großen Zahl geschäftlicher Anwendungsfälle wird stark erleichtert und ist weniger umständlich.

Wenn Sie mehr über den Einsatz von DDD lernen möchten, empfehle ich Ihnen diese Bücher:

- »Learning Domain-Driven Design« von Vlad Khononov (deutschsprachige Ausgabe »Einführung in Domain-Driven Design«, O'Reilly, 2021/2022)
- »Domain-Driven Design«[5] von Eric Evans (2003)

Umsetzbare Softwarearchitektur

Ich habe mit vielen erfahrenen Software-Engineers gesprochen, die frustriert darüber waren, dass ihre Architekturidee für die Verbesserung von Systemen schwer umzusetzen waren, weil sie bei der Verbreitung ihrer Idee auf Ablehnung stießen. Wie können Sie es trotzdem schaffen, hilfreiche Ideen in den Produktivbetrieb einzubringen?

Die geschäftlichen Ziele im Auge behalten

Nehmen Sie etwas Abstand von der Sache und überlegen Sie, welches geschäftliche Ziel Sie mit der Änderung verfolgen. Wie hilft sie Ihrem Produkt oder Unternehmen? Welche wichtigen geschäftlichen Kennzahlen würde sie verbessern, also Umsatz, Kosten, Nutzerabwanderung, Entwicklerproduktivität und so weiter? Sobald Sie einen Eindruck von den geschäftlichen Auswirkungen haben, sollte es einfacher sein, eine Priorisierung Ihrer Änderung zu begründen.

Sind die Auswirkungen auf das Geschäft deutlich kleiner als die von laufenden Projekten, überlegen Sie, ob es nützlich ist, Zeit aufzuwenden, um an einem Projekt mit geringer Tragweite zu arbeiten. Natürlich ist es sinnvoll, auch an Projekten mit geringen geschäftlichen Konsequenzen zu arbeiten, wenn das dem Engineering-Team hilft. Gibt es aber auch Projekte mit größeren Auswirkungen, ist es vernünftiger, die Arbeit mit weniger Einfluss nebenbei zu erledigen oder sie mit anderen Projekten zu verbinden.

Einverständnis der Entscheidungsträger

Bei Änderungen an der Architektur ist oft das Einverständnis von anderen Teams, von Senior-Engineers und höheren Positionen, manchmal auch von Kolleginnen und Kollegen aus dem geschäftlichen Bereich, nötig. Hierfür müssen Sie Ihre Idee präsentieren und die Unterstützung der wichtigen Entscheidungsträger gewinnen.

5 *https://www.domainlanguage.com/ddd*

Dies sind ein paar Möglichkeiten:

- Treffen Sie sich mit den Schlüsselpersonen und beschreiben Sie Ihren Ansatz. *Dieser Weg ist sehr zeitaufwendig. Es kann schwierig sein, sich später auf bestimmte Vereinbarungen zu berufen.*
- Formulieren Sie ein Proposal, schicken Sie es herum, holen Sie sich Feedback und finden Sie Unterstützer für Ihre Idee. *Dieser Ansatz skaliert besser und sorgt für eindeutigere Entscheidungen.*
- Beginnen Sie, indem Sie Ihre Ideen aufschreiben, und enden Sie, indem Sie mit den Menschen sprechen, die Ihrer Idee gegenüber noch unentschlossen sind. Nach diesen Gesprächen aktualisieren Sie Ihren Vorschlag mit den entsprechenden Änderungen. *Dies ist ein hybrider Ansatz, der in den meisten Fällen funktionieren sollte, um Unterstützung zu erhalten.*

Eine oft unterschätzte Methode, um Schlüsselpersonen zu einer Zustimmung zu einem schriftlichen Vorschlag zu bewegen, besteht darin, ihre Meinung einzuholen, *bevor* Sie das Proposal schreiben. Nehmen Sie sich also die Zeit, Ihre Idee zunächst ein paar ausgewählten Entscheidungsträgern vorzustellen. Skizzieren Sie Ihre Gedanken per Whiteboarding, bitten Sie um Feedback und arbeiten Sie die Rückmeldungen in Ihr Dokument ein. Wenn Sie die Personen dann wissen lassen, dass ihre Beiträge berücksichtigt wurden, werden sie Ihre Idee mit großer Sicherheit unterstützen. Frühe Unterstützung könnte es auch erleichtern, den Rest der Gruppe für sich zu gewinnen.

Bei der Suche nach Unterstützung sollten Sie nicht vergessen, dass es bei Ihrer Arbeit letztlich darum geht, das Geschäft zu unterstützen. Dennoch kann es passieren, dass Sie Feedback von Personen erhalten, die nicht davon überzeugt sind, dass Ihre Arbeit das leisten kann. Weisen Sie dieses Feedback nicht zurück: Manchmal ist es für das Geschäft besser, etwas nicht umzusetzen. Das ist nicht persönlich gemeint.

Brechen Sie aus der Entscheidungsstarre aus

Es kann passieren, dass architektonische Entscheidungen ins Stocken geraten, weil sich eine Gruppe über das weitere Vorgehen nicht einigen kann. Hier ein paar Möglichkeiten, die Blockade zu überwinden:

- **Legen Sie die Leistungsanforderungen fest.** Sie entscheiden das Ergebnis, nicht die Implementierung. Dies können Beschränkungen auf Systemebene sein, die Sie berücksichtigen müssen, wie die erwartete Latenz oder akzeptable Anforderungen an die Konsistenz. Auch Beschränkungen auf UX-Seite sind möglich, zum Beispiel Antwortzeiten, die nicht über 500 ms liegen dürfen, oder geschäftliche Vorgaben wie »eine doppelte Abrechnung ist nicht akzeptabel«. Sobald die vorgeschlagenen Lösungen auf dem Tisch liegen, können Sie sie durch die Brille der Leistungsanforderungen betrachten. Umreißen Sie diese Anforderungen, bevor Sie sich Lösungen überlegen, und beseitigen Sie Vorurteile gegenüber bestimmten Lösungen. Um das Problem zu verstehen, müssen Sie hierfür zunächst in den »Lösungsmodus« wechseln.

- **Bestimmen Sie vor der Diskussion eine Person, die das letzte Wort hat.** Einigen Sie sich auf eine Person, die im Fall eines Konflikts die endgültige Entscheidung trifft – am besten vor der Diskussion. Wird ein Entscheidungsverantwortlicher erst während des Konflikts benannt, kann dies zu noch mehr Reibung führen, weil seine Neutralität infrage gestellt werden könnte. Benennt eine Teilnehmerin beispielsweise ihren eigenen Manager als Entscheidungsverantwortlichen, würde diese Person wahrscheinlich ihr eigenes Teammitglied unterstützen.
- **Wer programmiert, bestimmt.** Die einfachste und fairste Lösung besteht darin, die Entscheidung den Personen zu überlassen, die die Programmierung übernehmen. Schließlich werden sie die Lösung später auch pflegen müssen.
- **Prototyping.** Wenn die Dinge ins Stocken geraten, bauen Sie einen Prototyp für Ihre Idee. Damit kommt wieder Bewegung in die Sache, und die Beteiligten sprechen über den Prototyp und nicht über die Blockade.
- **Holen Sie sich Hilfe von Ihrem Pendant in der Produktabteilung.** Produktmanager haben ein ureigenes Interesse daran, die richtige Lösung für Ihr Unternehmen zu finden, sowohl kurzfristig als auch für langfristige Unterhaltskosten. Eine Produktpatenschaft ist eine effektive Möglichkeit, Sackgassen zu vermeiden. Aber nur die wenigsten Software-Engineers nutzen diesen Weg!

Änderungen korrekt einführen

Sobald die Änderungen erstellt sind, sollten Sie genug Zeit für das Roll-out reservieren, denn wenn Sie diesen Schritt nicht sorgfältig durchführen, kann schnell etwas schiefgehen.

- **Messen Sie die Auswirkungen der Einführung.** Finden Sie Metriken, die anzeigen, ob die neue Architektur wie erwartet funktioniert. Das kann ein Vergleich der Nutzungsstatistiken des »alten« mit denen des neuen Systems sein, aber auch Performancekennzahlen, geschäftliche Metriken und so weiter.
- **Erstellen Sie einen Roll-out-Plan.** Definieren Sie die verschiedenen Phasen des Roll-outs. Wie überprüfen Sie, dass eine Roll-out-Phase »erfolgreich« war und die nächste Stufe gezündet werden kann?
- **Definieren Sie die richtige »Reifezeit«.** Bei der Einführung größerer Änderungen nehmen Sie sich Zeit, um sicherzustellen, dass alle Teile des Systems erwartungsgemäß funktionieren. Legen Sie einen großzügigen Zeitrahmen fest, in dem das System im Produktivbetrieb »reifen« kann, bevor Sie es zu einem Erfolg erklären. Und sorgen Sie auf jeden Fall dafür, dass während der Reifezeit wichtige Kennzahlen zum Systemzustand erfasst werden.
- **Erstellen Sie einen Rollback-Plan.** Wann können Änderungen rückgängig gemacht werden, falls während des Roll-outs etwas schiefgeht? Schwieriger wird es, wenn zum Roll-out auch Änderungen an den Daten oder dem Datenschema gehören.
- **Bereiten Sie sich auf den Ernstfall vor.** Woran könnte ein Roll-out scheitern? Skizzieren Sie mögliche Szenarien, dann finden Sie heraus, wie Sie solche Ausfälle erkennen und verhindern können.

Im Software-Engineering gibt es keine endgültigen Entscheidungen

Zweifellos wird es Meinungsverschiedenheiten geben, in denen Sie einem Ansatz besser nachgeben, auch wenn Sie nicht ganz einverstanden sind. Das Ergebnis ist vermutlich gar nicht so dramatisch, wie es sich anfühlt. Wenn es um Software geht, gibt es keine endgültigen Entscheidungen!

Fast jede Entscheidung kann später wieder rückgängig gemacht werden, inklusive Änderungen an der Technologie, an architektonischen Ansätzen und neuen Geschäftsregeln. Die Kosten für die Aufhebung einer Entscheidung fallen unterschiedlich aus und können ziemlich hoch sein. Solange sich eine Entscheidung leicht umkehren lässt, ist die Zustimmung zu einer Variante immer noch besser, als in einer Sackgasse festzustecken!

Architektonische Änderungen mit Rollback-Plänen lassen sich leicht rückgängig machen, falls sie nicht wie erwartet funktionieren. Gehört zu den Änderungen eine Migration, sollte es die Möglichkeit geben, zum Originalzustand zurückzukehren.

Wenn Sie eine Entscheidung umkehren, notieren Sie die Gründe, warum der Ansatz nicht funktioniert hat, und geben Sie diese, typischerweise als Dokument, an die betroffenen Personen weiter. Das kann als E-Mail verschickt, in einem Chat geteilt oder in einem Meeting präsentiert werden.

Und selbst wenn ein Team sich für eine bestimmte architektonische Vorgehensweise entscheidet, diese erstellt und bereitstellt, kann später immer wieder jemand kommen, der einen Ansatz mit neuen Vor- und Nachteilen präsentiert. Denn genau so entwickeln sich Softwaresysteme weiter, um mit den sich stetig wandelnden geschäftlichen Anforderungen der wahren Welt Schritt zu halten.

Überdenken Sie Ihre architektonischen Entscheidungen

Ist ein Projekt ausgeliefert, hält das Team üblicherweise eine Nachbesprechung, um zu diskutieren, was gut gelaufen ist, was man hätte besser machen können und was beim nächsten Mal anders sein wird.

Wann haben Sie das letzte Mal über Ihre architektonischen Entscheidungen nachgedacht? Ein wichtiger Punkt ist, dass eine neue Architektur Zeit braucht, um zu »reifen« und sich zu beweisen. Außerdem brauchen Sie genug praktische Erfahrung, um einschätzen zu können, wie gut eine Architektur standhält, wenn Engineers sie pflegen und erweitern.

Sie müssen der neu eingeführten Architektur Zeit geben, um zu beobachten, wie sich Entscheidungen über einen längeren Zeitraum auswirken. Und dann brauchen Sie die Motivation, Feedback von den Usern einzuholen.

Das ist nicht immer einfach. Hier ein paar Motivationshilfen für die Bemühung, Feedback darüber einzuholen, wie gut Ihr System (und damit die Architektur) tatsächlich funktioniert:

- **Geben Sie Ihre Erkenntnisse weiter.** Verpflichten Sie sich, die Dinge, die Sie über die Architektur gelernt haben, weiterzugeben.
- **Leistungsbeurteilungen/Beförderung.** Wie erfahren Ihre übergeordneten Manager davon, wie nützlich Ihre Arbeit an einem bestimmten System war? Das Einholen von Feedback kann dabei helfen, dass Ihre Arbeit besser wahrgenommen wird.
- **Helfen Sie anderen mit Ihren Erfahrungen.** Vielleicht sind Sie als Mentor für andere Engineers tätig, die ähnliche Systeme wie Sie entwerfen müssen. Holen Sie Feedback ein, um darüber nachzudenken, wie gut Ihre Designentscheidungen funktioniert haben und was man hätte verbessern können.

Beim Einholen von Feedback zu Ihrer Arbeit kann es verführerisch sein, sich nur auf die positiven Aspekte zu konzentrieren. Natürlich freut man sich über Lob, aber konstruktive Kritik hilft Ihnen wesentlich mehr dabei, als Software-Engineer zu wachsen. Daher sollten Sie beim Einholen von Feedback auch herausfinden, welche architektonischen Entscheidungen nicht so gut funktioniert haben wie erhofft, und auf diesen wertvollen Lektionen aufbauen. Viel zu wenige Engineers tun dies von sich aus!

Zusammenfassung

Um als Senior-Engineer ein Vorbild für andere zu sein, müssen Sie das Handwerk des Software-Engineerings meisterhaft beherrschen. Das allein reicht aber nicht. In Wirklichkeit liegen die Herausforderungen auf Senior-Ebene weniger in den Aufgaben, die mit der Programmierung zu tun haben. Wesentlich schwieriger ist die effiziente Zusammenarbeit mit Kolleginnen und Kollegen sowie die Unterstützung des Teams bei der Erledigung seiner Aufgaben.

Auf Senior-Ebene sind die Auswirkungen Ihrer Arbeit deutlich wichtiger als der Aufwand, den Sie hierfür treiben. Aus diesem Grund kann sich ein kluges Vorgehen langfristig auszahlen.

Unabhängig davon ist das Mentoring (siehe Kapitel 12) von anderen eine unterschätzte Möglichkeit, ein effizienterer Engineer zu werden und beruflich weiterzukommen. Andersherum kann ein Mentoring durch Engineers Ihren Blick erweitern und Ihnen dabei helfen, immer komplexere Aufgaben zu erledigen.

Der Begriff »Senior-Engineer« ist in der Branche oft nicht klar definiert. Manchmal bezeichnet er eine Engineering-Rolle auf mittlerer Ebene – normalerweise in Unternehmen der untersten Ebene, wie in Kapitel 1 (Teil I), »Karrierepfade«, besprochen –, in manchen Unternehmen steht er dagegen für eine Ebene technischer Führungskräfte. In wieder anderen Firmen entsprechen die Erwartungen eher denen an Staff- und Principal-Engineers.

Egal wie breit oder eng die Definition von »Senior« gefasst ist – man kann davon ausgehen, dass ein relativ komplexes Projekt realisiert werden kann, wenn ein Senior-Engineer daran beteiligt ist. Bei Problemen sind es die Senior-Engineers, die wissen, wie Blockaden aus dem Weg geräumt werden können. Und wenn auch sie nicht weiterwissen, heben sie ihre Hand, bitten um Hilfe und finden alternative Lösungswege.

Weitere Informationen zu diesem Thema finden Sie im Onlinebonuskapitel (in Englisch) für Teil III:

Abbildung 15-1: Dinge als Senior-Engineer zu Ende bringen: Übungen pragmaticurl.com/bonus-3

TEIL IV

Der pragmatische Tech-Lead

Die Position eines *Technical Leader*, kurz *Tech-Lead*, also einer technischen Führungskraft, ist häufiger eine Rolle als ein formaler Titel.

Um die Rolle eines Tech-Lead zu übernehmen, müssen Sie ein erfahrener Engineer sein, üblicherweise auf Senior-Ebene oder darüber. Außerdem sind Sie für die Leitung von Projekten zuständig oder der Hauptansprechpartner Ihres Engineering-Teams während sämtlicher Projekte. Manche Teams haben mehrere Tech-Leads, für jede Initiative einen, während andere nur mit einem auskommen. Dies ist normalerweise die Person mit der größten Erfahrung oder der längsten Betriebszugehörigkeit.

Typische Berufsbezeichnungen für Tech-Leads

In Unternehmen wie Google, Meta, Amazon, Microsoft und Uber gibt es keinen Titel mit dem Namen »Tech-Lead«. Nach der Stufe des Senior-Engineers kommt die Ebene des Staff-Engineers. Dennoch gibt es in diesen Unternehmen regelmäßig eine Tech-Lead-Rolle für ein Team oder ein Projekt. Einige Firmen haben auch eine formale Position als Tech-Lead.

Ist die Tech-Lead-Rolle formalisiert, sind dies die üblichen Titel für diese Position:

- Tech-Lead
- Lead Engineer/Lead Developer

Typische Erwartungen an Tech-Leads

Die Erwartungen an Tech-Leads ähneln normalerweise denen an Senior-Engineers, jedoch mit dem Zusatz der Projektleitung. In manchen Unternehmen liegen die Erwartungen an Tech-Leads näher an denen für Staff-Engineers. Die gängigen Erwartungen an diese Stufen finden Sie in den Einleitungen zu Teil III und Teil V.

Zudem können sich die Erwartungen an Tech-Leads mit denen eines Engineering-Managers überschneiden. Auch wenn Tech-Leads nicht für Führungsaufgaben zuständig sind, übernehmen sie Leitungsverantwortung, indem sie Menschen helfen, sich besser abzustimmen. Für diesen Bereich sind typischerweise Engineering-Manager verantwortlich, bis es Tech-Leads gibt, an die sie diese Aufgabe delegieren können.

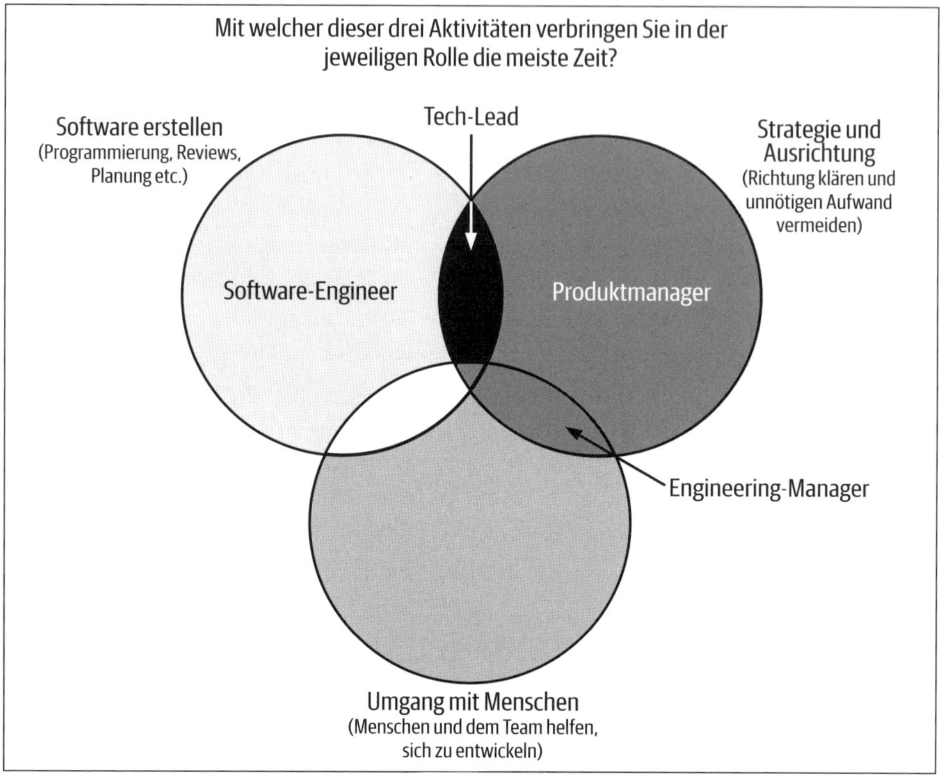

Abbildung IV-1: Womit Software-Engineers, Tech-Leads und Engineering-Manager die meiste Zeit verbringen. Tech-Leads übernehmen immer mehr Aufgaben aus den Bereichen Strategie und Ausrichtung, die typischerweise in der Verantwortung von Engineering-Managern liegen.

Wo sich die Wege von IC und Manager trennen

Ein leistungsstarker Tech-Lead gilt normalerweise als Spitzenkandidat für eine Beförderung oder einen Wechsel zum Engineering-Manager. Gleichzeitig haben Tech-Leads oft Gelegenheit, auf dem Weg des Individual Contributor (siehe Kapitel 1) zu bleiben und in Staff-Positionen und darüber hineinzuwachsen.

In schnell wachsenden Unternehmen, die mehrere Engineering-Manager einstellen müssen, ist es üblich, dass Tech-Leads die Gelegenheit bekommen, in eine Managerposition zu wechseln. Diese Rolle unterscheidet sich von der eines Software-Engineers, und dieser Wechsel liegt außerhalb des Rahmens dieses Buchs. Für weitere Ratschläge für einen Wechsel zum Manager empfehle ich Ihnen die unter dieser Adresse hinterlegten Bücher:

Abbildung IV-2: pragmaticurl.com/engineering-management

KAPITEL 16
Projektmanagement

In schnell wachsenden Start-ups und in Big-Tech-Unternehmen ist es für Engineers aller Stufen üblich, Projekte zu leiten. Als Engineer ist es wichtig, diese Fähigkeiten zu entwickeln, um in Senior- und Staff-Rollen hineinzuwachsen.

Als Tech-Lead oder als Engineer, der diese Rolle einnimmt, ist die Projektleitung eine regelmäßige Aufgabe. Wie können Sie diese Arbeit effizient und mit Zuversicht ausführen?

In diesem Kapitel geht es um folgende Themen:

1. Unternehmen, in denen Engineers Projekte leiten
2. Welchen Zweck hat das Projektmanagement?
3. Projekt-Kick-offs und Etappenziele
4. Die »Physik« von Softwareprojekten
5. Alltag im Projektmanagement
6. Risiken und Abhängigkeiten
7. Projekte abschließen

Unternehmen, in denen Engineers Projekte leiten

Welche Technologieunternehmen geben Software-Engineers die Möglichkeit, als Engineering-Leads für Projekte zu fungieren, selbst wenn sie noch unterhalb der Senior- oder Tech-Lead-Stufe stehen? Ziemlich viele, wie sich zeigt.

Bei den meisten Arbeitgebern entscheidet jedes Team die Vorgehensweise eigenständig, und es wird kein bestimmter Arbeitsstil vorgegeben. Unten sehen Sie eine Liste der Unternehmen, die mir bestätigt haben, dass es mehrere Teams gibt, in denen Engineers Projekte leiten, unterstützt von Managern und erfahreneren Engineers:

- **Shopify:** Hier heißt die Rolle »IC Champion« (*Individual Contributor Champion*).
- **Amazon:** Engineers, die noch keine Senior-Rolle haben, leiten oft Projekte, die, bezogen auf die Komplexität, gut zu ihnen passen.

- **Atlassian:** Eine häufig von Engineers der mittleren Stufe ausgefüllte Rolle heißt hier Feature-Lead.
- **Microsoft:** Viele Produktteams operieren auf diese Weise.
- **GitHub:** Hier heißt die Rolle DRI (*Directly Responsible Individual*, also direkt verantwortliche Person).
- **X, vorher Twitter:** In vielen Produktteams heißt diese Rolle PTL (*Project Tech-Lead*)
- **DAZN** (Sport-Streaming-Scale-up) nennt diese Rolle Project Captain.
- **Klarna:** Einige Teams experimentieren mit diesem Ansatz.
- **Trivago** nennt diese Rolle Tech Driver.
- **Skyscanner:** Viele Teams lassen weniger erfahrene Engineers Projekte begleiten, bevor sie ein eigenes Projekt leiten dürfen.
- **Thought Machine** (ein FinTech-Scale-up) hat von Engineers geleitete Projektteams, während Engineering-Manager sogenannte Component Teams leiten.
- **Big Tech:** Viele Teams bei Meta, Google, Apple und Uber nutzen diesen Ansatz.

Apple verdient hier eine eigene Erwähnung, denn der Mitgründer, Steve Jobs, war der Überzeugung, dass Individual Contributors (ICs) die besten Projektleiter abgeben. 1985 sagte er in einem Interview[1]:

> Wissen Sie, wer die besten Manager sind? Das sind die großartigen Individual Contributors, die eigentlich keine Manager sein wollten, sich aber schließlich dazu entschieden haben, weil niemand anderes den Job so gut macht wie sie.

Welchen Zweck hat das Projektmanagement?

Viele Unternehmen benutzen das Wort »Projekt«, um Bestrebungen zu koordinieren, die ein bestimmtes Geschäftsziel erreichen sollen. Manche Projekte sind schon nach wenigen Wochen abgeschlossen; öfter aber beträgt die Zeit zwischen Anfang und Ende mehrere Monate. Langfristige Vorhaben können sich sogar über Jahre erstrecken. In Unternehmen mit einer gesunden Engineering-Kultur schaffen die Engineers jedoch mehrmals am Tag geschäftlichen Mehrwert, während als »abgeschlossen« betrachtete Projekte alle paar Monate fertiggestellt werden.

Wäre es auch möglich, die Arbeit ohne ein Projektmanagement zu erledigen? Wenn Sie allein arbeiten und keine Abhängigkeiten von anderen Teams haben – und niemand von Ihrer Arbeit abhängig ist – nur zu! Machen Sie sich einen Plan der Funktionalität, die Sie erstellen wollen, programmieren Sie Ihr Projekt, geben Sie es ab – und fertig. In diesem Fall werden Sie wahrscheinlich keines der in diesem Kapitel erwähnten Werkzeuge brauchen.

Wenn mehrere Menschen zusammenarbeiten, gibt es allerdings Bedarf für:

1 *https://pragmaticurl.com/steve-jobs-interview*

- **Ziele:** Hier geht es darum, welches Problem mit diesem Projekt gelöst wird.
- **Planung:** Man braucht einen übergeordneten Plan für die Lösung dieses Problems. In manchen Fällen kann eine formale Spezifikation Teil dieses Plans werden.
- **Koordination:** Es muss Klarheit darüber herrschen, wer welche Aufgaben übernimmt.
- **Alle auf dem gleichen Stand halten:** Während die Arbeit vorangeht, müssen alle Teammitglieder darüber informiert sein, wie die Dinge laufen.
- **Umgang mit Risiken, Änderungen und Verzögerungen:** Die Erstellung von Software ist voller Risiken, da wir oft Lösungen auf neue und unerprobte Weise entwickeln.

Das Projektmanagement schafft Handlungsmöglichkeiten für alle oben genannten Punkte und hilft bei der Beantwortung der Frage, die viele von uns Entwicklern fürchten: »Wie lange wird es dauern?«

Termine und Fristen sind wichtig für Projekte, ob wir das als Engineers nun mögen oder nicht. Das gilt besonders für Umgebungen, in denen das Unternehmen Termine nutzt, um zwischen Abteilungen und Teams zu koordinieren und zu kommunizieren. Die meisten Big-Tech-Unternehmen sowie schnell wachsende Start-ups sind terminabhängig. In meinem Artikel »Yes, you should estimate software projects« (»Ja, Sie sollten den Zeitaufwand für Softwareprojekte schätzen«) schreibe ich[2]:

> Zeitschätzungen sind wichtig, denn die meisten Personen und Unternehmen sind von Terminen abhängig. An der Börse gehandelte Unternehmen planen und budgetieren quartalsweise. Dabei entscheidet auch die Antwort auf die Frage »Wie lange dauert es bis zur Fertigstellung?« darüber, welche Beträge in Projekte und Mitarbeitende investiert werden. Private mit Risikokapital finanzierte Unternehmen versuchen, neue Features rechtzeitig zu veröffentlichen, um die nächste Finanzierungsrunde zu unterstützen.
>
> Ja, es gibt auch Unternehmen, die nicht so sehr von Terminen abhängig sind. Diese sind aber eher selten. Private gewinnbringende Lifestyle-Unternehmen und öffentliche Institutionen sind vielleicht die besten Beispiele für Firmen, denen Termine nicht so wichtig sind.

Die in diesem Kapitel behandelten Themen beziehen sich auf die eher komplexen »Arbeitseinheiten« eines Frameworks und weniger für einfache und klar definierte Aufgaben. Jedes ausreichend große Vorhaben, bei dem Menschen koordiniert werden und bei dem über verschiedene Abhängigkeiten hinweg gearbeitet wird, ist ein Projekt, dem die hier gezeigten Vorgehensweisen nutzen können.

Projekt-Kick-offs und Etappenziele

Meiner Beobachtung nach liegt ein Hauptgrund für das Scheitern von Projekten in schlecht abgestimmten Erwartungen. Das wird oft erst gegen Ende des Projekts offenbar, gerade wenn das Engineering-Team meint, es sei fertig.

---

2 *https://blog.pragmaticengineer.com/yes-you-should-estimate*

Kick-offs (Auftaktbesprechungen) helfen dabei, Missverständnisse von vornherein auszuschließen, die später dafür sorgen könnten, dass große Teile der Arbeit verworfen werden oder neu erstellt werden müssen. Ich stelle mir Kick-offs als Veranstaltungen vor, bei denen die großen Fragen mit den maßgeblichen Entscheidungsträgern geklärt werden.

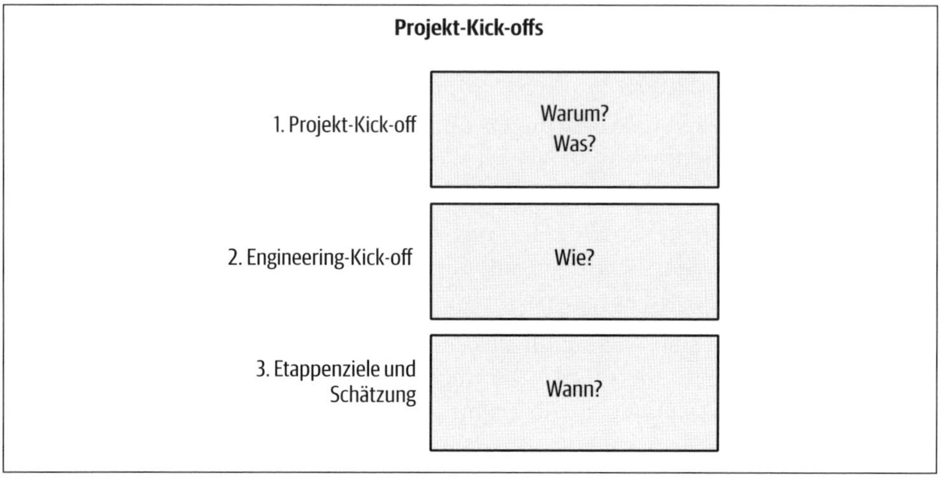

Abbildung 16-1: Themen, die bei einem Projekt-Kick-off geklärt werden können.

Die beste Möglichkeit, die Risiken für ein Projekt zu verringern, ist ein Kick-off, bei dem alle Beteiligten bestätigen, dass sie die Ziele und Vorgehensweisen des Projekts verstanden haben und mit dem Gesamtplan einverstanden sind.

Art und Umfang der Vorbereitungen für ein Kick-off hängen von der Komplexität des Projekts und der Anzahl der Stakeholder ab. Meiner Ansicht nach ist ein schriftliches Dokument unerlässlich, das im Vorfeld verteilt wird und mit Kommentaren versehen werden kann. Dieser Ansatz ist besonders in Unternehmen unverzichtbar, in denen Teams ganz oder teilweise remote arbeiten.

Ein übliches Format für ein solches Dokument ist das *Product Requirements Document* (PRD), in dem das »Warum« und das »Was« des Projekts beschrieben werden. Zwar sollte das Engineering hierbei eine gewisse Rolle spielen, dennoch geht es in diesem Stadium noch nicht um spezifische technische Details. Vielmehr sollen alle Beteiligten aus den Bereichen Produkt, Engineering, Design, Data Science und Geschäft »auf Kurs« gebracht werden. In der in der Fußnote genannten Quelle finden Sie einige Beispiele für PRDs bei verschiedenen Technologieunternehmen [3].

Das Projekt-Kick-off

Bei einem Projekt-Kick-off werden alle Beteiligten über das »Warum« und das »Was« auf den gleichen Stand gebracht. Hier werden Pläne durchgegangen und Fra-

3 *https://www.vindhyac.com/posts/best-prd-templates-from-companies-we-adore*

gen geklärt. Ist das Kick-off erfolgreich, stellt die Projektleitung die Frage: »Gibt es irgendwelche Fragen dazu, worum es bei diesem Projekt geht, warum wir es tun oder wie wir es umsetzen?«

Im besten Fall antworten alle Beteiligten, dass auf Basis der verfügbaren Informationen alles klar ist. In der Praxis ist dies der Moment, an dem reihenweise Fragen aufkommen – was den Wert des Kick-offs bestätigt. Es ist besser, die Fragen zu klären, bevor das Team mit der Erstellung beginnt, als hinterher, wenn Änderungen bedeuten, dass schon getane Arbeit wieder verworfen werden muss.

Ich empfehle, das Kick-off in Form eines Meetings durchzuführen. Nehmen Sie sich am Anfang zehn Minuten Zeit, um das Vorschlagsdokument vorzulesen oder dem Project Lead Zeit zu geben, den Teilnehmenden einen Überblick zu geben. Bei einem Onlinemeeting ist es sinnvoll, die Videofunktion einzuschalten, damit die Moderation auf visuelle Signale (Gestik, Mimik) eingehen und leichter erkennen kann, ob jemand nicht einverstanden ist und wann eine kleine Ermutigung helfen kann, damit jemand das Wort ergreift.

Auch wenn es auf den ersten Blick wenig sinnvoll erscheint, empfehle ich, dass alle am Projekt Beteiligten, die bei dem Projekt etwas zu sagen haben, an dem Kick-off teilnehmen. Das bedeutet, alle Mitarbeitenden des Unternehmens inklusive Kundenbetreuung dazu einzuladen. Je mehr Menschen teilnehmen, desto zeitaufwendiger kann solch ein Meeting werden. Aber das ist in Ordnung, denn dadurch erhalten Sie die Gelegenheit, Missverständnisse möglichst früh zu klären und später unnötigen Aufwand zu vermeiden.

Das Engineering-Kick-off

Auf das Projekt-Kick-off folgt das Engineering-Kick-off. Das Ziel besteht darin, die Engineers über das »Wie« des Projekts auf eine Linie zu bringen. Zu den Teilnehmenden gehören das Engineering-Team und relevante Engineering-Entscheidungsträger aus Data-Science-, Machine-Learning- und Infrastrukturteams. Sobald die geschäftlichen Ziele und der übergeordnete Plan geklärt sind, können die Engineers genau planen, wie dieser Ansatz umgesetzt werden soll.

Hierbei verwenden manche Teams Whiteboarding, manchmal auch virtuell. Die Big-Tech-Unternehmen und viele Start-ups beginnen damit, dass Planungsdokumente wie RFCs (*Request for Comments*, Bitte um Stellungnahme), ERDs (*Engineering Requirement Documents*, Engineering-Anforderungen) oder ADRs (*Architecture Decision Records*) verteilt werden.

Ich bin ein großer Fan davon, die Engineering-Prinzipien und Vorgehensweisen, für die man sich entschieden hat, schriftlich zu fixieren. Das zwingt Engineers dazu, einen vorgeschlagenen Ansatz klar zu beschreiben und dadurch Missverständnissen vorzubeugen. Der Plan kann zum Einholen von Stellungnahmen weitergegeben werden, was seine Reichweite erhöht. Außerdem steht das Planungsdokument später den Personen zur Verfügung, die an dem Projekt arbeiten, um ihnen bei der Einarbeitung und dem Verständnis der getroffenen Entscheidungen zu helfen.

Etappenziele festlegen

In diesem Schritt geht es darum, beim Engineering-Team zum »Wann« Einigkeit herzustellen. Viele Engineering-Teams kombinieren ihre Planung mit den Etappenzielen (*Milestones*) und Zeitschätzungen. Ich halte es allerdings für sinnvoller, diese Dinge voneinander zu trennen. Wenn Sie die Termine und Etappenziele zusammen mit der technischen Planung festlegen, kann es sehr leicht passieren, dass das Team sofort beginnt, Abkürzungen einzubauen und Entscheidungen zu treffen, die technische Schulden verursachen. Indem die technische Planung separat vorgenommen wird, sollte das Team einen Plan fassen, der die bestmöglichen Entscheidungen für die langfristige Gesundheit von System und Diensten trifft – nicht nur für das Projekt selbst.

Sobald der Engineering-Plan steht, geht es darum, sich einen Eindruck von den umsetzbaren Etappenzielen zu verschaffen. Je kleingliedriger diese Schritte sind, desto besser, denn keine Schätzung ist absolut genau. Die einzige Möglichkeit, herauszufinden, wie groß diese Abweichungen wirklich sind, besteht im Erreichen eines Zwischenziels. Zudem haben sie den Vorteil, dass sie das Team mit jedem Meilenstein dem endgültigen Ziel ein Stück näher bringen.

Sobald die Etappenziele geklärt sind, verschafft sich das Team einen Überblick über die Arbeiten, die jeder erledigen muss, inklusive einer groben Zeitschätzung. Einige Teams benutzen als Zeiteinheit T-Shirt-Größen, andere nutzen lieber die »Planning-Poker-Methode«, bei der Fibonacci-Zahlen (1, 2, 3, 5, 8, 13 ...) als Näherungswerte der Komplexität genutzt werden, wieder andere verwenden Engineer-Arbeitstage als Einheit. Unabhängig davon, für welchen Weg Sie sich entscheiden, müssen Sie in einem terminabhängigen Unternehmen irgendwann eine grobe Zeitschätzung für das Erreichen der Etappenziele abgeben.

Ich bevorzuge hierbei Etappenziele, deren Erreichen maximal ein paar Wochen benötigt. Sind für das Erreichen eines Meilensteins umfangreiche Arbeiten nötig, fordere ich das Team auf, Zwischenschritte festzulegen, die kleinere Arbeitseinheiten ermöglichen.

Sicherstellen, dass Schätzungen nicht bindend sind

Softwareprojekte stecken voller Unwägbarkeiten und Risiken. Daher kann man von einem Team höchstens eine grobe Schätzung des Zeitaufwands auf Basis der besten verfügbaren Informationen erwarten. Im Verlauf des Projekts tauchen immer neue Risiken und Herausforderungen auf, was die Komplexität erhöht und die Schätzungen verändert.

Natürlich möchte die Geschäftsleitung das finale Lieferdatum wissen. Als Project Lead haben Sie verschiedene Möglichkeiten, diese geschätzte Frist mitzuteilen. Viele Leads bauen einen Puffer ein oder ziehen die Schätzung auseinander, indem sie zusätzliche Zeit einplanen. Diese Termine werden dann weitergeben.

Ich bevorzuge grundsätzlich, etwas Puffer einzubauen und gleichzeitig die Geschäftsleitung darüber zu informieren, dass so etwas wie ein »fester Termin« nicht existiert. Sie können versprechen, sie regelmäßig über den aktuellen Stand zu informieren. Je mehr Etappenziele erreicht werden, desto genauer können Sie auch den tatsächlichen Abgabetermin bestimmen.

In diesem Sinne haben Software-Engineering und Bauprojekte eine gewisse Ähnlichkeit. Jeder, der schon einmal einen Hausbau oder Renovierungsarbeiten in Auftrag gegeben hat, weiß, dass Termine und Budgets bestenfalls Schätzungen sind. Fast immer dauert es länger als erwartet. Bei Softwareprojekten ist es genauso.

Manchmal stehen die Termine natürlich auch fest. So geben manche Unternehmen Veröffentlichungstermine bereits im Vorfeld bekannt. Im Banken- und Finanzwesen sind Fristen für Änderungen und die Umsetzung neuer Richtlinien an klare Termine gebunden. In diesen Fällen ist der Termin nicht verhandelbar. Stattdessen kann der Arbeitsumfang reduziert werden. In solchen Szenarien ist es besonders wichtig, zu verstehen, was für das Geschäft wichtig ist. Mehr zu diesem Thema finden Sie in Kapitel 21 (Teil V), »Das Geschäft verstehen«.

Die »Physik« von Softwareprojekten

Auch wenn die von uns erstellte Software virtuell ist, gibt es ein »Gesetz der Software-Physik«, das meiner Erfahrung nach erstaunlich genau ist:

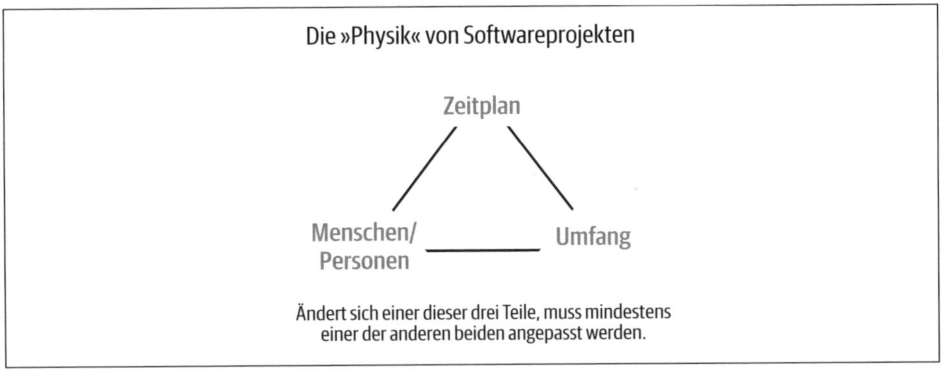

Abbildung 16-2: Das Dreieck der »Software-Physik«. Der Zeitrahmen, die beteiligten Personen und der Umfang beeinflussen sich gegenseitig.

Wenn Ihnen dieses Dreieck bekannt vorkommt, liegt das vermutlich an seiner Ähnlichkeit mit dem Projektmanagement-Dreieck[4]. Es wird häufig als Modell zum Beschreiben der Verbindung zwischen Kosten, Zeitrahmen und Qualität verwendet. Für Teams im Big-Tech-Bereich und in schnell wachsenden Start-ups ist die Qualität erfahrungsgemäß nur selten verhandelbar. Beim Zeitrahmen und dem Projektumfang gibt es deutlich mehr Spielraum.

4 *https://en.wikipedia.org/wiki/Project_management_triangle*

Die am Projekt beteiligten Engineers, der Zeitrahmen und der Projektumfang beeinflussen sich gegenseitig. Ändert sich einer dieser Faktoren, muss in der Folge mindestens einer der anderen zwei angepasst werden.

Der Projektumfang wächst

Wenn der Umfang eines Projekts größer wird, muss auch der Zeitrahmen erweitert werden, oder ihm müssen mehr Personen zugewiesen werden. Die erste Option – der Zeitrahmen steigt mit dem Umfang – ist einfach umzusetzen. Allerdings wird er der Geschäftsleitung nicht gerade gefallen.

Bei der zweiten Option (mehr Personen) steigern die zusätzlichen Arbeitsstunden und Überstunden den »Personenanteil« des Projektdreiecks. Beachten Sie, dass die Anzahl der Teammitglieder nicht zwingend steigen muss, sondern gleich bleiben kann, sofern die vorhandenen Mitarbeitenden mehr Arbeitsstunden leisten. Ein Vorteil hierbei ist, dass das Team den Hintergrund vollständig überblickt und niemand eingearbeitet werden muss. Dennoch sollten Sie sich darüber klar sein, dass nun mehr Arbeitsstunden in das Projekt fließen.

Einem Projekt mehr Mitarbeitende zuzuweisen, ohne dass es langsamer wird, ist eine Herausforderung. Dennoch ist auch das in seltenen Fällen möglich. Immer wenn ich das sage, erwähnt jemand das Brooks'sche Gesetz. Es stammt aus dem Buch »The Mythical Man Month« (Vom Mythos des Mannmonats) von Fred Brooks und lautet:

Das Hinzufügen weiterer Arbeitskräfte zu einem bereits in Terminnot geratenen Projekt verzögert es nur noch mehr.

Ich würde dieses Gesetz nicht als allgemeingültig betrachten. Es gilt beispielsweise nicht für Projekte mit einer recht kurzen Einarbeitungszeit oder solche, bei denen die Arbeit in kleine Stücke aufgeteilt und parallelisiert werden kann. Voraussetzung hierfür ist, dass Menschen mit dem nötigen Expertenwissen hinzugezogen werden und es im Verhältnis zur Teamgröße nur wenige Personen sind.

Das Hinzuziehen von Engineers, die sich bereits mit der Codebasis auskennen, um eigenständige Arbeiten auszuführen, kann Projekte beschleunigen. Es ist mir durchaus gelungen, Projekte zum Abschluss zu bringen, die im Vergleich zum ursprünglichen Zeitplan an Umfang zunahmen, indem ich neue Engineers ins Team aufnahm.

Hierbei entstehen aber auch immer schwerwiegende Nachteile durch die Einarbeitungszeit und zusätzlich nötige Kommunikation. Beides braucht Zeit und kann das Team ablenken. Je einfacher die Einarbeitung – zum Beispiel durch den Einsatz eines Open-Source-Modells – und je mehr Expertenwissen die Neueinsteiger haben, desto weniger kostspielig ist die Sache. Eine klare Dokumentation, eine saubere Codebasis und asynchrone Prozesse sorgen für einen geringen zusätzlichen Kommunikationsaufwand. In der Folge werden die Auswirkungen geringer.

In der Realität ist ein Hinzuziehen weiterer Engineers nur in den wenigsten Projekten möglich. Schließlich müssten diese aus einem anderen Team oder Projekt abgezogen werden. Dabei sind Engineers, die gerade nichts zu tun haben oder auf Abruf bereitstehen, ohnehin eher rar gesät. Zudem ist es nur selten möglich, die Arbeit so zu parallelisieren, dass Neueinsteiger sie leicht übernehmen können.

Seien Sie sich darüber im Klaren, dass es verschiedene Möglichkeiten gibt, mehr Mitarbeitende zu bekommen, dass Überstunden gleichbedeutend mit mehr Arbeitskraft sind und dass Ingenieure mit Fachkenntnissen nur dann eingestellt werden sollten, wenn sie ein bestimmtes Projekt beschleunigen können. Um es klar zu sagen: Eine Verdopplung der Anzahl der Engineers wird die Zeit zur Fertigstellung nicht halbieren. Haben diese Engineers allerdings das nötige Fachwissen und kann die Arbeit aufgeteilt werden, ist es möglich, den Zeitaufwand zu verringern – sofern dieses Vorgehen gut durchdacht ist!

Wenn sich der Zeitrahmen des Projekts ändert

Wenn die Abgabefrist des Projekts verkürzt wird, muss etwas passieren. Am ehesten wird der Projektumfang reduziert. Weniger offensichtlich ist, dass sich in einer solchen Situation fast immer die Dimension der »Personen« vergrößert. Bei einer kürzeren Frist machen Menschen oft Überstunden oder werden gebeten, mehr Zeit für das Projekt zu reservieren. Auf diese Weise kann die Zahl der Personenstunden auch ohne zusätzliche Personen steigen.

Wie sieht es aus, wenn ein Projekt mit einem verkürzten Zeitrahmen um zusätzliche Engineers erweitert wird? Das ist zwar möglich, allerdings kann die Einarbeitungszeit für neue Teammitglieder dieses Vorgehen undurchführbar machen, es sei denn, der Abgabetermin ist noch Monate entfernt.

Wenn weniger Menschen an einem Projekt arbeiten können

Unerwartete Probleme können dafür sorgen, dass die Anzahl der Mitarbeitenden für ein Projekt sinkt. Teammitglieder können für andere Arbeiten abgezogen werden, erkranken und vieles mehr. Sinkt die Zahl der Mitarbeitenden, muss entweder der Umfang verringert werden, der Zeitrahmen erweitert werden, oder das Team muss neue Mitarbeiter bekommen.

Am leichtesten ist es, den Umfang oder den Zeitrahmen anzupassen. Eine Erhöhung der Personenstunden kann erreicht werden, indem das verkleinerte Team angehalten wird, mehr Stunden zu leisten. Dieser Ansatz kann sich aber schnell rächen, wenn Überstunden zur Regel werden und es zu Burn-outs kommt. Durch die Einführung von Überstunden steigt außerdem das Fehlerrisiko. Je länger gearbeitet werden muss, desto größer ist die Gefahr, dass Bugs in den Produktivcode gelangen, oft ohne dass dies bemerkt wird. Vergessen Sie nicht, dass eine erschöpfte Person negative Auswirkungen auf ein Projekt haben kann, weil es zu Regressionen kommen kann, die mit ausreichenden Ruhepausen vermeidbar gewesen wären.

Es hilft, die Beziehung zwischen Umfang, Zeitrahmen und Personen zu kennen und sich darüber klar zu sein, dass bei der Veränderung einer dieser Komponenten mindestens eine weitere Anpassung nötig ist. Als Project Lead kann Ihnen dieses Gedankenmodell helfen, realistischere Kompromisse mit der Geschäftsleitung auszuhandeln.

Änderungen bei den am Projekt beteiligten Personen

Ein weniger intuitiver Fall tritt ein, wenn eine neue Person ins Team kommt. Hat das Auswirkungen auf den Zeitrahmen? Wird dieser beispielsweise kürzer, weil nun mehr Personen am Projekt arbeiten?

In vielen Fällen verändert sich der Zeitrahmen dadurch nicht, oder er verlängert sich sogar! Ist das neue Teammitglied ganz neu im Unternehmen, kann die Einarbeitung so zeitaufwendig sein, dass andere Teammitglieder abgelenkt werden und sich das Projekt verlangsamt. Bei einer schnellen Einarbeitung und wenn der Neueinsteiger sofort loslegen kann, ist aber auch eine Beschleunigung möglich. In manchen Unternehmen liefern Neueinsteiger bereits am zweiten Tag Produktivcode ab. Üblicher ist es allerdings, dass es ein bis zwei Monate dauert, bis diese Person ihre ersten Änderungen am Produktivsystem vornimmt. Je schneller die Einarbeitung von Neueinsteigern abgeschlossen ist, desto wahrscheinlicher beschleunigt ihre Aufnahme das Projekt.

Ähnlich verhält es sich, wenn Teammitglieder ersetzt werden. Scheidet jemand aus dem Team aus und wird jemand neu ins Team aufgenommen, beeinflusst die Einarbeitungszeit den Zeitrahmen des Projekts. In manchen Teams ist dieser Einfluss nur gering, in anderen sind die Auswirkungen gravierend. Lassen Sie die Zeit für Einarbeitung und Austrittsprozess in Ihre Überlegungen einfließen und kommunizieren Sie, dass sich als Folge Umfang und Zeitrahmen des Projekts ändern können.

Alltag im Projektmanagement

Für das Projektmanagement gibt es eine Reihe von Ansätzen, die von vielen Engineering-Teams genutzt werden:

- **Scrum:** Üblicherweise für Sprints, die eine Woche oder länger dauern. Hierbei führt das Team Meetings für Planung und Zeitschätzungen sowie regelmäßige Grooming-Sessions durch, um die Arbeit in Vorbereitung auf den nächsten Sprint und die Sprint-Retrospektiven zu priorisieren. Ein großer Vorteil bei Scrum ist seine klare Struktur. Allerdings kann dieser Ansatz für erfahrene Teams zu starr sein.
- **Kanban:** Ein Konzept, bei dem der nächste Schritt die Arbeit ist, die im Backlog an oberster Stelle steht. Dabei führt das Team Sessions durch, um die Arbeit zu planen und zu priorisieren. Die Hauptvorteile von Kanban liegen in der Flexibilität und dass es kein Problem ist, wenn sich die Prioritäten ändern. Der Nachteil ist ein Mangel an Struktur. Die kann aber besonders für weniger erfahrene Teams hilfreich sein.

- **Scrumban:** Eine Mischung aus Scrum und Kanban. Hier werden nach Bedarf Ansätze aus beiden Konzepten genutzt. Das führt in der Regel zu einem weniger starren Vorgehen bei Sprints und mehr Flexibilität bei der Umsetzung von Arbeiten mit hoher Priorität.

Ich halte es nicht für sinnvoll, bei der Durchführung von Projekten eine bestimmte Vorgehensweise vorzuschreiben. Stattdessen empfehle ich, verschiedene Ansätze auszuprobieren. Meine 20-jährige Erfahrung im Software-Engineering hat mir gezeigt, dass ein bestimmter Lösungsansatz, der für ein Team gut funktioniert, nicht unbedingt auch für andere Teams funktionieren muss.

Testen Sie Konzepte, von denen Sie glauben, dass sie funktionieren könnten – und auch solche, bei denen Sie sich nicht sicher sind. Probieren Sie eigene Ansätze für das Projektmanagement aus, verschiedene Standup-Formate – inklusive der Möglichkeit, sie nicht durchzuführen – und neue Wege, Ihren Arbeitsaufwand zu messen und aufzuzeichnen. Fast immer lernt man am besten durch Ausprobieren.

Hier ein paar Dinge, auf die Sie, unabhängig von Ihrem Ansatz, achten sollten:

- **Sind alle auf dem gleichen Stand?** Stellen Sie sicher, dass es eine Möglichkeit gibt, dies zu überprüfen. Nur wenige Dinge sind ein besserer Indikator für das Scheitern eines Projekts, als wenn die Antwort auf diese Frage »Nein« lautet.
- **Sorgen Sie dafür, dass Sie und das Team Ihren Verpflichtungen nachkommen.** Nur wenig fördert das Pflichtgefühl besser, als Dinge aufzuschreiben und von den Beteiligten unterschreiben zu lassen. Aus diesem Grund ist eine wöchentliche Status-E-Mail, die im Namen des gesamten Teams unterschrieben wird, für die Einhaltung der Verpflichtungen so hilfreich. Erwarten und ermuntern Sie Teammitglieder, sich zu Wort zu melden, wenn sie lieber nicht unterschreiben wollen.
- **Seien Sie als Project Lead großzügig beim Delegieren.** Delegieren Sie nach oben an Ihren Manager und zur Seite an die Personen, die Sie unterstützen. Überlegen Sie, an Teammitglieder zu delegieren und ihnen Gelegenheit zu geben, Leitungsaufgaben zu übernehmen.
- **Iterationen und Feedback: je öfter, desto besser.** Das Wasserfallmodell der Softwareentwicklung scheitert, weil das Feedback erst Jahre nach Planungsbeginn eintrifft. Je häufiger Sie Feedback zum wahren Status eines Projekts bekommen können, desto eher bleiben Sie auf Kurs. Aus diesem Grund bilden kurze Iterationen, kleine Etappenziele und regelmäßiges Feedback einen soliden Rahmen für den Erfolg. Retrospektive Meetings, die alle paar Wochen stattfinden, können dabei helfen, zu erkennen, was funktioniert, was verbessert werden muss und wie dies umgesetzt werden kann.
- **Erwarten Sie das Unerwartete.** Benennen Sie Risiken, sobald Sie sie erkennen (mehr hierzu weiter unten). Machen Sie bei Bedarf Abstriche und entscheiden Sie selbst, wann das nötig ist.
- **Vergessen Sie nicht das große Ganze und das eigentliche Projektziel.** Das große Ziel ist nicht, Code zu schreiben, Tickets abzuarbeiten oder in einem bestimmten Tempo Arbeitsergebnisse zu liefern. Das eigentliche Ziel hat einen ge-

schäftlichen Hintergrund. Daher benennen Sie es immer wieder und konzentrieren sich darauf, es zu erreichen, anstatt sich an Aufgaben abzuarbeiten, die Sie Ihrem Ziel nicht näher bringen.

Als Tech-Lead Entscheidungen treffen

Die Rolle des Tech-Lead – oder sogar die der Projektleitung – hat den Nachteil, dass sie keinen eindeutigen Inhalt hat. Es ist klar, dass ein Teammanager Entscheidungen auf Teamebene treffen kann und wird. Ebenso klar ist, dass Engineers einige Entscheidungen auch selbstständig treffen. Wie sieht es aber mit Tech-Leads aus? Müssen sie Entscheidungen auf Projekt- oder Teamebene treffen und, falls ja, wann? Treffen sie diese selbstständig, oder besprechen sie sich mit ihrem Manager und überlassen ihm die Entscheidung?

Angenommen, ein Projekt steht zwei Wochen vor der Auslieferung und ein Engineer stellt fest, dass dem geplanten Framework ein wesentliches Feature fehlt. Dann muss entweder das Feature angepasst werden – indem seine Fähigkeiten reduziert werden –, oder Sie müssen eine Menge Spezialcode schreiben, was allerdings den Zeitrahmen des Projekts sprengen würde. Aus Sicht des Engineers stehen Sie als Tech-Lead in der Verantwortung, hier eine Entscheidung zu treffen: Eine Wahl beeinflusst den Umfang, die andere den Zeitrahmen. Können Sie diese Entscheidung allein treffen, oder müssen Sie mit Stakeholdern wie Ihrem Manager, dem Produktmanager oder der Geschäftsleitung Rücksprache halten?

Vergessen Sie nicht, vor einer Entscheidung mit dem Rest des Teams Rücksprache zu halten. Wenn eine Entscheidung ansteht, gehen weniger erfahrene Tech-Leads oft davon aus, dass sie diese treffen sollten. Aber sind sie wirklich in der besten Position dafür?

Überlegen Sie, ob es sinnvoll ist, der Person mit den meisten Informationen die Entscheidung zu überlassen. Im obigen Beispiel hat der Engineer, der den Workaround vorgeschlagen hat, vielleicht schon eine Idee, welche Option hier die beste wäre. Helfen Sie ihm dabei, diese Möglichkeit zu konkretisieren, während Sie entscheiden, ob die Stakeholder informiert werden müssen und ob Rücksprache mit ihnen nötig ist.

Stakeholder informieren. Wenn Sie eine Entscheidung treffen, die den Zeitrahmen, den Umfang oder die am Projekt beteiligten Personen betreffen, sollten Sie grundsätzlich überlegen, die Stakeholder zu informieren. Das betrifft folgende Informationen:

- Die Situation bzw. das Problem.
- Mögliche verfügbare Lösungen sowie deren Vor- und Nachteile.
- Der von Ihnen unterstützte Ansatz, für den sich das Team entschieden hat.

Können Sie entscheiden, oder sollten Sie erst Rücksprache halten? Als Tech-Lead wird von Ihnen erwartet, dass Sie die Dinge vorwärtsbringen und sich nicht bei jeder Entscheidung gleich an Ihren Manager oder die Stakeholder wenden. Nutzen Sie Ihre Urteilskraft, um herauszufinden, ob es in Ordnung ist, eine Entscheidung selbstständig zu treffen, oder ob es sinnvoller ist, mit den Stakeholdern oder Ihrem Manager Rücksprache zu halten.

Mit der Zeit wird das Vertrauen zwischen Ihnen und den Stakeholdern wachsen, und Sie können besser einschätzen, wann die Tragweite einer Entscheidung so klein ist, dass es reicht, andere nur darüber zu informieren, und wann die Auswirkungen so groß sind, dass Sie sich mit anderen absprechen müssen.

Risiken und Abhängigkeiten

Wie bereits erwähnt, gibt es Parallelen zwischen der Erstellung einer neuen Software und dem Bau eines neuen Mehrfamilienhauses. Beides verursacht oft einen höheren Zeit- und Kostenaufwand als geplant. Dabei ist jedes Projekt einmalig: Materialien und Technologien sind genauso verschieden wie die damit verbundenen Einschränkungen und Herausforderungen.

Bauwesen und Software-Engineering haben eine weitere Gemeinsamkeit: Einige Risiken werden erst erkannt, nachdem die Arbeit schon begonnen hat, und auf die müssen Sie entsprechend reagieren. Gehen wir die acht am häufigsten anzutreffenden Risiken durch, die bei Softwareprojekten auftreten können, und wie man sie minimieren kann:

- Technologische Risiken.
- Abhängigkeiten auf Engineering-Ebene.
- Abhängigkeiten außerhalb der Engineering-Ebene.
- Fehlende Entscheidungen oder kontextbezogene Abhängigkeiten.
- Unrealistischer Zeitrahmen.
- Nicht genug Leute oder Bandbreite.
- Etwas Unvorhergesehenes, das auf halber Strecke im Projekt auftritt.
- Keine Ahnung, wie lange etwas tatsächlich dauern wird.

Technologische Risiken

Wenn Sie ein bestimmtes Framework, eine Bibliothek, eine Sprache oder einen Dienst noch nie benutzt haben und es »unbekannte Unbekannte« gibt, also Risiken, deren Existenz Ihnen vorher nicht bewusst war.

Vermeidung, Umgang, Behebung:

- Prototyping. Nehmen Sie sich einen oder zwei Tage Zeit, um etwas zu bauen, das mit dem Benötigten verwandt ist. Bei der Erstellung des Prototyps werden Sie Lücken, Risiken und Unbekannte finden.
- Überprüfen Sie den Arbeitsplan und die Werkzeuge. Durchleuchten Sie die Werkzeuge, Ressourcen und das Feedback. Stehen bahnbrechende Änderungen bevor? Wie stabil ist die Technologie, und wie umfangreich sind Wartungsaufwand und nötige Investitionen?

- Identifizieren Sie »instabile« Frameworks und Werkzeuge. Wenn Sie überlegen, instabile Versionen von Bibliotheken, Frameworks oder APIs einzusetzen, sollten Sie dringend abschätzen, wie riskant diese Instabilität ist.
- Überlegen Sie sich Alternativen für Dinge, die großen Änderungen unterworfen sind. Dies ist ein Kompromiss zwischen der Verwendung von etwas Neuem, Interessantem und Innovativem und etwas, das garantiert und zuverlässig funktioniert.

Abhängigkeiten auf Engineering-Ebene

Wenn Sie nicht weiterkommen, bis ein Engineering-Team eine Änderung an einem Dienst, einer Bibliothek oder einem Framework vorgenommen hat, für das es verantwortlich ist.

Vermeidung, Umgang, Behebung:

- Sprechen Sie mit dem anderen Team, um herauszufinden, was getan werden muss.
- Bieten Sie an, die Arbeit selbst zu übernehmen, sofern ein internes Open-Source-Modell zum Einsatz kommt. Unterschätzen Sie nicht den Zeitaufwand, denn Sie müssen sich erst einmal in den Kontext ihrer Dienste einarbeiten und mögliche Beschränkungen erkennen. Erwarten Sie eine Menge Beschränkungen, wenn die Plattform, die Sie anpassen müssen, von einem Plattformteams betreut wird. Plattformteams müssen sicherstellen, dass durch die Änderungen bei den Kunden nichts kaputtgeht.
- Erstellen Sie ein Mock-up, um die Abhängigkeit zu umgehen und Ihre Blockade zu beseitigen. Auf diese Weise machen Sie Fortschritte, während das andere Team seine Lösung erstellt.
- Entfernen Sie die Abhängigkeit aus dem kritischen Pfad, zum Beispiel indem Sie Ihre eigene, einfachere Version erstellen. Dabei müssen Sie bedenken, dass Sie Dinge, die Sie erstellen, später auch warten und pflegen müssen. Wägen Sie diese zusätzliche Belastung gegen die möglichen Vorteile ab.
- Nutzen Sie die Schwarmintelligenz Ihres Teams. Holen Sie das gesamte Team an Deck, um das Problem zu lösen. Das kann gerade bei besonders schwierigen Problemen wahre Wunder wirken und dabei noch das Team zusammenschweißen.
- Holen Sie sich Hilfe von oben, indem Sie sich an die Manager wenden, damit die von Ihnen benötigten Dinge in der Roadmap des anderen Teams priorisiert werden. Ich empfehle Ihnen, es mit einem Gespräch von Engineer zu Engineer zu versuchen, bevor Sie eskalieren.

Abhängigkeiten außerhalb der Engineering-Ebene

Wenn Sie nicht weiterkommen, weil Ihnen Informationen oder die Freigabe eines Teams außerhalb des Engineering-Bereichs fehlt.

Vermeidung, Umgang, Behebung:

- Sprechen Sie mit dem Team und skizzieren Sie, was aus welchem Grund benötigt wird und welche Folgen es hat, wenn das andere Team nicht handelt.
- Können Sie dieses Team umgehen? Handelt es sich um eine Abhängigkeit auf Entwurfsebene? Können Sie vielleicht ein Mock-up erstellen und dies als Platzhalter verwenden?
- Holen Sie sich bei Bedarf Hilfe von oben, beispielsweise vom Produktmanager oder vom Engineering-Manager. Achten Sie darauf, den richtigen Kontext weiterzugeben, und beachten Sie die Schwierigkeiten und Beschränkungen, denen das andere Team unterliegt.

Fehlende Entscheidungen oder kontextbezogene Abhängigkeiten

Wenn Sie nicht sicher sind, wie und auf welche Weise Sie etwas erstellen sollen oder wenn das »Warum« der Arbeit nicht klar ist.

Ich kenne nur eine Möglichkeit, dieses Risiko zu minimieren: Weigern Sie sich, mit der Arbeit zu beginnen, bis Sie den Kontext verstehen oder Ihnen eine Entscheidung vorliegt. Teilen Sie den Entscheidungsträgern mit, was Sie brauchen, um weitermachen zu können. Sie tun weder Ihrem Team noch dem Unternehmen noch sich selbst einen Gefallen, wenn Sie eine Arbeit beginnen, bei der grundsätzliche Fragen nicht beantwortet sind. Stellen Sie sicher, dass Sie ein klares Bild davon haben, was aus welchem Grund getan werden muss. Beginnen Sie erst mit der Arbeit, wenn diese Dinge geklärt sind.

Unrealistischer Zeitrahmen

Dies passiert typischerweise, wenn von oben ein Fertigstellungstermin festgelegt wird, ohne sich hierzu mit dem Team zu besprechen, und der Zeitrahmen so knapp ist, dass Sie ihm nicht guten Gewissens zustimmen können.

Vermeidung, Umgang, Behebung:

Erstellen Sie grobe Schätzungen des Arbeitsaufwands für die nötigen Arbeiten, damit Sie etwas zur Diskussion stellen können. Bieten Sie Kompromisse an, die helfen, den Zeitplan einzuhalten, den Umfang zu reduzieren und die Einbeziehung weiterer Engineers in das Projekt in Betracht zu ziehen. Trauen Sie sich, um die Ecke zu denken. Hier ein paar Beispiele dazu, wie Sie mit diesen Vorschlägen auf Manager zugehen können:

- »Wir können den Termin einhalten, wenn wir anstelle eines funktionalen Chats einen Button erstellen, der eine Nachricht entgegennimmt und mithilfe einfacher Automation ein Zendesk-Ticket öffnet.«
- »Na ja. Wenn wir alle anderen Projekte unterbrechen, an denen mein Team arbeitet, UND für die nächsten zwei Monate zwei Senior-Android-Engineers zu-

sätzlich bekommen können UND die Abschaltung des Zeno-Diensts pausieren, sodass wir nicht auf Athena umsteigen müssen, dann und nur dann haben wir eine Chance, diese Frist einzuhalten. Alternativ lassen wir alles beim Alten und verschieben die Deadline um zwei Monate nach hinten oder beschränken den Umfang so, dass der Chat nicht enthalten ist.«

Akzeptieren Sie keine von oben festgelegten Abgabetermine. Wenn Sie ein Manager sind, schützen Sie Ihr Team, und bitten Sie es um eine Schätzung ohne Zeitdruck. Kommunizieren Sie klar und deutlich, was Sie bei den Beschränkungen umsetzen können und was nicht.

Nicht genug Leute oder Bandbreite

Bei all der zu erledigenden Arbeit kann das Team kein weiteres Projekt annehmen. Die Geschäftsleitung sagt aber, es gäbe keine Wahl.

Vermeidung, Umgang, Behebung:

- Seien Sie sich darüber bewusst, wie viele Anstrengungen und Projekte Ihr Team gleichzeitig bewältigen kann. Machen Sie klar, wie groß der Umfang Ihrer Arbeitsergebnisse typischerweise ist.
- Bieten Sie an, andere Projekte mit höchster Priorität fallen zu lassen, aber machen Sie die möglichen Folgen deutlich. Nehmen Sie diese Antwort als Beispiel: »Pass auf, wenn du es schaffst, den Chief Product Officer davon zu überzeugen, dass wir die Arbeit an Project Zeno einstellen, können wir uns um dieses andere Projekt kümmern. Aber selbst dann wäre die Einstellung ein Rückschlag für die Moral des Teams, und der Kontextwechsel würde mehrere Wochen zusätzliche Arbeit für Projekt Zeno bedeuten. Die CPO muss mir persönlich bestätigen, dass sie damit einverstanden ist, dass das Team die Arbeit einstellt, dass die Arbeitsmoral in Mitleidenschaft gezogen wird und dass sich die Arbeit an Zeno um vier Wochen verlängert.«

Etwas Unvorhergesehenes, das auf halber Strecke im Projekt auftritt

Die Erstellung von Software ist voller Überraschungen, und manche Dinge treffen einen aus heiterem Himmel und ohne Vorwarnung.

Vermeidung, Umgang, Behebung:

- Um welche Art von Risiko handelt es sich? Überlegen Sie, ob eine der oben genannten Lösungen funktioniert.
- Kann das Problem umgangen oder ignoriert werden? Vielleicht handelt es sich um einen Fehlalarm, also untersuchen Sie die Sache.
- Sollte der Zeitrahmen erweitert werden? Dies ist der vernünftigste Ansatz, und die Antwort lautet öfter »Ja«, als viele Leute denken.

- Ist es möglich, durch eine Notlösung technische, architektonische oder Prozessschulden aufzunehmen und das Problem erst zum Projektende ordentlich zu beheben? Das Risiko liegt hierbei darin, dass es möglicherweise nie zu einer »ordentlichen« Lösung kommt. Übernehmen Sie also die Verantwortung dafür, dass diese Aufgabe priorisiert wird.

Keine Ahnung, wie lange etwas tatsächlich dauern wird

Dieses Risiko tritt allerdings immer wieder auf. Oft bleibt es der Geschäftsleitung verborgen, weil sie lediglich auf Zeitschätzungen achtet, die häufig nur ein Fischen im Trüben sind.

Vermeidung, Umgang, Behebung:

- Finden Sie heraus, um welche Art von Risiko es sich wirklich handelt. In den meisten Fällen ist es technologischer Natur, zum Beispiel etwas, das Sie noch nie benutzt oder getan haben.
- Können Sie das Problem aufteilen und so die gut verstandenen Dinge von den unbekannten trennen?
- Erstellen Sie einen Prototyp oder besorgen Sie sich mehr Informationen über die zugrunde liegende Herausforderung. Sie könnten das Problem ebenfalls als Rechercheaktivität mit einem festen Zeitrahmen definieren, was gelegentlich auch als »Spike« bezeichnet wird.

Die Entdeckung neuer Risiken und das Gehen neuer Wege bei der Erstellung von Software gehen Hand in Hand. Anstatt zu versuchen, Risiken auszumerzen, sollten Sie akzeptieren, dass es sie gibt. Lernen Sie, zwischen großen und kleinen Risiken zu unterscheiden, und bleiben Sie gelassen, wenn Sie neue Probleme entdecken. Behalten Sie das »Gesetz der Software-Physik« im Kopf. Erhöht ein neues Risiko den Umfang, dann wissen Sie, dass Sie den Umfang entweder beschränken, den Zeitrahmen erweitern oder einen Weg finden müssen, mehr Arbeitskraft für das Projekt bereitzustellen.

Projekte abschließen

Ich habe schon eine Menge großartiger Projekt-Kick-offs erlebt, aber deutlich weniger gute Projektabschlüsse. Das Scheitern eines ordentlichen Projektabschlusses hat eine Reihe von Nachteilen:

- Die gute Arbeit, die das Team geleistet hat, wird nicht gewürdigt. Außerdem gibt es keine Party.
- Teammitglieder werden für die Arbeit an anderen Projekten abgezogen, und die finale Projektphase – üblicherweise der Roll-out – wird nebenbei durchgeführt.
- Ohne Abschluss gibt es keine Nachbereitung dazu, wie das Projekt gelaufen ist, und die Teammitglieder können das Gelernte nicht verinnerlichen.

Ein ordentlicher Projektabschluss ist ebenso wichtig wie ein guter Kick-off. Er ist für alle Beteiligten von Vorteil: für die Projekt-Stakeholder – selbst wenn ihnen das Projekt nicht bewusst ist –, das für das Projekt verantwortliche Team, alle, die daran gearbeitet haben, und natürlich auch der/die Project Lead. Wie sieht ein guter Projektabschluss also aus?

- **Machen Sie sich klar, was »fertig« genau bedeutet.** Hier ist der Kick-off wichtig. Es sollte von Anfang an deutlich sein, was »fertig« bedeutet. Sobald das der Fall ist, sollte es nicht schwer sein, zu entscheiden, wann der Projektabschluss verkündet werden kann.
- **Überlegen Sie, die Nachbereitung mit dem Team gemeinsam durchzuführen.** Am Ende eines Projekts ist es gut, darüber nachzudenken, was gut gelaufen ist, darüber zu sprechen, was man hätte besser machen können, und die gewonnenen Erkenntnisse zu sammeln. Wählen Sie für den Rückblick ein Format, das zu Ihnen passt. Wenn Sie ein Project Lead sind, können Sie diese Retrospektive selbst leiten oder jemanden dabei unterstützen, die Diskussion zu moderieren, damit diese Person daran wachsen kann.
- **Schreiben Sie einen Abschlussbericht für eine größere Personengruppe.** Schicken Sie dieses finale Projekt-Update an alle Teams, die an dem Projekt interessiert sein könnten, und auch die Stakeholder. Fassen Sie kurz zusammen, warum das für die Leserinnen und Leser interessant sein könnte und worin die Auswirkungen – oder die erwarteten Auswirkungen – liegen, fassen Sie die Arbeit zusammen, heben Sie die wichtigsten Beitragenden hervor und verlinken Sie auf Details.
- **Holen Sie sich Feedback zum Abschlussbericht, bevor Sie ihn verteilen.** Sie könnten das Dokument beispielsweise Ihrem Produktmanager zeigen und darum bitten, auf Unklarheiten hinzuweisen und Verbesserungsvorschläge zu machen. Ähnliches Feedback können Sie von Engineering-Managern oder anderen Personen im Unternehmen erhalten, deren Status-Update-E-Mails Sie schon einmal gelesen haben. Ihr Abschlussbericht sollte für Personen, die am Projekt interessiert sind, leicht lesbar sein. Arbeiten Sie also daran, ein besserer Schreiber[5] zu werden, und holen Sie sich vor der Veröffentlichung das nötige Feedback.
- **Veröffentlichen Sie den Abschlussbericht möglichst bald nach der Auflösung der Projektgruppe.** Bei manchen Projekten kann es Wochen oder Monate dauern, bis Sie konkrete Ergebnisse bekommen. Ich empfehle Ihnen, das finale Projekt-Update zu schreiben, nicht lange nachdem sich das Team anderen Dingen zugewandt hat. Nutzen Sie Ihr eigenes Urteilsvermögen. Ich habe allerdings die Erfahrung gemacht, dass es effektiver ist, die Menschen darüber zu informieren, dass ein Projekt *anläuft*, und den Kolleginnen und Kollegen die Möglichkeit zu geben, die Entwicklung mitzuverfolgen, als zu warten, bis das Projekt komplett in Betrieb ist und alle Ergebnisse vorliegen und verarbeitet sind.

5 *https://newsletter.pragmaticengineer.com/p/becoming-a-better-writer*

- **Heben Sie alle Teammitglieder und alle, die einen bedeutenden Beitrag geleistet haben, hervor.** Eine E-Mail mit dem Abschlussbericht zu einem Projekt ist genau der richtige Ort, um Menschen namentlich zu loben. Das Gleiche gilt für den Chatkanal. Gibt es außerdem die Möglichkeit, das Projekt bei einem firmeninternen Vortrag oder Event vorzustellen, sollten Sie das Gleiche auch hier tun. Stellen Sie sicher, dass Sie keinen der Hauptbeitragenden vergessen haben. Auch hierfür ist das Feedback vor der Veröffentlichung hilfreich.
- **Feiern Sie mit dem Projektteam.** Dies ist eine großartige Gelegenheit, Dampf abzulassen und als Gruppe stärker zusammenzuwachsen. Das könnte heißen, mit dem Team essen zu gehen oder eine Unterhaltungsveranstaltung zu besuchen. Für entfernte (remote) Teams ist die Sache nicht ganz so einfach. Hier könnte man den Beteiligten kleine Geschenke oder auch einen virtuellen Geschenkgutschein schicken oder einen virtuellen Trinkspruch auf alle im Bereitschaftsdienst ausbringen.

Was ist mit Projekten, die eher gescheitert als erfolgreich sind?

Früher oder später werden Sie an einem Projekt arbeiten, das objektiv als Fehlschlag gilt.

Für mich war das ein Projekt, das wir bis zum Beta-Testing gebracht hatten. An diesem Punkt mussten wir einsehen, dass wir das Projekt in seiner derzeitigen Form niemals hätten ausliefern können. Außerdem bemerkten wir, dass eine Beseitigung der gefundenen Probleme *viel* aufwendiger gewesen wäre als das Projekt selbst. Trotzdem machten wir einen Projektabschluss, um die geleistete Arbeit anzuerkennen und mit einer positiven Grundstimmung abzuschließen. Folgendes haben wir getan:

- **Sorgen Sie für einen positiven Abschluss.** Ja, wir haben das Geschäftsziel nicht erreicht. Aber wir haben es geschafft, eine Version des Projekts zu erstellen und abzugeben. Wir begannen die Nachbereitung mit der Feststellung, dass das Projekt abgeschlossen war und wir die Arbeit erledigt haben, zu der wir uns verpflichtet hatten.
- **Teilen Sie Ihre Erkenntnisse.** Das Projekt hatte nicht die Auswirkungen, die sich das Unternehmen gewünscht hat, aber wir haben dabei eine Menge über die Gründe für das Scheitern gelernt. Diese Erkenntnisse haben wir nach einer ausführlichen Retrospektive und einer ausreichenden Bedenkzeit mit anderen geteilt. Teil der Abschluss-E-Mail war eine Zusammenfassung dieser Erkenntnisse.
- **Teilen Sie auch kleine Erfolge.** Es ist gut möglich, dass wir bei der Arbeit Teilerfolge verzeichnen konnten und es unterwegs durchaus auch positive Ergebnisse gab. Bei unserem Projektabschluss haben wir diese Punkte hervorgehoben und den Teammitgliedern für ihre Arbeit gedankt.

Sie haben keine vollständige Kontrolle über die geschäftlichen Ergebnisse eines Projekts. Aber als Project Lead haben Sie großen Einfluss darauf, wie ein nicht erfolgreiches Projekt zum Abschluss gebracht wird. Lernen Sie Ihre Lektion und würdigen Sie gute Arbeit und die Erfolge, die Sie unterwegs gemeinsam erreicht haben. Und sorgen Sie dafür, dass Sie das Gelernte beim nächsten Mal auch anwenden!

KAPITEL 17

Bereitstellung für den Produktivbetrieb

Als Tech-Lead wird von Ihnen erwartet, dass Sie die Arbeit Ihres Teams schnell und zuverlässig für den produktiven Betrieb bereitstellen (*Shipping to Production*). Aber wie geht das im Einzelnen vor sich, und welche Grundregeln sollten Sie dabei befolgen? Das hängt von mehreren Faktoren ab: von der Umgebung, dem Reifegrad des Produkts, dem Preis für Ausfälle und ob ein hohes Tempo oder die Verlässlichkeit wichtiger ist.

In diesem Kapitel geht es darum, in verschiedenen Umgebungen eine zuverlässige Bereitstellung für den Produktivbetrieb zu erreichen. Wir zeigen branchenübliche Vorgehensweisen und helfen, die Denkweise Ihres Teams zu diesem Prozess zu verfeinern. Im Einzelnen geht es um diese Themen:

1. Extreme bei der Bereitstellung für den produktiven Einsatz
2. Typische Bereitstellungsprozesse in verschiedenen Unternehmen
3. Prinzipien und Werkzeuge für eine verantwortungsvolle Bereitstellung für den Produktivbetrieb
4. Zusätzliche Kontrollebenen
5. Das Eingehen pragmatischer Risiken, um schneller voranzukommen
6. Weitere Überlegungen zur Definition eines Bereitstellungsprozesses
7. Den richtigen Ansatz wählen

Extreme bei der Bereitstellung für den produktiven Einsatz

Beginnen wir mit den zwei »Extremen« bei der Bereitstellung für den produktiven Einsatz: YOLO-Shipping und die sorgfältige mehrstufige Überprüfung.

YOLO-Shipping

Der *YOLO*-Ansatz (nach dem englischen Akronym YOLO, also *You Only Live Once* – »man lebt nur einmal«) wird bei vielen Prototypen, Nebenprojekten und nicht stabilen Produkten im Alpha- oder Beta-Stadium genutzt. Dies ist auch der Weg, auf dem einige dringende Änderungen ihren Weg in den Produktivcode finden.

Der Grundgedanke ist einfach: Nehmen Sie eine Änderung am Produktivcode vor und testen Sie im laufenden Betrieb, ob sie funktioniert. Beispiele für YOLO-Shipping sind:

- Melden Sie sich per SSH am Produktionsserver an → öffnen Sie einen Editor (zum Beispiel *vim*) → verändern Sie eine Datei → speichern Sie die Datei und/oder starten Sie den Server neu → sehen Sie, ob die Änderung funktioniert.
- Verändern Sie eine Quellcodedatei → erzwingen Sie das Einspielen in die Codebasis ohne Code-Review → pushen Sie die erneute Bereitstellung des entsprechenden Diensts.
- Melden Sie sich bei der Produktionsdatenbank an → führen Sie eine Wartungsabfrage durch, um ein Datenproblem zu beheben (zum Beispiel die Korrektur von fehlerhaften Einträgen) → hoffen Sie, dass das Problem damit gelöst ist.

Schneller als mit dem YOLO-Shipping lassen sich Änderungen am Produktivbetrieb kaum vornehmen. Allerdings ist bei diesem Vorgehen das Risiko neuer Probleme am größten, denn es gibt kein Sicherheitsnetz. Für Produkte ohne Produktivnutzer ist der durch neue Bugs entstehende Schaden wahrscheinlich eher gering, sodass dieser Ansatz hier sogar sinnvoll sein kann.

YOLO-Bereitstellungen sind üblich für:

- Nebenprojekte,
- Start-ups in der Frühphase ohne Kunden,
- mittelgroße Unternehmen mit schlechten Engineering-Praktiken sowie
- Lösungen dringender Schwierigkeiten in Firmen ohne klar definierte Problemlösungsstrategien.

Je stärker ein Softwareprodukt wächst und je mehr Kunden sich darauf verlassen, desto wichtiger werden zusätzliche Überprüfungen von Codeänderungen vor ihrer Übernahme in den Produktivbetrieb. Sehen wir uns nun das andere Extrem an: ein Team, das davon besessen ist, alles Machbare zu tun, um absolut keine Programmierfehler für den produktiven Betrieb bereitzustellen.

Sorgfältige mehrstufige Überprüfung

Dieser Ansatz kommt bei ausgereiften Produkten mit einer hohen Zahl sehr wichtiger Kunden zum Einsatz, bei denen schon ein einziger Bug große Probleme verursachen kann. Dieses rigorose Vorgehen wird verwendet, wenn Bugs dazu führen können, dass Kunden Geld verlieren oder sie ein Konkurrenzprodukt nutzen.

In mehreren Überprüfungsebenen wird versucht, die Realität so genau wie möglich abzubilden. Dies sind:

- **Lokale Überprüfung.** Einsatz von Werkzeugen für Software-Engineers zum sofortigen Aufspüren offensichtlicher Probleme.
- **CI-Überprüfung.** Automatisierte Tests wie Unit-Tests und Linting für jeden Pull-Request.
- **Automation vor der Bereitstellung in einer Testumgebung.** Kostspieligere Tests wie Integrationstests, End-to-End-Tests vor der Bereitstellung in die Umgebung der folgenden Stufe.
- **Testumgebung 1.** Weitere automatisierte Tests wie etwa Smoke-Tests. In dieser Phase können für die Qualitätssicherung zuständige Engineers manuelle und explorative Tests durchführen, um das Produkt genauer zu untersuchen.
- **Testumgebung 2.** Eine Umgebung, in der eine kleine Gruppe echter User – zum Beispiel Menschen aus dem eigenen Unternehmen oder bezahlte Beta-Tester – das Produkt ausprobieren. Diese Umgebung ist mit einer Überwachung gekoppelt, um die Einführung anhalten zu können, sobald eine Regression auftritt.
- **Präproduktionsumgebung.** Eine Umgebung, in der die abschließenden Überprüfungen durchgeführt werden. Hierzu gehört oft die Durchführung weiterer automatisierter und manueller Tests.
- **Etappenweise Einführung (Staged Rollout).** Die Änderungen werden einer kleinen Untermenge von Usern zur Verfügung gestellt. Dabei achtet das Team auf gesunde Schlüsselmetriken und überprüft eventuelle Rückmeldungen von Kunden. Die genaue Strategie der etappenweisen Einführung hängt davon ab, wie riskant die vorgenommenen Änderungen sind.
- **Vollständige Einführung.** Die etappenweise Einführung wird so lange fortgesetzt, bis schließlich allen Usern die Änderungen zur Verfügung stehen.
- **Post-Roll-out.** Weil es auch im Produktivbetrieb zu Problemen kommen kann, gibt es Überwachungs- und Kontrollmechanismen und einen »Rückkanal« für das Kunden-Feedback. Bei Schwierigkeiten gibt es ein standardisiertes Vorgehen, um das sich eine Rufbereitschaft kümmert. Mehr zu diesem Prozess finden Sie in Kapitel 24 (Teil V), »Zuverlässige Softwaresysteme«.

Ein solch schwergewichtiger Bereitstellungprozess wird verwendet von:

- stark regulierten Branchen wie dem Gesundheitswesen, der Luftfahrt oder der Automobilindustrie,
- Telekommunikationsanbietern, bei denen größere Änderungen sechs Monate sorgfältig getestet werden, bevor sie den Kunden zur Verfügung gestellt werden,
- Banken, bei denen Fehler zu finanziellen Verlusten führen können,
- traditionellen Unternehmen mit veralteten Codebasen und nur wenigen automatisierten Tests. Diese sind gerne bereit, Veröffentlichungen zu verlangsamen, um die Qualität durch zusätzliche Prüfungsebenen auf einem hohen Niveau zu halten.

Typische Bereitstellungsprozesse

Verschiedene Arten von Unternehmen nutzen oft eigene Bereitstellungsprozesse. Unten sehen Sie eine Zusammenfassung typischer Vorgehensweisen, in denen die Vielfalt der Ansätze gut erkennbar ist:

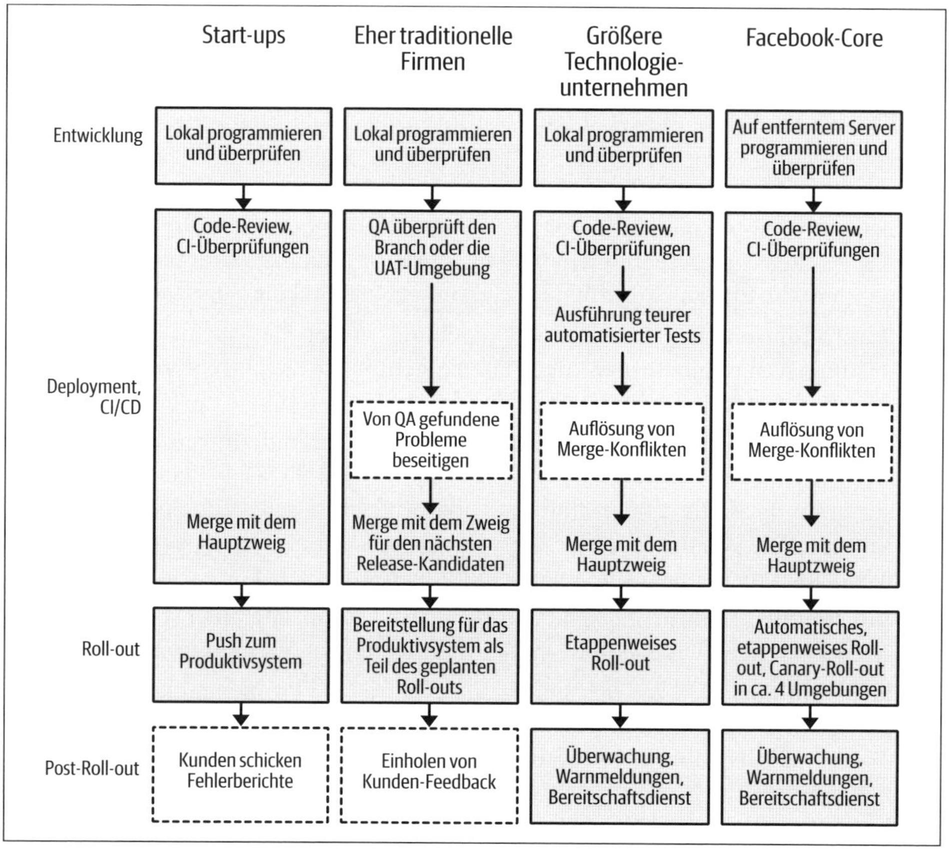

Abbildung 17-1: Wie sehen die Bereitstellungsprozesse für die verschiedenen Arten von Unternehmen aus? Hier ein zugegebenermaßen unvollkommener Versuch, die verschiedenen Ansätze und ihre Unterschiede visuell darzustellen. Die gestrichelten Umrandungen bedeuten »oft, aber nicht immer«.

Start-ups

Bei Start-ups gibt es meist weniger Qualitätskontrollen. Hier ist es in der Regel wichtiger, schnell zu iterieren und voranzukommen, oftmals ohne ein Sicherheitsnetz. Das ergibt auch Sinn, da es in diesem Stadium noch keine Kunden gibt. Sobald es Nutzerinnen und Nutzer für das Produkt gibt, müssen die Teams Wege finden, Regressionen zu vermeiden und keinen fehlerhaften Code in den Produktivbetrieb zu übernehmen.

Start-ups sind normalerweise zu klein, um in Automation zu investieren. Daher findet die QA (*Quality Assurance*, Sicherstellung der Qualität) meistens manuell statt. Hierbei sind die Gründer oft die »ultimativen Tester«, während andere Firmen spezielle QA-Experten engagieren. Sobald das Unternehmen seinen Produkt-Markt-Fit (Product-Market-Fit, PMF) gefunden hat, ist die Investition in Automation deutlich üblicher. Stellt ein technologisch orientiertes Start-up gute Engineers ein, können diese Teams von Anfang an automatisierte Tests einsetzen.

Traditionelle Unternehmen

Diese Firmen verlassen sich normalerweise stark auf QA-Teams. Zwar findet man auch in traditionellen Unternehmen gelegentlich Automation, typischerweise sind aber große QA-Teams für die Überprüfung der erstellten Software zuständig. Die Arbeit an bestimmten Branches ist hier ebenfalls üblich, die Trunk-basierte Entwicklung wird eher selten genutzt.

Die Bereitstellung für den Produktivbetrieb erfolgt in der Regel wöchentlich oder in noch größeren Abständen, nachdem das QA-Team die Funktionalität überprüft hat.

In der Regel werden Staging- und UAT-Umgebungen (*User Acceptance Testing*) verwendet, üblich sind auch größere gebündelte Änderungen, die zwischen den Umgebungen verschoben werden. Damit ein Release in die nächste Phase überführt werden kann, ist meist die Freigabe durch das QA-Team, den Produktmanager oder den Projektmanager nötig.

Große Technologieunternehmen

Hier wird typischerweise stark in Infrastruktur und Automation investiert, um die Zuverlässigkeit bei der Bereitstellung zu gewährleisten. Zu solchen Investitionen gehören auch automatisierte Tests, die schnell ausgeführt werden und sofortige Rückmeldungen ermöglichen, Canarying, Feature-Flags und etappenweise Roll-outs (siehe auch Kapitel 14, »Testing«).

Diese Unternehmen streben einen hohen Qualitätsstandard an. Sobald alle Qualitätsüberprüfungen abgeschlossen sind, soll sofort bereitgestellt werden. Hierfür wird oft direkt auf dem Hauptzweig (*Trunk*) gearbeitet. Werkzeuge für den Umgang mit Merge-Konflikten werden dabei immer wichtiger, besonders wenn man bedenkt, dass in einigen Firmen täglich über 100 Änderungen pro Trunk durchaus üblich sind. Weitere Informationen zur QA in Big-Tech-Unternehmen finden Sie im Artikel *How Big Tech does QA*[1].

Das Hauptprodukt von Meta

Facebook als Produkt und sein Engineering-Team verdient eine eigene Erwähnung, weil diese Organisation einem ausgefeilten und effektiven Ansatz folgt, den nur wenige andere Unternehmen nutzen.

1 *https://newsletter.pragmaticengineer.com/p/how-big-tech-does-qa*

Dieses Meta-Produkt verwendet weniger automatisierte Tests, als man annehmen könnte. Andererseits gibt es eine außergewöhnliche Funktion für das automatisierte Canary-Testing. Hierbei muss der Code vor der Freigabe vier Umgebungen durchlaufen, von einer Testumgebung mit Automation über eine, die von allen Mitarbeitenden genutzt wird, und eine kleinere geografische Region als Testmarkt bis hin zur Bereitstellung für alle User. Auf jeder Stufe wird die Freigabe bei abweichenden Kennzahlen automatisch angehalten.

Prinzipien und Werkzeuge

Welchen Prinzipien und Vorgehensweisen sollte man bei der Bereitstellung von Änderungen für den Produktivbetrieb folgen? Hier in paar Vorschläge:

Entwicklungsumgebungen

Verwenden Sie eine lokale oder isolierte Entwicklungsumgebung. Engineers sollten in der Lage sein, Änderungen auf ihrer lokalen Maschine oder in einer speziell für sie verfügbaren isolierten Umgebung vorzunehmen. Dabei sind lokale Entwicklungsumgebungen deutlich weiter verbreitet. Unternehmen wie Meta setzen dagegen immer stärker auf entfernte Server für jeden Engineer. Aus meinem Artikel *Inside Facebook's Engineering culture*[2]:

> Die meisten Entwickler arbeiten nicht lokal, sondern auf entfernten Servern. Ungefähr seit 2019 findet die gesamte Web- und Backend-Entwicklung remote statt, ohne dass Code lokal kopiert wird. Dieser Arbeitsablauf wird durch die Entwicklungsumgebung Nuclide ermöglicht. Im Hintergrund nutzte Nuclide anfänglich virtuelle Maschinen (VM), die später durch OnDemand-Instanzen ausgetauscht wurden. Diese ähnelten der aktuellen Arbeitsweise von GitHub-Codespaces – allerdings schon Jahre, bevor GitHub seine Codespaces überhaupt gestartet hatte.
>
> Die mobile Entwicklung findet dagegen auch heute noch weitgehend auf lokalen Rechnern statt, da es bei der Arbeit auf entfernten Rechnern, wie bei Web und Backend, zu Problemen kommt.

Überprüfen Sie lokal. Nach dem Schreiben des Codes sollten Sie lokale Tests durchführen, um sicherzustellen, dass er wie erwartet funktioniert.

Testen und überprüfen

Bedenken Sie Grenzfälle und testen Sie darauf. Welche nicht offensichtlichen Fälle muss Ihr Code berücksichtigen? Auf welche Anwendungsfälle aus dem wahren Leben müssen Sie noch achten?

Bevor Sie Ihre Arbeit an einer Änderung abschließen, sollten Sie sich eine Liste der Grenzfälle erstellen. Schreiben Sie nach Möglichkeit automatisierte Tests für diese Fälle. Beim Aufspüren dieser unkonventionellen Grenzfälle können QA-Engineers und -Tester eine große Hilfe sein.

---

2 *https://newsletter.pragmaticengineer.com/p/facebook-2*

Schreiben Sie automatisierte Tests, um Ihre Änderungen zu überprüfen. Nachdem Sie Ihre Änderungen manuell überprüft haben, unterziehen Sie diese weiteren automatisierten Tests. Wenn Sie einer bestimmten Vorgehensweise wie dem Test-Driven Development (TDD) folgen, wollen Sie die Reihenfolge vermutlich umkehren und die automatisierten Tests zuerst schreiben und dann überprüfen, ob Ihre Codeänderung sie fehlerfrei übersteht.

Ein zweites Augenpaar: das Code-Review. Wenn Ihre Codeänderungen abgeschlossen sind, starten Sie einen Pull-Request. Bitten Sie jemanden mit der nötigen Fachkenntnis, sich Ihre Änderungen anzusehen. Schreiben Sie eine klare und knappe Beschreibung der Anpassungen sowie der berücksichtigten Grenzfälle und bitten Sie um ein Code-Review.

Sind alle automatisierten Tests erfolgreich, wird das Risiko von Regressionen minimiert. Führen Sie alle vorhandenen Tests für die Codebase aus, bevor Sie Ihren Code pushen. Dieser Schritt wird normalerweise anhand des CI/CD-Systems (*Continuous Integration/Continuous Deployment*) automatisch erledigt.

Überwachung, Bereitschaftsdienst und Störungsmanagement

Überwachen Sie die wichtigsten Produkteigenschaften, auf die sich Ihre Änderung bezieht. Woher wissen Sie, ob Ihre Änderung zu Störungen führt, die von automatisierten Tests nicht überprüft werden? Gar nicht, es sei denn, Sie überwachen die »Gesundheitsdaten« des Systems. Um das zu ermöglichen, müssen Sie sicherstellen, dass Sie die nötigen Gesundheitsindikatoren schreiben oder bereits vorhandene Daten nutzen können.

Bei Uber wurden die meisten Codeänderungen beispielsweise als Experimente bereitgestellt. Hierbei gab es genau definierte Kennzahlen, die sich verbessern oder nicht beeinflusst werden sollten. Eine Metrik, die unverändert bleiben sollte, war beispielsweise der Prozentsatz der Kunden, die erfolgreich eine Fahrt unternahmen. Wenn diese Kennzahl nach einer Codeänderung sank, wurde eine Warnmeldung ausgelöst, und das zuständige Team musste herausfinden, ob sich die Nutzererfahrung durch die Änderung verschlechtert hatte.

Nutzen Sie einen Bereitschaftsdienst mit ausreichendem Hintergrundwissen, damit die zuständigen Personen im Ernstfall wissen, was zu tun ist. Nachdem eine Änderung für den Produktivbetrieb bereitgestellt wurde, ist es gut möglich, dass Fehler erst später sichtbar werden. Daher ist es sinnvoll, einen Bereitschaftsdienst einzurichten, dessen Engineers auf verschlechterte Gesundheitsdaten des Systems sowie auf eingehende Meldungen von Kunden und der Kundenbetreuung angemessen reagieren können.

Stellen Sie sicher, dass die Kolleginnen und Kollegen im Bereitschaftsdienst genug Hintergrundwissen haben, um Störungen zu beseitigen. In den meisten Fällen haben die Teams *Runbooks* (Ablaufpläne, Betriebshandbücher) mit den nötigen Details über die Bestätigung und Beseitigung von Störungen. Viele Teams führen außerdem ein Bereitschaftstraining und Simulationen möglicher Szenarien durch, um die Teammitglieder darauf vorzubereiten.

Schaffen Sie eine Kultur, in der ohne Schuldzuweisungen mit Störungen umgegangen wird. Dies ist eine Umgebung, in der das Team aus Störungen lernt und dadurch besser wird. Ich will nicht sagen, dass Sie alle hier genannten Schritte durchführen müssen. Aber es ist eine gute Übung zu überlegen, warum Sie diese Schritte nicht umsetzen würden. Mehr zu diesem Thema finden Sie in Kapitel 24 (Teil V), »Zuverlässige Softwaresysteme«.

Zusätzliche Kontrollebenen

Manche Unternehmen nutzen zusätzliche Kontrollebenen, um verlässlichen Code für den Produktivbetrieb bereitzustellen. Hier finden Sie zehn dieser Sicherheitsnetze:

Separate Entwicklungsumgebungen

Ein häufig im Veröffentlichungsprozess genutztes Sicherheitsnetz ist die Einrichtung separater Umgebungen, in denen Codeänderungen getestet werden. Vor der Übernahme in die Produktionsumgebung wird der Code auf diesen Umgebungen bereitgestellt. Sie tragen Namen wie »Testing«, »UAT« (*User Acceptance Testing*), »Staging«, »Pre-Prod« (Vor-Produktion) und so weiter.

In Unternehmen mit QA-Teams führen diese Teams eine Änderung zunächst in einer separaten Umgebung aus und suchen dabei nach Regressionen. Einige Umgebungen dienen der Ausführung automatisierter Tests wie End-to-End-Tests, Smoke-Tests oder Load-Tests.

Diese Umgebungen bringen hohe Wartungskosten mit sich, zum einen für Ressourcen (für die Bereitstellung werden eigene Server benötigt), zum anderen aber besonders, um Daten aktuell zu halten. Diese Umgebungen müssen mit Daten versorgt werden, die im Produktionsbetrieb erzeugt oder daraus übernommen werden.

Dynamisch verfügbare Testing-/Bereitstellungsumgebungen

Die Pflege eigener Bereitstellungsumgebungen führt oft zu einem großen Mehraufwand. Das gilt besonders für Datenmigrationen[3], bei denen die Daten in allen Testumgebungen aktualisiert werden müssen.

Zu einer besseren Entwicklungserfahrung gehört auch die Investition in Automatisierung und die Fähigkeit, Testumgebungen nach Bedarf hochfahren zu können, inklusive des Einspielens der nötigen Daten. Das schafft die Möglichkeit für effizienteres automatisiertes Testing, einfache Überprüfung von Änderungen und eine Automatisierung, die besser an die Anwendungsfälle angepasst ist. Diese Investitionen können sehr hoch sein. Als Tech-Lead müssen Sie begründen können, warum die Erstellung einer solchen Lösung oder der Kauf und die Integration einer Drittanbieterlösung geschäftlich notwendig sind. Vielleicht gibt es einen Anbieter von cloud-

3 *https://newsletter.pragmaticengineer.com/p/migrations*

basierten Entwicklungslösungen, der die nötigen Umgebungen bereitstellen kann. Mehr hierzu finden Sie in Kapitel 23 (Teil V), »Software-Engineering«.

Ein eigenes Team für die Qualitätssicherung (Quality Assurance, QA)

Um Fehler zu vermeiden, stellen viele Unternehmen ein eigenes QA-Team (*Quality Assurance*, Qualitätssicherung) ein, das normalerweise für das manuelle und explorative Testen des Produkts zuständig ist. Die meisten QA-Teams schreiben auch automatisierte Tests wie End-to-End-Tests.

Meiner Meinung nach hat auch ein QA-Team, das nur manuelle Tests durchführt, durchaus seinen Wert. In produktiven Teams werden die QA-Verantwortlichen oft zu Experten für das jeweilige Fachgebiet. Alternativ werden automatisierte Tests geschrieben. Häufig passiert aber auch beides:

- QA-Verantwortliche sind Experten für das Fachgebiet: Die Leute aus dem QA-Team helfen, mögliche Grenzfälle vorherzusehen, und führen explorative Tests durch, um neue Grenzfälle und unerwartetes Verhalten zu finden.
- QA-Verantwortliche krempeln die Ärmel hoch und schreiben automatisierte Tests: Oft wechseln QA-Fachkräfte den Bereich und werden zu QA-Engineers, die sich gleichzeitig mit manuellen Tests beschäftigen. Sie kümmern sich um die Automatisierung von Tests und sind mitverantwortlich für die Automatisierungsstrategie, damit Codeänderungen schneller in den Produktivbetrieb übernommen werden können.

2013 habe ich bei Microsoft mit einigen extra eingestellten QA-Engineers zusammengearbeitet. Damals hieß diese Rolle noch *Software Development Engineer in Test* (SDET). Zusätzlich zur Fähigkeit, automatisierte Tests zu schreiben, brachten diese Engineers eine echte Testing-Denkweise mit. Weitere Informationen zur Evolution der SDET-Rolle bei Microsoft finden Sie in meinem Artikel *How Microsoft does QA*[4].

Exploratives Testing

Die meisten Engineers sind gut darin, ihre Änderungen zu testen, um sicherzustellen, dass sie wie erwartet funktionieren, und darin, auf Grenzfälle zu achten. Wie kann aber getestet werden, wie Endbenutzer das Produkt tatsächlich verwenden?

Hier kommt das explorative Testen ins Spiel.

Beim explorativen Testen wird simuliert, wie Kunden das Produkt nutzen, um Grenzfälle zu erkennen. Gutes exploratives Testen erfordert Einfühlungsvermögen in die User und ein gutes Verständnis des Produkts selbst sowie der Werkzeuge, die zur Simulation von Grenzfällen erforderlich sind.

4 *https://blog.pragmaticengineer.com/how-microsoft-does-qa*

In Unternehmen mit eigenen QA-Teams sind diese häufig auch für das explorative Testen zuständig. Gibt es kein QA-Team, liegt es an den Engineers, oder die Geschäftsleitung stellt entsprechende Fachkräfte ein.

Canary-Testing

Dieser Begriff hat seinen Ursprung im Bergbau. Früher war es üblich, dass Bergleute einen Kanarienvogel mit unter Tage nahmen, um gefährliche Gase aufzuspüren. Der Vogel zeichnet sich gegenüber Gasen durch eine geringere Toleranz aus als Menschen. Hörte er auf zu zwitschern oder wurde er ohnmächtig, war dies ein Warnsignal, dass sich Gas im Stollen befand und die Bergleute evakuiert werden mussten.

Heutzutage bedeutet das Canary-Testing, Codeänderungen für einen kleinen Teil der Nutzer bereitzustellen und dann die »Gesundheitsdaten« dieses Deployments auf Warnsignale zu überwachen. Häufig wird das Canary-Testing umgesetzt, indem anhand eines Load-Balancers Traffic auf die neue Version des Codes geroutet wird oder die neue Codeversion nur auf einem einzelnen Node eingespielt wird.

Feature-Flags und Experimente

Eine weitere Möglichkeit, die Bereitstellung einer Änderung zu kontrollieren, besteht darin, sie hinter einem Feature-Flag zu verstecken. Dieses Flag kann dann für einen bestimmten Teil der Nutzer aktiviert werden, die die neue Version des Codes ausführen.

Ein Feature-Flag ist einfach zu implementieren und könnte für ein imaginäres Feature namens »Zeno« etwa so aussehen:

```
if ( featureFlags.isEnabled( "Zeno_Feature_Flag" )) {
  // neuer auszuführender Code
} else {
  // alter auszuführender Code
}
```

Feature-Flags kommen oft bei Experimenten zum Einsatz, bei denen die User in zwei Gruppen eingeteilt werden: eine »Behandlungsgruppe« (das Experiment) und eine Kontrollgruppe (für die das Experiment nicht durchgeführt wird). Beide Gruppen machen unterschiedliche Erfahrungen. Die Ergebnisse werden anschließend von den Engineering- und Data-Science-Teams ausgewertet und verglichen.

Das größte Problem liegt hierbei in veralteten Feature-Flags. Bei großen Codebasen kann es passieren, dass Feature-Flags die Codebasis »verdrecken«, weil sie nach der Bereitstellung des Features nicht entfernt wurden. Die meisten Teams richten sich daher eine Erinnerung ein – zum Beispiel durch einen Eintrag im Terminkalender oder die Erstellung eines Tickets. Einige Unternehmen verwenden für das Aufspüren und Entfernen von veralteten Feature-Flags aber auch automatische Werkzeuge. Ein Beispiel hierfür ist The Piranha Tool[5], das unter einer Open-Source-Lizenz von Uber entwickelt wurde.

Etappenweise Bereitstellung

Bei der etappenweisen Bereitstellung (*Staged Rollouts*) werden die Änderungen schrittweise bereitgestellt und die Ergebnisse für jede Stufe ausgewertet. Hierbei wird typischerweise festgelegt, wie viel Prozent der Nutzerbasis die neue Funktionalität zur Verfügung gestellt wird, in welcher geografische Region die Funktionalität bereitgestellt wird oder auch beides.

Ein Plan für die etappenweise Bereitstellung könnte so aussehen:

- Phase 1: 10% Bereitstellung in Neuseeland (ein kleiner Markt für die Überprüfung von Änderungen)
- Phase 2: 50% Bereitstellung in Neuseeland
- Phase 3: 100% Bereitstellung in Neuseeland
- Phase 4: 10% globale Bereitstellung
- Phase 5: 25% globale Bereitstellung
- Phase 6: 50% globale Bereitstellung
- Phase 7: 99% globale Bereitstellung (es bleibt nur eine sehr kleine »Kontrollgruppe« für Vergleiche übrig)
- Phase 8: 100% globale Bereitstellung

Für jede Stufe wird festgelegt, welche Bedingungen erfüllt sein müssen, um mit der nächsten Phase weiterzumachen. Das sind typischerweise unerwartete Regressionen, die sich auf geschäftliche Kennzahlen auswirken (oder auch nicht). Canary-Releases sind im Grunde eine stark vereinfachte Form der etappenweisen Bereitstellung. Dabei ist der Canary-Weg oftmals schneller als der Prozess einer vollständigen etappenweisen Bereitstellung.

Mandantenfähigkeit (Multi Tenancy)

Es wird immer beliebter, die Produktivumgebung als einzige Umgebung für die Bereitstellung von Code zu nutzen, inklusive des Testens im produktiven Betrieb.

Auf den ersten Blick wirkt das Testen im Produktivbetrieb ziemlich leichtsinnig oder sogar fahrlässig. Bei einem mandantenfähigen Ansatz (*Multi Tenancy*) ist das jedoch anders. In diesem Artikel[6] beschreibt Uber seinen Weg von einer Staging-Umgebung über eine Test-Sandbox mit Schattentraffic zu einem mandantenfähigen Routing.

Der Grundgedanke der Mandantenfähigkeit besteht darin, dass mit einem Request ein Mandantenkontext weitergereicht wird. Erhält ein Dienst einen Request, kann er unterscheiden, ob es sich um einen Request aus dem Produktivbetrieb handelt oder ob er von einem Test- bzw. einem Beta-Nutzer stammt. Die Dienste können auf verschiedene Nutzergruppen (»Mandanten«) reagieren und die Requests nach Bedarf unterschiedlich weiterreichen. Erhält beispielsweise ein Zahlungssystem einen Re-

5 *https://github.com/uber/piranha*

6 *https://www.uber.com/blog/multitenancy-microservice-architecture/*

quest von einem Testmandanten, könnte es eine Zahlung simulieren, anstatt einen tatsächlichen Zahlungsvorgang anzustoßen.

Automatische Rollbacks

Besonders gut lässt sich die Verlässlichkeit steigern, indem automatische Rollbacks für jede Codeänderung eingeführt werden, die etwas kaputtmachen könnte. Dieser Ansatz wird beispielsweise von Booking.com genutzt. Jedes Experiment, das Schlüsselmetriken verschlechtert, wird abgeschaltet, und die Änderung wird rückgängig gemacht.[7]

In Unternehmen, die in mehrstufige automatisierte Roll-outs investieren, müssen die Engineers nur selten Angst davor haben, dem Produktivsystem Schaden zuzufügen. Dadurch können sie schnell und mit Zuversicht vorankommen.

Automatische Roll-outs und Rollbacks

Will man noch einen Schritt weitergehen, kann man automatische Rollbacks mit der etappenweisen Einführung und mehrfachen Testumgebungen kombinieren, so wie es Meta für sein Hauptprodukt implementiert hat.

Beachten Sie, dass es zwar üblich ist, dass Teams einige dieser Vorgehensweisen nutzen, aber dass nur in seltenen Fällen tatsächlich alle genannten Möglichkeiten zum Einsatz kommen. Einige Wege schließen sich gegenseitig aus. Zum Beispiel gibt es wenig Bedarf für mehrfache Testumgebungen, wenn Mandantenfähigkeit und das Testen im Produktivbetrieb bereits genutzt wird.

Weitere Informationen hierzu finden Sie unter anderem in Kapitel 14 (Teil III), »Testing«.

Pragmatische Risiken eingehen

Manchmal möchten Sie schneller vorankommen als üblich und sind bereit, hierfür ein größeres Risiko einzugehen. Nachfolgend ein paar pragmatische Ansätze für diesen Weg:

Entscheiden Sie, welcher Prozess oder welches Werkzeug nicht umgangen werden darf. Ist eine erzwungene Aktualisierung ohne jegliche Tests eine Option? Können Sie Änderungen an der Codebasis vornehmen, ohne dass jemand einen Blick darauf wirft? Kann eine Produktionsdatenbank ohne Tests verändert werden?

Am Ende muss Ihr Team – oder Ihr Unternehmen – entscheiden, welche Prozesse nicht umgangen werden können. Tritt diese Frage in einem etablierten Unternehmen mit einer großen Zahl abhängiger Nutzer auf, würde ich mir sehr genau überlegen, ob ich die Regeln brechen soll, denn mein Handeln könnte mehr Schaden anrichten als

7 *https://twitter.com/mangiucugna/status/1528715664860622850*

Gutes tun. Wenn Sie entscheiden, Regeln zu umgehen, um schneller zu sein, empfehle ich Ihnen, sich vorher der Unterstützung Ihrer Teamkollegen zu versichern.

Informieren Sie die wichtigen Entscheidungsträger vor der Bereitstellung riskanter Änderungen. Es kann passieren, dass Sie Änderungen veröffentlichen, die eigentlich besser getestet werden müssten, was das Risiko erhöht. In diesem Fall ist es sinnvoll, die Menschen vorab zu informieren, die Sie alarmieren können, wenn etwas Seltsames passiert. Zu den Beteiligten, die in diesem Fall informiert werden sollten, gehören:

- Teammitglieder
- Engineers im Bereitschaftsdienst, die aus Teams stammen, mit denen gegenseitige Abhängigkeiten zu Ihrem Team bestehen
- Kundenbetreuung
- geschäftliche Entscheidungsträger mit Zugriff auf geschäftliche Kennzahlen, die Sie informieren können, wenn sich etwas in die falsche Richtung entwickelt

Überlegen Sie sich einen leicht umsetzbaren Rollback-Plan. Wie können Sie eine Änderung rückgängig machen, die Probleme verursacht? Selbst wenn Sie schnell vorankommen, sollten Sie einen möglichst leicht umsetzbaren Plan haben. Das ist bei Änderungen an Daten oder Konfigurationen besonders wichtig.

Rollback-Pläne wurden in den Anfangstagen von Facebook oft zu Diffs hinzugefügt. Hierzu ein Auszug aus *Inside Facebook's Engineering Culture*[8]:

> Engineers aus der Frühzeit des Unternehmens haben erzählt, dass es üblich war, einen Rollback-Plan zu Ihren Diffs hinzuzufügen. Dieser enthielt Anweisungen dazu, wie die Änderung in einem der regelmäßig auftretenden Fälle wieder rückgängig zu machen war. Dieser Ansatz wurde im Laufe der Zeit durch bessere Werkzeuge optimiert.

Untersuchen Sie Kunden-Feedback nach der Auslieferung riskanter Änderungen. Behalten Sie nach der Bereitstellung einer riskanten Änderung die Kanäle für Kunden-Feedback im Blick, also Foren, Bewertungen und Hinweise der Kundenbetreuung. Überprüfen Sie diese Kanäle proaktiv auf Kunden mit Problemen, die von der veröffentlichten Änderung stammen könnten.

Erfassen Sie Störungen und messen Sie ihre Auswirkungen. Wissen Sie, wie viele Störungen Ihr Produkt im vergangenen Monat oder in den letzten drei Monaten hatte? Was haben Kunden erlebt, und welche Auswirkungen auf das Geschäft gab es?

Wenn die Antwort auf alle diese Fragen »Ich weiß es nicht« lautet, dann fliegen Sie blind und haben keine Ahnung, wie zuverlässig Ihre Systeme wirklich sind. Überlegen Sie, Ihr Vorgehen bei der Erfassung und Messung von Störungen und ihren Folgen zu ändern. Sie brauchen diese Daten, um zu wissen, wie Sie Ihre Releaseprozesse zuverlässiger machen können. Außerdem sind die Daten wichtig, um ein Fehlerbudget nutzen zu können.

---

8 *https://newsletter.pragmaticengineer.com/p/facebook-2*

Verwenden Sie Fehlerbudgets, um zu entscheiden, ob Sie sich riskante Bereitstellungen leisten können. Beginnen Sie, die Verfügbarkeit der SLIs (*Service Level Indicators*) und SLOs (*Service Level Objectives*) zu messen oder zu erfassen, wie lange Ihr System beeinträchtigt oder ausgefallen war.

Im nächsten Schritt definieren Sie ein Fehlerbudget[9]. Dies ist die Menge zeitlich begrenzter Beeinträchtigungen, die von Benutzern als akzeptabel betrachtet werden. Solange dieses Fehlerbudget nicht überschritten wird, ist es wahrscheinlich in Ordnung, riskantere Bereitstellungen, also solche, die das System möglicherweise zum Ausfallen bringen, durchzuführen. Sobald das Fehlerbudget ausgeschöpft ist, sollten Sie allerdings alle Bereitstellungen, die als riskant gelten, pausieren.

Weitere Überlegungen

In diesem Kapitel sind wir nicht auf alle Teile des Bereitstellungsprozesses detailliert eingegangen, die aber von jedem ausgereiften Produkt und Unternehmen berücksichtigt werden müssen. Hierzu gehören:

- **Sicherheitspraktiken.** Wer darf Änderungen am System vornehmen, und wie werden diese Änderungen zur späteren Überprüfung protokolliert? Wie werden Sicherheitsüberprüfungen von Codeänderungen durchgeführt, um das Risiko von Sicherheitslücken im System zu verringern? Welche Sicherheitspraktiken gelten bei der Programmierung, und wie werden diese gefördert oder durchgesetzt?
- **Konfigurationsmanagement.** Viele Änderungen am System sind Anpassungen der Konfiguration. Wie werden diese Einstellungen gespeichert, und wie werden Änderungen daran freigegeben und mitverfolgt?
- **Rollen und Verantwortlichkeiten.** Welche Rollen gibt es beim Veröffentlichungsprozess? Wer ist beispielsweise für die Bereitstellungssysteme zuständig? Wer kümmert sich im Fall von gebündelten (*batched*) Bereitstellungen um Probleme und gibt die Veröffentlichungen frei?
- **Regulierung.** Bei der Arbeit in hoch regulierten Bereichen bedeutet die Bereitstellung von Änderungen eventuell die Zusammenarbeit mit Regulatoren und die Einhaltung strenger Regeln. Das kann zu einem absichtlich langsamen Bereitstellungsprozess führen. Hierzu können gesetzliche Bestimmungen gehören, wie DSGVO (*Datenschutzgrundverordnung*), PCI DSS (*Payment Card Industry Data Security Standard*), HIPAA (*Health Insurance Portability and Accountability Act*), FERPA (*Family Educational Rights and Privacy Act*), FCRA (*Fair Credit Reporting Act*), Section 508 bei der Arbeit mit US-Bundesbehörden, SOX-Compliance (*Sarbanes-Oxley Act*, wichtig im Finanzsektor), der Europäische Rechtsakt zur Barrierefreiheit (bei der Entwicklung für eine Regierung in der Europäischen Union), länderspezifische Gesetze zur Privatsphäre und vieles mehr.

9 *https://sre.google/workbook/alerting-on-slos/#low-traffic-services-and-error-budget-alerting*

Den richtigen Ansatz wählen

Wir haben hier eine große Zahl möglicher Wege, eine zuverlässige Bereitstellung für den Produktionsbetrieb zu gewährleisten, aufgezeigt. Welchen sollten Sie also wählen? Bei der Beantwortung gibt es ein paar Dinge zu beachten.

Wie viel sind Sie bereit, in moderne Werkzeuge zu investieren, um mehr Iterationen zu erreichen? Bevor Sie sich mit den Vor- und Nachteilen der einzelnen Ansätze befassen, sollten Sie sich ehrlich fragen, wie viele Investitionen Sie, Ihr Team oder Ihr Unternehmen bereit sind, für die nötigen Werkzeuge aufzuwenden.

Für viele der besprochenen Ansätze sind spezielle Werkzeuge nötig. Die meisten davon können über externe Anbieter integriert werden, einige müssen jedoch gekauft werden. In einem Unternehmen mit Plattform- oder SRE-Teams, mit einem Schwerpunkt auf Zuverlässigkeit, gibt es sehr viel Unterstützung. In einem kleineren Unternehmen müssen Sie eine Investition in die nötigen Werkzeuge möglicherweise geschäftlich rechtfertigen.

Welches Fehlerbudget kann sich Ihr Unternehmen realistisch leisten? Wie groß sind die Auswirkungen, wenn sich für einige Kunden ein Fehler in den Produktionscode einschleicht? Verliert das Unternehmen Millionen, oder sind die Kunden nur leicht genervt, aber nicht wirklich sauer, wenn das Problem schnell behoben wird?

Bei Unternehmen wie etwa Privatbanken kann ein Fehler im Geldfluss zu massiven Verlusten führen. Bei Produkten wie Facebook hat ein schnell reparierter UI-Bug keine großen Auswirkungen. Aus diesem Grund verwendet Facebook weniger automatisierte Tests als viele andere Technologieunternehmen, und deshalb hat Meta auch keine spezielle QA-Funktion für reine Softwareteams.

Welche Iterationsgeschwindigkeit sollten Sie mindestens einhalten? Je schneller die Engineers ihren Code für den Produktivbetrieb bereitstellen, desto schneller erhalten Sie Feedback. In vielen Fällen sorgen häufige Iterationen für eine höhere Qualität, weil die Engineers kleinere und weniger riskante Änderungen am Code für den produktiven Einsatz vornehmen. Den Kennzahlen der DORA (*DevOps Research and Assessment*)[10] zufolge führen die besten Teilnehmer (*Elite Performers*) nach Bedarf mehrere Bereitstellungen täglich durch. Die Vorlaufzeit für Änderungen – die Zeit zwischen dem Commit und der abschließenden Bereitstellung für den Produktivbetrieb – beträgt bei den Elite Performers weniger als einen Tag. Ich persönlich halte es nicht für sinnvoll, sich nur auf DORA-Metriken zu konzentrieren, weil ich glaube, dass sie kein vollständiges Bild von der Engineering-Qualität abgeben und die Zahlen für sich genommen irreführend sein können. Dennoch entsprechen die Zahlen über schnelle Teams meiner Erfahrung. Weitere Gedanken über die Produktivität von Entwicklerinnen und Entwicklern finden Sie in diesem zweiteiligen Artikel, den ich zusammen mit Kent Beck geschrieben habe.[11]

---

10 *https://dora.dev/*

11 *https://newsletter.pragmaticengineer.com/p/measuring-developer-productivity*

In den meisten Technologieunternehmen und schnell wachsenden Start-ups beträgt die Dauer zwischen dem Commit des Codes und der Bereitstellung für den Produktivbetrieb weniger als einen Tag, meist sogar nur wenige Stunden. Bei Bedarf führen die Teams mehrmals am Tag ein Deployment durch.

Was ist der Hauptzweck der QA, wenn es QA-Teams gibt? QA-Teams gibt es typischerweise in Unternehmen, die sich keine hohe Fehlerzahl im Produktivcode leisten können oder denen die Fähigkeit für automatisierte Tests fehlt.

Auch wenn es QA-Verantwortliche gibt, schlage ich vor, ein Ziel zu definieren, auf das sich die QA-Abteilung hin entwickelt, und festzulegen, wie dies den Engineering-Bereich unterstützt. Wie wird die QA in ein paar Jahren aussehen, wenn alles gut geht? Werden dann immer noch manuelle Tests durchgeführt? Sicher nicht. Werden sie für die Automationsstrategie verantwortlich sein und Engineering-Teams dabei helfen, Codeänderungen noch am selben Tag in eine Bereitstellungsumgebung zu überführen? Wie wäre es, wenn Engineers Code in weniger als einer Woche für den Produktivbetrieb bereitstellen dürften?

Denken Sie voraus und setzen Sie Ziele, die zu kürzeren Iterationen und schnelleren Feedback-Schleifen führen und dazu, dass Probleme schneller gefunden und behoben werden.

Wie viel veralteten Infrastrukturcode gibt es? Es kann teuer, zeitaufwendig und schwierig sein, veraltete Systeme mit modernen Praktiken wie automatisiertem Testen, etappenweiser Bereitstellung oder automatischen Rollbacks auszustatten. Machen Sie eine Bestandsaufnahme des vorhandenen Tech-Stacks, damit Sie einschätzen können, wo sich eine Modernisierung lohnt und wo nicht. In manchen Fällen wird eine solche Investition vermutlich keinen Sinn mehr ergeben.

Überlegen Sie, in fortgeschrittene Fähigkeiten zu investieren. Es gibt immer noch einige Bereitstellungsfähigkeiten, die seltener zum Einsatz kommen, weil sie schwer umzusetzen sind. Hierzu gehören:

- Hoch entwickelte Überwachungs- und Warnsysteme, bei denen Codeänderungen leicht mit den für Überwachung und Warnungen nötigen Schlüsselmetriken verbunden werden können. Dadurch können Engineers schnell überprüfen, ob ihre Änderungen die Gesundheitsindikatoren beeinträchtigen.
- Automatische etappenweise Bereitstellungen und Rollbacks.
- Die Fähigkeit, dynamische Testumgebungen zu erzeugen.
- Robuste Fähigkeiten für Integrations-, End-to-End- und Load-Testing.
- Das Testen im Produktivbetrieb durch mandantenfähige Ansätze.

Entscheiden Sie, ob Sie in einen oder mehrere dieser komplexen Ansätze investieren wollen oder müssen. Sie können zu schnelleren Bereitstellungen und größerer Zuverlässigkeit führen.

KAPITEL 18

Stakeholder-Management

Stakeholder[1] sind Personen und Gruppen, die ein Interesse am Ergebnis eines Projekts haben. Intern sind das vielleicht die Menschen aus der Produktabteilung, der Rechtsabteilung, Engineering-Teams oder Personen aus jedem anderen Geschäftsbereich. Stakeholder können aber auch von außerhalb des Unternehmens kommen – als Kunden, externe Anbieter, Regulierungsbehörden und so weiter.

Die beste Zeit, herauszufinden, wer die wichtigsten Stakeholder für Ihr Projekt sind, ist jetzt – also so bald wie möglich. Die schlechteste Zeit ist die direkt vor der Veröffentlichung. Stellen Sie sich vor, was passiert, wenn plötzlich und scheinbar aus dem Nichts eine ausreichend wichtige Person erscheint, zum ersten Mal einen Blick auf das Projekt wirft und erklärt, dass größere Änderungen nötig sind. In diesem Fall wäre es besser gewesen, diesen wichtigen Stakeholder früher einzubeziehen.

In diesem Kapitel behandeln wir die Möglichkeiten, Stakeholder zu ermitteln und mit ihnen zusammenzuarbeiten.

1. Das wahre Ziel des Stakeholder-Managements
2. Arten von Stakeholdern
3. Herausfinden, wer die Stakeholder sind
4. Stakeholder auf dem Laufenden halten
5. Problematische Stakeholder
6. Von Stakeholdern lernen

Das wahre Ziel des Stakeholder-Managements

Warum müssen Sie sich als Tech-Lead um das Management von Stakeholdern kümmern? Warum müssen Sie überhaupt herausfinden, wer sie sind, und sie mit ausreichend detaillierten und regelmäßigen Updates versorgen? Geht es darum, eine gute Beziehung zu ihnen zu pflegen? Das ist zwar ein hübsches Extra, aber nicht das wirkliche Ziel.

1 Anmerkung des Übersetzers: Wir verwenden in diesem Buch je nach Kontext Begriffe wie »Interessenvertreter«, »Entscheidungsträger«, »Beteiligte« oder eben auch »Stakeholder«.

Das Ziel des Stakeholder-Managements besteht darin, das Projekt zum Erfolg zu führen, indem alle Beteiligten auf dem gleichen Stand sind. Sehr viele Projekte scheitern, weil die Beteiligten unterschiedliche Auffassungen vom Projektziel und seiner Umsetzung haben. Wenn die Engineers unter diesen Voraussetzungen ein Projekt für abgeschlossen erklären, kann es leicht passieren, dass Stakeholder sagen, das Produkt erfülle nicht den geschäftlichen Anforderungen.

Zum Stakeholder-Management gehören verschiedene Ansätze, die sicherstellen sollen, dass alle Personen, die bei dem Projekt mitentscheiden, wissen, was passiert, über neue Risiken und Änderungen am Projekt informiert sind und die wichtigsten Reaktionen auf diese Änderungen kennen – und sie nicht ablehnen. Es ist einfach ein Werkzeug, das einem Projekt zum Erfolg verhilft und sicherstellt, dass alle sich darüber einig sind, was »Erfolg« für dieses Projekt tatsächlich bedeutet.

Ich habe einmal an einem Projekt gearbeitet, an dem mehrere Teams beteiligt waren und für das der Project Lead wöchentlich seitenlange Status-Updates an alle Teammitglieder verteilt hat. Zusätzlich gab es weitere Aktualisierungen im Chat. Trotzdem fühlte es sich an, als ruderten alle in unterschiedliche Richtungen. Es war nicht klar, worin der eigentliche Fokus lag – einmal abgesehen von der Fertigstellung der zugewiesenen Engineering-Aufgabe. Am Ende wirkte das Projekt wie ein Fehlschlag und hinterließ bei allen Beteiligten einen faden Beigeschmack.

Bei einem anderen, ähnlich komplexen Projekt war das Ziel wesentlich klarer und die Updates spärlicher. Trotzdem fühlte sich das Projekt viel mehr wie eine Einheit an. Und als wir das Produkt veröffentlichten, überraschten die geschäftlichen Stakeholder das Engineering-Team mit einer Flasche Champagner als Dankeschön. Der Unterschied zwischen diesem Projekt und dem vorherigen? Die Projektleitung tauschte sich wesentlich mehr mit den Leuten aus dem Produktmanagement und den geschäftlichen Entscheidungsträgern aus.

Gutes Stakeholder-Management ist in hohem Maße auf Zusammenarbeit ausgerichtet. Bei dem zweiten – erfolgreichen – Projekt betrieb der Tech-Lead deutlich weniger »formales« Stakeholder-Management im Sinne von E-Mails und schriftlichen Updates. Stattdessen wurde mit den geschäftlichen Stakeholdern gesprochen, persönlich und per Videokonferenz. Gleichzeitig machte sich der Tech-Lead so weit mit den geschäftlichen Aspekten vertraut, dass er ein gutes Gespür dafür entwickelte, wann es sinnvoll oder nötig war, sich Rat von den geschäftlichen Stakeholdern zu holen – zum Beispiel wenn ein Engineering-Risiko sich auf den Arbeitsumfang auswirken konnte.

Arten von Stakeholdern

Bei den meisten Engineering-Projekten lassen sich die Stakeholder einer der folgenden Gruppen zuordnen:

- **Kunden:** Die Nutzerinnen und Nutzer der Ergebnisse eines Projekts. Für Engineering-Teams, die B2C-Produkte (*Business to Customer*) erstellen, sind dies die Endbenutzer. Bei B2B (*Business to Business*) sind es die Nutzer des Produkts.

Bei internen Projekten – die häufig von Plattformteams[2] erstellt werden – sind es interne Teams.

- **Geschäftliche Stakeholder:** Unternehmensinterne Gruppen, die an dem Projekt beteiligt sind: zum Beispiel Rechtsabteilung, Marketing, Kundenbetreuung, Buchhaltung, operative Bereiche und andere. Meiner Meinung nach ist hier ein guter Projektstart (Abschnitt »Das Projekt-Kick-off«, siehe Kapitel 16) nötig, damit sich die Engineers darüber klar werden, wer im Unternehmen alles an dem Projekt beteiligt ist. Warum? Ist ein geschäftlicher Stakeholder nicht informiert, kann dies das Projekt verlangsamen.
- **Externe Stakeholder:** Teams bei anderen Unternehmen, die ein Interesse an einem Projekt haben. Das können beispielsweise Drittanbieter oder auch Engineering-Teams bei anderen Unternehmen sein.
- **Produkt-Stakeholder:** Produktmanager, Design, Data Science und andere Gruppen aus dem technischen Sektor, die eng mit den Produktmanagern zusammenarbeiten. Die meisten dieser Personen arbeiten mit geschäftlichen Stakeholdern und dem Engineering-Team zusammen.
- **Engineering-Stakeholder:** Interne Engineering Teams, die »upstream« oder »downstream« von einem Projekt abhängen, wie unten gezeigt.

Stakeholder nach Art der Abhängigkeit einteilen

Es kann helfen, Stakeholder in die folgenden Kategorien zu unterteilen. Für dieses mentale Modell stellen Sie sich einen fließenden Fluss vor, bei dem Teams an verschiedenen Stellen Dämme bauen, von Ihrem Team aus gesehen sowohl flussaufwärts (*upstream*) als auch flussabwärts (*downstream*).

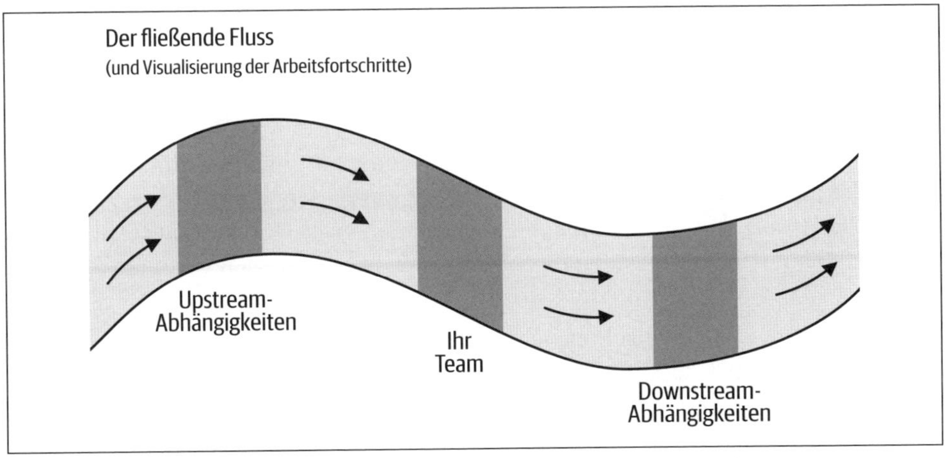

Abbildung 18-1: Visualisierung von Upstream- und Downstream-Abhängigkeiten

2 *https://blog.pragmaticengineer.com/platform-teams*

- **Upstream-Abhängigkeiten** sind Teams, von deren Arbeit Sie abhängen. Diese müssen eine bestimmte Aufgabe erledigen, damit Ihr Team seine Arbeit tun kann und das Projekt fertiggestellt werden kann.
- **Downstream-Abhängigkeiten** sind Teams, die von Ihrer Arbeit abhängen. Downstream-Teams kommen »in Fließrichtung« nach Ihrem Team. Das heißt, Ihre Arbeit muss erledigt werden, damit die folgenden Teams ihren Teil des Projekts abschließen können.
- **Strategische Stakeholder** sind Personen oder Teams, die Sie auf dem Laufenden halten wollen und die oft dabei helfen können, Blockaden durch Upstream-Abhängigkeiten zu beseitigen.

Diese Unterteilung hilft, zu verdeutlichen, mit welchen Stakeholdern Sie in welchen Situationen kommunizieren müssen, zum Beispiel:

- Wenn Sie an einer Ihrer APIs Änderungen vornehmen, kommunizieren Sie dies an die Downstream-Abhängigkeiten, die auf diese API angewiesen sind.
- Wenn Sie eine API nutzen, für die ein anderes Team verantwortlich ist, befindet sich dies »flussaufwärts«, gilt also als Upstream-Abhängigkeit. Nehmen Sie Kontakt zu diesem Team auf und lassen Sie sich bestätigen, dass es keine größeren Änderungen an deren API geben wird und Ihr Team sie für die Erstellung eines neuen Features nutzen kann.
- Der Country-Marketing-Manager könnte besonderes Interesse an Ihrem Projekt haben, weil er eine Kampagne starten möchte, sobald das neue Feature bereitgestellt ist. Diese Person gilt als strategischer Stakeholder, der Ihre Update-E-Mails erhalten sollte und im Fall von Verzögerungen informiert werden muss.

Finden Sie heraus, wer die Stakeholder sind

Als Tech-Lead müssen Sie unbedingt wissen, wer die wichtigsten Stakeholder sind. Ansonsten kann Ihr Projekt leicht durch vergeudete Arbeit und Verzögerungen Schaden nehmen. Bei einem Projekt vergaß mein Team, den Engineering-Plan – den RFC – mit einem Team zu teilen, dessen Dienst wir modifizieren mussten. Als wir die Änderungen vornehmen wollten, blockierte das andere Team dieses Vorhaben, weil unser Ansatz für ihr System keinen Sinn ergab. Wir fanden zwar letztlich eine Lösung, aber das Projekt verzögerte sich um zwei Wochen, weil wir nicht wussten, dass dieses Team ein Stakeholder war.

In einem anderen Fall beobachtete ich, wie ein Engineering-Team einen Monat lang an einem Projekt arbeitete, bis die Rechtsabteilung einschritt und es unerwartet blockierte. Die Rechtsabteilung war nicht informiert worden, obwohl das für das Projekt nötig gewesen war. Sie untersuchte die vorgeschlagenen Änderungen und teilte dem Team mit, das Projekt sei zu riskant für eine Veröffentlichung. Da sie sich nicht davon abbringen ließ, wurde das Projekt schließlich eingestellt. Das Engineering-Team hätte sich eine Menge unnötiger Arbeit ersparen können, wenn es die Rechtsabteilung früher einbezogen hätte.

Wie können Sie also herausfinden, wer die Stakeholder sind? Diese Frage ist besonders wichtig in großen Unternehmen mit Dutzenden oder gar Hunderten von Engineering-Teams und einer Vielzahl an Mitarbeitenden aus den Bereichen Produkt, Design, Daten und Geschäft. Sie können es auf die oben beschriebene harte Tour versuchen oder einen einfachen Weg nehmen:

Fragen Sie einfach! Sprechen Sie mit den Personen, die auf jeden Fall zu den Stakeholdern zählen, und fragen Sie, wer noch als Beteiligter infrage kommt. Zum Beispiel:

- Fragen Sie Ihren Produktverantwortlichen, welche Geschäftskollegen ebenfalls ein Interesse haben könnten.
- Reden Sie mit den Data Scientists. Sie arbeiten oft mit Kollegen aus Ihrem Bereich zusammen, um sicherzustellen, dass ihre Experimente sich nicht überschneiden.
- Fragen Sie erfahrene Tech-Leads danach, welche Teams sie für frühere Projekte als Stakeholder betrachtet haben. Kommen einige davon auch für Sie als Stakeholder infrage?

Sehen Sie sich die Änderungen an der Architektur und am Code an. Oft lassen sich Engineering-Stakeholder schon dadurch ermitteln, dass Sie verstehen, welche Teile des Codes und welche Dienste durch Ihr Projekt verändert werden. Nehmen Sie Kontakt zu den Teams auf, die für die relevanten Codeteile und Dienste verantwortlich sind.

Das Konzept der Upstream- und Downstream-Stakeholder kann auch bei der Anpassung von Diensten helfen. Es kommt oft genug vor, dass ein Engineering-Team einen Dienst verändert und dadurch einen Downstream-Nutzer beeinträchtigt. Das lässt sich vermeiden, indem der Downstream-Nutzer möglichst früh als wichtiger Stakeholder erkannt wird. Dann kann das Engineering-Team schneller Feedback einholen und seine Pläne so anpassen, dass der Konflikt gar nicht erst entsteht.

Finden Sie die »üblichen Verdächtigen«. Es gibt einige Teams, bei denen Sie davon ausgehen können, dass sie mit Sicherheit ein Interesse an Ihrem Projekt haben. In mittleren bis größeren Unternehmen sind es häufig diese:

- Engineering
- Produkt
- Design/UX (Benutzererfahrung, User Experience)
- Data Science
- Sicherheit und Compliance
- Infrastruktur, DevOps, Site Reliability
- Rechtsabteilung
- Marketing/Wachstum/Nutzerakquise
- Kundenbetreuung/Helpdesk
- Operations

- Sales/Business Development
- Finanzen/Buchhaltung

Machen Sie sich eine Liste der üblichen Stakeholder in Ihrem Unternehmen und finden Sie dann heraus, ob diese ein Interesse an Ihrem Projekt haben.

Stakeholder auf dem Laufenden halten

»Stakeholder-Management« ist ein Ausdruck für das Sicherstellen, dass alle, die wissen müssen, was Ihr Team tut, es auch tatsächlich wissen. Schlechtes Stakeholder-Management schließt wichtige Personen und Teams von der Kommunikation aus. Das kann zu Frustration führen, Beschwerden auslösen und ein Projekt verzögern.

Sobald Sie wissen, wer Ihre Stakeholder sind, sollten Sie sicherstellen, dass die von Ihrem Team getroffenen Entscheidungen diese nicht überraschend treffen. Üblicherweise gibt es mehrere Stakeholder. Deshalb funktioniert eine direkte Kommunikation von Mensch zu Mensch nicht so gut. Es ist effizienter, die Stakeholder als Gruppe auf dem neuesten Stand zu halten.

Ich habe drei häufige Wege beobachtet, Stakeholder zu informieren:

1. **Meetings:** Regelmäßig oder bei Bedarf. In einem Meeting informiert der Tech-Lead über Fortschritte, getroffene Entscheidungen und Blockaden. Außerdem bietet er den Stakeholdern Gelegenheit, Feedback zu geben.
2. **Asynchrone Updates:** Hierzu gehören zum Beispiel E-Mails oder Chatnachrichten. Der Inhalt ist der gleiche wie bei einem Meeting, aber der Zeitaufwand ist geringer. Ein Nachteil besteht darin, dass Stakeholder eine Nachricht verpassen könnten und bei Meetings oft aufmerksamer sind.
3. **Hybride Ansätze.** Wenn zu erwarten ist, dass Stakeholder Wesentliches beizutragen haben, organisieren Sie ein Meeting. Einen angemessenen Anlass könnten Demonstrationen von Milestones (Etappenzielen) und größere Veränderungen am Projekt bieten. Ansonsten bleiben Sie bei der asynchronen Kommunikation.

Es hilft, die eigene Unternehmenskultur zu verstehen. Auf welche Weise halten Tech-Leads und Produktverantwortliche die Stakeholder üblicherweise auf dem Laufenden? Bevorzugen die Stakeholder bestimmte Formate oder Updates? Falls ja, kann es sinnvoll sein, in den ersten Projekten, die Sie leiten, bereits bekannte Formate einzusetzen.

Eine proaktive schriftliche Kommunikation über den Projektfortschritt ist immer nützlich. Ein Ansatz, der meiner Erfahrung nach gut funktioniert, besteht darin, regelmäßig E-Mails mit Updates zu Projektfortschritt, Risiken und ihrer Minimierung, Änderungen im Zeitplan und der Zuversicht in gesetzte Fristen zu verschicken. Hier ein Beispiel für eine solche Update-E-Mail:

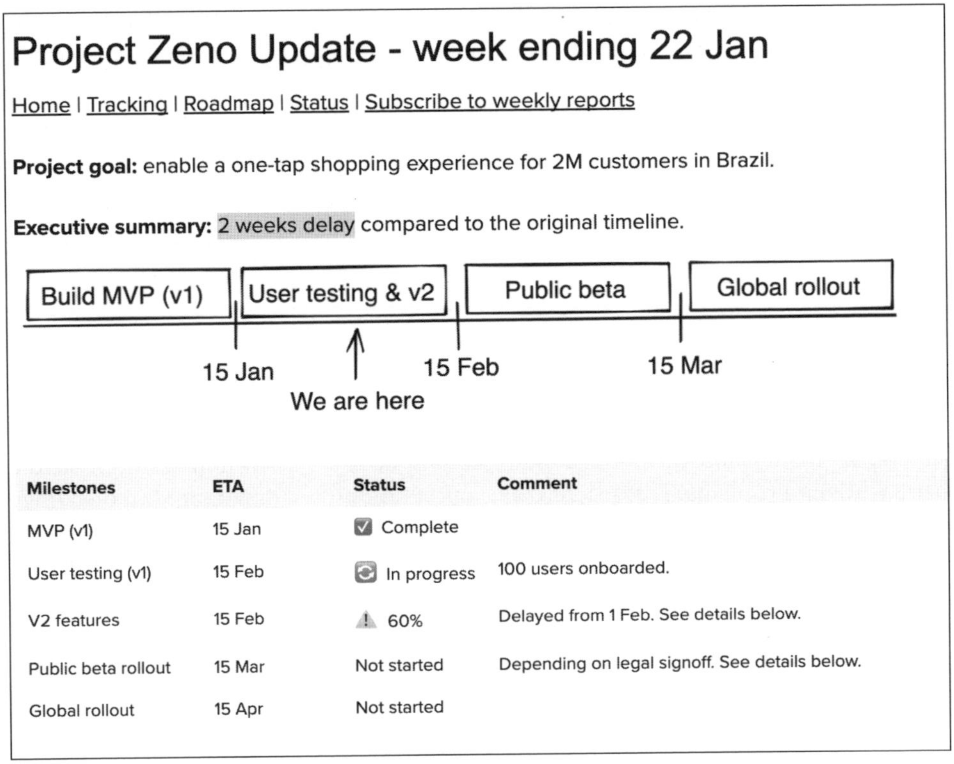
Project Zeno Update - week ending 22 Jan

Home | Tracking | Roadmap | Status | Subscribe to weekly reports

Project goal: enable a one-tap shopping experience for 2M customers in Brazil.

Executive summary: 2 weeks delay compared to the original timeline.

Milestones	ETA	Status	Comment
MVP (v1)	15 Jan	Complete	
User testing (v1)	15 Feb	In progress	100 users onboarded.
V2 features	15 Feb	60%	Delayed from 1 Feb. See details below.
Public beta rollout	15 Mar	Not started	Depending on legal signoff. See details below.
Global rollout	15 Apr	Not started	

Abbildung 18-2: Eine E-Mail mit einem Status-Update, die proaktiv über den Projektstatus, Risiken und deren Beseitigung informiert. (Quelle der Vorlage: Software engineers leading project/ The Pragmatic Engineer)[3]

Ein Vorteil von E-Mails liegt darin, dass sie als »Master«-Status-Update fungieren können. Dadurch können sie als nützliche Referenz in Meetings und anderen Treffen mit Stakeholdern genutzt werden. Meetings können sinnvoll sein, wenn die Stakeholder sehr anspruchsvoll sind oder großen Einfluss auf den Projektverlauf haben. Je mehr Sie es als Tech-Lead schaffen, dass Stakeholder die regulären Status-E-Mails als »Quelle der Wahrheit« akzeptieren, desto einfacher können Sie sicherstellen, dass die Stakeholder auf dem gleichen Stand sind.

Problematische Stakeholder

Als Project Lead werden Sie es auch mit problematischen Stakeholdern zu tun bekommen. Aber was genau bedeutet »problematisch« in diesem Zusammenhang? Das hängt davon ab, ob es sich um Upstream-, Downstream- oder um strategische Stakeholder handelt.

- Problematische Upstream-Stakeholder sind Teams oder Einzelpersonen, von denen Sie abhängen, die Sie aber als unzuverlässig ansehen, mit denen es Probleme in der Zusammenarbeit gibt oder denen Sie misstrauen.

- Problematische Downstream-Stakeholder gehen Ihnen oftmals damit auf die Nerven, dass sie fragen, wann Sie endlich fertig sind, und versuchen, Sie und Ihr Team unter Druck zu setzen.
- Problematische strategische Stakeholder verlangen ständig nach Updates, oder sie machen Ihnen bei auftretenden Schwierigkeiten das Leben schwer.

In allen Fällen scheint das größte Problem in der Kommunikation und im Vertrauen zu liegen. Unten finden Sie eine Reihe von Lösungsansätzen, um die Situation für alle genannten Gruppen zu verbessern.

Persönliche Gespräche

Anstatt per Chat oder E-Mail miteinander zu kommunizieren, sollten Sie versuchen, mit problematischen Personen »von Angesicht zu Angesicht« zu sprechen. Organisieren Sie einen Videoanruf oder treffen Sie sich bei der Arbeit und erklären Sie die beobachteten Probleme. Diskutieren Sie, was verändert werden kann, um die Dinge zu verbessern. Wenn ein Upstream-Stakeholder Sie beispielsweise damit bedrängt, ob Sie einen Milestone früher fertigstellen können, geben Sie ihm einen Überblick über den bisherigen Verlauf und die Dinge, die noch zu tun sind. Geben Sie ihm das Feedback, dass Quengelei nicht hilfreich ist, und vereinbaren Sie, wie Sie besser zusammenarbeiten können.

Seien Sie transparent und klären Sie auf

Erklären Sie Upstream- und strategischen Stakeholdern, die beide eine Tendenz zur Ungeduld haben, was auf welche Weise getan werden muss und wo Sie damit im Moment stehen. Am einfachsten geht das in persönlichen Gesprächen.

Update-E-Mails sind ein weiterer Weg, Transparenz zu erreichen und aufzuklären. Regelmäßige, ehrliche Updates über den Fortschritt helfen, die Nerven zu beruhigen, was übrigens ein weiterer Grund dafür ist, dass ich ein Fan dieser Vorgehensweise bin. Wenn Sie diese Updates verfassen, stehen die Chancen gut, dass es schon reicht, wenn Sie die problematischen Stakeholder Ihrem E-Mail-Verteiler hinzufügen.

Bitten Sie um Unterstützung

Manchmal helfen auch persönlichen Gespräche und Transparenz nicht mehr weiter. Wenn Sie trotz aller Bemühungen nicht weiterkommen, ist es an der Zeit, Ihr Management oder übergeordnete Projektleitungen zur Unterstützung hinzuzuziehen. Suchen Sie Rat und Hilfe bei Personen mit mehr Autorität als Sie selbst.

Von Stakeholdern lernen

Ein gutes Stakeholder-Management verringert das Risiko von Verzögerungen durch nicht oder schlecht informierte Entscheidungsträger. Wenn Sie sich dabei allerdings nur darauf konzentrieren, alle auf dem neuesten Stand zu halten, verpassen Sie den besten Teil der Arbeit mit Menschen, die sich für Ihr Projekt interessieren: von ihnen zu lernen!

Als Tech-Lead haben Sie es sehr wahrscheinlich mit Menschen und Stakeholdern aus verschiedenen Teams der verschiedensten Disziplinen zu tun. Das ist eine ausgezeichnete Gelegenheit, etwas zu lernen. Erkunden Sie ihre beruflichen Schwerpunkte, ihre Disziplin und ihren Anteil am Unternehmen. Wie wir in Teil V sehen werden, ist das Verständnis des geschäftlichen Teils auf Staff-Ebene und darüber ein wesentlicher Faktor. Tech-Leads haben die Chance, während der täglichen Arbeit durch die Kooperation mit Stakeholdern von diesen zu lernen.

Hier ein paar Ansätze dazu, wie Sie das meiste aus der Zusammenarbeit mit Stakeholdern herausholen und wie Sie von ihnen lernen können:

- **Fragen Sie nach ihrem Geschäftsbereich.** Wofür ist die Person verantwortlich? Welchen Beitrag leistet ihr Bereich für das Unternehmen? Wo liegen die Ziele ihres Teams? Gibt es aktuelle Erfolge?
- **Fragen Sie nach ihren Herausforderungen.** Welche größeren Probleme muss die Person lösen, selbst wenn dies nichts mit dem gemeinsamen Projekt zu tun hat? Sie können eine Menge lernen, wenn jemand über seine größten Herausforderungen berichtet.
- **Fragen Sie, was sie außerhalb des Projekts tun, an dem Sie gemeinsam arbeiten.** In welche anderen Projekte ist die Person involviert? An welchem Produkt war sie zuletzt beteiligt?
- **Small Talk.** Lernen Sie sich persönlich besser kennen, besonders wenn Sie längere Zeit zusammenarbeiten. Was hat die Person gemacht, bevor sie zu Ihrem Unternehmen gekommen ist? Was sind ihre Hobbys? Gibt es vielleicht gemeinsame Interessen bei der Arbeit oder außerhalb?
- **Verabreden Sie sich auf einen Kaffee oder zum Mittagessen.** In manchen Fällen reicht es schon, sich beim Mittagessen auszutauschen, um mehr übereinander zu erfahren.
- **Fragen Sie, ob Sie einmal bei einem Teammeeting dabei sein dürfen.** Für einen Tech-Lead hat das »Über-die-Schulter-Schauen« bei Besprechungen eines anderen Teams zwei große Vorteile: Erstens bekommen Sie neue Ideen für die Durchführung der eigenen Meetings und können die Dynamik im Raum beobachten. Und zweitens werden Sie eine Menge Dinge hören, die Sie nicht vollständig verstehen. Hier liegt die Chance, mehr darüber zu lernen, woran das andere Team arbeitet und warum das wichtig ist, und Sie bekommen die Chance, Ihr Wissen und Ihr Verständnis zu erweitern.

Ein weiterer Nutzen beim Lernen von Stakeholdern liegt darin, dass Sie besser darin werden, mit ihnen während der Arbeit umzugehen. Wenn Sie ihren Fachbereich und die damit verbundenen Herausforderungen besser verstehen, ist es leichter, emphatisch zu sein und Projektdetails für die anderen besser verständlich auszudrücken.

Es ist deutlich einfacher, vor Ort von Stakeholdern zu lernen als remote. Wenn Sie remote arbeiten, ist es hilfreich, Ihre Absichten möglichst deutlich zu formulieren und sich bei Gesprächen auf ganz bestimmte Dinge zu konzentrieren. Der folgende Ansatz funktionierte für den Software-Engineer und Engineering-Manager John Crickett recht gut:[3]

> Wenn Sie remote arbeiten, schicken Sie Leuten eine Einladung. Meine sieht so aus:
>
> »Hallo X, hier ist John. Ich arbeite seit Kurzem bei [Unternehmen] und würde mich gerne mit Ihnen verabreden, um mehr über Ihren Geschäftsbereich zu erfahren. Wenn Sie mir 15 Minuten Ihrer Zeit schenken könnten, wäre ich Ihnen sehr dankbar. Ich habe einen freien Termin in Ihrem Kalender reserviert, aber bitte schlagen Sie gern eine Alternative vor, falls mein Vorschlag Ihnen nicht passt.
> Vielen Dank! – John«
>
> Der oder die Bereiche und der Projektname könnten ebenfalls hilfreiche Details sein. Bisher hat nicht einer Nein gesagt! Und für die meisten Leute ist es in Ordnung, bei diesem Treffen den Zeitrahmen zu überziehen oder einen längeren Termin anzubieten.
>
> Ich stelle sicher, dass ich den Termin pünktlich wahrnehme und eine Liste mit Fragen dabeihabe, um das Gespräch in Gang zu halten. Das sind typischerweise allgemeine Fragen wie:
>
> - In welchem Team arbeiten Sie?
> - Was ist im Moment Ihre größte Herausforderung?
> - Wie kann ich oder mein Team Ihnen helfen?

3 *https://www.linkedin.com/in/johncrickett*

KAPITEL 19

Teamstruktur

Als Tech-Lead kann Ihr Einfluss auf die Dynamik und die Prozesse des Teams außergewöhnlich groß sein. Wie können Sie diesen Einfluss nutzen, um eine gesunde und gut funktionierende Struktur zu schaffen?

In diesem Kapitel behandeln wir:

1. Rollen und Titel
2. Teamprozesse
3. Den Fokus des Teams steigern

Rollen und Titel

Wie arbeitet Ihr Team, und wer hat welche Verantwortlichkeiten? Am Ende ist der Manager des Teams dafür verantwortlich, dass diese Dinge geklärt sind. Als Tech-Lead müssen Sie verstehen, wie diese Rollen definiert sind und wie sich die Verteilung auf Ihre eigene Rolle und die Ihrer Teamkolleginnen und -kollegen auswirkt.

Der Unterschied zwischen Titeln und Rollen

Titel drücken begründete Erwartungen an ihren Inhaber aus. So wird von einem Software-Engineer mit dem Titel »Software-Engineer frisch von der Uni« kaum erwartet, dass er versteckte Risiken in komplexen Projekten aufspürt. Bei jemandem mit dem Titel »Senior-Engineer« wird dagegen davon ausgegangen, dass diese Person solche Risiken erkennt. Für Staff-Engineers gilt dies normalerweise als grundlegende Voraussetzung.

Rollen im Team sind oftmals zeitlich begrenzte Positionen wie *Project Lead* (Projektleitung) für ein bestimmtes Stück Arbeit, *Owner* (Verantwortlicher) für ein bestimmtes Feature oder *Meeting Facilitator* (Diskussionsleitung).

»Tech-Lead« kann ein Titel oder eine Rolle sein

In manchen Unternehmen ist *Tech-Lead* der Titel und die Karrierestufe, die auf den Senior-Engineer folgen. Häufig wird erwartet, dass man als Tech-Lead wichtige Initiativen innerhalb des Teams koordiniert und als Ansprechpartner für andere Engineering-Teams zur Verfügung steht. In anderen Firmen ist *Tech-Lead* gleichbedeutend mit *Project Lead* oder *Engineering Lead*. In diesen Fällen ist Tech-Lead eher eine Rolle als ein Titel und wird für langfristige Projekte oder Teile eines Produkts verwendet. So ist beispielsweise der Tech-Lead bei Checkout (Zahlungsdienstleister) sehr wahrscheinlich der Engineering Lead.

Rollen können implizit oder explizit sein

Explizite Rollen werden den Teammitgliedern direkt mitgeteilt, um Verwirrung zu vermeiden. Es ist klar, wer das Projekt leitet (*Lead*), wer als Ansprechperson für ein Feature zuständig ist und wer den wöchentlichen Bereitschaftsdienst übernimmt.

Ein Team mit expliziten Rollen könnte diese so definieren:

- Project Zeno Lead: Sam
- Support-Engineer für die Woche: Bob (rotiert wöchentlich)
- Engineer in Bereitschaft für die Woche: Eva
- Ansprechperson für Projekt-Stakeholder: Sarah

In der Praxis sind die Rollen dagegen eher implizit. Häufig übernehmen Engineers einfach eine bestimmte Rolle, ohne dass dies groß kommuniziert wird. Dieser Ansatz funktioniert in Teams mit guter Kommunikation ohne größere Schwierigkeiten. In manchen Situationen können implizite Rollen aber auch für Probleme sorgen, zum Beispiel:

- Zwei Teammitglieder glauben, sie hätten die gleiche Rolle inne, zum Beispiel die Leitung eines Projekts.
- Teammitglieder glauben, sie seien die Ansprechperson für ein Feature oder Projekt und treffen Entscheidungen, ohne sich mit anderen abzusprechen.
- Teammitglieder gehen davon aus, dass andere für einen bestimmten Bereich wie etwa das Pre-Release-Load-Testing verantwortlich sind. Die Folge ist, dass niemand diese wichtige Arbeit erledigt.

Entscheiden Sie, welche Rollen explizit sind

Als Tech-Lead müssen Sie wissen, welche Rollen in Ihrem Team implizit und welche explizit sind, beginnend mit Ihrer eigenen. Zumindest sollten Sie sich darüber im Klaren sein, was Ihr Manager von Ihnen erwartet.

Übung: Erstellen Sie eine Karte der Rollen in Ihrem Team, indem Sie mit Ihrem Manager und Ihren Teamkollegen sprechen. Wer hat welche Rolle inne? Überschneiden sich die Rollen? Gibt es Verwirrung über die Rollen? Sorgen manche Überschneidungen für Konflikte?

Ein Ansatz, der erfahrungsgemäß beständig gut funktioniert, besteht darin, die Rolle des Project Lead für das gesamte Team explizit zu machen, egal wie klein das Projekt ist. Das sorgt für Verbindlichkeit für die Person, die das Projekt leitet, und schafft Klarheit für die anderen. In Teams mit vielen Projekten gibt es für jeden die Möglichkeit, ein Projekt zu leiten.

Teamprozesse

Welche Prozesse sollte ein Team nutzen?

Eigentlich ist die Frage falsch gestellt. Teams können durchaus auch ohne Prozesse funktionieren. Es gibt sie, um Arbeit besser zu bewältigen. Sie können entweder helfen, oder sie können im Weg sein.

Je mehr das Team wächst, desto mehr lernt es, besser zu funktionieren, schneller, verlässlicher und in höherer Qualität zu liefern und schneller zu iterieren. Bestimmte Erkenntnisse führen dazu, dass ein Team bestimmte Vorgehensweisen und Prozesse nutzt, die den Engineers beim Erreichen ihrer Ziele helfen. Diese haben fast immer mit Geschwindigkeit, Qualität, Verlässlichkeit, Kundenzufriedenheit und dem Geschäftlichen zu tun.

Neben Prozessen, die Engineering-Teams helfen, gibt es auch sinnvolle Vorgehensweisen wie Code-Reviews und Testing. Deshalb müssen aber noch lange nicht alle Prozesse hilfreich sein.

Die beste Möglichkeit, herauszufinden, ob ein Prozess – zum Beispiel ein wechselnder Bereitschaftsdienst – wirklich ein wichtiges Problem löst, ist persönliche Erfahrung. Der folgende Abschnitt zeigt eine Reihe üblicher Teamprozesse, die Sie kennen und zumindest ausprobieren sollten. Sobald Sie damit vertraut sind, können Sie entscheiden, welche davon Sie bei Bedarf nutzen wollen.

Planung

- Brainstorming-Sessions
- Einbeziehung des Engineerings in die Planung gemeinsam mit anderen Disziplinen wie Design oder den geschäftlichen Stakeholdern
- Projekt-Kick-offs
- Erstellen von Designdokumenten/Requests for Comments (RFCs)
- Erstellen von Architecture Decision Records (ADRs)

Erstellen von Software

- Prototyping
- Code-Reviews
- Automatisiertes Testen
- Continuous Integration (CI)
- Dokumentation von Entscheidungen

Bereitstellung

- Continuous Deployment (CD)
- Releasepläne
- Feature-Flags und Experimente
- Freigabe durch Entscheidungsträger wie Produktverantwortliche, Compliance und Sicherheit
- Einholen von Kunden-Feedback
- Canary-Tests und automatische Rollbacks

Wartung/Pflege

- Prozess für den Bereitschaftsdienst
- Technische Unterstützung (Support-Engineering)
- Bewertung von Störungen
- Verbesserung von Infrastruktur und Plattformen
- Phasen, in denen kein Produkt entwickelt wird, beispielsweise für das Abtragen technischer Schulden oder die Verbesserung der Infrastruktur

Engineering-Produktivität

- Teamretrospektiven
- Umgang mit technischen Schulden
- Investitionen in effiziente Werkzeuge wie CI/CD, hilfreiche Skripte etc.
- Zahl der Meetings reduzieren
- Tage ohne Meetings ansetzen

Teamgesundheit

- Teamevents und Betriebsausflüge (Offsites)
- Spontane Teamevents, wie etwa zusammen Eis essen gehen. Für Remote-Teams: Organisation von Events, bei denen alle zusammenkommen, oder virtuelle gemeinsame Veranstaltungen.
- Feiern von individuellen Erfolgen und Teamerfolgen

Führen Sie nicht nur Prozesse ein, sondern entfernen Sie auch welche

Jedes Team macht Fehler und lernt aus ihnen. In der Folge führen Teams mit der Zeit Prozesse ein, um diese Fehler in Zukunft zu vermeiden. Als Tech-Lead sind Sie in einer ausgezeichneten Position, sich für die Beseitigung überflüssiger Prozesse einzusetzen. Das ist wichtig, denn effiziente Engineering-Teams sind reaktionsschnell und setzen von Natur aus nur wenige Prozesse ein.

Fällt Ihnen ein Prozess mit einem fraglichen Mehrwert auf, überlegen Sie, ihn abzuschaffen. Kann ein Prozess, der viel Zeit und Mühe bedeutet, vielleicht ganz oder teilweise automatisiert werden? Vergessen Sie nicht, dass Prozesse niemals ein

Selbstzweck sein sollten. Fragen Sie deshalb nicht, welche Prozesse Ihr Team nutzen sollte, sondern wie Ihr Team seine Arbeit besser und schneller erledigen kann.

Wenn Sie Prozesse verändern, sollte Sie sich eventuell der Unterstützung Ihres Managers versichern. Ein Teil der Aufgaben des Tech-Lead besteht darin, Platz zu schaffen, damit alle besser arbeiten können. Eine solche Initiative wird Ihr Manager also wahrscheinlich unterstützen. Erklären Sie ihm einfach, welches Potenzial an Steigerungsmöglichkeiten der Moral und der Produktivität solch eine »Aufräumaktion« zur Folge hätte.

Den Fokus des Teams steigern

Als Tech-Lead besteht eine Ihrer Hauptaufgaben darin, Ihren Teamkolleginnen und -kollegen dabei zu helfen, sich auf die richtigen Dinge zu konzentrieren. Arbeiten sie an den falschen Dingen oder sind sie abgelenkt, werden ihre Leistungen nicht den Erwartungen entsprechen.

Um dem Team zu helfen, »bei der Sache zu bleiben«, sollten Sie klarmachen, wo ihre und die Prioritäten des Projekts liegen, welche die wichtigsten Aufgaben sind, was als Nächstes kommt und so weiter.

Eine Möglichkeit, sicherzustellen, dass Sie sich auf die richtigen Dinge konzentrieren, besteht darin, sie aufzuschreiben und sie sich ab und zu vom Management bestätigen zu lassen.

Erinnern Sie Ihr Team immer wieder daran, worauf der Fokus liegt, denn Wiederholung ist oftmals hilfreich. Sie könnten beispielsweise bei einem wöchentlichen Standup zusammenfassen, worauf der Fokus der aktuellen Arbeitsphase liegt. Und selbst noch häufigere Erinnerungen können für neu hinzugekommene, weniger erfahrene Teammitglieder und leicht abgelenkte Personen eine Unterstützung sein.

Wehren Sie sich gegen plötzliche Fokusänderungen

Wiederstehen Sie plötzlichen Änderungen in den Prioritäten Ihres Teams, selbst wenn diese von weiter oben kommen. Ein Team, das ständig seinen Fokus wechseln muss, verliert schnell den roten Faden. Ein guter Tech-Lead schützt sein Team davor. Es gibt mehrere Möglichkeiten, sich dagegen zu wehren, wenn ein Manager oder Entscheidungsträger versucht, den Fokus Ihres Teams zu ändern:

- **Auswirkungen.** Fragen Sie nach den Auswirkungen der neuen Aufgaben. Sind die Auswirkungen unklar, lehnen Sie es ab, damit zu beginnen. Warum sollte Ihr Team an etwas arbeiten, dessen Wert unklar ist oder dessen Auswirkungen geringer sind als seine Hauptpriorität?
- **Eine schriftliche Spezifikation.** Bitten Sie um eine Spezifikation der Arbeit, die das »Warum« und das »Was« beantwortet. Das könnte ein Produktanforderungsdokument (*Product Requirement Document*, PRD) sein oder eine andere Art der Zusammenfassung. Dieses Dokument sollte auch die Auswirkungen enthalten. Wenn die Person, die das Team unterbrechen will, das Problem nicht

schlüssig erklären kann, stehen die Chancen gut, dass Ihr Team ohne guten Grund von seiner eigentlichen Aufgabe abgelenkt wird und Tage damit verbringen würde, herauszufinden, was eigentlich zu tun ist. Gibt es keine Spezifikation, weigern Sie sich, mit der neuen Arbeit zu beginnen. Alternativ könnten Sie anbieten, bei der Erstellung der Spezifikation mitzuhelfen. Dabei sollten Sie aber unbedingt verdeutlichen, dass die Arbeit erst beginnt, wenn alle Entscheidungsträger ihr Einverständnis dazu gegeben haben. Wird dieser Schritt übergangen, riskieren Sie später unnötige Arbeit.

- **Technische Planung und Durchführbarkeit.** Angenommen, die Spezifikation ist klar und Sie wissen, warum die neue Arbeit wichtig ist, welche Auswirkungen sie hat und was genau Sie tun sollen. Auch dann sollten Sie nicht mit der Arbeit beginnen, solange das Team nicht ein Mindestmaß an technischer Planung und eine Beurteilung der Machbarkeit vorgenommen hat. Es könnte Risiken geben, die eine solche Arbeit undurchführbar machen. Außerdem sollten Sie sich darüber im Klaren sein, dass ein Projekt, das eigentlich nur ein paar Tage dauern sollte, nach der Planung ohne Weiteres auch mal Monate in Anspruch nehmen kann.
- **Verdeutlichen Sie unmissverständlich, welche Kosten ein Kontextwechsel verursacht.** Wenn ein Stakeholder, ein anderes Team oder Ihr Manager Ihr Team bittet, *sofort* an etwas Neuem zu arbeiten, sind ihnen die tatsächlichen Kosten eines kompletten Kontextwechsels oft nicht klar. Wenn Ihr Team seine aktuelle Arbeit einstellen soll, braucht es Zeit, um »herunterzufahren« und in die neue Arbeit hineinzufinden. Das dauert in der Regel einige Tage, kann aber je nach Komplexität der aktuellen Aufgabe auch länger dauern. Die Moral des Teams wird mit Sicherheit sinken, wenn man den Mitarbeitenden sagt, sie sollen ihre Arbeit wegwerfen.
- **Bieten Sie Alternativen an, die Arbeit zu erledigen, ohne das gesamte Team aus der Bahn zu werfen.** Wenn die Auswirkungen, das »Warum« und das »Was« klar sind und es eine grobe Schätzung des technischen Aufwands gibt, können Sie vielleicht Alternativen anbieten, bei denen nicht das gesamte Team seine gegenwärtige Arbeit einstellen muss. Vielleicht ist es möglich, die neue Arbeit eher gegen Ende des aktuellen Projekts zu beginnen. Ist für die neue Arbeit mehr Nutzer-Feedback nötig, oder müssen zunächst Unstimmigkeiten zwischen den Stakeholdern ausgeräumt werden?

Kommt Ihr Manager oder ein Stakeholder mit dringender Arbeit auf Sie zu, ist ein solcher Auftrag meiner Erfahrung nach oft zu vage formuliert; die Auswirkungen sind oft unklar und die Dringlichkeit möglicherweise unberechtigt. Kommen Sie als Tech-Lead Ihrer Verpflichtung nach und seien Sie vorsichtig, wenn es darum geht, Ihr Team von seiner gegenwärtigen Arbeit abzulenken.

Sie könnten glauben, dass eine einzelne Unterbrechung schon in Ordnung sei. Aber dann kommt die nächste und noch eine und danach eine weitere. Dieser Weg führt schnell in den Abgrund. Je früher Sie daher Grenzen zum Schutz Ihres Teams setzen, desto besser geht es allen damit.

KAPITEL 20

Teamdynamik

Als Tech-Lead haben Sie einen großen Spielraum, um die Teamdynamik zu formen, zum Beispiel durch die Verbesserung der Teamgesundheit und -moral und durch die Lösung von Konflikten. Wie können Sie diesen Einfluss nutzen, um ein gesundes, gut funktionierendes Team zu schaffen?

In diesem Kapitel sprechen wir über:

1. Gesunde Teams
2. Ungesunde Teams
3. Teams mit wachsenden Schwierigkeiten
4. Teamdynamik verbessern
5. Beziehungen mit anderen Teams

Gesunde Teams

Was macht ein gesundes Team aus? Hier sind die Merkmale, die ich bei gut funktionierenden Teams immer wieder beobachten konnte.

Klarheit

In einem gesunden Team ist klar, warum es das Team gibt, was die Ziele sind und wie diese erreicht werden. Klarheit beginnt mit der Führung, dem Tech-Lead, dem Engineering-Manager und dem Produktmanager. Durch beständige Kommunikation mit den Teammitgliedern sorgen sie für Klarheit.

Wenn Sie herausfinden wollen, ob Klarheit herrscht, können Sie die Engineers einfach nach den Zielen des Teams und den Gründen dafür zu fragen. Wenn alle ungefähr die gleiche Antwort geben, herrscht Klarheit. Falls nicht, lohnt es sich, zu hinterfragen, warum die Leute unterschiedliche Antworten geben.

Ausführung

Das Team »packt an«. Das heißt, Projekte, Features und Dienste werden für die Beteiligten und Entscheidungsträger sichtbar bereitgestellt.

Wir haben uns bereits intensiv damit beschäftigt, was es für einen Engineer bedeutet, »anzupacken« (in Englisch etwa *to get things done*) und inwiefern das eine Kombination aus guter Arbeit und der Kommunikation dieser Arbeit an andere bedeutet. Das Gleiche gilt für gesunde Teams. Als Tech-Lead besteht Ihre Rolle zu einem großen Teil darin, das Team bei der Leistung guter Arbeit zu unterstützen und dafür zu sorgen, dass die Stakeholder das auch zur Kenntnis nehmen.

Gute Moral

Gesunde Teams haben eine gute Moral, und die Mitarbeitenden gehen gern zur Arbeit. Ein paar Anzeichen für eine gute Arbeitsmoral:

- Engagierte Teammitglieder zeigen Interesse an ihrer Arbeit, tragen Ideen bei und helfen anderen.
- Gegenseitige Unterstützung: Es gibt Kameradschaft, und es ist üblich, dass Teammitglieder sich bei Bedarf gegenseitig helfen.
- Geringe Abnutzung: Nur wenige Menschen verlassen das Team, selbst wenn die Gelegenheit dazu bestünde.
- Positive Atmosphäre: Im Team herrscht eine gute Energie, und die Mitglieder sind motiviert, ihre Aufgaben zu erledigen.

Gesunde Kommunikation

Zivilisierte und konstruktive Kommunikation ist eine Grundlage für gesunde Teams. Die Personen gehen selbst in schwierigen Situationen respektvoll miteinander um. Die Kommunikation ist offen und von Respekt geprägt. Zwischen Engineers, dem Engineering-Manager, dem Produktmanager und anderen wichtigen Mitgliedern herrscht gegenseitiges Vertrauen.

In jedem Team kommt es zu Konflikten, aber in gesunden Teams werden diese konstruktiv ausgetragen. Es gibt kein echtes »Drama« – zumindest nichts, was sich nicht schnell lösen ließe.

Die Teammitglieder sind offen für die Idee, sich gegenseitig zu besseren Lösungen herauszufordern, und gehen dabei respektvoll und konstruktiv miteinander um. So enthalten Code- und Design-Reviews nützliches und nicht wertendes Feedback.

Ein engagiertes Team

Jeder im Team leistet seinen Beitrag und beteiligt sich sowohl an der Planung wie auch an der Arbeit selbst. Niemand wird ausgegrenzt oder muss wesentlich mehr

Arbeit als andere leisten. Junior-Teammitglieder und Neueinsteiger werden zur Mitarbeit eingeladen. Die Teammitglieder fühlen sich sicher, sie selbst zu sein, und haben keine Angst davor, sich vor anderen verletzlich zu zeigen.

Ungesunde Teams

Per Definition sind ungesunde Teams das Gegenteil von gesunden Teams. Anzeichen für ein ungesundes Team sind:

- mangelnde Klarheit,
- schlechte Umsetzung,
- nicht konstruktiver Umgang mit Konflikten,
- Mangel an Kommunikation und Vertrauen,
- unkonstruktives Feedback,
- Mangel an psychologischer Sicherheit, und
- nicht alle Teammitglieder leisten einen Beitrag.

Sehen wir uns einige übliche Gründe für ungesunde Teams genauer an.

Gründe für ungesunde Teams und der Umgang damit

Schlechtes Management. Das ist oft eine subjektive Wahrnehmung, aber es könnte sein, dass Manager die Teamdynamik zu lange vernachlässigen, bestimmte Personen bevorzugen, dass sie unterschiedliche Erwartungen an bestimmte Teammitglieder haben, sich von Vorurteilen leiten lassen, jedes kleine Detail selbst entscheiden wollen (»Mikromanagement« betreiben) und vieles mehr.

Normalerweise ist schlechtes Management leicht zu erkennen, denn die Teammitglieder diskutieren dieses irritierende Vorgehen oft untereinander. Das zu ändern, ist natürlich nicht einfach. Wenn der Manager offen für Feedback ist, haben Sie als Tech-Lead vielleicht die Möglichkeit, ihn auf konstruktive Weise wieder »auf die Spur« zu bringen. Dabei sollten Sie allerdings vorsichtig vorgehen. Am Ende ist es schließlich die Verantwortung des Managers, gesunde Managementpraktiken anzuwenden.

Ein »genialer Trottel« im Team. Ein erfahrener Engineer, der sich als »fauler Apfel« herausstellt, kann einer zu viel sein. Das gilt besonders, wenn er vom Manager beschützt wird, weil dieser Angst hat, die Expertise, die dieser »Trottel« ins Team bringt, zu verlieren. Ein solch »genialer Trottel« beschädigt jedoch die Dynamik und die Moral des gesamten Teams.

Wenn Ihnen diese Situation als Tech-Lead auffällt, sollten Sie sich darum kümmern, anstatt sie weiter gären zu lassen. Sie können versuchen, dem fraglichen »Trottel« im Team Feedback zu geben. Wenn das nicht funktioniert, müssen Sie wahrscheinlich mit seinem Manager darüber sprechen. Er verfügt über mehr Werkzeuge als Sie, mit dem Problem umzugehen, inklusive des Leistungsmanagements.

Fehlende Fähigkeiten im Team. Oft sind fehlende Fähigkeiten oder praktische Erfahrungen der Teammitglieder der Grund für schlechte Leistungen. Vielleicht ist nicht genug Wissen zu einer bestimmten Technologie vorhanden. Das kann zum Beispiel sein, wenn ein Team an einer Go-Codebasis arbeiten soll, ohne genug Erfahrung mit der Sprache zu haben.

Als Tech-Lead können Sie darin investieren, andere anzuleiten, sich als Mentor zu engagieren, oder Vorschläge für Fortbildungen zu machen. Wenn eine bestimmte Fähigkeit fehlt, gibt es für erfahrene Engineers kaum eine Entschuldigung dafür, sie nicht zu erwerben. Zeit kann ein offensichtliches Hindernis sein. Wenn es jedoch wichtig ist, dass das Team über die entsprechende Kompetenz verfügt, kann es sich lohnen, sich die Zeit zu nehmen, diese Fähigkeit während der Arbeitszeit zu erwerben, ohne erst um Erlaubnis zu fragen.

Fehlendes oder »leeres« Feedback. Wenn sich Teammitglieder gegenseitig kein Feedback geben, wird sich niemand darüber bewusst sein, wie sein Verhalten auf andere wirkt. Das Gleiche gilt für oberflächliches und nichtssagendes Feedback, das die Probleme, um die man sich kümmern muss, nicht benennt.

Einmal arbeitete ich in einem Team mit einem dieser »genialen Trottel«, der von allen gemieden wurde. Später stellte ich fest, dass niemand ihm hierzu Feedback gab. Als ein Mitarbeiter diese Person auf das Problem hinwies, änderte sich auch ihr Verhalten. Es gibt keine Entschuldigung dafür, dass ein Manager Personen, für die er direkt verantwortlich ist, kein Feedback gibt. Manchmal kann es aber auch für Sie als Tech-Lead sinnvoll sein, konstruktives Feedback zu geben, das den Personen hilft, zu erkennen, dass ihr Verhalten das Team negativ beeinflusst.

Unklare Richtung. Ständige Richtungswechsel, sich ändernde Ziele und Unklarheit führen schnell zu Verwirrung und können die Teamgesundheit beeinträchtigen. Als Tech-Lead sollten Sie sicherstellen, dass die Richtung des Teams und des Projekts klar ist, und Störungen so weit es geht verringern.

Auf der Stelle treten. Es gibt Teams, die wirklich hart arbeiten und trotzdem kaum von der Stelle kommen. Meist sind sie damit beschäftigt, »Löcher zu stopfen« und »den Laden am Laufen zu halten«. Das kann Team-Stakeholder verwirren, und sie können leicht den Eindruck gewinnen, das Team arbeite nachlässig, obwohl eigentlich das Gegenteil wahr ist!

Wenn Sie als Tech-Lead beobachten, dass ein Team auf der Stelle tritt, sollten Sie das Problem mit dem Management besprechen und einen Plan dazu entwerfen, wie sich das Team aus dieser Rolle, den Laden am Laufen halten zu müssen, befreien kann. Möglicherweise muss dafür die produktive Arbeit für eine Weile unterbrochen werden, um den Hauptgrund für die Mehrarbeit zu beseitigen. Das kann bedeuten, die Verantwortlichkeit für Systeme abzugeben, für die das Team nicht mehr zuständig sein sollte. Es kann auch heißen, sich mit den Führungskräften für Engineering und Produkte im Team zusammenzusetzen und nach Möglichkeiten zu suchen, den Teufelskreis zu durchbrechen.

Wenn ein Team auf der Stelle tritt, besteht eine effiziente Lösung darin, die laufenden Arbeiten zu beschränken. In seinem Buch »An Elegant Puzzle« schlägt Engineering Executive Will Larson vor:

> Wenn ein Team auf der Stelle tritt, besteht die systemische Lösung darin, Prozesse einzuführen, um die Anstrengungen des Teams zu konsolidieren und mehr Dinge auf einmal fertigzustellen sowie gleichzeitige Arbeiten zu reduzieren, bis das Team in der Lage ist, seine technischen Schulden abzutragen. Taktisch gesehen liegt der Schwerpunkt hier darauf, den Beteiligten zu helfen, von einer persönlichen Sichtweise der Produktivität zu einer Teamsichtweise zu gelangen.

Übermäßige Kontextwechsel. Ein Team, in dem fast alle an mehreren Dingen gleichzeitig arbeiten, bekommt in der Regel nur wenige Dinge erledigt – und die meistens nicht besonders gut. Dies ist eine Untermenge des Auf-der-Stelle-Tretens, kann aber leichter erkannt werden.

Als Tech-Lead sollten Sie wissen, woran die Leute arbeiten. Wenn Ihnen auffällt, dass die meisten Teammitglieder an mehreren wichtigen Aufgaben gleichzeitig arbeiten, sollten Sie ihnen Hilfe bei der Priorisierung anbieten und ihnen Rückendeckung geben, damit sie die Aufgabe mit der größten Wichtigkeit erledigen können. Dinge zu Ende zu bringen, bevor man mit etwas Neuem beginnt, ist ebenfalls hilfreich.

Zu viele Prozesse. Wenn ein Team mit zuviel Bürokratie zu kämpfen hat, können selbst kleine Aufgaben, wie Codeänderungen und der Einsatz eines neuen Werkzeugs, wie ein enormer Aufwand anfühlen. Das kann die Teameffizienz und -moral verschlechtern und zu höherer Abnutzung führen.

Als Tech-Lead sind Sie in einer starken Position, unnötige Prozesse abzuschaffen und Bürokratie abzubauen. Sie sind außerdem in der Lage, Teammitgliedern zu zeigen, welche Prozesse wirklich sinnvoll sind. Aber wer sagt, dass Prozesse nicht vereinfacht oder automatisiert werden können?

Hinterfragen Sie mühsame, zeitaufwendige manuelle Prozesse. Bedenken Sie, dass einige der größten Tech-Unternehmen es bewusst vermeiden, ihren Engineers mit unnötigen Prozessen auf die Nerven zu gehen. Apple, Microsoft und Amazon investieren eine Menge Zeit, Mühe und Geld in die Automatisierung vieler ihrer Engineering-Prozesse. Vielleicht können Sie sich für Initiativen einsetzen, um Prozesse durch Automatisierung zu ersetzen!

Fehlende Strukturen. Zu viele Prozesse sind nur selten etwas Positives. Aber auch das Fehlen von Prozessen kann Teams mit unerfahrenen Engineers vor Herausforderungen stellen. Wenn Sie sich in einem solchen Team wiederfinden, könnten grundlegende Richtlinien eine Hilfe sein, sofern man das Ziel im Hinterkopf hat, sie wieder zu entfernen, sobald das Team reif genug ist.

Automatisierte Richtlinien lassen sich leichter befolgen und sind haltbarer als manuelle. Andererseits sind manuelle Richtlinien leichter einzuführen. Wenn die meisten Teammitglieder das Schreiben von Tests überspringen, schleichen sich Fehler ein. In diesem Fall könnten Sie als ersten Schritt automatisierte Tests für sämtlichen Code einführen, der die Geschäftslogik verändert.

Alternativ könnten Sie das CI-System mit einer Automatisierung versehen, die die Codeabdeckung (*Code Coverage*) von Pull-Requests überprüft und automatisch eine Warnung ausgibt, wenn die Testabdeckung bei einem Pull-Request sinkt. Reviewer könnten diese Warnung ignorieren, aber die Automatisierung erschwert es, die Tests zu vernachlässigen, wenn man davon ausgeht, dass das Team sich auf diesen Bereich konzentrieren will.

Geplagt von technischen Schulden. Wenn technische Schulden lange nicht abgetragen werden, können selbst einfache Dinge wie die Anpassung eines Features oder eine scheinbar kleine Änderung an einem System unnötig lange dauern oder das System sogar ganz lahmlegen. Das führt dazu, dass mehr Zeit für die Reparatur der Probleme gebraucht wird. Ein Team mit zu vielen technischen Schulden beginnt irgendwann, auf der Stelle zu treten, und verzettelt sich darin, Systeme zu pflegen, die immer zerbrechlicher werden.

Strukturelle Gründe für Schwierigkeiten des Teams

Manchmal kann ein Tech-Lead nur wenig ausrichten, um die Gründe für ein ungesundes Team zu beseitigen. Hierzu gehören:

Zu hohe Abnutzung. Zu viele Menschen verlassen das Team in zu kurzer Zeit, oder Personen mit wichtigem Fachwissen und besonderen Fähigkeiten gehen und hinterlassen eine Lücke. Für Abnutzung gibt es viele Gründe – tiefer liegenden Probleme auf Unternehmensebene oder beim Engineering-Management, aber auch einfach Pech mit eingeschlossen.

Wenn die Abnutzung zu groß wird, ist es am sinnvollsten, die Erwartungen neu zu verhandeln, denn das Team kann nicht die gleiche Arbeitsmenge oder Qualität liefern wie zuvor.

Zu viele Neueinsteiger. Auch wenn es wenig intuitiv klingt: Neueinsteiger können ein Team durch die Einarbeitung verlangsamen. Wenn sich die neuen Kolleginnen und -kollegen mit Begeisterung an den Projekten beteiligen, wird sich ihr Arbeitstempo aber schnell erhöhen. Trotzdem gehen die Ergebnisse kurzzeitig herunter, während sie die Einzelheiten der Systeme begreifen – oft durch das Lernen aus eigenen Fehlern.

Sehr viele unerfahrene Mitarbeitende. Ein Team mit mangelnder praktischer Erfahrung wird schnell in Schwierigkeiten geraten. Als Tech-Lead haben Sie viele Möglichkeiten, die Fähigkeiten und die Erfahrung des Teams zu steigern. Das geht aber nicht über Nacht.

Möglicherweise ist es hilfreich, Tandems mit anderen Engineers zu bilden, ihre Arbeit zu untersuchen und Feedback zu geben. Das gilt besonders für Code-Reviews. Es kann helfen, kurzzeitig erfahrenere Engineers an Bord zu holen, um dem Team bei seinem Wachstum zu helfen, oder Mentoren für Engineers zu suchen, die Sie aus Zeitgründen nicht selbst unterstützen können.

Eine plötzliche Richtungsänderung. Wenn ein Team plötzlich die Richtung wechselt, sinkt in der Regel das Arbeitstempo. Ein Richtungswechsel bedeutet, das Team muss die vorherige Arbeit zumindest »herunterfahren« und den neuen Ansatz planen. All das ist normal. Als Tech-Lead müssen Sie dafür sorgen, dass die Erwartungen von Stakeholdern und der Geschäftsleitung nicht zu hoch sind. Ihnen muss klar sein, dass das Team Platz für die Neuausrichtung braucht, die Ausführung danach aber wieder nach Plan verläuft.

Teams mit wachsenden Schwierigkeiten

Manche Teams scheinen gesund, obwohl sie vor wachsenden, aber nicht sichtbaren Problemen stehen. Werden diese nicht beseitigt, können sie die Gesundheit des Teams beeinträchtigen. Zu wachsenden Schwierigkeiten gehören die folgenden Kategorien.

Unausgesprochene Konflikte und Reden hinter dem Rücken anderer

Auf den ersten Blick scheint es, als gäbe es keine Konflikte zwischen den Teammitgliedern und als liefe die Kommunikation zivilisiert ab. Unter der Oberfläche aber gibt es Konflikte und Cliquenbildungen. Dabei sind dem Manager des Teams – und manchmal sogar einigen Teammitgliedern – diese Probleme vielleicht gar nicht bewusst. Je länger solche Konflikte vor sich hin gären, desto mehr kann die Produktivität darunter leiden.

Wenn Ihnen so etwas als Tech-Lead auffällt, hilft es, Ihren Manager zu alarmieren, denn er hat die besten Werkzeuge, um damit umzugehen. Aber verlassen Sie sich nicht ausschließlich auf ihn. Nutzen Sie Ihre Urteilskraft und das Vertrauen, das man Ihnen entgegenbringt, damit die Beteiligten miteinander ins Reine kommen.

Im Verborgenen wachsende Probleme bei der Umsetzung

Die Umsetzung der Aufgaben eines Teams funktioniert gut, wird aber schwieriger. Das könnte an schnell wachsenden technischen Schulden liegen oder daran, dass operative Aufgaben im Verhältnis zur Arbeit an Produkten immer stärker anwachsen, dass Mitarbeitende einem Burn-out nahe sind, und an einer Vielzahl anderer Gründe.

Als Tech-Lead sollten Sie nicht warten, bis diese Probleme dem Team über den Kopf wachsen und die Leistung beeinträchtigen. Versuchen Sie, die Schwierigkeiten zu beseitigen, und beginnen Sie dabei mit den dringendsten.

Gute Arbeit ohne Beachtung

Einige Teammitglieder leisten hervorragende Arbeit, oftmals außerhalb ihres Teams. Das wird von ihrem Manager aber nicht wahrgenommen. Ihm ist die zusätzliche Arbeit nicht nur nicht bewusst, sondern er nimmt diese Mitarbeiter sogar als weniger produktiv wahr als ihre Teamkollegen.

Als Tech-Lead sollten Sie ein gutes Verständnis der Arbeit Ihrer Teamkolleginnen und -kollegen entwickeln. Sorgen Sie dafür, dass diese Arbeit anerkannt wird, auch wenn sie außerhalb des Teams geleistet wird. Sie befinden sich in einer der besten Positionen, um unbeachtete Arbeit ins rechte Licht zu rücken, also nutzen Sie Ihren Einfluss hierfür!

Wachsendes Abnutzungsrisiko

Oft wissen Teammitglieder lange vor dem Manager, wenn eine Kollegin das Team verlassen möchte. Was ist zu tun, wenn Sie so etwas herausfinden? Sollen Sie den Manager informieren oder besser nichts sagen?

Dies ist eine knifflige Situation. Schließlich kann es sein, dass die fragliche Person das Team gar nicht verlässt. Es lohnt sich, mit ihr zu sprechen, um den Hauptgrund für den möglichen Wechsel zu erfahren und zu versuchen, diesen zu beseitigen. Ist das Motiv finanzieller Art, können Sie als Tech-Lead nur wenig tun. Aber wenn die Person das Gefühl hat, kurz vor einem Burn-out zu stehen, weil sie ständig »Feuerwehr« spielen muss, dann können Sie vermutlich helfen – zum Wohl dieser Person und des ganzen Teams.

Ein Team mit vielen Senior-Engineers, denen die Herausforderungen fehlen

Seltener kommt es vor, dass einem Team mit vielen erfahrenen Engineers die Herausforderungen fehlen. In solchen Teams kann es passieren, dass »viele Köche den Brei verderben«. Dadurch entstehen möglicherweise Konflikte um Chancen, an interessanten Projekten mit großen Auswirkungen zu arbeiten. Die Dynamik kann besonders schwierig werden, wenn die Engineers auf die gleiche Beförderungsstufe hinarbeiten, für die es nötig ist, Projekte abzuliefern und Erfolge vorzuweisen.

Das Performancemanagement gehört nur selten zu Ihren Aufgaben als Tech-Lead. Trotzdem kann es sinnvoll sein, diese Themen beim verantwortlichen Manager anzusprechen.

Teamdynamik verbessern

Als Tech-Lead sind Sie vermutlich in der besten Position unter den Individual Contributors, um die Teamdynamik zu verbessern. Sie gehören wahrscheinlich zu den erfahrensten Personen und übernehmen bereits für einige Projekte die Verantwortung. Das heißt, Sie verfügen über einige informelle Autorität. Hier sind ein paar Ansätze, um Ihre Position für eine Verbesserung der Teamdynamik zu nutzen.

Zuerst beobachten …

Beginnen Sie, indem Sie die Teamdynamik beobachten. Fangen Sie nicht gleich an, irgendetwas »verbessern« zu wollen. Das gilt besonders, wenn Sie noch neu im Team sind. Verschaffen Sie sich einen Eindruck vom Zustand des Teams. Welche Teile scheinen gesund, und welche Bereiche wirken ungesund?

Als Übung können Sie sich eine Liste der gesunden und ungesunden Merkmale anlegen, die wir weiter oben in diesem Kapitel besprochen haben, und überlegen, wie weit sie auf Ihr Team zutreffen. Was sehen Sie? Notieren Sie sich die drei besten Eigenschaften Ihres Teams und drei Bereiche, die verbesserungswürdig sind.

Alternativ könnten Sie eine Teamübung durchführen, bei der die Beteiligten über die Bereiche nachdenken, die gut laufen, und über die, die eine Herausforderung darstellen.

Sprechen Sie unter vier Augen mit den Teammitgliedern, um ein besseres Gefühl für die Situation zu bekommen. Engineering-Manager nutzen regelmäßig Privatgespräche mit den Personen, für die sie direkt zuständig sind, um einen Eindruck vom tatsächlichen Stand der Dinge zu gewinnen. Die meisten Menschen sind im persönlichen Gespräch offener.

Überlegen Sie, ob diese Vieraugengespräche mit Teammitgliedern auch für Sie sinnvoll sind – nicht unbedingt regelmäßig, wie es Manager tun, aber zumindest als einmalige Gelegenheit. Im privaten Rahmen können Sie die Menschen fragen, was ihrer Ansicht nach gut läuft und wo die größten Probleme liegen. Achten Sie darauf, wo die Herausforderungen liegen und wie die Person die Situation sieht.

Das geht deutlich leichter, wenn Sie vorher Vertrauen aufbauen. Dabei gibt es keine Abkürzung. Wenn Sie Ihren Teamkolleginnen und -kollegen den Rücken stärken, ihnen selbstlos helfen und das Vertrauen nicht missbrauchen, haben alle etwas davon.

… dann die Dynamik verbessern

Verringern Sie nach Möglichkeit negative Interaktionen im Gruppenkontext. Wie sieht die Dynamik in Meetings und anderen Gruppensituationen aus? Dominieren einige Menschen die Diskussion, während andere sich heraushalten? Gibt es offene oder verborgene Konflikte?

Wenn negative Dynamik im Spiel ist, überlegen Sie, ob Sie die negativen Interaktionen aus dem Gruppenumfeld beseitigen können. Entbrennt zwischen zwei Teammitgliedern ein Streit, könnten Sie versuchen, ihn zu schlichten, indem Sie die erhitzten Gemüter beruhigen und sich auf die zu lösenden Probleme konzentrieren. Wenn Sie unprofessionelles Verhalten trotz Ihres höheren Dienstalters tolerieren, unterstützen Sie es im Prinzip.

Beteiligen Sie Teammitglieder an relevanten Diskussionen. Ich habe zwei Arten von Engineering-Teams kennengelernt:

1. Team A: Erfahrene Engineers treffen Entscheidungen, ohne andere Teammitglieder daran zu beteiligen. Dann stellen sie diese Entscheidungen als den zu erfüllenden Plan dar.
2. Team B: Erfahrene Engineers erarbeiten einen Vorschlag. Dabei beziehen sie andere Teammitglieder ein oder begründen ihre Sichtweise. Dabei geben sie anderen Teamkollegen Gelegenheit, Entscheidungen infrage zu stellen.

Welches Team arbeitet effizienter? Sie könnten argumentieren, dass Team A schneller vorankommt, wenn die Zeit knapp ist, weil weniger Zeit damit verbracht wird, Themen zu diskutieren, zu denen weniger erfahrene Engineers ohnehin nicht so viel beitragen können.

Aber welches Team hat die bessere Dynamik? Ich würde sagen, dass ein Team, in dem alle, inklusive der weniger erfahrenen Engineers, das Gefühl haben, dazuzugehören und gehört zu werden, die bessere Dynamik hat.

Als Tech-Lead haben Sie die Chance, die Teamkultur nach dem Vorbild von Team A oder Team B zu beeinflussen. Sorgen Sie für ein Gleichgewicht zwischen der Notwendigkeit, effizient zu sein, und dem Einbeziehen der weniger erfahrenen Engineers, damit diese lernen, wie Entscheidungen getroffen werden, und ihren Beitrag dazu leisten können.

Lösen Sie das dringendste Gesundheitsproblem oder wenden Sie sich damit an Ihren Manager. Sobald Sie ein Gefühl für die Teamdynamik haben, werden Sie auch die dringendsten Probleme erkennen.

Das kann ein zu dominantes Teammitglied sein, ein Mangel an Orientierung oder etwas anderes. Nutzen Sie das Vertrauen des Teams in Sie und Ihre Autorität, um eine Lösung zu finden. Manchmal kommen Sie weiter, wenn Sie mit den Personen sprechen oder ihnen Feedback geben. Mit gutem Beispiel voranzugehen, kann ebenfalls helfen.

In manchen Fällen werden Sie ein dringendes Problem aber nicht selbst lösen können. Letztendlich ist der Manager für die Teamdynamik verantwortlich. Wenn Ihnen die Werkzeuge für die Lösung des Problems fehlen, sollten Sie es zu ihm eskalieren. Als Tech-Lead ist es nicht Ihre Aufgabe, jedes Problem zu lösen. Hat ein Kollege Probleme bei der Arbeitsleistung, ist dies nicht Ihr Problem, sondern das Ihres Managers.

Allerdings sollten Sie Ihren Manager nicht einfach mit den Schwierigkeiten konfrontieren, sondern Lösungsvorschläge anbieten. Versuchen Sie, ihn nicht aus heiterem Himmel mit dem Problem zu überraschen. Wenn Sie sich regelmäßig treffen, sollten Sie möglichst früh auf Dinge hinweisen, die Ihnen auffallen, damit sie nicht zu größeren Problemen anwachsen.

Beziehungen zu anderen Teams

Ein gesundes Team ist nicht nur im Innern gesund, es hat auch gesunde Beziehungen zu anderen Teams. Als Tech-Lead können Sie diese Beziehungen beeinflussen. Wenn Sie – einfach gesagt – eine Beziehung zu Engineers, Produktverantwortlichen und Entscheidungsträgern in anderen Teams haben, werden Sie Ihrem Team wesentlich besser helfen können, seine Aufgaben zu erledigen.

Taktiken für die bessere Zusammenarbeit mit anderen Engineering-Teams finden Sie auch hier:

- Kapitel 12 (Teil III), »Zusammenarbeit und Teamwork«
- Kapitel 22 (Teil V), »Zusammenarbeit«

Zusätzlich zu den Ratschlägen in diesen Kapiteln finden Sie im Folgenden ein paar weitere Möglichkeiten, gesunde Beziehungen zu anderen Teams zu pflegen.

Tauschen Sie sich mit den Project Leads anderer Teams aus. Nehmen Sie sich die Zeit für eine gemeinsame Mittagspause oder ein Treffen – persönlich oder per Anruf – mit den Project Leads. Dies können andere Tech-Leads sein oder andere Engineers auf Senior- oder Staff-Ebene. Diskutieren Sie, was bei Ihrem Gegenüber gut läuft und vor welchen Herausforderungen er oder sie steht. Erzählen Sie, worum es in Ihrem Team gerade geht, und bieten Sie nach Möglichkeit an, bei seinen Herausforderungen zu helfen.

Sprechen Sie mit den Engineering-Managern oder Produktmanagern in anderen Teams. Manchmal kann es hilfreich sein, die Manager von Teams zu kennen, mit denen Sie regelmäßig zusammenarbeiten. Folgen Sie dem Rat im Abschnitt »Von Stakeholdern lernen« in Kapitel 18 (Teil IV).

Manchmal kann es sinnvoll sein, in problematischen Situationen direkt miteinander zu sprechen, anstatt sich zu schreiben. Ihr Team wird zweifellos irgendwann Probleme mit anderen Teams bekommen. Vielleicht sind die Mitarbeitenden darüber frustriert, dass eine bestimmte Änderung an einer API immer noch nicht fertig ist oder dass das Team einen Pull-Request abgelehnt hat, der einen Teil der Codebasis verändern würde, für den es verantwortlich ist.

Nutzen Sie bei solchen Konflikten die Gelegenheit, persönlich oder per Videoanruf mit einem anderen Engineer aus dem fraglichen Team zu sprechen. Dadurch vermeiden Sie die Missverständnisse schriftlicher Kommunikationskanäle wie Chat oder E-Mail. Außerdem hilft ein Gespräch mit jemandem, den Sie nicht kennen, bei der Problemlösung und beim Aufbau einer persönlicheren Beziehung. Geht es darum, die Beziehungen mit anderen Teams zu stärken, können direkte Gespräche eine große Hilfe sein.

Zusammenfassung

In der Rolle des Tech-Lead müssen Sie verschiedene Dinge im Gleichgewicht halten:

- Leitung eines Projekts oder eines Engineering-Teams.
- Unterstützung von Teammitgliedern und Hilfe bei der Beseitigung von Blockaden.
- Produktverantwortliche und vielleicht sogar Ihren Manager auf dem Laufenden halten.
- Bei der Arbeit als Individual Contributor (IC) Ihrer Vorbildfunktion gerecht werden: beim Programmieren, bei Code-Reviews und beim Bereitschaftsdienst.

Alle diese Aufgaben und Verantwortlichkeiten in Balance zu halten, ist nicht einfach. Es braucht Zeit, Übung und etwas »Trial and Error«.

Vorbild sein. Als Tech-Lead erwartet das Team, dass Sie mit gutem Beispiel vorangehen, auch wenn diese Erwartung nicht explizit ausgesprochen wird. Dabei sollten Sie genug praktische Erfahrung besitzen, um an der Planung mitzuwirken, Code zu schreiben, Code-Reviews durchzuführen und bei Bedarf Bereitschaftsdienste zu übernehmen.

Wenn Sie Abkürzungen nehmen, beispielsweise indem Sie Code ohne automatisierte Tests bereitstellen oder ein hohes Arbeitstempo vorlegen – aber dadurch oft den Produktivbetrieb stören –, sollten Sie sich bewusst sein, dass Ihr Team sich daran ein Beispiel nimmt. Wenn Sie wollen, dass Ihr Team seinen hohen Standard hält, ist es am besten, mit gutem Beispiel voranzugehen und Arbeitsergebnisse mit hoher Qualität zu liefern. Das Gleiche gilt für die Kultur, Dinge zu erledigen und eigene Blockaden zu beseitigen, oder für Gespräche mit Kunden und das Lösen ihrer Probleme.

Außerdem haben Sie als Tech-Lead eine größere Verantwortung. Das heißt, Sie haben weniger Zeit für IC-Aufgaben. Wenn Sie Zeit für IC-Arbeit finden, nutzen Sie sie, so gut es geht. Sorgen Sie dafür, dass Ihre Ergebnisse als Beispiel für die hohe Qualität der Resultate Ihres Teams gesehen werden.

Die besten Tech-Leads halten sich gegenüber anderen Engineers nicht für überlegen. Ein Grund, warum viele Unternehmen den Titel »Tech-Lead« nicht verwenden, liegt darin, dass das Wort »Lead« für eine Person steht, der andere folgen. Die produktivsten Teams, in denen ich gearbeitet habe, hatten allerdings eines gemeinsam: Alle Teammitglieder hatten das Gefühl, dass ihr Wort Gewicht hat und dass es bei den Jobtiteln nicht darum ging, wer etwas besser oder in höherer Qualität schaffen konnte.

Versuchen Sie als Tech-Lead, ein Gleichgewicht zu finden zwischen Ihrer Führungsrolle und dem Schaffen einer Umgebung, in der alle Engineers gehört werden und sich trauen, die Initiative zu übernehmen und Entscheidungen zu treffen. Vergessen Sie nicht, dass Ihr Ziel als Tech-Lead nicht darin besteht, dass sich alle nur an Sie wenden und Ihren Entscheidungen folgen. Ihr Ziel sollte es sein, das Team und das Projekt zum Erfolg zu führen und dafür zu sorgen, dass dies so effizient wie möglich abläuft.

Ein Team, in dem die Menschen unabhängiger sind, ist fast immer effizienter als eines, in dem alle darauf warten, dass der Tech-Lead eine Entscheidung trifft.

Weiteren Lesestoff zu diesem Thema finden Sie im Onlinebonuskapitel (in Englisch) zu Teil IV:

Abbildung 20-1: Working Well with Product Managers as a Tech-Lead (Gute Zusammenarbeit mit Produktmanagern als Tech-Lead) pragmaticurl.com/bonus-4

TEIL V

Vorbildliche Staff- und Principal-Engineers

Bisher haben wir den Begriff *Tech-Lead* eher als Rolle und nicht als explizite Berufsbezeichnung oder als Karrierestufe gesehen. Aber was folgt in Unternehmen ohne diese Karrierestufe auf die Senior-Position? Häufig wird diese Ebene als *Staff-Engineer* oder *Principal-Engineer* bezeichnet.

Bei Google folgt auf den *Senior-Engineer* (L5) der *Staff-Engineer* (L6), gefolgt vom *Senior-Staff-Engineer* (L7), danach kommt der *Principal-Engineer* (L8), der *Distinguished Engineer* (L9) und schließlich der *Fellow* (L10). Viele Big-Tech-Unternehmen nutzen eine ähnliche Folge nach dem Muster *Senior → Staff → Principal → Distinguished.* Bei Uber und Databricks sind die Karrierepfade ebenfalls verwandt, und auch bei Netflix und Dropbox gibt es diese Stufen, allerdings gab es dort zum Zeitpunkt der Veröffentlichung dieses Buchs keine Stufe eines Distinguished Engineers.

Trotzdem verwenden einige Tech-Unternehmen unterschiedliche Berufsbezeichnungen oberhalb des Senior-Engineers. So gibt es bei Microsoft, Amazon und Booking.com kein Konzept eines Staff-Engineers. Hier folgt auf den *Senior-Engineer* direkt der *Principal-Engineer*. In anderen Unternehmen gibt es Titel wie *Architect* (Oracle), *Principal member of technical staff* (eBay) oder *Lead Consultant* (ThoughtWorks), um die Karrierestufe oberhalb des Senior-Engineers zu beschreiben.

Warum unterscheiden sich die Berufsbezeichnungen zwischen den Unternehmen so stark? Das liegt an den unterschiedlichen Erwartungen. Dabei lohnt es sich, den jeweiligen Titel für ein bestimmtes Unternehmen zu betrachten und zu fragen:

- »Wie sieht der *vollständige* Karrierepfad bei einem bestimmten Unternehmen aus?« Dies verschafft Ihnen einen besseren Eindruck des Dienstalters oder der Erfahrung bestimmter Positionen auf Staff-Ebene und darüber. Einen guten Überblick über die Karrierestufen oberhalb des Senior-Engineers in verschiedenen Unternehmen finden Sie auf der Website Levels.fyi (*https://www.levels.fyi/*). Allerdings sollte Ihnen klar sein, dass die Aufgabenbereiche zweier Positionen tatsächlich schwerer vergleichbar sind, als auf der Website dargestellt, denn der Teufel steckt bekanntlich im Detail.
- »Welche technischen und geschäftlichen Auswirkungen hat eine bestimmte Position?« Es gibt einen Unterschied zwischen einem Staff-Engineer, der für ein System verantwortlich ist, das einen Gewinn von 1 Million US-Dollar erzeugt

und von einer Handvoll Kunden genutzt wird, und einem Staff-Engineer, der für ein System zuständig ist, das 500 Millionen US-Dollar generiert und von Millionen von Kunden verwendet wird.

- Wie groß ist die Reichweite der Auswirkungen (*Blast Radius*) einer bestimmten Position? Wie viele Engineers sind typischerweise direkt betroffen? In einem kleinen Unternehmen beträgt der Blast Radius eines Principal-Engineers vielleicht 10 Engineers. Bei großen Arbeitgebern wie Uber oder Google können es leicht 100 Engineers und mehr sein. Beide Positionen haben den gleichen Titel, aber sehr unterschiedliche Erwartungen.

Typische Erwartungen an Staff+-Engineers

Mit *Staff+-Engineer* bezeichne ich in diesem Buch Karrierestufen oberhalb eines Senior-Engineers, also Titel wie *Staff*, *Principal* und darüber.

Die Rollen auf Staff-Ebene und darüber unterscheiden sich stark in ihren Bezeichnungen und den damit verknüpften Erwartungen. Unten sehen Sie meinen Versuch einer Zusammenfassung der üblichen Erwartungen in vielen Big-Tech-Unternehmen und größeren Scale-ups. Denken Sie daran, dass die Erwartungen für Senior-Positionen wie die des Principal-Engineers in Unternehmen, in denen die Position des Principal nach der von Staff, Distinguished oder Fellow kommt, höher sein können als die angegebenen.

Tabelle V-1: Häufig anzutreffende Erwartungen an Software-Engineers auf Staff-Ebene und darüber. Die genauen Erwartungen unterscheiden sich je nach Unternehmen und wachsen bei steigender Karrierestufe ebenfalls an.

Bereich	Typische Erwartungen
Aufgabenbereich	Komplexe Projekte innerhalb einer Gruppe und des Unternehmens.
Anleitung	Arbeitet vollständig unabhängig und leitet andere in ihrem Umfeld an.
Aufgaben erledigen	Beseitigt Blockaden bei sich selbst und für das eigene Team.
Übernimmt die Initiative	Übernimmt die Initiative, Probleme zu lösen, und findet Probleme, deren Lösung sich lohnt.
Software-Engineering	Etabliert und verbessert die Best Practices innerhalb der gesamten Gruppe.
Softwarearchitektur	Trifft praktische, technologische und architektonische Entscheidungen, um Probleme auf Gruppenebene zu lösen. Entwirft auch dann Systeme, wenn die Anforderungen ungenau sind oder es eine große Zahl an Abhängigkeiten gibt.
Best Practices im Engineering	Nutzt branchenübliche Best Practices und führt neue Vorgehensweisen ein, die der Gruppe helfen, bessere Leistungen zu erzielen.
Zusammenarbeit	Mit Produktverantwortlichen, Engineering-Managern und Software-Engineers. Häufig auch Zusammenarbeit mit geschäftlichen Entscheidungsträgern.
Mentoring	Engagiert sich als Mentor für Senior- und weniger erfahrene Engineers.
Lernen	Bleibt für seinen Fachbereich auf dem neuesten Stand und lernt beständig dazu.
Typische Berufserfahrung in Jahren	10 oder mehr.

Engineers auf Staff-Ebene und darüber sind Partner der EMs und PMs

In den meisten Big-Tech-Unternehmen und Scale-ups mit einem zweispurigen Karrierepfad für Individual Contributors und Manager entspricht die Karrierestufe des Staff-Engineers normalerweise der eines Engineering-Managers (EM) oder eines Senior-Produktmanagers (PM). Diese Ähnlichkeit ist nicht nur symbolisch. Sie spiegelt auch wider, dass von Staff+-Engineers erwartet wird, mit EMs und PMs zusammenzuarbeiten. So entspricht bei Uber die Stufe des Principal-Engineers (L7) der gleichen Karrierestufe wie die des Director of Engineering (L7). Entsprechend wird, ebenfalls bei Uber, erwartet, dass Principal-Engineers mit den Directors of Engineering bzw. of Product kollaborieren. Mehr zum zweispurigen Karrierepfad finden Sie in Kapitel 1 (Teil I), »Karrierepfade«, im Abschnitt »Zweispuriger Karrierepfad«.

Manchmal handelt es sich um unausgesprochene Erwartungen. Dann liegt es am Engineer selbst, die nötige Arbeit zu investieren, um seine Partnerschaften zu stärken. Wie bei jeder Zusammenarbeit liegt der Schlüssel zum Erfolg im gegenseitigen Vertrauen! EMs und PMs leisten ihren Teil der Arbeit, um die wichtigen Dinge zu erledigen, und sprechen offen darüber.

KAPITEL 21

Das Geschäft verstehen

Als Engineer auf Staff-Ebene oder darüber (Staff+-Engineer) gibt es oft mehr Arbeit, als Sie bewältigen können. Wie finden Sie heraus, worauf Sie sich im Interesse des Geschäfts konzentrieren sollten? Um diese Frage beantworten zu können, müssen Sie das Geschäft verstehen.

Sie können im Laufe Ihrer Karriere bis zur Staff-Ebene aufsteigen, ohne der geschäftlichen Seite viel Aufmerksamkeit zu widmen. Ohne dieses Wissen werden Sie aber nur schwer weiterkommen. Andere Teile dieser Rolle, wie Software-Engineering, langfristige Planung und Zusammenarbeit, sind weitere wichtige Fähigkeiten, die Sie während Ihres beruflichen Wegs stärken müssen.

In diesem Kapitel behandeln wir:

1. North Stars, KPIs und OKRs
2. Ihr Team und Ihr Produkt
3. Ihr Unternehmen
4. Börsennotierte Unternehmen
5. Start-ups
6. Ihre Branche

North Stars, KPIs und OKRs

Die meisten Software-Engineers empfinden die Konzepte von North Stars, KPIs und OKRs als eher langweilig. Wenn ein CEO über OKRs oder ein Produktmanager über KPIs spricht, wirkt das auf Software-Engineers häufig uninteressant – wir bevorzugen Konkretes. Anstatt über OKRs und KPIs zu reden, befassen wir uns lieber damit, welches Projekt aus welchem Grund durchgeführt werden sollte.

Bei einem einzelnen Engineering-Team ist es einfach, über die konkreten Details eines Projekts und seine Auswirkungen zu sprechen. Sind mehrere Teams beteiligt, reicht es aber nicht mehr, einfach aufzulisten, was jedes einzelne Team plant. Hier ist etwas Abstand nötig, um das große Ganze überblicken zu können. Und da kommen North Stars, KPIs, OKRs und Roadmaps ins Spiel. Als Engineer auf Staff-Ebene oder darüber müssen Sie verstehen, warum diese Konzepte wichtig sind und was sie bedeuten. Sie müssen in der Lage sein, diese Ideen für die Engineers Ihres Teams zu übersetzen, damit auch sie verstehen, was aus welchem Grund wichtig ist.

Ein weiterer Grund für die Wichtigkeit dieser Konzepte liegt darin, dass die meisten Staff+-Engineers direkt mit Engineering-Managern (EMs) und Produktmanagern (PMs) zusammenarbeiten, wenn es um die Festlegung der Strategie und der Roadmaps des Teams geht. North Stars, KPIs und OKRs können dabei helfen, dass alle die gleiche Sprache sprechen.

North Star

Dies ist die Vision eines Teams oder Produkts. Ein North Star (Polarstern) ist der Orientierungspunkt, nach dem man sich ausrichten muss. Für ein internes Payments-Team könnte der North Star beispielsweise lauten: »Es soll jedem Team im Unternehmen möglich sein, in einem Tag oder weniger Bezahlvorgänge in ihr Produkt zu integrieren.«

Der North Star ist in der Regel ein sehr ehrgeiziges Ziel und nicht trivial – er muss nicht einmal möglich sein! Das ist Absicht, denn so bleibt er erstrebenswert und sorgt dafür, dass die Teammitglieder motiviert und fokussiert bleiben. Ein gutes Beispiel ist der North Star des Weltraumunternehmens SpaceX: Menschen auf den Mars zu bringen. Indem es sich auf dieses großartige, im Moment noch unerreichbare Ziel konzentriert, macht das Unternehmen zunehmend Fortschritte – einen Schritt nach dem anderen. Genau das ist der Sinn eines North Star für ein Team oder ein Unternehmen.

North-Star-Metriken sind Kennzahlen, mit denen der Fortschritt zu diesem Ziel hin gemessen wird, beispielsweise die Zahl der Kunden, der täglichen Nutzer oder etwas Ähnliches.

KPIs

KPI steht für *Key Performance Indicator* (wesentlicher Leistungsindikator), also eine Messgröße für den Fortschritt in einem bestimmten Bereich. Die meisten North Stars werden in KPIs gemessen. Hier ein paar Beispiele:

- **Bruttowarenwert (Gross Merchandise Volume, GMV):** Bei Uber bezieht sich diese Kennzahl auf den Gesamtumsatz inklusive der Ausgaben der Kunden. Bei Zahlungsdienstleistern wie Stripe oder Adyen ist hiermit die gesamte Geldmenge gemeint, die mit den Produkten der Unternehmen verarbeitet wird.
- **Einnahmen:** Die Geldmenge, die ein Produkt oder Team erwirtschaftet. Bei Uber waren dies etwa 10 bis 20 % des GMV, denn der restliche Betrag wurde an Fahrer, Restaurants und Kuriere ausgezahlt. Bei Stripe oder Adyen liegt die Zahl deutlich niedriger, nämlich bei 1 bis 3 % des GMV.
- **Anzahl der Kunden:** Diese Zahl ist einfach und wird häufig von Diensten im B2B-(Geschäftskunden-)Bereich genutzt.

- **Tägliche/monatliche aktive Nutzer (Daily/Monthly Active Users, DAU bzw. MAU):** Die täglichen bzw. monatlichen aktiven Nutzer eines Produkts.
- **Inkrementelle Zahlen (Incremental Numbers):** Inkrementeller GMV, inkrementelle Einnahmen, inkrementeller DAU oder MAU (z.B. steigende Zahlen nach einer bestimmten Werbemaßnahme).
- **Prozentuale Abwanderung (Churn Percentage):** Die Zahl der Nutzer, die nach einer bestimmten Zeit nicht zurückkehren, ausgedrückt als Anteil am gesamten Kundenstamm. Der Messzeitraum für zeitnahes Feedback beträgt in der Regel einen Monat oder ein Quartal.
- **Verfügbarkeit (Uptime):** Die Zeit, in der ein Dienst voll verfügbar ist, als Anteil der Gesamtzeit.
- **Prozentsatz der Kunden-Support-Tickets:** In großen Unternehmen ist es üblich, die Anzahl der Support-Tickets für Bereiche, für die ein bestimmtes Team verantwortlich ist, zu protokollieren. Ein starkes Ansteigen dieser Kennzahl kann ein Hinweis auf Qualitätsprobleme sein.
- **Promotorenüberhang (Net Promoter Score, NPS):** Kunden werden gebeten, an Umfragen teilzunehmen. Hier wird beispielsweise abgefragt, wie wahrscheinlich sie das Produkt weiterempfehlen würden. Die Umfrage erstellt einen Durchschnittswert, der als Kennzahl dient.

Es gibt noch zahllose weitere KPIs, wie *Customer Lifetime Value* (CLV, der Gesamtwert, den ein Kunde während seiner gesamten Geschäftsbeziehung zum Unternehmen erzeugt), *Customer Acquisition Cost* (CAC, Kosten der Kundengewinnung), die Zahl der gemeldeten Bugs und im Prinzip alles, was Ihnen noch einfällt. Ein guter KPI ist messbar, eindeutig und hilft dabei, Fortschritte zu verdeutlichen und Probleme aufzuzeigen. Ein guter KPI ist außerdem nur schwer manipulierbar und widersteht dem Versuch, die Kennzahl in eine bestimmte Richtung zu lenken, ohne dass es eine tatsächliche Verbesserung gibt.

OKRs

Objectives and Key Results (OKRs, Ziele und Schlüsselergebnisse) sind in der Technologiebranche sehr beliebt, um Ziele festzulegen und die Ergebnisse zu messen. Sie wurden 1999 von Google eingeführt, als das Unternehmen gerade ein Jahr alt war und etwa 40 Mitarbeiter hatte. Dieses Vorgehen wurde vom Investor John Doerr vorgeschlagen, der später in seinem Buch »Measure What Matters« über diese Methode und ihren Erfolg schrieb.

Firmen, die OKRs nutzen, definieren diese auf Unternehmens- und Abteilungsebene und bis hinunter zur Teamebene. Ein OKR besteht aus zwei Teilen:

1. Ziel (*Objective*): Ein abstraktes, qualitatives Ziel, das nicht unbedingt direkt messbar ist.
2. Schlüsselergebnisse (*Key Results*): Messbare Ergebnisse, die dabei helfen, den Fortschritt auf das Erreichen des gesetzten Ziels hin zu ermitteln.

Ein OKR hat grundsätzlich ein Ziel, kann aber mehrere Schlüsselergebnisse haben. Hier ein paar Beispiele:

Ziel 1: Verlässlichkeit unserer Dienste verbessern.

Schlüsselergebnisse:

1. Systemverfügbarkeit von 99,8 % auf 99,9 % steigern.
2. Die p95-Latenz für API-Prozesse um 20 % verringern.
3. Nicht behandelte Ausnahmefehler um 30 % verringern.

Ziel 2: Die Sicherheit unserer Web- und Mobile-Applikationen verbessern.

Schlüsselergebnisse:

1. Eine Sicherheitsüberprüfung durch einen externen Anbieter durchführen lassen und Behebung der wichtigsten gefundenen Probleme.
2. Zwei-Faktor-Authentifizierung für alle Kunden erstellen und bereitstellen.
3. Auf 90 % aller gefundenen Sicherheitsprobleme innerhalb von zwei Geschäftstagen reagieren.

Ziel 3: Infrastrukturkosten optimieren.

Schlüsselergebnisse:

1. Durchschnittliche CPU-Nutzung der virtuellen Maschinen von 15 % auf 25 % steigern.
2. Abschaltung oder Migration aller Dienste, die noch das nicht mehr unterstützte und ressourcenintensive Python 2 nutzen.

Wenn Ihr Unternehmen OKRs nutzt, sollten Sie verstehen, welche Ziele und Schlüsselergebnisse Ihrer Geschäftsleitung wichtig sind, indem Sie bei den OKRs der obersten Führungsebene anfangen. Finden Sie heraus, wie Ihr Team zu diesen Zielen beiträgt.

Arbeiten Sie gemeinsam mit Ihrem PM und Ihrem EM daran, OKRs für das Team zu formulieren, die für das Geschäft einen Sinn ergeben und von den Engineers verstanden werden. Möglicherweise müssen Sie den Engineers einige Begriffe aus der »Sprache der Geschäftsleute« erklären sowie die Begriffe *Key Results* und *Objectives* erklären.

Fixieren Sie sich nicht zu sehr auf OKRs. Sie dienen nur als Werkzeug, das dem Team helfen soll, sich auf die wichtigen Dinge zu konzentrieren – so ähnlich wie Ticketing-Systeme die Effizienz steigern können. Wie bei allen Werkzeugen gibt es aber auch hier das Risiko der übermäßigen Nutzung. Anstatt sich zu sehr auf das Erreichen eines bestimmten Schlüsselergebnisses zu versteifen, geht es darum, das Richtige für den Kunden zu erstellen.

Werden die richtigen Dinge gemessen?

Ein bemerkenswerter Unterschied zwischen durchschnittlichen und hervorragenden Engineering-Teams besteht darin, dass die Engineers in hervorragenden Teams die KPIs und manchmal sogar die OKRs der Produktverantwortlichen nicht einfach hinnehmen. Für vorbildliche Staff+-Engineers halte ich dieses Vorgehen für selbstverständlich.

Hinterfragen Sie jede einzelne Kennzahl, die Ihnen vorgelegt wird, und untersuchen Sie diese aus verschiedenen Blickwinkeln:

- **Messen wir das Richtige?** Wenn sich eine Kennzahl verbessert, führt sie dann auch zu den erwarteten Geschäftsergebnissen? Geht es bei einer KPI beispielsweise um die Latenz eines Endpunkts, sorgt dann eine Verringerung der Latenz für Kunden und Unternehmen überhaupt für einen spürbaren Unterschied? Oder würde die Fehlerrate durch die Verringerung deutlich ansteigen?
- **Wie könnte diese Kennzahl oder das Messziel manipuliert werden?** Es gibt sehr kreative Wege, Messungen zu »verbiegen«. Bei Uber war in meiner Abteilung zum Beispiel vorgeschrieben, dass alle Endpunkte eine Verlässlichkeit von 99,9% aufweisen mussten. Das hatte zur Folge, dass Teams, deren Verlässlichkeit deutlich unter diesem Wert lag, einfach eine andere Messmethode für die Verlässlichkeit verwendete, um das neue Ziel zu erreichen. Dafür wurden keine Codeänderungen vorgenommen. Ein anderes Mal bestand das Ziel darin, die Zahl der 500er-Fehler-Statuscodes (*Internal Server Error*) der Webserver zu reduzieren. Also änderte ein Team den ausgegebenen Code 500 einfach zu Code 200 (*OK*) und verschob die Fehlermeldung in den Body der Serverantwort.
- **Welche anderen Dinge sollten als »Gegenmaßnahme« ebenfalls gemessen werden?** Jede Messung ist manipulierbar. Daher kann eine Reihe zusätzlicher Kennzahlen helfen, einen ausgewogeneren Überblick zu bekommen. So könnte man sich vornehmen, die durchschnittliche CPU-Nutzung von 15% auf 20% zu steigern, weil diese Kennzahl stellvertretend für die Nutzung der Ressourcen verwendet werden kann. Wie wollen Sie aber feststellen, dass es keine Codeänderungen gibt, die den Code ineffizienter machen und dadurch für eine höhere Prozessorauslastung sorgen? In diesem Fall kann ein Performance-Benchmark helfen, der die grundsätzliche Leistung des Codes über eine bestimmte Zeit misst. Zusätzlich könnten Sie die Latenz der Endpunkte messen (die p50- und p95-Werte), um sicherzustellen, dass eine höhere CPU-Nutzung das Nutzererlebnis nicht beeinträchtigt.

Vergessen Sie nicht das große Ganze. Es ist viel einfacher, die Eigenschaften eines Systems zu messen als die Zufriedenheit oder auch die Frustration der Kunden oder die Gründe für Abwanderung und einen Anbieterwechsel. Diese wichtigen Details können leicht untergehen, wenn Sie sich nur auf sehr konkrete Kennzahlen konzentrieren.

Ihr Team und Ihr Produkt

Am besten können Sie einen Einblick in das Geschäft bekommen, indem Sie und Ihr Team das Produkt selbst nutzen. Verstehen Sie, wie das Produkt funktioniert, warum Kunden es einsetzen, wer die Mitbewerber sind und wie es zum Gesamtergebnis des Unternehmens beiträgt.

Den Produktmanager-Hut aufsetzen

Hat Ihr Team einen eigenen Produktmanager? Falls ja, großartig. Diese Person können – und sollten! – Sie als Partner gewinnen. Falls nicht, muss diese Rolle noch ausgefüllt werden. Vielleicht ist das ja etwas für Sie.

Besonders Engineering-Teams, die unternehmensintern arbeiten, wie ein Plattformteam, das ein technisches Produkt erstellt, haben nur selten einen eigenen Produktmanager. Mehr zu Plattformteams finden Sie in Kapitel 5 (Teil I), »In verschiedenen Umgebungen erfolgreich sein«.

Aber auch in solchen Teams gibt es produktbezogene Aktivitäten, um die sich jemand kümmern sollte, damit das Team effizient sein kann. Hierzu gehören:

- **Die Kunden kennen und verstehen.** Wer genau sind die Kunden? Welche Probleme lösen die Dienste und Produkte des Teams genau für sie? Welche Kunden-»Personas« gibt es, die den Entwicklerinnen und Entwicklern helfen, sich in die Kunden hineinzuversetzen?
- **Kundenzufriedenheit messen.** Wie zufrieden oder unzufrieden sind die Kunden mit den bereitgestellten Diensten? Besonders in Plattformteams ohne Produktmanager gibt es hier oft eine Wissenslücke, weil das Team diese Dinge nicht durch Umfragen ermittelt oder mit den Kundenteams spricht.
- **Kundenmeinungen in die Roadmap des Teams einbeziehen.** Wenn Ihr Team einen Dienst oder ein Produkt für andere interne Teams erstellt, wäre es dumm, deren Feedback nicht in die eigene Roadmap einzubeziehen. Dafür ist es am besten, wenn jemand persönlich mit diesen Teams in Kontakt tritt.

Wenn es keinen eigenen Produktmanager gibt, setzen Sie Ihren Produktmanager-Hut auf und kümmern sich um die oben genannten Punkte. Gibt es dagegen einen dedizierten Produktmanager, arbeiten Sie mit ihm zusammen. Vielleicht können Sie bei den genannten Aktivitäten helfen.

Versetzen Sie sich in den Kunden hinein

Warum sollten Sie einen solchen Zeit- und Arbeitsaufwand treiben, um Ihre Kunden zu verstehen? Wenn Sie verstehen, wie die Kunden »ticken«, können Sie auch herausfinden, welche Probleme der Kunden gelöst werden müssen.

Ein wesentlicher Unterschied zwischen Senior- und Staff+-Engineers liegt darin, Probleme nicht nur zu lösen, sondern diese auch aufzuspüren. Sowohl von Senior- wie auch von Staff+-Engineers wird erwartet, dass sie schwierige Probleme lösen. Von Staff+-Engineers wird zusätzlich aber erwartet, dass sie Probleme erkennen, die es sich zu lösen lohnt. Das Hineinversetzen in die Position des Kunden ist einer der offensichtlichsten Wege, dies zu tun.

Wenn Sie kein regelmäßiger User des von Ihnen erstellten Produkts sind, versuchen Sie, einer oder eine zu werden! Das ist bei Produkten für Endkunden viel einfacher, besonders bei denen, die ein Problem lösen. Als ich beispielsweise bei Skype anfing, nutzte ich deren Videotelefonie, um mit Freunden in Kontakt zu bleiben. Ich war also schon ein Nutzer. Bei anderen Produktarten kann das schon schwieriger werden:

- **B2C-Produkte (Business-to-Consumer, Endkunden).** Wenn Sie ein Produkt erstellen, für das Sie kein typischer Nutzer sind, melden Sie sich an. Versuchen Sie dann, das Produkt so anzuwenden, wie es typische Kunden tun. Lernen Sie die Zielgruppe kennen und überlegen Sie grundsätzlich, wie Menschen das Produkt verwenden.
- **B2B-Produkte (Business-to-Business, Geschäftskunden):** Auch wenn es nicht einfach ist, sich hier in die Rolle des Kunden hineinzuversetzen, lohnt sich ein Versuch. Bei Shopify haben viele Entwicklerinnen und Entwickler beispielsweise ihre eigenen Shops auf der Plattform eingerichtet und ein paar digitale Produkte eingestellt, die für externe Nutzer nicht sichtbar waren. So konnten sie aus erster Hand erfahren, wie sich die Einrichtung aus Nutzersicht anfühlt. Außerdem konnten sie testen, wie der Kaufprozess auf Händlerseite abläuft.
- **Bei internen Kunden:** Versuchen Sie, Testaccounts oder andere Möglichkeiten zu nutzen, um das Kundenerlebnis nachzuvollziehen. Auf diese Weise können Sie Nähe und Empathie für die Kunden aufbauen.
- **Beteiligen Sie sich an der Kundenbetreuung.** Es gibt kaum einen besseren Ort, die Seite des Kunden kennenzulernen. Lesen Sie die Support-Tickets und hören Sie bei Gesprächen der Kundenbetreuung zu. Oder noch besser: Sprechen Sie mit dem Personal aus der Kundenbetreuung, das Ihnen sagen kann, welche Probleme die Kunden haben und wie sich die Kundenstimmung im Laufe der Zeit verändert.

Verstehen, warum Kunden Ihr Produkt nutzen

»Warum verwenden Kunden dieses Produkt?« Das ist eine offensichtliche Frage, aber es ist überraschend, wie oft Engineers keine Antwort darauf haben. Als Staff+-Engineer können Sie sich das nicht leisten. Also finden Sie es heraus! Und zwar so:

- **Sprechen Sie mit Kunden.** Besonders bei Nischenprodukten, zum Beispiel für B2B-Kunden, ist es hilfreich, mit Kunden zu sprechen oder Meetings beizuwohnen, in denen Mitarbeitende aus Vertrieb, Produktmanagement, Kundenbetreuung und anderen kundenorientierten Rollen mit den Kunden sprechen.
- **Nehmen Sie als Beobachter an Interviews zur Nutzerforschung teil.** Wenn Ihr Unternehmen Interviews mit Kunden durchführt und ihnen neue Pläne vorstellt, machen Sie dabei mit! Dies ist eine großartige Gelegenheit, zu lernen, was den Nutzern wichtig ist.
- **Lesen Sie Bewertungen.** Lesen Sie die Nutzerbewertungen, bei denen es sich um subjektive, persönliche Meinungen handelt, aber auch Testberichte von Analysten für bekanntere Produkte und Artikel in den Medien, die Informationen über Konkurrenten enthalten können.

Wer sind die Mitbewerber, und wie arbeiten sie? Was machen sie anders? Was machen sie besser und was schlechter als Sie?

Die Beobachtung von Mitbewerbern ist oft Aufgabe der Produktverantwortlichen. Ich glaube allerdings, dass auch Sie als Staff+-Engineer und Ihr Produkt davon profitieren können, wenn Sie diese Untersuchungen durchführen. Wahrscheinlich fallen Ihnen Dinge auf, die der Produktverantwortliche übersieht; vielleicht finden Sie gravierende Lücken, die es bei Mitbewerbern nicht gibt und die von den Metriken nicht erkannt werden.

Melden Sie sich nach Möglichkeit beim Dienst eines Mitbewerbers an, um diesen aus Nutzersicht einzuschätzen. Für Endkundenprodukte ist das recht einfach; bei Produkten für Geschäftskunden kann es dagegen deutlich schwieriger sein. Sprechen Sie mit den Produktverantwortlichen darüber, wie sie die Konkurrenz bewerten, und finden Sie heraus, ob Sie vielleicht schon vorhandene Kundenkonten nutzen können, um die Produkte der Mitbewerber besser kennenzulernen.

Eine gute Möglichkeit, Ihre Beobachtungen zu teilen, besteht in der Erstellung eines »Vergleichsdokuments«, in dem Ihr Produkt und das der Konkurrenz dargestellt werden. Das kann dabei helfen, Ihr Wissen auch dem übrigen Team zugänglich zu machen. Besonders nützliche Vergleiche sind beispielsweise:

- Ein UX-Vergleich des Nutzerflusses, wie die Anmeldung und die Ausführung ähnlicher Aktionen, die als Bilder oder Videos aufgezeichnet werden.
- Vergleich von Features und Fähigkeiten, die nebeneinanderstehend aufgelistet werden.
- Ein Vergleich der Strategien, bei dem Erkenntnisse über das Vorgehen des Mitbewerbers im Vergleich zu dem Vorgehen Ihres Unternehmens betrachtet werden.
- Ein Vergleich des Kundenfeedbacks zu Ihrem Produkt und dem Ihrer Konkurrenz.

Den geschäftlichen Wert Ihres Produkts verstehen

Warum investiert Ihr Unternehmen eine Menge Mühe und Geld in die Erstellung Ihres Produkts, und wie hoch ist die Rendite (*Return On Investment*, ROI)? Am einfachsten finden Sie die Antworten, indem Sie Ihren Produkt- oder Engineering-Manager fragen. Geben Sie sich nicht mit allgemeinen oder ausweichenden Antworten zufrieden, sondern haken Sie nach, um ein tiefes Verständnis dafür zu entwickeln, warum Ihr Unternehmen in Ihr Produkt und Ihr Team investiert.

Produkte lassen sich normalerweise anhand ihres Beitrags zum Geschäft in zwei Kategorien unterteilen:

- **Profit-Center (Gewinnbringer):** Produkte, die in den Augen der Geschäftsleitung den Wohlstand des Unternehmens steigern. Hierzu gehören Produkte, die direkte Einnahmen generieren, wie die Anzeigenabteilung eines Social-Media-Unternehmens oder die Front-Office-Teams einer Investmentbank.
- **Cost-Center (Kostentreiber):** Produkte, die für das Geschäft notwendig sind, aber keine Einnahmen erzeugen, wie Compliance, Rechtsabteilung und Kundenbetreuung.

Weitere Informationen zu Cost-Centern und Profit-Centern finden Sie in Kapitel 1 (Teil I), »Karrierepfade«.

Hier einige Fragen, anhand deren Sie herausfinden können, zu welcher der beiden oben genannten Kategorien Ihr Produkt gehört und wie es zum Geschäftswert beiträgt:

- Was sind die KPIs und OKRs Ihres Produkts, und wie werden diese auf den Gewinn, das Wachstum und die Kostenmetriken des Unternehmens abgebildet?
- Wie hoch sind die Einnahmen bzw. Kosteneinsparungen, die Ihr Produkt direkt aktuell und in der Zukunft generiert?
- Wie viele Einnahmen bzw. Kosteneinsparungen generiert Ihr Produkt indirekt, beispielsweise indem andere Funktionen es nutzen?
- Wie stark trägt Ihr Produkt zum Wachstum des Kundenstamms bei?
- Verringert Ihr Produkt die Kundenabwanderung, oder verstärkt es die Kundenbindung? Falls ja, in welcher Höhe?

Erstellen Sie eine SWOT-Analyse für Ihr Produkt

SWOT steht für *Strengths, Weaknesses, Opportunities, and Threats* (Stärken, Schwächen, Gelegenheiten und Bedrohungen). Dies ist ein Planungsdokument, das ein Produkt und die geschäftliche Umgebung beschreibt, in der es existiert.

Untersuchen Sie die vier genannten Bereiche und dokumentieren Sie diese schriftlich. Teilen Sie Ihre Erkenntnisse mit Ihrem Produktverantwortlichen und Ihrem Team, um Feedback dazu zu erhalten. Diese Übung zwingt Sie, wie ein Geschäftsinhaber zu denken und die Konkurrenz zu verstehen. Nach Abschluss dieser Übung werden Sie Ihr Produkt aus einem strategischen Blickwinkel betrachten.

Ihr Unternehmen

Der beste Ort, das Geschäft zu verstehen, ist innerhalb Ihres Unternehmens. Es gibt viele Möglichkeiten, einen Eindruck davon zu gewinnen, wie die Dinge funktionieren. Diese wollen wir jetzt durchgehen.

Was ist das Geschäftsmodell?

Wie verdient Ihr Unternehmen Geld? Wie wird Umsatz in Gewinn verwandelt, und wie wird mit Kosten umgegangen? Welchen Plan hat das Unternehmen, profitabel zu werden, falls es das noch nicht ist?

In Start-ups ist es durchaus üblich, über längere Zeit Verluste zu machen. Es kann Jahre dauern, bis das Unternehmen profitabel ist. Trotzdem lohnt es sich, die Kosten pro Einheit (*Unit Economics*) zu kennen und zu wissen, wie sie sich entwickeln müssen, damit das Unternehmen Gewinne erzielen kann. Die Kosten pro Einheit beziehen sich auf die Ausgaben, die nötig sind, um eine Einheit des vom Unternehmen verkauften Produkts oder Diensts herzustellen. In der Frühzeit von Uber konnte der Preis pro Einheit für die Fahrt in einer neuen Stadt beispielsweise doppelt so hoch liegen wie der hierdurch erzielte Gewinn.

Bei börsennotierten Unternehmen sind die Quartalszahlen öffentlich einsehbar und geben ein Bild der aktuellen Leistungen. Hier gibt es in der Regel Aufzeichnungen über die letzte Gewinnmitteilung oder ein Transkript der Bekanntgabe. Untersuchen Sie diese Quellen, um das Geschäftsmodell Ihres Unternehmens besser zu verstehen und herauszufinden, worauf der gegenwärtige Fokus liegt.

Um zu verstehen, wie das Unternehmen Geld verdient, hilft es, sich mit Bereichen wie den folgenden vertraut zu machen:

- Marketing, Vertrieb und Kundenverhalten, speziell in B2C-Unternehmen.
- Wie der Verkauf im Großhandel funktioniert und wie er sich von B2B-Unternehmen unterscheidet.

Führen Sie persönliche Gespräche mit den Produktverantwortlichen

Produktmanager sind der »Kleber« zwischen dem Unternehmen und seinen Produkten. Sie müssen ein ausgezeichnetes Verständnis über das Geschäftliche haben und verstehen, wie die eigenen Produkte Leistung und Wachstum des Unternehmens beeinflussen. Sprechen Sie mit diesen Menschen, um einen besseren Sinn für das Geschäft zu bekommen! Es könnte sich lohnen, persönliche Treffen mit den Produktverantwortlichen zu arrangieren und sie zu fragen, wie das Geschäft funktioniert und welche Rolle ihr Produkt dabei genau spielt.

Sprechen Sie mit Leuten außerhalb der Engineering- und Produktbereiche

Ein oft von Personen auf Staff+-Ebene begangener Fehler liegt darin, nur mit Engineers und Produktverantwortlichen in Verbindung zu bleiben und den größeren geschäftlichen Zusammenhang zu ignorieren. Tun Sie das nicht. Erweitern Sie Ihren Horizont.

Denken Sie auch daran, mit Menschen aus den folgenden Bereichen zu sprechen:

- **Andere technische Disziplinen** wie Design, UX-Forschung, technisches Programm-Management (TPM) und ähnliche Bereiche. Besonders wichtig für die meisten Produkte sind auch Informations- und allgemeine Sicherheit, während die Rechtsabteilung bei Lizenzfragen für Open-Source-Produkte helfen kann.
- **Geschäftliche Bereiche, die Ihr Team unterstützt.** Die geschäftlichen Teams, die Ihre Produkte nutzen, also beispielsweise Bereiche wie Kundenbetreuung, Marketing, Buchhaltung, Personalabteilung und mehr, je nachdem, welche Verbindung Ihr Produkt zum Geschäft hat.

- **Unternehmenskommunikation/Public Relations (PR):** In größeren Unternehmen ist es sinnvoll, diese Gruppe zu kennen, wenn es sich um öffentlichkeitsrelevante Dinge handelt wie Blogging, Vorträge auf Konferenzen und jegliche öffentliche Präsentation der Arbeit Ihres Teams.
- **Gruppen, die keine Verbindung zu Ihrem Team oder Produkt haben.** Auch wenn das zunächst seltsam klingt, kann es hilfreich sein, gelegentlich mit Personen im Unternehmen zu sprechen, die keine Verbindung zu Ihrem Produkt haben. Dadurch können Sie verstehen, was die anderen tun, wie sie dem Unternehmen helfen und was deren Verbindung zum Engineering ist. In den meisten Fällen haben diese Gespräche keine kurz- bis mittelfristigen Auswirkungen. Trotzdem können sie helfen, Ihre Perspektive zu erweitern und persönliche Verbindungen zu Menschen aufzubauen, die in anderen Geschäftsbereichen tätig sind. Im Grunde ist dies eine Form des Networkings und eine Chance, etwas zu lernen.

Führen Sie persönliche Gespräche mit geschäftlichen Stakeholdern

Oft sind Produktmanager Kollegen, die direkt mit geschäftlichen Entscheidungsträgern sprechen, die ein Interesse an dem von Ihnen erstellten Produkt haben. Die Produktverantwortlichen sammeln die Anforderungen und Erwartungen. Gleichzeitig machen sie den Stakeholdern klar, welche Erwartungen realistisch sind, und sprechen mit ihnen darüber, was genau erstellt wird.

Müssen Sie als Engineer auf Staff-Ebene und darüber mit geschäftlichen Entscheidungsträgern sprechen? Wenn Sie einen großartigen Produktmanager haben, der alle Details erfasst und starke Verbindungen zu diesen Leuten hat, ist die Antwort wahrscheinlich »Nein«. Es kann sein, dass der Produktmanager alles unter Kontrolle hat und es unnötigen Mehraufwand bedeuten würde, wenn eine andere Person (Sie) ebenfalls an die geschäftlichen Stakeholder herantritt.

Wenn Sie geschäftliche Stakeholder treffen und diese Ihnen ihre ungeteilte Aufmerksamkeit in einem persönlichen Gespräch widmen, kann dies allerdings sehr viel bewirken, und zwar aus folgenden Gründen:

- Ohne diese Beziehung sind Sie vollständig von Ihrem Produktmanager abhängig und können nicht an seiner Stelle handeln, sollte dies einmal nötig sein.
- Als Engineer bekommen Sie mehr ungefilterte geschäftliche Informationen und weniger verwässerte Details durch den Kommunikationsweg über den Produktmanager.
- Durch den direkten Kontakt zu geschäftlichen Entscheidungsträgern steigt die Wahrscheinlichkeit, dass diese Sie direkt informieren, wenn bei ihnen ein Engineering-Problem auftritt. Ein Produktmanager könnte die Nachricht ausfiltern, ohne das Engineering-Team darüber zu informieren.

Als Staff+-Engineer müssen Sie mit der Geschäftsleitung zusammenarbeiten. Aber wie können Sie ein guter Partner sein, wenn Sie nicht einmal mit ihnen sprechen?

Meiner Erfahrung nach lassen sich auch Menschen aus der Geschäftsleitung gern auf persönliche Gespräche mit Staff+-Engineers ein. Oft glauben sie, dass ihr Bereich wenig oder gar keine Aufmerksamkeit von den Engineers bekommt, obwohl ihre Ergebnisse sehr stark vom Engineering abhängig sind. Im Grunde liegt es also im Interesse der Stakeholder, diese Verbindung herzustellen.

Mit welchen Geschäftsbereichen lohnt es sich für Sie zu sprechen? Hier ein paar Beispiele:

- Geschäftliche Teams, die aktive Nutzer Ihres Produkts sind oder für die sie etwas erstellen.
- Teams aus Kundenbetreuung und Betrieb, die Rückmeldungen von Kunden erhalten.
- Marketing- und Vertriebsteams, die Ihr Produkt vielleicht einsetzen, um Kunden zu gewinnen oder das Unternehmen zu vermarkten.
- Finanzteams, die auf Basis der Kennzahlen Ihres Produkts Berichte erstellen.

Finden Sie heraus, welche Teams das sind. Ihr Produktmanager kann Ihnen dabei helfen. Danach arrangieren Sie persönliche Gespräche mit den richtigen Leuten. Nehmen Sie Kontakt auf und sagen Sie, dass Sie mehr über ihren Geschäftsbereich lernen und herausfinden wollen, wie der Engineering-Bereich ihnen helfen könnte. Ich habe bis jetzt noch keine Abteilung gesehen, die ein Gespräch mit einem Engineering-Vertreter abgelehnt hätte, der helfen möchte und hierfür um Informationen bittet!

Beachten Sie die Kommunikation der Geschäftsleitung

Wenn die Geschäftsleitung All-Hands- oder Town-Hall-Meetings abhält oder E-Mails an große Gruppen verschickt, achten Sie darauf, was gesagt wird. Wenn diese Informationen indirekt weitergegeben werden, versuchen Sie, herauszufinden, was die eigentliche Nachricht ist.

Auf Staff+-Ebene sind Sie es vielleicht gewohnt, dass die Geschäftsleitung indirekt kommuniziert und dass unangenehme Nachrichten möglicherweise erst »übersetzt« werden müssen. Ein CEO wird beispielsweise nur selten direkt ankündigen, dass die Priorität eines bestimmten Bereichs in der nächsten Geschäftsperiode herabgestuft wird, auch wenn das der Fall ist. Dennoch lässt sich diese Tatsache zum Beispiel aus den folgenden Dingen ableiten:

- Der Bereich fehlt in der Liste der Geschäftsteile, in denen der CEO wichtigen Investitionsbedarf sieht.
- Der CEO macht die beiläufige Bemerkung, dass sich die Kolleginnen und Kollegen in einem bestimmten Bereich darauf vorbereiten sollten, mit weniger Mitteln mehr zu erreichen.
- Er erwähnt eine Initiative zur Kosteneinsparung und fügt etwas hinzu wie: »Dies ist nur der erste Bereich, und ich hoffe, weitere werden folgen.«

Sprechen Sie nach großen Ankündigungen mit Produktmanagern und Engineering-Managern, um zu bestätigen, dass Sie die Nachricht »zwischen den Zeilen« verstanden haben. Als Staff+-Engineer müssen Sie die von der Geschäftsleitung verwendete Unternehmenssprache übersetzen können – eine Fähigkeit, die man mit der Zeit lernt.

Sprechen Sie mit Kunden und hören Sie ihnen zu

Sind Ihre Kunden Endkunden oder externe Unternehmen, suchen Sie nach Möglichkeiten, von diesen Menschen mehr zu erfahren. Ein finden Sie paar Methoden:

- B2C-Unternehmen: Verschaffen Sie sich Zugriff auf das Kunden-Feedback. Das können Kommentare in sozialen Medien sein, Bewertungen in App-Stores und andere Kanäle für das Kunden-Feedback.
- B2B-Unternehmen: Bitten Sie darum, bei Verkaufsgesprächen dabei zu sein.
- Melden Sie sich freiwillig zur Kundenbetreuung, helfen Sie, eingehende Probleme einzuschätzen, und versuchen Sie, einige davon zu beheben. Diese Möglichkeit, die Frustration von Kunden zu verstehen, wird oft unterschätzt. Außerdem wird Ihr Angebot meistens positiv aufgenommen, denn in der Regel interessieren sich nur wenige Engineers für den Support.

Beteiligen Sie sich an strategischen Diskussionen

Als Engineer auf Staff-Ebene oder darüber sollte es eigentlich selbstverständlich sein, dass Sie an Besprechungen zu Strategie und Planung im Engineering-Bereich teilnehmen. Seltener wird man Sie dagegen zu Diskussionen über die Produktstrategie oder geschäftliche Strategien einladen.

Dabei ist die Teilnahme an diesen Meetings eine ausgezeichnete Möglichkeit, Ihr Verständnis für das Geschäft zu verbessern. Nutzen Sie diese Chance und verfolgen Sie einige dieser Meetings mit. Sprechen Sie mit Ihrem Manager oder Produktmanager und bitten Sie darum, einem solchen Treffen beizuwohnen, um daraus zu lernen. Es ist recht unwahrscheinlich, dass eine solche Bitte abgelehnt wird!

Arbeiten Sie an bereichsübergreifenden Projekten

Die einfachste Möglichkeit, eine größere Wertschätzung für das Geschäft zu bekommen, ist die Arbeit an Projekten, an denen mehrere Engineering- und geschäftliche Teams beteiligt sind. Für Sie als Staff+-Engineer ist es durchaus wahrscheinlich, dass Sie für die Arbeit an solchen bereichsübergreifenden Projekten eingeteilt werden.

Wenn Sie auf Staff-Ebene oder darüber nicht an solchen Initiativen beteiligt sind, kann es helfen, sich selbst darum zu bemühen, und zwar so:

- **Sprechen Sie mit Ihrem Manager.** Sagen Sie ihm, Sie möchten dabei helfen, dass Ihr Team und das Unternehmen bessere Leistungen erbringen. Das heißt, die Projekte Ihres Teams kommen zuerst. Gibt es teamübergreifende Initiativen, bei denen Ihr Team helfen kann, wären Sie davon begeistert. Je nachdem, wie viel Vertrauen Sie zu Ihrem Manager aufgebaut haben, könnten Sie ihn wissen lassen, dass die Arbeit an teamübergreifenden Projekten Ihr berufliches Weiterkommen unterstützt, Ihr Verständnis vom Geschäfts steigert, Ihr Netzwerk erweitert und letztendlich dem Team hilft, bessere Leistungen zu erbringen.

- **Sprechen Sie mit Leuten aus anderen Teams.** Sprechen Sie mit Engineering-Kollegen, Produktmanagern und Engineering-Managern aus anderen Teams, um Ihr Verständnis und Ihr Netzwerk zu erweitern. Vielleicht haben Sie Gelegenheit, an Ihren Projekten mitzuarbeiten.
- **Suchen Sie aktiv nach Projekten, bei denen Sie helfen können.** Nutzt Ihr Unternehmen RFCs oder Designdokumente, lesen Sie diese, und bieten Sie in Bereichen, in denen Sie sich auskennen, Ihre Hilfe an. Sprechen Sie mit anderen Managern und Engineers und bieten Sie an, in Teilzeit bei Projekten zu helfen, für die Ihr Fachwissen nützlich sein kann.
- **Engagieren Sie sich als Mentor für andere.** Wenn Sie sich als Mentor für Engineers in anderen Teams engagieren, lernen Sie auch etwas über die Herausforderungen, mit denen diese konfrontiert werden, und können die Probleme aus ihrer Sicht wahrnehmen. Natürlich gibt es keine Garantie, mit genau diesen Menschen zusammenzukommen, dennoch wächst das Mentoring so stark, dass es als Staff+-Engineer ohnehin sinnvoll ist, sich hier zu engagieren.

Führen Sie persönliche Gespräche mit Ihrem Manager und den übergeordneten Führungskräften

Stellen Sie in persönlichen Gesprächen mit Ihrem Manager Fragen über Geschäftsbereiche, die Sie nicht vollständig verstehen. Ihr Manager kann Ihnen diese Dinge erklären oder zumindest Tipps dazu geben, wo Sie die nötigen Informationen finden. Es liegt in seinem und in Ihrem Interesse, das Geschäft besser zu verstehen, selbst wenn weniger erfahrene Engineering-Manager das möglicherweise noch nicht verstanden haben.

Arrangieren Sie persönliche Gespräche mit dem Vorgesetzten Ihres Vorgesetzten und anderen Führungskräften aus dem Engineering-Bereich. Als ich bei Uber arbeitete, besuchte ein VP of Engineering unser Büro. Er leitete die Arbeit an der Entwicklerplattform, einer Abteilung, mit der ich zusammengearbeitet hatte, ohne ihr selbst anzugehören. Mit dieser Person hatte ich ein persönliches Gespräch, um mehr darüber zu erfahren, woran ihr Team arbeitete. Es zeigte sich, dass dieser VP mehr über die Schwierigkeiten meines Teams mit den Entwicklerwerkzeugen erfahren wollte. Gleichzeitig lernte ich eine Menge darüber, wie Entwicklerwerkzeuge funktionieren und auf welche Weise wir uns gegenseitig helfen könnten. Danach bat ich den VP, ein persönliches Gespräch mit einem Staff-Engineer meines Teams zu führen, eine Bitte, auf die er gern einging. Der Staff-Engineer aus meinem Team hat aus diesem Gespräch eine Menge mitgenommen.

Als später ein erfahrener Staff-Engineer in unsere Abteilung kam, arrangierte er solche Gespräche von sich aus, ohne darauf zu warten, dass Manager diese Aufgabe für ihn übernahmen. Er hatte persönliche Gespräche mit Managern aller Hierarchieebenen und mit den Kollegen der übergeordneten Manager, um das Unternehmen zu verstehen und herauszufinden, worauf es der technischen Leitung ankommt. Es überrascht nicht, dass dieser Egnieer »Low-Hanging-Fruit-Projekte« identifizieren konnte, in die er sich erfolgreich einbrachte, und dass er schnell herausfand, welche Projekte er priorisieren sollte.

Nehmen Sie sich Zeit, um PRDs zu lesen

In Big-Tech-Unternehmen, einigen Scale-ups und anderen Technologieunternehmen schreiben die Produktmanager Lastenhefte (*Product Requirements Documents*, PRD), um die geschäftlichen Anforderungen in Produkt-Features zu übersetzen. Diese Dokumente erfassen normalerweise die Geschäftsziele und die geplante Funktionalität des Produkts.

Nehmen Sie sich Zeit, die für Ihren Geschäftsbereich relevanten PRDs zu lesen. Und stellen Sie Fragen, wenn Ihnen etwas unklar ist. Wenn Sie das regelmäßig tun, wissen Sie, in welche Richtung sich das Geschäft bewegt. Dieses Wissen wird Ihnen helfen, architektonische Entscheidungen zu treffen, zum Beispiel wenn es darum geht, wie die Infrastruktur weiterentwickelt werden muss, um eine Reihe verwandter Produktinitiativen zu unterstützen, die bereits in verschiedenen PRDs formuliert wurden.

Nutzt Ihr Unternehmen keine PRDs oder zeichnen Produktmanager die Spezifikationen nicht schriftlich auf, müssen Sie Alternativen finden, um einen Eindruck von der Richtung des Produkts zu bekommen, zum Beispiel indem Sie mit den Produktverantwortlichen sprechen.

Schaffen Sie Gelegenheiten für zufällige Treffen

Es kann sich lohnen, Kolleginnen und Kollegen zu treffen und anzusprechen, die sie nicht kennen, besonders wenn der Zeitaufwand gering ist. Hier ein paar Ideen:

- Wenn Sie in einem Büro arbeiten, setzen Sie sich in der Mittagspause neben jemanden, den Sie nicht kennen, und beginnen Sie ein Gespräch über Ihre Jobs. Das Gleiche funktioniert, wenn Sie sich gerade einen Kaffee holen.
- Versuchen Sie auf Fortbildungen, die anderen Teilnehmenden kennenzulernen.

Dabei fand ich es immer interessant, zu erfahren, in welchen Bereichen diese Menschen arbeiteten, was das Besondere daran war und wo ihre Herausforderungen lagen. Außerdem war es spannend, zu hören, wie sie mit technischen und Engineering-Abteilungen zusammenarbeiteten und ob es irgendetwas gab, bei dem ich helfen konnte.

Für mich war das Treffen von Menschen aus anderen Unternehmensbereichen lehrreich, besonders was die Unterschiede zwischen ihrer Arbeit und dem Software-Engineering betrifft und wie eine »große Herausforderung« für sie etwas vollkommen anderes bedeuten kann als für mich.

Zufallsbegegnungen haben nur selten Ergebnisse, die sich sofort auswirken. Aber solange der zeitliche Aufwand klein bleibt, sollten sie interessant sein. Solch ein Treffen könnte der Anfangspunkt einer zukünftigen Zusammenarbeit sein oder der Beginn einer Verbindung zu einem anderen Geschäftsbereich.

Warum treffen Engineers nur selten auf geschäftliche Entscheidungsträger?

Nach meiner Erfahrung aus der Arbeit in großen Technologieunternehmen und aus Gesprächen mit Kollegen ist es ziemlich selten, dass Engineers von sich aus auf geschäftliche Entscheidungsträger zugehen. Warum ist das so? Hier einige Gründe, die ich oft beobachten konnte:

- **»Mein Manager macht das ja auch nicht. Warum sollte ich das dann tun?«** Oft sprechen die Engineering-Manager nicht direkt mit geschäftlichen Entscheidungsträgern, weil sie davon ausgehen, dies sei die Aufgabe der Produktmanager. Also gibt es wenige Anreize. In eher »politischen« Unternehmen gibt es nur wenig Vertrauen zwischen Managern und Engineers. Hier könnte es sogar so angesehen werden, als wolle man das Gleichgewicht stören, wenn man mit der Geschäftsleitung Kontakt aufnimmt, obwohl Ihr Manager dies nicht tut.
- **Sie haben noch nie gesehen, dass ein anderer Engineer das tut.** Engineers, die noch nie mit Kolleginnen oder Kollegen gearbeitet haben, die proaktiv mit geschäftlichen Entscheidungsträgern sprechen, fehlt das »Vorbild« für dieses Verhalten, selbst wenn diese Engineers mehr Erfahrung sammeln.
- **Es wird von den Produktverantwortlichen nicht unterstützt.** Wenn Engineering-Manager, Produktmanager oder die Unternehmensleitung Engineers nicht dazu ermutigen, direkt mit der Geschäftsführung zusammenzuarbeiten, oder wenn sie versäumen, diese Möglichkeiten aufzuzeigen, ist es kaum ein Wunder, dass Engineers nicht von selbst auf diese Idee kommen.
- **Die Engineering-Abteilung hat keine enge Zusammenarbeit mit der Geschäftsleitung.** Manche Unternehmen bezeichnen sich als produktorientiert oder kundenorientiert. Trotzdem gibt es eine Spaltung, was heißt, dass die Geschäftsleitung keine Möglichkeit hat, direkt mit der Engineering-Abteilung in Kontakt zu treten und umgekehrt.
- **Die Unternehmenskultur fördert die Silo-Bildung.** Viele Unternehmen nutzen einen eher »traditionellen« Managementstil, bei dem vorzugsweise Schlüsselpersonen, üblicherweise die Manager, Informationen sammeln und verteilen. Dabei kann es formelle und informelle Strukturen geben, wodurch die Individual Contributors weniger Zugriff auf Informationen und die Möglichkeit haben, sie zu verteilen. Die wenigsten Technologiefirmen arbeiten auf diese Weise. Trotzdem sind mir überraschend viele Start-ups begegnet, die in der Wachstumsphase so vorgehen. Der Grund ist, dass die Unternehmensleitung es schlicht übersieht,

eine Kultur der Transparenz zu schaffen und Engineers die Möglichkeit zu geben, eigene Entscheidungen zu treffen.

- **Die Engineers sind nicht autonom.** In Firmen, in denen die Engineering-Abteilung als »Feature-Fabrik« angesehen wird, von der erwartet wird, dass ihre Engineers Anweisungen befolgen, gibt es nur wenig Autonomie. In solchen Unternehmen werden Engineers davon abgehalten, mit geschäftlichen Entscheidungsträgern zu sprechen, weil es als Zeitverschwendung gilt. Schließlich gibt es dafür ja schon die Produkt- und Projektmanager!

Börsennotierte Unternehmen

Wenn Sie in einem börsennotierten Unternehmen arbeiten, haben Sie alle drei Monate Gelegenheit, sich darüber zu informieren, wie das Geschäft läuft. Nach der Veröffentlichung der Quartalszahlen findet üblicherweise eine Telefonkonferenz mit interessierten Beteiligten statt, bei der die finanziellen Ergebnisse besprochen werden.

Börsennotierte Unternehmen müssen wichtige Informationen vierteljährlich veröffentlichen, wobei die Unternehmensleitung Fragen von Analysten und Journalistinnen beantwortet. Diese Konferenzen sind zwar hauptsächlich für Investoren, Stakeholder und die Medien gedacht, aber auch als Angestellter können Sie hier oft Informationen finden, die intern nicht weitergegeben werden.

Nützliche Informationen in Quartalsberichten und Investorenkonferenzen:

- **Zahlen.** Wie entwickeln sich die Einnahmen? Wie sieht es mit der Rentabilität (oder ihrem Fehlen) aus?
- **Investitionsbereiche.** Welche Produkte, Teams und Bereiche werden von der Geschäftsleitung besonders hervorgehoben?
- **Fragen von Analysten.** Gehen Sie davon aus, dass Analysten die Geschäftsleitung besonders zu heiklen Bereichen auf den Zahn fühlen. Welche Bereiche sind das, und hat die Geschäftsleitung gute Antworten auf die Fragen?
- **Zukunftsorientierte Verpflichtungen.** Welche Auswirkungen könnte das auf Ihr Produkt oder Ihren Bereich haben, wenn es um die Erzielung von Einnahmen und die Verringerung von Ausgaben geht?

Das Verständnis von Dingen wie Soll und Haben, Krediten, Nettoeinnahmen, Cashflow und EBITDA gibt Ihnen einen guten Eindruck von der finanziellen Situation Ihres Unternehmens. Dieses Allgemeinwissen kann Ihnen in Zukunft helfen, wenn Sie Ihre eigene Firma gründen oder die Chance einer Führungsposition bekommen.

Ein guter Startpunkt zu diesem Thema ist das Buch »Accounting for Developers«[1] von Modern Treasury. Ein Buch, das dabei hilft, über das Unternehmen nachzudenken, ist »The Personal MBA« von Josh Kaufman.

1 *https://www.moderntreasury.com/journal/accounting-for-developers-part-i*

Start-ups

Im Gegensatz zu börsennotierten Unternehmen geben Start-ups keine vierteljährlichen Finanzberichte heraus. Auch müssen sie sich keinen bohrenden Analystenfragen stellen. Allerdings verfügen Start-ups oft über eine größere interne Transparenz. Also nutzen Sie sie!

Wenn Ihr Start-up von sich aus transparent ist, sollten Sie die Geschäftszahlen einsehen können, um einen Eindruck von der Entwicklung, von Wachstumsbereichen und von den Herausforderungen zu bekommen. Falls nicht, fragen Sie danach. Es sollte nur wenige Gründe geben, diese Informationen nicht mit einem erfahrenen Engineer zu teilen. Schließlich helfen Informationen bei der Entscheidung darüber, woran gearbeitet werden soll.

Ist Ihr Start-up klein genug, nutzen Sie den Vorteil, dass Sie die Gründer direkt ansprechen können. Treffen Sie sich gelegentlich, um sich gegenseitig auf den neuesten Stand zu bringen und einen Eindruck davon zu gewinnen, wie sie über das Geschäft denken und worin ihre Prioritäten und Geschäftsziele bestehen. Um sich ein Bild von der Lage zu machen, fragen Sie nach den Beziehungen zu Investoren und den Prioritäten des Vorstands.

Führt Ihr Start-up eine neue Finanzierungsrunde durch, fragen Sie, ob Sie das Pitch-Deck sehen können. Es beschreibt, wo Ihr Start-up steht und welche Ziele es hat. Diese Ziele werden Ihnen die Entscheidung darüber erleichtern, auf welche Arbeit Sie sich einlassen müssen und welche Dinge Sie weniger stark priorisieren.

Ihre Branche

Als Engineer auf Staff+-Ebene ist es von unschätzbarem Wert, die Branche oder den Bereich zu kennen, in dem Ihr Produkt oder Ihr Unternehmen sich befindet. Das Verstehen einer Branche bedeutet großen Aufwand und hat praktisch kein Ende, weil Branchen riesig, komplex und ständigen Änderungen unterworfen sind. Es gibt allerdings ein paar Ansätze, die helfen können:

- **Verschaffen Sie sich einen Überblick über die wichtigsten Player und Produkte.** Welche Unternehmen und Produkte sind Marktführer, und welche sind »im Kommen«? Daten aus Branchenberichten, etwa von Gartner oder aus ähnlichen Quellen, können dabei helfen.
- **Finden und lesen Sie Fachpublikationen.** Für jede Branche gibt es Fachpublikationen wie Websites und Magazine. In der Touristikbranche ist beispielsweise Skift ein umfangreiches Onlinemagazin, das von vielen Insidern gelesen wird. In der Kreativbranche ist »Creator Economy« von The Information eine beliebte Quelle. Finden Sie die für Sie relevanten Fachpublikationen und entscheiden Sie, welche Sie nutzen wollen. Viele Qualitätspublikationen sind kostenpflichtig. Überlegen Sie also, ob Sie Ihrem Vorgesetzten den Kauf eines Abonnements schmackhaft machen können, um über die Entwicklungen in Ihrer Branche auf

dem Laufenden zu bleiben. Das könnte sich für das Team und das Unternehmen auszahlen.

- **Folgen Sie Branchennachrichten.** Veröffentlicht ein Mitbewerber ein neues Feature, das die Kunden begeistert, oder mustert ein anderer Konkurrent ein Produkt aus, was eine Chance sein könnte, die frustrierten Kunden selbst zu akquirieren? Bleiben Sie bei den Branchennachrichten auf dem Laufenden, besonders wenn es um Ihren Produktbereich geht. Schließlich werden Produkte nicht im luftleeren Raum hergestellt. Daher müssen auch Sie sich sowie Ihr Produkt und Ihr Team an auftretende Veränderungen anpassen. Wenn Sie die Branchennachrichten verfolgen, können Sie vielleicht schneller reagieren und davon profitieren.

KAPITEL 22

Zusammenarbeit

Als Engineer auf Staff+-Ebene besteht ein Großteil Ihrer Aufgaben darin, mit Engineer-Kolleginnen und -Kollegen, Managern, Produktverantwortlichen, geschäftlichen Entscheidungsträgern und anderen zusammenzuarbeiten. Oft wird die Zusammenarbeit dabei nicht durch Sie initiiert, die Leute kommen auf Sie zu.

Die Projekte mit den größten Herausforderungen sind nur selten wegen des zu schreibenden Codes so schwierig. Häufig liegen die Probleme in der Zusammenarbeit mit anderen und dem Gefühl, den sprichwörtlichen »Sack voller Flöhe« hüten zu müssen, also einer Aufgabe, die schwierig oder gar unmöglich zu organisieren ist.

Bei der Zusammenarbeit mit Kollegen werden Sie zu einem gewissen Teil nicht an der Unternehmenspolitik vorbeikommen oder das Gefühl vermitteln, Sie würden daran teilhaben. Der Grund ist, dass Menschen von Natur aus »politische Tiere« sind, zumindest wenn es nach Aristoteles geht.[1] Bei der Zusammenarbeit haben Sie es mit Personen aus Ihrem Netzwerk zu tun, während Ihr Einfluss Chancen für Engineers in Ihrem Team eröffnet. Zusammenarbeit ist ein wesentlicher Faktor für berufliches Weiterkommen. Aus diesem Grund behandeln wir das Thema hier. In diesem Kapitel geht es um:

1. Interne Politik
2. Andere beeinflussen
3. Zusammenarbeit mit Managern
4. Zusammenarbeit mit Kollegen auf Staff+-Ebene
5. Das Netzwerk erweitern
6. Anderen helfen

Interne Politik

Interne Politik, auch Büropolitik genannt, hat bei vielen Software-Engineers einen schlechten Ruf. Wenn ein Individual Contributor (IC) oder ein Manager als »politisch« gilt, hat das fast immer einen negativen Beigeschmack. Normalerweise ist

1 *https://de.wikipedia.org/wiki/Zoon_politikon*

hiermit eine Person gemeint, die nur wenig oder gar keine technischen Beiträge leistet und andere ausnutzt, um ihren Willen durchzusetzen – manchmal durch den Einsatz von Manipulation für persönliche Zwecke.

Was ist mit dem Ruf, als »einflussreich« zu gelten? Ist der Unterschied zum Ruf, »politisch« zu sein, wirklich so groß? Einfluss beschreibt normalerweise einen Kollegen mit starken technischen Fähigkeiten, der zudem ausgezeichnet darin ist, Unterstützung für Initiativen zu bekommen, die für sein Team oder seine Abteilung von Vorteil sind und nicht primär für ihn selbst.

In der Realität gehen Politik und Einfluss allerdings oft Hand in Hand, auch wenn wir politische und einflussreiche Kollegen unterschiedlich wahrnehmen. Einfluss ist sozusagen die »gute« Form interner Politik. Aus diesem Grund ist es nützlich, als einflussreich, aber nicht als politisch gesehen zu werden, wenn Sie Ihr Team unterstützen und beruflich weiterkommen möchten.

Die »falsche« Art der Politik

Das Adjektiv »politisch« hat einen schlechten Ruf, weil es oft als Beschreibung für Aktivitäten dient, die als egoistisch und zum Nutzen einer Person oder Gruppe auf Kosten anderer gesehen wird. Daher sollten Sie es vermeiden, dass die Kollegen Sie als jemanden sehen, der ihnen das Leben schwer macht, um Vorteile für sich selbst oder seine »Buddies« herauszuschinden.

Es fühlt sich falsch an, wenn der Erfolg nur von informellen Soft Skills und der Fähigkeit zu netzwerken abhängt. Die meisten mir bekannten Entwickler – mich selbst eingeschlossen – glauben, dass Softwareentwicklung objektiv sein sollte und auf dem Nutzen von Ideen basieren sollte. Das ist auch der Grund, warum die interne Politik von so vielen Engineers verachtet wird.

Die Wahrnehmung zählt. Auch wenn Sie etwas Selbstloses tun, kann Ihre Motivation missverstanden und als eigennützig betrachtet werden, wenn Ihre Kolleginnen und Kollegen den vollständigen Kontext nicht kennen.

Sehen wir uns das Beispiel eines Staff-Engineers an, der einem Beförderungskomitee angehört, das über die Gehaltserhöhung eines Senior-Engineers aus dem eigenen Team entscheidet. Der Antrag wird verworfen, nachdem er vom Staff-Engineer nicht unterstützt wurde.

Handelte der Staff-Engineer hier egoistisch, weil er sich nicht für seinen Teamkollegen eingesetzt hat? Was war sein Motiv? War die Entscheidung politisch motiviert? Und wem nutzt sie? Sicher nicht dem Senior-Engineer, der nun keine Gehaltserhöhung bekommt. Hat der Staff-Engineer auf irgendeine versteckte Weise einen Vorteil davon? Fragen wie diese sind schwer zu beantworten, ohne bei der Entscheidungsfindung anwesend zu sein, aber sie können dazu führen, dass Menschen annehmen, Ihr Kollege betreibe die »falsche« Art von Politik.

In der Realität ist es dagegen durchaus üblich, dass sich Mitglieder des Komitees aufgrund von Interessenkonflikten bei der Wahl enthalten. Und es ist sehr gut möglich, dass der Staff-Engineer genau das getan hat, indem er sich aus der Entscheidung über seinen Teamkollegen herausgehalten hat.

Trotzdem ist es am einfachsten, davon auszugehen, der Staff-Engineer hätte den Antrag sabotiert, indem er aus irgendeinem Grund nicht dafür gestimmt hat. Dadurch wird hier aber die alles entscheidende Frage über das Motiv falsch beantwortet: Der Staff-Engineer hat im höheren Interesse der Unparteilichkeit gehandelt, indem er es abgelehnt hat, an einer Entscheidung teilzuhaben, an der er ein direktes Interesse gehabt hätte.

Dieses Beispiel zeigt, warum eine korrekte Bewertung schwer sein kann, ohne den vollständigen Kontext zu kennen. In der Praxis füllen die Menschen ihre Wissenslücken mit Annahmen auf. Aus diesem Grund sind Wahrnehmung und Kontext so wichtig!

Problematische Wahrnehmungen

Egoistisch. Wird man als jemand wahrgenommen, der sich lediglich um die eigenen Projekte und Arbeiten kümmert, wird man nur wenige Freunde gewinnen, denn man wirkt, als sei jemand, der nur auf das persönliche Weiterkommen fokussiert ist. Wer arbeitet schon gerne mit – oder hilft – einer Person, die nichts zurückgibt und andere zum eigenen Vorteil ausnutzt?

Ellenbogenmentalität gegenüber Kolleginnen und Kollegen. Noch schlimmer als reine Egoisten sind Menschen, von denen man denkt, dass sie versuchen, andere aktiv aus dem Weg zu räumen, um die Karriereleiter zu erklimmen. Ein Engineer, der sich an ein Projekt klammert und Beiträge von anderen blockiert, um selbst die Lorbeeren zu ernten, sollte nicht überrascht sein, wenn die Kollegen eine negative Wahrnehmung von ihm haben.

Unflexibel. Engineers, die bei der Diskussion von Vorschlägen keinerlei Flexibilität zeigen und nur ihre Sichtweise gelten lassen, werden ebenfalls schnell als eigennützig angesehen. Das gilt besonders, wenn sie dabei auf ihren höheren Rang verweisen, wie zum Beispiel: »Ich bin ein Staff-Engineer, und wir machen das jetzt so, weil ich es sage«, anstatt rational zu argumentieren.

Hinterhältig. Sagt man zu verschiedenen Personen unterschiedliche oder widersprüchliche Dinge zu einem Thema, kann leicht der Eindruck entstehen, manipulativ zu sein und eigene Ziele zu verfolgen. Sobald der Eindruck entsteht, dass sich jemand so verhält, sinkt das Vertrauen der Kollegen normalerweise rapide.

Mit dem Kopf durch die Wand. Ein bei Amazon regelmäßig eingesetztes Leitungsprinzip heißt: »Rückgrat haben, widersprechen und sich engagieren.« Das ermuntert Kolleginnen und Kollegen, zu widersprechen, während eine Entscheidung getroffen wird, aber sich festzulegen und Meinungsverschiedenheiten zu begraben, nachdem sie gefallen ist. Diese Mentalität des »Widersprechens und sich Engagierens« gibt es in vielen Unternehmen. Allerdings kann dieser Ansatz auch missbraucht werden, wenn jemand eine Festlegung erzwingt, ohne dass Einigkeit herrscht. Das Erzwingen durch Initiativen kann kurzfristig oder im »Kriegsmodus« (siehe »»Friedenszeiten« im Vergleich mit »Kriegszeiten««, Seite 97) hilfreich sein. Freunde gewinnen Sie damit aber nur selten.

Misstrauen gegenüber anderen Engineers. Einige erfahrene Engineers delegieren aus gutem Grund Arbeit an Menschen mit weniger Erfahrung, und das ist grundsätzlich auch gut so! Wenn sie allerdings bemerken, dass die weniger erfahrenen Engineers ihre Aufgaben unkonventionell erledigen, nehmen sie ihnen die Arbeit wieder weg. Das schürt den Eindruck von mangelndem Vertrauen in die Kollegen und kann eine negative Wahrnehmung fördern. Dadurch kann es sein, dass weniger erfahrene Kolleginnen und Kollegen es vermeiden, ihre erfahreneren Kollegen um Rat und Anleitung zu bitten.

Reden statt Coden. Eine besondere Form des »politischen Tiers« ist der erfahrene Engineer, der nie programmiert. Dies ist eine knifflige Wahrnehmung, weil von Engineers erwartet wird, deutlich weniger zu programmieren, je weiter sie die Ebenen hinauf zu Staff und darüber aufsteigen. Sie haben schlichtweg keine Zeit für praktische Arbeiten, weil sie wichtigere Verpflichtungen haben.

Trotzdem haben Staff+-Engineers oft den schlechten Ruf, gar keinen Beitrag zur Codebasis zu leisten, niemals Bereitschaftsdienste zu übernehmen und Änderungen durchzudrücken, die Engineers auf eine Weise betreffen, mit der sie nicht einverstanden sind. Man hat das Gefühl, sie seien unnahbar und beteiligten sich nicht an der Entscheidungsfindung.

Feedback zu »schlechter« Politik geben

Feedback ist wichtig, weil sein Fehlen die Dinge meist noch schlimmer macht. Es ist unwahrscheinlich, dass ein Engineer zur Arbeit kommt und denkt: »Ich freue mich schon darauf, mich egoistisch zu benehmen und meine Kollegen zu meiden und zu manipulieren.« Und trotzdem machen manche Leute genau diesen Eindruck. Wie kann das sein?

Häufig ist fehlendes Feedback der Grund, warum Engineers sich so verhalten, dass es von anderen als politisch betrachtet wird. Und oft merken sie nicht einmal, dass sie so wahrgenommen werden!

Es ist nicht immer leicht, diese Art von Feedback zu geben. Trotzdem bin ich überzeugt, dass Sie als Kollege eine Menge tun können und sollten, um jemandem zu zeigen, wie seine Handlungen auf anderen wirken:

- **Wenn Sie mit der politischen Person gleichrangig sind:** Geben Sie der Person direktes Feedback oder berichten Sie Ihrem Manager. Ihre Wahl hängt davon ab, welche Beziehung Sie zur fraglichen Person haben. Mein Vorschlag ist, möglichst direktes Feedback zu geben. Das kann allerdings schwierig sein, wenn es nicht genug Vertrauen gibt.
- **Wenn Sie der politischen Personen gegenüber einen höheren Rang haben:** Versuchen Sie, die genauen Aktionen oder Ereignisse zu beschreiben, und hören Sie sich die Seite der betroffenen Person an. Schlagen Sie der Person vor, ihr Verhalten zu ändern, wenn ihre Absichten nicht denen entsprachen, die von anderen wahrgenommen wurden.

- **Wenn Sie der politischen Person gegenüber einen niedrigeren Rang haben:** Geben Sie Ihrem Manager Feedback, denn direktes Feedback könnte in dieser Situation unangemessen sein. Letztlich ist es die Aufgabe Ihres Managers, sich ihre Beobachtungen anzuhören und dann über das weitere Vorgehen zu entscheiden.

Andere beeinflussen

Es ist klug, den Eindruck zu vermeiden, zu politisch zu sein. Dennoch kann die Fähigkeit, Engineers und Manager zu beeinflussen, wichtig sein, solange sie eine Form der »guten« internen Politik ist. Hier ein paar Situationen, in denen Einfluss helfen kann:

- **Annahme von Vorschlägen.** Sie haben einen Vorschlag für ein neues System, das gegenüber dem aktuellen eine Menge Vorteile bietet. Sie sind überzeugt davon, dass der Vorschlag dem gesamten Unternehmen hilft, sofern er von anderen wahrgenommen wird.
- **Zurückweisen einer Initiative, die Ihrer Abteilung schaden könnte.** Von oben kommt die Anweisung, auf ein neues System zu wechseln. Ihrer Meinung nach hat das neue System aber zu viele Lücken. Ihr Team müsste eine Menge zusätzlicher Arbeit leisten, um sie zu füllen, oder die Kunden verlieren Funktionalität. Keine Option ist akzeptabel. Das müssen Sie den Entscheidungsträgern mitteilen.
- **Sich für den Vorschlag einer Teamkollegin einsetzen.** Ein Teammitglied hat einen wirklich guten Vorschlag, der aber keine Unterstützung findet, auch nicht von ihrem Manager. Sie sind überzeugt davon, dass der Vorschlag von Vorteil ist und wegen seiner positiven geschäftlichen Auswirkungen auf Teamebene diskutiert werden sollte. Hier sollten Sie Ihren Einfluss im Sinne der Idee der Kollegin geltend machen.
- **Arbeit an wichtigen Projekten.** Sie haben von einem neuen Projekt erfahren, das ein anderes Team gerade angestoßen hat. Ihr Fachwissen kann helfen, das Projekt schneller voranzubringen. Das Richtige für die Abteilung wäre, Zeit mit diesem neuen Projekt zu verbringen. Allerdings können Sie nicht gleichzeitig Ihre aktuelle Arbeit erledigen und sich an dem neuen Projekt beteiligen. Also müssen Sie Ihren Manager davon überzeugen, dass ein Fokuswechsel dem Unternehmen Vorteile bringt.

Ein gutes Netzwerk im Unternehmen und die Fähigkeit, auf Menschen im Unternehmen Einfluss zu nehmen, sind untrennbar miteinander verbunden. Normalerweise hören Menschen Ihnen zu, weil sie Ihnen vertrauen. Das heißt, Sie haben bereits daran gearbeitet, dieses Vertrauen aufzubauen. Aber wie können Sie Vertrauen schaffen, damit die Menschen Ihnen zuhören? In Kapitel 12 (Teil III), »Zusammenarbeit und Teamwork«, sprechen wir über Ansätze, die auf der Stufe des Senior-Engineers nützlich sind. In diesem Teil geht es um Möglichkeiten für Engineers auf Staff-Ebene und darüber.

Verdienen Sie sich »Vertrauenskapital«

Viel hängt von Ihrem »Vertrauenskapital« ab. Die Quellen, aus denen es stammt, sind wahrscheinlich:

- **Titel/Autorität.** Menschen beachten Kolleginnen und Kollegen mit Titeln, die Fachkenntnis oder Autorität ausstrahlen, wie Principal Engineer, Distinguished Engineer, Director, VP of Engineering und so weiter.
- **Betriebszugehörigkeit.** Arbeitet jemand lange Zeit in einem Unternehmen und ist für ein tiefes Verständnis der Materie bekannt, werden andere die Meinung dieser Person ernst nehmen – auch ohne Titel oder Autorität.
- **Fachwissen.** Wenn ein erfahrener React-Native-Engineer neu in ein Unternehmen kommt, werden die Kollegen sehr wahrscheinlich mit React-Native-Problemen auf ihn zukommen, selbst ohne lange Betriebszugehörigkeit oder Autorität. Das gilt für alle Technologiebereiche.
- **Erfolgsbilanz.** Menschen mit weniger Betriebszugehörigkeit und Autorität können immer noch einen überdurchschnittlichen Einfluss haben, wenn ihre Erfolgsbilanz zeigt, dass sie etwas schaffen.
- **Sichtbarkeit der Arbeit.** Wenn Sie großartige Arbeit leisten, ohne dass jemand davon erfährt, ist es dann wirklich großartige Arbeit? Oft ist das nicht der Fall. Ein von Software-Engineers gern gemachter Fehler ist die Annahme, ihre Arbeit spräche schon für sich selbst. Die harte Wahrheit ist aber, dass gute Arbeit weniger wert ist, wenn weder Ihr Manager noch Ihre Teamkollegen wissen, welche Arbeiten Sie erledigt haben, wie Sie das gemacht haben und welche Auswirkungen es hatte.

Der offensichtliche Weg, Vertrauenskapital aufzubauen, liegt darin, über einen langen Zeitraum Dinge fertigzubringen. Das hilft Ihnen, Ihre Erfolgsbilanz zu verbessern und Ihre Erfahrungen zu entwickeln. Unten finden Sie eine Reihe von Ansätzen, die Ihnen beim Aufbau von Vertrauen helfen können.

Eine weitere hilfreiche Einschätzung stammt von Anne Raimondi, ehemals Product Director bei eBay. Sie definiert Vertrauen als die Summe aus Glaubwürdigkeit, Verlässlichkeit und Authentizität, geteilt durch die Wahrnehmung von Eigennutz. Mehr Ratschläge für die Stärkung des Vertrauens gibt sie in ihrem Artikel »Use this equation to determine, diagnose, and repair trust« (Nutzen Sie diese Gleichung, um Vertrauen zu bestimmen, zu diagnostizieren und zu reparieren).[2]

Stellen Sie Fragen und seien Sie ein aktiver Zuhörer

Laden Sie Kolleginnen und Kollegen dazu ein, ihre Sichtweisen und Fachkenntnisse zu teilen, damit Sie daraus lernen können. Das hilft besonders, wenn Ihnen Informationen oder Fachwissen fehlen, zum Beispiel wenn Sie neu im Unternehmen sind.

Ein Senior VP of Engineering, mit dem ich bei Skyscanner zusammenarbeitete, hat sich auf diese Weise eingearbeitet. Bryan Dove sagte seinen Kollegen, er sei objektiv

2 *https://review.firstround.com/use-this-equation-to-determine-diagnose-and-repair-trust*

die Person im Raum mit dem geringsten Wissensstand. Die Kollegen konnten also davon ausgehen, dass er eine Menge Fragen stellen würde. Und das tat er – er hörte sich aktiv die Antworten an, stellte Folgefragen und kommentierte. Später wurde Bryan CTO und schließlich CEO von Skyscanner.

Meiner Beobachtung nach hat das Stellen vieler Fragen gleich zu Beginn Bryan geholfen, schneller zu lernen und Vertrauen zu den Engineers aufzubauen, die ihn als neugierige, bodenständige Leitungsperson wahrnahmen, aber nicht als unnahbaren, selbstgerechten Besserwisser.

Erklären Sie Ihren Standpunkt

Sobald Sie verstanden haben, wie die Dinge laufen, sollten Sie sich angewöhnen, den Kolleginnen und Kollegen mitzuteilen, was Sie über Problembereiche denken, zum Beispiel bei Pull-Requests, in Standups oder in Architektur-/Designdiskussionen, in Planungsdokumenten wie RFCs oder Ähnlichem. Unter folgendem Link finden Sie weitere Informationen zu RFCs, Designdokumenten und ADRs.[3] (Siehe auch Kapitel 15, »Softwarearchitektur«.)

Bei Pull-Requests sollten Sie sich angewöhnen, ein Problem, das Sie gelöst haben, zusammenzufassen und auf die Grenzfälle und die Dinge, die aus dem Raster fallen, hinzuweisen. Handelt es sich um eine visuelle Änderung, könnten Bilder hilfreich sein.

Gewöhnen Sie sich für erste Vorschläge an, die folgende Gliederung zu verwenden:

1. Beschreiben Sie, worin das Problem Ihrer Ansicht nach liegt.
2. Nennen Sie die von Ihnen bevorzugte Lösung.
3. Weisen Sie auf »bekannte Unbekannte« sowie mögliche Vor- und Nachteile hin.

Diese Reihenfolge ist sinnvoll, denn Sie wollen die Leserinnen und Leser zuerst über das Problem auf den gleichen Stand bringen, um danach die Zustimmung für eine Lösung zu erhalten, und zwar auf Basis der bekannten Unbekannten und der Vor- und Nachteile.

Wenn Sie diesem Ansatz folgen, verschaffen Sie sich Glaubwürdigkeit und Vertrauen. Hierbei ist es nicht so wichtig, ob die vorgeschlagene Lösung von Ihnen stammt oder von jemand anderem. Die Hauptsache ist, den Weg zu wählen, der am besten funktioniert. Sie können oft sogar mehr Vertrauen gewinnen, wenn Sie nicht auf Ihrer Lösung beharren, sondern die Option eines anderen fördern oder bevorzugen, die besser passt.

Ergreifen Sie in Designdiskussionen Partei und erklären Sie Ihre Beweggründe

Beteiligen Sie sich, wenn Ihr Team Design- oder Architekturentscheidungen diskutiert. Anstatt wie ein desinteressierter Schiedsrichter am Rand zu stehen, könnten Sie auch Ihre Präferenzen und Argumente einbringen. Das macht Sie zu einem akti-

3 *https://newsletter.pragmaticengineer.com/p/rfcs-and-design-docs*

ven Teilnehmer und ist eine großartige Übung darin, Ihr Denken zu erklären. Natürlich müssen Sie sich in dem Raum befinden, in dem diese Diskussionen stattfinden. Lassen Sie sich einladen, indem Sie mit Ihren Teamkollegen, Ihrer Managerin oder beiden sprechen.

Krempeln Sie die Ärmel hoch und machen Sie sich an die Arbeit

Um Vertrauen zu Gleichrangigen aufzubauen, müssen Sie Ihre Arbeit erledigen, aber auch zuhören und erklären können. Die Arbeit wird sich je nach Rolle, Ebene und Erwartungen unterscheiden. Versuchen Sie, diese Erwartungen zu klären und sicherzustellen, dass sie von Ihren Ergebnissen übertroffen werden.

Machen Sie Ihre Arbeit sichtbar

Lassen Sie Ihren Manager und auch Ihre Teamkollegen und Stakeholder wissen, woran Sie arbeiten. Sie könnten beispielsweise ein Arbeitsprotokoll[4] (siehe »Führen Sie ein Arbeitsprotokoll«, Seite 51) führen, um die von Ihnen geleistete Arbeit aufzuzeichnen und Ihrem Manager in persönlichen Gesprächen darüber zu berichten. Gewöhnen Sie sich daran, die geschäftlichen Auswirkungen Ihrer Arbeit sowie deren Herausforderungen und Ihre Erkenntnisse nicht für sich zu behalten.

Wenn Sie eine Führungsposition innehaben, kann es sinnvoll sein, die Kette Ihrer Vorgesetzten wöchentlich mit »Five-fifteen-Updates«[5] zu versorgen. Das bedeutet, 15 Minuten damit zu verbringen, ein Dokument zu schreiben, das in 5 Minuten gelesen werden kann und die oben genannten Dinge zusammenfasst. Sie werden überrascht sein, wie nützlich diese Notizen gerade in größeren Unternehmen sein können, um Ihre Arbeit sichtbar zu machen und Feedback zu erhalten.

Übernehmen Sie die Führung und ergreifen Sie die Initiative

Je besser Sie sich in Ihrem Unternehmen auskennen, desto mehr sollten Sie nach Gelegenheiten suchen, Ihrem Team, Ihrer Abteilung und Ihrem Unternehmen zu helfen. Überlegen Sie, warum eine solche Gelegenheit wichtig ist, entwerfen Sie einen Plan und suchen Sie sich Leute, die ihn mittragen.

Sehr wahrscheinlich werden Sie Projekte[6] leiten. Mit jedem erfolgreich geleiteten und abgelieferten Projekt gewinnen Sie mehr Vertrauen und mehren Ihr Vertrauenskapital.

---

4 *https://blog.pragmaticengineer.com/work-log-template-for-software-engineers*

5 *https://lethain.com/weekly-updates*

6 *https://newsletter.pragmaticengineer.com/p/engineers-leading-projects*

Unterstützen Sie andere uneigennützig

Es ist schwer, Vertrauen zu anderen aufzubauen, wenn Sie sich nur auf Ihre eigene Arbeit konzentrieren. Genauso wichtig ist es, andere zu unterstützen, selbst wenn Sie scheinbar nichts davon haben.

Wenn Sie einer gleichrangigen Person bei etwas helfen, für das sie Unterstützung braucht, können Sie ihr in Diskussionen wie auch bei der Planung zur Seite stehen und ihr positives Feedback geben. Hierfür müssen Sie keinen Senior-Titel haben, Sie müssen nur ehrlich sein.

Natürlich gibt es auch Raum für konstruktives Feedback, wenn Sie mit einem Ansatz nicht einverstanden sind. Gehen Sie hierbei allerdings vorsichtig vor und vermeiden Sie nach Möglichkeit negatives Feedback in der Öffentlichkeit. Selbst konstruktives Feedback kann Vertrauen schaffen, wenn es auf die richtige Weise geäußert wird. Es muss klar sein, dass Sie es wohlwollend meinen und der Person und dem Team helfen wollen.

Verbessern Sie Ihre Schreibfähigkeiten

Besonders in größeren Unternehmen wird das Schreiben auf Staff+-Ebene immer wichtiger. Geschriebene Nachrichten werden von mehr Menschen wahrgenommen, und durch das Schreiben erreichen Sie, kommunizieren Sie mit und beeinflussen Sie auch Engineers außerhalb Ihres direkten Einflussbereichs.

Bei großen Arbeitgebern ist die Schriftform notwendig, um klare Gedanken zu verdeutlichen und Entscheidungen dauerhaft zu machen. Damit Menschen das von Ihnen Geschriebene lesen und aufnehmen können, muss es gut geschrieben sein. Sie müssen die Aufmerksamkeit Ihrer Leser fesseln und Ihre Gedanken klar und knapp ausdrücken.

Durch gutes Schreiben wachsen Ihre Möglichkeiten, effektiv mit vielen Teams und Abteilungen im gesamten Unternehmen zu kommunizieren. Die Fähigkeit, über das eigene Team hinaus zu kommunizieren und Einfluss zu nehmen, gilt für Staff+-Engineers als Selbstverständlichkeit. Wie können Sie lernen, besser zu schreiben? Dieses Thema liegt außerhalb des Rahmens dieses Buchs. Einige praktische Beispiele finden Sie dennoch im folgenden Onlinebonuskapitel:

Abbildung 22-1: Als Software-Engineer besser schreiben (pragmaticurl.com/bonus-5)

Zusammenarbeit mit Managern

Staff+-Engineers haben oft eine besondere Beziehung zu Engineering-Managern. Das liegt daran, dass beide meist ähnliche Einflusssphären, aber leicht unterschiedliche Schwerpunkte haben. Hier sehen Sie, wie Staff+-Engineers und Manager ihre Zeit normalerweise einteilen:

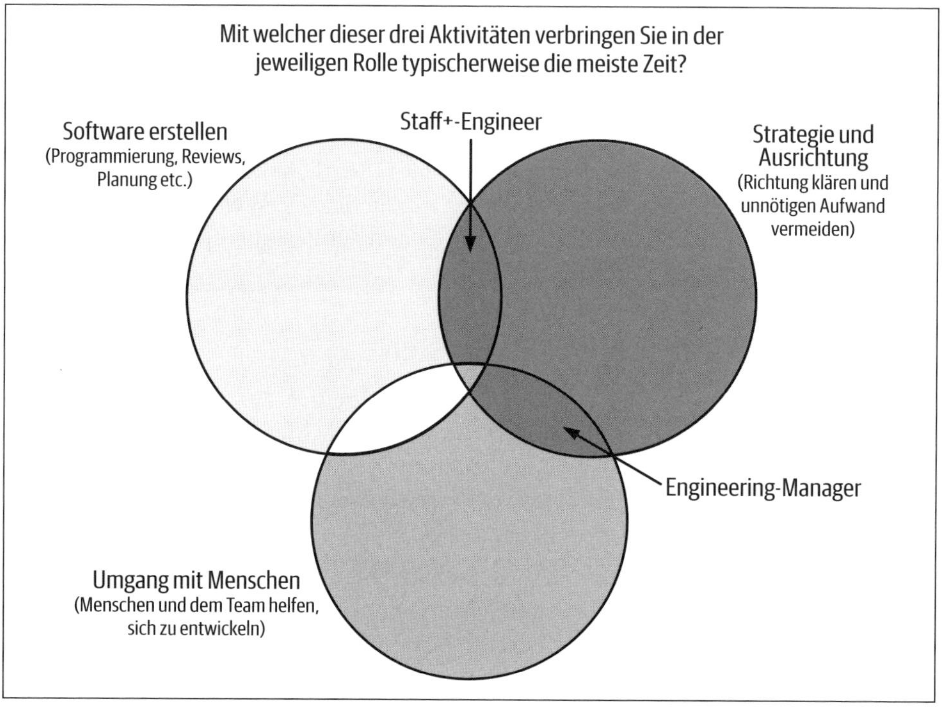

Abbildung 22-2: Womit Staff+-Engineers und Engineering-Manager normalerweise ihre Zeit verbringen

Staff+-Engineers und Engineering-Manager verbringen viel Zeit mit Strategie und Abstimmung. Daher ist es nur logisch, sich mit Engineering-Managern zusammenzutun, besonders mit denen, deren Teams Sie unterstützen!

Machen Sie Engineering-Managern klar, dass Sie auf ihrer Seite sind. Managern, deren Teams Sie unterstützen – inklusive Ihres eigenen Managers –, sollte klar sein, dass Sie mit ihnen zusammenarbeiten, um deren Team zu stärken. Sprechen Sie mit ihnen, verstehen Sie, wie sie arbeiten, und finden Sie heraus, an welchen Stellen eine Zusammenarbeit möglich ist.

Vermeiden Sie es, dem Engineering-Manager auf die Füße zu treten. Sowohl Staff+-Engineers als auch Engineering-Manager helfen dabei, Teams aufeinander abzustimmen. Sie könnten in Situationen geraten, in denen Ihre Entscheidungen die eines anderen Managers aushebeln oder umgekehrt. In solchen Fällen gehen Sie vor, als sei die Sache mit einem Staff+-Engineer-Kollegen passiert: Diskutieren Sie privat, wie Sie beide »in die gleiche Richtung rudern« können. Dabei ist es sinnvoll, diese Meinungsverschiedenheiten nicht vor den weniger erfahrenen Engineers auszutragen.

Gegenseitiges Vertrauen mit anderen Managern herstellen. Sie wollen erreichen, dass andere Manager Sie als Partner behandeln und umgekehrt. Um das zu erreichen, müssen Sie Vertrauen schaffen und beweisen, dass sich andere Menschen auf Sie verlassen können.

Beginnen Sie, indem Sie Vertrauen zu Ihrem eigenen Manager aufbauen. Sprechen Sie offen und ehrlich über Verantwortlichkeiten und finden Sie heraus, in welchen Bereichen Sie ihm etwas von seiner Arbeit abnehmen können. Das kann die Koordination einer Engineering-Aufgabe sein, die Leitung eines Projekts oder das Beseitigen von Blockaden für ein Team, das mit einer schwierigen Abhängigkeit zu kämpfen hat. Sagen Sie Ihrem Manager, dass es Ihr Ziel ist, für ihn ein wahrer Verbündeter in Engineering-Fragen zu sein.

Zusammenarbeit mit Kollegen auf Staff+-Ebene

Um als Staff+-Engineer effizient zu sein, müssen Sie gut mit Ihrem Team zusammenarbeiten und ebenso mit geschäftlichen Entscheidungsträgern, anderen Managern und mit Ihren Mitstreitenden, den anderen Staff+-Engineers.

Lernen Sie andere Staff+-Kolleginnen und -Kollegen persönlich kennen. Nutzen Sie Gelegenheiten, sich persönlich vorzustellen! Finden Sie heraus, was Ihre Kollegen tun, erzählen Sie über sich und diskutieren Sie, wie Sie sich gegenseitig helfen können. Diese Art persönlicher Beziehungen kann sehr hilfreich sein. Wenn Sie remote arbeiten, versuchen Sie, das Gleiche in einem Videoanruf zu erreichen.

Beteiligen Sie sich an einer Staff+-Community – oder gründen Sie eine! In manchen Unternehmen gibt es Staff+-Communities, in denen Sie regelmäßig Kollegen der gleichen Ebene treffen können. So hatte Amazon in den ersten Jahren eine starke Principal-Engineering-Community. Alle Principal-Engineers trafen sich zu einem jährlichen Betriebsausflug, zu wöchentlichen Mittagessen und zu einer unternehmensweiten Tech-Talk-Serie.

Gibt es in Ihrem Unternehmen noch keine Staff+-Community, könnten Sie selbst eine gründen, zumindest für Ihre direkten Kollegen. Dafür reicht für den Anfang schon eine regelmäßige Diskussionsrunde. Eine solche Community ist für alle Staff+-Engineers nützlich, weil diese Rolle genauso viele Fragen für andere im Unternehmen aufwirft wie für Sie. Ideen für Aktivitäten, die Sie organisieren könnten, finden Sie bei Amazon[7].

Seien Sie sich darüber im Klaren, dass die Zusammenarbeit mit »Staff+-Archetypen« anders funktioniert. Der leitende Engineer und Autor der Bücher »Staff Engineer« und »An Elegant Puzzle«, Will Larson, hat vier Staff-Engineer-Archetypen ermittelt:

---

7 *https://pragmaticurl.com/amazon-principal-engineers*

- **Technische Führungskraft (Tech-Lead):** Verantwortet die Herangehensweise und die Durchführung eines Projekts eines bestimmten Teams.
- **Architekt (Architect):** Verantwortet die Richtung, die Qualität und Herangehensweise in einem besonders wichtigen Bereich.
- **Problemlöser (Solver):** Arbeitet sich tief in komplexe Probleme ein und findet einen Lösungsweg.
- **Die rechte Hand (Right Hand):** Borgt sich den Bereich und die Autorität des leitenden Engineers, um in komplexen Umgebungen agieren zu können.

Die Arbeit mit einem Tech-Lead, der Projekte leitet, unterscheidet sich von der Zusammenarbeit mit einem Architekten oder einer rechten Hand. Finden Sie heraus, welchem Archetyp eines Staff+-Engineers Sie am ehesten entsprechen und mit welchen Staff+-Engineers Sie auf gleicher Wellenlänge sind.

Das Netzwerk erweitern

Ihr Netzwerk aus Personen, mit denen Sie im gegenseitigen Vertrauen verbunden sind, entscheidet darüber, wie effizient Sie neue Verbündete finden und Einfluss ausüben können. Hier ein paar Möglichkeiten, Ihr Netzwerk zu erweitern.

Finden Sie einen Mentor im Unternehmen

Selbst als Staff+-Engineer sollten Sie nach Personen Ausschau halten, von denen Sie lernen können oder die bei bestimmten Aufgaben Ratgeber oder Verbündete sein können. Diese Menschen müssen keine Engineers sein, sie könnten Engineering-Führungskräfte sein, Menschen aus dem Produktbereich oder sogar leitende Angestellte wie der CTO.

Ein Mentoring kann informell sein, zum Beispiel durch die Zusammenarbeit an einem Projekt mit einer erfahreneren Kollegin. In manchen Unternehmen gibt es auch formelle Mentoring-Programme.

Arbeit an teamübergreifenden Projekten

Die beste Art zu netzwerken ist, nicht zu »netzwerken«, sondern über einen längeren Zeitraum hinweg mit Menschen in anderen Teams zu verbringen. Das geschieht normalerweise bei der Arbeit an gemeinsamen Projekten. Für Staff+-Engineers gehören solche Projekte oft zu ihrem Aufgabenbereich. Falls nicht, suchen Sie nach Möglichkeiten, sich in solchen Projekten zu engagieren!

Wenn Sie mit anderen zusammenarbeiten, versuchen Sie, sich Zeit zu nehmen, um Ihre Kolleginnen und Kollegen besser kennenzulernen. Solche Verbindungen können länger andauern als jedes Projekt.

An internen Schulungen teilnehmen

In großen Unternehmen sind interne Schulungen eine oft unterschätzte Gelegenheit, das eigene Netzwerk zu erweitern. Das gilt besonders für Managerfortbildungen und persönliche Trainings.

In meiner Zeit bei Uber habe ich eine Menge Manager aus nicht technischen Bereichen bei solchen Fortbildungen kennengelernt. Die Gespräche mit ihnen öffneten mir die Augen über die Funktionsweise der Geschäftsbereiche, in denen sie arbeiteten. Im Allgemeinen bringen Fortbildungen Menschen mit ähnlichen Interessen zusammen. Dabei kann die gemeinsame Erfahrung ein Sprungbrett für weitergehende Gespräche sein.

Treffen mit Menschen von außerhalb Ihres Teams

Sprechen Sie mit Kolleginnen und Kollegen bei Firmenevents und Betriebsausflügen oder einfach in der Kantine, wenn Sie in einem Büro arbeiten. Nutzen Sie Mitarbeitergruppen und beteiligen Sie sich an unternehmensweiten Initiativen. Je mehr Menschen Sie treffen, die nicht Ihrem Team angehören, desto wahrscheinlicher ist es, dass Sie langfristige Verbindungen schaffen. Diese werden immer wichtiger, je weiter Sie auf der Karriereleiter vorankommen.

Netzwerk und Einfluss gehören zusammen

Um Menschen beeinflussen zu können, müssen diese Ihnen zunächst vertrauen. Das erreichen Sie, indem Sie Dinge anpacken und Kollegen helfen.

Ein solches Netzwerk fördert Ihre Karriere deutlich über Ihren aktuellen Arbeitsplatz hinaus. Menschen, denen Sie vertrauen und die Ihnen vertrauen, können Sie später durch Vorstellungen und Empfehlungen in anderen Unternehmen unterstützen, sie können Ihnen helfen, Vorstellungsgespräche für Positionen zu bekommen, die nicht öffentlich ausgeschrieben sind, oder die Einführungsinterviews zu überspringen.

Die Herausforderung an ein starkes Netzwerk liegt darin, dass es Jahre braucht, um es aufzubauen. Es besteht aus dem gesammelten Wohlwollen, Vertrauen und der harten Arbeit, die im Laufe der Zeit in berufliche Beziehungen investiert wurde. Die beste Möglichkeit, heutzutage ein starkes Netzwerk aufzubauen, besteht darin, gute Arbeit zu leisten und sich den Ruf anzueignen, Dinge anzupacken, den Menschen um einen herum zu helfen und den eigenen Einfluss positiv zu nutzen.

Anderen helfen

Als Engineer auf Staff-Ebene und darüber sind Sie einer der erfahreneren Engineers im Unternehmen. Sie haben das Wissen und den Einfluss, um Kolleginnen und Kollegen auf sinnvolle Weise zu helfen. Also tun Sie das auch!

Stellen Sie sich als Mentor zur Verfügung

Beim Mentoring geht es darum, jemanden zu leiten, Ihr Wissen zu teilen und der anderen Person bei ihrem Wachstum zu helfen. Als Staff+-Engineer haben Sie reichlich Erfahrung, die anderen helfen kann, schneller zu wachsen. Dabei muss das Mentoring keine bestimmte Form einhalten. Es kann so einfach sein wie das Angebot, Neueinsteigern beim Einarbeiten zu helfen.

Wenn Sie sich angewöhnen, anderen bei ihrem Weiterkommen zu helfen – ohne dafür eine Gegenleistung zu erwarten –, verbessern Sie Ihre Fähigkeit, Wissen zu vermitteln und Dinge zu erklären. Sofern Sie das Mentoring über längere Zeit durchführen, erarbeiten Sie sich sehr wahrscheinlich den Ruf, ein guter Ratgeber für Engineers auf Senior-Ebene und darüber zu sein.

Mehr zum Mentoring finden Sie in Kapitel 12 (Teil III), »Zusammenarbeit und Teamwork«, sowie im Artikel »Mentoring software engineers«[8].

Förderung

Die Förderung (das *Sponsoring*) geht noch einen Schritt weiter als das Mentoring. Hierbei setzen Sie sich für die andere Person ein und nutzen Ihre Position, um ihre Karriere zu fördern.

Als Staff+-Engineer erstreckt sich Ihr Einfluss auf Manager und geschäftliche Stakeholder. Sie können – und sollten – ihn nutzen, um Engineers zu fördern, deren Karriere Sie begleiten. Zu einer Patenschaft kann gehören:

- **Hervorragende Arbeit sichtbar machen.** Sie bemerken, dass ein Engineer hervorragende Arbeit leistet, die weit über die Erwartungen an seine Position hinausgeht. Dennoch wird dies von dessen Manager offenbar nicht bemerkt. Sie haben sich entschieden, diese Person zu fördern und ihre Arbeit sichtbar zu machen, zum Beispiel indem Sie sie einladen, ihr Projekt bei einem Gruppenmeeting zu präsentieren.
- **Unterstützung bei möglichen Beförderungen.** Sie sind überzeugt, dass jemand, den Sie fördern, Leistungen erbringt, die der nächsten Stufe entsprechen. Trotzdem wird die Person anscheinend nicht für eine Karriere in Betracht gezogen. Sie könnten mit dem zuständigen Manager und Ihren eigenen Managerkollegen sprechen, um hervorzuheben, dass diese Person für den nächsten Schritt bereit ist, und Ihre Unterstützung für diese Entscheidung aussprechen.
- **Leute einladen, damit sie »an Bord« sind.** Sie sind an einem komplexen Projekt in der Planungsphase beteiligt. Sie könnten sich selbst darum kümmern, bemerken aber, dass dies eine fantastische Gelegenheit für eine Kollegin ist, die Sie fördern. Laden Sie sie ein, damit sie dabei sein kann und daran beteiligt ist, wenn wichtige Entscheidungen getroffen werden.

8 *https://blog.pragmaticengineer.com/developers-mentoring-other-developers*

- **Sich für Projekte einsetzen.** Wenn Ihr Manager diskutiert, welcher Engineer welches Projekt leiten sollte, können Sie sich dafür einsetzen, dass die Person, die Sie fördern, eine tragende Rolle übernimmt. Lehnt der Manager dies ab, versuchen Sie, sich teilweise selbst zu beteiligen.
- **Das Wort ergreifen.** Als Staff+-Engineer werden Sie möglicherweise an nicht öffentlichen Meetings wie Leistungskalibrierungen teilnehmen. Stellen Sie in diesen Besprechungen sicher, dass die Arbeit und die Leistungen derjenigen, die Sie fördern, nicht übersehen werden.

Zwischen Mentoring und Förderung gibt es häufig Überschneidungen. Oft ist es üblich, dass der Mentor eines Engineers für einige Zeit dessen Förderer wird. Es kann aber auch sein, als Förderer für Personen zu dienen, für die man kein Mentor ist.

KAPITEL 23

Software-Engineering

Als Engineer auf Staff-Ebene oder darüber beinhaltet Ihre Rolle die Aufgaben eines Senior-Engineers plus eine Menge mehr. Häufig sind Sie nicht nur für das Tempo und die Qualität der Arbeit Ihres Teams verantwortlich – sowie auch für Ihre eigene Tätigkeit –, sondern oft für die Arbeit anderer Teams oder eine ganze Gruppe.

Aufgrund Ihrer höheren Position wird wahrscheinlich von Ihnen erwartet, die Ausführungsgeschwindigkeit und die technische Qualität Ihres Teams zu steigern. In diesem Kapitel sprechen wir über folgende Ansätze, die Ihnen dabei helfen können:

1. Coding, das Sie immer noch selbst erledigen
2. Hilfreiche Engineering-Prozesse
3. Engineering-Praktiken für schnelles Iterieren
4. Werkzeuge, die Engineers effizienter machen
5. Compliance und Datenschutz
6. Sichere Entwicklung

Ich muss aber anmerken, dass es im Software-Engineering keine Patentrezepte oder Allheilmittel gibt, die in jeder Umgebung gleichermaßen funktionieren. Das Beste, was Sie als Staff+-Engineer tun können, ist, mit diesen Ansätzen Erfahrungen zu sammeln, Ihren Werkzeugkasten zu erweitern und zu lernen, wann welches Vorgehen zu welcher Zeit am sinnvollsten ist, um Ihrem Team zu helfen.

Coding, das Sie immer noch selbst erledigen

Wie viel Zeit sollte ein Staff+-Engineer mit Programmieren verbringen? Hierauf gibt es keine allgemeingültige Antwort, aber eines ist sicher: Sie haben eine Menge anderer Dinge zu tun. Ja, Sie sollten sich Zeit zum Programmieren nehmen, aber weniger als auf niedrigeren Positionen.

Programmieren in Bursts

Akzeptieren Sie, dass Sie nicht so oft programmieren können, wie Sie es vermutlich gern möchten. Trotzdem sollten Sie Zeit reservieren – am besten auf ein paar Wochen verteilt –, in der Sie praktisch am Code arbeiten. Das Arbeiten »in Bursts« (englisch für »stoßweise«) kann gut funktionieren, wenn es mit dem Projektbeginn oder einer anderen wichtigen Phase zusammenfällt. Konzentrieren Sie sich auf diesen Schwerpunkt, indem Sie sich an Reviews beteiligen und Feedback geben, wenn Sie gerade nicht programmieren.

Bursts können Sie auch daran erinnern, warum es sinnvoll ist, manche Verpflichtungen, die nichts mit dem Programmieren zu tun haben, zurückzuweisen: um Zeit für das Programmieren zu haben.

Im Tandem in Bursts programmieren

Zögern Sie nicht, sich mit jemandem zusammenzutun – besonders wenn andere Entwicklerinnen und Entwickler davon profitieren könnten. Beim Programmieren im Tandem sollten Sie nicht die Führung übernehmen, sondern Ihren Tandempartner vorsichtig in die richtige Richtung lenken. Das dauert zwar länger, als einfach direkt selbst die Arbeit auf die »richtige« Weise zu erledigen, aber das sanfte Lenken hilft Ihrem Partner in seiner Entwicklung – und verbessert damit die Fähigkeiten des gesamten Teams. So wird aus dem Tandem eine Aktivität mit großer Tragweite.

Nutzen Sie das Programmieren als Gelegenheit für Mentoring, Coaching und um mit gutem Beispiel voranzugehen. Wenn Sie Code schreiben und dabei in den »Flow« kommen, könnten Sie es leicht genießen, endlich wieder allein mit dem Computer Zeit zu verbringen. Das fühlt sich sicher gut an, aber wenn Sie sich in dieser Zeit nur durch den Code ackern und am Ende einen schlampigen, halb garen Pull-Request ohne Tests einspielen, werden Ihre Teamkollegen das sehr wahrscheinlich mitbekommen. Das kann vorkommen, wenn Ihre Fähigkeiten etwas eingerostet sind oder Sie in Eile sind und schnell weiterkommen wollen.

Vergessen Sie aber nicht, dass auch der von Ihnen geschriebene Code sehr wahrscheinlich ein Code-Review durchläuft, das oft als lehrreiches Beispiel für andere Engineers dient. Daher sollten Sie darauf achten, einen gut dokumentierten, klaren Pull-Request zu erstellen, der ein Vorbild sein kann.

Ihre Codequalität ist wichtig, weil sie weniger erfahrenen Kollegen oft als Qualitätsmaßstab, als gutes Beispiel und als Inspirationsquelle dient. Hat das Team den Eindruck, dass Sie nur einen geringeren Qualitätsanspruch haben, dann wird das schnell als allgemeine Rechtfertigung für niedrigere Standards ausgenutzt. Wenn ein Staff+-Engineer damit durchkommt, warum dann nicht auch alle anderen?

Aus diesem Grund lohnt es sich, ordentlich zu programmieren. Das heißt, sobald etwas fertig ist, ist es wirklich abgeschlossen, wie wir in Kapitel 11 (Teil III), »Aufgaben erfolgreich abschließen«, besprechen. Wenn Sie Ihre Vorbildfunktion wahrnehmen, verbessern Sie die Engineering-Kultur Ihres gesamten Teams.

Problematischen Projekten helfen

Sollten Sie durch die Arbeit in mehreren Teams überfordert sein, könnten Sie sich darauf konzentrieren, »Feuerwehr« zu spielen. Das heißt, Sie beteiligen sich an Programmieraufgaben und Code-Reviews in den Teams, die Ihre Hilfe am meisten benötigen.

Ein Team, das Hilfe braucht, könnte beispielsweise eines sein, das Gefahr läuft, bei einem wichtigen Projekt zu scheitern oder in Rückstand zu geraten. Dieser Ansatz ist zwar reaktiv, aber oft am wirkungsvollsten. Das gilt zumindest, solange das Team Ihr Eingreifen nicht als eine Form des »Möwenmanagements« sieht, bei dem ein höherrangiger Kollege sich in ein Team einmischt, nur auf deren Arbeit »kackt« – zum Beispiel indem er keine nachhaltige Lösung, sondern nur einen Hack einspielt – und der so schnell wieder weg ist, wie er gekommen ist.

Passen Sie Ihren Stil dem Team an

Es ist gut möglich, dass Sie mit mehreren Engineering-Teams arbeiten oder gebeten werden, sich an einem zu beteiligen, damit ein wichtiges Projekt fertiggestellt werden kann. Mittlerweile haben Sie wahrscheinlich eine ausgereifte Arbeitsweise, bevorzugte Programmierstile, Prozesse, Namenskonventionen und Werkzeuge. Sofern Sie nicht tief in das Team integriert sind, sollten Sie trotzdem versuchen, sich anzupassen, anstatt Ihre Umgebung umzugestalten.

Die Teammitglieder werden Ihnen mehr Respekt entgegenbringen, wenn Sie sich anpassen und ihnen helfen, die eigenen Arbeitsweisen zu verbessern. Idealerweise sollte so etwas von den Menschen ausgehen, die sich durch Ihre Unterstützung darin bestärkt fühlen, wichtige Änderungen vorzunehmen.

Gehen Sie strategisch vor

Wählen Sie weise, *welche* Arbeiten Sie beim Schreiben von Code übernehmen. Als einer der erfahrensten Engineers, der eine Vielzahl von Programmierstrategien kennt, können Sie aus einer Reihe von Möglichkeiten wählen, zum Beispiel:

Suchen Sie sich die schwierigen Programmieraufgaben heraus und seien Sie bei ihrer Lösung ein Vorbild, indem Sie Effizienz, Qualität und Wartbarkeit im Gleichgewicht halten.

Eventuell begegnen Ihnen komplexere Aufgaben und Probleme, für die ein umfassendes Fachwissen nötig ist, etwa um zu verstehen, wie verwandte Systeme arbeiten. Es könnte aber auch etwas sein, für das im Team keine detailliertere Sachkenntnis vorhanden ist, wie etwa eine Low-Level-Leistungsoptimierung.

Übernehmen Sie Programmieraufgaben mit einer größeren Tragweite. Manche Programmieraufgaben sind strategischer als andere. Hier ein paar Beispiele mit großen Auswirkungen:

- Ein Pull-Request, mit dem ein neues Framework eingeführt wird, und die ersten paar Pull-Requests, um seine Verwendung zu demonstrieren. Dabei dienen Beispiele für die Verwendung des Frameworks als Beweise dafür, dass es wie erwartet funktioniert, und als Vorbild, dem Ihre Kollegen folgen können.
- Das Hinzufügen einer neuen Art von automatisiertem Test, zum Beispiel das Einspielen der ersten paar Integrationen oder UI-Tests. Zu ihrer Einführung gehört wahrscheinlich auch, sie zu schreiben, und die Konfiguration des CI/CD-

Systems, damit die Tests bei jedem Pull-Request und jedem Deployment ausgeführt werden.

- Änderungen oder Verbesserungen des CI/CD-Systems. Das kann beispielsweise das Hinzufügen eines Linters sein, der bei jedem Pull-Request ausgeführt wird, oder die Anpassung des CI-Servers, um eine Warnung auszugeben, wenn ein Pull-Request eine niedrige Testabdeckung hat.
- Das Verbessern der Werkzeuge des Engineering-Teams. Dazu könnte es gehören, ein Werkzeug zu schreiben und zu teilen, das eine mühsame, aber nötige Entwicklungsaufgabe automatisiert, wie beispielsweise die Einführung eines Feature-Flags, die Durchführung eines Deployments oder das Rollback einer Änderung.

Beteiligen Sie sich in der frühen Programmierphase eines Projekts und machen Sie dann Platz für andere. Besonders in der Anfangsphase eines Projekts sind die richtigen Entscheidungen besonders wichtig. Hierzu gehören die Einrichtung der Architektur und das Festlegen der Codestruktur sowie sicherzustellen, dass Tests wie vereinbart geschrieben werden und dass das Logging auf Basis der vereinbarten Parameter durchgeführt wird.

Hierbei ist es oft sinnvoll, sich stark an der praktischen Arbeit zu beteiligen, indem Sie Code schreiben, mit anderen im Tandem arbeiten und Feedback in Form von Code-Reviews geben.

Nutzen Sie zeitliche Beschränkungen, um kreativer zu programmieren. Es lohnt sich, Zeit zu reservieren, in der Sie störungsfrei programmieren können, um in den Flow zu kommen. Es ist aber auch schlau, sich darüber zu informieren, wie Sie Ihre begrenzte Programmierzeit möglichst produktiv nutzen. Gibt es Möglichkeiten, die Effizienz des Teams zu verbessern? Gilt es, eine komplexe Blockade aus dem Weg zu räumen? Könnte es helfen, im Tandem zu arbeiten?

Nur selten werden Sie so viel Zeit für das Programmieren haben, wie Sie es sich wünschen, also machen Sie das Beste daraus!

Hilfreiche Engineering-Prozesse

Wie lässt sich die Software-Engineering-Qualität eines Teams verbessern? Wie immer gibt es auch hier kein Patentrezept, das für jedes Team funktioniert – unabhängig von seinen Fähigkeiten, Beschränkungen und seiner Erfahrung. Trotzdem gibt es einige Ansätze, die oftmals helfen. Diese wollen wir im Folgenden besprechen.

Definieren Sie »fertig«

Was genau bedeutet »fertig«? Das klingt wie eine einfache Frage, aber haben wirklich alle Teammitglieder die gleiche Antwort? Oft hat jeder eine leicht unterschiedliche Meinung davon, was »fertig« genau bedeutet. Gehören automatisierte Tests dazu, oder sind sie ein Extra? Was ist mit der Barrierefreiheit eines Features für Endbenutzer? Ist die Aktualisierung der Dokumentation Teil der Kriterien?

In einem Team, das den Ruf hat, Arbeit von schlechter Qualität abzuliefern, kann die Klärung des Begriffs »fertig« und eine klare Vereinbarung dazu zu deutlichen Verbesserungen führen. Wenn Sie in einem solchen Team arbeiten oder dabei helfen, dessen Leistungen zu verbessern, könnte folgende Übung helfen:

Leiten Sie eine Diskussion, bei der alle Teammitglieder aufschreiben, was »fertig« für sie bedeutet. Danach diskutieren Sie eine gemeinsame Definition. Hierfür können Sie Post-its nutzen, ein digitales Whiteboard oder auch Notizen der Teilnehmenden. Zu Beginn sollten Sie auf jeden Fall festlegen, dass das Ziel der Besprechung eine Vereinbarung über die Minimalkriterien darüber ist, was »fertig« für qualitativ hochwertige Arbeit genau bedeutet. Lassen Sie alle Teilnehmenden zu Wort kommen und drängen Sie auf einen Konsens. Sobald es eine gemeinsam akzeptierte Definition für »fertig« gibt, schreiben Sie diese auf. Herzlichen Glückwunsch! Die Teammitglieder haben gerade ihre eigene Messlatte definiert. Jetzt gibt es ein Ziel, zu dessen Einhaltung sich alle gleichermaßen verpflichtet haben.

Diese Methode wird oft als *Definition of Done* (Definition von »fertig«, DoD) bezeichnet. Sie entwickelt sich mit dem Team weiter und kann je nach Projekt unterschiedlich ausfallen. So wird die DoD für eine Machbarkeitsstudie anders ausfallen, wenn es Druck gibt, eine extern gesetzte Frist einzuhalten, oder weil ein Projekt vor allem auf eine langfristige Wartbarkeit ausgerichtet ist.

Stilregeln für das Programmieren

In Teams mit wenig Erfahrung können klare Stilvorgaben für das Programmieren Streit darüber vermeiden, wie Code formatiert wird und welche Konventionen eingehalten werden sollen. Dabei müssen die Richtlinien so definiert sein, dass die Teammitglieder Änderungen vorschlagen können.

Die einfachste Methode, Stilvorgaben durchzusetzen, besteht darin, einen Linter zu konfigurieren, der ihre Einhaltung überprüft, und diesen dann in das CI-System einzubauen. Werden Linting-Regeln nicht befolgt, könnte der Merge eines Pull-Requests abgelehnt werden.

Viele Unternehmen haben ihre Coding-Stilrichtlinien als Open Source veröffentlicht. Unten sehen Sie ein paar Beispiele, die Ihnen als Inspirationsquelle dienen können:

- Google: Coding-Stilregeln[1]
- Airbnb: Stilregeln für JavaScript[2] und Swift[3]
- GitLab: Stilregeln für das Frontend[4]

---

1 *https://google.github.io/styleguide*

2 *https://github.com/airbnb/javascript*

3 *https://github.com/airbnb/swift*

4 *https://docs.gitlab.com/ee/development/fe_guide/style*

Code-Reviews

Ein guter Code-Review-Prozess mit zeitnahem Feedback und hilfreichen Reviews fördert in der Regel die Qualität. Außerdem hilft er Teams mit unterschiedlichen Erfahrungsniveaus dabei, schneller voranzukommen, weil die Reviews Probleme finden, bevor der Code in der Produktionsumgebung landet.

Als einer der erfahrensten Engineers sind Sie in einer ausgezeichneten Position, einen Sinn für die Dynamik von Code-Reviews zu entwickeln. In Kapitel 12 (Teil III), »Zusammenarbeit und Teamwork«, besprechen wir die Merkmale guter Code-Reviews ausführlicher. Achten Sie auf diese Dynamiken und suchen Sie nach Möglichkeiten, Engineers zu besseren Code-Reviews anzuhalten. Ein offensichtlicher Weg ist, mit gutem Beispiel voranzugehen. Ein weiterer besteht darin, Feedback zu anderen Code-Reviews zu geben, die guten Bestandteile zu loben und darauf hinzuweisen, wie Engineers sie verbessern können.

Post-Commit-Reviews

Für sehr erfahrene Teams können Code-Reviews ein Hindernis darstellen, das die Produktivität einschränkt. Hierbei geht es um Teams, bei denen die Code-Reviews weniger über den Code sagen. Stattdessen konzentrieren sie sich mehr darauf, die vorgenommenen Änderungen zu erklären.

Post-Commit-Code-Reviews finden offensichtlich erst nach dem Commit des Codes statt. Software-Engineer Cindy Sridharan berichtet in dem Artikel »Post-Commit Reviews« von ihren Erfahrungen mit diesem Ansatz:[5]

> Post-Commit-Reviews vereinigen eine Reihe von Vorteilen: Das Tempo der Entwickler wird nicht auf dem Altar des Wartens auf Freigabe geopfert. Gleichzeitig werden begründete Bedenken von dem Entwickler durch kurzfristige Folge-Commits ausgeräumt.
>
> Auch wenn es bei Post-Commit-Reviews eine Reihe von Dingen zu beachten gibt [...], kann eine überwiegende Bevorzugung dieses Wegs es Entwicklern ermöglichen, von ihnen entwickelte Features schnell zu iterieren, ohne dass die Änderungen zu groß werden.

Code-Reviews nach dem Commit müssen allerdings nicht unbedingt bedeuten, dass ein Review erst nach der Bereitstellung stattfindet. Oft funktionieren Post-Commit-Reviews ziemlich gut in Teams, in denen die Deployments nicht ständig passieren, sondern eher in regelmäßigen Build-Abschnitten. Sie funktionieren meist am besten in Umgebungen mit großem gegenseitigem Vertrauen. Dies sind oft – aber nicht immer! – Teams mit langer Betriebszugehörigkeit, großer Erfahrung und einem hohen Verantwortungsgefühl. Teams, die Automatisierung zum Aufspüren offensichtlicher Probleme nutzen, können ebenfalls stärker von diesem Ansatz profitieren.

Wir wollen diesen Abschnitt mit einem weiteren Zitat von Sridharan beenden, die Post-Commit-Code-Reviews bereits seit langer Zeit nutzt:

5 *https://pragmaticurl.com/post-commit-reviews*

Das Gleichgewicht zwischen Produktivität der Entwickler und Code mit hoher Qualität wird immer eine Gratwanderung mit großen Herausforderungen bleiben, die intelligente Entscheidungen und Kompromisse nötig machen. Das Iterationstempo von Entwicklern lässt sich durch jede Art von Post-Commit-Reviews steigern.

Wie alle guten Dinge brauchen Post-Commit-Reviews Zeit und Einsatz, um sie richtig auszuführen. Aber für Teams und Abteilungen, die versuchen, die Entwicklerproduktivität zu steigern, lohnt es sich auf jeden Fall, diesen Ansatz auszuprobieren.

Automatisierte Tests und Testing im Produktionsbetrieb

Automatisierte Tests gelten in den meisten Unternehmen als selbstverständlich. Die Vorteile rechtfertigen fast immer den dafür nötigen Aufwand. Beobachten Sie, wie die Teams, mit denen Sie arbeiten, ihre Tests durchführen. Überlegen Sie, ob ein größerer Testaufwand ihnen helfen kann, schneller und mit höherer Qualität voranzukommen. Falls ja, befinden Sie sich in der richtigen Position, die Verbesserungen des Testansatzes voranzutreiben.

In Kapitel 14 (Teil III), »Testing«, gehen wir genauer auf verschiedene Möglichkeiten der Testautomatisierung ein, inklusive des Testens im Produktivbetrieb.

Scaffolding für neue Dienste und Komponenten nutzen

Wie gehen Engineers bei der Einrichtung neuer Dienste oder Komponenten vor? Ein Weg ist die Verwendung eines robusten Scaffolding-Systems (englisch für etwa »Grundgerüst«), das für eine große Steigerung der Produktivität sorgen kann. Sein Fehlen kann die Produktivität dagegen lahmlegen, während Engineers versuchen, das Rad immer wieder neu zu erfinden, was zu kleinen Unterschieden in Konfiguration, Abhängigkeiten und Programmierstil führen kann.

Der Grund, warum die meisten Entwicklerportale die Möglichkeit bieten, Software-Templates oder »Skeletons« zu definieren, liegt darin, dass diese leicht zu benutzenden Grundgerüste einen enormen Produktivitätsschub bei den entwickelnden Personen bewirken!

Wenn Ihnen häufig Engineers auffallen, die beim Projektstart Dienste oder Komponenten immer wieder von Grund auf neu einrichten, könnte die Definition eines Scaffolding-Konzepts helfen. Das kann eine einfache Projektschablone sein, die mit einer Wiki-Seite verlinkt ist, oder ein ausgefeilter Codegenerator, der das Scaffolding für eine Vielzahl von Anwendungsfällen übernehmen kann.

Roll-out-Hygiene bei Experimenten

Wie laufen die Roll-outs in den Teams, mit denen Sie arbeiten, ab und wie gut sind Änderungen an der Konfiguration abgesichert? Gibt es Rollback-Pläne für größere Bereitstellungen, und sind einige dieser Rollbacks automatisiert?

Wenn Rollbacks eine Quelle für Fehler und Ausfälle sind, kann die Planung von Roll-outs, Rollbacks und automatischen Rollbacks sie verlässlicher machen. Setzt ein Team beispielsweise regelmäßig Feature-Flags für seine Experimente ein, können veraltete Flags und Experimente zu einer Quelle für technische Schulden werden. In einer Codebasis mit vielen – möglicherweise redundanten – Feature-Flags ist die Orientierung schwerer und das Risiko bei Änderungen größer, als wenn unnötige Feature-Flags wieder entfernt werden.

Hygiene bei Experimenten bedeutet, Feature-Flags, die ihren Zweck erfüllt haben, wieder zu löschen. Aber wie setzen die Teams, mit denen Sie arbeiten, das um? Einige erstellen Folgeaufgaben (*Follow-up Tasks*) und entfernen die Feature-Flags, sobald ein Experiment abgeschlossen ist. Allerdings wird eine solche Aufgabe leicht übersehen. Eine weitere Option ist die Erstellung automatischer Werkzeuge. Will man noch einen Schritt weitergehen, könnte man ein Werkzeug bauen, das automatische Pull-Requests zur Überprüfung durch einen Engineer erzeugt, der vorschlägt, welche veralteten Feature-Flags entfernt werden sollen. Ein Beispiel hierfür ist *Piranha6* von Uber. Dieses Werkzeug refaktoriert Code auf Basis des erwarteten langfristigen Verhaltens eines Flags.

Dashboards zur Kontrolle der Systemgesundheit

Wie gesund sind die Systeme, für die Ihr Team verantwortlich ist? Am einfachsten lässt sich diese Frage mit einem Dashboard beantworten, das die wichtigsten Geschäfts- und Systemmetriken visuell darstellt. Ein Engineer sollte daran leicht erkennen können, ob ihre Systeme gesund sind oder ob es Fehler gibt.

Setzen die Teams, mit denen Sie arbeiten, Dashboards ein? Falls nicht, fragen Sie nach dem Grund. Dabei gibt es keine Regeln, die festlegen, wie ein Dashboard gestaltet sein muss. Hauptsache, es ergibt für das Team einen Sinn. Natürlich ist es ein zusätzlicher Vorteil, wenn es auch andere Beteiligte verstehen können; dies ist aber keine Voraussetzung. Wenn es noch kein Dashboard gibt, machen Sie sich an die Arbeit, und bauen Sie eins!

Im folgenden Kapitel, »Zuverlässige Softwaresysteme«, finden Sie Vorschläge dazu, welche Dinge überwacht und beobachtet werden sollten.

Engineering-Praktiken für schnelles Iterieren

Als Engineer auf Staff-Ebene oder darüber sollten Sie anstreben, die Effizienz des Teams, mit dem Sie arbeiten, und anderer Engineering-Teams in der Gruppe zu steigern. Hierfür gibt es eine Reihe von Werkzeugen und Prozessen, von denen wir im Folgenden eine Auswahl vorstellen wollen.

Continuous Integration (CI)

Bei der *Continuous Integration* (beständige Integration, CI) geht es darum, Ihren Code mithilfe von Pull-Requests regelmäßig zurück in den Hauptzweig zu integrieren. Jeder geöffnete Pull-Request stößt einen automatisierten Build an, der typischerweise aus diesen Schritten besteht:

- Kompilierung und Build des Projekts.
- Statische Analysetests und Linting.
- Unit-Tests, Integrationstests und andere automatisierte Tests.
- Weitere Automation wie Sicherheitsüberprüfungen und Tests auf Einhaltung zusätzlicher spezieller Regeln.

Der Vorteil der CI ist ein schnelles Feedback und ein deutlich schnelleres Aufspüren von Regressionen als ohne sie.

Eine der größten Herausforderungen aller CI-Systeme ist die Verringerung der Laufzeiten für automatisierte Tests auf ein paar Minuten. Öffnet ein Engineer einen neuen Pull-Request und muss dann über 30 Minuten auf Feedback warten, ist dieser Feedback-Zyklus klar zu langsam.

Das Problem, die Ausführungsgeschwindigkeit der CI-Automation zu steigern, ist besonders bei großen Codebasen und bei einer hohen Zahl von Tests nicht trivial. Ein paar Ansätze können hierbei helfen:

- Modularisieren Sie den Code und cachen Sie Build-Artefakte, die nicht verändert wurden.
- Teilen Sie die Testsuite auf und führen Sie sie auf mehreren Rechnern parallel aus.
- Führen Sie nur einen kleinen Teil der Testsuite für die CI aus und die vollständige Testreihe später.
- Führen Sie nur Tests aus, die den Code überprüfen, der während der CI verändert wurde, und lassen Sie die komplette Testreihe später laufen.

Continuous Deployment (CD)

Das *Continuous Deployment* (beständige Bereitstellung, CD) geht noch einen Schritt weiter als die CI und stellt freigegebene Codeänderungen direkt in der Produktionsumgebung zur Verfügung. CI und CD sind typischerweise miteinander verbunden, da es kaum Sinn ergibt, CD ohne eine entsprechend eingerichtete CI zu nutzen.

Fortschrittliche automatisierte Bereitstellungspraktiken haben besonders für große Systeme Vorteile, zum Beispiel:

- **Automatisiertes, stufenweises Roll-out von Änderungen.** Das Roll-out von Änderungen kann selbst dann riskant sein, wenn alle automatisierten Tests bestanden wurden. Bei Backend-Systemen kann ein Canary-Ansatz genutzt werden, um den neuen Code nur auf einem kleinen Teil der Server bereitzustellen. Dabei überwacht das CD-System die »Gesundheitsdaten« und führt den Roll-out weiter aus, wenn die Kennzahlen im grünen Bereich sind.
- **Automatisches Rollback.** Entdeckt das System nach dem Roll-out »ungesunde« Kennzahlen, wird die letzte Bereitstellung automatisch wieder rückgängig gemacht und eine Warnung an die Teams verschickt, damit sie das Problem untersuchen.

CI- und CD-Systeme ermöglichen ein sehr schnelles Feedback für Engineers und verringern durch automatisierte Tests und Deployment-Schritte Fehler. Der Einsatz von CI/CD ist in den meisten Technologieunternehmen gängige Praxis.

Allerdings haben CI/CD-Systeme auch einige Nachteile:

- Zeit für die Einrichtung: Die anfängliche Einrichtung braucht Zeit und einen hohen Aufwand, der eventuell nicht trivial ist.
- Langsame Builds und Tests: Laufen sie nicht schnell genug, verbringen die Engineers eine Menge Zeit mit Warten, was die Entwicklererfahrung schmälert.
- Wartungskosten: Ein gesundes CI/CD-System muss gepflegt werden. Je mehr Code hinzukommt, desto langsamer werden Builds und Tests. Sind Testsuiten sehr zeitaufwendig, können sie das Arbeitstempo der Entwickler verringern.

Trunk-basierte Entwicklung

Diese Strategie wird in vielen Technologiefirmen verwendet. Hierbei arbeiten alle Engineers an einem einzigen, gemeinsamen Hauptzweig der Codebasis (meistens *trunk* oder *main* genannt). Das ist das Gegenteil der Arbeit an einem langlebigen Codezweig, der nur unregelmäßig in den Hauptzweig integriert wird.

Die Trunk-basierte Entwicklung hat mehrere Vorteile:

- Es gibt nur eine »Quelle der Wahrheit«: Der Hauptzweig ist derjenige, der in der Produktionsumgebung läuft, und alle Engineers entwickeln ihn.
- Mehr regelmäßige Commits: Um mit dem Hauptzweig auf dem gleichen Stand zu bleiben, integrieren Engineers ihre Änderungen öfter.
- Um Trunk-basierte Entwicklung betreiben zu können, ist die Einrichtung eines CI-Systems nötig, um sicherzustellen, dass der Hauptzweig keine Fehler enthält.
- Gelegentlich wollen Teams trotz Trunk-basierter Entwicklung ein stufenweises Roll-out von Funktionalität nutzen. Da es keine langlebigen Branches gibt, in denen diese Funktionalität abgelegt werden kann, sind Feature-Flags eine offensichtliche Option.

Der größte Nachteil der Trunk-basierten Entwicklung liegt darin, dass größere Investitionen in Build-Werkzeuge und CI/CD nötig sind. Merges in den Hauptzweig und Builds kommen deutlich häufiger vor. Das kann zu einer höheren Belastung des Build-Systems führen, wodurch der Durchsatz verbessert und Build-Zeiten verringert werden müssen.

Üblicherweise haben Firmen, die Trunk-basierte Entwicklung nutzen, ein Plattformteam, das zumindest teilweise für die Build-Werkzeuge zuständig ist. Je größer das Engineering-Team, das an der Codebasis arbeitet, desto komplexer ist diese Aufgabe.

Feature-Flags

Um einen Roll-out zu kontrollieren, wird dieser häufig hinter einem Feature-Flag versteckt. Dieses Flag kann für eine Untermenge der User aktiviert werden, die daraufhin die neue Version des Codes ausführen.

Ein Feature-Flag ist einfach zu implementieren und könnte für ein imaginäres Feature namens »Zeno« etwa so aussehen:

```
if ( featureFlags.isEnabled( "Zeno_Feature_Flag" )) {
  // neuer auszuführender Code
} else {
  // alter auszuführender Code
}
```

Feature-Flags kommen besonders in folgenden Szenarien zum Einsatz:

- Trunk-basierte Entwicklung: Feature-Flags sind der brauchbarste Weg, um noch nicht produktionsreife Funktionalität in die Codebasis zu übernehmen.
- Native Mobile- und Desktop-Applikationen: Hier wird Binärcode an den Endbenutzer ausgeliefert. Mit Feature-Flags können Sie entscheiden, welche Teile des Codes ausgeführt werden.
- Unternehmen, in denen es üblich ist, zu experimentieren: Feature-Flags sind die bevorzugte Vorgehensweise, um Experimente und ungetestete Features zu überwachen und zu kontrollieren.

Mehr Details zu Feature-Flags finden Sie in Kapitel 17 (Teil IV), »Bereitstellung für den Produktivbetrieb«.

Monorepos

Von einem Monorepo spricht man, wenn der gesamte Quellcode einer Plattform in einem gemeinsamen, großen Repository liegt. Es könnte beispielsweise ein Monorepo für sämtlichen Go-Code, ein weiteres für den kompletten iOS-Code geben und so weiter. Diesen Ansatz nutzen große Technologieunternehmen wie Google, Meta und Uber.

Die Größe eines Monorepos ist auch ihr größter Nachteil. Repositories können so umfangreich sein, dass ein Auschecken der Codebasis auf einem einzelnen Entwicklerrechner sehr zeitaufwendig und für einige sehr große Codebasen sogar unmöglich ist. Ein weiteres Problem sind die nötigen Werkzeuge. Die meisten Hersteller von Systemen zur Versionskontrolle bieten keine gute Unterstützung für sehr große Repositories.

Allerdings wird die Entwicklung in einem Monorepo durch eigene Spezialwerkzeuge deutlich effizienter. Die Abhängigkeiten sind klarer nachvollziehbar, Refaktorierungen sind einfacher, und es ist leichter, Integrationstests zu schreiben, die sich über mehrere Komponenten des Repository erstrecken. Außerdem ist es für Engineers leichter, sich in der Codebasis zurechtzufinden, sobald sie ihre Struktur einmal verstanden haben.

Die meisten Technologieunternehmen beginnen mit »ausgetrockneten« (*desiccated*) Repositories für jedes einzelne Projekt. Wenn die Unternehmen wachsen, gibt es einen natürlichen Druck, zu einem Monorepo zu wechseln, um die Produktivität und die Erfahrung der Entwickler zu verbessern.

Microservices oder Monolithen

Bei einer Microservices-Architektur ist eine Applikation als Sammlung lose gekoppelter, unabhängig bereitstellbarer Dienste strukturiert. Da diese recht klein sein können, werden sie als *Microservices* bezeichnet. Das Gegenteil ist eine monolithische Architektur. Hier befinden sich alle Features in einer einzelnen Codebasis und werden gemeinsam ausgeführt.

Die Debatte darüber, ob ein monolithisches Applikationsdesign oder eine Microservices-Architektur für ein Unternehmen besser geeignet ist, nimmt kein Ende. Beide Ansätze haben ihre Vor- und Nachteile, und für beide gibt es Beispiele für den erfolgreichen Einsatz. So bleibt Shopify[6] bekanntlich bei einem monolithischen Applikationsdesign mit über zwei Millionen Zeilen Ruby-Code, der den Kern des Unternehmens antreibt, während Uber[7] sich für den Einsatz von Microservices entschieden hat und über 2.000 einzelne Dienste nutzt.

Modulare Monolithen und Microservices mit einer modulareren Struktur scheinen ein pragmatischer Mittelweg zwischen beiden Ansätzen zu sein. Je weiter ein Unternehmen wächst, desto deutlicher treten die Probleme beider Ansätze zutage:

- Bei Monolithen wird die Codebasis mit der Zeit sehr groß. Die enge Kopplung aller Teile der Codebasis kann Änderungen am Code erschweren.
- Die Zahl der Microservices kann explosionsartig ansteigen. Bei Änderungen an Diensten können andere Services aus Versehen beschädigt werden, weil implizite Abhängigkeiten übersehen wurden.

Unternehmen, die einen monolithischen Ansatz verfolgen, modularisieren ihren Monolithen mit der Zeit. So können Engineers an kleineren und unabhängigeren Teilen arbeiten. Dieser Ansatz wird beispielsweise von Shopify genutzt.[8]

Unternehmen, die sich dem Microservices-Ansatz verschrieben haben, führen im Laufe der Zeit Richtlinien für ihre Strukturierung und Organisation in einer logischeren Architektur ein. Diesen Weg schlug Uber ein, indem es Tausende von Microservices in wenige Dutzend Sammlungen unterteilte, die als *Domains* bezeichnet werden.

6 *https://shopify.engineering/shopify-monolith*

7 *https://www.uber.com/blog/microservice-architecture*

8 *https://shopify.engineering/shopify-monolith*

Werkzeuge, die Engineers effizienter machen

Verschiedene Werkzeuge können Engineering-Teams effizienter machen, besonders in größeren Technologieunternehmen. Es lohnt sich, diese Werkzeuge zu kennen, da sie helfen, die Produktivitätsprobleme von Entwicklern zu verringern.

Dienstkatalog

In Firmen, in denen Teams Dienste oder Microservices erstellen, kann deren schiere Zahl zu einem Problem werden. Je mehr Teams und Dienste es gibt, desto schwerer lassen sich Fragen wie die folgenden beantworten:

- Gibt es einen Dienst, der X tut?
- Wer ist für Dienst Y zuständig, und wer hat hierfür Bereitschaft?
- Wie kann ich mein Team in diesen Dienst einarbeiten?

Der offensichtlichste Weg, diese Fragen zu beantworten, führt über einen Dienstkatalog (*Services Catalog*). Dies ist ein Portal, in dem Teams ihre Dienste registrieren und Engineers danach suchen können. Viele größere Technologiefirmen erstellen eigene Dienstkataloge; immer mehr nutzen aber auch Entwicklerportale, in denen diese Kataloge als Feature bereits enthalten sind.

Codesuche

Wie einfach ist es, die gesamte Codebasis zu durchsuchen? Sind folgende Suchmethoden bei der Codebasis Ihres Unternehmens möglich?

- Suche in der gesamten Codebasis.
- Reguläre Ausdrücke.
- Unterstützung für Querverweise, um sich durch Klassen und ihre Definitionen durchzuklicken.
- Geschwindigkeit.

Google hatte beispielsweise über zwei Jahrzehnte lang ein Team, das nur für die Erstellung und Pflege eines fortgeschrittenen Werkzeugs zur Codesuche zuständig war. Dem Suchgiganten war klar, dass die Möglichkeit einer effizienten Suche in der Codebasis die Produktivität der Entwicklerinnen und Entwickler deutlich steigert. Seine *Code-Search*-Produkte unterstützen alle oben genannten Anwendungsfälle und noch einige mehr.

Die Hersteller von Systemen zur Versionskontrolle wie GitHub und GitLab unterstützen ebenfalls zu einem gewissen Grad eine Codesuche. Ein weiterer bekannter Hersteller ist Sourcegraph. Er versucht, Werkzeuge zur Codesuche herzustellen, die so leistungsfähig sind wie die von Google.

Bedenkt man den Wert einer effizienten Codesuche, erscheint es seltsam, dass manche Unternehmen nicht einmal darüber nachdenken. Als Staff+-Engineer lohnt es sich, zu verstehen, wie Ihr Unternehmen in dieser Sache aufgestellt ist und ob eine verbesserte Codesuche die Effizienz im Engineering verbessern könnte.

Entwicklerportale

Das bekannteste Entwicklerportal ist das von Spotify geschaffene *Backstage*. Es wurde geschaffen, um Probleme zu beseitigen, die auftraten, als das Unternehmen auf Hunderte von Teams und ebenso viele Dienste anwuchs und mit einem immer stärker fragmentierten Scaffolding von Projekten zu kämpfen hatte.

Backstage besteht aus verschiedenen Komponenten:

- Ein Software- und Dienstkatalog, in dem Dienste, Websites, Bibliotheken, APIs und andere Ressourcen zu finden sind. Teams können ihre Ressourcen in den Katalog eintragen, damit andere Engineers sie finden können.
- Softwareschablonen für das Scaffolding einer neuen API, einer Website, eines Diensts oder einer anderen Komponente. Engineers können leicht auffindbare Schablonen erstellen, um komplexe Aktionen mit wenigen Klicks ausführen zu können.
- Technische Dokumente: ein Wiki für die Engineering-Dokumentation.
- Plug-ins: Das Portal ist modular aufgebaut. Plug-ins werden aus einem zentralen Katalog heraus installiert. Engineers können außerdem eigene neue Plug-ins erstellen.

Große Technologieunternehmen wie Google, Meta, Amazon und Uber haben eigene Entwicklerportale. Woanders wird es immer üblicher, bereits vorhandene Portale wie Backstage oder weitere Alternativen zu nutzen. Das kann beispielsweise eine Open-Source-Lösung oder ein von Drittherstellern gekauftes Portal sein.

Cloudbasierte Entwicklungsumgebungen

Bisher war es gängige Praxis, Software lokal zu entwickeln, ohne dafür die Cloud zu nutzen. Hierfür sind üblicherweise folgende Schritte nötig:

1. Installieren Sie die vorgegebene integrierte Entwicklungsumgebung (*Integrated Development Environment*, IDE).
2. Checken Sie den Code aus.
3. Installieren Sie die nötigen Abhängigkeiten.
4. Installieren Sie die für das Projekt nötigen Werkzeuge oder IDE-Erweiterungen.
5. Nehmen Sie die Kompilierung, Tests und die Bereitstellung des Codes lokal vor, eventuell mit besonderen hierfür nötigen Arbeitsschritten.
6. Führen Sie den Code lokal aus und debuggen Sie ihn. Auch sind weitere Schritte möglich.

Wenn die Codebasis wächst, kann die Produktivität der Entwicklerinnen und Entwickler in großen Unternehmen auf verschiedene Weise sinken, zum Beispiel:

- Das Auschecken einer Codebasis dauert wegen ihrer Größe zehn Minuten oder länger.
- Der Build des Codes dauert zu lange.

- Die Ausführung von Tests kann über zehn Minuten dauern.
- Die Einrichtung der Entwicklungsumgebung ist kompliziert und fehlerbehaftet.
- Gelegentlich haben Software-Engineers Probleme beim Build, beim Testing oder beim Deployment, weil ihre lokale Umgebung sich von den meisten anderen unterscheidet.
- Relativ einfache `git`-Operationen wie `git status` brauchen deutlich länger als zehn Sekunden.

Wenn die Arbeit langsamer wird, können cloudbasierte Entwicklungsumgebungen (CDE) eine interessante Alternative sein. CDEs bieten Vorteile, die lokale Umgebungen nicht haben, unter anderem:

- **Schnellere Feedback-Schleifen.** Builds und die Ausführung von Tests laufen schneller. Als Uber beispielsweise eine Cloud-Entwicklungsumgebung erstellte, liefen komplizierte Builds zwei- bis zweieinhalbmal schneller ab.
- **Konsistenz und Reproduzierbarkeit.** Engineers nutzen die gleiche Umgebung. Dadurch lassen sich Bugs leichter reproduzieren, und es wird weniger Zeit damit verbracht, Fehler in unterschiedlichen Umgebungen aufzuspüren.
- **Gemeinsam genutzte Umgebungen.** Entwickler können cloudbasierte Entwicklungsumgebungen für Aufgaben wie das Debugging gemeinsam nutzen. Außerdem können Umgebungen mit geschäftlichen Stakeholdern oder Kunden zu Demonstrationszwecken geteilt werden.
- **Vereinfachte Sicherheitsprüfungen.** Anstatt die lokale Umgebung jedes einzelnen Entwicklers auf Sicherheitsrisiken zu überwachen, können cloudbasierte Entwicklungsumgebungen mit Sicherheitswerkzeugen ausgestattet werden, die diese Bedrohungen erkennen und abwenden können. Cloudumgebungen bieten außerdem eine kleinere Angriffsfläche.
- **Schnellere Einarbeitung.** Cloudbasierte Entwicklungsumgebungen benötigen für Engineers, die sich mit einer neuen Codebasis vertraut machen müssen, meist eine deutlich schnellere Einarbeitungszeit als lokale Umgebungen.

Cloudbasierte Entwicklungsumgebungen haben aber auch Nachteile:

- **Möglicherweise wird ein wichtiger Engpass nicht behoben.** Der Leitsatz »Nichts reparieren, das nicht kaputt ist« gilt für die meisten Engineering-Teams. Wo sind die Engstellen in der Produktivität? Wenn langsame Build- und Testzeiten, ein langwieriger Einarbeitungsprozess und eine inkonsistente Entwicklererfahrung nicht die Hauptgründe für ein langsames Vorankommen sind, ist eine CDE vermutlich keine große Hilfe. Warum also Zeit und Geld dafür aufwenden?
- **Anfängliche Einrichtung und Wartung.** Die Einrichtung und Pflege einer cloudbasierten Entwicklungsumgebung bedeutet, wie die Investition in eine CI/CD-Umgebung, einen hohen Zeit- und Arbeitsaufwand. Sorgen Sie schon während der Planungsphase dafür, dass das nötige Budget zur Verfügung steht.

- **Kosten.** Der Betrieb von CDEs ist teurer als die Laptops des Engineering-Teams. Am Ende kommt es auf den Anbieter und die Nutzung an. Das muss aber nicht heißen, dass es immer preisgünstig ist, sehr leistungsstarke Rechner in der Cloud laufen zu lassen. Große Technologieunternehmen wie Uber, Slack und Pipedrive können die höheren Kosten rechtfertigen, weil die »Entwickler-Infrastrukturkosten« pro Software-Engineer nur einen Bruchteil des Gehalts eines Senior-Engineers ausmachen.
- **Der Reifegrad von CDE-Lösungen.** Diese Lösungen entwickeln sich sehr schnell weiter. Sie werden also nicht unbedingt genau das finden, was Sie suchen. Vielleicht fehlen bestimmte Teile des Technologie-Stacks, Möglichkeiten zur Anpassung und so weiter.
- **Bindung an einen Anbieter.** Einige CDE-Anbieter nutzen ein Software-as-a-Service-Modell (SaaS) und binden Nutzer absichtlich an ihr Produkt. Seien Sie bei der Auswahl eines CDE-Anbieters entsprechend vorsichtig.

Cloudbasierte Entwicklungsumgebungen können für große Unternehmen sehr sinnvoll sein, für kleinere Firmen dagegen deutlich weniger. Mittelgroße Teams und Unternehmen sollten zunächst nach den Produktivitätsengpässen suchen und dann die entsprechenden Entscheidungen treffen.

Experimentieren ist immer eine gute Wahl. Es kann mühsam sein, die gesamte Engineering-Abteilung zu überzeugen, eine CDE auszuprobieren. Aber ist das überhaupt nötig? Es kann viel effizienter sein, eine CDE-Lösung zunächst mit einem oder zwei Teams zu testen und dann Feedback dazu einzuholen. Führt die CDE zu schnelleren Builds und Tests? Fühlen sich die Engineers produktiver? Verbringen sie weniger Zeit damit, ihre Umgebung zu reparieren? Sammeln Sie Daten, um Ihr Team darüber zu informieren, ob es sich lohnt, diesen Weg beizubehalten. Das könnte der Abteilung bei der Entscheidung helfen, als Ganzes eine CDE zu nutzen.

Weitere Details zu CDEs finden Sie in meinem Artikel »Why are cloud development environments spiking in popularity?«[9].

KI-Programmierwerkzeuge

KI-Programmierassistenten sind auf dem Vormarsch, und ihre Verwendung hat sich seit 2022 mit der Veröffentlichung von ChatGPT beschleunigt. Der erste von einem größeren Personenkreis genutzte KI-Codeassistent war TabNine (2019), gefolgt von GitHubs Copilot (2021) und vielen weiteren im Jahr 2023, wie Sourcegraph, Cody, Replit, Ghostwriter, Amazon CodeWhisperer.

KI-Codeassistenten verbessern die Produktivität der Entwicklerinnen und Entwickler. Wir befinden uns allerdings noch in der Frühphase, wenn es um die Nutzung des vollen Potenzials dieser Technologie geht. Ein paar Dinge, die Sie beim Einsatz von KI-Assistenten bedenken sollten:

9 *https://pragmaticurl.com/CDE*

- Die Leistung des zugrunde liegenden Modells scheint ein Indikator dafür zu sein, wie nützlich der Assistent ist. Einige Machine-Learning-Modelle sind besser im Programmieren als andere.
- Es kann vorteilhaft sein, den Programmierassistenten anhand der Codebasis zu trainieren, besonders bei großen oder einmaligen Codebasen. Aber auch ohne dieses Training scheint es Vorteile zu geben.
- Eigentümerschaft und Aufbewahrung von Daten sind für die meisten Technologieunternehmen wichtig. Werden die Daten für das Modell auch mit dem Anbieter geteilt? Falls ja, ist es möglich, dass diese sensiblen Daten – der Quellcode des Unternehmens! – durchsickern oder auf unerwünschte Weise gespeichert werden?

KI-Programmierwerkzeuge, die selbst erstellt werden können, werden mehr Fähigkeiten haben als Programmierassistenten. Übliche Anwendungen von KI und *Large Language Models* (LLMs) sind beispielsweise:

- **Code-Reviews.** Das KI-Werkzeug kritisiert ein übergebenes Code-Review und weist auf offensichtliche Probleme hin.
- **Das Schreiben automatisierter Tests.** Viele Engineers glauben, ein Werkzeug sollte keine Tests schreiben. In der Realität kann das Schreiben automatisierter Tests jedoch sehr mühsam sein. KI-Werkzeuge können Testfälle erzeugen, die Engineers dann vor dem Einspielen anpassen können.
- **Refaktorierung.** Die IDEs beiliegenden Refaktorierungswerkzeuge sind bereits sehr leistungsstark und vereinfachen Dinge wie das Umbenennen von Methoden oder Klassen deutlich. Aber KI-Werkzeuge können noch mehr, indem sie eine Refaktorierung eines Projekts auf der Basis von Texteingaben vornehmen, etwa: »Benenne alle Referenzen auf FirmenNameXXX in Referenzen auf NeuerFirmenNameXXX um.«
- **Entfernung veralteter Feature-Flags.** Ein spezieller und besonders nützlicher Anwendungsfall bei der Refaktorierung.
- **Compliance und Sicherheitsüberprüfungen.** KI-Tools können darauf hinweisen, wie eine Codeänderung für mögliche regulatorische oder Sicherheitsbedenken sorgen könnte.

Technologieunternehmen sind bereits dabei, für einige dieser Anwendungsfälle die entsprechenden Werkzeuge zu erstellen. Ich vermute, es ist nur eine Frage der Zeit, bis weiter fortgeschrittene KI-Werkzeuge für die Programmierung angeboten werden.

Kaufen, selbst erstellen oder übernehmen?

Bei der Entscheidung für eines der oben genannten Werkzeuge gibt es üblicherweise drei Optionen:

- **Selbst erstellen.** Dieser Ansatz wird vor allem von größeren Technologieunternehmen bevorzugt, weil die meisten Anbieter die benötigte Größe nicht unterstützen. Außerdem können große Unternehmen es sich leisten, sich nicht an einen einzelnen Anbieter zu binden.

- **Kaufen.** Am schnellsten geht es, wenn ein Hersteller das Werkzeug und die benötigten Leistungsmerkmale schon anbietet. Kurzfristig spart diese Lösung obendrein Kosten, weil keine speziellen Engineers gebraucht werden, um ein solches Werkzeug selbst zu erstellen oder zu übernehmen und anzupassen.
- **Übernehmen und anpassen.** Gibt es ein Open-Source-Projekt für das von Ihnen benötigte Werkzeug, können Sie das Projekt übernehmen und selbst betreiben. Das ist viel billiger, als es komplett selbst zu programmieren. Allerdings werden Kosten für Infrastruktur und Wartung anfallen. Zusätzlich muss das Werkzeug möglicherweise noch auf den speziellen Anwendungsfall Ihres Unternehmens angepasst werden.

Wie immer gibt es auch hier keine allgemeingültige Regel dazu, welche der drei genannten Optionen für Sie die beste ist. Anbieter werden sagen, die günstigste langfristige Option ist es, ihre Lösung zu kaufen. Engineers haben dagegen eine starke Vorliebe für eine selbst programmierte oder übernommene Lösung, weil diese Aktivitäten bei Leistungsbeurteilungen und anstehenden Beförderungen meistens positiver wahrgenommen werden. Außerdem macht es mehr Spaß und ist lehrreicher, selbst etwas zu programmieren, als mit einem Anbieter über die Konditionen zu verhandeln.

Nach gängiger Ansicht sollten Sie immer die volle Kontrolle über die Kernfähigkeiten Ihres Unternehmens behalten und besser andere Dinge einkaufen. Theoretisch klingt das gut. Trotzdem ignorieren einige der erfolgreichsten Technologieunternehmen diese Meinung und folgen dem Weg, der für sie am besten funktioniert.

Wenn Sie in der Position sind, eine Kaufen-Programmieren-Übernehmen-Entscheidung zu beeinflussen, sollten Sie einen ähnlichen Ansatz verfolgen wie bei jeder großen Entscheidung im Engineering. Besorgen Sie sich Informationen und füllen Sie Ihre Wissenslücken. Zum Beispiel könnten Sie ein Prototyping mit den Alternativen durchführen, um ein Gefühl für ihre Eigenheiten zu bekommen.

Compliance und Datenschutz

Es ist sehr gut möglich, dass der Software-Engineering-Prozess in Ihrer Abteilung bestimmten Regelungen zu Compliance und Datenschutz unterworfen ist.

Größere Technologieunternehmen haben in der Regel eine Rechtsabteilung, die festlegt, welche Regelungen, Prozesse und Richtlinien eingehalten werden müssen. Manche Unternehmen haben firmeneigene Compliance-, Datenschutz- und Sicherheitsteams, während andere externe Berater engagieren. Compliance-Verletzungen sind kostspielig – sowohl finanziell als auch den eigenen Ruf betreffend. Ein Teil der Aufgaben eines Staff+-Engineers besteht darin, dafür zu sorgen, dass das Unternehmen diesen Bereich ernst nimmt.

Regulierung

Personenbezogene Daten (Personally Identifiable Information, PII) sollten nur den Personen zugänglich sein, die darauf Zugriff haben müssen. Weder ein Software-Engineer oder irgendjemand aus der Kundenbetreuung noch irgendein eine andere Person sollte ohne guten Grund auf diese Informationen zugreifen können.

Die Datenschutzgrundverordnung (DSGVO) ist eine wichtige Verordnung der Europäischen Union (EU), die die Verwendung persönlicher Daten noch genauer regelt und besagt, dass diese Informationen nur für berechtigte und rechtlich zulässige Zwecke gespeichert werden dürfen.

Möglicherweise gelten für Ihr Unternehmen weitere branchenspezifische Regelungen. Hier einige Beispiele:

- **PCI DSS** (*Payment Card Industry Data Security Standard*) für den Umgang mit Kreditkartendaten.
- **HIPAA** (*Health Insurance Portability and Accountability Act*) und/oder ISO bzw. IEC27001 bei der Arbeit mit Daten aus dem Gesundheitswesen.
- **FERPA** (*Family Educational Rights and Privacy Act*) für die Arbeit mit Daten von Schülern und Studenten und aus dem Bildungswesen.
- **FCRA** (*Fair Credit Reporting Act*) für Apps im Zusammenhang mit Informationen über Verbraucher wie Kreditunternehmen, Unternehmen für medizinische Informationen oder die Bonitätsprüfung von Mietern.
- **Einhaltung von Section 508** bei der Zusammenarbeit mit US-Bundesbehörden, um sicherzustellen, dass Menschen mit Behinderungen auf ihre persönliche elektronische Informationstechnologie (EIT) zugreifen können.
- **Europäischer Rechtsakt zur Barrierefreiheit** (*European Accessibility Act*), Richtlinien zur Barrierefreiheit bei der Softwareentwicklung für die Regierung eines EU-Lands.

Außerdem können weitere Datenschutzgesetze einzelner Länder auf Ihr Produkt anwendbar sein.

Logging

Die Protokollierung von Daten ist ein Bereich, der sorgfältig überlegt werden muss:

- Das Logging persönlicher Daten ohne Ende-zu-Ende-Verschlüsselung kann zu Verletzungen des Datenschutzes führen.
- Versuchen Sie, keine persönlichen Daten aufzuzeichnen. Anonymisieren Sie die Informationen in den Logs und wandeln Sie sie in nicht persönliche Informationen um.
- Führen Sie Richtlinien darüber ein, was protokolliert wird sowie wann und wie, inklusive eines Abschnitts zu persönlichen Daten.
- Auditieren Sie die Logfiles, um sicherzustellen, dass sie den Regelungen entsprechen.
- Auch Fehlermeldungen von Benutzern – inklusive Screenshots! – sollten keine persönlichen Daten enthalten. Eventuell müssen Sie in diesem Fall weitere Schritte unternehmen, damit keine Informationen wie Kreditkartendaten in

Ticket-Systemen die Runde machen oder für Mitarbeitende in der Kundenbetreuung sichtbar sind.

Hierbei ist es hilfreich, regelmäßig zu überprüfen, welche Daten auf welche Weise aufgezeichnet werden, um sicherzustellen, dass kein System irgendwelche personenbezogenen Daten enthält.

Auditierung

Ihre Systeme müssen regelmäßig auf Einhaltung der jeweiligen Regelungen und der DSGVO und zu personenbezogenen Daten auditiert werden. Hierfür gibt es spezialisierte Anbieter. Normalerweise wird in den Auditierungskriterien angegeben, welche Vorgehensweisen akzeptabel sind. In der Realität sind viele dieser Anforderungen aber ohne die Interpretation durch Experten eher vage.

Wenn Sie an einer Auditierung teilnehmen oder sie leiten, versuchen Sie, Personen zu finden, die diesen Prozess schon durchlaufen haben. Ist das nicht möglich, ist es vermutlich sinnvoll, einen Berater zu engagieren, der bei der Vorbereitung der Prüfung helfen kann. Genauso gültig ist der Ansatz, sich, so gut Sie können, auf die Auditierung vorzubereiten und mit den Prüfenden zusammenzuarbeiten.

Die Vorbereitung auf eine Auditierung kann sehr aufwendig sein, je nach Art der Prüfung und der Hilfsbereitschaft der Prüfenden. Bei Uber verbrachten wir Monate damit, Prozesse abzubilden, Änderungen an Prozessen und Werkzeugen vorzunehmen und sie vor dem Start der DSGVO selbst zu überprüfen. Der Arbeitsaufwand und die Anzahl der Änderungen machten dieses Unterfangen zu einem der größeren Projekte des Unternehmens.

Der Zeit- und Energieaufwand einer Auditierung ist beim ersten Mal am größten. Haben Sie diese überstanden und sind die richtigen Prozesse einmal eingerichtet, wird es deutlich einfacher, die Regeln auch weiterhin einzuhalten.

Sichere Entwicklung

Die sichere Softwareentwicklung ist ein riesiges Thema, das einem ständigen Wandel unterworfen ist und in diesem Buch nur am Rande behandelt werden kann. Als Staff+-Engineer müssen Sie die Praktiken für sichere Programmierung in Ihrem Fachbereich in- und auswendig kennen. Das Gleiche gilt für die am häufigsten vorkommenden Gefahrenquellen und ihre Abwehr.

Sicheres Programmieren kann sprachbezogen oder sprachunabhängig passieren. Die wichtigste sprachunabhängige Anleitung zu diesem Thema ist der *OWASP Secure Coding Practices Quick Reference Guide* (die Kurzanleitung für sicheres Programmieren)[10].

10 *https://owasp.org/www-project-secure-coding-practices-quick-reference-guide*

Aufbauend auf der OWASP-Anleitung können Sie vermutlich weitere Tipps zur sicheren Programmierung für Ihre Sprache oder Ihr Framework finden. Hier ein paar Beispiele:

- Secure Coding Guidelines[11] für Java SE von Oracle
- Secure Coding Practices[12] für Go von OWASP
- Secure Rust Guidelines[13], ein Community-Projekt

Abhängigkeiten sind ein allgegenwärtiges Sicherheitsrisiko. Es kann jederzeit passieren, dass eines Tages herausgefunden wird, dass eine von Ihrem System genutzte Bibliothek eine Sicherheitslücke enthält. Bis es für die Lücke einen Patch gibt, ist Ihr System möglicherweise nicht mehr sicher. Eine dieser Sicherheitslücken mit weltweiten Auswirkungen wurde 2021 entdeckt. Man hatte herausgefunden, dass die Logging-Bibliothek Log4j eine Sicherheitslücke[14] enthielt, die ausgenutzt werden konnte, um Backend-Systeme mit Denial-of-Service-Attacken (DoS) offline zu nehmen.

Penetration-Testing. Hierbei wird ein System von Fachleuten für Sicherheitslücken unter die Lupe genommen. Wenn Ihr Team oder Ihr Unternehmen es zulässt, kann die Teilnahme an solchen Tests ein echter Augenöffner sein, um zu lernen, wie Experten Ihrem System auf den Zahn fühlen, um mögliche Gefahren zu finden, die darin lauern.

Security-Engineers werden vor allem von mittelgroßen Unternehmen eingestellt. Die Sicherheit umfasst den gesamten Lebenszyklus der Softwareentwicklung. Wenn Sie in einem mittelgroßen oder großen Unternehmen arbeiten, kann es gut sein, dass es bereits ein spezielles Team für die Softwaresicherheit gibt.

Versuchen Sie, diese Leute kennenzulernen und eine Partnerschaft zu ihnen aufzubauen. Wie können sie die Sicherheitspraktiken in Ihrem Unternehmen verbessern, und wie können Sie dabei helfen? Finden Sie Situationen, in denen das Security-Team Ihnen helfen könnte, zum Beispiel bei der Projektplanung oder bei besonders wichtigen Codeänderungen.

11 *https://www.oracle.com/java/technologies/javase/seccodeguide.html*

12 *https://github.com/OWASP/Go-SCP*

13 *https://anssi-fr.github.io/rust-guide*

14 *https://builtin.com/cybersecurity/log4j-vulerability-explained*

KAPITEL 24

Zuverlässige Softwaresysteme

Die Chancen stehen gut, dass Ihr Unternehmen implizit oder explizit von Staff+-Engineers erwartet, dass sie die Arbeiten zur Steigerung der Systemverlässlichkeit leiten.

In diesem Kapitel behandeln wir die folgenden gängigen Vorgehensweisen für die Erstellung und Wartung von zuverlässigen Systemen:

1. Für Zuverlässigkeit zuständig sein
2. Logging
3. Überwachung
4. Warnmeldungen
5. Bereitschaftsdienst
6. Umgang mit Störungen
7. Resiliente Systeme schaffen

Für Zuverlässigkeit zuständig sein

Welche Rolle haben Sie als Staff+-Engineer bezogen auf die Verlässlichkeit? In Big-Tech-Unternehmen wird oft ausdrücklich erwartet, dass Sie sich innerhalb Ihres Einflussbereichs für die Zuverlässigkeit zuständig fühlen – innerhalb wie auch außerhalb Ihres Teams. Das heißt, Sie müssen sicherstellen, dass die Zuverlässigkeit gemessen wird, dass es Pläne zur Verbesserung gibt und dass Sie sich für zusätzliche Engineering-Ressourcen für diese Aufgabe einsetzen.

Oft kann ein OKR helfen, die Systemverlässlichkeit zu steigern. Sie können beispielsweise bestimmte Ziele setzen, um Systeme verlässlicher, leistungsfähiger und effizienter zu machen. Anschließend können Sie messbare *Key Performance Indicators* (KPIs) definieren wie:

- Die p95-Latenz für System X um 10% steigern.
- Den Durchsatz von System Y um 30% steigern, ohne hierfür mehr Hardware zu benötigen.
- Die Kaltstartzeit von System Z um 15% steigern.

Um die Verlässlichkeit zu steigern, werden Sie fast immer mit den Engineering-Managern zusammenarbeiten müssen. Am Ende müssen die Engineering-Manager die Verantwortung für die Zuverlässigkeit ihrer Systeme übernehmen und darüber Rechenschaft ablegen. Als Engineer auf Staff-Ebene oder darüber besitzen Sie jedoch die Fähigkeit, zu erkennen, wann es bei der Verlässlichkeit zu Problemen kommt und welche Möglichkeiten es gibt, die Situation zu verbessern. Sie können – und sollten! – die Engineering-Manager mit Daten versorgen, um zu verdeutlichen, warum es wichtig ist, in die Zuverlässigkeit zu investieren, und wie sich diese Investition auszahlen würde.

Weitere Informationen zu OKRs und KPIs finden Sie in Kapitel 21 (Teil V), »Das Geschäft verstehen«.

Logging

Bevor wir uns mit den verschiedenen Logging-Methoden beschäftigen, wollen wir klarstellen, warum es überhaupt wichtig ist. Logs sollen einem Engineering-Team beim Erkennen von Fehlern im Produktionssystem helfen, indem sie fehlende, aber nötige Informationen zur zukünftigen Fehlerbehebung protokollieren.

Je nachdem, welche Applikation oder Plattform Sie nutzen und in welcher geschäftlichen Umgebung Sie arbeiten, können Ihrem Team unterschiedliche Logging-Strategien helfen, Probleme im produktiven Betrieb zu erkennen und zu beseitigen.

Hier sehen Sie eine Liste mit Logging-Werkzeugen, die bei der Entscheidung helfen können, welche Dinge auf welche Weise protokolliert werden sollen:

- **Log-Ebenen.** Die meisten Logging-Werkzeuge bieten die Möglichkeit, Daten für verschiedene »Log-Ebenen« zu speichern, wie *Debug*, *Info*, *Warning* und *Error*. Diese Levels können später genutzt werden, um die Logs nach bestimmten Kriterien zu filtern. Ihre Nutzung hängt von Ihrem Umfeld und der Arbeitsweise Ihres Teams ab.
- **Log-Struktur.** Welche Details werden in den Logs aufgezeichnet? Werden lokale Variablen protokolliert? Werden Timestamps notiert – bis hin zu Milli- und Nanosekunden, damit sich leicht ermitteln lässt, welches von zwei Logging-Ereignissen zuerst passiert ist? Enthalten die Timestamps auch Angaben zu Zeitzonen?
- **Automatisches Logging.** Welche Teile des Systems protokollieren automatisch, sodass es nicht nötig ist, dass ein Engineer sich daran erinnert, die Aufgabe zu erledigen?
- **Speicherung von Logs.** Wie lange werden Logs auf Kundengeräten aufbewahrt und wie lange im Backend? Eine langfristige Speicherung von Logs kann sinnvoll sein. Allerdings benötigt sie Platz und erhöht die Kosten für Speicherplatz.
- **Log-Ebenen wechseln.** Für Applikationen ist es üblich, Debug-Builds zu erstellen, bei denen alle Log-Ebenen ausgegeben werden. Für einen Production Build werden dagegen meist nur Warnungen und Fehler protokolliert. Die Details

hängen von der jeweiligen Implementierung der Plattform und von der Arbeitsweise des Teams ab.

Verbindliche Logging-Praktiken

Wenn die Teams, mit denen Sie arbeiten, noch keine Vorgehensweise für das Logging festgelegt haben, sollten Sie diese vielleicht einführen. Oft wünschen sich Engineers, sie hätten sich für eine verbindliche Vereinbarung über Art und Umfang des Loggings eingesetzt, wenn das Kind schon in den Brunnen gefallen ist. Oft bemerken sie das aber erst, wenn sie bestimmte Informationen in den Logs nicht finden können.

Um einen kurzen Logging-Leitfaden zu erstellen, reicht es, mit ein paar Engineers zu sprechen und ein Teammitglied mit der Erstellung zu beauftragen – oder Sie machen es selbst. Für die Logging-Grundlagen ist es besser, sich auf irgendetwas zu einigen als auf gar nichts – solange das Team weiß, dass es für den Leitfaden zuständig ist, und ihn bei Bedarf auch ändern kann.

Ein Logging-Leitfaden, der sich bewährt hat

Der unten gezeigte Leitfaden stammt aus dem Jahr 2008 und wurde von Anton Chuvakin[1] geschrieben, der damals Chief Evangelist bei LogLogic war. Dieser Logging-Leitfaden ist auch heute noch relevant. Daher geben wir ihn mit Antons Erlaubnis hier wieder:

Die besten Logs ...

- sagen Ihnen genau, was wo und wie passiert ist,
- können manuell, semiautomatisch und vollautomatisch analysiert werden,
- können auch ohne die Applikation, die sie erzeugt hat, analysiert werden,
- machen das System nicht langsamer und
- sind zuverlässig, wenn sie als Beweis dienen müssen.

Welche Ereignisse protokolliert werden sollen:

- Authentifizierungs- und Autorisierungsentscheidungen (inklusive Abmeldung)
- Systemzugriff, Datenzugriff
- Änderungen am System/an der Applikation (besonders für Privilegien)
- Änderungen an Daten: hinzufügen, bearbeiten, löschen
- Ungültige Eingaben (mögliche Böswilligkeit/Bedrohungen)
- Ressourcen (RAM, Festplatte, CPU, Bandbreite und andere harte oder weiche Grenzwerte)
- Gesundheit, Verfügbarkeit: Start-up/Shut-down, Störungen/Fehler, Verzögerungen, erfolgreiche/fehlerhafte Backups

1 *https://www.chuvakin.org/*

Was aufgezeichnet werden soll – jedes Ereignis sollte folgende Details enthalten:

- Timestamp und Zeitzone (wann)
- System, Applikation oder Komponente (wo), IPs und zeitgleiche DNS-Abfragen der Beteiligten, Namen/Rollen von beteiligten Systemen (mit welchen Servern kommunizieren wir?), Name/Rolle der lokalen Applikation (welcher Server ist dies?)
- Benutzer (wer)
- Aktion (was)
- Status (Ergebnis)
- Priorität (Schwere, Wichtigkeit, Rang, Ebene etc.)
- Grund

Nutzen Sie ein Framework, das ein »korrektes« Logging durchführt

Wie geht Ihr Team beim Logging vor? Protokolliert jeder, was und wie er es für richtig hält? Das kann für kleine Teams mit Senior-Engineers tatsächlich funktionieren. In größeren Teams kommt es allerdings schnell zu individuellen Vorgehensweisen: Ein Teil des Teams schreibt die Log-Meldungen in die Konsole, andere nutzen einen externen Logging-Anbieter oder verwenden eine selbst entwickelte, unternehmensinterne Lösung.

Ein gemeinsames Logging-Konzept erhöht die Konsistenz. Haben Sie sich auf einen Ansatz geeinigt, verhindert ein schlichtes, aber zweckmäßiges Logging-Framework, dass Sie etwas »falsch« loggen.

Aber warum sollte man nur für das Logging noch ein Framework nutzen? Die Erstellung einer solchen einfachen Schnittstelle hilft, den verwendeten Anbieter zu abstrahieren. Das kann besonders in größeren Unternehmen wichtig sein. Steht ein Wechsel des Anbieters an, wird die Migration deutlich erleichtert. Ein Framework kann außerdem helfen, die Nutzung der Logs später zu analysieren. Natürlich sollte ein neues Framework kein Selbstzweck sein, sondern eingesetzt werden, wenn es das Problem des Ad-hoc-Loggings, der Inkonsistenz und der unklaren Richtlinien für die zu verwendenden Frameworks löst.

Überwachung

Wie können Sie feststellen, ob Ihr System gesund ist oder nicht? Am verlässlichsten ist es, die Schlüsselmetriken zu überwachen und eine Warnung auszulösen, wenn die Werte auf Probleme hinweisen.

50er-, 95er- und 99er-Perzentile

Perzentile sind ein Schlüsselkonzept bei der Überwachung und bei der Verwendung von *Service Level Agreements* (SLAs). Beim Beobachten von Dingen wie Lade- oder

Antwortzeiten reicht es nicht, sich nur die Durchschnittszahlen anzusehen. Warum nicht? Weil Sie die Worst-Case-Szenarien verbergen können, die sich auf viele Kunden auswirken. Um das zu verhindern, sollten Sie die folgenden Perzentile überwachen:

- **p50:** Das 50er-Perzentil oder der Medianwert. 50% aller Datenpunkte liegen unterhalb dieser Zahl und 50% darüber. Dieser Wert bildet den »durchschnittlichen« Anwendungsfall ziemlich gut ab.
- **p95:** Das 95er-Perzentil. Es steht für die 5% der Datenpunkte mit den schlechtesten Leistungen. Dieser Wert ist besonders bei der Messung der Leistungsfähigkeit wichtig, weil die 5% der Datenpunkte mit den schlechtesten Leistungen auf Power-User hinweisen könnten.
- **p99:** Das 99er-Perzentil. Diese Zahl steht für Messungen, bei denen 1% der Kunden oder Requests längere Zeiten aufweisen. In manchen Anwendungsfällen kann es akzeptabel sein, wenn diese Zahl ein Ausreißer ist.

Zu überwachende Dinge

Was sollten Sie überhaupt überwachen? Hier gibt es eine Menge offensichtlicher Punkte, die Informationen über den Gesundheitszustand eines Systems oder einer App enthalten, zum Beispiel:

- **Uptime.** Wie lange (in Prozent) ist das System oder die App voll einsatzfähig?
- **CPU, Arbeitsspeicher, Plattenplatz.** Die Überwachung der Ressourcennutzung kann wichtige Hinweise darauf geben, ob Probleme mit einem Dienst oder einer App drohen.
- **Antwortzeiten.** Wie lange braucht das System oder die App, um zu antworten? Was ist der Medianwert? Wie ist die Erfahrung für die langsamsten 5% der Anfragen oder Nutzer (p95), wie für das langsamste 1% (p99)? **Fehlerquoten.** Wie häufig treten Fehler auf, wie häufig Ausnahmen, 4XX- oder 5XX-Antworten bei HTTP-Diensten oder andere Fehlerzustände? Wie hoch ist der Prozentsatz der Fehler, bezogen auf alle Requests?

Für Backend-Dienste:

- **HTTP-Statuscodes.** Spitzen bei Fehlercodes wie 5XX oder 4XX könnten auf ein Problem hinweisen.
- **Latenzkennzahlen.** Wie hoch sind die p50-, p95- und p99-Latenzen für Serverantworten?

Für Web- und mobile Apps kann es sinnvoll sein, weitere Metriken zu überwachen:

- **Ladezeiten von Seiten.** Wie lange dauert es, bis die Webseite geladen ist? Wie sehen die Zahlen von p50, p75 und p95 im Vergleich aus?
- **Die wichtigsten Web-Vitals-Kennzahlen**. Im Jahr 2020 hat Google seine »Web Vitals« (*https://developers.google.com/search/docs/appearance/core-web-vitals?hl=de*) veröffentlicht. Dies sind Qualitätsmerkmale für eine gute Nutzererfahrung. Diese

Metriken können ein sehr detailliertes Bild der Webleistung geben. Die wichtigsten Signale sind *Largest Contentful Paint* (LCP), *First Input Delay* (FID) und *Cumulative Layout Shift* (CLS.).

Für eine mobile App lohnt es sich, außerdem folgende Informationen zu überwachen:

- **Startzeit.** Wie lange braucht die App, um zu starten? Je länger es dauert, desto höher ist die Kundenabwanderung.
- **Absturzrate.** Welcher Prozentsatz aller Sessions endet mit einem Absturz der App?
- **Größe des App-Bundles.** Wie verändert sich dieser Wert im Laufe der Zeit? Dies ist besonders für große Apps wichtig, weil eine größere Datei dazu führen kann, dass weniger Menschen sie installieren.

Geschäftliche Kennzahlen erzählen die »wahre« Geschichte davon, wie gesund Apps oder Dienste wirklich sind. Die Metriken sind eher allgemein und beziehen sich mehr auf die Infrastruktur. Sie weisen auf grundsätzliche Probleme hin. Selbst wenn die oben genannten Kennzahlen in Ordnung sind, kann es trotzdem Probleme mit einem Dienst oder einer App geben.

Geschäftliche Kennzahlen überwachen

Um ein vollständiges Bild von der Gesundheit eines Systems zu bekommen, müssen Sie die geschäftlichen Kennzahlen für das jeweilige Produkt ebenfalls überwachen. Bei Uber waren die wichtigsten geschäftlichen Metriken für die Rides-Produkte beispielsweise diese Lifecycle-Ereignisse:

- Wie viele Personen fragen eine Fahrt an?
- Wie lange verweilt eine Anfrage im Zustand »ausstehend« (*pending*)?
- Wie viele dieser Anfragen werden angenommen oder abgelehnt?

Änderungen in den Kennzahlen wie ein Absturz bei den akzeptierten Fahrten könnten auf eine Störung hinweisen.

In meinem Payments-Team innerhalb des Rides-Produkts haben wir folgende geschäftliche Kennzahlen überwacht:

- Die Anzahl der erfolgreichen Hinzufügungen einer neuen Zahlungsmethode (zum Beispiel einer Kreditkarte).
- Die Zahl der Fehler beim Hinzufügen einer Zahlungsmethode.
- Die Zeit, die für das Hinzufügen einer neuen Zahlung benötigt wird – der p50-Wert.

Wir haben die geschäftlichen Kennzahlen für Zahlungsmethoden wie Kreditkarten, PayPal, ApplePay und andere erfasst. Einige geschäftliche Metriken sind speziell für einen bestimmten Geschäftsbereich wichtig. Ein paar sind allerdings sehr oft zu finden, wie etwa:

- **Kundengewinnung.** Wie viele Kunden haben den Anmeldetrichter betreten? Wie viele davon haben die Anmeldung erfolgreich abgeschlossen? Wie viele Personen sind bei bestimmten Schritten »hängen geblieben«, und wie lange dauert eine Anmeldung?
- **Erfolgs- und Fehlerraten für geschäftsspezifische Aktionen.** Wie ist das Verhältnis zwischen erfolgreichen und fehlgeschlagenen geschäftsspezifischen Aktionen? Beim Payments-Team von Uber war eine solche Aktion beispielsweise das Hinzufügen einer neuen Zahlungsmethode.
- **Tägliche, wöchentliche, monatliche aktive Nutzer (DAU, WAU, MAU).** Wie viele Nutzer sind pro Tag, pro Woche, pro Monat aktiv?
- **Einnahmen.** Wie hoch sind die täglichen, wöchentlichen, monatlichen Gesamteinnahmen? Wie hoch liegen die durchschnittlichen Einnahmen pro Nutzer?
- **Nutzerkennzahlen.** Wie lange interagiert ein Nutzer mit der App oder dem Dienst? Wie viele Aktionen werden dabei durchgeführt? Mit Statistiken wie p50, p75 und p90 können Sie Median-Nutzer, häufige Nutzer und Power-User ermitteln.
- **Anzahl der Support-Tickets.** Wie hoch ist die Zahl aller eingehenden Support-Tickets? Auf welche Kategorien verteilen sich diese? Bei der Verteilung auf Kategorien kann es helfen, zu überwachen, wie dies geschieht, weil Spitzen auf Fehler oder Störungen hinweisen können.
- **Kundenbindung und -abwanderung.** Wie hoch ist die prozentuale Kundenbindung pro Woche, pro Monat und im Quartal? Welcher Prozentsatz kommt zurück? Wie hoch ist dieser im Verhältnis zu den Nutzern, die kündigen, zum Beispiel indem sie ihr Nutzerkonto löschen?

Trotz all dieser Möglichkeiten reicht die Überwachung allein nicht aus, um sicherzustellen, dass ein System zuverlässig funktioniert. Wenn die Kennzahlen auf Probleme hinweisen, müssen Warnmeldungen ausgelöst werden, die ein Bereitschafts-Engineer entgegennehmen, untersuchen und beheben muss.

Warnmeldungen

Entscheiden Sie, für welche Kennzahlen Warnmeldungen oder Alarme benötigt werden. Sicher gibt es vieles zu überwachen. Aber für welche Metriken, die sich in die falsche Richtung entwickeln, sollte eine Warnung ausgelöst werden?

Eine Möglichkeit, diese Frage zu beantworten, besteht darin, mit dem Geschäft oder dem Produkt zu beginnen. Stellen Sie Fragen wie:

- **Wie sieht »gesund« aus?** An welchen Metriken können wir erkennen, dass alles in Ordnung ist? Versehen Sie Dinge mit Warnungen, die anzeigen, dass etwas nicht in Ordnung ist.
- **Welche Störungen sind bereits vorgekommen?** Welche Kennzahlen könnten in der Zukunft darauf hinweisen, dass etwas nicht stimmt? Definieren Sie Warnungen für Metriken, die auf eine frühere Störung hinweisen.

- **Was fällt Kunden auf, wenn etwas nicht funktioniert?** Nutzen Sie Überwachung und Warnungen, um diese Dinge abzufangen. Eventuell müssen Sie sich Perzentile wie p95 ansehen, um Ausreißeranwendungsfälle zu finden, die mit einer langen Latenz zusammenhängen.

Allein schon, indem Sie in Worte fassen, was ein »gesunder« und was ein »ungesunder« Zustand ist, sollten Sie ermitteln können, welche Teile des Systems Sie überwachen müssen und wo Warnungen nötig sind.

Dringlichkeit von Warnungen

Nicht alle Warnungen sind gleich. Ein System, das für alle Kunden ausfällt, klingt nach einer sehr wichtigen Benachrichtigung, während Funktionen, die nur für einen Bruchteil der User nicht mehr erreichbar sind – etwa die `import users`-Funktion eines Ticket-Systems –, deutlich geringere Auswirkungen haben. Aus diesem Grund sollten Sie Ihre Warnungen unterteilen. Hier ein einfaches, aber effizientes System:

- **Dringende Warnung:** Löst Alarme aus, die schnellstmöglich zur Kenntnis genommen und bearbeitet werden müssen. Eine solche Alarmierung schickt Push-Benachrichtigungen und versucht, Telefonnummern anzurufen und entlang einer »Befehlskette« zu eskalieren, falls es keine Antwort gibt.
- **Nicht dringende Warnung:** Dieser Meldung stört niemanden außerhalb seiner Arbeitszeit. Warnungen dieser Art sind wichtig, aber nicht dringend. Sie können bis zu den regulären Geschäftszeiten warten.

Falscher Alarm

Finden Sie heraus, wie häufig falscher Alarm ausgelöst wird, also eine Warnung, auf die eigentlich nicht reagiert werden müsste. Es ist stressig genug, mitten in der Nacht von einem Alarm geweckt zu werden. Noch schlimmer ist es, wenn es ein falscher Alarm war. Gleichzeitig ist es alles andere als ideal, eine Störung zu verpassen, weil keine Warnung ausgelöst wurde. Worin besteht das richtige Verhältnis? Hierbei können die Konzepte von *Präzision* und *Recall* helfen.

Präzision. Es wird der Prozentsatz der Warnungen gemessen, die von einer tatsächlichen Störung stammen. Ein System mit einer Präzision von 30 % bedeutet, dass bei drei von zehn Warnungen wirklich eine Störung vorliegt und der Rest nur »Hintergrundrauschen« ist. Je höher der Prozentsatz der Präzision, desto weniger Nebengeräusche gibt es. Ein System mit einer Präzision von 100 % löst nur Alarme aus, die tatsächlich auf eine Störung hinweisen.

Recall. Hierbei wird der Prozentsatz der Störungen gemessen, für die ein Alarm ausgelöst wird. Ein System mit einem Recall von 30 % bedeutet, dass bei drei von zehn Störungen eine Warnung ausgelöst wird. Ein System mit einem hundertprozentigen Recall heißt, dass bei jeder Störung eine Warnung ausgelöst wird.

Idealerweise hat ein Bereitschaftssystem eine Präzision von 100%, löst keine falschen Alarme aus und findet alle Störungen. In der Realität gibt es dabei allerdings gewisse Vor- und Nachteile wie:

- Wenn Sie zur Steigerung der Produktivität Fehlalarme entfernen, riskieren Sie Störungen, vor denen nicht gewarnt wurde. Das verringert den Recall.
- Um bei Störungen alarmiert zu werden, ist es üblich, mehr Warnungen einzubauen, um den Recall zu erhöhen. Darunter leidet aber möglicherweise die Präzision.

Messen Sie sowohl die Präzision als auch den Recall, um festzustellen, auf welche Bereiche Sie sich stärker konzentrieren müssen. Ein üblicher Ansatz sieht so aus:

- Sorgen Sie dafür, dass ein Engineer in Bereitschaft aufzeichnet, ob ein Alarm wirklich auf eine Störung zurückzuführen ist oder ob es ein Fehlalarm war. *Die meisten Werkzeuge für Bereitschaftsdienste können hierbei helfen. Falls nicht, sollten Sie diese Funktionalität einkaufen oder selbst programmieren.*
- Gehen Sie bei der Vorfallanalyse alle kürzlich aufgetretenen Störungen durch und beantworten Sie die Frage: »Wurde ein Alarm ausgelöst, der auf eine Störung hinwies?« Auf diese Weise finden Sie den Recall-Prozentsatz heraus.

Bei der Messung der Präzisions- und Recall-Quoten müssen Engineers die beiden oben genannten manuellen Schritte durchführen. Sie müssen Warnsignale kennzeichnen, um zu bestätigen, dass ein Alarm aufgrund einer Störung ausgelöst wurde. Personen, die diese Vorfälle analysieren, müssen markieren, ob einer Störung eine Warnung vorausgegangen ist. Die Erfassung dieser Informationen ist eventuell mit Ihrem bereits vorhandenen Bereitschaftssystem möglich.

Statische Grenzwerte versus Anomalieerkennung

Wie entscheiden Sie, ob für eine bestimmte Kennzahl eine Warnung ausgegeben werden sollte? Hier zwei häufig genutzte Ansätze:

1. Statische Grenzwerte. Bestimmen Sie manuell einen Grenzwert für das Auslösen einer Warnung. Definieren Sie beispielsweise eine Regel, die besagt: »Wenn diese Kennzahl für mehr als 60 Sekunden auf null sinkt, löse einen Alarm aus.« oder: »Wenn diese Metrik 500 pro Minute überschreitet, während der Normalwert bei 100 liegt, dann löse einen Alarm aus.«

Der Vorteil statischer Grenzwerte besteht darin, dass sie einfach zu definieren sind und dass man leicht verstehen kann, warum ein Alarm ausgelöst wurde. Sie sind außerdem gut anzupassen. Der Nachteil besteht darin, dass es häufig schwer vorhersagbar ist, welche Grenzwerte sinnvollerweise festgelegt werden müssen. Häufiger werden statische Grenzwerte daher nach einer Störung festgelegt, die ein solcher Wert hätte abfangen können.

2. Erkennung von Anomalien. Anstatt manuelle Grenzwerte festzulegen, können Sie ein Machine-Learning-System nutzen, um Anomalien in Traffic-Mustern aufzuspüren, die sich auf eine bestimmte Metrik beziehen. Hierbei muss nur eingestellt werden, wie empfindlich diese Warnungen sein sollen.

Der Vorteil der Anomalieerkennung liegt darin, dass eine wesentlich größere Varianz erkannt wird als bei statischen Grenzwerten. Mit einem gut trainierten und konfigurierten System zur Erkennung von Anomalien werden Warnungen ausgegeben, wenn es zu unerwarteten Spitzen oder Einbrüchen im Traffic kommt. Ein System zur Anomalieerkennung kann zudem mit deutlich weniger Aufwand für eine Vielzahl verschiedener Metriken genutzt werden, sofern es hierfür ein entsprechendes Framework gibt.

Der Nachteil der Anomalieerkennung liegt darin, dass selbst bei normalen Traffic-Mustern eine hohe Zahl von Fehlalarmen ausgelöst werden kann, wenn sie schlecht trainiert oder konfiguriert ist. Ich erinnere mich noch, als wir zum ersten Mal ein solches System für unser Bezahlsystem bei Uber eingeführt hatten. In den ersten Wochen, während wir das System trainierten und konfigurierten, erhielten wir so viele Warnungen, dass wir die Echtzeitalarme deaktivieren mussten.

Wenn sie nicht empfindlich genug ist, um echte Anomalien festzustellen, kann bei der Anomalieerkennung aber auch das Gegenteil passieren. Die Konfigurierung eines solches Systems verursacht oft mehr Arbeit als angenommen. Dabei müssen Sie das System wahrscheinlich so einrichten, dass es auch Dinge wie normale Traffic-Muster an bestimmten Wochentagen berücksichtigt. Es könnte darüber hinaus Warnungen für vorhersagbar niedrigen oder hohen Traffic auslösen, wie Lastspitzen oder -einbrüche für ein E-Commerce-System am Black Friday.

Nutzen Sie Ihren gesunden Menschenverstand, um zu entscheiden, welche Arten von Warnsignalen Sie wann nutzen wollen. Um zu entscheiden, welches Vorgehen für einen bestimmten Anwendungsfall am besten geeignet ist, brauchen Sie ausreichende Praxiserfahrung mit beiden Typen. Nutzen Sie beide Möglichkeiten in verschiedenen Projekten, falls Sie das nicht ohnehin schon tun!

Oft ist eine Mischung aus beiden Ansätzen am praktischsten: Anomalieerkennung für die meisten Kennzahlen, kombiniert mit statischen Grenzwerten für erwartete Traffic-Spitzen oder -einbrüche und um zu erkennen, wenn Schlüsselmetriken auf null sinken.

Bereitschaftsdienst

Bis in die 2000er-Jahre hinein arbeiteten Unternehmen üblicherweise nach einem *Ops*-Modell (im Sinne von *Operations*, quasi im laufenden Betrieb). Entwicklerinnen und Entwickler schrieben und testeten Code und integrierten ihn in einen »Nächstes-Release-Branch«. Im Laufe der folgenden Wochen oder Monate wurde der Releasekandidat dann vollständig fertiggestellt und getestet. Danach übernahm das Ops-Team und veröffentlichte das Release, indem es den Code auf dem Server bereitstellte und Updates am Datenbankschema vornahm. Bei Applikationen zum Herunterladen aktualisierte das Ops-Team das Binary und die Update-Skripte. Danach überwachte es die Applikation.

Bei den heute üblichen wesentlich kürzeren Releasezyklen deployen Teams inzwischen oft mehrmals am Tag. In diesem Fall überwacht nicht mehr ein Ops-Team den Code, sondern das Engineering-Team, das die Änderungen vornimmt und die Bereitschaftsdienste festlegt.

Typische Bereitschaftsdienste

In Technologieunternehmen sind Bereitschaftsdienste typischerweise wie folgt organisiert:

- **Primäre Rufbereitschaft:** Der Engineer, der die Warnungen oder Alarme für die im Produktivbetrieb befindlichen Systeme des Teams erhält.
- **Pager-Applikation:** Die App, die Warnungen und Alarme an die primäre Rufbereitschaft weiterleitet. Der beliebteste Anbieter von Pager-Applikationen ist PagerDuty. Zu weiteren Lösungen gehören ZenDuty, incident.io, Jeli, FireHydrant und Spike. Einige große Technologieunternehmen entwickeln auch hauseigene Pager-Applikationen.
- **Sekundäre und tertiäre Rufbereitschaft:** Bei einem eingehenden Alarm muss ein Engineer diesen innerhalb einer bestimmten Zeit, zum Beispiel zehn Minuten, bestätigen. Gibt es keine Bestätigung, eskaliert der Alarm, und die folgende Person in der Bereitschaftskette wird verständigt. Dies ist die sekundäre Rufbereitschaft. Reagiert auch die sekundäre Bereitschaft nicht rechtzeitig, wird der Alarm an den tertiären Bereitschaftsdienst weitergeleitet – und so weiter.

In den meisten Technologieunternehmen bestehen primäre und sekundäre Bereitschaftsdienste aus Teammitgliedern. Zur tertiären Ebene gehört dagegen der Engineering-Manager und danach die Kette der vorgesetzten Engineering-Manager, wie Directors oder VPs of Engineering.

Ein spezielles Bereitschaftsteam oder Rufbereitschaft für alle Teams?

In den meisten Big-Tech-Unternehmen sind die Engineering-Teams selbst für die Definition und die personelle Ausstattung der Bereitschaftsdienste zuständig. In kleineren Firmen gibt es dagegen oft ein spezielles Bereitschaftsteam, das sich um alle Warnungen mit hoher Priorität kümmert. Dies ist oft ein virtuelles Team, wobei die Engineers für ihren zusätzlichen Zeit- und Arbeitsaufwand extra bezahlt werden.

In traditionelleren Unternehmen oder solchen, die gerade am Anfang einer digitalen Transformation stehen, kümmert sich oft ein DevOps-Team um die Warnungen, sofern es Runbooks und Handlungsanweisungen für die jeweiligen Alarme gibt.

Was ist die ideale Größe für ein Bereitschaftsteam? Unabhängig von der Größe der Belegschaft ist es üblich, dass ein Engineer eine Woche lang Bereitschaftsdienst hat. Das heißt, das Team muss mindestens aus fünf Personen bestehen, wenn kein Engineer mehr als einmal im Monat Bereitschaft haben soll und ein Monat im Durchschnitt viereinhalb Wochen lang ist. Bei sechs Teammitgliedern werden auch Urlaube und Krankheitstage berücksichtigt. Als gute Faustregel können Sie sich also merken, dass sich ein gesundes Bereitschaftsteam aus mindestens sechs Personen zusammensetzt.

Wenn Engineers außerdem im sekundären Bereitschaftsdienst eingesetzt werden, besteht ein gesundes Team aus zehn bis zwölf Personen, damit niemand zu oft Bereitschaft hat.

In Firmen mit einem einzelnen Bereitschaftsteam ist es oft leichter, eine gesunde Größe zu erreichen. In Unternehmen, in denen jedes Team Bereitschaftsdienst hat, ist es bei Teams mit weniger als sechs Personen kaum zu vermeiden, dass Engineers mehr als einmal monatlich Bereitschaft haben. Manchmal gibt es auch zwei kleinere Teams aus verwandten Fachbereichen, die ihre Bereitschaftsdienste zusammenfassen, um einen gesünderen Rhythmus zu ermöglichen.

Runbooks für den Bereitschaftsdienst

Wenn ein Alarm ausgelöst wird, landet die Nachricht normalerweise beim Bereitschafts-Engineer. Dieser ergreift dann Maßnahmen, um festzustellen, ob die Meldung auf einen Ausfall hinweist.

Ein Alarm-Runbook hilft, Fehlalarme zu finden und Schritte zur Beseitigung einer Störung zu unternehmen. Dafür kann es ein »Runbook für den Bereitschaftsdienst« für spezifische Handlungsanweisungen bei Alarmen geben oder ein »Master-Runbook«. Manchmal spricht man auch von *Incident Response Runbooks*, also »Handlungsweisungen für die Reaktion auf Notfälle«.

Gibt es für jeden Alarm die nötigen Handlungsanweisungen (das Runbook), wird der Bereitschaftsdienst wesentlich effizienter. Ein nützliches Runbook enthält die folgenden Informationen:

- **Diagnoseschritte.** Wie kann der Bereitschafts-Engineer herausfinden, ob ein Warnsignal tatsächlich auf eine Störung hinweist? Welche Dashboards, Kennzahlen und andere Ressourcen könnten hierfür verwendet werden? Welche Schritte sollten unternommen werden, um definitiv zu ermitteln, ob es sich um eine Störung handelt? Idealerweise enthält das Runbook direkte Links auf Ressourcen zur Diagnose des Problems.
- **Hinweise zur Beseitigung einer Störung.** Angenommen, ein Alarm weist tatsächlich auf eine Störung hin. Welche Schritte müssen dann unternommen werden, um sie zu beseitigen? Die meisten Warnsignale stehen für ganz bestimmte Störungen, und das Runbook enthält die entsprechenden Details dazu.
- **Relevante frühere Vorfälle.** Auf welche Störungen hat diese Warnung bereits hingewiesen? Ein Hinweis im Störungsdokument kann bei der Bewertung der Diagnoseschritte und der Beseitigung helfen und ist praktisch, wenn ein Alarm ausgelöst wird.

Alarm-Runbooks müssen auf dem neuesten Stand gehalten werden. Leider ist es nicht möglich, das »perfekte« Runbook zu schreiben, das niemals aktualisiert werden muss. Wenn neue Probleme auftreten, stehen Updates an, inklusive Details zur Erkennung der Störungen und Hinweisen auf Änderungen des Systems.

Zu einem soliden Prozess zur Überprüfung von Störfällen gehört die Aktualisierung der Runbooks für jeden einzelnen Vorfall, bei dem der Bereitschaftsdienst tätig werden musste, zumindest aber eine Prüfung, ob ein Update der Runbooks nötig ist.

Die Dokumentation von Code und das Schreiben von Alarm-Runbooks sind sich ähnlich, da beide später hilfreich sind, etwa wenn ein Engineer verstehen will, was passiert ist. Oft werden sie aber in der Gegenwart als unwichtig angesehen. Engineers, die ohne Runbooks Probleme hatten, sollten daher als Vorbild dienen und diese Anleitungen schreiben.

Als Staff+-Engineer können Sie den Bereitschaftsdienst effizienter gestalten, indem Sie ein Master-Runbook definieren. Hierbei sollten Sie gemeinsam mit dem Engineering-Team Anweisungen für häufig vorkommende Alarme erstellen und die Aktualisierung der Alarm-Runbooks in den Prozess der Störungsbeseitigung integrieren.

Vergütung für den Bereitschaftsdienst

Es hängt von verschiedenen Faktoren ab, ob der Bereitschaftsdienst bezahlt wird:

- **Wenn es gesetzliche Regelungen gibt.** In Ländern wie Spanien und Brasilien ist die Bezahlung von Bereitschaftsdiensten klar geregelt und gilt auch für Software-Engineers.
- **Wenn der Bereitschaftsdienst die einzige Aufgabe ist.** Manche Unternehmen – meistens die eher traditionellen – stellen spezielle DevOps- oder Oncall-Engineers ein, die nur für Bereitschaftsdienste zur Verfügung stehen. Unter diesen Umständen gibt es keine zusätzliche Vergütung.
- **Wenn der Bereitschaftsdienst freiwillig ist.** In Firmen mit freiwilligem Bereitschaftsdienst ist es üblich, hierfür Anreize durch eine zusätzliche Bezahlung zu schaffen.

In Big-Tech- und anderen Unternehmen mit den höchsten Gehältern auf dem Markt (Gehaltspakete der Ebene 3 oder 2, wie in Kapitel 1 (Teil I) beschrieben) ist unbezahlter Bereitschaftsdienst die Regel. Firmen wie Amazon, Meta, Apple und Microsoft folgen alle dieser Praxis. Die Ausnahme bilden Länder, in denen ein bezahlter Bereitschaftsdienst gesetzlich verpflichtend ist.

Google ist das einzige Big-Tech-Unternehmen, das Bereitschaftsdienste[2] vergütet und außerdem eine maximale Zeit hierfür festlegt.

Firmen, in denen die Bereitschaftsdienste, für die Engineers sich freiwillig melden können, eher »zentralisiert« sind, bieten fast immer einen finanziellen Ausgleich. Eine Liste der Unternehmen, die Bereitschaftsdienste in welcher Höhe bezahlen, finden Sie in meinem Artikel »Oncall compensation for software engineers«[3].

2 *https://blog.pragmaticengineer.com/oncall-compensation*

3 *https://blog.pragmaticengineer.com/oncall-compensation*

Unternehmen, deren Bezahlung eher im Mittelfeld der Branche oder darunter liegt, müssen Bereitschaftsdienste oft zusätzlich vergüten, da ein zusätzlicher zeitlicher Aufwand und zusätzlicher Stress außerhalb normaler Arbeitszeiten entsteht. In Firmen mit guter Bezahlung übernehmen Engineers die zusätzliche Verantwortung als Teil eines anständigen Gehaltspakets. Haben Engineers jedoch das Gefühl, nicht ausreichend bezahlt zu werden, suchen sie sich möglicherweise Jobs mit besserer Vergütung oder ohne den Druck von Bereitschaftsdiensten.

Sollten Engineers »normale« Arbeit leisten, während sie in Bereitschaft sind?

In manchen Teams ist der Bereitschaftsdienst ein Vollzeitjob, bei dem sämtliche verfügbare Zeit für die Beseitigung und Nachbereitung von Störungen genutzt wird. In den meisten Teams ist die Arbeit aber nicht so intensiv, und in »guten« Wochen mit Bereitschaftsdienst gibt es kaum zusätzliche Arbeit. Sollte ein Engineer also neben der Bereitschaft zusätzliche Arbeiten erledigen?

Am Ende liegt diese Entscheidung beim Teammanager. Hier ein paar gängige Ansätze, um die wöchentliche Arbeit eines Engineers in Bereitschaft zu definieren:

- **Eine Kombination aus Bereitschaftsdienst und Support-Engineering.** Ist ein Team in direktem Kontakt mit Kunden, wird es viele eingehende Supportanfragen von Kunden geben. Viele Teams kombinieren daher die Bereitschaftsrolle mit dem Support-Engineering. Hierbei bearbeitet der betreffende Engineer eingehende Anfragen, wie etwa Fehlerberichte, die untersucht werden müssen, Anfragen zur Datenbereinigung, die das Schreiben und Ausführen von Skripten erfordern, und vieles mehr. Während der Woche im Bereitschaftsdienst unterbricht der Engineer seine »normale« Arbeit, und die Bereitschaft wird zu seiner wichtigsten Aufgabe. Sind keine direkten Aufgaben aus dem Bereitschaftsdienst zu erledigen, nimmt er Supportaufgaben wahr.
- **Die Annahme, dass nicht an Projekten, sondern ausschließlich im Bereitschaftsdienst gearbeitet wird.** In Teams, in denen die Bereitschaft eine Hauptaufgabe ist, kann der Bereitschafts-Engineer nur an diesen Aufgaben arbeiten. Wenn er sich nicht gerade um Störungen kümmert, arbeitet er an der Verbesserung des Bereitschaftssystems, etwa indem er Fehlalarme reduziert, die Verlässlichkeit des Systems erhöht oder Runbooks schreibt und verbessert.
- **Die Annahme, dass ein Engineer während der Bereitschaft keine Ressourcen für Arbeit an Projekten übrig hat.** Ein konservativer Ansatz besteht darin, dass ein Team annimmt, der Bereitschafts-Engineer sei die gesamte Woche mit Bereitschaftsaufgaben beschäftigt. Entsprechend sieht die Planung aus. In der Realität wird es trotzdem Zeit für die Arbeit an Projekten geben, aber natürlich nur, sofern das wirklich möglich ist. Dieses Vorgehen ist hilfreich, es sei denn, vom Engineer wird erwartet, dass er den größten Teil seiner Zeit mit der Arbeit am Projekt verbringt!

- **Die Annahme, dass dem Engineer X% seiner üblichen Leistungsfähigkeit zur Verfügung stehen.** Einige Manager gehen davon aus, dass ein Engineer in Bereitschaft grundsätzlich einen gewissen Freiraum für Projektarbeit hat. Das ist in Ordnung, solange die Belastung durch den Bereitschaftsdienst den Erwartungen entspricht. Das Problem ist nur, dass Bereitschaftsdienste einfach nicht vorhersehbar sind!

Als Engineer auf Staff-Ebene und darüber können Sie die Planung der Bereitschaftsdienste wahrscheinlich beeinflussen. Berücksichtigen Sie bei der Entscheidung für den besten Ansatz die typische Belastung solcher Dienste und die Teamdynamik.

Burn-out durch Bereitschaftsdienst

Ein gängiges Sprichwort besagt: »Menschen kündigen wegen Managern, nicht wegen Unternehmen.« Hier eine verwandte Beobachtung meinerseits: Menschen kündigen nicht nur wegen Managern, sondern auch wegen furchtbarer Bereitschaftsdienste.

»Bereitschafts-Burn-out« gibt es wirklich. Ich habe diese Situation schon mehrere Male miterlebt. Meistens tritt er bei einer Kombination aus zwei oder mehr Faktoren auf:

- Engineers leisten mehr als einmal monatlich für eine Woche Bereitschaftsdienst.
- Während der Bereitschaft gibt es viele Fehlalarme, auf die eigentlich nicht reagiert werden muss.
- Engineers werden pro Bereitschaftsdienst mehr als einmal pro Woche in der Nacht wegen einer möglichen Störung geweckt.
- Es treten viele Störungen auf, die alle beseitigt werden müssen.
- Es wird von Engineers erwartet, neben der Bereitschaft »normale« Arbeit zu leisten.

Menschen reagieren unterschiedlich auf ein Bereitschafts-Burn-out. Einige bemerken das Problem früh und unternehmen die nötigen Schritte, um ihre Situation zu ändern, beispielsweise durch einen Teamwechsel oder durch Verlassen des Unternehmens. Andere machen verbissen weiter, aber ihre Leistung lässt nach, was sie oft nicht einmal bemerken! Die Auswirkungen eines stressigen Bereitschaftsdiensts sind gut bekannt: Er laugt die Menschen aus.

Als Staff+-Engineer sind Sie wahrscheinlich einer der wenigen Individual Contributors, deren Einwände vom Management ernst genommen werden. Wenn Ihnen also auffällt, dass bei einem Team oder einer Person ein Burn-out droht, versuchen Sie, die Dynamik des Bereitschaftsdiensts zu verbessern. Grundsätzlich ist der Manager für die Gesundheit des Teams zuständig. Wenn dieser sich aber nicht um das Problem kümmert, liegt es eventuell an Ihnen, eine Diagnose über den Zustand des Bereitschaftsdiensts abzugeben und Verbesserungsvorschläge zu machen.

Umgang mit Störungen

Was passiert, wenn ein Alarm ausgelöst wird und der Bereitschafts-Engineer bestätigt, dass es sich tatsächlich um eine Störung handelt? In diesem Moment beginnt der Prozess des Störungsmanagements. Das Ziel ist es, die normale Funktionsweise des Systems so schnell wie möglich wiederherzustellen und dafür zu sorgen, dass das Problem nicht erneut auftritt.

Für das Störungsmanagement gibt es verschiedene Frameworks, von denen Ihr Unternehmen vielleicht schon eines nutzt. Die typische Schrittfolge des Störungsmanagements sieht so aus:

1. Erkennen einer Störung
2. Beheben der Störung
3. Nachbereitung des Vorfalls

Erkennen einer Störung

Überwachung und Alarmierung sind zwingend notwendig, um Vorfälle schnell zu erkennen, bestenfalls innerhalb von Minuten. Wird ein Alarm ausgelöst, muss der Bereitschafts-Engineer beurteilen, ob eine Störung vorliegt.

Die Meldung eines Vorfalls ist der erste Schritt des Störungsmanagements. Hierbei wird im entsprechenden Werkzeug des Unternehmens ein neuer Fall angelegt.

Die Einordnung und Priorisierung eines Vorfalls passiert oft während seiner Meldung. Es gibt große Unterschiede zwischen einer Störung, die sich nur auf eine kleine Kundengruppe auswirkt, und einem Systemausfall, der alle Kunden betrifft.

Aus diesem Grund nutzen die meisten Technologieunternehmen von Anfang an Störungslevels (*Incident Levels*) und Kategorisierung. Einige definieren hierbei verschiedene Schweregrade, wie beispielsweise Amazon: SEV-0 (SEV steht für *Severity*, Schweregrad) hat die größten und weitreichendsten Auswirkungen, während SEV-1, SEV-2 und SEV-3 für jeweils absteigend geringere Schweregrade stehen. Bei Uber war die Stufe 5 (L5) die höchste, während L4, L3 und L2 bei den Auswirkungen und der Zahl der betroffenen Nutzer jeweils darunterlagen. Andere Unternehmen definieren wiederum zwei Teile eines Vorfalls: seine Auswirkungen (hoch/mittel/niedrig) und seine Tragweite (hoch/mittel/niedrig).

Für die Einordnung eines Vorfalls sollte es klare Unterscheidungsmerkmale geben, die auf leicht zu erfassenden Kennzahlen basieren, wie beispielsweise *Service Level Indicators* (SLIs). Wenn Ihr Unternehmen bei der Bestimmung des Schweregrads ungenau ist, gibt es hier vielleicht eine Gelegenheit, diesen Bereich zu verbessern!

Beheben der Störung

Die Rollen im Störungsmanagement sollten ab dem Moment, in dem ein Störfall gemeldet wird, klar sein. Wer koordiniert die Maßnahmen zur Beseitigung, und wer informiert die Stakeholder? Oftmals werden die Maßnahmen von einem »Einsatzleiter« koordiniert. Das muss nicht unbedingt die Person sein, die den Vorfall entdeckt hat. Fast alle Engineering-Teams lernen schnell, diese Rolle explizit zu definieren.

Die meisten Werkzeuge für das Störungsmanagement erfordern bei der Meldung eines Störfalls, dass eine »Einsatzleitung« definiert wird. Wie der Schweregrad des Ereignisses kann auch diese Rolle später angepasst werden. Es kommt recht häufig vor, dass Einsatzleiter wechseln, besonders wenn eine anfangs kleine Störung zu einem ernsteren Problem anwächst.

Beseitigung ist nach der Meldung einer Störung der wichtigste Schritt. Das möglichst schnelle Beheben eines Problems ist manchmal ganz einfach. Wurde es beispielsweise durch eine kürzliche Änderung am Code verursacht, kann ein Rollback der Änderungen schnell Abhilfe schaffen.

Zu einer effizienten Beseitigung von Störungen gehören häufig die folgenden Schritte:

- Sind die Schritte zur Beseitigung bereits bekannt, führen Sie sie aus. Genau deshalb sind Runbooks so wertvoll: Sie vereinfachen die Problembehebung.
- Sind die Schritte zur Beseitigung nicht bekannt, ziehen Sie Personen mit der nötigen Sachkenntnis hinzu und beginnen mit der Beseitigung. Das könnte heißen, dass man sie anpiept oder anruft. Die richtigen Ansprechpersonen zu finden, wird durch ein Bereitschafts-Runbook ebenfalls erleichtert.
- Kommunizieren Sie mit den Stakeholdern. Bei einem Störfall sind dies die Personen in der Managementkette, die ein Interesse daran haben, herauszufinden, was bei einer Störung passiert, sowie geschäftliche Entscheidungsträger oder auch Kunden.
- Bestätigen Sie, ob die Schritte zur Beseitigung erfolgreich waren. Nach einem Behebungsversuch sollten Sie seine Effektivität überprüfen. Störungen können ziemlich fiese Biester sein, für deren Beseitigung mehrere Schritte nötig sind. Manchmal können Schritte zur Beseitigung eines Problems dieses auch verschlimmern.

Die Ermittlung der Hauptursache hat nicht die höchste Priorität. Ein häufig von weniger erfahrenen Engineers gemachter Fehler besteht darin, dass sie zuerst verstehen wollen, warum eine Störung aufgetreten ist, und erst danach mit der Behebung beginnen. Es ist zwar verständlich, ein Problem erst beheben zu wollen, wenn dessen Grund bekannt ist, allerdings kann dieses Vorgehen die Bemühungen ausbremsen, die Störung so schnell wie möglich zu beseitigen.

Existieren offensichtliche Schritte zur Behebung, die sofort unternommen werden können, wie der Rollback einer Codeänderung oder das Ausführen eines Rollback-Plans, **unternehmen Sie diese zuerst**. Sobald die Störung beseitigt ist, werden Sie genug Zeit haben, den Grund zu verstehen.

Nachbereitung des Vorfalls

Ist die Störung beseitigt, können Sie erst einmal durchatmen. Fand die Beseitigung außerhalb Ihrer normalen Arbeitszeiten statt, machen Sie eine wohlverdiente Pause. Am nächsten Arbeitstag geht es weiter.

Störungsanalyse/Nachbereitung. Dies ist typischerweise der nächste Schritt im Störungsmanagement. Hierbei häufig gestellte Fragen sind: »Was hat den Vorfall verursacht?«, »In welcher zeitlichen Reihenfolge sind die Ereignisse genau abgelaufen?« und »Wie kann eine Wiederholung in Zukunft vermieden werden?«

Die Störungsnachbereitung (Incident Review) ist ein Treffen, bei dem eine größere Gruppe die Dokumente der Störungsanalyse auf Störungen mit sehr großen Auswirkungen untersucht. In manchen Unternehmen gibt es spezielle Teams für das Störungsmanagement, andere führen wöchentlich oder alle 14 Tage Meetings durch, bei denen auch einige Manager anwesend sind, während andere spontan vorgehen.

Folgemaßnahmen sind Schritte, die das Team als notwendig ansieht, um ähnliche Vorfälle in Zukunft zu vermeiden. Oft werden sie nach Beseitigung des Problems aber als nicht mehr wichtig angesehen, besonders wenn hierfür viel Engineering-Arbeit nötig ist. Jedes Team und jedes Unternehmen hat seine eigenen Methoden, diese Dinge zu erfassen und sicherzustellen, dass sie erledigt werden. Als Engineer auf Staff-Ebene oder darüber können und sollten Sie dabei helfen, dass das Team ausreichend Zeit für diese Folgemaßnahmen bekommt, auch wenn das manchmal auf Kosten anderer Arbeiten geht.

Kritik ohne Schuldzuweisungen (Blameless Reviews) ist in vielen Teilen der Branche üblich. Vermeiden Sie es, dass die Nachbereitung einer Störung zu einer Hexenjagd wird, bei der es nur darum geht, einen Sündenbock zu finden.

Die meisten Störungen treten auf, weil jemand eine Änderung an der Konfiguration oder dem Code vorgenommen hat. Dabei kann sehr leicht herausgefunden werden, wer genau das war. Anstatt dieser Person nun direkt oder indirekt die Schuld zu geben, sollten Sie genauer hinsehen und herausfinden, warum es überhaupt möglich war, dass die Systeme diese Änderungen ohne Feedback zugelassen haben. Wenn Sie sich nicht um die Ursachen kümmern, die einen Vorfall ermöglicht haben, kann in Zukunft leicht jemand ins Stolpern gebracht werden.

Manche Menschen sträuben sich gegen eine Nachuntersuchung ohne Schuldzuweisungen. Sie fragen: »Führt das nicht zu einem Mangel der Rechenschaftspflicht?« Tatsächlich sind Rechenschaftspflicht und eine Kultur, die ohne Schuldzuweisungen auskommt, zwei grundverschiedene Dinge, die meiner Ansicht nach Hand in Hand gehen. Rechenschaftspflicht bedeutet, dass Menschen Verantwortung für ihre Arbeit übernehmen. Und wenn etwas schiefgeht, sehen sie es als ihre Aufgabe, das Problem auch wieder zu beheben. Ein Ansatz ohne Schuldzuweisungen erkennt an, dass es nicht weiterhilft, jemanden für etwas die Schuld zu geben, von dem diese Person nicht wusste, dass es zu einer Störung führen würde. Das gilt besonders, wenn sie die Verantwortung für die Beseitigung der Ursachen übernimmt.

Überlegen Sie, ob Ihr Prozess zur Störungsanalyse es priorisiert, aus den Störungen zu lernen. In dem Artikel »Incident review and postmortem best practices«[4] (Best Practices für Störungsanalysen und Nachuntersuchungen) spreche ich mit John Allspaw – früherer CTO von Etsy und Gründer von Adaptive Capacity Labs. John hilft Unternehmen dabei, ihre Prozesse im Störungsmanagement zu verbessern. Bei seiner Arbeit machte er eine interessante Beobachtung:

> Immer wieder fiel uns auf, dass die meisten Störungen nur dokumentiert werden, um abgeheftet zu werden – nicht, um gelesen zu werden oder um aus ihnen zu lernen. Teams durchlaufen eine Störung, schreiben einen Bericht, klopfen sich gegenseitig auf die Schulter und glauben, sie hätten etwas daraus gelernt. Tatsächlich hätten sie aber noch wesentlich mehr lernen können.
>
> Die aktuellen Prozesse im Störungsmanagement nutzen nur einen winzigen Teil ihres eigentlichen Potenzials. Manchmal liegt die Technologiebranche beim Entwurf verlässlicher Systeme deutlich hinter anderen Industriezweigen.

Für die Definition von Störungsmanagementprozessen gibt es eine Vielzahl von Playbooks und Werkzeugen, die sich mit dem Vorgehen der meisten Technologieunternehmen decken. Nur selten nutzen Unternehmen das Störungsmanagement allerdings als Lernwerkzeug, um andere Teams resilienter zu machen.

Als Staff+-Engineer können Sie darauf Einfluss nehmen, wie sich die Prozesse beim Störungsmanagement an Ihrem Arbeitsplatz entwickeln. Dabei sollten Sie nicht vergessen, dass das Lernen aus Störfällen und die Anwendung des Gelernten auf das gesamte Unternehmen eines der höchsten Ziele jedes Systems für das Störungsmanagement sein sollte. Genau diesen Ansatz nutzen Unternehmen, die ihrer Konkurrenz voraus sind.

Resiliente Systeme schaffen

Wie erstellen Sie ein System, das zuverlässig funktioniert? Der Entwurf und die Programmierung von widerstandsfähigen Systemen ist ein Muss. Dabei erreichen Sie die Resilienz aber nicht allein, indem Sie über zukünftige Fehler und Anwendungsfälle nachdenken. Hier ein paar Ideen zu Entwurf, Erstellen, Testen und Betreiben widerstandsfähiger Systeme.

Planungsphase

Widerstandsfähige Systeme sind offensichtlich darauf ausgerichtet, resilient zu sein. Achten Sie hierfür schon in der Planungsphase auf folgende Dinge:

- **SLIs.** Definieren Sie die *Service Level Indicators* (SLI). Welche Faktoren zeigen, dass ein System »gesund« ist? Was bedeutet *Uptime*? Und wie hoch sollte diese sein? Definieren Sie diese Punkte so genau wie möglich, denn sie werden einen großen Einfluss auf Ihre Entscheidungen zu Architektur, Testing und Betrieb haben.

---

4 *https://blog.pragmaticengineer.com/postmortem-best-practices*

- **Planen Sie Fehler mit ein.** Was kann schiefgehen, und wie werden Sie darauf reagieren?
- **Planen Sie Lastspitzen mit ein.** Welche Belastung erwarten Sie für Ihr System? Wie sehen Lastspitzen aus? Wie leistungsfähig muss Ihr System sein, um mit dieser anfänglichen Last umgehen zu können?
- **Planen Sie für Redundanz.** Welche Anforderungen werden an die Redundanz gestellt? Wie werden die Daten repliziert, und wie wird Redundanz sichergestellt?
- **Planen Sie, was überwacht wird und wann ein Alarm ausgelöst werden soll.** Was sind die Anzeichen für einen gesunden Systemzustand, und bei welchen Anomalien sollten Sie Engineers im Bereitschaftsdienst informieren?

Während der Programmierungsphase

Bei der Erstellung des Systems gibt es ein paar Bereiche, auf die Sie in Bezug auf die Widerstandsfähigkeit achten sollten:

- **Defensiv programmieren.** Behandeln Sie Grenzfälle nach Möglichkeit explizit, nicht implizit.
- **Achten Sie auf Fehlerzustände und deren Abbildung.** Wie werden Fehler im System angezeigt? Das könnten Variablen, API-Antworten oder bestimmte Zustände sein. Zeichnen Sie diese Fehler auf und protokollieren Sie sie. Wenn es sinnvoll erscheint, lösen Sie eine Warnmeldung aus. Achten Sie darauf, wie die Systeme Fehler untereinander abbilden.
- **Bedenken Sie die Zustandsverwaltung.** Wie geht die Applikation mit verschiedenen Zuständen um, und welche Teile der Applikation können Zustände verändern? Je weniger Stellen es gibt, die Zustände verändern können, desto weniger kann danebengehen. Aus diesem Grund lässt sich bei Frameworks mit immutablen Zuständen und deklarativen Sprachen, die keine Zustandsänderungen zulassen, in der Regel leichter überprüfen, ob sie korrekt funktionieren oder nicht.
- **Unbekannte Zustände abfangen.** Ein Zustand, der weder gut noch schlecht ist, kann später zu einer wahren Brutstätte von Problemen werden. Seien Sie bei der Suche nach unbekannten Zuständen und Antworten sorgfältig, protokollieren Sie diese und überlegen Sie, ob ein Alarm ausgelöst werden sollte.

Simulieren Sie Fehler und testen Sie die Systemantwort

Es gibt verschiedene Möglichkeiten, einen Fehler zu simulieren und zu bestätigen, dass ein System erwartungsgemäß damit umgehen kann. Ein paar Beispiele:

- **Stufenweise Herabsetzung (Graceful Degradation).** Schalten Sie eine Abhängigkeit des Systems ab und überprüfen Sie, ob es wie erwartet darauf reagiert und einige seiner Komponenten reduziert.

- **Erneute Versuche.** Wenn Abhängigkeiten wie eine externe API ausfallen, stellt ein resilientes System die Requests gemäß der Strategie ein und zieht sich zurück.
- **Sicherungen (Circuit Breaker).** Simulieren Sie, wie ein Dienst damit umgeht, wenn es in einen fehlerhaften Zustand fällt. Durch ein Circuit-Breaker-Entwurfsmuster könnte das System in einen »geschlossenen« Zustand wechseln, sobald es Fehler in einer sehr wichtigen Abhängigkeit erkennt. Das System »öffnet« sich wieder, sobald der Fehler behoben ist.
- **Ausfallsicherung für Rechenzentren.** Simulieren Sie ein Problem mit einem Rechenzentrum und schauen Sie, wie die Applikation damit umgeht, wenn sie von einem anderen Ort aus weiter betrieben werden soll.
- **Wiederherstellung im Katastrophenfall.** Stellen Sie sicher, dass Daten-Backups vorhanden sind und der Dienst im Fall einer größeren Störung oder einer Katastrophe damit vollständig wiederhergestellt werden kann.

Sobald das System im produktiven Einsatz ist, sollten Sie seine Leistung überprüfen und, wenn Anomalien entdeckt werden, einen Alarm auslösen. Nutzen Sie einen klar definierten Prozess für das Störungsmanagement, der diese Systeme beständig anpasst und verbessert, denn Störfälle sind unvermeidlich.

KAPITEL 25
Softwarearchitektur

Wenn man darüber nachdenkt, was Engineers auf Staff-Ebene und darüber tun, stehen Softwarearchitektur und Softwaredesign fast immer ganz oben auf der Liste. Softwarearchitektur ist die Grundlage für die Planung komplexer Systeme. Sie ist das, worauf verlässliche und wartbare Systeme aufgebaut werden.

Die Softwarearchitektur ist auf Staff+-Ebene so wichtig, dass traditionelle Unternehmen ihre erfahrensten Software-Engineers als »Softwarearchitekten« bezeichnen. Neuere Technologiefirmen verzichten auf diese Formulierung und bevorzugen Bezeichnungen wie Staff-, Principal- oder auch Distinguished Engineer, um den *Engineering*-Teil zu betonen. Wenngleich das Wort »Architekt« etwas aus der Mode gekommen ist, gibt es die klare Erwartung, dass Staff+-Engineers auch gute Softwarearchitekten sind.

Die besten Softwarearchitekten, die mir begegnet sind, haben diese Kunst durch eine Mischung aus Erfahrung in herausfordernden Projekten und beständigem Lernen gemeistert. In diesem Kapitel geht es nicht darum, wie Sie ein hervorragender Softwarearchitekt werden. Ich bin fest davon überzeugt, dass hierfür Übung und die Arbeit an herausfordernden, echten Projekten nötig sind. Hier behandeln wir Bereiche, auf die Sie achten sollten, wenn Sie Lösungen für komplexe Probleme planen.

In diesem Kapitel geht es um folgende Themen:

1. Halten Sie die Sache so einfach wie möglich.
2. Den Fachjargon kennen, aber nicht unnötig benutzen
3. Architektonische Schulden
4. One-Way-Door- oder Two-Way-Door-Entscheidungen
5. Die Tragweite Ihrer Entscheidungen
6. Skalierbare Architektur
7. Architektonische Entscheidungen und geschäftliche Prioritäten
8. Nahe genug an der praktischen Arbeit bleiben
9. Eigenschaften eines Softwarearchitekten

Halten Sie die Sache so einfach wie möglich

Oft sind die Menschen überrascht, wenn ich erwähne, dass wir bei den größten Projekten, an denen ich gearbeitet habe, keine »Standardwerkzeuge« für die Planung der Softwarearchitektur verwendet haben. Hierzu gehörte beispielsweise die Neuerstellung des Bezahlsystems von Uber, das 60 Milliarden US-Dollar pro Jahr verarbeitete, oder die Programmierung von Skype für die Xbox One, mit einer Million Nutzern bereits in der ersten Woche. Wir hätten hier formale Methoden und spezielle Architektur-Frameworks für die Definition der Architektur nutzen können, wie UML[1], das 4+1-Modell[2], Architecture Decision Records[3] (ADR), das C4-Modell[4], Abhängigkeitsdiagramme[5] und vieles mehr. Das haben wir aber nicht getan.

Wir nutzten Whiteboards sowie Kästen und Pfeile, um die Ideen zu zeichnen, und Dokumente, um diese Ideen in einfacher Sprache festzuhalten, die anschließend verteilt wurden, um Feedback zu bekommen. Wir haben auch keine besondere Fachsprache verwendet. Und das, obwohl die Staff+-Engineers Jahrzehnte bei Firmen wie Google, VMware, PayPal und anderen großen Unternehmen gearbeitet und die Architektur großer Systeme entworfen hatten.

Geht es um Architektur, sollten Sie möglichst einfach anfangen und Fachsprache als reinen Selbstzweck vermeiden. Ich will Sie nicht davon abhalten, formale Ansätze zu nutzen. Allerdings sollten Sie davon überzeugt sein, dass dieses Vorgehen einen Mehrwert hat und die Teammitglieder es verstehen.

Das Schöne an einer Architektur ist, dass die Diskussionen und Ideen für alle zugänglich bleiben, inklusive der weniger erfahrenen Software-Engineers. Das ist eine gute Sache, denn je mehr Menschen die Architektur verstehen, desto mehr Feedback und Vorschläge können Sie einsammeln.

Es ist viel einfacher, sich eine komplexe Architektur auszudenken, als etwas Einfaches und Effizientes zu entwerfen. Einer der besten Softwarearchitekten, die mir je begegnet sind, war Director of Engineering und hatte vor unserer Zusammenarbeit einige der größten Zahlungssysteme des Planeten entwickelt. Als wir das Zahlungssystem von Uber neu entwickelten, erklärte er den vorgeschlagenen Ansatz in einfachen Worten, unterstützt von einigen leicht verständlichen Diagrammen. Ich fragte ihn, wie er solche komplexen Systeme so einfach erfassen und ausdrücken könnte. Darauf sagte er mir, dass die Klarheit daher stammt, dass er immer und immer wieder ähnliche Systeme erstellt hatte, beginnend mit einer komplexen Version, die dann zu effizienteren Ansätzen destilliert wurde.

1 *https://en.wikipedia.org/wiki/Unified_Modeling_Language*

2 *https://en.wikipedia.org/wiki/4%2B1_architectural_view_model*

3 *https://github.com/joelparkerhenderson/architecture-decision-record*

4 *https://c4model.com/*

5 *https://herbertograca.com/2019/08/12/documenting-software-architecture*

Den Fachjargon kennen, aber nicht unnötig benutzen

Manchmal lässt sich die Verwendung von Fachbegriffen nicht vermeiden. Als Staff+-Engineer müssen Sie immer noch die nötige Fachsprache für Ihre Arbeit beherrschen, den »Jargon«. Hierzu gehört:

- **Fachsprache für das Software-Engineering.** Wenn Sie verteilte Systeme erstellen, wollen Sie verstehen, was Dinge wie schwache/starke Konsistenz, Idempotenz, Write-through-Cache, Reverse Proxy und andere Begriffe bedeuten.
- **Geschäftliche Fachsprache.** Wenn Sie beispielsweise im Bereich Zahlungen tätig sind, wollen Sie Begriffe wie Issuing Bank, Acquiring Bank, Payment Gateway, PCI DSS, Auth/Hold und vieles mehr verstehen.
- **Interne Fachsprache.** Jedes Unternehmen hat sein eigenes Vokabular. Bei Uber hatten wir beispielsweise Morpheus (Experimentiersystem), Bankemoji (Zahlungssystem), »landing a diff« (Merge eines Pull-Requests) oder das »Kommando über eine L5-Störung übernehmen« (die Führung bei einer Störung mit sehr großen Auswirkungen übernehmen).

Finden Sie eine Möglichkeit, die Fachsprache für Ihre tägliche Arbeit zu organisieren und zu lernen. Wenn Sie in einem neuen Team oder Unternehmen anfangen, werden Sie viele neue Fachbegriffe hören. Finden Sie heraus, was sie bedeuten, indem Sie über die Sprache der jeweiligen Branche oder des Geschäftsfelds recherchieren und Kollegen zu intern verwendeten Begriffen befragen.

Zwischen dem Lernen von Fachbegriffen und einer neuen Sprache gibt es gewisse Ähnlichkeiten. Je mehr Sie üben, desto leichter fällt ihre Benutzung. Für mich hat es gut funktioniert, mir eine Liste der neuen Begriffe anzulegen und ihre Bedeutung später herauszufinden. Dann habe ich die Begriffe in verschiedenen Umgebungen ausprobiert, um zu bestätigen, dass der Kontext stimmt.

Zu viel Fachsprache kann andere ausschließen, die sie nicht verstehen. Die einfachste Möglichkeit, weniger erfahrene Engineers dazu zu bringen, sich minderwertig zu fühlen – und sie davon abzuhalten, an Gesprächen teilzunehmen und ihre Idee mitzuteilen –, besteht darin, Fachjargon zu benutzen, den sie nicht verstehen.

Seien Sie kein »Phrasendrescher«. Natürlich sollten Sie das Vokabular eines Fachbereichs verstehen und benutzen können – und ja, es kann die Kommunikation erleichtern, aber nur, wenn jeder versteht, was Sie sagen.

In einer Gruppe mit verschiedenen Erfahrungsniveaus sollten Sie dagegen einfache Begriffe verwenden. Finden Sie heraus, ob Ihre Zuhörer mit den Begriffen vertraut sind, wenn Sie diese zum ersten Mal benutzen.

Das Erklären von Fachbegriffen hilft Menschen bei der richtigen Benutzung. Gleichzeitig werden Sie besser darin, zwischen Jargon und einfachen Begriffen zu wechseln. Ist Ihnen aufgefallen, wie einige der besten Lehrer komplexe Dinge auf einfache Weise erklären können? Entwickeln Sie diese Fähigkeit, indem Sie anstelle der technischen Fachsprache einfache Wörter verwenden. Nächstes Mal, wenn Sie einen Fachbegriff benutzen wollen, halten Sie inne, und formulieren Sie Ihre Aussage ohne dieses Wort. Wenn Sie das oft genug tun, wird man Sie als leicht zugänglichen Engineer sehen und nicht als Phrasendrescher.

Architektonische Schulden

Architektonische Schulden sind eine Form technischer Schulden, bei denen frühere Entscheidungen über eine Softwarearchitektur die Erweiterung der Software, Dienste, Wartung oder sogar den Betrieb behindern.

Kein Engineer oder Team macht absichtlich architektonische oder technische Schulden. Trotzdem können Entscheidungen, die früher sinnvoll waren, im Laufe der Zeit problematisch werden. Hier ein paar Beispiele für architektonische Schulden:

Erstellung zusätzlicher Dienste, um schneller voranzukommen

Ein Team muss neue Funktionen erstellen, und der offensichtlichste Weg besteht in einer Erweiterung des Backend-Diensts. Für den Backend-Dienst ist ein anderes Team zuständig, das die vorgeschlagenen Änderungen jedoch zurückweist. Um schneller voranzukommen, wird ein neuer Dienst erstellt, der dem Engineering-Team ermöglicht, sein Feature schnell bereitzustellen.

Beim Start weiterer Dienste geht dieses Team nun genauso vor. In allen Fällen ermöglicht die Entscheidung eine schnellere Bereitstellung und vermeidet Verhandlungen mit anderen Engineering-Teams darüber, wie vorhandene Dienste erweitert oder integriert werden können.

Im Laufe der Zeit werden die Nachteile kleiner, eigenständiger Dienste offenbar. Die Änderung an einem Dienst bedeutet, den richtigen Dienst zu finden und herauszufinden, welche Konventionen er verwendet. Dienste können in verschiedenen Sprachen geschrieben sein, was einen Kontextwechsel erschweren würde. Ebenso schwierig ist es, dass jeder Dienst seine eigenen Abhängigkeiten besitzt, die unterschiedliche Versionen der gleichen Bibliotheken verwenden.

In diesem Fall schafft das Team ungewollt architektonische Schulden, indem die Wartbarkeit des Systems für ein höheres Tempo geopfert wird.

Nicht aufgeteilte Monolithen

Der gegenteilige Ansatz kann allerdings ebenfalls zu architektonischen Schulden führen. Nehmen wir zum Beispiel ein Team, das eine monolithische Applikation für alle seine Produkte erstellt hat. Auf den ersten Blick erscheint das Festhalten an einem Monolithen sinnvoll, weil es den Mitarbeitenden ermöglicht, schneller voranzukommen und nur eine Codebasis auf ihren Servern bereitstellen zu müssen.

Je größer das Team wird, desto schwieriger wird die Arbeit am selben Monolithen aber. Wenn die Struktur des Monolithen nicht ausreichend fein strukturiert ist, müssen Engineers länger an denselben Dateien arbeiten, während sie sehr unterschiedliche Features erstellen. Das kann leicht zu Merge-Konflikten führen, die erst aufgelöst werden müssen. Kann der Monolith nur als eine Einheit veröffentlicht werden, steigt möglicherweise die Bereitstellungszeit sowie auch die Wahrscheinlichkeit von Konflikten zwischen einem Team, das seine Features noch nicht bereitstellen will, und einem anderen, das schneller vorankommen möchte.

Nicht funktionale Probleme

Viele architektonische Entscheidungen funktionieren bei der Erstellung von Systemen noch gut. Steigt die Systemlast, zum Beispiel weil weitere Anwendungsfälle hinzugefügt werden, können sich einige nicht funktionale Merkmale des Systems verschlechtern, zum Beispiel:

- Leistung: Die Latenz des Systems könnte zu hoch werden, die Optimierung von Ressourcen wie CPU- und Speicherplatznutzung könnte aus dem Ruder laufen, oder der Durchsatz des Systems könnte leiden.
- Skalierbarkeit: Mit steigender Systemlast kann sich dessen Leistung deutlich verschlechtern – bis zu dem Punkt, an dem auch Kunden es bemerken.
- Verlässlichkeit: Eine Häufung von Störungen oder eine Verschlechterung der Leistung kann anzeigen, dass das System Probleme hat.

Veraltete Sprachen oder Frameworks

Auch der Einsatz veralteter Sprachen und nicht mehr unterstützter Frameworks kann zu architektonischen Schulden führen. Es kann zu Problemen bei Sicherheit und Interoperabilität kommen. In manchen Fällen ist die Leistung dieser Komponenten deutlich schlechter als moderne Alternativen.

Der Austausch einer Sprache oder eines Frameworks ist keine Kleinigkeit. Daher sollten Sie überlegen, ob einige architektonische Entscheidungen als Teil der Neuerstellung ebenfalls noch einmal auf den Prüfstand müssen. Als der Anbieter der Onlinelernplattform Khan Academy beispielsweise von Python 2 zu Python 3 wechselte, wurde die Gelegenheit genutzt, um den Monolithen in kleinere Dienste zu unterteilen und von REST-API-Endpunkten zu GraphQL zu wechseln.

Bedenken Sie, dass die Nutzung älterer Sprachen und Frameworks nicht automatisch zu architektonischen Schulden führt. Ein unterschätzter Vorteil von unmodernen, aber stabilen Sprachen und Frameworks liegt darin, dass es weniger Überraschungen oder Blockaden gibt. Nutzen Sie dagegen Komponenten, die sich vielleicht noch in der Entwicklung befinden, besteht immer das Risiko, auf Probleme zu stoßen, die nur wenigen anderen Teams begegnen oder für die auf Sprach- oder Framework-Ebene noch keine Fehlerbehebungen bereitstehen. Dieses Risiko kann durch den Einsatz von stabilen anstelle von Entwicklungsversionen oder -releases verringert werden, die als »Alpha« oder »Beta« gekennzeichnet sind.

One-Way-Door- oder Two-Way-Door-Entscheidungen

In der Softwarearchitektur müssen viele Entscheidungen getroffen werden. Häufig muss man Kompromisse eingehen und verschiedene Vor- und Nachteile gegeneinander abwägen. Aber nicht alle Entscheidungen sind gleich. Oft werden sie als *One-Way-Door-* oder *Two-Way-Door*-Entscheidungen (sinngemäß etwa Einbahnstraßen und Zweirichtungsstraßen) betrachtet. Dieses Konzept stammt aus der *Day-1*-Kultur des Onlineriesen Amazon.

Two-Way-Door-Entscheidungen

Diese Entscheidungen lassen sich leicht und mit wenigen Auswirkungen wieder rückgängig machen. Ein paar Beispiele:

- **A/B-Testing eines Features.** Änderungen, die absichtlich umkehrbar sind, wie die Durchführung eines A/B-Tests, eines Experiments oder die Nutzung eines Feature-Flags.
- **Namensgebung.** Zum Beispiel die Benennung von Klassen und Variablen für die interne Nutzung. Dank der mächtigen Refaktorierungsfähigkeiten der meisten Programmierumgebungen sind Namensänderungen recht einfach durchzuführen, zumindest solange keine externen Komponenten von einem Namen abhängen.
- **Aufspaltung einer Klasse.** Die Refaktorierung einer Klasse in zwei neue oder das Zusammenführen von zwei Klassen in eine lässt sich ebenfalls recht einfach wieder umkehren.
- **Wahl eines CSS-Präprozessors.** Die Entscheidung eines CSS-Präprozessors (*Cascading Style Sheets*) wie SASS (*Syntactically Awesome Stylesheets*) oder LESS (*Leaner CSS*) ist, dank der Ähnlichkeiten zwischen den Präprozessoren, leicht umkehrbar. Noch leichter wird die Entscheidung, wenn nur ein kleiner Teil der Codebasis überhaupt einen CSS-Präprozessor verwendet.
- **Auswahl eines Test-Frameworks.** Bei der Wahl eines Frameworks für Unit- oder andere automatisierte Tests können Sie die Entscheidung später leicht rückgängig machen, indem Sie das neue Testing-Framework nur für neue Tests einsetzen, ohne bereits vorhandene Tests neu zu schreiben.
- **Wahl eines neuen Linters.** Diese Änderung ist eine einmalige Sache. Die Arbeit mag etwas komplexer sein, im Grunde hat sich aber nur das Werkzeug geändert und vielleicht ein Teil der Codeformatierung.

One-Way-Door-Entscheidungen

Im Unterschied zu den obigen Beispielen stehen Entscheidungen, die nur unter großen Schwierigkeiten rückgängig gemacht werden können. Sie sollten deshalb ausschließlich nach sehr genauen und ernsthaften Überlegungen geändert werden. Daher ist es äußerst sinnvoll, für solche Entscheidungen nach Möglichkeit Prototypen zu erstellen oder sie nur in Teilen der Codebasis vorzunehmen, um eine Rückkehr zur alten Version zu erleichtern.

In der Realität gibt es nur sehr wenige echte »Einbahnstraßen«, weil Software von Natur aus umkehrbar ist. Natürlich gibt es auch hierbei Ausnahmen. Möglicherweise wird die Software auf eine Weise bereitgestellt, die später nicht mehr oder nur unter großen Schwierigkeiten verändert werden kann. Hierbei ist die Software direkt an die Hardware gekoppelt, wie beispielsweise bei Embedded-Systemen oder ROM-Einheiten (*Read-only Memory*). Die meisten Softwareentscheidungen sind allerdings problemlos umkehrbar. Sollen beispielsweise 20 Microservices zu einem Monolithen zusammengefasst werden, kann auch diese Entscheidung später rückgängig gemacht werden, auch wenn das nur wenig Sinn ergäbe.

Eine Umkehr von One-Way-Door-Entscheidungen ist in der Regel zu kostspielig, wobei die Details von Ihrem Arbeitsumfeld abhängen. Dabei ist *mindestens genauso viel Arbeit* nötig, um eine Entscheidung umzukehren, wie für ihre Implementierung gebraucht wurde. Unten sehen Sie Entscheidungen, die aufgrund des Zeit- und des Arbeitsaufwands für ihre mögliche Umkehr als *One-Way-Doors* gelten könnten:

- **Wechsel von einem Monolithen zu Microservices und umgekehrt.** Ist die Wahl auf das Modell einer bestimmten monolithischen oder Microservices-Architektur gefallen, kann ein Wechsel zurück zum vorherigen Ansatz zu teuer sein.
- **Wahl der Programmiersprache.** Änderungen am vorhandenen Code können sehr kompliziert werden, weil schon vorhandener Code komplett neu geschrieben werden müsste. Zusätzlich müssten Engineers geschult und möglicherweise Experten für die Zielsprache angeheuert werden. Dabei lassen sich manche Sprachen leichter als andere einführen, wie zum Beispiel TypeScript in einer JavaScript-Webanwendung.
- **Wahl des Frameworks.** Manche Frameworks zur Applikationsentwicklung besitzen so große Eigenheiten, dass ihre Wahl als One-Way-Door gelten muss. Wählen Sie für das Frontend beispielsweise React, Vue oder Svelte, sind Sie an diese Umgebungen gebunden. Um eine Applikation zu einem anderen Framework zu migrieren, könnte ein kompletter Rewrite nötig sein.
- **Cloudbasierte oder hausinterne Infrastruktur.** Die Entscheidung über die Nutzung eigener Infrastruktur vor Ort oder die Wahl eines Cloud-Anbieters ist ebenfalls nur mit sehr hohen Kosten wieder umzukehren. Sie können Änderungen erleichtern, indem Sie Abstraktionen wie Container einsetzen. Dennoch bleibt die Migration der Infrastruktur ein intensives und oft riskantes Unterfangen.
- **Relationale oder NoSQL-Datenspeicherung.** Die Migration zwischen relationalen und NoSQL-Datenmodellen ist deutlich leichter rückgängig zu machen als die Migration zwischen NoSQL- und SQL-Modellen. Die Wahl eines dieser Modelle gilt oft als One-Way-Door.
- **Erzwungene Upgrades für eine nativ mobile oder eine Desktop-App.** Native Applikationen sind interessant, weil sie ältere Versionen des clientseitigen Codes ausführen können. Die Entscheidung über die Implementierung einer

Strategie »erzwungener« Updates, um die Ausführung bestimmter älterer Versionen zu unterbinden, ist schwierig, weil die Geschäftslogik auf dem Client läuft.

- **Änderungen, die zu einem kompletten Rewrite führen.** Wenn Sie Ihre gesamte Arbeit rückgängig machen und alles neu schreiben müssen, ist das in der Regel eine One-Way-Door-Entscheidung.

Two-Way-Doors, die zu One-Way-Doors werden

Einige Entscheidungen, die als *Two-Way-Doors* gesehen werden könnten, entwickeln sich durch Kundenerwartungen im Laufe der Zeit zu *One-Way-Doors*. Hier ein paar Beispiele:

- **Wahl des Protokolls.** Die Entscheidung darüber, welches Protokoll ein Dienst verwendet, ist nur sehr schwer umkehrbar. So ist eine Migration von REST, GraphQL, Protobufs, Thrift oder ähnlichen Protokollen sehr kostspielig. Sämtliche Kunden müssten auf das neue Protokoll umstellen, oder es müsste ein Adapter geschrieben werden, der das »alte« Protokoll für die Rückwärtskompatibilität zur Verfügung stellt.
- **Versionierungsstrategie.** Wie werden die Versionsnummern für eine API oder ein Produkt ermittelt? Sobald über das Vorgehen entschieden ist und die Kunden sich an diese Strategie gewöhnt haben, können Änderungen sehr schwer oder gar unmöglich sein, ohne das Vertrauen der Kunden zu untergraben.
- **Bereitstellung von Funktionalität als öffentliche, stabile API.** Nach der Bereitstellung einer API werden Kunden diese auch nutzen. Sobald die API für stabil erklärt ist, werden die Kunden keine einschneidenden Änderungen mehr erwarten. Geschieht das doch, muss sie als neuer API-Endpunkt oder als Endpunkt mit einer neuen Hauptversion eingeführt werden – sofern die Versionierung dies berücksichtigt.
- **Einführung eines neuen, kundenbezogenen Diensts.** Ähnlich wie APIs müssen von Kunden genutzte Dienste gewartet werden und rückwärtskompatibel sein. Aus diesem Grund sind die Ansprüche bei Amazon Web Services (AWS) sehr hoch, wenn ein neuer Dienst als »Allgemeine Verfügbarkeit« (*General Availability*) bezeichnet wird. Sobald AWS diesen Schritt geht, muss dieser Dienst auch unterhalten werden, selbst wenn er zu Verlusten führt. Dienste können nur über einen sehr langen Zeitraum, der sich über mehrere Jahre erstrecken kann, eingestellt werden. Aus diesem Grund gilt die Einführung eines neuen AWS-Diensts als One-Way-Door.

Entscheidungen im Mittelfeld

Einige Entscheidungen sind umkehrbar, auch wenn die Umsetzung recht kostspielig sein kann. Beispiele hierfür sind Datenmigrationen und die Einführung kleinerer Frameworks.

Ich rate Ihnen, sich vorher klarzumachen, ob eine Entscheidung eine *Two-Way-Door* ist, die man leicht rückgängig machen kann, oder eine *One-Way-Door*, deren Umkehrung sehr teuer ist. Bei Two-Way-Doors ergeben übermäßige Diskussionen oder ein Prototyping meist nur wenig Sinn. Bei One-Way-Doors sollten Sie Ihre Hausaufgaben machen: Erstellen Sie einen Prototyp oder eine Machbarkeitsstudie, um zu bestätigen, dass die Entscheidung funktionieren wird. Dann versuchen Sie, die erste Arbeitsphase so zu gestalten, dass sie möglichst einfach wieder rückgängig gemacht werden kann.

Die Entwicklung der Fähigkeit, One-Way-Door- und Two-Way-Door-Entscheidungen als solche zu erkennen, kann lange dauern. Im Zweifel machen Sie Ihre Recherchen und entscheiden Sie sich für den Ansatz, der am vernünftigsten erscheint. Ist die Arbeit abgeschlossen, überlegen Sie im Nachgang, welche Auswirkungen Ihre Entscheidung hatte.

Die Tragweite Ihrer Entscheidungen

Wie viele Teams und Kunden sind von Ihren Entscheidungen betroffen? Bei einigen Entscheidungen sind die Auswirkungen nur begrenzt, beispielsweise bei der Refaktorierung eines Systems oder beim Aufräumen des Codes, den nur Ihr Team nutzt. Die Tragweite dieser Entscheidung ist klein, was auch für Änderungen an Systemen gilt, von denen keine anderen Teams oder Kunden abhängen.

Bei anderen Entscheidungen sind die Auswirkungen weitreichender. Wird beispielsweise ein API-Endpunkt stillgelegt, den 20 Teams im Unternehmen nutzen, dann betreffen die Auswirkungen nicht nur diese Teams, sondern auch deren Kunden. Handelt es sich um einen öffentlichen Endpunkt, den 100.000 Kunden nutzen, ist die Tragweite ziemlich groß.

Eine Entscheidung mit einer großen Reichweite der Auswirkungen ist aus verschiedenen Gründen deutlich schwerer umzusetzen:

- Widerstand von Teams, die durch diese Änderung einen größeren Arbeitsaufwand hätten. Müssen etwa alle 20 Teams ihren Code anpassen und testen, damit alles wie erwartet funktioniert, können Sie davon ausgehen, dass etliche davon den vorgeschlagenen Zeitplan Ihres Teams nicht akzeptieren wollen.
- Auswirkungen auf Kunden. Hat die Stilllegung einer API zur Folge, dass Funktionen für die Kunden nicht mehr nutzbar sind, könnte die Einführung dieser Änderung zu einer Abwanderung führen.

Soll eine architektonische One-Way-Door-Entscheidung rückgängig gemacht werden, ist die Tragweite meistens sehr groß.

Finden Sie heraus, wie Sie die Tragweite verringern können. Es gibt mit Sicherheit mehrere Möglichkeiten, die Auswirkungen einer Entscheidung zu verringern. So könnten Sie einen API-Endpunkt nach außen hin weiterlaufen lassen, während er nur intern stillgelegt wird. An seiner Stelle wird ein Adapter eingerichtet, der unter Verwendung des neuen Endpunkts als »Übersetzer« dient. Zudem können die Kunden motiviert werden, zum neuen API-Endpunkt zu wechseln, was die Reichweite der Auswirkungen ebenfalls senkt.

Je nach Kontext und möglichen Beschränkungen kann eine Entscheidung mit kleinem Wirkungskreis auch falsch sein. Daher sollten Sie sich eine Liste aller Optionen anlegen und ihre Vor- und Nachteile sorgfältig abwägen. Oftmals finden Sie eine Entscheidung mit geringeren Auswirkungen, indem Sie einfach mal »um die Ecke denken«.

Gute architektonische Entscheidungen verringern auch die Tragweite zukünftiger Entscheidungen. Ich wünschte, es gäbe ein Rezept zur Vermeidung von schwierigen Situationen, in denen große Auswirkungen unvermeidlich sind, denn sie sind weder bei Teams noch bei Kunden besonders beliebt. Eine Möglichkeit haben Sie immerhin: Sie leben, lernen dazu und versuchen, nächstes Mal nachhaltigere Software zu entwickeln.

Skalierbare Architektur

Oft wird von Staff+-Engineers erwartet, dass sie skalierbare Architekturen entwerfen. Diese Erwartung wird bei Big-Tech-Unternehmen normalerweise schriftlich festgehalten. Aber was heißt das? Skalierbarkeit bedeutet, ein System zu erstellen, das auf wachsende Belastungen und zukünftiges Wachstum vorbereitet ist. Der Begriff »Skalierbarkeit« ist möglicherweise missverständlich, kann aber in zwei Hauptbereiche unterteilt werden:

- Wachstum neuer geschäftlicher Anwendungsfälle
- Ansteigen von Datenmenge, Nutzung und Traffic

Skalierung, um ein Wachstum neuer geschäftlicher Anwendungsfälle zu ermöglichen

Angenommen, Sie arbeiteten an einer Mitfahr-App im Team, das für die Zahlungen zuständig ist. Sie sollen eine Möglichkeit implementieren, durch die Kunden per Kreditkarte bezahlen können. Sie programmieren diese Zahlungsoption, und die Geschäftsleitung ist glücklich damit, wie sie funktioniert. Im Laufe der Zeit wächst die App, und die Geschäftsleitung fordert weitere Fähigkeiten:

1. Zahlungsmöglichkeit per PayPal
2. Zahlungsmöglichkeit mit Bargeld
3. Zahlungsmöglichkeit per Apple Pay
4. Zahlungsmöglichkeit per PayTM (eine digitale Geldbörse in Indien)

Sie könnten dic Unterstützung für die verschiedenen Zahlungsarten jeweils von Grund auf neu implementieren, das wäre aber kein wirklich skalierbarer Ansatz. Deutlich skalierbarer ist es, auch zukünftige Anforderungen zu bedenken und eine Lösung zu erstellen, die ein späteres Hinzufügen weiterer Zahlungsarten erleichtert.

Ein skalierbarer Ansatz beginnt mit der Erkenntnis, dass die Geschäftsleitung später weitere Zahlungsarten nutzen möchte. Sie stellen fest, dass es etwa einen Monat dauert, eine neue Zahlungsmethode zu erstellen, wobei Code für Backend, Web und die mobile Nutzung geschrieben werden muss. Also bauen Sie ein passendes Framework, dessen Erstellung möglicherweise mehrere Monate braucht. Im Ergebnis wird aber die Zeit, neue Zahlungsmethoden hinzuzufügen, auf wenige Tage reduziert. Herzlichen Glückwunsch, Sie haben eine skalierbare Architektur eingeführt.

Um Entwürfe für skalierbare geschäftliche Anwendungsfälle zu erstellen, müssen Sie zwei Dinge verstehen:

1. Wie das Geschäft funktioniert. Im Fall der Zahlungsmethoden müssen Sie verstehen, wie Zahlungen funktionieren. Hierzu könnten Sie beispielsweise die weltweit 20 beliebtesten Zahlungsmethoden untersuchen und ihre Funktionsweise gemeinsam mit einem Experten für Zahlungen analysieren.
2. Die Roadmap des Unternehmens. Lohnt es sich, in eine skalierbare App zu investieren, die um neue Zahlungsmethoden erweitert werden kann? Wenn die Geschäftsleitung in den nächsten zwei Jahren nur die Möglichkeit braucht, ApplePay zu nutzen, ist die Antwort »Nein«. Sollen dagegen in den nächsten zwölf Monaten zehn neue Zahlungsmethoden eingeführt werden, sollten Sie darauf vorbereitet sein. Um ein System skalierbarer für geschäftliche Anwendungsfälle zu machen, müssen Sie die Pläne des Unternehmens kennen.

Skalierung, um ein Ansteigen von Datenmenge, Nutzung und Traffic zu ermöglichen

Wie wird ein System für das Videostreaming funktionieren, wenn es 100-mal mehr Videos speichert als aktuell? Wie wird es damit umgehen, wenn es 100-mal mehr tägliche Nutzerinnen und Nutzer hat? Dies sind typische Herausforderungen, die beim Thema Skalierbarkeit auftreten können. Das Vorgehen für Backend- und Websysteme sowie für Mobile- oder Desktop-Anwendungen verläuft leicht unterschiedlich. Dabei dreht sich ein Großteil der Gespräche über Skalierbarkeit um den Backend-Bereich, beispielsweise:

- horizontale oder vertikale Skalierbarkeit
- Sharding
- Caching
- Messaging-Strategien
- Datenbankreplikation
- Content Delivery Networks (CDN)

Wir werden hier nicht weiter auf die Themen skalierbarer Architekturen eingehen, aber es gibt Bücher, die das tun:

- »Datenintensive Anwendungen designen« von Martin Kleppmann (O'Reilly)
- »Foundations of Scalable Systems« von Ian Gorton

Architektonische Entscheidungen und geschäftliche Prioritäten

Je mehr Erfahrung Software-Engineers sammeln, desto mehr wissen sie die Wichtigkeit architektonischer Entscheidungen zu schätzen. Es braucht Zeit, damit architektonische Entscheidungen Wirkung zeigen, inklusive Ihrer eigenen. Viele Engineers entwickeln eine Wertschätzung für gute Architektur dadurch, dass sie eigene schlechte Entscheidungen treffen oder von ihnen betroffen sind.

Es ist leicht, in die Falle einer »perfekten« Architektur zu tappen, durch die Systeme auf neue geschäftliche Anwendungsfälle und Traffic-Muster vorbereitet sind. Wenn man die aktuellen geschäftlichen Anforderungen nicht beachtet, besteht allerdings das Risiko einer »Überentwicklung« dieser Systeme.

Architektonische Entscheidungen auf geschäftliche Ziele und Wachstum ausrichten

Architektur sollte nicht im luftleeren Raum existieren. Eine gute Architektur hat immer eine Verbindung zum Geschäft. Wie sehen die geschäftlichen Ziele aus? Die zugrunde liegende Architektur sollte es möglich machen, diese Ziele zu erreichen, und wenn die aktuellen Systeme diesen Zielen im Weg stehen, ist es sinnvoll – und nötig! –, sie zu ändern.

Wie plant das Unternehmen das eigene Wachstum? Architektonische Entscheidungen sollten Systeme dabei unterstützen, sich im Einklang mit den Wachstumszielen des Unternehmens weiterzuentwickeln und zu skalieren. Wenn Sie jedoch Zeit und Mühe in die Entwicklung skalierbarer Systeme für unnötige Unternehmensbelange investieren, ist das eine ineffiziente Nutzung von Ressourcen.

Sehen wir uns hierzu ein konkretes Beispiel an: die Neuerstellung der Architektur eines Zahlungssystems für ein E-Commerce-Unternehmen mit dem Ziel einer besseren Skalierbarkeit. Was bedeutet »Skalierung« in diesem Kontext?

Steht das Unternehmen vor dem Problem, nicht schnell genug neue Zahlungsmethoden einführen zu können – etwa wenn es zwei Monate dauert, 20 neue Zahlungsmöglichkeiten hinzuzufügen, um konkurrenzfähig zu bleiben –, dann muss etwas passieren. In diesem Fall wäre die Investition in eine neue Architektur, mit der sich neue Zahlungsmethoden schneller integrieren lassen, ein vernünftiger Ansatz.

Sorgen Ausfälle im Zahlungssystem dagegen für eine Abwanderung der Nutzer, ist es vernünftiger, Änderungen vorzunehmen, die den Betrieb des Systems verlässlicher machen. Hierzu könnten Änderungen an der Architektur gehören, vermutlich aber auch Verbesserungen bei Überwachung, Warnmeldungen und dem Bereitschaftsdienst.

Gibt es wirklich einen geschäftlichen Grund für große architektonische Änderungen, obwohl das Unternehmen eigentlich keine zahlungsbezogenen Probleme hat? Vergessen Sie nicht, dass Änderungen mühsam und riskant sein können. Daher sollten Anpassungen klare Vorteile bringen, und es sollte ein triftiger geschäftlicher Grund vorliegen.

Selbstverständlich sind die Verbesserung der Produktivität und ein geringerer Arbeitsaufwand der Engineers gültige geschäftliche Gründe. Stellen Sie nur sicher, dass sie möglichst weit oben auf der Liste stehen!

Verbinden Sie Änderungen an der Architektur mit geschäftlichen Initiativen

Sie werden oft feststellen, dass eine Verbesserung der Systemarchitektur beim Abbau technischer Schulden und bei einer Steigerung der Produktivität der Engineers helfen kann. Dennoch gelten diese Verbesserungen nur selten als ausreichende geschäftliche Gründe, die die damit verbundene Arbeit auch rechtfertigen.

Vielleicht lassen sich einige Verbesserungen mit geschäftlichen Prioritäten verbinden oder mit Projekten, die Features und Produkte bereitstellen, die der Geschäftsleitung wichtig sind. Wenn Sie beispielsweise ein neues Feature erstellen, können Sie auch die Architektur, die mit diesem Feature verbunden ist, verbessern. Dadurch wird sie robuster, und ähnliche Erweiterungen können in Zukunft leichter und schneller durchgeführt werden.

Manchmal ist gut genug besser als perfekt

Code und Engineering-Prozesse können verändert oder entfernt werden, neuer Code und neue Prozesse können bei Bedarf eingeführt werden. Architektur kann bei Bedarf immer angepasst werden. Allerdings sind Änderungen an der Architektur teurer. Daher ist es sinnvoll, bei One-Way-Door-Entscheidungen entsprechend sorgfältig vorzugehen.

Letztlich ist es vernünftig, ein Gleichgewicht zwischen der Erstellung einer »perfekten« Architektur und der Wichtigkeit ausreichend guter Strukturen zu finden. Nur selten ist Architektur starr; sie kann auf Änderungen im Geschäft angepasst und verbessert werden.

Je deutlicher Sie erkennen, dass geschäftliches Wachstum und Veränderung mit der Weiterentwicklung der Architektur verbunden sind, desto gezielter setzen Sie das Software-Engineering für die Lösung geschäftlicher Probleme ein. Sie verwenden Software und Softwarearchitektur, um dieses Ziel zu erreichen.

Nahe genug an der praktischen Arbeit bleiben

Die größte Herausforderung für einen Engineer auf Staff-Ebene oder darüber liegt darin, dass viele Dinge sie von der Programmierung ablenken, wie Meetings, Recruiting und andere Prioritäten. Sie als Engineer werden den Drang verspüren, mehr Zeit für das »große Ganze« aufzuwenden, das Geschäft zu verstehen, mit weniger technisch orientierten Stakeholdern zu sprechen und mit verschiedenen Teams zusammenzuarbeiten.

Das Verständnis des Geschäfts und die Beteiligung an strategischen Diskussionen haben deutlich größere Auswirkungen als das Schreiben von Code. Das gilt allerdings nur, wenn Sie genug Expertise und praktische Erfahrung haben, um das Engineering in solchen Diskussionen angemessen zu vertreten.

Finden Sie ein Gleichgewicht zwischen der Nähe zur eigentlichen Arbeit und den Aufgaben eines Staff+-Engineers. Sie werden sicher nicht die meiste Zeit mit Programmieren verbringen; Sie sollten aber auch nicht versuchen, der Archetyp eines theoretischen Softwarearchitekten zu werden (mehr dazu im folgenden Abschnitt). Finden Sie Wege, sich an der praktischen Arbeit zu beteiligen und nahe am Code zu bleiben, während Sie gleichzeitig tiefer in das Verständnis des Geschäfts eintauchen.

Beteiligen Sie sich weiterhin an architektonischen Entscheidungen und unterstützen Sie andere Engineers, darin besser zu werden. Gute Architektur entwickelt sich beständig weiter, und zwar durch die Arbeit der Software-Engineers. Als Staff+-Engineer sollten Sie sich die Zeit nehmen, architektonische Konzepte und Verbesserungsvorschläge anderer Engineers zu begutachten und zu diskutieren, auch wenn Sie daneben noch viele andere wichtige Dinge zu erledigen haben.

Als starker Architekt sollten Sie bei architektonischen Entscheidungen nicht zum Flaschenhals für das Team werden. Unterstützen Sie andere Engineers stattdessen darin, zukunftsfähige Entscheidungen zu treffen, indem Sie ihnen Herausforderungen bieten und Fragen stellen, die ihnen die verschiedenen Vor- und Nachteile bewusst machen.

Eigenschaften eines Softwarearchitekten

Die Bezeichnungen »Staff+-Software-Engineer« und »Softwarearchitekt« werden oft synonym verwendet. Engineers auf Staff-Ebene oder darüber sind wohl die Engineers in einem Team, einer Gruppe oder einer Abteilung mit der größten Erfahrung. Daher ist es nur natürlich, dass sie besonders stark in die Architektur involviert sind und bei vielen Initiativen die Führungsrolle übernehmen.

Ich habe verschiedene Typen von Architektinnen und Architekten bzw. Staff+-Engineers beobachtet. Die Eigenschaften der verschiedenen Arten von Architekten können für einen erfahrenen Engineer hilfreich sein, über verschiedene Ansätze beim Software-Engineering nachzudenken. Im Folgenden finden Sie eine Zusammenfassung der verschiedenen Archetypen von Architekten.

Beachten Sie, dass sich die Beschreibung der Verhaltensweisen wie auch das Verhalten selbst ändern können. Ein Architekt könnte beispielsweise in einem Projekt stark praktisch beteiligt sein, in einem anderen weniger. Das Gleiche gilt für Persönlichkeiten. Ein »Architekt im Elfenbeinturm« kann im Laufe der Zeit zugänglicher werden.

Ich persönlich bevorzuge die eher praxisorientierten Eigenschaften, weil ich bereits mehrfach beobachtet habe, dass Engineers, die nahe am Code arbeiten, immer wieder bessere Entscheidungen treffen als Engineers, die sich von diesem Kernbereich des Engineerings entfernen. Trotzdem gibt es keinen einzelnen »guten« oder »schlechten« Weg, und auch theoretische Fähigkeiten können in vielen Situationen nützlich sein. Die mehr theoretisch orientierten Engineers verbringen ihre Zeit eher damit, das Geschäft und die Branche zu verstehen. Diese dringend benötigten Erkenntnisse können einen wichtigen Beitrag bei der Entscheidungsfindung leisten.

Eher theoretische Eigenschaften

1. Der Architekt im Elfenbeinturm

Ein Software-Engineer ohne Bezug zur Alltagsarbeit mit wenigen oder gar keinen Interaktionen mit den Software-Engineers, die seine architektonischen Ideen umsetzen. Diese Person ist normalerweise schwer erreichbar und macht keinen zugänglichen Eindruck. Entscheidungen dieser Person wirken wie »von oben befohlen«.

Nicht zugänglich zu sein, heißt, dass diese Person es oft gar nicht merkt, wenn Engineers ihre Überlegungen nicht verstehen oder berechtigte Einwände haben.

2. Der Übergenaue

Ein Engineer, der penibel auf die genauen Details dessen achtet, was andere sagen, und diese Dinge korrigiert. Eine solche Person hat die Tendenz, Engineers nicht ernst zu nehmen, die sich nicht makellos ausdrücken.

Beim Umgang mit einem übergenauen Kollegen haben viele Engineers das Problem, dass Diskussionen sich oft um kleinste Einzelheiten und nicht um das große Ganze drehen. Weniger erfahrene Engineers, die immer wieder getadelt werden für die falsche Verwendung von Fachbegriffen, werden Beiträge des übergenauen Kollegen wahrscheinlich vermeiden.

3. Der Theoriesüchtige

Dieser Engineer ist ein eifriger Leser von Büchern, Abhandlungen und Fallstudien; er schlägt Muster oder Vorgehensweisen vor, über die er kürzlich gelesen hat, und nutzt diese Ressourcen als Rechtfertigung.

Das Problem mit einem Theoriesüchtigen liegt darin, dass er sich zu sehr auf sein Buchwissen verlässt, ihm aber die praktische Erfahrung in seinem Fachgebiet fehlt. Wird er von einer eher praktisch orientierten Architektin herausgefordert, kann ein Theoriesüchtiger einem Team durch alternative Ansätze helfen. Ohne den nötigen Widerstand kann es allerdings passieren, dass ein Theoriesüchtiger unzweckmäßige Ansätze durchsetzt, was in der Zukunft zu Problemen und zur Abwanderung der Engineers führen kann.

4. Der Philosoph

Ein Engineer, der scheinbar sehr gute Beiträge zu jeder architektonischen Debatte leistet, indem er alternative Ansätze und Gegenpositionen einbringt. Wo ist das Problem? Diskussionen mit dieser Person wirken endlos und scheinen zu keiner Einigung zu führen. Dieser Engineer bevorzugt eine ermüdende Debatte, die zu Konflikten mit den eher praktisch orientierten Engineers führen kann, die nach einer ausreichend guten Entscheidung suchen und endlich mit dem Programmieren anfangen wollen.

5. Der überlegene Linguist

Dieser Engineer kennt seine Fachsprache und lässt keine Gelegenheit aus, in Gesprächen die perfekte Formulierung rauszulassen. In einer Gruppensituation, in der weniger erfahrene Engineers anwesend sind, könnte der überlegene Linguist Dinge sagen wie:

> »Sicher ist Idempotenz keine strikte Anforderung angesichts der Tatsache, dass das System nicht einmal eine schwache Konsistenz aufweist. Ich würde vorschlagen, die Perennität genauer zu analysieren, aber ich bin mir unsicher, ob wir für solch eine Diskussion das nötige Quorum erreichen.«

Ein überlegener Linguist könnte davon ausgehen, dass eine untrennbare Verbindung zwischen den Fähigkeiten eines Engineers und der Verwendung von Fachsprache besteht. Daher lehnt ein überlegener Linguist Beiträge von Menschen ab, die den Fachjargon nicht genauso beherrschen wie er selbst.

Zwischen dem Archetyp des überlegenen Linguisten und dem des Übergenauen gibt es einige Überschneidungen. Dabei ist der übergenaue Architekt weniger auf den Fachjargon fixiert als der überlegene Linguist. Der überlegene Linguist ist oft auch ein Architekt im Elfenbeinturm, weil er keinerlei Beiträge von Kollegen akzeptiert, die er als fachsprachlich minderwertig betrachtet – also so gut wie alle.

6. Der abtrünnige Ratgeber

Ein erfahrener Engineer, der in der Frühphase eines Projekts Ratschläge gibt, sich während der Implementierungsphase aber zurückzieht. Das Problem ist, dass solche Ratschläge eventuell mehr Schaden als Nutzen verursachen, denn die Annahmen, auf denen die Beiträge dieser Person basieren, können sich bei Arbeitsbeginn als fehlerhaft herausstellen. Dann steckt ein solches Team fest. Sollen sie sich an den ursprünglichen, aber offenbar weniger hilfreichen Rat halten? Sollen Sie den abtrünnigen Ratgeber um neue Impulse bitten, oder sollen sie die Dinge in die eigene Hand nehmen, weil der abtrünnige Ratgeber sich entschieden hat, nicht mitzuspielen?

Ein abtrünniger Ratgeber könnte sagen, er sei überlastet und habe nicht die Zeit, sich so stark an den Projekten zu beteiligen, wie er es gerne würde, weil er einfach zu viel um die Ohren hätte. Wenn Sie sich selbst als abtrünnigen Ratgeber erkennen, sollten Sie überlegen, an weniger Dingen gleichzeitig zu arbeiten, damit Sie die Arbeiten von Anfang bis Ende begleiten können.

Eher praktische Eigenschaften

7. Die Programmiermaschine

Ein erfahrener Software-Engineer, der den Großteil seiner Zeit in die Programmierung steckt. Diese Person erledigt seine Aufgaben meistens schnell und ist naturgemäß sehr zugänglich für andere Software-Engineers – schließlich arbeitet sie Seite an Seite mit ihnen.

Bei Meta gibt es einen besonderen Staff-Engineer-Archetyp namens *Coding Machine* (Programmiermaschine), für den Michael Novati[6] bekannt wurde. Er hat mir erzählt, wie dieser Archetyp entstand:

> Bei Facebook steht Fairness an erster Stelle. Ich war im Grunde der Beitragende mit dem »größten Volumen« im Unternehmen. Als sie mich allerdings mit den E7-Engineers in anderen Bereichen verglichen – was zugegebenermaßen nur eine kleine Zahl von etwa 100 Personen war –, hatten sie nicht den Eindruck, dass ich so großen Einfluss hätte oder ihnen ebenbürtig wäre.
>
> Ich arbeitete hart daran, dass meine Beiträge stärker wahrgenommen wurden. Ich habe in dieser Zeit außerdem über 300 Interviews geführt und nebenbei an anderen wichtigen Dingen gearbeitet. Soweit ich weiß, notierte sich mein Technical Director damals den Archetyp der »Coding Machine« und präsentierte ihn der Kalibrierungsgruppe, die für die Überprüfung aller E7-Engineers zuständig war. Das Komitee akzeptierte den Vorschlag und fügte ihn ihrer Liste der Archetypen hinzu.

Eine Programmiermaschine zu sein, ist keine Eigenschaft, die viele Menschen mit Softwarearchitekten verbinden. Ich halte es aber für wichtig, mit dem Mythos aufzuräumen, dass Architekten nicht praktisch programmieren können. Einige der größten Technologieunternehmen wie Meta erkennen die Existenz und die Wichtigkeit solcher Menschen.

8. Der Integrator

Ein erfahrener Engineer, der die meisten Systeme des Unternehmens kennt und weiß, wie sie funktionieren, was sie tun und wie sie einfach erweitert und verändert werden können. Diese Engineers sind praxisorientiert und können an den meisten Systemen schnell Anpassungen vornehmen und neue Funktionen oder ein System in ein anderes integrieren.

Ein Integrator ist eine äußerst nützliche Person an Orten mit vielen komplexen Systemen. Dank ihres Praxiswissens findet sie hilfreiche Workarounds und elegante Hacks, die große Rewrites vermeiden.

Dabei besteht die Gefahr, dass Integratoren sich zu sehr daran gewöhnen, Systeme immer wieder zu flicken, denn das können sie schließlich gut! Die Zusammenarbeit eines Integrators mit einem eher theoretischen Engineer könnte ein guter Weg sein, große Rewrites oder Neuentwürfe von Architekturen anzugehen, denn der Integrator wird sich gegen unnötige Rewrites eher sträuben. Sowohl Integratoren wie auch Programmiermaschinen sind in der Regel ausgezeichnet im Debugging und bei der Beseitigung von herausfordernden Fehlern und Störungen, denn beide haben ein tiefes Verständnis des Codes und der Systeme und besitzen ein großes Praxiswissen.

9. Der Zugängliche

Ein erfahrener Software-Engineer, der überraschend zugänglich und ansprechbar ist – oft, weil er in einem Team arbeitet, sich an Diskussionen mit Engineers und an Bereitschaftsdiensten beteiligt und an Chats teilnimmt, in denen die Engineers zu finden sind.

---

6 *https://www.linkedin.com/in/michaelnovati*

Ein solcher Engineer übernimmt häufig die Rolle eines Mentors für weniger erfahrene Kolleginnen und Kollegen in Form von Code-Reviews und Tandems, manchmal aber auch formaler, indem er sich regelmäßig mit seinen Mentees trifft, um ihre Arbeit und ihre Herausforderungen zu besprechen.

10. Der ausführliche Dokumentator

Ein Engineer, der Dokumente schreibt, die seinen Kollegen dabei helfen, Architektur, Grundkonzepte und Fachbegriffe zu verstehen. Dieser Engineer setzt sich für die Verwendung von RFCs, Designdokumenten, Architecture Decision Records (ADRs), Runbooks und anderen Dokumenten ein, um Wissen aufzuzeichnen und zu verbreiten.

Je nachdem, wie praxisorientiert die Dokumentation ist, kann diese Eigenschaft eine eher praktische oder theoretische Tendenz haben. Viele Elfenbeinturm-Architekten sind ebenfalls detailgenaue Dokumentatoren.

11. Der Trendjäger

Ein Engineer, der sich auf das neueste, tollste Framework oder die großartigste aktuelle Arbeitsweise stürzt, von der er gerade gehört hat. Dieser Ansatz funktioniert gut in weniger erfahrenen Teams, deren Mitglieder unbedingt auf der Höhe der Zeit sein wollen.

Nach und nach kann dieses fast blinde Folgen technologischer Trends allerdings auch zu neuen und unerwarteten Problemen führen, weil die Ansätze in der Praxis noch nicht ausreichend erprobt sind.

12. Der Altmodische

Das Gegenteil des Trendjägers ist ein erfahrener Engineer, der die gleichen Werkzeuge bevorzugt, mit denen er schon seit Jahrzehnten arbeitet, obwohl seine Teamkollegen sie für veraltet halten.

Ob Sie es glauben oder nicht – ein altmodischer Architekt kann früher einmal ein Trendjäger gewesen sein, der sich einmal zu viel die Finger dabei verbrannt hat, auf einen Zug aufzuspringen, der es letztlich nicht wert war.

Dabei sind altmodische Architekten nicht unbedingt unbeliebt. Sie können sich effektiv für einen hilfreichen Ansatz in einem erfahreneren Team einsetzen, das ihre Wertschätzung für gut erprobte Lösungen schätzt, was oft zu einer Softwareentwicklung mit wenigen oder keinen Überraschungen führt. Ihr Motto lautet: »Nutze langweilige Technologie.«

Trotzdem kann ein altmodischer Architekt für Spannungen innerhalb seines Team sorgen, das moderne Ansätze bevorzugt, und seine Anwesenheit könnte eine Einstellung von Engineers erschweren, die möglichst innovative Ansätze bevorzugen.

Ist diese Einteilung in Archetypen nützlich?

Vielleicht fallen Ihnen Kollegen oder Kolleginnen auf, die einem oder mehreren der oben genannten Archetypen entsprechen. Auch kann es hilfreich sein, herauszufinden, welchen Archetyp andere, basierend auf Ihrer aktuellen Arbeit, in Ihnen sehen.

Und genau darum geht es bei Archetypen, die als Werkzeuge zur Reflexion genutzt werden. Würde man Sie eher als theorie- oder als praxisorientiert beschreiben? Und noch wichtiger: Nimmt man Sie so wahr, wie Sie es gerne hätten?

Vergessen Sie nicht, dass diese Merkmale Verhaltensweisen beschreiben, die Sie ändern können und werden. Die meisten Engineers sehen sich als eine Mischung aus den oben genannten Archetypen, während sich die Mischung der Merkmale je nach Projekt und Teamdynamik ändern kann.

Die Kombination von Engineers mit verschiedenen Eigenschaften kann zu großartigen Ergebnissen führen. Um zu beweisen, dass es keine ausschließlich guten oder schlechten Merkmale gibt, erinnere ich mich an den besten Architekten, mit dem ich jemals zusammenarbeiten durfte. Es war nicht eine Person, sondern es waren zwei. Eine war ein hoch theoretischer Architekt, der andere hochgradig praktisch orientiert.

Beide forderten einander beständig heraus. Ihre einmalige Kombination führte zu praktischen und trotzdem eleganten Architekturen, die auf langfristige Wartbarkeit und Erweiterbarkeit ausgerichtet waren. Mit der Zeit entwickelten beide Respekt für den Ansatz des anderen, wodurch der theoretische Engineer praktischer wurde und der praktisch orientierte mehr und mehr den Wert von Forschungsarbeiten und Büchern zu schätzen lernte – und darüber hinaus, sich Zeit zu nehmen, um über andere Dinge als nur den Code nachzudenken.

Im Verlauf einer ausreichend langen Karriere werden Sie bemerken, dass auch Sie einer Reihe verschiedener Archetypen entsprechen. Das Erkennen von archetypischen Eigenschaften kann Ihnen bei der Überlegung helfen, ob bestimmte Personen für ein bestimmtes Projekt oder Team gut geeignet sind oder nicht.

Zusammenfassung

Die Bezeichnungen »Staff-Engineer«, »Principal-Engineer« und andere Titel für Staff+-Engineers können je nach Unternehmen sehr unterschiedliche Inhalte haben. In manchen Firmen steht der Titel des Principal-Engineers für etwas, das woanders als Senior-Engineer beschrieben wird. Gleichzeitig gibt es Unternehmen, in denen ein Staff-Engineer einen Einflussbereich von 50 bis 100 Engineers hat, was deutlich über dem üblichen Wert liegt. Anstatt sich also nur auf den Titel zu konzentrieren, sollten Sie herausfinden, welche Erwartungen Ihr aktueller Arbeitgeber an Sie hat und welche das Unternehmen, bei dem Sie vielleicht in Zukunft arbeiten möchten.

Staff+-Engineers sind oft die Ansprechpartner für EMs und PMs und arbeiten häufig mit mehreren Teams zusammen. Oft gilt es als unausgesprochene Erwartung, dass sie neue Probleme aufdecken, deren Lösung sich lohnt, und vorhandene Schwierigkeiten beheben.

Dabei kann es durch die ständigen Kontextwechsel immer schwieriger werden, die Zeiteinteilung im Gleichgewicht zu halten. Unten sehen Sie, wie viel Zeit ein Software-Engineer, ein Senior-Engineer und ein Staff-Engineer womit verbringt:

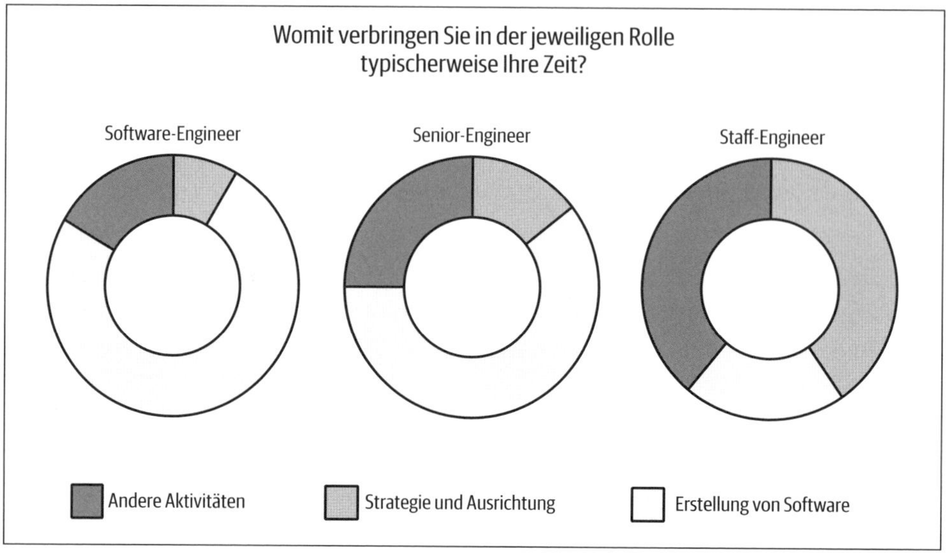

Abbildung 25-1: Wie sich der Zeitaufwand für verschiedene Tätigkeiten von Engineers verändert, je weiter sie in höhere Positionen aufsteigen. Staff-Engineers haben tendenziell weniger Zeit für Tätigkeiten, die direkt mit der Erstellung von Software zu tun haben.

Auf dieser Ebene wird davon ausgegangen, dass Sie das Geschäft verstehen und mit einer großen Zahl von Personen zusammenarbeiten, wie EMs, PMs, der Geschäftsleitung und anderen Engineers.

In einer solchen Position erwartet man von Ihnen, dass Sie mit gutem Beispiel vorangehen, indem Sie verlässliche und widerstandsfähige Softwaresysteme erstellen. Dabei setzen Sie auf branchenübliche Verfahren und führen neue Ansätze ein, die Ihrer Gruppe dabei helfen, bessere Leistungen zu erbringen.

Selbst wenn Sie noch nicht den Titel eines »Softwarearchitekten« innehaben, werden Sie diese Rolle mit Sicherheit irgendwann einnehmen. Vergessen Sie nicht, dass dies nicht nur die Gelegenheit für praxisorientierte, langfristige Entscheidungen bietet, sondern auch eine Möglichkeit ist, andere Teammitglieder einzubeziehen, sie als Mentor zu unterstützen und ihnen beizubringen, wie man im langfristigen Denken besser wird.

Das Beste an Staff+-Positionen ist der positive Einfluss, den Sie auf die von Ihnen erstellten Produkte, Ihre Gruppe und Ihre Engineer-Kollegen nehmen können. Lernen Sie weiter, erledigen Sie Ihre Aufgaben und vergessen Sie nicht, andere Engineers zu unterstützen und zu fördern. Und vor allem: Haben Sie Spaß dabei!

Die Fähigkeit zu schreiben, wird für Staff+-Engineers immer wichtiger. Diese Eigenschaft ist besonders bei der Arbeit in großen Unternehmen mit remote arbeitenden und verteilten Teams gefragt. Auch wenn wir uns in diesem Buch nicht detailliert mit diesem Thema beschäftigt haben, finden Sie weitere Informationen hierzu im Onlinebonuskapitel (in Englisch) zu Teil V:

Abbildung 25-2: Als Software-Engineer besser schreiben (pragmaticurl.com/bonus-5)

TEIL VI

Abschluss

KAPITEL 26

Lebenslanges Lernen

Worin unterscheiden sich die besten Software-Engineers vom Rest? Die wirklich guten Engineers hören nie auf, zu lernen, sich neue Sprachen und Technologien anzueignen und sich mit neuen, interessanten Vorgehensweisen zu beschäftigen.

Nehmen Sie beispielsweise Simon Willison, den Miterfinder des Django-Frameworks, früherer Director of Architecture bei Eventbrite und bei Veröffentlichung dieses Buchs als unabhängiger Software-Engineer tätig. Simon programmiert seit über 20 Jahren und ist ein sehr produktiver Engineer, der immer wieder neue Ansätze lernt. Ein paar Monate vor der allgemeinen Veröffentlichung von ChatGPT hat Simon seine Experimente[1] mit dem *Large Language Model* (LLM) dokumentiert und festgehalten, wie es ihm helfen kann, ein besserer Entwickler zu werden. Darüber hinaus wurde er in wenigen Monaten auch noch ein Experte für Prompt Injections in LLMs[2].

Für mich ist Simon ein großartiges Beispiel für einen Software-Engineer, der nie aufhört zu lernen. Er zeigt, dass es immer etwas Neues und Interessantes zu verstehen und zu entdecken gibt.

Lernen hilft Ihnen, unabhängig davon, wo in Ihrer beruflichen Laufbahn Sie sich gerade befinden – ob Sie gerade erst am Anfang stehen oder schon ein Veteran im Software-Engineering sind. Für das lebenslange Lernen gibt es einige Ansätze, die wir in diesem Kapitel vorstellen wollen:

1. Bleiben Sie neugierig.
2. Lernen Sie weiter.
3. Fordern Sie sich selbst immer wieder heraus.
4. Halten Sie Schritt mit der Branche.
5. Machen Sie auch mal Pause.

1 *https://simonwillison.net/series/using-chatgpt*

2 *https://simonwillison.net/series/prompt-injection*

Bleiben Sie neugierig

Egal wie viel Sie über Technologie und Software-Engineering wissen – es gibt immer noch etwas zu entdecken. Eine sichere Methode besteht darin, Fragen zu stellen.

Stellen Sie Fragen

Seien Sie sich immer darüber im Klaren, warum Sie an etwas arbeiten und wie die Dinge funktionieren. Stellen Sie so lange »Warum«- und »Wie«-Fragen, bis Sie Antworten bekommen haben, und haben Sie keine Angst, sich auch auf unbekanntes Terrain zu wagen, um sie zu finden.

Hier ein paar Fragen, die Sie als Teil Ihrer Arbeit stellen können – und sollten!

»Warum machen wir dieses Projekt? Wer hat etwas davon?« Als Software-Engineer geht es nicht darum, Tickets abzuarbeiten und Code zu schreiben, sondern darum, einen Mehrwert für Ihr Team und das Unternehmen zu schaffen. Sie müssen also zuerst verstehen, warum Ihre Arbeit wichtig ist, wer davon profitiert und auf welche Weise dies geschieht.

Wenn Sie beispielsweise mit der Arbeit an einem Ticket beginnen, das besagt: »Innenabstand des Submit-Buttons 4 Pixel breiter machen«, sollten Sie nach dem Grund fragen. Es könnte sein, dass die App Probleme mit der Barrierefreiheit hat und ältere Nutzende sie nicht gut handhaben können. In diesem Fall könnte die Erhöhung des Innenabstands eine mögliche Lösung sein, aber ist sie auch die praktikabelste? Tritt das Problem nur bei diesem Submit-Button auf oder bei allen Buttons? Könnten Sie eine ganze Kategorie von Problemen mit der Barrierefreiheit in der gesamten App lösen, wenn Sie schlauer vorgehen?

»Warum funktioniert das plötzlich? Was hat sich verändert?« Wenn Sie versuchen, einen Bug zu beheben, kann es passieren, dass sich ein Problem unerwartet »von selbst« löst. Gute Nachrichten, oder? Sie können weiterarbeiten und das Problem als »funktioniert für mich« (*works for me*), »nicht nachvollziehbar« (*cannot reproduce*) oder »vermutlich schon behoben« (*probably already fixed*) abschließen.

Sind Sie es gewohnt, Dinge zu hinterfragen, werden Sie diese Sache nicht auf sich beruhen lassen. Schließlich verstehen Sie nicht, was tatsächlich passiert ist. Vielleicht besteht das Problem aber weiter und hat nur Auswirkungen bei bestimmten Usern, Konfigurationen oder in bestimmten Regionen. Hat vielleicht eine andere, vollkommen unabhängige Codeänderung das Problem behoben? Handelt es sich möglicherweise um ein unbestimmbares Problem?

Setzen Sie Ihren Sherlock-Holmes-Hut auf und untersuchen Sie, was wirklich passiert ist. Einen Bug, der sich selbst behebt, gibt es nicht. Es gibt immer einen Grund, warum etwas passiert. Wenn Sie Fragen stellen und den Dingen auf den Grund gehen, werden Sie herausfinden, was wirklich passiert ist. Das macht Sie zu einem besseren Software-Engineer, und Sie lernen etwas Wertvolles über das Aufspüren dieser Probleme, über die Funktionsweise von Computern und über Grenzfälle, die Ihnen vorher nicht aufgefallen sind.

»Welche Alternativen könnten wir einsetzen?« Als ich zu Beginn meiner Karriere in einer Softwareberatungsfirma arbeitete, wurde ich für ein Projekt eingesetzt, das im Auftrag eines Kunden eine recht einfache Geschäftsapplikation mit CRUD-Fähigkeiten (*Create, Update, Delete* – erstellen, aktualisieren, löschen) für einen Kunden erstellen sollte, um Geschäftsdaten zu verwalten. Ein Senior-Engineer, der das Projekt leitete, sagte, ich solle das firmeneigene Werkzeug für das objektrelationale Mapping (ORM) verwenden, um die Daten dieser Applikation zu speichern und auszulesen.

Ich war mir nicht sicher, warum ich das tun sollte, fragte aber nicht nach. Ich ging davon aus, dass der Senior-Engineer das besser wüsste. Also erstellte ich die Applikation mit diesem Wrapper. Als es an der Zeit war, das Projekt zu übergeben, bemerkte ich etwas Beunruhigendes: Sobald die Applikation mehr als 50 Einträge hatte, wurde sie sehr langsam. Das Einfügen oder Aktualisieren eines Datensatzes dauerte erst fünf Sekunden, dann zehn und dann noch länger. Das Problem war, dass das hauseigene ORM-Werkzeug im Umgang mit selbst kleinen Datensätzen einfach grottenschlecht war.

Ich fragte den Senior-Engineer, welche Alternativen wir nutzen könnten und welche Implikationen das hätte. Als wir die Möglichkeiten diskutierten, wurde klar, dass es vernünftiger wäre, das hauseigene ORM-Werkzeug wegzuwerfen und ein anderes, ausgereiftes ORM-Werkzeug ohne bekannte Leistungsprobleme zu verwenden. Am Ende schrieb ich die Applikation neu und benutzte ein beliebtes Open-Source-ORM-Werkzeug für die Datenschicht.

Ich hätte so viel Zeit sparen können, wenn ich den ursprünglichen Ansatz hinterfragt und die Alternativen abgewogen hätte.

Weitere Fragen, die zu stellen sich lohnt:

- **»Wie funktioniert diese Lösung genau?«** Bohren Sie tief nach und hören Sie erst auf, wenn Sie die Details genau verstehen.
- **»Was macht diese Komponente unter der Motorhaube?«** Im modernen Software-Engineering ist es ziemlich normal, dass die Schwerarbeit bei der Erstellung einer Applikation von einer Bibliothek oder einem Framework übernommen wird. Wenn Sie aber nicht verstehen, wie diese Dinge im Innern funktionieren, tun Sie sich selbst keinen Gefallen und lassen eine Gelegenheit, etwas zu lernen, ungenutzt verstreichen.
- **»Was würde es bedeuten, wenn wir unsere eigene Lösung von Grund auf neu entwickelten?«** Bei der Erstellung eines Projekts haben Sie die Wahl, vorhandene Komponenten und Anbieter zu nutzen oder Ihre eigene Lösung zu entwickeln. Ich glaube, es lohnt sich, zu fragen, was die Erstellung einer eigenen Lösung bedeuten würde – nicht, weil Sie das unbedingt wollen, sondern weil hierdurch klar werden könnte, was die Komponenten oder Anbieter leisten müssen.

Bleiben Sie neugierig und bescheiden

Menschen, die ich als lebenslang Lernende kenne, sind in der Regel auch bescheiden und zugänglich, selbst wenn sie eine Senior-Position innehaben. Sie sind hungrig danach, zu lernen, und flexibel genug, ihre Meinung zu ändern, wenn sie neue Fakten und Informationen finden.

Ein Beispiel hierfür ist Kent Beck, Erfinder des »Extreme Programming« und ein großer Befürworter des *Test-Driven Development* (TDD). Er begann 2011 im Alter von 50 Jahren bei Facebook und dachte, er hätte in der Tech-Branche schon alles gesehen. Hier sein Eindruck vom Unternehmens, nachdem er das Bootcamp abgeschlossen hatte (aus einem Interview[3] mit Software Engineering Daily):

> Ich komme an diesen wirklich verrückten Ort. Es sieht aus wie eine Zirkusnummer, und trotzdem funktionieren die Dinge richtig gut. So stand das nicht in meinen Büchern (...)
>
> In meinem Hinterkopf erscheint mir die Sache immer noch so unmöglich wie die Tatsache, dass Hummeln fliegen können. Theoretisch müsste dieser Prozess eine Katastrophe sein. In der Praxis funktioniert es aber extrem gut, zwei Dinge gleichzeitig zu tun: Skalieren und Erforschen.

Nach seinem Eintritt in das Unternehmen hielt Kent eine Fortbildung zum Test-Driven Development als Teil eines Hackathons. Seine Kolleginnen und Kollegen nutzen kein TDD, also erwartete er, dass sie auftauchten, um etwas darüber zu lernen. Niemand besuchte seine Schulung. Gleichzeitig war die Fortbildung zu argentinischem Tango überbucht – mit einer Warteliste.

Kent war in der Branche bekannt und respektiert, und TDD war eine weithin akzeptierte Best Practice für Software. Trotzdem wurde sie bei Facebook nicht eingesetzt. Eine andere Art von Software-Engineer hätte vermutlich versucht, den Einsatz von TDD zu erzwingen, oder hätte das Unternehmen wieder verlassen. Kent Beck tat nichts davon. Er wählte den bescheidenen und neugierigen Weg und machte sich daran, zu verstehen, wie Facebook es schaffte, eine der größten Websites der Welt ohne TDD zu betreiben.

Dieser Ansatz lehrte ihn, Facebooks Ansatz zu schätzen, ein schnelles Vorankommen zu priorisieren und sich auf fortschrittliches Experimentieren und Rollback-Systeme zu verlassen und dass, wie im Fall von Facebook, ein schnelles Vorankommen ohne Tests möglich war. Kent hatte im Folgenden eine erfüllende Karriere bei Facebook. Er wurde an seinem Arbeitsplatz respektiert und förderte Hunderte von Engineers als Mentor. Nichts davon wäre passiert, wäre er nicht bescheiden und neugierig gewesen.

Lernen Sie weiter

Tandems und »Shadowing«

Die Zusammenarbeit mit einem anderen Engineer, um ein Problem zu lösen oder eine Lösung zu entwerfen, ist eine hervorragende Gelegenheit, Schwierigkeiten zu überwinden und von einem Kollegen zu lernen.

---

3 *https://softwareengineeringdaily.com/2019/08/28/facebook-engineering-process-with-kent-beck*

Die paarweise Programmierung in *Tandems* ist eine Praktik, die nur eine kleine Zahl von Software-Engineers tatsächlich nutzen, die ihre Effizienz erkannt haben. Aber nur wenige Engineers verwenden sie; manche haben sie nicht einmal ausprobiert.

Wenn Sie in einem Problem feststecken, könnten Sie einen Teamkollegen bitten, sich mit Ihnen zusammenzutun, um es gemeinsam zu lösen. Um mehr geht es bei der paarweisen Programmierung gar nicht!

Sobald Sie etwas Erfahrung gesammelt haben, bieten Sie am besten bereits im Vorfeld Engineers an, im Tandem zu arbeiten, wenn Sie bemerken, dass sie festsitzen.

Beim *Shadowing* (»über die Schulter schauen«, »Mäuschen spielen«) haben Sie die Möglichkeit, eine Aktivität, ein Meeting oder ein Event mitzuerleben, von dem Sie ansonsten ausgeschlossen wären. Sicher gibt es auch an Ihrem Arbeitsplatz eine Reihe von Meetings, zu denen Sie nicht eingeladen werden. Trotzdem sind Sie neugierig, weil Sie glauben, von der Teilnahme etwas zu lernen. Am einfachsten ist es, eine Person, die eingeladen ist, zu fragen, ob Sie ihr »Schatten« sein und unauffällig mithören dürften. Dabei sollten Sie allerdings nicht vergessen, dass es beim Shadowing darum geht, zu beobachten, nicht darum, sich zu beteiligen.

Situationen, in denen ein Shadowing gut funktioniert:

- Ein Bewerbungsgespräch, wenn Sie wenig Erfahrung im Führen dieser Gespräche haben. Bitten Sie darum, bei einem solchen Interview dabei zu sein, um zu lernen, wie ein derartiges Gespräch geführt wird.
- Ein Meeting, bei dem Software-Engineers nicht direkt beteiligt sind, wie ein Strategiemeeting für Produktmanager oder die Nachbereitung einer Störung für Directors, an der eine Teamkollegin von Ihnen teilnimmt.
- Eine regelmäßige Veranstaltung eines anderen Teams. Sie könnten als Tech-Lead beispielsweise am wöchentlichen Update-Meeting eines anderen Teams teilnehmen, um zu beobachten, wie es durchgeführt wird und wie die Dynamik ist.

Wenn Sie von einer interessanten Besprechung oder einer Veranstaltung hören, zu der Sie nicht eingeladen sind, aber von der Sie glauben, dass Sie dort etwas lernen können, fragen Sie den Organisator, ob Sie Mäuschen spielen dürfen. Das Schlimmste, was Ihnen passieren kann, ist ein Nein.

Mentoring

Ein Mentor, von dem man lernen kann, und Mentor für andere zu sein, sind großartige Wege, weiterzulernen und zu wachsen. Das Mentoring ist eine gegenseitige Beziehung, bei der Mentoren von ihren Mentees lernen, während diese von der Erfahrung des Mentors profitieren.

Details über das Mentoring finden Sie in Kapitel 12 (Teil III), »Zusammenarbeit und Teamwork«.

Eigenständiges Lernen

Das eigenständige Lernen ist in der Technologiebranche eine wesentliche Fähigkeit. Sie ermöglicht Ihnen, autonomer zu sein und Blockaden aufgrund von Wissenslücken selbstständig zu beseitigen!

Im Software-Engineering gibt es keinen Mangel an Onlineressourcen zum Lernen von Sprachen, Frameworks und Arbeitsansätzen, zum Beispiel:

- **Referenzdokumentation** für Sprachen, Frameworks und Bibliotheken. Diese Ressourcen sind normalerweise ziemlich »trocken«, dafür aber auf dem neuesten Stand.
- **Lernressourcen** wie Artikel, Bücher, Videos und Kurse, von denen es eine ständig wachsende Zahl gibt, kostenlos und kostenpflichtig. Je mehr es sich um ein Nischenthema handelt, desto eher sind bezahlte Ressourcen am hilfreichsten, weil sie sich durch ihren Bildungswert selbst bezahlt machen. Vielleicht hat Ihr Arbeitgeber auch ein Budget für Weiter- und Fortbildung, sodass Sie nicht Ihr eigenes Geld ausgeben müssen.
- **Foren und Frage-Antwort-Seiten**, auf denen Sie um Unterstützung und Hilfe bitten können, wie beispielsweise StackOverflow, Reddit, Discord-Server und andere Programmierer-Communities.
- **KI-Werkzeuge.** Large Language Models (LLMs) können ebenfalls als hilfreiche Werkzeuge dienen, die Hinweise zum Verständnis geben und Programmierkontexte erklären können. Aber vergessen Sie nicht: Diese Werkzeuge halluzinieren manchmal. Daher sollten Sie ihnen nicht blind vertrauen!
- **Lernen durch Ausprobieren.** Den effizientesten Weg habe ich bis zum Schluss aufgehoben: Bauen Sie etwas mit der Technologie oder dem Ansatz, den Sie lernen möchten! Wenn Sie eine neue Sprache lernen wollen, wie Go, programmieren Sie einen Dienst oder schreiben einen bereits in einer anderen Sprache existierenden neu. Nichts ist besser als die Erfahrung, selbst Code zu schreiben und Probleme zu debuggen. Die anderen Ressourcen dieser Liste können Ihnen dabei helfen.

Je mehr Erfahrung Sie in einem Bereich sammeln, desto mehr verändert sich Ihr Lernprozess:

- **Für den Anfänger** in einem Bereich wie etwa der Programmiersprache TypeScript ist eine Anleitung sehr hilfreich. Diese kann aus einschlägigen Quellen oder auch von einem erfahrenen Engineer stammen, der als Ratgeber dient.
- **Für den Fortgeschrittenen** ist es nützlicher, ein Gebiet selbst zu erkunden und Ressourcen für Experten zu nutzen. Wenn Sie Erfahrung mit TypeScript haben, können Sie dessen fortgeschrittenere Merkmale ausprobieren, wie Union-Types, das Schlüsselwort `typeof` und Hilfstypen wie `Required` und `Partial`. Hierbei kann es helfen, spezielle Ressourcen zu lesen, die detaillierter erklären, wie fortgeschrittene Sprachmerkmale funktionieren und hinter den Kulissen implementiert sind.

- **Wenn Sie Experte** in einem Bereich sind, können Sie auch dadurch weiterkommen, dass Sie anderen Ihr Wissen weitergeben und Ihre Grenzen erweitern. Nehmen wir TypeScript als Beispiel, können Sie Ihr eigenes Verständnis der Materie vertiefen, indem Sie anderen Engineers die Funktionsweise der Sprache erklären und schriftliche oder Bild- bzw. Tonressourcen erstellen. Die Beteiligung an fortgeschrittenen Projekten wie dem Schreiben eines Compilers in TypeScript ist eine Herausforderung, die Ihr Verständnis sowohl der Sprache selbst als auch der Funktionsweise von Compilern vertiefen kann. Die Beteiligung an häufig genutzten Projekten in der jeweiligen Sprache ist eine weitere Möglichkeit.

Teilen Sie Ihr Wissen

Ein großartiger Weg, etwas zu lernen, besteht darin, es zu unterrichten, weil Sie hierfür:

- verstehen müssen, wie es funktioniert,
- es in leicht verständliche Einheiten aufteilen müssen und
- Fragen beantworten müssen, zu denen auch die Fragen gehören, die Ihnen nicht selbst eingefallen sind.

Aus eigener Erfahrung weiß ich, dass sich mein Verständnis von Konzepten, Frameworks oder Systemen vertieft, wenn ich sie erkläre. Dabei und dadurch habe ich immer wieder Lücken in meinem eigenen Wissen entdeckt, was hieß, dass ich sie besser verstehen musste. Natürlich liegt der größte Nutzen des Unterrichtens darin, andere Menschen weiterzubringen. Es ist ein Bonus, dass diese Tätigkeit auch Sie selbst zu einem besseren Experten auf diesem Gebiet macht.

Hier ein nützlicher Life-Hack: Wenn Sie sich wirklich dazu zwingen wollen, etwas richtig gut zu lernen, halten Sie einen Vortrag oder eine Präsentation zu dem Thema. Das gelang mir beispielsweise bei Uber, als ich verstehen wollte, wie deren Dutzende Systeme zusammenarbeiteten, für die ungefähr zehn Teams zuständig waren. Also meldete ich mich freiwillig, als es darum ging, eine Präsentation für Neueinsteiger zu halten, in der ich erklärte, was die einzelnen Systeme tun und wie sie zusammenarbeiten. Hierfür musste ich die Einzelteile zusammensuchen und ein tiefes Verständnis jedes einzelnen Teils des Systems entwickeln.

Sammeln Sie Wissen an

Simon Willison hat eine interessante Beobachtung über das Ansammeln von Wissen gemacht. Er sagte mir:

> Ich glaube, ein Großteil des Erfolgs in der Tech-Branche besteht darin, ständig neue Dinge anzusammeln, von denen man weiß, wie sie funktionieren, und dann nach Gelegenheiten zu suchen, sie zu kombinieren und zu benutzen.

Aus diesem Grund ist es nützlich, in Bereiche einzutauchen, die keinen Bezug zu Ihrem »Hauptfachbereich« haben. Wenn Sie beispielsweise ein Frontend-Engineer sind, beschäftigen Sie sich mit einer anderen Plattform wie Backend oder Embedded. Spielen Sie mit neuen Technologien, wie Large Language Models (LLMs) oder Machine Learning. Lernen Sie etwas über einen anderen Bereich und »horten« Sie dieses Wissen. Vielleicht kommt es Ihnen nicht sofort zugute, aber später könnte es vielleicht nützlich sein.

Ihre Lernweise kann sich im Laufe der Zeit ändern

Je nachdem, ob Sie ein Neueinsteiger in der Branche oder ein Experte in bestimmten Bereichen sind, können sich die Lernansätze unterscheiden, die gut für Sie funktionieren. Dabei gibt es nicht den einen »richtigen« Weg. Einige Dinge konnte ich allerdings beobachten:

- Lernen unter Anleitung – jemand tut sich mit Ihnen zusammen oder Sie folgen Tutorials – ist meistens effizienter, wenn Sie in einem Bereich neu anfangen.
- Wenn Sie an einem bestimmten Bereich großes Interesse haben, kann auch eigenständiges Lernen gut funktionieren.
- Ein Problem lösen zu müssen, kann eine starke Motivation bedeuten, die Sie dazu drängt, die effizientesten Wege zu nutzen, um herauszufinden, wie eine bestimmte Technologie funktioniert (oder auch nicht!).

Im Laufe der Zeit habe ich jeweils unterschiedliche Medien zum Lernen bevorzugt. Um eine neue Sprache oder Technologie zu lernen, kam ich von Büchern zu Videoanleitungen, dann zur Referenzdokumentation und wieder zurück zu Büchern und bin jetzt bei der Nutzung von KI-Werkzeugen. Ich vermute, meine Vorlieben werden sich im Laufe der Zeit weiter verändern.

Und dabei ändern sich nicht nur Ihre eigenen Präferenzen. Die Teamdynamik hat einen großen Einfluss darauf, wie Sie vom Wissen Ihrer Teamkollegen profitieren können. Wenn sie Ihnen gern helfen und die nötige Erfahrung in Bereichen haben, in denen Sie vorankommen müssen, können Sie auf diese Weise oft deutlich schneller lernen.

Akzeptieren Sie, dass sich Ihre Vorlieben und Lernmethoden mit der Zeit wandeln, und haben Sie keine Angst, neue Wege zu gehen!

Fordern Sie sich selbst immer wieder heraus

Wenn man entdeckt und versteht, wie etwas Neues funktioniert, gibt es eine Lernkurve. Das kann eine Technologie oder ein System sein oder wie Sie mit einem neuen Team oder an einem neuen Arbeitsplatz zurechtkommen. Zuerst ist die Kurve steil, während Sie eine Menge Informationen aufnehmen und strukturieren. Mit der Zeit flacht die Kurve ab, und Sie werden mehr und mehr zum Experten. Bildlich sieht das etwa so aus:

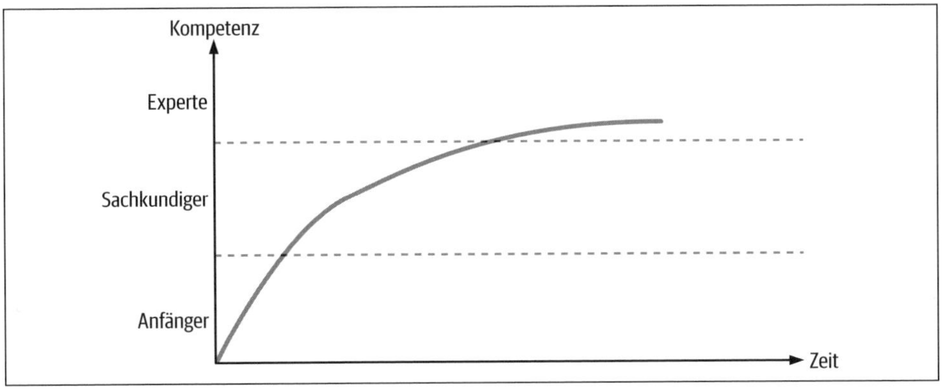

Abbildung 26-1: Eine typische Lernkurve

Es gibt drei verschiedene Lernphasen. Um sie zu illustrieren, stellen wir uns vor, ein neues Framework zu lernen:

1. **Einarbeitung/Anfänger.** Sie lernen das Framework gerade erst kennen und lesen den Code oder nehmen einfache Änderungen damit vor. Sie haben Schwierigkeiten mit den Grundlagen, aber diese Hürde überwinden Sie im Vergleich zu den Phasen 2 und 3 recht schnell.
2. **Sachkundiger.** Sie kennen die Grundlagen, und während Sie das Framework benutzen und mehr darüber lernen, beginnen Sie, die fortgeschritteneren Merkmale zu entdecken und zu nutzen. Zunächst ist Ihr Fortschritt genauso groß wie am Anfang, aber mit der Zeit verlangsamt er sich. Sie werfen einen Blick hinter die Kulissen des Frameworks, beseitigen herausfordernde Bugs und erreichen nach und nach einen Punkt, an dem Sie nur noch wenige Dinge überraschen werden.
3. **Experte.** Nachdem Sie lange Zeit mit dem Framework gearbeitet haben, werden Sie zum Experten. Es gibt nicht mehr viel zu lernen. Das wäre jedenfalls so, würde sich das Framework niemals ändern. Das tut es aber! Wenn eine neue Version des Frameworks herauskommt, sinkt Ihr Niveau zurück auf *kompetent*.

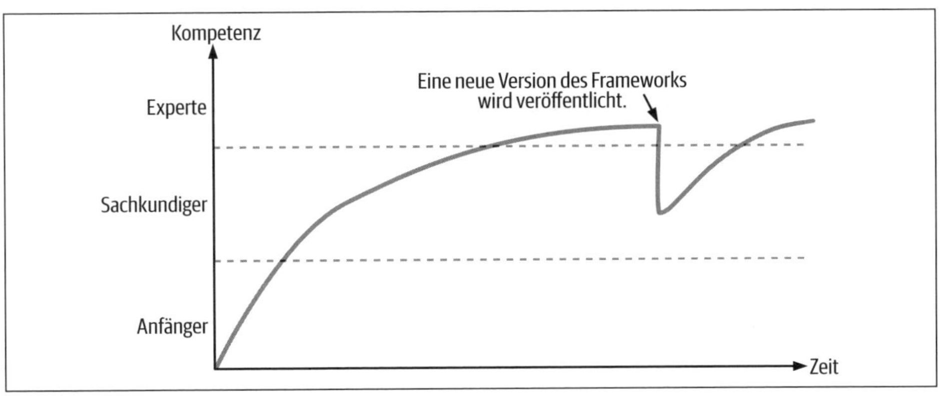

Abbildung 26-2: Die typische Lernkurve für ein Framework, eine Bibliothek oder sogar eine Sprache. Wenn eine neue Version veröffentlicht wird, gibt es mehr zu lernen!

Sobald Sie den Status eines Experten erreicht haben, verflacht die Lernkurve. Früher oder später werden Sie bei jeder Technologie dieses Stadium erreichen – und auch mit dem Team oder dem Unternehmen, in dem Sie arbeiten. Der einzige Ort, an dem Sie sich nie als Experte fühlen können, sind Umgebungen, die sich schnell ändern, etwa an der Spitze einer sich schnell ändernden Branche oder in einem Start-up, das gerade eine extreme Wachstumsphase durchläuft.

Trotzdem erreichen die meisten Engineers die *Experten*-Phase. Wenn es bei Ihnen so weit ist, werden Sie es merken. Was kommt also als Nächstes? Hier ein paar Möglichkeiten:

- Tun Sie nichts. Bleiben Sie einfach Experte und genießen Sie es, der Hauptansprechpartner für diese Technologie zu sein. Bleiben Sie auf dem Laufenden bei gelegentlichen Änderungen wie neuen Versionen und werden Sie auch hier zu einem Experten.
- Unterrichten Sie mehr. Bleiben Sie Experte und helfen Sie anderen beim Weiterkommen. Durch das Unterrichten führen Sie Ihr eigenes Lernen fort.
- Engagieren Sie sich in der Branche. Wenn Sie in Ihrem Unternehmen ein anerkannter Experte auf einem Gebiet sind, können Sie wahrscheinlich auch außerhalb des Unternehmens mehr lernen. Hierfür könnten Sie sich mit führenden Persönlichkeiten austauschen, an Branchenveranstaltungen teilnehmen und Ihre Erkenntnisse veröffentlichen. Vermutlich brauchen Sie hierfür die Unterstützung Ihrer Führungskraft und Ihres Arbeitgebers. Allerdings könnten Sie dadurch sich selbst und Ihr Unternehmen als branchenweit bekannte Größen in einer bestimmten Technologie etablieren.
- Stellen Sie sich mit der neuen Technologie neuen Herausforderungen. Wenn Sie beispielsweise ein Experte in der Erstellung von Backend-Diensten in Go sind, könnten Sie sich neue Sprachen oder Frameworks aneignen.
- Stellen Sie sich weiteren Herausforderungen in einem neuen Bereich oder einer neuen Plattform. Noch mutiger wäre es, nicht nur die Technologie zu wechseln, sondern auch Ihren Bereich oder Ihre Plattform. Wenn Sie als Engineer etwa das Gefühl haben, ein Experte für das Backend zu sein, könnten Sie überlegen, am Frontend zu arbeiten oder tiefer in Machine Learning und KI oder einen anderen Bereich einzutauchen, in dem Sie noch Anfänger sind.

Für Sie als Experte gibt es keinen richtigen oder falschen Weg, wenn es darum geht, den nächsten Schritt zu wählen. Wenn Sie ein Experte sind, empfehle ich Ihnen, zu entscheiden, was Sie tun wollen, anstatt sich einfach treiben zu lassen. Sind Sie zufrieden, Experte zu sein? Wollen Sie mehr unterrichten, oder ist es Zeit für eine neue Herausforderung und den Nervenkitzel, etwas Neues zu lernen?

Bleiben Sie mit der Branche auf dem Laufenden

Die einzige Konstante in der Technologie ist die Veränderung. Technologien wechseln, neue Sprachen und Frameworks kommen heraus, und bestehende werden verbessert. Das Gleiche gilt für Arbeitsweisen und Plattformen. Manche Veränderungen dauern mehrere Jahre, andere wenige Monate.

Ein Beispiel für eine Veränderung innerhalb von Monaten ist die Verbreitung von Large Language Models (LLMs). ChatGPT wurde im November 2022 veröffentlicht und hatte nur drei Monate später schon 100 Millionen aktive Nutzer, inklusive vieler Software-Engineers, die es benutzten, um effizienter Code zu schreiben.

Es gibt verschiedene Möglichkeiten, mit der Veränderung Schritt zu halten:

- **Durch Arbeit.** Ein Grund, in »modernen« Unternehmen zu arbeiten, die modernste Technologien einsetzen, ist, dass Sie allein schon dadurch auf dem neuesten Stand bleiben, indem Sie zur Arbeit kommen! Nutzt Ihr Team die neueste Version einer modernen Sprache und die aktuellste stabile Version eines beliebten Frameworks, können Sie schon dadurch auf dem Laufenden bleiben, indem Sie damit arbeiten. Dies ist einer der Gründe, warum Unternehmen mit modernen Technologie-Stacks für Entwickler so attraktiv sind.
- **Bei Technologienachrichten auf dem Laufenden bleiben.** Lesen Sie Newsletter und Websites, hören Sie Podcasts und schauen Sie Videos, die die neuesten Nachrichten aus der Technologie und Ihrem Fachbereich zusammenfassen. Als Backend-Engineer, der Go und Rust bei der Arbeit einsetzt, können Sie die Ressourcen zu diesen Nischen finden. Es gibt keinen Mangel an Publikationen, mit denen Engineers auf dem aktuellen Stand bleiben können. Nutzen Sie Feedly, um verschiedene Websites zu abonnieren, die über interessante Themen berichten, und lesen Sie ab und zu relevante Fachartikel.
- **Nebenprojekte.** Nebenprojekte und Prototyping, die Sie in Ihrer freien Zeit am Arbeitsplatz durchführen, sind zwei der sichersten Wege, den Anschluss nicht zu verpassen. Wenn Sie keine Möglichkeit haben, dies während der Arbeit zu tun, könnten Sie sich in Ihrer Freizeit mit Proof-of-Concept-Projekten beschäftigen. Probieren Sie neue Frameworks, Sprachen, Plattformen und Arbeitsweisen aus.
- **Mit Technologie herumspielen, auch bei der Arbeit!** Finden Sie Vorwände, um eine neue Technologie oder einen interessanten Ansatz auszuprobieren, selbst wenn diese nicht direkt mit Ihrer täglichen Arbeit zusammenhängen. Sie könnten für sich und Ihr Team den Prototyp eines einfachen Werkzeugs erstellen und hierfür ein Framework einsetzen, das Sie schon immer einmal ausprobieren wollten. Oder Sie könnten mit einer interessanten Technologie herumspielen und dann eine Lunch-and-Learn-Session organisieren, in der Sie Ihrem Team das Gelernte vorstellen.

Machen Sie auch mal Pause

Die in diesem Kapitel enthaltenen Ratschläge könnten den Eindruck vermitteln, dass Sie jeden wachen Moment Ihres Lebens mit Lernen verbringen müssen. Das stimmt natürlich überhaupt nicht!

Es ist großartig, regelmäßig etwas Neues zu lernen, aber natürlich gibt es auch Zeiten im Verlauf Ihrer Arbeit, in denen das nicht der Fall ist oder in denen Ihnen einfach die Motivation oder die Gelegenheit dazu fehlt.

Sie müssen sich auch einmal eine Pause gönnen, Leistungssportler können auch nicht jeden Tag oder jedes Mal mit voller Intensität trainieren. Offensichtlich ist die Technologiebranche einem schnellen Fortschritt unterworfen. Es ist also verständlich, das Gefühl zu haben, etwas zu verpassen, wenn Sie nicht ständig auf dem Laufenden sind. Meiner Ansicht nach kann das ständige Lernen, um nicht ins Hintertreffen zu geraten, aber auch eine Quelle für Burn-out sein.

Manchmal müssen Sie sich einfach eine Pause zugestehen. Haben Sie deshalb kein schlechtes Gewissen!

KAPITEL 27

Literaturhinweise

Herzlichen Glückwunsch! Sie haben das Ende des Buchs erreicht. Hier ein paar Empfehlungen dazu, was Sie als Nächstes lesen können.

Zusatzkapitel

Eigentlich ist das Buch doch noch nicht ganz zu Ende, denn es gibt darüber hinaus zehn Onlinebonuskapitel mit über 100 weiteren Seiten (in Englisch). Zum Lesen können Sie den folgenden Link bzw. QR-Code verwenden:

Abbildung 27-1: Onlinebonuskapitel pragmaticurl.com/bonus

Mit der Branche Schritt halten

Alle Bücher veralten im Laufe der Zeit. Um trotzdem über die Veränderungen in der Branche auf dem Laufenden zu bleiben, habe ich hier noch ein paar Ressourcen zu aktuellen Themen zusammengestellt.

The Pragmatic Engineer Newsletter. Hier spreche ich über Veränderungen in der Software-Engineering-Branche: Es geht um Branchentrends, tiefe Einblicke und Erfahrungen von Software-Engineers und Führungspersönlichkeiten aus dem Engineering einiger der aufregendsten Unternehmen. Wenn Ihnen dieses Buch gefallen hat, wird Ihnen der Newsletter wahrscheinlich auch gefallen, denn er wird ebenfalls von mir geschrieben! Hier geht es eher um tagesaktuelle (»Echtzeit«-)Themen und Beispiele, die einen sehr starken Bezug zu den gegenwärtigen Entwicklungen haben. Der Newsletter wird monatlich veröffentlicht, und Sie können ihn kostenlos abonnieren. Für mehr Inhalt ist es jederzeit möglich, auf eine kostenpflichtige Version hochzustufen. Abonnieren können Sie hier:

Abbildung 27-2: The Pragmatic Engineer Newsletter: pragmaticurl.com/newsletter

Newsletter zum Thema Software-Engineering sind eine gute Methode, um als Software-Engineer mit Neuigkeiten und Wissenswertem auf dem Laufenden zu bleiben. Hier einige, die ich persönlich lese und weiterempfehle:

Abbildung 27-3: pragmaticurl.com/newsletters

Bücher

Während sich Frameworks und Sprachen im Software-Engineering schnell verändern, gibt es vieles, das sich deutlich langsamer entwickelt. Die Grundlagen der Funktionsweise von Softwaresystemen und die Natur der Zusammenarbeit zwischen Menschen (und die dabei auftretenden Probleme) sind Beispiele für solche Bereiche. Unten finden Sie eine Reihe von Büchern, die mir geholfen haben, ein besserer Software-Engineer – und Engineering-Lead – zu werden, und die ich Ihnen empfehlen möchte.

Abbildung 27-4: pragmaticurl.com/recommended-books

Errata für dieses Buch

Obwohl ich unermüdlich daran gearbeitet habe, Fehler aller Art zu vermeiden, haben es leider immer noch einige geschafft, sich durch mehrere Lektorats- und Inhaltsprüfungen zu schummeln. Bekannte Errata zur englischsprachigen Originalausgabe finden Sie in der unten verlinkten Liste. Sollten Sie inhaltliche Fehler finden, die noch nicht berichtet wurden, würden wir uns freuen, wenn Sie uns benachrichtigen:

Abbildung 27-5: pragmaticurl.com/typos-and-errors

Danksagungen

So viele Menschen haben direkt oder indirekt zu diesem Buch beigetragen

Ich bin meinen ehemaligen Entwicklerkolleginnen und -kollegen, Managerinnen und Managern sowie Mentorinnen und Mentoren, mit denen ich im Laufe meiner Karriere zusammenarbeiten durfte, zu großem Dank verpflichtet. Softwareentwicklung kann man zwar auch alleine betreiben, ich habe aber immer die Erfahrung gemacht, dass es sowohl interessanter als auch spannender ist, im Team zu arbeiten. Ich habe am meisten gelernt, wenn ich Seite an Seite mit anderen Menschen an anspruchsvollen Projekten gearbeitet habe. Sollte ich in der Vergangenheit mit Ihnen zusammengearbeitet haben: Vielen Dank! Eine oder mehrere unserer Begegnungen können Sie vielleicht direkt oder indirekt in diesem Buch wiederfinden!

Außerdem möchte ich mich bei den Menschen in den folgenden Unternehmen bedanken, mit denen ich viel Zeit verbracht habe: Sense/Net, Scott Logic, dem TEXAS-Team bei JP Morgan, Skype London (Durango/Xbox One, Outlook.com und Skype for Web), Skyscanner (TripGun und TravelPro) und bei Uber (PPP, Helix, RP, Payments and Money).

Danke auch den Early Reviewers dieses Buchs: Anton Zaides, Basit Parkar, Bruno Oliveira, Cecilia Szenes, Chris Seaton, Giovanni Zotta, Harsha Vardhan, Jasmine Teh, John Gallagher, Katja Lotz, Luca Canducci, Ludovic Galibert, Martijn van der Veen, Michael Bailey, Modestas Šaulys, Nielet Dmello, Oussama Hafferssas, Radhika Morabia, Rodrigo Pimentel, Simon Topchyan, Stan Amsellem und Yujie Li.

Ein besonderer Dank gilt meinem Lektor Dominic Gover und seiner unermüdlichen Arbeit, um dieses Buch noch lesenswerter zu machen.

Abschließend bedanke ich mich bei meiner Familie für ihre Unterstützung beim Schreiben dieses Buchs und die vielen Stunden und Wochenenden, die es in Anspruch genommen hat. Und natürlich bei meinen Eltern für ihre ständige Unterstützung, ihren Rat und ihre Ermahnungen, nicht zu viel Zeit mit dem Buch zu verbringen – was ich am Ende trotzdem getan habe.

Index

C

D

E

Q

R

S

T

U

V

W

Y

Z

Über den Autor

Gergely Orosz ist Software-Engineer und Verfasser des Newsletters »The Pragmatic Engineer«, dem meistgelesenen Technologie-Newsletter auf Substack. Er hat mehrere Bücher veröffentlicht, darunter *The Software Engineer's Guidebook, Building Mobile Apps at Scale* und *The Tech Resume Inside-Out*.

Er war zuvor Engineering Manager und Entwickler bei Uber, und Engineer bei Skyscanner, Microsoft, Skype und JP Morgan.

Kolophon

Das Tier auf dem Cover von »Guidebook für Software Engineers« ist ein English Foxhound. Diese Hunderasse wurde bereits vor 200 Jahren in England gezüchtet, wobei bei der Züchtung das Hauptaugenmerk auf der Hetzjagd, insbesondere auf Füchse, lag. In großen Meuten werden die Tiere auch heute noch in Zwinger-Anlagen gehalten. Die Tiere leben in großen Familienverbänden zusammen und sind aufeinander geprägt und sozialisiert. Einzeln kann man diese Hunderasse eigentlich nicht halten, da sie charakterlich nicht als Familienhunde oder Begleithunde geeignet sind, sondern auf ihren Jagdinstinkt gezüchtet wurden.

Der Foxhound wird 58 bis 64 Zentimeter groß und hat ausgewachsen ein Gewicht von ca. 35 Kilogramm. Die tiefliegende Brust wurde mit Blick auf ein großes Lungenvolumen gezüchtet, um den Tieren für die langandauernden Jagden die nötige Ausdauer zu verschaffen. Auch die langen, schlanken Beine dienen der Geschwindigkeit beim Laufen. Das kurze, aber dichte Haar kommt in den Farben Weiß, Weiß und Schwarz und Weiß mit Orange vor.

Gemälde aus dem 18. und 19. Jahrhundert zeigen oftmals Jagdgesellschaften des französischen, englischen oder deutschen Adels, auf denen die Hunde in großer Zahl lebhaft um die Reiter herumlaufen. Diese Art der Jagd – »Parforcejagd« genannt – wurde im 20. Jahrhundert aus Tierschutzgründen überall verboten. Heutzutage nutzt man die Fähigkeiten der Hunde bei den wildtierfreundlicheren »Schleppjagden«. Dabei wird eine künstliche Duftspur (Schleppe) gelegt, der die Hunde folgen. Die Freude am gemeinsamen schnellen Ritt zusammen mit der Hundemeute steht dabei im Vordergrund.

Viele der Tiere auf den O'Reilly-Covern sind vom Aussterben bedroht. Doch jedes einzelne von ihnen ist für den Erhalt unserer Erde wichtig.

Die Umschlagillustration zu diesem Buch stammt von Karen Montgomery, sie basiert auf einem Stich aus *Cassell's Popular Natural History*. Das Design der Buchreihe stammt von Edie Freedman, Ellie Volckhausen und Karen Montgomery.

Den Umschlagentwurf haben Karen Montgomery und Michael Oréal erstellt. Auf dem Cover verwenden wir die Schriften Gilroy Semibold und Guardian Sans, als Textschrift die Linotype Birka, die Überschriftenschrift ist die Adobe Myriad Condensed, und die Nichtproportionalschrift für Codes ist LucasFonts TheSans Mono Condensed.